Handbuch Wissensmanagement

Springer
*Berlin
Heidelberg
New York
Barcelona
Hongkong
London
Mailand
Paris
Tokio*

Matthias Haun

Handbuch Wissensmanagement

Grundlagen und Umsetzung,
Systeme und Praxisbeispiele

Mit 75 Abbildungen

 Springer

Dr. Matthias Haun
Uhlandstraße 3
67122 Altrip
Deutschland
matthiashaun@compuserve.com

ISBN 3-540-67583-3 Springer-Verlag Berlin Heidelberg New York

Die Deutsche Bibliothek – CIP-Einheitsaufnahme
Haun, Matthias: Handbuch Wissensmanagement: Grundlagen und Umsetzung, Systeme und Praxisbeispiele / Matthias Haun. – Berlin; Heidelberg; New York; Barcelona; Hongkong; London; Mailand; Paris; Tokio: Springer, 2002
ISBN 3-540-67583-3

Dieses Werk ist urheberrechtlich geschützt. Die dadurch begründeten Rechte, insbesondere die der Übersetzung, des Nachdrucks, des Vortrags, der Entnahme von Abbildungen und Tabellen, der Funksendung, der Mikroverfilmung oder der Vervielfältigung auf anderen Wegen und der Speicherung in Datenverarbeitungsanlagen, bleiben, auch bei nur auszugsweiser Verwertung, vorbehalten. Eine Vervielfältigung dieses Werkes oder von Teilen dieses Werkes ist auch im Einzelfall nur in den Grenzen der gesetzlichen Bestimmungen des Urheberrechtsgesetzes der Bundesrepublik Deutschland vom 9. September 1965 in der jeweils geltenden Fassung zulässig. Sie ist grundsätzlich vergütungspflichtig. Zuwiderhandlungen unterliegen den Strafbestimmungen des Urheberrechtsgesetzes.

Springer-Verlag Berlin Heidelberg New York
ein Unternehmen der BertelsmannSpringer Science+Business Media GmbH

http://www.springer.de

© Springer-Verlag Berlin Heidelberg 2002
Printed in Germany

Die Wiedergabe von Gebrauchsnamen, Handelsnamen, Warenbezeichnungen usw. in diesem Werk berechtigt auch ohne besondere Kennzeichnung nicht zu der Annahme, dass solche Namen im Sinne der Warenzeichen- und Markenschutz-Gesetzgebung als frei zu betrachten wären und daher von jedermann benutzt werden dürften.

Umschlaggestaltung: Erich Kirchner, Heidelberg

SPIN 10769363   134/2202-5 4 3 2 1 0 – Gedruckt auf säurefreiem Papier

Vorwort

Die „Dekaden des Informationszeitalters" sind mittlerweile nahezu abgeschlossen, die Zukunft des Wissenszeitalters dürfte dagegen gerade erst begonnen haben. Dies zeigt nicht nur das ungebrochene öffentliche Interesse an den Erkenntnissen der einzelnen Wissenschaftsbereichen. Ebenso bedeutsam ist die große Zahl der Probleme, die sich in diesen Wissenschaftszweigen trotz der bemerkenswerten und teils dramatischen Fortschritte immer wieder auftun und auf Lösungen pochen.
Die Schwierigkeiten ergeben sich nicht nur aus den überaus komplexen sachlichen Zusammenhängen, nein, sie haben es vor allem mit den Strukturen des Wissenschaftsbetriebes zu tun, indem trotz aller Lippenbekenntnisse zur Interdisziplinarität die fächerübergreifende Zusammenarbeit bis heute eher die Ausnahme geblieben ist. Die Folgen sind für das Thema dieses Buches einfach deshalb gravierender als für die meisten anderen Forschungsgebiete, weil die Probleme, die es hier zu bewältigen gilt, in den Zuständigkeitsbereich unterschiedlicher Disziplinen wie etwa der Betriebswirtschaftslehre, der Neurobiologie, der Psychologie, der Physik, der Neuroinformatik und schließlich auch der Philosophie fallen. Es häufen sich jedoch in der Gegenwart die Zeichen für ein Umdenken, das nicht nur in einzelnen Foschungsgebieten, sondern in den meisten anderen beteiligten Disziplinen stattfindet. Äußerlich erkennbar wird dies an einer Reihe von Aktivitäten, die in den letzten Jahren mit dem Ziel unternommen worden sind, die Zusammenarbeit zwischen denjenigen Disziplinen zu verbessern, die sich mit dem Bau und den vielfältigen Funktionen der Organisation und insbesondere mit dem Verhältnis des Organisationsmitglieds und seiner Organisation befassen. Diese Aktivitäten sind nicht nur Symptome eines Umdenkungsprozesses, vielmehr bringen sie auch ihrerseits diese Entwicklung voran. Vielfach wird bereits heute schon eine Bekanntschaft mit den Forschungsansätzen der unterschiedlichen Disziplinen vorausgesetzt. Bei der Vermittlung solcher Grundlagenkenntnisse spielen wissenschaftliche Einführungen eine wichtige Rolle. Diesem Aspekt gilt es in diesem Buch Rechnung zu tragen, indem ein großer Bereich des Themenspektrums abgedeckt wird und so dem Interessierten einen ersten Überblick über die zentrale Fragestellung gibt. Genau diese Absicht verfolgt das vorliegende Buch in den ersten Kapiteln, deren einzelne Beiträge die wichtigsten Disziplinen, die relevanten Verfahren, Modellvorstellungen und schließlich auch die Probleme behandeln.
Organisationen, denen es nicht gelingt, das Management von Wissen sowohl effektiv als auch effizient zu gestalten, laufen Gefahr, ihre Wettbewerbsfähigkeit für immer und ewig einzubüßen. Wissensmanagement muß daher in die Organisation integriert und dort durch intelligente Technologien zu einem

Wissensmanagementsystem ausgebaut werden. Das Ziel der weiteren Kapiteln dieses Buches besteht darin, die Organisation als *lernende Organisation* aufzufassen, sie als *wissensbasiertes Modellsystem* zu konzeptionalisieren und dieses System durch *intelligente*, rechnerbasierte *Technologien* in funktionaler Hinsicht auszugestalten. Dem Prozeß des Wissensmanagements kommt bei all dem eine große Bedeutung zu, indem er als Dreh- und Angelpunkt zur Erhöhung der organisationalen Intelligenz heraus gearbeitet wird. Das Ziel eines solchen Wissensmanagements einer lernenden Organisation als wissensbasiertes System liegt in der Steigerung des organisationalen Intelligenzquotienten (oIQ). Erreichbar wird dieses Ziel durch den Einsatz von Technologien, die sich ebenfalls durch einen hohen systemischen Intelligenzquotienten (sIQ) auszeichnen.

Das Buch läßt sich sicherlich auf verschiedene Weise lesen. Am liebsten wäre es mir, Sie würden es gleich zweimal lesen: Das erste Mal zur groben Orientierung, das zweite Mal wegen der Details. Vieles wird sicherlich erst in der Gesamtübersicht richtig deutlich, weswegen schon deshalb ein zweites Durchlesen lohnen dürfte.

Nicht selten habe ich versucht, komplexe Sachverhalte durch Abbildungen zu verdeutlichen. Nach diesen Formalia möchte ich jenen danken, die die Arbeit an diesem Buch ermöglicht und gefördert haben. Sie alle beim Namen zu nennen ist unmöglich. Bei der Korrektur von Fehlern sowie der Verbesserung von Verständlichkeit dieser Abbildungen und Lesbarkeit des Textkörpers haben Verwandte, Freunde und Kollegen sehr geholfen. Mein besonderer Dank gilt auch dem Lektorat des Springer-Verlages, insbesondere Frau Barbara Karg und Herrn Dr. Müller, die durch ihre Anregungen und konstruktive Kritik und vor allem mit ihrer Geduld wesentlich zum Gelingen des Buchprojektes beigetragen hat. Dank schulde ich auch meiner Kollegin, Frau Tanja Fundis, die sich mit nie erlahmender Geduld, Akribie und Sachkenntnis des Typoskripts angenommen hat. Für die verbliebenen Fehler bin allein ich selbst verantwortlich.

Das Buch ist meinen Kindern gewidmet. Ich habe an und von ihnen viel gelernt. Was ich meiner Frau verdanke, kann ich nicht annähernd in adäquater Form in Worte fassen. Und über das, was man nicht in Worte fassen kann, sollte man bekanntlich schweigen und dafür mit dem Herzen und mit Liebe antworten.

Altrip, im Juni 2002   Matthias Haun

Inhaltsverzeichnis

1	**Einleitung**	1
1.1	Motivation	1
1.2	Ziel	1
1.3	Wissenschaftstheoretische Grundlage	2
1.4	Notation	3
2	**Grundlagen**	5
2.1	Paradigmenwechsel	5
2.1.1	Informations- und Wissensgesellschaft	5
2.1.2	Wissensbasierte Organisation	9
2.1.3	Wissensarbeit	13
2.1.4	Wissensgesellschaft	19
2.2	Systemtheorie	23
2.2.1	Ziel	23
2.2.2	Terminologie der Systemtheorie	24
2.3	Managementlehre und Kybernetik	29
2.3.1	Managementlehre	29
2.3.2	Managementkybernetik	35
2.3.3	Lernende Organisation als wissensbasiertes System	49
2.4	Kognitive Modellierung	50
2.5	Lerntheorie	53
2.5.1	Individuelles Lernen	53
2.5.2	Gruppenlernen	58
2.6	Künstliche Intelligenz	62
2.6.1	Menschliche Intelligenz	62
2.6.2	Künstliche Intelligenz	67
2.6.3	Ansätze zur Künstlichen Intelligenz	69
2.6.4	Maschinelle Intelligenz	71
2.6.5	Wissensbasierte Systeme	72
2.6.6	Intelligentes Schließen	76
2.7	Kognitionspsychologie	79
2.7.1	Mentale Modelle	79
2.7.2	Wissensrepräsentation und mentale Modelle	88
2.7.3	Neurobiologie und Computerwissenschaft	95
2.8	Begriff des ganzheitlichen Wissensmanagements	96
2.8.1	Organisationales Wissensmanagement	97
2.8.2	Organisationales Wissenssystem	98
2.9	Bausteine eines ganzheitlichen Wissensmanagements	99
2.9.1	Daten, Informationen, Wissen	100
2.9.2	Wissensbasiertes Modell	102

2.9.3	Ebenen des Wissensmanagements	103
2.9.4	Bausteinbetrachtung	105
3	**Organisationale Intelligenz**	**111**
3.1	Ansatz	111
3.2	Elemente	112
3.2.1	Wahrnehmung	112
3.2.2	Verstehen	113
3.2.3	Lernen	115
3.2.4	Problemlösungen	116
3.2.5	Denken	116
3.2.6	Kommunikation	117
3.2.7	Werte	118
3.2.8	Verhalten	119
3.2.9	Wissen	119
3.3	Fähigkeiten	122
3.3.1	Kognition	122
3.3.2	Adaption	124
3.3.3	Innovation	125
3.3.4	Realisation	126
3.4	Organisationale Intelligenz	128
3.5	Intelligenz entwickeln	130
3.6	Ursachen mangelnder organisationaler Intelligenz	132
3.7	Diagnostik	134
3.8	Intelligenz erhalten	140
3.9	Management organisationaler Intelligenz	143
3.10	Lenkungsmodi	151
3.11	Intelligente Organisationskultur	153
4	**Die Organisation als lernende Organisation**	**163**
4.1	Theorie und Forschung zur lernenden Organisation	163
4.1.1	Begriffslehre	163
4.1.2	Theorien	164
4.2	Modellvarianten der lernenden Organisation	168
4.2.1	Modelle des Wandels	168
4.2.2	Modelle der Organisationsveränderung	170
4.3	Das Konzept der lernenden Organisation	173
4.3.1	Eigenschaften	174
5	**Die Organisation als wissensbasiertes Modellsystem**	**177**
5.1	Wissenstheorie	177
5.1.1	Daten, Informationen und Wissen	177
5.2	Systembegriff	179
5.3	Eigenschaften	181
5.4	Die Organisation als wissensbasiertes System	183
5.4.1	Relevante Wissensarten	183
5.4.2	Wissensbasierte Teilsysteme	184
5.5	Die organisationale Wissensbasis	188
5.5.1	Organisationales Wissen	188

5.5.2	Organisationale Wissensbasis	189
5.6	Der Prozeß des organisationalen Lernens	191
5.7	Organisationale Lernarten	194
5.8	Voraussetzungen	195
6	**Die Organisation als Wissensmanagementsystem**	**199**
6.1	Wissensgenerierung	199
6.1.1	Entwicklung durch Nutzung von Wissenspotentialen	199
6.1.2	Entwicklung von neuem Wissen	202
6.1.3	Beschaffung von externem Wissen	204
6.2	Wissensspeicherung	206
6.2.1	Natürliche Speichersysteme	207
6.2.2	Künstliche Speichersysteme	210
6.2.3	Kulturelle Speicher	212
6.3	Wissenstransfer	214
6.3.1	Direkter Wissenstransfer	214
6.3.2	Indirekter Wissenstransfer	216
6.4	Wissensanwendung	218
6.5	Wissensmanagementsystem lernender Organisationen	221
7	**Knowledge Computing**	**223**
7.1	Transdisziplinärer Ansatz	223
7.2	Bausteine des Knowledge Computing	224
7.2.1	Neuronale Netze	227
7.2.2	Neuro-Fuzzy	241
7.2.3	Genetische Algorithmen	246
7.2.4	Chaotische Systeme	249
7.2.5	Agentensysteme	250
7.2.6	Expertensysteme	251
8	**Anwendungsszenarien**	**267**
8.1	Organisation	267
8.1.1	Organisationsbild	267
8.1.2	Organisatorische Wissensbasen	267
8.2	Consulting	270
8.2.1	Aufgaben	270
8.2.2	Consultants	271
8.2.3	Geschäftsprozess	272
8.2.4	Wissen als Produktions- und Wettbewerbsfaktor	273
8.2.5	Ziele und Nutzenpotentiale von Wissensmanagement	276
8.2.6	Systemisches Wissensmanagement im Consulting	277
8.2.7	Einsatz von Wissen im Consulting	279
8.2.8	Anwendungsbeispiel	285
8.3	Dienstleistungsentwicklung	292
8.3.1	Dienstleistungs- und Produktgeschäft	293
8.3.2	Methode	299
8.4	Sammelsurium	303
8.4.1	Balanced Scorecard	303
8.4.2	Wissenskarten	308

8.4.3	Yellow Pages	309
8.4.4	Dokumentenlandkarten	310
8.4.5	Wissenslandkarten	311
8.4.6	Wissensmarktplatz	312
8.4.7	Wissensnetzwerke	313
8.4.8	Wissensbilanz	314
8.4.9	Benchmarking	315
8.4.10	Job Rotation	316
8.4.11	Lernen am Projekt	317
8.4.12	Lessons learned	318
8.4.13	Anreizsysteme	318
9	**Einführungsstrategie**	**323**
9.1	Allgemein	323
9.2	Phasenmodell	323
9.2.1	Anforderung an das Phasenmodell	324
9.2.2	Sensibilisierung	325
9.2.3	Definition von Wissenszielen	327
9.2.4	Schwachstellenanalyse	328
9.2.5	Definition von Potentialen	330
9.2.6	Projektierung	332
9.2.7	Entwicklung und Implementierung	335
9.2.8	Kontrolle und Weiterentwicklung	336
9.3	Organisationsmodell	338
9.3.1	Zelluläre Organisation	338
9.3.2	Zellulär Schichten der Organisation	341
9.3.3	Zelluläre Wissensquellen	342
9.4	Aller Anfang ist nicht schwer	343
9.5	Tugenden	345
10	**Objektorientierte Ontologie**	**347**
10.1	Ontologischer Ausgangspunkt	347
10.2	Kategorien	348
10.3	Implikationen	354
11	**Programmiersprachen**	**367**
11.1	Verarbeitungsmodelle	367
11.2	Überblick	369
11.2.1	Maschinennahe Sprachen	369
11.2.2	Problemorientierte Programmiersprachen	370
11.2.3	Objektorientierte Programmiersprachen	373
11.2.4	Simulationsorientierte Programmiersprachen	382
11.2.5	Wissensverarbeitende Programmiersprachen	385
12	**Resümee und Ausblick**	**389**
12.1	Resümee	389
12.2	Ausblick	393
13	**Literatur**	**395**
14	**Register**	**407**

1 Einleitung

1.1 Motivation

Die Umwelt der Organisationen ist ungleich dynamischer und vielfältiger geworden. Eine Organisation muß sich dauernd und umfassend entwickeln. Chancen und Gefahren kommen und gehen immer schneller. Starrheit in Folge von fehlender Innovation und Entwicklung erschwert den inneren Wandel und gefährdet das Überleben in einer solchen, turbulenten Umwelt. Aber auch die Umwelt der Organisation selbst entwickelt sich von der Industrie- über die Dienstleistungsgesellschaft hin zur Wissensgesellschaft (vgl. Stehr, N. 1994, S. 28f.). Dieser Wandel ist geprägt von Diskontinuität, Turbulenz und einen alles erschlagenden Daten und Informationsüberfluß. Organisationen, denen es nicht gelingt, das Management von Wissen sowohl effektiv als auch effizient zu gestalten, laufen Gefahr, ihre Wettbewerbsfähigkeit für immer und ewig einzubüßen. Wissensmanagement muß daher in die Organisation integriert und dort durch intelligente Technologien zu einem Wissensmanagementsystem ausgebaut werden.

Das Ziel dieses Buches besteht unter anderem darin, die Organisation als *lernende Organisation* aufzufassen, sie als *wissensbasiertes Modellsystem* zu konzeptionalisieren und dieses System durch *intelligente*, rechnerbasierte *Technologien* in funktionaler Hinsicht auszugestalten. Dem Prozeß des Wissensmanagements kommt bei all dem eine große Bedeutung zu, indem er als Dreh- und Angelpunkt zur Erhöhung der organisationalen Intelligenz heraus gearbeitet wird. Das Ziel eines solchen Wissensmanagements einer lernenden Organisation als wissensbasiertes System liegt in der Steigerung des organisationalen Intelligenzquotienten (oIQ). Erreichbar wird dieses Ziel durch den Einsatz von Technologien, die sich ebenfalls durch einen hohen systemischen Intelligenzquotienten (sIQ) auszeichnen.

1.2 Ziel

Das Ziel dieses Buches ist die Modellierung einer wissensbasierten Organisation der Zukunft. Das Ergebnis wird eine psychologisch motivierte Konzeption sein, die in wesentlichen Teilen auf die Rekonstruktion und Simulation geistiger Leistungen des Menschen zurückgreift. Das zentrale Ziel dieses Buches besteht darin, die Organisation als lernende Organisation aufzufassen, diese als wissensbasiertes Modellsystem zu konzeptionalisieren und dieses

System durch Intelligente Technologien in funktionaler Hinsicht auszugestalten. Dieses Ziel wird durch die folgende Vorgehensweise erreicht:
- Einführung in die Grundlagen der Systemtheorie sowie der Lerntheorie von Individuen und Gruppen mit dem Ziel, aktuelle Erkenntnisse dieser Disziplinen zu einem späteren Zeitpunkt in die Konzeption der lernenden Organisation als wissensbasiertes System einfließen zu lassen.
- Beschreibung der kognitiven Modellierung als einer Methode, mit deren Hilfe Simulationsmodelle in drei Schritten entwickelt werden: Konzeptionalisierung, Formalisierung und Implementation der entwickelten Modelle.
- Vorstellung der aus betriebswirtschaftlicher Sicht neuen und aus philosophischer Sicht alten Theorie des Wissens, mit dem Ziel, eine Modellvorstellung wissensbasierter Systeme anhand der bisherigen Ergebnisse in den Forschungsbereichen Künstliche Intelligenz, Künstliches Leben, Neurobiologie und Managementlehre unter dem verbindenden Dach der Systemtheorie zu entwickeln.
- Identifizierung der Prozesse und Zusammenhänge der organisationalen Intelligenz. Es wird die zentrale Frage geklärt, was es heißt, als Organisation intelligent zu sein. Im Anschluß daran werden Wege aufgezeigt, die eine Organisation einschlagen kann, um als Organisation an sich intelligenter zu werden. Diesem Ergebnis folgen Erkenntnisse zum Management der organisationalen Intelligenz. Weiterhin werden Empfehlungen zur Gestaltung, Lenkung und Entwicklung intelligenter Organisationen erarbeitet.
- Konzeptionalisierung eines Organisationsmodells lernender Organisationen als wissensbasiertes System.
- Funktionale Ausgestaltung des wissensbasierten Organisationsmodells durch eine Symbiose von neuen rechnerischen Methoden und Technologien der Künstlichen Intelligenz und des Künstlichen Lebens, mit dem Ziel, ein in der Praxis anwendbares, handhabbares und intelligentes, rechnerbasiertes Daten-, Informations- und Wissenssystem zu entwickeln.

1.3 Wissenschaftstheoretische Grundlage

Der wissenschaftstheoretische Ansatz, der diesem Buch zugrunde liegt, basiert einerseits im kritischen Rationalismus nach Karl Popper und andererseits auf den Erkenntnissen der Phänomenologie und der Hermeneutik. Dieser Ansatz, unter Einbeziehung der Systemtheorie, wird insbesondere von der Managementkybernetik flankiert. Letztere ist eine umfassende Theorie der Managementlehre, die auf folgenden Annahmen beruht:
- Das Ganze ist nicht gleich der Summe der Teile.
- Komplexe Systeme sind vernetzte, dynamische Ganzheiten.
- Offene Systeme sind mit ihrer Umwelt vernetzt und tauschen mit ihr Materie, Energie und Informationen.

- Das Verhalten komplexer Systeme läßt sich nicht im einzelnen vorhersehen, jedoch beeinflussen.
- Komplexe Systeme weisen erkennbare Ordnungsmuster auf, die gestaltet werden können.
- Lenkung (Steuerung, Regelung) hält ein System unter Kontrolle.
- Soziale Systeme können lernen und sich qualitativ entwickeln.

1.4 Notation

Einige notations- und layouttechnische Konventionen sollen die Präsentation strukturieren und das Lesen erleichtern.

- Im Haupttext werden Schlüsselworte (beispielsweise *include*) sowie Bezeichner aus den Modellen (beispielsweise *Kunde*) kursiv gesetzt. Ebenfalls kursiv sind englische Begriffe wie *Knowledge Management* und betonte deutsche Wörter. Elemente aus Programmiersprachen werden durch eine nichtproportionale Schrift ausgezeichnet, um sie vom restlichen Textkörper zu unterscheiden (beispielsweise `kunde := Kunde new`).
- Faustregeln und andere informelle Hinweise werden durch das Symbol ♪ eingeleitet.
- Definitionen von Begriffen werden durch das Symbol ❦ markiert.
- Auf "KO-Kriterien" oder sonstige „geistigen Bomben" wird durch das Symbol ✸ hingewiesen.
- Beispiele sind am Symbol ☞ zu erkennen
- Literaturreferenzen erfolgen im Text in eckigen Klammern unter Angabe der ersten vier Buchstaben des Familiennamens des ersten Autors, gefolgt von der vierstelligen Angabe des Erscheinungsjahres. Die zugehörigen Quellenangaben finden sich nach diesen Kürzeln alphabetisch geordnet im Literaturverzeichnis.
- Begriffe aus den einzelnen Fachbereichen, Disziplinen oder Wissenschaftsbereichen wurden weitestgehend ins Deutsche übersetzt, wobei die gängige Praxis im deutschen Sprachraum berücksichtigt wurde. In Einzelfällen wurde in Ermangelung eines halbwegs vernünftig klingenden deutschen Begriffs der englische Originalbegriff verwendet (beispielsweise *Knowledge*).
- Auch wurde ohne Rücksicht auf „political correctness" darauf verzichtet, originär maskuline Begriffe zu neutralisieren. Der Autor dieses Buches bittet daher alle Leserinnen dafür um Nachsicht.

2 Grundlagen

Derzeit findet ein radikaler Umbruch auf dem Weg von der Informations-, in die Wissens- und Dienstleistungsgesellschaft statt. Dies zeigt sich zum einen daran, daß zu den eher klassischen Produktionsfaktoren Boden, Kapital und Arbeit ein Faktor "Wissen" hinzugekommen ist. Die Anerkennung dieses vierten Produktionsfaktors gilt aus ausgemacht, wenn es auch wundert, daß dieser Faktor so lange latent vor sich hinschlummerte und daß er erst vor kurzer Zeit in seiner Werthaltig- und Bedeutsamkeit entdeckt wurde. Hatte Wissen doch schon immer eine besondere Rolle im Leben des Menschen gespielt.

2.1 Paradigmenwechsel

Bereits Machiavelli baute seine revolutionären Ideen der Machbarkeit sozialer Verhältnisse nicht nur auf den gezielten Einsatz von Macht auf, sondern auch auf Wissen. Zu Beginn des frühen 18. Jahrhunderts vertrat Giambattista Vico die Idee einer Säkularisierung der Geschichte und stellte die kühne Behauptung auf, daß die historische Welt einzig und alleine vom Menschen gemacht sei. Saint-Simon vertrat im Verlauf der französischen Revolution die Idee, daß die Revolutionierung der Gesellschaft weder den Metaphysikern noch den Juristen überlassen werden könne, sondern daß eine fundamentale Reorganisation der Gesellschaft nur unter der Führung von Industriellen und Wissenschaftlern gelingen könne. Über Jahrhunderte war der Erfolg der Menschheit sehr eng mit dem Wissen verknüpft. Beispielsweise wähnten sich solche Völker anderen überlegen, die bereits in der Lage waren, Waffen aus Stahl herzustellen. Stahl war eben härter als Bronze.

2.1.1 Informations- und Wissensgesellschaft

Heute gilt Wissen als die Verteidigungs- und Angriffswaffe und macht diese Ressource wertvoller und machtvoller als alle Naturschätze, Fabriken oder Kontostände. Als wirtschaftliche Ressource kommt Wissen ein vielfach höherer Stellenwert zu als beispielsweise Autos, Öl Stahl oder alle andere klassischen Industrieprodukte. Wissen nimmt daher eine bedeutendere Stellung ein, als jemals zuvor. Im Wissenszeitalter gewinnt damit aber auch das Management dieser Ressource in Form eines Wissenskapitals zunehmende Bedeutung für Organisationen aller Ausrichtungen und Größenordnungen. In einem Umfeld globalisierter und sich immer rascher wandelnder Märkte kommt der gezielten Nutzung des Wissens im Allgemeinen und der Erfahrung der Mitarbeiter im Besonderen, eine besondere Bedeutung zu. Dieses intellektuelle

Kapital, hier als die Summe allen Wissens der Mitarbeiter, kann der Organisation einen nicht unerheblichen Wettbewerbsvorteil verschaffen.

Unter einer Revolution versteht man bekanntlich eine plötzliche, radikale und allumfassende Veränderung, einen grundlegenden Wandel bisheriger Orientierungen. Eine solche findet derzeit in allen Branchen statt.

- Angetrieben durch sich abzeichnende Globalisierung, öffnen sich die Märkte in ungeahnter Größe und Komplexität, in deren Folge eine Vielzahl an ernst zu nehmenden Konkurrenten ins wirtschaftliche Geschehen eingreifen. So läßt sich die Marktpositionierung der exportorientierten westdeutschen Schlüsselindustrien beschreiben, die durch die Globalisierung eine Verschärfung des Wettbewerbs erfährt.
- Die wachsende Internationalisierung der Märkte stellt neue Anforderungen an die Organisationen. Dabei zielen die Strategien auf die Erschließung neuer Märkte durch physikalische Ansiedlung von Produktionsstätten im Ausland oder auf Fusionen mit ausländischen Organisationen ab.
- Die Wahrnehmung von Kostenvorteilen in Billiglohnländern durch Auslagerung von Produktionsstätten, bei gleichzeitiger Zentralisierung von wissensintensiven Bereichen, wie beispielsweise Forschung und Entwicklung, stellen eine praktizierte Variante dieser Internationalisierung dar.
- Die rasante Entwicklung und Ausbreitung neuer Informationstechnologien führt zu einer zunehmenden Zahl von Netzwerken.
- Die Auflösung historisch gewachsener, verkrusteter Firmenhierarchien und die damit verbundene Reduzierung und Vernichtung von Arbeitsplätzen lassen auch den einzelnen Menschen erfahren, wo eventuell die Reise hingeht.
- Die Tatsache, daß sich immer mehr Konkurrenten mit ihren Produkten auf zunehmend gleichen Märkten tummeln, andererseits der Konsument immer kritischer wird, lassen eine Neuausrichtung von Wettbewerbsstrategien und Wertschöpfungsprinzipien erforderlich erscheinen.

Parallel zu diesen Veränderungen entsteht eine neue Wirtschaftsordnung, in der eben nicht mehr die natürlichen Rohstoffe oder die pure Arbeitskraft als Garanten für Wohlstand gelten, sondern das Wissen und die Kommunikation im Sinne eines Transfers von Wissen. Die Konturen einer Wissensgesellschaft zeichnen sich also am Horizont bereits ab. Diese erfahrbaren Veränderungen, die um sich greifende Globalisierung, die kaum aufhaltbare Technologisierung, die Konfrontation mit neuen Werten etc., lassen durchaus aufschlußreiche Parallelen zur Industriellen Revolution erkennen. Aber nicht nur Parallelen, sondern auch die Erkenntnis läßt sich daraus ableiten, daß diese neue Revolution nichts anderes zu sein scheint, als die konsequente und stringente Weiterentwicklung menschlichen Tuns und Wirkens. So wurde die erste industrielle Revolution durch eine zunehmende Zahl von Arbeitsmaschinen charakterisiert. James Watt lieferte mit seiner im Jahre 1776 entwickelten, doppelt wirkenden Dampfmaschine die Grundlage dafür, daß der enorm angestiegene Energiebedarf befriedigt werden konnte.

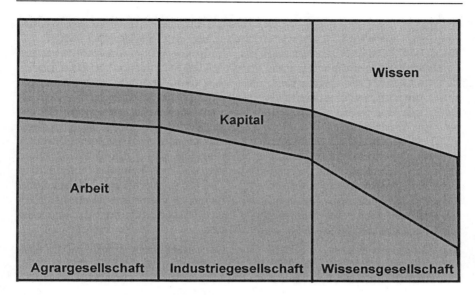

Abbildung 2-1 : Zunahme der Wissensrelevanz

Der wachsende Bedarf an effizienten Verfahren, Maschinen und Werkzeugen erforderte eine wirtschaftliche Fertigung und eine größtmögliche Präzision. Drehbänke, Bohrwerkzeuge, Fräsmaschinen, mechanische Schmiedehämmer, Walzwerke für die Fertigung von Blechen und Profilen wurden in den Folgejahren vermehrt entwickelt. Markant für diese Epoche ist die Dampfmaschine, die, meistens über Transmissionen, alle Maschinen dieser Zeit antrieb. Eine weitere entscheidende Entwicklung für die Produktionstechnik war die Dezentralisierung der Antriebe durch die Erfindung der Verbrennungskraftmaschine, sowie des Dynamos und des Elektromotors. Damit war es erstmals möglich, die Produktivität der Arbeitskraft durch den Einsatz solcher Kraftmaschinen zu vervielfachen. Diese explosionsartige Mechanisierungswelle wird als zweite industrielle Revolution bezeichnet und ging diesmal hauptsächlich von den USA aus. Der enorm angestiegene Bedarf an Rohstoffen sowie Zwischen- und Fertigprodukten erforderte auch eine Verbesserung der Transporttechniken und der Infrastrukturen, wodurch auch das Bauwesen und der Städtebau nachhaltig beeinflusst wurden. Diese zweite Revolution war vor allem dadurch gekennzeichnet, daß entflochtene Bearbeitungsprozesse zu einer übergreifenden Prozesskette verbunden wurden. Die Automatisierung war geboren und fand ihren praktischen Niederschlag in den Einrichtungen von Henry Ford (1863-1947). Als der bedeutende Parameter dieser zweiten industriellen Revolution und damit als Indikator für Wirtschaftlichkeit galt die Stückzahl der gefertigten Produkte. In der Folge hielt die Massenfertigung Einzug in die Fabrikhallen. Neben der materialseitigen Automatisierung entstanden auch die ersten Ansätze zur informationstechnischen Steuerung der Prozesse. Mit der Entwicklung des Mikroprozessors wurde eine zunehmende "intelligente" Automatisierung der Fertigungsprozesse möglich. Darüber hinaus ließen sich Entscheidungen nunmehr auf programmierbare Automaten übertragen. Letzteres ist einer der Gründe dafür, daß man diese neue Errungenschaft und deren praktischen Einsatz als den Beginn der dritten industriellen Revolution ansieht. Galt die Umstrukturierung von Handwerk und Landwirtschaft zur Industriearbeit als das Merkmal der ersten industriellen Revolution, war die zweite Revolution eher durch die Massenfertigung geprägt, die eine Automatisierung von Material- und Informationsflüssen ermöglichte. Das Merkmal der dritten industriellen Revolution war die Steigerung der Produktivität durch Vervielfachung und Beschleunigung der mentalen Leistungsfähigkeit des einzelnen Menschen mit Hilfe elektronischer Rechenanlagen. Diese Rechenanlagen waren in den Anfängen vor allem dadurch gekennzeichnet, daß sie sehr exakte und sehr schnelle Rechen- und Entscheidungsprozesse ermöglichten. Als Gemeinsamkeiten dieser drei industriellen Revolutionen gilt die Tendenz von der Zentralisierung (Dampfmaschine) zur Dezentralisierung (Personal Computer) und die unaufhaltsame Ausbreitung der Technologien.

Seit der Industrialisierung galt die Organisation als etwas dinglich vorhandenes, als etwas Reales, die sich aus Grundstücken, Gebäuden, Maschinen, Techniken, Rohstoffe und Menschen zusammensetzte. Demzufolge war auch bisher das betriebwirtschaftliche Denken und das unternehmerische Handlungsvokabular vorrangig auf die Gestaltung und Bewertung der realen, materiellen Güter und Prozesse ausgerichtet. Mit dieser Sichtweise ließ sich die Transformation von Stoffen mittels arbeitsteiliger Prozesse in den Organisationen zunehmend perfektionieren. Organisationen wurden als effiziente und perfekte Organisationen konzipiert, die als Eingabe Rohstoffe oder Halbfertigprodukte aufnahmen und unter Einsatz der Produktionsfaktoren sowie zunehmend spezialisierter Verfahrenstechnologien, die Veredlung dieser Eingaben vornahmen und als Ausgaben mehr oder weniger hochwertige Produkte lieferten. Durch Maßnahmen wie "Business Reengineering", "Prozeßmanagement", "Total Quality Management", "Kanban" und "Null-Fehler-Prinzipien" konnten in den letzten Jahren einige Optimierungen vorgenommen werden. Auch die Ablauforganisationen wurden hier und da organisatorisch, technisch und motivational leistungsfähiger gemacht. Dennoch rüttelt der strukturelle Wandel nun auch an diesen Grundfesten industrieller Gesellschaften und erste Risse machen sich auf. So zeichnet es sich bereits heute ab, daß, ebenso wie einst die industrielle Revolution die dörfliche Idylle durcheinander brachte und in den Städten ein Chaos hervorrief, diese neue Entwicklung alles Bisherige auf den Kopf stellen wird:

- Aktive Marktbeeinflussung,
- Kundenorientierung,
- stete Veränderung der internen Organisation,
- immer kürzer werdende Innovationszyklen und
- das hohe Innovationstempo,
- sowie leistungsstarke Produktions- und Dienstleistungssysteme

drängen immer mehr in den Mittelpunkt des organisationalen Geschehens. Die wissensbasierten Organisationen des Informationszeitalters bauen nicht mehr auf Werkhallen, Spindelbänke, Hochöfen, Rotationspressen oder automatische

Fließbänder, sie lassen andere Prinzipien der Wertschöpfung erkennen. Es sind dies

- die Ideen,
- die Kreativität,
- das Image,
- die Problemlösefähigkeit der Mitarbeiter,
- die Fähigkeit, potentielle Bedürfnisse von Kunden zu erkennen,
- die Geschwindigkeit der Forschungs- und Entwicklungsprozesse und
- die kontinuierliche Lernfähigkeit,

die die zentralen Erfolgsfaktoren der Organisationen ausmachen. Jede Volkswirtschaft, jede Organisation und jeder einzelne wird zunehmend von Wissen abhängig. Während in der Vergangenheit Land und dann später das Kapital die entscheidenden Faktoren der Produktion waren, gilt der Mensch mit seinem Wissen in Form von Patenten, Prozeßabläufen, Arbeitsabläufen, Rezepten, Fertigkeiten, Technologien, Informationen über Kunden und Lieferanten, aber auch durch seine eigenen Erfahrungen als der entscheidende Träger des Faktors Wissen. Dieses Wissen wird zum primären Hauptbestandteil der Produktion und will gemanagt werden. Daher ist diesem neuartigen Management von Wissen, das Aufspüren, die Förderung, die Aufbewahrung, das Zur-Verfügungstellen, das Verkaufen und das Teilen dieses Wissens die zentrale wirtschaftliche Aufgabe, die von Menschen, Organisationen und ganzen Volkswirtschaften zu bewältigen ist. Aber es steckt auch immer mehr Wissen in den Dingen selbst, die produziert werden. So enthält ein heutiges Auto mehr Mikrochips als Zündkerzen. Betrachtet man den Mikrochip und seinen Erfolgsfaktor, so liegt letzterer im Design dieser hochkomplexen Maschine, weniger in dem Material, aus dem dieser Mikrochip hergestellt wird. Vielerorts zeigt sich eine „Entmaterialisierung" der Produktion, indem Produkt und Dienstleistungen immer mehr miteinander verschmelzen. Insgesamt zeigt sich also, daß derzeit eine Informations-revolution stattfindet, die das Ende der Vormachtstellung der bisherigen Industrieproduktion eingeleitet hat. Die sich herausbildende und in Zukunft dominante Gesellschaftsform wird die einer Wissensgesellschaft sein, deren konstitutive Mechanismen durch den Faktor Wissen bestimmt sein wird. Erschwerend kommt noch hinzu, daß wirtschaftlicher Erfolg in so einer wissensorientierten Gesellschaft von neuen Fähigkeiten, neuen Organisations-strukturen und neuen Managementkulturen wesentlich beeinflusst wird. So basierte die Wettbewerbsfähigkeit des Industriezeitalters noch auf einer optimalen Produktionsfaktorenkombination. Das Erfolgsprinzip beruhte in erster Linie auf Produktivitätssteigerungen durch Arbeitsteilung und der optimalen Kombination von materiellen Produktionsfaktoren: Kapital, Maschinen, Rohstoffen, Werkstoffen und Arbeitskraft. Die Wettbewerbsfähigkeit des Informations- und Wissenszeitalters ist hingegen von der optimalen Kombination von Daten, Information und Wissen abhängig.

2.1.2 Wissensbasierte Organisation

Der Übergang von der Agrargesellschaft des Mittelalters zu den frühen Manufakturen und weiter zur frühen Industriegesellschaft war augenfällig und nur schwer zu ignorieren. So entstanden stets neue Formen von Gebäuden, Siedlungen, Städten und Infrastrukturen. Die idyllischen Höfe wichen den eher nüchternen Handwerksbetrieben, um dann von den riesigen Fabrikhallen geschluckt zu werden. Auch das Getöse der neuen Maschinen war kaum zu überhören. Heute erfolgt der Übergang jedoch wesentlich lautloser. Die sattelitengestützten globalen Datennetze und weltweiten Positionierungssysteme (GPS) kann man nicht ohne weiteres sehen. Die transozeanischen Glasfaserkabel, die heute alle Kontinente miteinander verbinden und die unvorstellbare Bandbreiten zur Verfügung stellen, kann man nicht einfach mit Händen greifen. Die ebenfalls global verteilten riesigen Datenbanken des Internets sind nicht mehr lokalisierbar, die Kommunikationsströme der unzähligen, proprietären Netze mit globaler Reichweite sind geräusch- und geruchlos, denn sie bestehen nur noch aus unsichtbaren elektronischen Bits. Die den Produkten und den Dienstleistungen inhärente Intelligenz (engl. *embedded intelligence*) versteckt sich ebenfalls hinter einer eher schlichten Oberfläche. Wissen stellt einerseits den Rahmen dar, der die zukünftigen Verarbeitungsfähigkeiten von Organisationen auszeichnet: Wissen im Sinne von Kernkompetenzen, aber auch im Sinne eines Produktes an sich. Aus dieser Perspektive sind Organisationen auch als Wissensproduzenten zu betrachten. Die Leistungen einer solchen Organisation summieren sich aus den Daten, den Informationen, dem Können und Wissen, über die diese Organisation verfügt. Dabei kann es sich um Produkte (Automobile, Werkzeuge, Tabletten etc.), um Dienste (Kreditkarten, Transferleistungen, Finanzdienstleistungen, etc.) oder um Kombinationen beider Formen handeln. Dem Wissen kommt aufgrund dieser Charaktereigenschaft in der Ursache-Wirkungs-Spirale eine besondere Bedeutung für die Entwicklungsdynamik von Organisation zu. Dabei hängt der Erfolg oder Mißerfolg der zukünftigen Organisation entscheidend davon ab, wie es die wahre Flut von Daten, Informationen und Wissen in Form von Lieferscheinen, Zahlen, Nachrichten, aber auch Patenten, Prozeßwissen, Kunden, Lieferanten, Fähigkeiten der Mitarbeiter, neue Technologien etc., zu managen vermag. Im wesentlichen wenden die heutigen Organisationen Geld für zwei Dinge auf. Zum einen für Kapitalausgaben, das heißt, die Organisation investiert in Gebäude, Anlagen oder solche Werte, die die Kapitalrendite erhöhen. Zu diesen Investitionen kommen langfristige Investitionen für die Forschung und Entwicklung, Aus- oder Weiterbildung hinzu. Auf der anderen Seite setzt die Organisation finanzielle Mittel für Gehälter, Materialien, Betriebsmittel, Werbung, Vertrieb oder Miete ein, wobei die hier getroffene Unterscheidung zwischen Investitionen und Kosten sicherlich nicht immer ganz eindeutig zu treffen sein wird. Nunmehr müssen Organisationen auch noch in den vierten Produktionsfaktor investieren. Investitionen in Daten, Information und Wissen, subsummiert als vierter Produktionsfaktor, scheinen ebenso profitabel wie Investitionen in die herkömmlichen Produktionsfaktoren.

In der heutigen vernetzten Geschäftswelt verdrängen Informationen das konventionelle Inventar zunehmend. Die sinkenden Kosten für Informationsverarbeitung und die dazu notwendige Technologie haben zu nachhaltigen Veränderungen des Wirtschaftens, Planens und Organisierens geführt. Organisationen können Informationen organisieren respektive reorganisieren, mit Lichtgeschwindigkeit auf den Weg bringen, weiterleiten und gegen andere Güter direkt austauschen. Mit diesem stetig steigenden Nutzen von Daten, Informationen und Wissen finden Organisationen immer neue Wege, kostspielige Investitionen in materielle Vermögenswerte durch Informationsprozesse zu ersetzen. So werden materielle Vermögenswerte wie Gebäudekomplexe oder Lagerhallen durch Wissensvermögen ergänzt, oder gar ersetzt. Inventar wird so durch Kommunikation ersetzt.

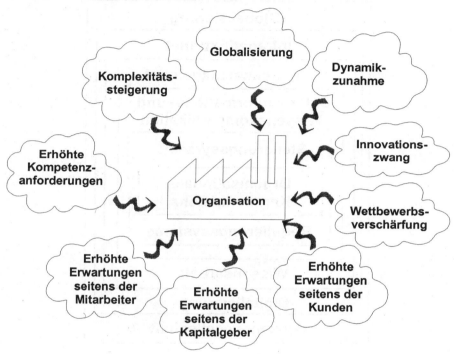

Abbildung 2-2 : Organisationen im Kräftefeld

Bisher war Information im wesentlichen an den Material- und Warenfluß gekoppelt. So ging der Konsument in ein Geschäft, traf eine Auswahl und kaufte sein gewünschtes Produkt durch Barzahlung, mit einem Scheck oder in einer moderneren Variante, durch Abbuchung des Kaufbetrages von seinem Konto. In der neuen Wirtschaftsordnung werden sich Informations- und Materialflüsse auseinander bewegen. Man wird eben nicht mehr nur durch physikalische Präsenz im Geschäft Käufe und damit zusammenhängende Bezahlungen vornehmen können. Vielmehr wird man über Personal Computer in Katalogen suchen, Bestellungen übermitteln und Bezahlungen vornehmen können. Daten, Informationen und Wissen werden sich eine neue Realität schaffen und sich neben dem materiellen Strom von Gütern und Dienstleistungen etablieren.
Daten, Informationen und Wissen repräsentieren somit eigenständige Werte, subsummiert zum intellektuellen Kapital, das als vierter Produktionsfaktor

teils vorhanden oder teils erst erschlossen werden muß. Es findet gleichzeitig eine radikale Neubewertung dieses intellektuellen Kapitals statt, da man befürchtet, daß in einem globalen Wettbewerb nur solche Organisationen noch eine Zukunft haben, wenn sie ihre Daten, Informationen und ihr Wissen als kritische Ressource betrachten und diese Ressource entsprechend managt und schützt.

Abbildung 2-3 : Faktoren

Unter intellektuellem Kapital wird die schutzbedürftige Summe allen Wissens verstanden, die einer Organisation einen Wettbewerbsvorteil verschaffen kann.

Die davon betroffenen Organisationen zeichnen sich dadurch aus, daß sie von ihren Mitgliedern ein steigendes Maß an Kompetenz verlangen müssen. Immerhin entwickeln sich die einzelnen Produkte und Dienstleistungen von trivialen zu nicht-trivialen, von einfachen zu komplexen Gütern. Diese Organisationen konzentrieren sich auf ihre spezifisch, organisational-inhärente Intelligenz, verlassen sich dabei auf das Wissen ihrer Fachleute, sind damit auf deren Kooperation angewiesen und hoffen auf die individuelle Lernbereitschaft. Immer mehr erkennen jedoch die Organisationen diese Risikofaktoren, aber sie finden es eher schwierig oder nahezu unmöglich, diesen Risiken prophylaktisch entgegen zu wirken, sei es durch andere als bisher praktizierte Formen der Kooperation oder sei es durch die Einrichtung organisationaler Lernmechanismen.

2.1.3 Wissensarbeit

Immer mehr Menschen sind in ihrem Arbeitsalltag umgeben von Informationen, Ideen und anderen geistigen Inhalten. Eine zunehmende Zahl von Beschäftigten avanciert zu echten Wissensarbeitern, die mit den „Rohstoffen" (und gleichermaßen Produkten) Daten, Information und Wissen hantieren. Einerseits sind zunehmend mehr Beschäftigte in Wissensbereichen tätig, andererseits nimmt auch der Wissensanteil ihrer Tätigkeit stetig zu. Wissensarbeit funktioniert dabei nicht auf die gleiche Weise wie mechanische Arbeit. Die Tätigkeit von Arbeitern und Handwerkern wurde meist streng arbeitsteilig organisiert, indem genau festgelegte Tätigkeiten in numerisch ermittelte Arbeitsleistungen übergingen und letzteres wiederum den Lohn bestimmte. Doch auch hier war jede menschliche Tätigkeit bereits wissensbasiert in dem Sinne, daß Erfahrung und Wissen jederzeit eine Rolle spielten. Das verstärkte Aufkommen des Wissensarbeiters verändert natürlich die historisch gewachsene Natur der Arbeit und die Inhalte des Managements auf fundamentale Weise. Die Wissensarbeit fordert größere Professionalität, indem nicht mehr die erledigte Aufgabe an sich im Vordergrund steht, sondern das Ergebnis, das mit dieser Erledigung anheim geht. Wissensarbeiter, ob als Einzelkämpfer oder im Team, planen, organisieren und führen einzelne Aufgaben ihrer Tätigkeitsfelder selbst aus. Insofern kennzeichnet der Wissensbegriff die Tätigkeiten:

- Kommunikation,
- Transaktion und
- Interaktion,

die dadurch gekennzeichnet sind, daß das erforderliche Wissen nicht nur einmal erworben und dann angewendet wird. Wissensarbeit erfordert vielmehr, daß das relevante Wissen

- kontinuierlich verifiziert oder falsifiziert,
- permanent verbessert,
- prinzipiell als Ressource
- und stets gekoppelt mit Unwissen

betrachtet wird. Erst diese Wissensarbeit entfaltet Wissen zu der Produktivkraft, die dann die herkömmlichen Produktivkräfte (Land, Arbeit, Kapital) hinsichtlich ihrer Bedeutung überholen wird. Die explosionsartige Entwicklung wissenschaftlichen und technischen Wissens, die Veränderungsfreundlichkeit der Wissensbasierung, seine rasante Verbreitung, die ständig zunehmende Bedeutung von Daten, Information und Wissen, sowie deren leistungsfähigen Verarbeitungstechnologien, der steigende Anteil von Wissen an der Wertschöpfung, generell: das Aufkommen des Wissensarbeiters, alle zusammen bilden die Ursache und Wirkung für das Hervorbringen neuer Organisationsformen und Managementmodelle. Die Entwicklung weg von der standardisierten Massenproduktion hin zu spezialisierter Wissensarbeit macht das kon-

ventionelle und bisher praktizierte Befehls- und Kontrollmanagement überflüssig. Dem zukünftigen Manager kommt nämlich eher eine Hüterfunktion zu, indem er das intellektuelle Organisationsvermögen schützen, hegen und pflegen muß.
Wissensbasierung, Wissensarbeit und organisationale Intelligenz hängen im wesentlichen davon ab, inwieweit es gelingt, Infrastrukturen für den notwendigen Informationsaustausch und Wissenstransfer zu entwickeln und zu implementieren. Gerade die Implementierung wird es erforderlich machen, die etablierten Regulierungs- und Steuerungssysteme entweder zu revidieren oder aber neu zu gestalten, um die intelligente Organisation von ihrem tayloristischen Erbe zu befreien. Derzeit entfaltet sich eine derart ausgeprägte Wissensarbeit im Dunstkreis der sich anbahnenden Wissensgesellschaft, innerhalb der intelligenten und virtuellen Organisationen, sowie den produzierten, intelligenten Produkten und Dienstleistungen. Wissensarbeit wird dadurch auch zu einem soziologischen Thema, weil es die eigentliche Triebfeder der Morphogenese der Industriegesellschaft zur Wissensgesellschaft darstellt. Insbesondere wird es auch zu einem organisations-soziologischen Thema, weil die Wissensarbeit immer mehr aus den Labors in die Werkhallen und Büros, von der Theorie in die Praxis diffundiert. Da Wissen als Rohstoff und Produkt organisationaler Aktivitäten einer anderen Logik gehorcht als die herkömmlichen Produktionsmittel, müssen Kernbereiche der ökonomischen Theorie beziehungsweise der soziologischen Theorie der Organisation neu und kritisch überdacht werden. Aber auch die Theorie der Organisationen muß angepaßt werden, denn die veränderte Rolle von Arbeit verändert auch die Architektur von Organisationen. Erschwerend kommt hinzu, daß die Effizienz der Transaktionen nicht mehr nur das Ergebnis hierarchischer Kontrollmechanismen von Informationen sein wird, sondern Resultat einer Kooperation potentieller Wissensträger. Obwohl die bisherigen Forschungsergebnisse in bezug auf Information, Wissen und Wissensbasierung eher noch unscharfen Charakter aufweisen, läßt sich doch aus der Fülle der Beobachtungen ein deutlicher Trend erkennen: Gegenüber der industriellen Produktion und der einfachen Dienstleistung nehmen die wissensbasierten Tätigkeiten immer mehr zu. Gegenüber Produkten mit hohen Wertanteilen an Arbeit und Material gewinnen solche Produkte die Oberhand, deren Wert vorrangig aus deren inhärenter Intelligenz besteht. Stellvertretend für die Vielzahl solcher Produkte seien Software, Chips, Computer, Bildschirme, elektronische Spiele, Spielfilme, Mikrosystemtechnologien, Arzneien, Biotechnologien, etc. genannt. Während einfache Tätigkeiten und Dienstleistungen von Robotern übernommen werden, steigt der Bedarf an Wissen in allen Bereichen. Die zukünftige, intelligente Organisation als Umschlagplatz für Wissensarbeit wird diesem Trend Rechnung tragen müssen. Es reicht eben nicht mehr aus, die Mitglieder einer Organisation mit dem erforderlichen Wissen und der adäquaten Sachkenntnis auszustatten. Vielmehr muß die Organisation selbst in ihren Regelsystemen und Geschäftsprozessen ein Optimum an organisationalem Wissen und systemischer Sachkenntnisse implementieren, um leistungs- und konkurrenzfähig zu bleiben. Vor allem wird es sich die überlebenswillige Organisation nicht mehr leisten können, vorhandene Daten, Informationen und Wissen zu ignorieren und damit ungenutzt zu lassen. Diese Möglichkeit und vor allem die Notwendigkeit von organisierter Wissensarbeit und

Notwendigkeit von organisierter Wissensarbeit und organisationalem Wissensmanagement wird die Logik der Operationsweise der Organisationen tiefgreifend verändern. Die grundlegenden Probleme der Wissensarbeit fokussieren sich zu der Frage, wie das Zusammenspiel von personalem und organisationalem Wissen optimal und effizient organisiert werden kann. Es reicht dabei nämlich nicht aus, daß entweder die Person oder die Organisation wissensbasiert operiert. Vielmehr erfordert die Wissens-arbeit, daß beide Seiten in komplementärer Weise Wissen generieren, nutzen, und sich wechselseitig ihr Wissenspotential zur Verfügung stellen. Was sich sicherlich leicht formulieren läßt, ist in der Praxis nur sehr schwer umsetzbar. Der Hauptgrund für diese Schwierigkeit liegt darin, daß man zwar verhältnismäßig viel über den Aufbau und die Verwendung von Wissen, also die wissensbasierte Operationsweise von Personen weiß, aber nahezu nichts über die organisationale Intelligenz im Sinne einer kollektiven, systemischen oder emergenten Eigenschaft organisierter Sozialsysteme. So spricht auch heute noch die Mehrzahl der Fachliteratur einer Organisation dann ein gewisses Maß an Intelligenz zu, wenn deren Mitglieder wissensbasiert arbeiten, also Experten sind, und sich nicht gegenseitig in ihrer Arbeit im Wege stehen oder gar behindern.

Die Schwierigkeit des Aufbaus organisationaler Intelligenz als Fundament der Wissensarbeit besteht darin, personelle Fachkenntnis in die anonymisierten, transpersonalen Regel- und Steuerungssysteme der Organisationen einzubauen. Das Wissen einzelner Personen reicht eben noch nicht aus, um die Organisation an sich intelligent operieren zu lassen. Speziell hierzu leistet die Soziologie Grundlagenarbeit, indem sie die Komponenten Selbstreferenz und operative Geschlossenheit ausgiebig erarbeitet hat. So gilt die Selbstreferenz als eine zentrale Bedingung der Möglichkeit einer eigenständigen, systemischen Intelligenz und damit eines organisationalen Wissensmanagements. Die Organisation als System, mit ihrer institutionalisierten Geschichte, ihren Regel- und Steuerungssystemen, den Geschäftsprozessen und den Standardprozeduren, kann innerhalb dieser Regel- und Steuerungsstrukturen auf kumuliertes Wissen reagieren, sie kann es fokussieren, kanalisieren, nutzen, revidieren, schützen etc. Die Umwelt bietet dabei Möglichkeiten der Entfaltung und setzt gleichzeitig Restriktionen, die nur durch Selbstbezug als solche erkennbar werden. Operative Geschlossenheit kommt zustande, wenn ein System seine spezifischen operativen Elemente, wie beispielsweise Kommunikation, Entscheidungen oder Handlungen zirkulär untereinander vernetzt, also selbstreferentiell organisiert und wenn es darüber hinaus auch seine spezifischen Prozesse zirkulär untereinander vernetzt. So entsteht ein ineinandergreifendes, sich selbstverstärkendes, autokatalytisches Netzwerk von Prozessen. Daß von diesen Einrichtungen der Selbstreferenz und der operativen Schließung von Organisationen auch Gefahrenquellen ausgehen können, sich also die ganze Geschichte eher destruktiv für die Organisationen und deren Mitglieder auswirken können, zeigt das Phänomen der organisationalen „Selbsthinrichtung". Es zeigt sich bei Organisationen, die sich zugrunde richten, obwohl

- dies nicht im Interesse ihrer Mitglieder liegt,
- Warnsignale in der Umwelt in Hülle und Fülle vorliegen,

- andere Organisationen in ähnlichen Situationen sich anders verhalten haben,
- einzelne Personen oder Gruppen innerhalb der Organisation das Verhängnis kommen sehen, und dagegen offen angehen.

Was hier die Selbstvernichtung möglich macht, ist die historisch gewachsene Operationslogik, eingebettet in verkrustete, anonymisierte Regel- und Steuerungssysteme, die eben verhindern, daß das System zu lernen in der Lage ist.

☞ Ansätze zur „Selbsthinrichtung":
- Mehrere Mitarbeiter, Gruppen oder Abteilungen bearbeiten vergleichbare Problemstellungen, wissen aber nichts voneinander, was zur Folge hat, daß das Rad an verschiedenen Stellen in der Organisation neu erfunden wird, dadurch Doppelarbeit entsteht und damit wertvolle Ressourcen verschwendet werden.
- Eine Arbeitsgruppe hat für ihren Aufgabenbereich ein höchst effektives Verfahren zur Lösung eines bestimmten Problems entwickelt. Andere in der Organisation könnten auch von dem Verfahren profitieren, aber es gibt keinen "Dienstweg" für die Weitergabe dieses Wissens. Die Folge hiervon: Das Wissen wird innerhalb des Betriebs wieder "vergessen" und kann nicht genutzt werden.
- Mitarbeiter verfügen über wertvolle Vorkenntnisse aus vorherigen Tätigkeiten oder auch aus privater Liebhaberei. Dieses Wissen wird nicht anerkannt, es interessiert die Organisation nicht und damit kommt es der Organisation auch nicht zugute.
- Ein Mitarbeiter im Außendienst verhandelt mit einem Kunden, ohne daß es zum Abschluss kommt. Im Bericht steht: "Kein Abschluss" aber die Gründe des Scheiterns werden weder dokumentiert noch analysiert. Unweigerliche Konsequenz: Andere Mitarbeiter können nicht aus den gemachten Fehlern lernen.
- Ein Kunde beschwert sich und regt an, eine bestimmte Produkteigenschaft zu verbessern. Die Beschwerde beziehungsweise Anregung wird vom Kundendienst wohlwollend zur Kenntnis genommen. Aber in der Entwicklungsabteilung kommt sie nie an: dieser Berichtsweg ist in der Organisation nicht vorgesehen. Wertvolles Anwenderwissen kann nicht für die Produktentwicklung genutzt werden.
- Eine Projektgruppe beendet ihr Projekt. Aber sie hält nur das unmittelbare Ergebnis ihrer Arbeit für wichtig - nicht jedoch den Prozeß der Erarbeitung mit all seinen Fehlern, Irrtümern, Erfahrungen: Der Projektverlauf und "gelernte Lektionen" werden nicht dokumentiert. Damit steht auch dieses wichtige Wissen anderen Projekten nicht zur Verfügung.
- Ein Mitarbeiter verläßt die Organisation, ohne daß andere Mitarbeiter über die gleiche Erfahrung und das gleiche Know-how verfügen. Mit dem Mitarbeiter geht wichtiges Wissen verloren, beispielsweise werden auch seine persönliche Ablage und seine Dokumentation für die Organisation weitgehend nutzlos, wenn nicht dafür gesorgt wurde, daß andere etwas damit anfangen können.

- Ein Mitarbeiter wird plötzlich krank. Nur er weiß aufgrund seiner Erfahrung, was zu tun ist, wenn eine bestimmte Maschine mal wieder nicht so funktioniert, wie sie eigentlich sollte. Aufwendige und teure Suche nach (externem) Expertenwissen ist angesagt.
- Wissenschaftler oder Wettbewerber entwickeln neue Verfahren oder Produkte, die potenziell dem eigenen Organisationswissen überlegen sind. Davon erfährt die Organisation aber erst dadurch, daß Konkurrenten es zum Ausbau von Wettbewerbspositionen nutzen. Die Organisation hat das Nachsehen und es zählt zu den anderen Organisation, die damit einen bis zu 280 Mio. DM errechneten volkswirtschaftlichen Schaden verursachen.
- Wertvolle Arbeitszeit wird für die - noch dazu oft vergebliche! - Suche nach Informationen vergeudet, die Mitarbeiter für ihre Arbeit benötigen. Das benötigte Wissen ist zwar irgendwo in der Organisation vorhanden, aber nicht verfügbar, wenn es benötigt wird. Erfahrungen aus der Organisationspraxis belegen, daß Berücksichtung der oben angeführten Fehler und durch ein gutes Wissensmanagement die Produktivität um durchschnittlich 40 % erhöht werden kann.
- Nicht nur bei Fusionen, sondern auch bei weit einfacheren Reorganisationen geht jahrelang aufgebautes Wissen häufig mit einem einzigen Fehlentscheid verloren.

Organisationen können diesem „Hinrichtungsprozeß" nur entgegenwirken, wenn sie in ihren inhärenten Tiefenstrukturen über ein hohes Maß an spezifisch organisationaler Intelligenz verfügen. Erst diese Intelligenz macht es möglich, daß eine Organisation Produkte und Dienstleistungen zustandebringt, welche die Fähigkeiten von Individuen weit überschreiten. Nur so können Firmen bemannte Navigationssatelliten, Jumbojets, Öltanker oder Superrechner herstellen, Leistungen, mit denen einzelne Menschen klar überfordert wären. Diese organisationale Intelligenz besteht darin, daß nicht nur die einzelnen Personen in wissensbasierter, intelligenter Art und Weise arbeiten, sondern darüber hinaus auch die Organisation als System nach Regeln operiert, die Intelligenz konstituieren.

- Die Organisation selbst muß über Beobachtungsinstrumente verfügen, die es ihr ermöglichen, Daten zu Informationen und Informationen zu Wissen aufzubereiten.
- Die Organisation muß über eigenständige, systemisch übergreifende Beobachtungsregeln und Relevanzkriterien für die Bewertung von Daten, für die Konstruktion von Informationen und für die Generierung von Wissen verfügen.
- Der Organisation muß es gelingen, daß sie einen zusammenhängenden Erfahrungskontext schafft und diesen am Leben hält. Dieser Kontext muß über das Wissen von Personen und Gruppen das spezifisch organisationale Wissen erzeugen.

Abbildung 2-4 : Oberflächen- und Tiefenstrukturen

Beispielsweise nehmen die üblichen Budgetrechenwerke, Jahresabschlüsse und Geschäftsberichte als systemische Beobachtungsinstrumente immer noch eine hohe Stellung ein, dennoch generieren sie in aller Regel nur oberflächliche und damit unintelligente („dumme") Daten. Dieser heute vorhandene Ozean an Daten (engl. *information mess*) beinhaltet neben Daten auch systemisch relevante Informationen, die es zu separieren gilt. Nur diese relevanten Informationen sind auf die Strategien und Ziele der Organisation im Kontext ihrer relevanten Umwelt bezogen. Zu guter Letzt muß ein gemeinsamer Erfahrungskontext geschaffen werden, der die relevanten Informationen in sich aufnimmt. Erfahrungskontext plus relevantes Wissen bildet dann den Raum, in dem neues systemisches Wissen entstehen kann.

Man kann diesen Raum und seine inhärenten Strukturen auch in eine Oberflächen- und Tiefenstruktur aufgliedern. Was auf der Oberfläche zu sehen ist, das sind die Produkte und Dienstleistungen, die die Organisation erstellt oder leistet. Diese Oberflächenstrukturen, sozusagen das Dach der Organisation, gründen auf einem massiven Unterbau an Tiefenstrukturen. Es ist dieser Unterbau, der letztlich die Qualität der Produkte und der Dienstleistungen ermöglicht und bestimmt. Was eine Organisation in der Gegenwart oder Zukunft zu leisten vermag, hängt zum einen von diesem Unterbau ab, da sich in diesem die Erfahrungsgeschichte wiederspiegelt. Zum anderen hängt es in gravierender Weise aber auch davon ab, welche Maßnahmen die Organisation getroffen hat, um ihre zukünftigen Chancen für den Erfolg zu wahren. Dies zeigt, daß

alles, was sich gegenwärtig auf der Oberfläche abspielt, geformt und bedingt wird, von Faktoren, die sich im Unterbau der Organisation befinden. Diesen Faktoren gilt es daher in Zukunft mehr Bedeutung beizumessen und daher mehr Aufmerksamkeit zu schenken.
Bevor Wissensarbeit in einer Organisation zum Tragen kommt, sind aufwendige Voraussetzungen zu schaffen. Es sind weiterhin Investitionen zu leisten, deren Kosten sich nicht immer postwendend amortisieren und deren Folgen nicht immer sofort spürbar sind. Wie jede Zukunftsinvestition verlangt auch die Beschäftigung mit Wissensmanagement klare strategische Leitlinien und eine Vision der Organisation.
Die Zeit scheint reif. Denn heute ist unübersehbar, daß die Folgen der Internationalisierung, die sich abzeichnende Globalisierung, die Folgen der technologischen Revolution, die Möglichkeiten der weltweiten Vernetzung und die Bildung der globalen Allianzen mehr Wissen und Sachkenntnisse verlangen, mehr Lernfähigkeit und Innovationskompetenz erfordern, als jemals zuvor. Lernfähigkeit und Innovationskompetenz entlarven sich als die entscheidenden generischen Kernkompetenzen der intelligenten Organisation. Wissensarbeit, Innovationskompetenz und organisationale Lernfähigkeit setzen voraus, daß eine Organisation mit ihrer Wissensbasierung kompetent umzugehen weiß. Auch hier gilt, daß es eben nicht ausreicht, wenn die betreffenden Personen angemessene Formen der Wissensbasierung und Wissensarbeit anwenden. Die Organisation als System ist vielmehr gefordert, ihre Regel- und Steuerungssysteme, ihre Geschäftsprozesse und strategischen Ausrichtungen mit den Faktoren in Einklang zu bringen, die das Schicksal dieses Systems bestimmen. Das hierzu notwendige Wissen wird sich aus Daten und Informationen konstituieren. Während Daten und Informationen auf einer Vielzahl von Speichermedien, wie beispielsweise Datenbanken, Büchern oder aber im Gedächtnis von Organisationsmitgliedern gespeichert und verfügbar sein können, muß das generierte Wissen andererseits durch Menschen realisiert werden.
Im Zeitalter des Wissens werden Menschen als Teil des Intellektuellen Kapitals wieder zum wichtigsten Bestandteil der Arbeit, indem sie als Aktiva des vierten Produktionsfaktors Wissen ein Gespür für Dinge und deren Zusammenhänge, ein fundiertes Beurteilungsvermögen, eine hohe Kreativität, eine gewisse Selbständigkeit und die Fähigkeit, gewinnbringende Beziehungen aufzubauen, im Sinne der wissensbasierten Organisation entwickeln müssen.

2.1.4 Wissensgesellschaft

Außer in der Veränderung der Arbeit zeigt sich der Übergang von der Industriegesellschaft zur Wissensgesellschaft auch in den Veränderungen ihrer Infrastrukturen und Suprastrukturen. Auch diese Veränderung hat sich der direkten Beobachtung entzogen, vollzieht sich demnach eher schleichend und kann nur nachträglich erschlossen werden. So zeigen sich neue Infrastrukturen der Telekommunikation oder des Verkehrs nicht mehr in einer gesteigerten Anzahl von silbrigen Telefonmasten oder grauen Straßen. Sie entziehen sich als hoch fliegende Satelliten oder unterirdische Glasfaserkabel oder als GPS-Knotenpunkte dem Auge des Anwenders. Ihre technologische Neuartigkeit liegen in der inhärenten Intelligenz, welche sich vor allem in Logik manifestiert und in Software materialisiert. Sie bleiben der menschlichen Wahrnehmung verborgen und vollziehen so die einschneidenden Veränderungen eher subkutan.

Im 19. Jahrhundert beginnt der Aufbau technischer Infrastruktursysteme durch die Telekommunikation über öffentliche Netze (Telegraph, Telefon, Telex, Telefax). Diese Netze wurden weltweit als öffentliche Organisation organisiert, denen eine Versorgungspflicht auferlegt wurde. Diese technischen Infrastruktursysteme gingen mit nationalen Standards und Normen einher und schufen so eine national definierte und territorial delimitierte Gesellschaftsform. In dieser funktionalen Hinsicht gleichen sie den nationalen Rechts-, Versicherungs-, Schul-, Währungs-, Bank- oder Verkehrssystemen. Neben den traditionellen Infrastrukturen, wie beispielsweise Straßen, Schiene, Energie und Telefonnetze, traten weitere Infrastrukturen in Erscheinung: Intelligente Datennetze, intelligente Verkehrsleitsysteme. Sie waren bereits wissensbasiert und erlaubten einen umfassenden, schnellen und preiswerten globalen Transport von Informationen, Kommunikationen, Personen, Gütern und Energie. Man spricht in diesen Fällen daher auch von intelligenten Infrastrukturen, weil deren Operationsweise auf eingebauter Intelligenz basiert. Gegenüber reinen Informationen meint Wissen hier die Einbettung von Informationen in ein Muster von Erfahrungen und Erwartungen, so daß die Informationen in einer von diesen Erwartungshaltungen geprägten Art und Weise produktiv genutzt werden können. In der Regel werden diese Erfahrungen und Erwartungen in der Praxis geboren und setzen eine Fähigkeit der Kommunikation voraus. Wird ein solches Wissen in ein Muster von Entscheidungs- und Steuerungsregeln eingebunden und in diesem Kontext produktiv verwendet, so spricht man von Intelligenz. Intelligenz und Erfahrung entstehen dann, wenn Wissen in Handlungskontexte einfließt und Handlungskontexte einem selektiven, problemlösungsorientierten Entwurf unterworfen sind. Die den Chips, Videorecordern oder Softwareprogrammen inhärente Intelligenz ist daher darin begründet, daß sie wissenssensitive Handlungskontexte wie etwas Entwickeln, Kombinieren, Gestalten etc, in selektive Bahnen lenken, die einen höheren Professionalisierungsgrad oder eine höhere Produktivität ermöglichen. Gegenwärtig bauen die hochentwickelten Gesellschaften und viele private Firmen und Konsortien die herkömmlichen Telekommunikations-Infrastrukturen zu Hochleistungsdaten-netzen mit eingebauter Vermittlungs-, Schaltungs- und Koordinations-intelligenz aus. Durch die Zusammenschaltung dieser Netze entwickelt sich auf der einen Seite das Internet, als prinzipiell allgemein zugängliches Netz von Netzen mit globaler Reichweite. Es entstehen eine Vielzahl an proprietären globalen Netzen, die alle nur erdenklichen Dienste anbieten, von einfacher E-mail bis hin zur komplexen Finanztransaktion. Laufend kommen neue globale kabel- oder satellitengestützte Telekommunikationsnetze hinzu. Auf der anderen Seite diffundieren die hier zum Einsatz kommenden Technologien und Programme als Intranets in Organisationen, werden dort mit proprietären oder generischen Systemen der Gruppenarbeit (groupware), des Arbeitsprozeßmanagements (work flow management) und der Datenanalyse (data mining) angereichert und bereiten so den Boden für die wissensbasierte Arbeit, für das wissensbasierte Management und somit dem systemischen

Wissensmanagement. Diese Entwicklungen um die Kernprozesse Globalisierung, Digitalisierung und Vernetzung bilden den infrastrukturellen Kern der neuen Wissensgesellschaft.
Der Vorteil dieser Infrastruktur aus Netzwerken besteht darin, territorial ungebundene translokale Kommunikationen und Kooperationen zu erleichtern. Informationen und Erfahrungen können so schnell und kostengünstig gefunden, ausgetauscht und verwendet werden. In einer informations- und wissensabhängigen Gesellschaft wird sich diese Leistung auf eine ganze Reihe von Faktoren der Produktivität, Innovativität und mithin auf die Leistungs- und Wettbewerbsfähigkeit von Personen oder Organisationen auswirken. Der Aufbau solcher wissensbasierter Infrastrukturen entwickelt sich bereits gegenwärtig zum Motor der Transformation von der Industriegesellschaft zur Wissensgesellschaft. Er zeigt sich aber auch in dem zunehmenden globalen technologisch-ökonomischen Wettbewerb zwischen Personen, Organisationen und Nationen. Nur wenn es gelingt, auch die Suprastrukturen von Gesellschaften auf die Zwänge und Folgen der Auflösung von Raum und Zeit einzustellen, wird die Transformation der Infrastrukturen moderner Gesellschaften einigermaßen harmonisch verlaufen und nicht die teils verheerenden Konsequenzen haben, welche die Gesellschaft bereits im Übergang von der Agrargesellschaft zur Industriegesellschaft vielerorts durchgemacht hat.
Unter den Begriff Suprastrukturen fallen institutionelle Strukturen, Regel- und Steuerungssysteme und kulturelle Errungenschaften. Es zeichnet sich derzeit ab, daß gerade die klassischen Regel- und Steuerungssysteme unter massiven Druck geraten. Der Transformationsprozeß betrifft sowohl private Organisationen wie öffentliche Körperschaften, als auch national-staatlich organisierte Gesellschaften wie das gesamte internationale System. Dort werden die klassischen, historisch gewachsenen System- und Steuerungsmechanismen von einer alternativen Form der Systemsteuerung ersetzt. Hierarchien flachen allmählich ab und werden schrittweise zu Heterarchien umgebaut. Kleine, selbstständige Einheiten agieren flexibel und arrangieren sich mit anderen, am Organisationsprozeß beteiligten Einheiten. Die bis zum Exzess gereifte Arbeitsteilung, die funktionale Differenzierung und Spezialisierung im Kontext verschachtelter Bürokratien und Konzernverwaltungen, weicht einer eher ganzheitlichen und integrierten Aufgabenbewältigung durch einzelne Projektteams, temporäre Arbeitsgruppen, autonome Geschäftseinheiten oder lose gekoppelte Entwicklungsnetzwerke von Experten. Dadurch büßen die traditionellen Regelungs- und Steuerungsmedien wie Macht oder Geld ihre Wirksamkeit ein oder werden gar kontraproduktiv. Letzteres vor allem dort, wo Problemlösungen von neuen Ideen, Konzeptionen und Sichtweisen abhängen und wo der Prozeß der Problembearbeitung nur dann gelingt, wenn wohl proportionierte Regelverstöße, Dissens, Heterogenität und Widerspruch im Kontext einer Organisationskultur zugelassen sind. Eine solche gelebte Kultur ist von Kooperation, Vertrauen und Fehlertoleranz geprägt. Alle diese Aspekte zeigen, daß sich eine solche Kultur nicht erkaufen oder per Dekret anordnen und schon gar nicht befehlen läßt. Vielmehr muß eine solche Kultur aus der Anerkennung der Macht des Wissens und aus der Hochschätzung von Innovationen langsam wachsen und gesund gedeihen. Die kostbarste und knappste Ressource des zukünftigen Steuerungs- und Regelungssystems sind Wissen und Erfahrung.

Aber auch noch aus einer anderen Richtung geraten die bisherigen Steuerungssysteme unter Druck. War in den modernen Demokratien die Versorgung mit Infrastrukturen eine öffentliche Aufgabe (Straßen, Kanäle, Energieversorgung, Post und Telefondienste wurden in Form von öffentlichen Monopolen geschaffen und betrieben), konkurrieren und kooperieren nunmehr regionale, nationale, supranationale und globale Infrastruktursysteme mit- und untereinander. Öffentliche und private Systeme, Betreiber, Anbieter und Regulatoren konkurrieren und kooperieren dabei in wechselnden Rollen. Diese neuen Formen der Kooperation zwischen öffentlichen und privaten Akteuren, zeigen Auswirkungen auf das politische Handeln und auf die Frage der Steuerung dieses Handelns. Auch hier sind neue Architekturen von Suprastrukturen der Wissensgesellschaft gefordert.

Zusammenfassend läßt sich folgendes konstatieren. Durch die permanente Aufwertung von Produkten und Dienstleistungen zu wissensbasierten Gütern verlieren die herkömmlichen Produktionsfaktoren Land, Arbeit und Kapital gegenüber dem Wissen dramatisch an Bedeutung. Die sich bewährte kapitalistische Ökonomie mutiert dabei langsam und noch eher schleichend zu einer post-kapitalistischen, wissensbasierten Produktionsform. Während die herkömmlichen einfachen Formen der Arbeit von Maschinen übernommen oder in die noch übrig bleibenden Billiglohnländer exportiert werden, avanciert in modernen Gesellschaften die Wissensarbeit zu der relevanten und bedeutenden Form der Arbeit. Neben die traditionellen Infrastrukturen der Macht und der finanziellen Omnipotenz tritt das Wissen als Operationsbedingung und als notwendige Ressource. Wissen im allgemeinen und systemisches und organisationales Wissen im besonderen verändern die soziale Ordnung kontinuierlich. Die Umkehrung der Zeitorientierung von der Vergangenheit auf die Zukunft, welche die Gegenwart derzeit kennzeichnet, erfaßt auch das Medium des Wissens.

Von einer Wissensgesellschaft oder einer wissensbasierten Gesellschaft spricht man dann, wenn die Strukturen und Prozesse der materiellen und symbolischen Reproduktion von wissensabhängigen Operationen so durchsetzt sind, daß intelligente Daten- und Informationsverarbeitung gegenüber anderen Faktoren der Reproduktion dominieren. Eine weitere Voraussetzung der Wissensgesellschaft ist, daß dieses Wissen einem Prozeß der kontinuierlichen Revision unterworfen ist, stetig hinterfragt wird und damit Innovationen als alltäglicher aktiver Bestandteil der Wissensarbeit überhaupt erst möglich macht. In der Wissensgesellschaft durchdringen die Regelsysteme der kontinuierlich, revidierten Wissensbasierung jeden noch so versteckten und verborgenen Winkel der Alltagswelt. Insofern kann von einer Wissensgesellschaft nur dann gesprochen werden, wenn qualitativ neue Formen der Wissensbasierung und Symbolisierung alle wesentlichen Bereiche der Gesellschaft durchdringen. Die damit verbundene Veränderungsdynamik infiziert alle Lebensbereiche, gleicht einer Revolution, die über Wissensbasierung, Digitalisierung und Vernetzung die Produkte der Arbeit und die Arbeit selbst transformiert. Mit der zunehmenden Wissensbasierung wird die Steuerung von Handlungsketten voraussetzungsvoller und von elaborierten Programmen und Technologien abhängig, die keineswegs jedem zur Verfügung stehen. Es wird auf eine Verlagerung gesellschaftlicher Regelungs- und Steuerungssysteme von einer hierarchisch zentral plazierten Politik, zu verteilten, polyzentrisch geordneten Regelungs- und Steuerungskompetenzen dezentral vernetzter Systeme, Organisationen und Akteuren hinauslaufen.

2.2 Systemtheorie

Die Theorie von den Systemen taucht in der Literatur immer wieder unter verschiedenen Namen auf:
- Kybernetik,
- Konstruktivismus,
- Theorie der Selbstorganisation,
- Systemtheorie,

wobei diese Namensgebung jeweils davon abhängt, wo die Schwerpunkte der Auseinandersetzung liegen. Dabei ist die Systemtheorie, wie beispielsweise auch die Mathematik, eher eine universelle Theorie und damit zwischen den Wissenschaften als interdisziplinäre Wissenschaft einzuordnen. Der Ursprung der Allgemeinen Systemtheorien liegt in der Kybernetik, die selbst wiederum als Theorie aus interdisziplinären Gesprächen einer Arbeitsgruppe von Wissenschaftlern unterschiedlichster Fachrichtungen hervorging.

2.2.1 Ziel

Zahlreiche Einzelwissenschaften haben sich immer wieder die gleiche Frage gestellt, mit welcher Betrachtungsweise sie an die Wirklichkeit herangehen sollen, um die dahinterliegenden Theorien oder Gesetz-mäßigkeiten besser erfassen zu können. Mit dieser reduktionistischen Herangehensweise ist es ihnen bisher noch nicht in ausreichendem Maß gelungen, diese Wirklichkeit zu verstehen. Gerade in den Naturwissenschaften zeigt sich der Drang, die eher unübersichtliche Welt mit ihrer inhärenten Wirklichkeit in einzelne und immer kleinere Forschungsbereiche aufzuteilen, um damit die Sicht, die Antenne für das Ganze zu verlieren. Erschwerend kommt hinzu, daß eine interdisziplinäre Kommunikation durch diese Verzettelung zunehmend schwieriger wird. Dies führt dazu, daß unter Umständen das Rad zweimal erfunden wird, dieses jedoch unbesehen bleibt, weil man das Rad eben mit zwei Namen verkauft. Die Allgemeine Systemtheorie ist eine Formalwissenschaft, die sich zum Ziel gesetzt hat, die Prinzipien von ganzen Systemen zu untersuchen, unabhängig von der Art der Elemente, Beziehungen und Kräfte, die bestehen oder wirken und damit Bestandteile dieser Systeme sind. Mit diesem sind folgende Zielstellungen verbunden:
- Die Suche nach einem neuen, besseren Weg, die Wirklichkeit zu erfassen.
- Die Suche nach einer Möglichkeit, bruchstückhaftes Einzelwissen wieder sinnvoll in den Gesamtzusammenhang setzen zu können.
- Die Suche nach einer gemeinsamen Basissprache aller Wissenschaften, um eine Verständigung und einen Vergleich der Erkenntnisse zu ermöglichen.

> 🕮 Die Systemtheorie ist eine Metatheorie, deren Ziel es ist, Erscheinungen in ihrer Gleichartigkeit besser zu erkennen und dafür eine einheitliche Terminologie und Methodologie anzubieten.

2.2.2 Terminologie der Systemtheorie

Ein System besteht aus Elementen, Beziehungen und Kräften und wird durch diese vollständig charakterisiert.

> Ein System wird daher im folgenden als eine Menge von atomaren Elementen definiert, die auf irgendeine Art und Weise miteinander in Beziehung stehen.

Diese Definition legt nicht die Art der Systemelemente oder die Art ihrer Beziehungen zueinander, noch ihre Anordnung, ihre Intension, ihren Sinn oder die Art ihrer Beziehung zu ihrem Umfeld fest. Damit wird zum Ausdruck gebracht, daß es sich bei der Definition eines Systems um eine sehr formale Festlegung handelt, die einerseits auf sehr viele Sachverhalte zutrifft, andererseits einer weiteren Präzisierung ihrer Bestandteile bedarf, um gegebenenfalls ein noch besseres Verständnis zu erreichen.

Als atomares Element eines Systems kann zunächst einmal jener Teil verstanden werden, den man nicht weiter aufteilen will oder kann. Dabei kann ein System immer auch Bestandteil eines größeren, systemumfassenden Supersystems sein. Gleichzeitig können die atomaren Elemente eines Systems wiederum ein Subsystem abbilden.

> ☞ So bildet beispielsweise ein Bienenvolk ein soziales System ab, das aus einzelnen Elementen, den Bienen, besteht. Die Bienen wiederum stellen ein organisches System dar. Somit ist der Organismus der Biene ein Subsystem im Verhältnis zum sozialen System des Bienenvolkes. Ein, das System des Bienenvolks umgebendes Supersystem, ist beispielsweise durch die sie umgebende Flora und Fauna gegeben.

Damit wird deutlich, daß die Begriffe Super- und Subsystem relativ zu ihrer jeweiligen Bezugsebene sind und für sich allein genommen noch keine Hierarchiestufen darstellen. Erst im Gesamtkontext, im Zueinander-In-Beziehung-Setzen verschiedener Systemkategorien, ergibt sich erst eine sinnvolle Systemrelation.

> Unter dem Begriff der Beziehung ist eine Verbindung zwischen Systemelementen zu verstehen, welche das Verhalten der einzelnen Elemente und des gesamten Systems potentiell beeinflussen können.

Die Grenzen zwischen System und Nicht-System lassen sich aufgrund der Beziehungen ausmachen. So kann es zu einem Beziehungsübergewicht kommen, wenn innerhalb der Gesamtheit eines Systems ein größeres Maß an Beziehungen zwischen den einzelnen Elementen besteht, als von der Gesamtheit des Systems zu seinem Umfeld. Man kann sich dabei die Grenzen des Systems als Ellipse vorstellen, wo die Interaktionen im Inneren dieser Ellipse beispielsweise in Form von Kräften, Energien oder Kommunikationen stärker sind, als Interaktionsflüsse, die diese Systemgrenze überschreiten.

Systemtheorie 25

> ☞ Somit kann ein Haufen Sand nicht als System angesehen werden. Ein Atom hingegen bildet ein System ab, da seine Elementarteilchen in einem geordneten Wirkungsgefüge zueinander in reger Beziehung stehen. In diesem Sinne stellt jede Pflanze, jedes Tier und die Gesellschaft ein System dar.

Die sehr allgemein gehaltene Definition des Systembegriffes ermöglicht eine breite Anwendbarkeit der Systemtheorie als Formalwissenschaft. Einerseits hat dies den Vorteil, daß sich nahezu alle potentiellen Untersuchungsobjekte des Alltags als Systeme beschreiben lassen. Anderseits darf man dabei nicht den Nachteil übersehen, daß die Kennzeichnung eines Untersuchungsobjekts als System noch nicht all zuviel über dieses Untersuchungsobjekt aussagt. Es ist daher notwendig, Systeme über ihre Eigenschaften näher zu charakterisieren. Das charakteristische Kennzeichen eines Systems, ist die Tatsache, daß Systeme gegenüber ihrem Systemumfeld abgegrenzt werden müssen. Die Frage der Grenzziehung ist im entscheidenden Maße dafür verantwortlich, was im jeweiligen Untersuchungszusammenhang als System, Sub-, oder Supersystem betrachtet werden muß. Wenn man auf diese Art und Weise sein System definiert hat, setzt man gleichzeitig damit voraus, daß die einzelnen Systemelemente untereinander Beziehungen pflegen und/oder aufrecht erhalten.

Wenn die Systemgrenze durchlässig ist, einzelne Systemelemente demzufolge Beziehungen zu ihrem Systemumfeld unterhalten, spricht man von einem offenen System. Im gegenteiligen Fall spricht man hingegen von einem geschlossenen System. Als direkte Konsequenz kann hieraus gefolgert werden, daß geschlossene Systeme keinem übergeordneten Supersystem angehören. Andererseits können offene Systeme Bestandteil eines umfassenden Supersystems sein. Sie können aber beispielsweise auch gleichberechtigt neben anderen Systemen stehen und zu diesen Beziehungen unterhalten, die sich nicht eindeutig einem übergeordneten Supersystem zurechnen lassen. Die Offenheit beziehungsweise Geschlossenheit von Systemen sind dimensionale Eigenschaften, die mit unterschiedlichem Ausprägungsgrad vorkommen können. Dabei wird der Ausprägungsgrad vom Ausmaß der Eingabe beziehungsweise der Ausgabe bestimmt, die aus dem Interaktionsprozeß zwischen System und Systemumfeld resultieren. Letzteres bringt man zum Ausdruck, indem man von relativ offenen, respektive relativ geschlossenen Systemen spricht.

> ☞ Lebensfähige Systeme lassen sich beispielsweise als relativ offene Systeme kennzeichnen. Hingegen können technische Maschinen als relativ geschlossene Systeme angesehen werden. Die Sichtweise und Ausgestaltung der Organisation als Maschine hat damit direkte Auswirkungen auf die Überlebensfähigkeit des Systems Organisation.

Die Dynamik wird innerhalb der Systemtheorie als Prozeß aufgefaßt, bei dem sich durch eine Bewegung oder ein bestimmtes Verhalten etwas verändert. Es wird dabei zwischen einer äußeren und einer inneren Dynamik streng unterschieden. Dabei bezieht sich die innere Dynamik auf die Aktivität der Systemelemente und ihrer Beziehungen untereinander, während sich die äußere Dynamik auf das Verhalten und die Eingabe-Ausgabe-Beziehungen des Systems gegenüber seinem Umfeld konzentriert. In diesem Punkt wird wiederum deutlich, daß Systeme mehr sind als eine willkürliche Ansammlung von einzelnen Systemelementen. Die innere Struktur eines Systems sagt allein noch nichts über dessen Verhalten aus. Überlebensfähigkeit von Systemen heißt deshalb in diesem Zusammenhang auch nicht, eine bestimmte Struktur am Leben zu erhalten, sondern dessen Identität zu bewahren. Der kontinuierliche Wandel des Systems ist als laufender Prozeß der Dynamik zu verstehen und im Falle einer Organisation unbedingt am Leben zu erhalten.

> ☞ Lebensfähige Systeme sind immer auch relativ dynamische Systeme, während eine Maschine ein relativ statisches System darstellt.

Determinierte Systeme sind solche Systeme, deren Systemelemente in vollständig voraussagbarer Weise aufeinander einwirken. Determinierte Systeme lassen sich daher in ihrem zukünftigen Verhalten, unabhängig davon, ob sie statisch oder dynamisch sind, genau vorausberechnen. Im Gegensatz dazu sind bei probabilistischen Systemen keine strengen Voraussagen möglich, es können vielmehr lediglich Voraussagen mit einer gewissen Wahrscheinlichkeit gemacht werden. Damit wird deutlich, daß Voraussagen über das Verhalten von Systemen vom Wissen über diese Systeme abhängig sind. Determiniertheit und Probabilistik als Gegensatzpaare sind dimensionale Eigenschaften von Systemen. Der Grad der Ausprägung wird durch das Maß an exakter Vorhersagbarkeit des Systemverhaltens festgelegt. Das Ausmaß an Undeterminiertheit wird mit dem mathematischen Ausdruck des Freiheitsgrades eines Systems bestimmt

> Der Freiheitsgrad eines Systems ist definiert als die Anzahl der Möglichkeiten sich zu verändern.

Demzufolge nehmen mit der Anzahl der Freiheitsgrade auch die Komplexität und strukturelle Plastizität des Systems zu. Gleichzeitig reduziert sich im selben Maße die relative Determiniertheit des Systems.

> ☞ So hat das System Zug einen Freiheitsgrad von 1: vorwärts und rückwärts. Das System Schiff hat einen Freiheitsgrad von 2: vorwärts, rückwärts und seitlich. Das System Flugzeug einen Freiheitsgrad von 3: vorwärts, rückwärts, seitlich, und oben oder unten.

Das kennzeichnende Merkmal selbstorganisierender Systeme ist, daß die einzelnen Systemelemente ohne zentrale Steuerungsinstanz, ohne übergeordnete Systemeinheit, sich selbst ihre Beziehungen zueinander und ihr Systemverhalten koordinieren. Strukturdeterminierte Systeme können sich ausschließlich innerhalb einer bestimmten Variation ändern, die durch die innere Organisation und Struktur der Systeme determiniert wird. Damit beschreiben diese beiden Eigenschaften die Veränderungsfähigkeit von Systemen. Veränderungen eines Systems sind in zweierlei Art und Weise möglich: Entweder es kommt zu Zustandsveränderungen oder das System löst sich auf. Wiederum betonen diese beiden Eigenschaften nicht die einzelnen Systemelemente, sondern die innere Ordnung und Struktur, die Beziehungen dieser Systemelemente untereinander. Die Strukturdeterminiertheit kann als das Regelwerk aufgefaßt werden, die die Spielregeln der Veränderungsprozesse von Systemen festlegt. Innerhalb dieser Spielregeln kann allerdings Selbstorganisation stattfinden. Es können sich aber auch die Spielregeln ändern, falls es sich nicht nur um ein strukturdeterminiertes, sondern auch um ein dynamisches System handelt. Selbstorganisation und Strukturdeterminiertheit sind dichotomische Systemeigenschaften. Lebensfähige Systeme kommen weder ohne das eine, noch ohne das andere aus. Sie müssen strukturdeterminiert sein, um selbstorganisierenden Prozessen eine dem System innewohnende Richtung zu geben, und damit Auflösung und Chaos vorzubeugen. Sie müssen selbstorganisierend sein, um innerhalb eines komplexen und dynamischen Umfelds bestehen zu können, da eine Kontrolle ausschließlich durch eine zentrale Einheit in komplexen Umfeldern nicht möglich ist. Sie sind immer auch offene Systeme und stehen daher in ständigen wechselseitigen Austauschbeziehungen zu ihrem Umfeld. Deren Verhalten resultiert nicht ausschließlich aus dem Verhalten der einzelnen Systemelemente, sondern aus seiner ganzheitlichen Struktur. Lebensfähige Systeme sind zusätzlich einem hohen Grad an Varietät und Veränderung unterworfen, damit zur Aufrechterhaltung ihrer Lebensfähigkeit fähig. Damit sieht sich deren Identität einer kontinuierlichen Veränderung ausgesetzt.

> ☞ So ist beispielsweise das menschliche Gehirn ein sowohl strukturdeterminiertes als auch ein selbstorganisierendes System. Es ist strukturdeterminiert, da es erstens nur Daten bewußt als Informationen wahrnehmen kann, wenn dies den bisherigen Wissensstrukturen nicht widerspricht. Es kann zweitens neues Wissen nur dann verankern, wenn altes Wissen diesen direkten Bezug zum neuen Wissen herstellen kann. Das menschliche Gehirn ist selbstorganisierend, da keine zentrale Steuerungseinheit ermittelt werden kann und deren Existenz aufgrund der vorliegenden Erkenntnisse und Experimente der Konnektionisten aus heutiger Sicht äußerst unwahrscheinlich erscheint.

Adaptive Systeme haben die Eigenschaft, Veränderungen außerhalb ihrer Systemgrenzen wahrzunehmen und sich diesen, soweit möglich, durch eigene Veränderungsprozesse anzupassen. Das System verändert sein Verhalten so, daß sich ein Gleichgewichtszustand zwischen System und Umwelt einspielt. Adaptive Systeme folgen damit einem klassischen Modell der individuellen Lerntheorie.
Lernfähige Systeme besitzen zusätzlich zur adaptiven und damit reaktiven, eine sogenannte antizipative Lernfähigkeit, die sowohl systemexterne Veränderungsprozesse vorwegnehmen, als sie auch beeinflussen kann. Eine bedeutsame Rolle spielen in diesem Zusammenhang das aktive Suchen und Auswerten von Informationen über die Umwelt. Diese Informationen werden vom System wahrgenommen, als Wissen in den Strukturen des Systems gespeichert und führen damit langfristig zu einer Wissensbasis des Systems über mehr oder weniger erfolgreiche Verhaltensänderungen. Mit Hilfe dieser Wissensbasis kann das System nicht nur auf Umfeldinformationen reagieren, sondern auch künftige Umwelt- und Umfeldentwicklungen vorwegnehmen und damit antizipieren. Adaptivität und Lernfähigkeit sind dichotomische Systemeigenschaften. Lebensfähige Systeme sind immer mindestens auch adaptive

Systeme. Das Ausmaß ihrer strukturellen Veränderlichkeit entscheidet dabei über den Grad ihrer Überlebensfähigkeit.

> ☞ Pflanzen sind beispielsweise adaptive Systeme, die auf Umfeldveränderungen durch strukturelle Veränderung reagieren können (Größe, Ausrichtung, etc.). Menschen sind lernfähige Systeme, die durch ihre Wahrnehmungsfähigkeiten und ihre Gehirnkapazität bedingt antizipatives Verhalten zeigen können.

Die zukünftige Ressource wird nicht Geld oder Kapital, nicht Maschinen oder Materialien und auch nicht Mitarbeiter und Menschen punktuell und selektiv sein, sondern sich erst durch deren Komplexität konstituieren. Größen, wie beispielsweise Gewinn, Umsatz, Cash-Flow, Investitionen, Produkte, Preise, Kunden, Gehälter und Arbeitszeiten stellen lediglich eine kleine Auswahl von Manifestationen von Komplexitäten dar und damit nur eine Form, in der sich Komplexität zeigt.

> Komplexität wird als die besondere Eigenschaft definiert, viele Zustände annehmen zu können.

Innerhalb der Kybernetik wird die Komplexität mit der Maßgröße der Varietät ausgedrückt

> Die Varietät definiert die Anzahl der möglichen Zustände eines Systems.

Mathematisch läßt sich die Varietät mit folgender Formel berechnen:

$$V = Z^n$$

V = Varietät,
n = Anzahl der Elemente
Z = Anzahl möglicher Zustände pro Element

Das sogenannte Ashby-Gesetz der Varietät besagt nun, daß nur Varietät Varietät zerstören kann. Dieses Varietätsgesetz ist für die weitere Gestaltung, Lenkung und Entwicklung von komplexen Systemen von fundamentaler Bedeutung. Das Gesetz veranschaulicht nämlich damit, daß es nahezu unmöglich erscheint, ein so komplexes System, wie das der Organisation, mit relativ einfachen Mitteln unter Kontrolle zu bringen. So wie ein Neurobiologe niemals genau im nachhinein erfassen, geschweige denn im vorhinein, kontrollieren kann, welche prägenden Erlebnisse die Gehirnstruktur eines Menschen maßgeblich beeinflußt haben, um damit indirekt seine Wahrnehmungsfähigkeit, seinen Lerntyp und seine Persönlichkeit bestimmt zu haben, so kann ein Manager aufgrund seiner mangelnden Varietät nicht alle Prozesse innerhalb einer Organisation unter Kontrolle halten. Es macht aus dieser Sicht daher wenig Sinn, die Dinge unbedingt und „koste es, was es wolle" unter Kontrolle halten zu wollen. Vielmehr muß nach geeigneten und wirkungsvollen, intelligenten Steuerungs- und Regelungsmechanismen gesucht werden, um den Wirkungsgrad in der Organisation zu verbessern und damit letztlich die Überlebensfähigkeit der Organisation zu erhöhen.

> ☞ Ein Leuchtsystem besteht aus fünf Glühbirnen, von denen jede leuchten (ein) oder nicht leuchten (aus) kann. Die Varietät berechnet sich laut Formel aus $V = 2^5 = 32$.

> Organisationen sind mit Rollen verknüpfte Strukturen gegenseitiger Erwartungen, welche genau festlegen, was jedes Mitglied von anderen Mitgliedern und auch von sich selbst erwarten soll.

Aus dieser Definition wird neben den wissenschaftsprogrammatischen Grundannahmen deutlich, daß der Begriff der Organisation auf dreierlei Art und Weise verstanden werden kann:

- **Institutionelle Perspektive**: Organisation als zielgerichtetes soziales Gebilde mit bestimmten Merkmalen (Mitglieder, Rollen, Identität, Macht, Dauerhaftigkeit, etc).
- **Strukturelle Perspektive**: Organisation als Struktur, d.h., als Art und Weise der Beziehungen zwischen den Elementen dieses sozialen Systems.
- **Funktionale Perspektive**: Organisation als Tätigkeit des Organisierens.

In weiterem Verlauf dieses Buches wird der Schwerpunkt auf ein Organisationsverständnis gemäß der institutionellen Perspektive liegen, wenn auch strukturelle und funktionale Aspekte nicht völlig ausgeklammert bleiben sollen. Die Organisation als zielgerichtetes, soziales, komplexes und lernfähiges System umfaßt dabei zunächst als Oberbegriff jene Institutionen, wie beispielsweise Organisationen, Non-Profit-Organisationen, Militär usw., die Menschen zwecks Erreichung eines solchen Zieles zusammenfassen und koordinieren, das jeder einzelne Mensch allein auf sich gestellt, nicht erreichen könnte.

2.3 Managementlehre und Kybernetik

Obwohl es insbesondere in letzter Zeit vermehrt Bestrebungen gibt, die Managementlehre in die Betriebswirtschaftslehre zu integrieren oder beide Wissenschaften gar als identisch zu bezeichnen, so erscheint es doch wenig sinnvoll, eine gewaltsame Integration von Management- und Betriebswirtschaftslehre zu versuchen. Vielmehr muß man der Entwicklung der Wirtschaftswissenschaften Rechnung tragen, die sich in den letzten Jahren von der einseitig ausgerichteten, differenzierenden Betriebswirtschaftslehre zur ganzheitlich orientierten, integrierenden Organisationsführungslehre entwickelt hat.

2.3.1 Managementlehre

Die Anfänge der Managementlehre in der angloamerikanischen Literatur liegen am Ende des 19 Jahrhunderts. Am 26. Mai 1886 hielt Henry Towne, der Präsident der American Society of Mechanical Engineers, eine Rede zum

Thema "The Engineer as an Economist" vor den Mitgliedern dieser im Jahre 1880 gegründeten Vereinigung. Diese Rede wird heute von den Management-Historikern als die Grundlegung der Managementlehre gesehen. Hingegen können im deutschsprachigen Raum erste, vereinzelte Veröffentlichungen erst in den 30er Jahren gefunden werden.

Der Begriff Management im Sinne einer Organisationsführung wird im wesentlichen in zwei Ausprägungen definiert:

- **Management im institutionalen Sinne**: als Beschreibung der Personengruppen, ihrer Rollen und Tätigkeiten.
- **Management im funktionalen Sinne**: als Beschreibung der Funktionen, die in Organisationen als komplexe, lernfähige Systeme entstehen.

In diesem Buch stehen funktionale Aspekte des Managements im Mittelpunkt des Interesses. Die funktionale Sichtweise eröffnet den Zugang zu einer breiten Masse an unterschiedlichen Ansichten über diejenigen Ziele, die ein Managementsystem unbedingt zu erfüllen hat. Sie reichen von ökonomischen bis hin zu verhaltenswissenschaftlich geprägten Ausrichtungen, von der Orientierung am Handeln von Entscheidungsträgern bis hin zur Konzentration auf Systeme und den in ihnen agierenden Elementen und Strukturen, von konstruktivistisch-technomorphen bis hin zu systemisch-evolutionären Ansätzen.

- Konstruktivistisch-technomorphes Management:
    - ist Menschenführung,
    - ist Führung weniger,
    - ist Aufgabe weniger,
    - ist auf Optimierung ausgerichtet,
    - hat im großen und ganzen ausreichende Informationen,
    - hat das Ziel der Gewinnmaximierung.
- Systemisch-evolutionär:
    - ist Gestaltung und Lenkung ganzer Institutionen in ihrer Umwelt,
    - ist Führung vieler,
    - ist Aufgabe vieler,
    - ist auf Steuerbarkeit ausgerichtet,
    - hat nie ausreichende Information,
    - hat das Ziel der Maximierung der Lebensfähigkeit.

Der konstruktivistisch-technomorphe Ansatz geht grundsätzlich von ökonomisch vernünftig handelnden Individuen aus (homo oeconomicus) und unterstellt einfach, daß alle Probleme grundsätzlich lösbar sind. Es ist daher auch alles machbar und unter Kontrolle zu bringen. Im Gegensatz dazu gehen systemisch-evolutionäre Ansätze davon aus, daß eine vollständige Kontrolle des komplexen Systems Organisation eher unmöglich ist. Diese Ansätze stellen daher spontan selbstorganisierende Ordnungen nach dem Vorbild lebender Organismen in den Mittelpunkt ihrer Überlegungen. Erkenntnisse aus der Biologie, der System- und Chaostheorie werden auf die Managementlehre gewinnbringend und erkenntniserweiternd übertragen. Damit muß die Idee der vollständigen Planbarkeit und Kontrolle aber aufgegeben werden. Unter betriebswirtschaftlich "idealistischen" Bedingungen führt der konstrukti-vistischtechnomorphe Ansatz zu besseren Problemlösungen. In der Realität sind diese Bedingungen jedoch nur sehr selten anzutreffen. Oberstes Ziel ist demnach die Maximierung beziehungsweise die Optimierung der Überlebensfähigkeit des Systems der Organisation. Nach der Theorie von Maturana/Varela hängt die Überlebensfähigkeit eines Systems von der Aufrechterhaltung seiner autopoietischen Organisation ab. Der Verlust der Autopoiese ist deshalb gleichbedeutend mit dem Tod des Systems. Die Aufrechterhaltung einer autopoietischen Organisation des Systems hängt wiederum vom Grade der Plastizität seiner Struktur und damit von dem Ausmaß der Veränderungsfähigkeit seiner Struktur in Bezug auf das angrenzende Systemumfeld ab. Die Plastizität der Struktur entscheidet, ob eine Modifikation der systemeigenen Struktur innerhalb des erforderlichen und vom Umfeld vorgegebenen Ausmaßes möglich ist. Kann das System diese Kompensation, die von Perturbationen des Umfelds ausgelöst wird, nicht im erforderlichen Maße durchführen, verliert es die Überlebensfähigkeit in seinem relevanten Umfeld. Die Organisation tritt mit seinem Umfeld über seine Struktur "strukturdeterminiert" in Beziehung. Strukturelle Koppelung ist das Ergebnis einer dynamischen und rekursiven Stabilität. Diesen scheinbaren Widerspruch löst Vester im Begriff des Fließgleichgewichts auf.

> Er versteht dabei unter einem Fließgleichgewicht ein dynamisches Gleichgewicht eines Systems, bei dem das System bei Perturbationen je nach deren Stärke entweder in das alte Gleichgewicht zurückkehren oder in einen neuen Gleichgewichtszustand überführt werden kann.

Die Gefahr der völligen Stabilität, d.h., dem dauerhaften Verharren in einem Gleichgewichtszustand, als einem Extrem, oder der völligen Instabilität, d.h., dem ständigen Ungleichgewicht, erklärt in diesem Zusammenhang die Bedeutung des Fließgleichgewichts. Dabei hat sich das Management im wesentlichen auf die Aufrechterhaltung von vier Fließgleichgewichten zu konzentrieren:

- **finanzwirtschaftliches Fließgleichgewicht**: Erwartungen der Eigenkapital- und Fremdkapitalgeber,
- **güterwirtschaftliches Fließgleichgewicht**: Erwartungen der Lieferanten und Kunden,
- **personalwirtschaftliches Fließgleichgewicht**: Erwartungen der Gesellschaft und Mitarbeiter.
- **informationswirtschaftliches Fließgleichgewicht**: Erwartungen der Wissenschaft und des Marktes

Insbesondere das informationswirtschaftliche Fließgleichgewicht droht dabei in letzter Zeit in einen dauerhaften und damit zerstörerischen Ungleichgewichtszustand überzugehen. Aus diesem Grunde erscheint eine Konzentration auf die Aufrechterhaltung des informationswirtschaftlichen Gleichgewichts von besonderer Bedeutung für die zukünftige Überlebensfähigkeit von Organisation zu sein.

Funktionen des Managements tragen in ihrer Gesamtheit dazu bei, die Ziele des Managements zu erfüllen und sind deshalb fester Bestandteil eines jeden, wie auch immer gearteten Führungssystems. Dabei gilt die Organisationspolitik als Kernaufgabe jeder Organisationsführung. Um diesen Kern herum lassen sich die folgenden Mittel der Organisationspolitik anordnen:

- Planung,
- Organisation,
- Koordination,
- Kontrolle,
- Information.

Planung, Organisation, Koordination, Kontrolle und Information sind dabei als Mittel der Organisationspolitik aufzufassen. Es dominiert damit eine reduktionistisch-technomorphe Sichtweise der Organisation, die eine totale Planbarkeit und ein ökonomisch rational handelndes Subjekt, eben einen "homo oeconomicus" unterstellt.

> ℵ Unter Organisationspolitik versteht man die Aufgabe, Entscheidungen grundsätzlicher Art für die Organisation zu fällen.

Im Gegensatz findet man im systemtheoretischen Modell des Managements originäre und derivative Funktionsbereiche der Organisationsführung. Unter den originären Funktionen der Organisationsführung faßt man die externe und interne Harmonisation zusammen. Die externe Harmonisierung stellt das Management vor die Aufgabe, Organisation und Organisationsumfeld so miteinander in Einklang zu bringen, daß eine Harmonie hergestellt werden kann. Im Gegensatz dazu sollen bei der internen Harmonisierung die unternehmerischen Subsysteme miteinander in Einklang gebracht werden. Die Harmonisierungsaufgabe wird durch Integration und Koordination als originäre Führungsfunktion verwirklicht.

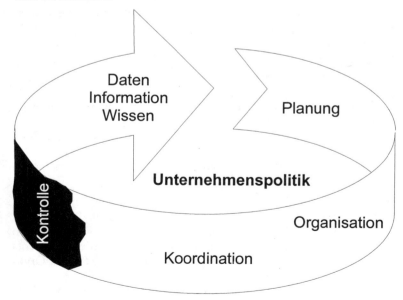

Abbildung 2-5 : Grundfunktionen der Organisationsführung

Die alleinige Konzentration auf Harmonisierung hat jedoch den entscheidenden Nachteil, daß durch Harmonisierung noch keine systematische Erhöhung der strukturellen Plastizität der Organisation und damit keine Systementwicklung unweigerlich entstehen muß. Harmonisierung ist zwar eine notwendige, aber keine hinreichende Voraussetzung zur Schaffung autopoietischer Organisationsstrukturen. Systementwicklung in Form von positiver Selbstverstärkung, bei gleichzeitiger Steigerung der strukturellen Plastizität, tritt gerade auch dann in Erscheinung, wenn das System in bewußter oder unbewußter Mißachtung seines Umfeldes und seiner inneren Strukturen, seine eigenen Grenzen zieht und damit seine eigene Identität erzeugt. Die eigene Identität einer Organisation besteht aus ihren grundlegenden Werten, Glaubenssätzen und Normen. Diese bilden das Fundament der jedem System immanenten Fokussierung und damit gleichzeitig die Grundlage, auf der strukturelle Plastizität entstehen kann. Da das oberste Ziel der Organisationsführung in einer Optimierung der Überlebensfähigkeit ist, dienen daher neben der Harmonisierungsaufgabe auch bewußt externe Differenzen, ausgelöst durch die das System charakterisierende Strukturdeterminiertheit und interne produktive Konflikte, einer Steigerung der strukturellen Plastizität. Aus diesem Grunde muß man die originäre Aufgabe des Managementsystems weiterfassen und sie in der Systementwicklung als positive Selbstverstärkung der strukturellen Plastizität sehen. Neben den originären Funktionen lassen sich derivative Funktionsbereiche der Organisationsführung formulieren, die in arbeitsteiligen Handlungsprozessen zur Erfüllung der originären Harmonisierungsaufgaben dringend erforderlich sind.

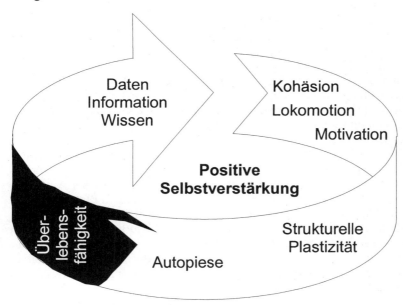

Abbildung 2-6 : Selbstverstärkung als Systementwicklung

Es sind dies vor allem die drei Führungsfunktionen der
- Lokomotion,
- Motivation,
- Kohäsion.

Dabei stellt die Lokomotion eine sachlich-rationale Funktion, die Motivation und Kohäsion hingegen eine sozio-emotionale Funktion der Führung dar. In die Lokomotionsfunktion sind alle diejenigen Aktivitäten einzuordnen, welche in einem instrumentellen, zielorientierten Sinne die Aufgabenerfüllung begünstigen und sich in Aktionen der Bildung, Durchsetzung und Sicherung eines Führungswillens niederschlagen. Aus der Lokomotionsfunktion kann die Gestaltungs- und Lenkungsaufgabe in direkter Art und Weise abgeleitet werden. Organisationsführung heißt, das System Organisation aktiv zu gestalten und konsequent zu Zielen zu lenken. Das System Organisation gestalten bedeutet in diesem Zusammenhang einen solchen strukturellen Rahmen zu schaffen, der es dem System ermöglicht, über seine Zweckerfüllung hinaus überlebens- und entwicklungsfähig zu bleiben. Der Systementwicklungsprozeß selber bildet als positive Selbstverstärkung den umhüllenden Mantel der Gestaltungs- und Lenkungsfunktionen und ist gleichzeitig doch wiederum selbst Gestaltungs- und Lenkungsobjekt auf einer Metaebene. Die Forderung, Organisationen zu Zielen zu lenken, beinhaltet neben dem Zielvereinbarungsprozeß auch das Beschreiben, Festlegen und Kontrollieren zielgerichteter Aktivitäten des Systems beziehungsweise seiner einzelnen Subsysteme und Elemente. Lenken ist dabei der Oberbegriff von Feedback-orientierter Regelung und feedforward-orientierter Steuerung. Lenkung im Sinne von etablierten Verhaltensmustern beinhaltet immer auch eine Komplexitätsreduktion. Die sozio-emotionale Kohäsionsfunktion hat die Aufgabe, den Zusammenhalt der einzelnen Subsysteme und Elemente des Systems Organisation zu stärken und seine Konnektivität zu erhöhen. Die ebenfalls sozio-emotionale Motivationsfunktion hat die Aufgabe, die Systemmitglieder zur Aufgabenerfüllung und Systementwicklung zu bewegen. Eine weitere wesentliche Herausforderung des Managementsystems ist in der Verknüpfung der sachlich-rationalen Funktion der Lokomotion mit der sozio-emotionalen Ebene der Kohäsion und Motivation zu sehen.

Aus den Zielen des Managements kann abgeleitet werden, daß die Aufrechterhaltung der autopoietischen Organisationsstruktur über die zukünftige Überlebensfähigkeit eines Systems entscheidet. Die Aufrechterhaltung der Autopoiese wird aber wiederum durch eine Steigerung der strukturellen Plastizität langfristig gesichert. Die Erhöhung der strukturellen Plastizität geschieht durch die Führungsfunktionen der Lokomotion, Kohäsion und Motivation. Aus diesem Grunde lassen sich aus dem Ziel der Optimierung der Überlebensfähigkeit vier Phasen in Form eines organisationalen Regelkreises des Überlebens ableiten. Die positive Selbstverstärkung ist in diesem Zusammenhang als Entwicklung des Systems Organisation zu sehen. Die Aufrechterhaltung des Regelkreises ist daher eine Gestaltungs- und Lenkungsaufgabe des Managements auf der Metaebene.

Managementlehre und Kybernetik

> Im folgenden wird unter dem Begriff des Managementsystems die Gesamtheit der Funktionen zusammengefaßt, die im System der Organisation zur Optimierung seiner Überlebensfähigkeit erfüllt werden müssen, und die sich insbesondere in der Systemeigenschaft der Autopoiese und der strukturellen Plastizität der Organisation niederschlagen.

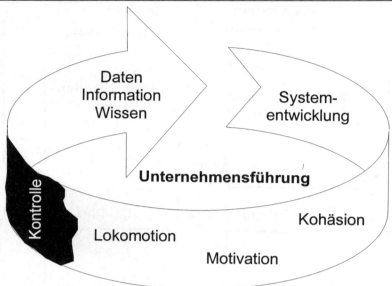

Abbildung 2-7 : Systemtheoretische Organisationsführung

2.3.2 Managementkybernetik

Die Betriebswirtschaftslehre betrachtet eine Organisation als eine funktionale Einheit der Volkswirtschaft mit dem Ziel der Gewinnmaximierung. Sie hat sich bis heute sukzessive ausgebaut und im Rahmen der allgemeinen Betriebswirtschaftslehre auch Managementkonzepte für organisatorischen Wandel hervorgebracht. Die Managementkybernetik entstand in den 60er Jahren in Verbindung der Systemtheorie mit der Kybernetik zweiter Ordnung. Sie hat sich zum Zweck gemacht, die Lebensfähigkeit der Organisation zu erhalten, sowie deren Entwicklung zu steigern. Die Managementkybernetik betrachtet eine Organisation als Teil der Gesellschaft, als ein sozioökonomisches Subsystem mit dem Zweck der Wohlstandsoptimierung. Dabei gilt zu beachten, daß die Betriebswirtschafts-lehre in ihr aufgehoben und damit in ihr enthalten ist.

Wissenschaftler mit betriebswirtschaftlicher und Wissenschaftler mit managementkybernetischer Anschauung erforschen parallel ähnliche Problemstellungen und verbreiten gleichzeitig Konzepte zu denselben Themen. Die Annahmen beider Richtungen sind jedoch grundsätzlich verschieden. Die Grundannahmen der Betriebswirtschaftslehre sind das Primat der Wirtschaftlichkeit und das ökonomische Prinzip.

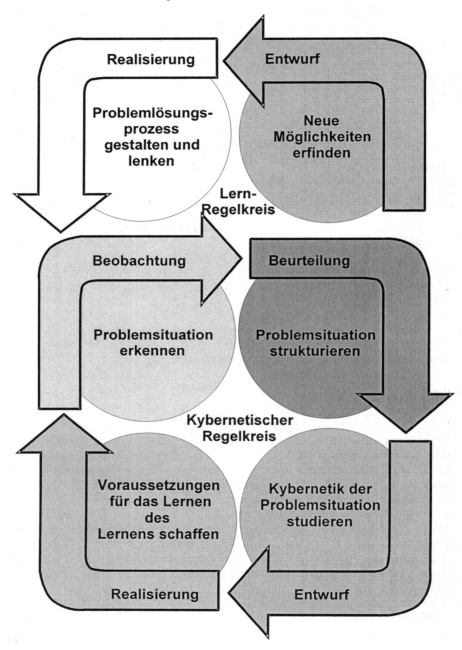

Abbildung 2-8 : Kybernetisches Modell

Sie beschäftigt sich vorwiegend mit Fragen der Effizienz. Ihre Methoden sind vorwiegend quantitativ orientiert und denen der Volkswirtschaftslehre ähnlich. Sie untersucht zudem die Beziehungen und Wechselwirkungen einer Organisation, mit deren Umwelt in allen relevanten Dimensionen. Eines kommt nunmehr erschwerend hinzu: Es besteht keine allgemein akzeptierte Theorie der Organisation und keine einheitliche Sprache. Unklare Begriffe führen zu Interpretationsschwierigkeiten in der Forschung und zu Mängeln in der Entwicklung von Managementkonzepten. Die Folge sind ein Überangebot an allgemeinen Konzepten und oft eine ungenügende Eignung für deren Umsetzung. Um diesem vorzubeugen, werden die für die Managementkybernetik wesentliche Begriffe definiert. Die Managementkybernetik beschäftigt sich mit Fragen der Effizienz und der Effektivität. Ihre Methoden sind quantitativ und qualitativ. Eine Organisation ist ein offenes, sozioökonomisches System und als solches eingebettet in seine Umwelt. Eine Organisation ist in mehrere zusammenhängende Umfelder eingebettet. Diese Umwelt besteht aus verschiedenen Sphären (ökonomische, soziokulturelle, juristische, technologische und ökologische), mit denen sich eine Organisation austauscht. Umfeld und Milieu meinen den Ausschnitt der Umwelt, der für eine Organisation besonders relevant ist. Management ist die Gestaltung, Lenkung und Entwicklung einer Organisation. Es ist dabei zu differenzieren zwischen normativem, strategischem und operativem Management. Die Struktur einer Organisation entsteht aus der Beziehungsstruktur und der Prozeßstruktur. Die Beziehungsstruktur ist eine zweckmäßige Ordnung von Menschen und Anlagen und kann in Subsysteme gegliedert werden. Die Prozeßstruktur verbindet einzelne Aktivitäten zur Erreichung der Ziele eines Prozesses. Die Folge der Aktivitäten bildet den Prozeß.

Die Kultur in einer Organisation ist ein System grundlegender Annahmen über die zweckmäßige Art wahrzunehmen, zu denken und zu empfinden. Diese Annahmen prägen gemeinsame Werte und ziehen Verhaltensnormen und Verhaltensmuster nach sich. Sie bilden Rituale und Traditionen und verkörpern sich in Artefakten. In einer Organisation kann es unterschiedliche Kulturen (Subkulturen) geben. Komplexität ist die Eigenschaft eines dynamischen Systems, eine große Anzahl von Zuständen annehmen zu können. Varietät ist der Begriff für das Ausmaß möglicher Zustände, das eigentliche Verhaltensrepertoire. Dynamik ist die Qualität der Veränderung dieser möglichen Zustände.

> Organisationale Intelligenz ist die Fähigkeit einer Organisation, ihr Umfeld zu erkennen, zu antizipieren, sich diesem anzupassen, es mitzugestalten oder gar zu wechseln.

Mentale Modelle erlauben Schlußfolgerungen und Vorhersagen, bestimmen die kognitiven Muster, Prozeße des Verstehens und das Verhalten. Mentale Modelle bestehen aus unterbewußten, unbewußten oder bewußten ganzheitlichen Repräsentationen der Welt, ihrer Objekte, Ereignisse, Beziehungen oder Alltagshandlungen. Zu unterscheiden sind individuelle mentale Modelle (einzelner Menschen) und gemeinsame mentale Modelle (einer Gruppe oder einer Organisation).

Die organisationale Praxis ist seit der industriellen Revolution gemeinsam mit der Betriebswirtschaftslehre und vor allem gerade durch die Betriebswirtschaftslehre gewachsen. In den Phasen des Wachstums nach der Jahrhundertwende und nach dem zweiten Weltkrieg war der Einfluß der Betriebswirtschaftslehre außerordentlich groß. Die Unternehmer benötigten Techniken und Instrumente des Finanz- und Rechnungswesens, der Investitionsrechnung, der Organisationsgestaltung, der Produktion und der Absatzpolitik. Die für die Praxis relevanten Annahmen, die hinter den Konzepten der Betriebswirtschaftslehre standen, wurden verinnerlicht. Wachstum, Effizienz und Gewinn dominierten dabei als vorrangige Zielgrößen. Das ökonomische Prinzip verlangte nach quantitativen Methoden, um Leistungen zu messen. Die zentralen Aufgaben des Managements waren hingegen Führung und Kontrolle. Das Selbstverständnis der Organisation war wiederum ein rein betriebswirtschaftliches. Im Laufe der Zeit haben immer mehr Organisationen ein kybernetisches Selbstverständnis entwickelt und sehen sich als Teil der Gesellschaft. Sie haben erkannt, daß die wenigen grundlegenden Annahmen der Betriebswirtschaft in der Auseinandersetzung mit ihrer Umwelt ein zu enges Aktionsfeld bieten. Ein weiteres Dilemma der Managementlehre steht in einem engen Zusammenhang mit dem ersten. Für den Praktiker offenbaren die Managementkonzepte nämlich oftmals nicht, ob sie von betriebswirtschaftlichen oder managementkybernetischen Grundlagen ausgehen. Die Konzepte scheitern oft, weil zu spät oder gar nicht erkannt wird, daß die Annahmen des Konzeptes nicht zum Selbstverständnis der Organisation passen. Grundvoraussetzung für eine erfolgreiche Umsetzung ist, daß eine Organisation sich sein Selbstverständnis bewußt macht, und daß es erkennt, woher das Konzept stammt, das es implementieren will. Erkennt die Organisation, daß sie ein rein betriebswirtschaftliches Selbstverständnis hegt, sollte sie dies daher ändern. Denn erst dann ist sie fähig, management-kybernetische Konzepte umzusetzen, die im Umgang mit Komplexität den betriebswirtschaftlichen Konzepten weit überlegen sind.

Fehler in der Umsetzung von Konzepten wirken sich schneller und gravierender auf die Entwicklung und auf die Lebensfähigkeit der Unternehmung aus als früher. Die Informationstechnologie, das aufgeklärtere Verhalten der Kunden und die neuen, intensiveren und globaleren Formen des Wettbewerbs beeinflussen sich gegenseitig und beschleunigen den Wandel im Umfeld einer Organisation. Wenn es der Managementlehre gelingt, zu einer einheitlichen Theorie und Sprache zu finden, welche die Managementkybernetik bereits teilweise anbietet, lösen sich die Dilemmata auf. Sie könnte dem Praktiker umfassend ein zweckmäßiges Verständnis der Organisation vermitteln, ihre Konzepte besser deklarieren und einen Beitrag zur Steigerung einer nachhaltigen Umsetzungseffektivität in der Organisation leisten. Es bestehen bereits einige Konzepte in unterschiedlicher Ausprägung, die zur Steigerung der Entwicklung einer Organisation beitragen.

> Das Management der Kernkompetenzen ist das Bestreben, Technologie und Produktionskenntnisse organisationsweit schneller und kostengünstiger in einer strategischen Architektur zu festigen und zu harmonisieren, als die Konkurrenz dies tut.

Das Ziel ist die Entwicklung von qualitativ hochwertigen Produkten und Dienstleistungen. Kernkompetenzen erlauben es den Geschäftseinheiten einer

Organisation, sich ergebende Chancen sofort zu nutzen. Solche Kernkompetenzen entstehen durch einen jahrelangen, iterativen Prozeß permanenter Verbesserung. Die Grundlage dieses Prozesses ist das gemeinsame Verständnis dessen, was der Kunde braucht und was die Technologie möglich macht. Voraussetzung hierfür sind eine intensive Kommunikation, Offenheit und Interesse an Neuem außerhalb des Aufgabenfeldes, eine breite organisatorische Beteiligung, die tiefe Verpflichtung, über Abteilungs- und Organisationsgrenzen hinaus zu arbeiten, eine starke Zukunftsorientierung, sowie die klare Differenzierung der Organisationsstrategie gegenüber den Strategien der einzelnen Geschäftseinheiten. Damit eine Eigenschaft Kernkompetenz sein kann, hat sie drei Tests zu bestehen:

- Die Kernkompetenz verschafft Zutritt zu einer breiten Anzahl verschiedener Märkte.
- Die Kernkompetenz trägt signifikant zum Nutzen bei, den der Kunde wahrnimmt.
- Die Kernkompetenz ist für die Konkurrenz schwer zu imitieren.

Eine Organisation ist daher ein Portfolio von Kernkompetenzen, Kernprodukten und von Geschäftseinheiten. Die Konkurrenz innerhalb der Organisation fördert den Aufbau und die Entwicklung von Kernkompetenzen. Die Geschäftseinheiten dienen den Kernkompetenzen, sozusagen als Reservoir von Ressourcen. Neben den Geschäftseinheiten sind die Kernkompetenzen ebenfalls Analyseobjekte des Controllings. Das Top-Management ist verantwortlich dafür, Kapital und Talente in den Aufbau der Kernkompetenzen zu investieren. Die Wertschöpfung des Top-Managements geschieht durch den Aufbau der Kernkompetenzen und durch die Erstellung der strategischen Architektur der Organisation. Eine klare unternehmerische Absicht bestimmt die zu wählenden Kernkompetenzen. Die strategische Architektur bettet die Kernkompetenzen in eine geeignete Organisationsstruktur und in Netzwerke von Kooperationen ein, damit sie sich optimal entwickeln und entfalten können.

> ☞ Canon hat die Kernkompetenzen Präzisionsmechanik, Feinoptik und Mikroelektronik. Die Kernprodukte, welche durch die Kernkompetenzen "genährt" werden, sind Kameras, Kopierer und Drucker. Jedes Endprodukt ist das Ergebnis von mindestens einer Kernkompetenz.

Das Konzept der Kernkompetenzen war das erste Konzept, das die Konzentration auf die Fähigkeiten einer Organisation explizit verlangte und die Konzentration der Konzernressourcen auf Kernfähigkeiten forderte. Es betont die Offenheit, die Zukunftsorientierung und die Idee der Mitgestaltung des unternehmerischen Umfeldes. Investitionen in Kernkompetenzen erfolgen ohne Gewißheit darüber, welche Produkte am Ende daraus resultieren werden. Wissen dient dabei als Ressource, die sich bei Gebrauch vermehrt. Wettbewerb ist dreidimensional:

- Ebene der Produkte,
- Ebene der Kernprodukte,
- Ebene der Kernkompetenzen (der unsichtbare Wettbewerb).

Kooperationen mit Konkurrenten können innerhalb der strategischen Architektur sinnvoll sein, damit Organisationen voneinander lernen. Gerade für Organisationen im Dienstleistungsbereich ist das Konzept der Kernkompetenzen von großer Bedeutung, denn die ganze Branche differenziert, desintegriert sich noch in ihren elementarsten Kernkompetenzen:

- Abwicklungsfähigkeiten,
- Produktentwicklungsfähigkeiten,
- Fähigkeiten zur Gestaltung und Entwicklung von Kundenbeziehungen.

Im Zuge dieser Entwicklung wird jede Organisation ihre Fähigkeiten analysieren und die Entscheidung treffen müssen, welche Fähigkeiten für ihren organisationalen Zweck von strategischer Bedeutung sind.

> Organisationales Lernen ist das Bestreben, die organisatorischen Fähigkeit, wirkungsvoll zu behandeln und zu steigern.

Ausgehend von Erkenntnissen der Psychologie, der Soziologie sowie auch der Anthropologie und der Biologie begann die Managementlehre zu untersuchen, wie Organisationen mit dem Wandel ihres Umfeldes umgehen. Diese Forschung führte zur Frage, wie Organisationen lernen. Grundlage und Ausgangspunkt für die Entwicklung von Konzepten und Modellen des organisationalen Lernens waren Theorien des individuellen Lernens (behavioristische Lerntheorie), die kognitive Lernpsychologie, die konstruktivistische Lerntheorie und die sozial-kognitive Lerntheorie. Die ersten Entwicklungen zu diesem Thema in den 60er und 70er Jahren waren vorwiegend behavioristisch orientiert. Sie brachten Lernzyklen des Erfahrungslernens hervor, die sich vom individuellen Lernen konzeptionell nicht wesentlich unterscheiden. Weitere Entwicklungen zeigten, welche zentrale Rolle mentale Modelle spielen, und es konnten verschiedene Arten des Lernens differenziert werden. Am zweckmäßigsten ist es, zu unterscheiden zwischen

- operativem Lernen,
- konzeptionellem Lernen,
- Lernen zu lernen.

Operatives Lernen (single-loop learning) ist das Aneignen und Anwenden von Wissen, wie etwas zu tun ist. Konzeptionelles Lernen (double-loop learning) meint die Aneignung von Wissen, um zu verstehen, warum etwas ist, wie es ist. Das Lernen des Lernens (deutero learning) verbessert die Lernfähigkeit. Die Diskrepanz zwischen gelebten (mentale Modelle) und geäußerten Theorien (Handlungswissen) deckte ein erstes Spannungsfeld organisationalen Lernens auf. Ein zweites Spannungsfeld eröffnete sich durch die gleichzeitige Wichtigkeit von Routinen einerseits und der Fähigkeit zum Umlernen andererseits. Eine lauffähige Routine, etabliert im organisationalen Gedächtnis, bildet für das Funktionieren und das Lernen einer Organisation eine notwendige Voraussetzung. Schnelles Umlernen ist jedoch genauso wichtig wie schnelles Lernen, wenn sich die Realität im Umfeld der Organisation ändert. Die Erkenntnisse, wie Planen und Lernen ein zusammenhängendes Wechselspiel bilden, wie mit defensiven Verhaltensmustern umzugehen ist, und welche

Disziplinen die lernende Organisation im Sinne eines systemischen Ansatzes beherrschen soll, brachten weitere Fortschritte in der Erforschung des organisationalen Lernens.
Die Beschaffenheit der Organisationsstruktur und die Art der Organisationskultur gelten gemeinsam mit der Qualität der Individuen, Macht- oder Fachpromotoren, als Vorraussetzungen beziehungsweise Garanten für die Lernfähigkeit von Organisation. Im folgenden wird daher ein integriertes Modell vorgestellt, das es ermöglichen soll, das individuelle mit dem organisationalen Lernen zu verbinden und es zu beschreiben. Die einzelnen Elemente des Modells sind der

- Lernzyklus, der beschreibt, wie ein Individuum lernt.
- das Konzept des organisationalen Lernens, das beschreibt, wie Organisationen lernen.
- das Konzept des Double-loop-Learnings, des Lernens durch mentale Modelle.

Die Verbindung von individuellem und organisationalem Lernen setzt das Existieren gemeinsamer mentaler Modelle voraus. Gemeinsame mentale Modelle entstehen durch ein Schaffen und Explizitmachen von Gemeinsamkeiten individueller mentaler Modelle. Operationales Lernen geschieht durch die Teilprozesse Beobachten und Realisieren, konzeptionelles Lernen erfolgt durch die Teilprozesse Beurteilen und Entwerfen. Dabei können Hindernisse auftreten:

- wenn nur Richtlinien gelernt werden, ohne das dahinterstehende Konzept dahinter zu verstehen.
- wenn individuelle mentale Modelle nicht geändert werden.
- wenn die gemeinsamen mentalen Modelle nicht angepaßt werden.
- wenn die Konsistenz und Konsequenz in der Gestaltung der Rahmenbedingungen und Voraussetzungen fehlt.
- bei Überforderung oder bei Risikoaversion.
- bei Vorurteilen, fehlendem Verständnis oder Druck.
- bei fehlender oder unzuverlässiger Information.

Unter Berücksichtigung dieser Lernbarrieren läßt sich ein Konzept zur Diagnose organisationaler Lernprozesse und zum Entwurf verbesserter Voraussetzungen des Lernens entwickeln. Die sogenannte Kybernetische Methodik setzt bei einem Lernprozeß dessen Gegenstand zu seinem Umfeld in Beziehung und steigert damit die lokale Problemlösungsfähigkeit. Hohe Problemlösungskapazität kann den lernenden Einheiten direkt zugeteilt und bei ihnen gefördert werden und bleibt nicht der obersten organisatorischen Ebene vorbehalten.

☞ Die General Electric will ein Unternehmen sein, das stark ist wie ein großes, aber so schnell und hungrig wie ein kleines. Dem Lernziel standen Manager im Wege, die unfähig oder aber nicht willens waren, die alten "big company, big-shot" - Werte zugunsten der neuen "small-company"-. Werte abzulegen. GE begann, sich von diesen Managern zu trennen, die die Budgetziele zwar erreichten, aber die Werte nicht vorlebten. Offenheit, Mut zum Widerspruch, bewußtes Handeln außerhalb funktionaler Kästchen und Führungslinien nahmen zu und damit auch die Qualität organisationalen Lernens. Dieses organisationale Double-loop- Lernen wurde durch die klare Kommunikation der Absichten des Top-Managements ausgelöst sowie durch die Konsistenz und die Konsequenz der Maßnahmen, bis sich die Veränderung des gemeinsamen mentalen Modells in verändertem Verhalten zeigte. Das angestrebte grenzenlose Verhalten führte zu weiteren Lernprozessen.

Das Konzept des organisationalen Lernens ist ein anspruchsvolles Konzept. Im Vordergrund stehen das Systemdenken und die Grundlagen der Managementkybernetik. Es veranschaulicht, wie sich eine Organisation seinem Umfeld anpaßt, welche Hindernisse bestehen und wie die Fähigkeit, sich anzupassen, gesteigert werden kann. Zudem betont es die Notwendigkeit konzeptionellen Lernens und somit die Bedeutung individueller und gemeinsamer mentaler Modelle. Die Breite und die Vielschichtigkeit der Ansatzpunkte sind dabei eine Notwendigkeit, um günstige Voraussetzungen für eine erhöhte Effizienz und Effektivität zu schaffen. Entscheidend im Wettbewerb ist die Geschwindigkeit des nachhaltigen und effektiven Lernens und Umlernens.

Für Organisationen, die sich inmitten eines turbulenten Umfeldes in einer Phase der Transformation befinden, ist diese Lernfähigkeit eine zentrale Eigenschaft. Das Konzept der lernenden Organisation erleichtert ihnen die Anpassung an die sich verändernden Kundenbedürfnisse und an den intensiveren Wettbewerb. Es erlaubt ihnen, Chancen (beispielsweise der technologischen Entwicklung) schnell zu nutzen und das eigene Verhaltensrepertoire konsequent auszubauen.

Wissensmanagement aus Sicht der Managementlehre ist das Bestreben einer Organisation, bestehendes Wissen zu nutzen, neues Wissen zu schaffen und dieses Wissen in der ganzen Organisation so zu verteilen, daß es jederzeit am richtigen Ort, zum richtigen Zeitpunkt, im richtigen Format und im ausreichenden Unfang zur Verfügung steht, um es in Produkten, Dienstleistungen, Prozessen, Systemen und Strukturen zu verkörpern.

Das Konzept des Wissensmanagements hat dabei zwei Ursprünge:

- Informationsmanagement, das aus den Möglichkeiten hervorging, welche die Informationstechnologie geschaffen hat.
- Idee des Wissens als einzige sichere Quelle nachhaltiger Wettbewerbsvorteile.

Dazu kam der Versuch, kritische Aspekte im Konzept des organisationalen Lernens zu überwinden. Wissen kann nur zur sicheren Quelle nachhaltiger Wettbewerbsvorteile werden, wenn es in der Organisation selber geschaffen wird. Organisationales Lernen thematisiert das Aneignen von Wissen mit dem Ziel, sich seiner Umwelt anzupassen. Die Perspektive des Wissensmanagements fokussiert das Schaffen von Wissen, damit eine Organisation seine Umwelt aktiv mitgestalten kann. Das bisher differenzierteste und ergiebigste Konzept des Wissensmanagements ist das von Nonaka und Takeuchi. Es unterscheidet im Wissensmanagement zwischen den Dimensionen des

Managementlehre und Kybernetik

- impliziten und
- expliziten Wissens,

und den Ebenen, auf denen sich dieses Wissen manifestiert:

- Individuum,
- Gruppe,
- Organisation und
- Kooperationen.

Explizites Wissen ist Wissen, das sich in Worten oder Zahlen darstellen und direkt kommunizieren läßt. Dieses Wissen entspringt der Rationalität, wird für einen Zweck gewonnen und hat einen theoretischen Bezug. Implizites Wissen dagegen ist Erfahrungswissen, intuitives Wissen, das laufend entsteht, vergeht und individuell dauernd genutzt wird. Mentale Modelle, Denkschemata, Glaube und Wahrnehmungen sind Quellen dieses Wissens, das mit Worten oder Zahlen nicht erfaßt oder kommuniziert werden kann.

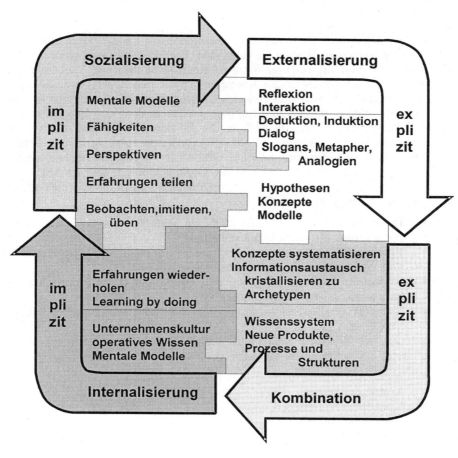

Abbildung 2-9 : Elementarprozesse im Wissenszyklus

Der Prozess des Wissensmanagements besteht aus den vier Elementarprozessen

- Sozialisierung,
- Externalisierung,
- Kombination,
- Internalisation.

Wissensmanagement macht implizites Wissen nutzbar, verbindet es mit explizitem Wissen und erweitert damit das Wissen. Alle vier Elementarprozesse durchlaufen mehrmals spiralenartig jede Ebene, ausgehend vom Individuum bis zur Ebene der organisationalen Netzwerke. Sozialisierung versucht, implizites Wissen in der Organisation zu sammeln und zu verbinden. Gemeinsame Erlebnisse, kreative Dialoge oder die bewußte Wahrnehmung anderer Perspektiven tragen dazu bei, daß gemeinsames implizites Wissen entsteht. Externalisierung bedeutet, implizites Wissen in explizites zu verwandeln. Ausgehend vom Dialog kann dies mittels intensiver Kommunikation über den Einsatz von Slogans, Metaphern und Analogien geschehen. Dadurch entstehen neue Hypothesen, Konzepte oder Modelle.
Kombination hat zum Ziel, das neu gewonnene explizite Wissen mit dem bestehenden expliziten Wissen zu verbinden. Ein intensiver und weitreichender Austausch von Information führt zu einer Kristallisation, Verbesserung und Systematisierung der neuen Konzepte. Prototypen neuer Produkte oder neue Organisationsformen sind Beispiele hierfür. Internalisation verinnerlicht das explizite Wissen wieder zum impliziten Wissen, damit es dauernd in die tägliche Arbeit und in den Prozeß der Sozialisierung einfließt, um wieder Quelle neuen Wissens zu sein. All diese Elementarprozesse verlaufen hierarchie- und funktions-übergreifend. Ihre Grundlage ist ein gemeinsames Verständnis der Realität und dessen, was die Organisation ist, was sie sein soll, und wie dies realisierbar ist. Die Voraussetzungen oder Prinzipien eines effektiven Wissensmanagements sind:

- **Intention**: als Sinngeber und treibende Kraft.
- **Autonomie**: als Gestaltungsfreiraum.
- **Fluktuation und Chaos**: als Stimulans, um Routinen, Gewohnheiten und Wahrnehmungsmuster aufzubrechen.
- **Redundanz**: von Informationen, die ermöglicht, durch Einmischen zu lernen und das Mitdenken zu fördern.
- **Varietät**: um flexibel zu sein und um alle Informationsquellen nutzen zu können.

Das Modell des Wissensmanagements verbindet die Elementarprozesse mit fünf Phasen, die mehrmals durchlaufen werden:

- Implizites Wissen teilen,
- Konzepte kreieren,
- Konzepte rechtfertigen,
- Archetypen bilden,
- Wissen verteilen.

☞ Shin Caterpillar Mitsubishi ist ein Joint Venture von Caterpillar und Mitsubishi mit drei Produktionsstandorten in den USA, Europa und Japan. Das Projekt REGA hatte 1987 die Entwicklung und die standardisierte Produktion von hydraulischen Baggerschaufeln zum Ziel. Um die Entwurfszeichnungen zu standardisieren, fanden gemeinsame Workshops mit den Ingenieuren aller drei Produktionsstandorte statt. Dies war eine Möglichkeit, eigene Schwächen zu korrigieren und gegenseitig zu lernen. In hitzigen Diskussionen lernten japanische Ingenieure, ihre Erfahrungen (implizites Wissen) explizit zu machen (Externalisierung) und das Gelernte zu internalisieren. Amerikanische Ingenieure lernten, wie implizites Wissen aufgenommen und verinnerlicht werden kann (Sozialisierung). Das explizite Wissen über Zeichnungsstandards wurde zusammengetragen und in einem circa 17 cm dicken Handbuch festgelegt (Kombination), das für alle Produktionsstandorte galt. Mit der Zeit brauchten die Ingenieure das Handbuch nicht mehr (Internalisation). Wertvoll blieb es trotzdem: Der Wissenstransfer zur Einarbeitung neuer Ingenieure dauert seitdem nicht mehr Monate, sondern nur noch zwei Wochen.

Das Konzept des Wissensmanagements überwindet die Dichotomie „implizites versus explizites Wissen" auf allen organisationalen Ebenen und bindet das Individuum stärker in die organisatorische Prozesse ein. Es verändert unweigerlich die Rollen des Managements. Im Vordergrund stehen Projekte als Einheiten zum Schöpfen und Schaffen von Wissen ohne Rücksicht auf Hierarchien und organisatorische Grenzen. Als Speicher des vorhandenen Wissens fungieren die Organisationskultur und die Informationstechnologie. Je schneller sich die Spirale des Wissensmanagements effektiv dreht, implizites Wissen in explizites verwandelt und in Produkten, Dienstleistungen, Prozessen, Systemen und Strukturen synthetisiert, desto intensiver stärkt eine Organisation ihre nachhaltige Wettbewerbsfähigkeit und gestaltet ihr Umfeld mit.

Komplexitätsmanagement ist das Bestreben eines Systems, der Komplexität seiner relevanten Umwelt zu entsprechen, indem es sein Verhaltensrepertoire der Vielfalt der Verhaltensmöglichkeiten des Umfeldes angleicht. Und dies entweder durch Verstärkung der eigenen Varietät oder durch Dämpfung der Varietät des Umfeldes.

Das Konzept des Komplexitätsmanagements ging aus der Kybernetik und der Systemtheorie hervor. Seine Grundlagen bestehen aus zwei Gesetzen und einem Theorem. Das erste Gesetz ist das "Gesetz der erforderlichen Varietät". Es lautet: Nur Varietät kann Varietät absorbieren. Komplexität kann nur mit Komplexität begegnet werden.

☞ Als sich in den 90er Jahren das Snowboarden zu etablieren begann, nahm die Varietät von Wintersporttouristen erheblich zu. Snowboarder sind jünger, tragen andere Kleidung, bevorzugen andere Pisten, andere Hotels, andere Restaurants, andere Bars als Skisportler, Tourenfahrer oder "Apres-Skifahrer" und verhalten sich anders als diese. Einige Wintersportorte begannen, sich darauf auszurichten. Man definierte ein Kundensegment "Snowboarder" und begann, sich ein Image als jung und dynamisch zu geben. Man baute entsprechende Pisten mit Half-pipes und Hindernissen. Das gastronomische Angebot wurde angepaßt. Damit wurde die eigene Varietät erhöht und eine klare Positionierung im Wettbewerb um Snowboarder erreicht, die sich auch auf den Ferienwohnungsmarkt auswirkte, denn viele Kinder potentieller Kunden sind Snowboarder. Eltern bevorzugen selbstverständlich Ferienwohnungen an Orten, die ihren Kindern ebenfalls gefallen.

Die Grenze im Umgang mit Komplexität bildet die limitierte Kapazität des Menschen, Zusammenhänge zu erkennen und zu verstehen. Dieser Tatsache kommt das zweite Gesetz entgegen, das Gesetz der Restvarietät. Es macht Komplexität handhabbar. Das Verhaltensrepertoire des Managements muß der Restvarietät der zu führenden Einheit entsprechen, die von der Infrastruktur und von den Mitarbeitern der Einheit nicht absorbiert wird, aber für deren Leistung relevant ist. Dieses Gesetz erlaubt die Differenzierung der Komplexität in äußere Komplexität (Umweltkomplexität) und innere Komplexität (die Komplexität der Organisation und die Komplexität des Managements). Die Umwelt einer Organisation ist immer komplexer als das der Organisation selbst, und die Organisation ist immer komplexer als ihr Management. Für eine Organisation sind nur die Zusammenhänge der Umwelt von Bedeutung, die ihre Zweckerfüllung und Zielerreichung beeinflussen können. Relevant ist nur ein Teil der Gesamtkomplexität der Umwelt. Dämpfung verringert die relevante Varietät und Verstärkung erhöht die eigene Varietät. Wenn es einer Organisation gelingt, ihre eigene Komplexität der relevanten Umweltkomplexität anzugleichen, erfüllt sie das Gesetz der erforderlichen Varietät. Ein Bestandteil der relevanten Umweltkomplexität ist beispielsweise das Verhalten der Kunden und das der Konkurrenz. Um im Konkurrenzkampf zu bestehen, muß die Komplexität der Organisation gleich oder größer als die der Konkurrenz sein. Um den Kunden begeistern zu können, muß das Verhaltensrepertoire der Organisation dem Verhaltens-repertoire des Kunden in adäquatem Umfang entsprechen.

☞ Dies ist der Fall, wenn zum Beispiel ein Gast des Regis-Hotel in Weggis ein Kilo Melonensamen auf sein Zimmer verlangt und sein Wunsch prompt erfüllt wird.

In einer Organisation werden unzählige Aufgaben in verschiedenen Einheiten erfüllt. Diese Teams, Abteilungen, Geschäftsbereiche oder Organisationsbereiche haben unterschiedliche Umfelder mit unterschiedlicher Komplexität. Damit diese Einheiten ihr Verhaltensrepertoire der für ihre Aufgaben und Ziele relevanten Komplexität angleichen können, bedürfen sie eines Gestaltungsfreiraumes im Sinne der Selbstorganisation. Das wiederum bedeutet Autonomie im Sinne der Aufgabenerfüllung. Die Gestaltung einer Organisation nach dem Gesetz der Restvarietät gibt jeder Einheit die Möglichkeit zum effektiven Komplexitätsmanagement: Autonome Einheiten in autonomen Einheiten, im Sinne der Struktur einer Zwiebel oder im Sinne der russischen Holzpuppe Babuschka, gewähren jeder Einheit den Freiraum, sich auf ihre relevante Restvarietät zu konzentrieren, welche durch die Komplexität der umfassenden Einheit (Zwiebelschale oder größere Puppe) nicht absorbiert wird. Das Theorem des Komplexitätsmanagements ist das Theorem der guten Regelung: Jedes gute Lenkungssystem muß ein Modell des Systems sein, das es regelt. Ein effektives Lenkungssystem einer Organisation muß ein adäquates Modell der Organisation sein, die es steuert. Das Modell des lebensfähigen System, ist ein Lenkungssystem, das dieser Forderung und damit dem Theorem der guten Regelung entspricht. Das Modell des lebensfähigen Systems ist dabei keine Analogie, sondern die Darstellung der invarianten und grundlegenden Struktur humaner und sozialer lebensfähiger Systeme. Es basiert auf den Prinzipien der

- Lebensfähigkeit,
- Autonomie,
- Rekursivität.

Lebensfähig ist eine Organisation, wenn sie alle fünf Managementfunktionen erfüllt und adäquat ausgestaltet:

- Politik,
- strategische Intelligenz,
- Lenkung und Überwachung,
- Koordination,
- Umsetzung.

Außerdem müssen diese Strukturkomponenten ausreichend funktionieren und zusammenwirken. Lebensfähigkeit bedeutet strukturelle Anpassungsfähigkeit, Lernfähigkeit und Fähigkeit zur Selbsttransformation. Autonomie meint Verhaltensfreiheit im Dienste der Leistungsfähigkeit der Gesamtorganisation. Voraussetzung zur Wahrnehmung dieser Verhaltens-freiheit ist die Lebensfähigkeit der Einheiten, welche die Aufgaben erfüllen müssen. Rekursivität heißt, daß eine Organisation auf allen Ebenen nach denselben Strukturprinzipien zu gestalten ist. Eine Organisation besteht demzufolge aus lebensfähigen Einheiten innerhalb lebensfähiger Einheiten. Standardisierung ist zum Beispiel eine solche Maßnahme, um die Komplexität in der Produktion zu dämpfen.

☞ Shin Caterpillar Mitsubishi hatte zum Ziel, an drei Produktionsstandorten für drei Märkte USA, Europa und Japan standardisierte hydraulische Baggerschaufeln zu bauen. Aus dieser Vereinfachung der Produktion ergab sich eine Herausforderung: Die Kunden der drei Märkte stellten unterschiedliche Anforderungen an die Schaufeln. Japanische Kunden betrachteten den Preis und die entsprechende Qualität als ausschlaggebend. Amerikanische Kunden hingegen waren bereit, für mehr Leistung und mehr Sicherheit mehr zu bezahlen. Ein zusätzliches Problem war die unterschiedliche Schaufelarmlänge, die in Japan gebräuchlich war. Die Lösung war die Produktion einer hydraulischen Schaufel mit 14 möglichen Kombinationen standardisierter Einzelteile. Die Komplexität der Produktion blieb gedämpft. Die Komplexität des Produktes wurde erhöht, damit sie der Komplexität der Kunden entsprechen konnte. Die Idee der Produktvariationen war im Verkauf die strategische Erfolgsposition.

Das Konzept des Komplexitätsmanagements differenziert in relevante und irrelevante, sowie in äußere und innere Komplexität und zeigt, wie mit Komplexität umgegangen werden soll. Es stellt eine Begründungsgrundlage für die Gestaltungsprinzipien Lebensfähigkeit, Autonomie und Rekursivität dar. Die Möglichkeit, zu geringe eigene Varietät zu diagnostizieren, setzt Problemlösungs- sowie Lernprozesse in Gang. Sie fokussiert Kreativität und Innovationskraft. Wettbewerb wird gesehen als Wettbewerb der Varietät, als Wettbewerb, um die Vergrößerung des effektiven Verhaltensrepertoires. Die Wichtigkeit des Konzeptes des Komplexitätsmanagements läßt sich ableiten aus der Komplexität und Heterogenität der Märkte, in denen man sich bewegt, aus der Vielfalt der Produkte und Dienstleistungen, sowie aus der Heterogenität der Kunden. Die Fähigkeit, ungenügende Varietät, ein zu kleines Verhaltensrepertoire oder eine zu große relevante Umweltkomplexität zu diagnostizieren, erleichtert die Einsicht in notwendige Weichenstellungen. Das Konzept der Kernkompetenzen erfordert eine Konzentration auf die Fähigkeiten innerhalb einer Organisation. Es betont die Wichtigkeit der organisatorischen Absicht und Offenheit. Eine intensive Kommunikation, das Denken in Zusammenhängen, sowie eine Differenzierung von Organisations- und Geschäftstrategie, gelten als notwendige Grundlagen. Das Konzept gibt dem Top-Management die neue Schlüsselrolle, Kompetenzen zu identifizieren und zu bündeln. Eminente Bedeutung erhalten dadurch die Zukunftsorientierung, das Interesse an Neuem und der Wille, Ressourcen in eine unsichere Zukunft zu investieren. Das Manko: ☙ Durch welche grundlegenden Fähigkeiten sich solche Kernkompetenzen heranbilden, liefert das Konzept nicht. Das Konzept der lernenden Organisation stellt die Prozesse dar, mit denen sich eine Organisation Fähigkeiten aneignet, um effizient und effektiv Problemlösungen hervorbringen zu können. Es trägt der zentralen Bedeutung mentaler Modelle und der Koordination der Lernprozesse Rechnung. Das Konzept eignet sich sowohl als Diagnoseinstrument wie auch als Entwicklungsinstrument, damit eine Organisation Lernhindernisse erkennen und Lernmöglichkeiten nutzen kann. Eine lernende Organisation sieht die Umwelt als Bezugspunkt seiner Anpassungsprozesse und nicht als Gestaltungsobjekt. ☙ Manko: Wie eine Organisation Wissen selbst schaffen kann, das sie zur Anpassung und zur Gestaltung ihres Umfeldes einsetzen kann, liefert das Konzept nicht. Das Konzept des Wissensmanagements differenziert die Prozesse, die Wissen zu einer sich bei Gebrauch vermehrenden Ressource macht und zeigt, wie sich Wissen in der ganzen Unternehmung verteilt. Es geht davon aus, daß es primär das Schaffen von eigenem Wissen ist, und erst sekundär das organisationale Lernen, welches nachhaltige Wettbewerbsvorteile konstituiert. Die Voraussetzung dafür ist eine Verfolgung der Prinzipien Intention, Autonomie, Fluktuation und kreatives Chaos, Redundanz und Varietät. Ausgangspunkt sind die Möglichkeiten, die aus der bestehenden organisationalen Wissensbasis hervorgehen. Zentral ist der Wille, Neues durch intensive Austauschprozesse der Organisation mit ihrer Umwelt zu gestalten, um die Kreativität des Menschen und der Organisation zu nutzen. ☙ Manko: Welche grundlegenden Fähigkeiten eine Organisation pflegen muß, wovon die Nutzung des Wissens, die Realisierung von Möglichkeiten, abhängig ist und wie sie im Austauschprozeß mit der Umwelt mit der dabei auftretenden Komplexität umgehen soll, liefert das

Konzept nicht. Das Konzept des Komplexitätsmanagements macht Komplexität handhabbar. Es formuliert drei Prinzipien für die Gestaltung und Lenkung von Organisationen: Lebensfähigkeit, Autonomie und Rekursivität. Dank dieser Prinzipien überwindet es mit einem effektiven Lenkungsmodell und der rekursiven Organisationsstruktur die begrenzte Kapazität des Menschen, Zusammenhänge zu erfassen und zu verstehen. Ausschlaggebend für die Wirksamkeit des Konzeptes ist die Fähigkeit, relevante von irrelevanter Komplexität zu unterscheiden und der relevanten Komplexität (im Sinne von Restvarietät) zu entsprechen. ✴ Manko: Was diese Fähigkeit inhaltlich bestimmt, wie ein in diesem Sinne optimales Verhaltensrepertoire entwickelt werden kann, behandelt das Konzept nicht. Die Theorie, eine Integration der vier skizzierten Konzepte könne zu einem umfassenden Konzept organisationaler Intelligenz führen, hat sich in der Praxis nicht bewährt.

- In der Realisierung sind die Konzepte zwar eng miteinander verbunden: Kernkompetenzen sind Ergebnisse jahrelanger Lernprozesse.
- Lernprozesse gehen von bestehendem Wissen und von neuem Wissen aus.
- Wissen entsteht durch das Wechselspiel mit der Umwelt, welches das Komplexitätsmanagement unterstützt.

Die Analyse der vier Konzepte hat die wichtige Erkenntnis zur Folge, daß alle Konzepte, explizit oder implizit, von ähnlichen und teilweise gemeinsamen Prinzipien ausgehen. Der gedankenexperimentelle Versuch einer Synthese der Konzepte stärkte die ursprüngliche Vermutung, daß ein Zusammenhang existiert, der diesen Konzepten zugrunde liegt und ihnen gerecht werden kann. Das Konzept der organisationalen Intelligenz kann ein solcher Zusammenhang sein und Antworten auf die offenen Fragen finden helfen.

2.3.3 Lernende Organisation als wissensbasiertes System

Bereits recht früh in der Literatur wurde deutlich, daß es sich bei arbeitsteilig produzierenden Organisationen immer um wissensbasierte Systeme handelt, in denen das individuelle Wissen der Mitarbeiter, das kollektive Wissen einzelner Arbeitsgruppen und das organisationale Wissen, das aus dem Zusammenwirken aller Beteiligten entsteht, in seiner Komplexität die Produktivität der gesamten Organisation entscheidend beeinflußt. Nur wenn eine Organisation fähig ist, diese Art von Wissen bereitzustellen, ist sie in der Lage, eine qualitativ hochwertige organisationale Intelligenz als wissensbasiertes System aufzubauen. Trotz dieser relativ frühen Erkenntnis hat sich die Managementlehre bislang nur in einem sehr geringen Umfang mit der Terminologie und der Theorie der Organisation als wissensbasiertes System befaßt. Im Gegensatz dazu wird die Bedeutung dieses bisher unberücksichtigt gebliebenen Gebiets von zahlreichen Autoren in zunehmendem Maße erkannt, jedoch nicht konsequent genug, weil oberflächlich behandelt. Heute zwingt der verschärfte Wettbewerbsdruck die Organisation zu einem gezielten Aufbau von Know-how-Potentialen. Die entscheidende Ressource ist hierbei der Mensch mit seiner Fähigkeit zu lernen und zu lehren. Nur diese Fähigkeit stellt sicher, daß die Organisation der ständigen Wissens- und Know-how-Erosion nicht zum Opfer fällt. Es ist daher an der Zeit, eine Organisationsform zu finden, die neben optimalen Produktionsabläufen und richtiger Ressourcenzuordnung den Produktionsfaktor Mensch in den Mittelpunkt stellt. So wie Taylor zunächst den Arbeitsablauf optimieren wollte, um über diesen kleinen "Umweg" die Arbeitsproduktivität und den Arbeitsertrag des gesamten Betriebes zu steigern, muß die neue Organisation individuelle und kollektive Wissensbestände integrieren, um damit eine effektive Informations- und Wissensverarbeitung zu ermöglichen, zu sichern und somit die Wissensproduktivität der gesamten Organisation zu erhöhen. In der Managementlehre wandelt sich die Betrachtung der Arbeit zur Betrachtung des Wissens, die Steigerung der Arbeitsproduktivität zur Steigerung der Wissensproduktivität. In diesem Sinne ist die veränderte Auffassung der Organisation zu verstehen. Das neue Organisationsverständnis stellt daher nicht mehr so sehr die Arbeit an sich, sondern vielmehr das Wissen in das Zentrum aller konkreten Überlegungen.

2.4 Kognitive Modellierung

Die folgenden Ausführungen basieren auf dem zentralen Paradigma, daß es sich bei den kognitiven Funktionen und Leistungen des Menschen:

- Wahrnehmung,
- Wissen,
- Gedächtnis,
- Denken,
- Problemlösen,
- Lernen,
- Sprechen,
- Sprachverstehen,

um Vorgänge der Informationsverarbeitung handelt. Eine effektive Methode zur Analyse solcher kognitiver Funktionen und Leistungen im Rahmen des Paradigmas der Informationsverarbeitung stellt die kognitive Modellierung mit Hilfe wissensbasierter Systeme dar. Kognitive Leistungen beruhen vor allem auf Deutungen und Interpretationen. Menschen konstruieren durch Vorgänge der Wahrnehmung und des Sprachverstehens sowie aufgrund ihres erarbeiteten Vorwissens, ihrer zukünftigen Erwartungshaltungen und ihrer persönlichen Ziele eine interne, subjektiv geprägte Repräsentation einer Problem- und/oder Anwendungsdomäne. Diese Konstruktionen bilden das mentale Modell einer Person über diese Domäne. Die kognitive Modellierung mit Hilfe wissensbasierter Systeme ist eine Methode zur Rekonstruktion solcher mentaler Modelle. Diese Systeme sollen die Domäne in der gleichen Weise rekonstruieren, wie Menschen dies in vergleichbaren Situationen tun. Eine wesentliche Voraussetzung hierfür ist die Grundannahme, daß kognitive Leistungen als Vorgänge der Manipulation von Symbolstrukturen aufgefaßt werden können. Eine wesentliche Eigenschaft wissensbasierter Systeme ist deren Fähigkeit, über ihrem internen Modell einer Anwendungsdomäne Operationen der Informationsverarbeitung durchzuführen und auf diese Weise die zu erklärenden Verhaltensphänomene erzeugen zu können.

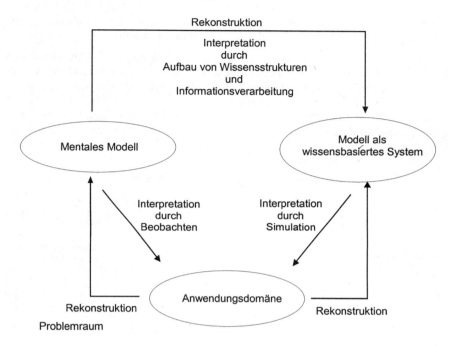

Abbildung 2-10 : Kognitive Modellierung

Die Konstruktion eines wissensbasierten Systems erfolgt dabei gewöhnlich in drei Schritten:

1. der Entwicklung einer Konzeptualisierung der Anwendungsdomäne.
2. der Formalisierung der Konzeptualisierung.
3. der Implementierung der Formalisierung als wissensbasiertes System.

Das Ziel der Konzeptualisierung ist die Identifikation der der Problem- beziehungsweise Anwendungsdomäne zugrundeliegenden Strukturen. Eine solche Konzeptualisierung setzt sich aus folgenden Mengen zusammen:

- einer Menge der für die Anwendungsdomäne als relevant erachteten Einheiten. Hierbei kann es sich um konkrete Einheiten, beispielsweise gegenständliche Objekte oder aber um abstrakte Einheiten handeln,
- einer Menge von Relationen, die das Beziehungsgefüge dieser Einheiten beschreiben,
- einer Menge von Funktionen, die auf den verschiedenen Einheiten definiert sind und die Merkmale dieser Einheiten bezeichnen,
- einer Menge von Schlußfolgerungsregeln, die auf dem Beziehungsgefüge der Einheiten mit ihren jeweiligen Merkmalen operieren.

Das Ergebnis einer Konzeptualisierung entspricht gewöhnlich einer vorläufigen Lösungsstrategie unter Nennung aller dafür erforderlichen Dinge. Nicht selten weisen solche Strategien eine derartige Komplexität auf, daß weitere Ableitungen nur sehr schwer möglich sind. Auch sind solche erste Lösungsansätze zunächst noch unvollständig und logisch inkongruent.

Die Formalisierung dient zum einen zur Identifizierung und anschließenden Schließung solcher konzeptioneller Lücken. Zum anderen wird mit einer Formalisierung erreicht, daß die logischen Unstimmigkeiten der Konzeptionalisierung entdeckt und korrigiert werden. Damit soll nicht der Eindruck geweckt werden, daß nach der Konzeptualisierung sämtliche Unvollständigkeiten ausgeschlossen werden können. Die Formalisierung der entwickelten Konzeptualisierung wird unter anderem oftmals mit Hilfe einer prädikatenlogischen Sprache der ersten Stufe realisiert.

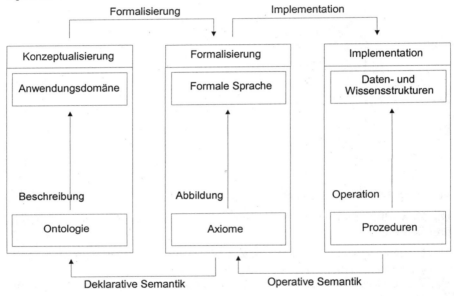

Abbildung 2-11 : Formale Modellbildung

Durch die Implementierung wird das formale Modell in ein ausführbares Modell überführt. Mit Hilfe dieser Implementierung können letzte Unvollständigkeiten identifiziert und behoben werden. Das bisher formalisierte Wissen über die Anwendungsdomäne wird in expliziter Form repräsentiert. Aus den Wissensarten Fakten, komplexen Objekten und Eigenschaften, semantischen Beziehungen zwischen Objekten, Ereignissen und Handlungen, Vorgängen und Verfahren, Zusammenhängen und Einschränkungen, Metawissen, Problemen, und Problemlösungsstrategien werden für die logische Programmierung die drei grundlegenden Wissensarten aufbereitet:

- **deklarative Wissensbestände**, die die der Anwendungsdomäne zugrundeliegenden Strukturen in Form geeigneter Datenstrukturen kodieren.
- **prozedurale Wissensbestände**, die allgemeine sowie für die Anwendungsdomäne spezifische Methoden in Form von Prozeduren implementieren.
- **Kontrollwissen**, das Strategien und Heuristiken zur Steuerung des Zusammenwirkens von deklarativen und prozeduralen Wissensbeständen umfaßt.

Sowohl für die Konzeptualisierung als auch für die Implementierung lassen sich keine festen Regeln bezüglich der Erarbeitung optimaler Lösungen angeben. In fast allen Fällen können die Realisierungsschritte zur Konstruktion wissensbasierter Systeme von Problemfall zu Problemfall variieren. Eines gilt allerdings immer: Die Ausführung der einzelnen Schritte erfordert immer den vollen Überblick über die Anwendungsdomäne, die gründliche Kenntnis und Übung im Umgang mit der verwendeten formalen Beschreibungssprache und ein gewisses Maß an Intuition. Auch hat die Praxis gezeigt, daß die Ausführung eines bestimmten Schrittes umso einfacher ist, je intensiver die davor liegenden Schritte bearbeitet und inhaltlich abgeschlossen wurden. In der Praxis hat sich daher ein iteratives Vorgehen bewährt, in dessen Verlauf sich die einzelnen Schritte wechselseitig bedingen und daher auch beeinflussen.

2.5 Lerntheorie

Das Verständnis individueller und kollektiver Lerntheorien gehört zur notwendigen Voraussetzung für eine erfolgversprechende Konzeptionalisierung von Modellen lernender Organisationen. Wer die Lernprozesse von Menschen und Gruppen nicht versteht, kann Modelle lernender Organisationen nur sehr schwer, wenn überhaupt, entwerfen. Organisationen bestehen aus Menschen und werden durch Menschen konstituiert. Menschen organisieren sich innerhalb der Organisation in formellen und informellen Gruppen und beeinflussen durch ihre Entscheidungen und Handlungen die Organisation als ganzes System. Oganisationales Lernen lebt aus diesem einen Grunde vom Lernen in Gruppen, und das Gruppen-Lernen lebt wiederum vom individuellen Lernen. Individuelles Lernen, Gruppen- und Organisationales Lernen stellen allerdings keine analogen Prozesse dar. Organisationales Lernen baut auf Gruppen- und individuellen Lernprozessen auf. Alle drei Lernprozesse Organisationales Lernen, Gruppenlernen und Individuelles Lernen bilden zusammengenommen die Hauptkomponenten, aus denen die lernende Organisation besteht. Eine Definition der lernenden Organisation soll deshalb an dieser Stelle zunächst aus lerntheoretischer Perspektive heraus entwickelt werden.

2.5.1 Individuelles Lernen

Das individuelle Lernen, das eigentliche Lernen des einzelnen Menschen, wird im allgemeinen mit dem Erwerb neuen Wissens gleichgesetzt. Aber auch eine

Verhaltensänderung eines Individuums stellt ein solches Lernen dar. Beispielsweise hat ein Mensch, der seine Lerntechnik im Erlernen weiterer Vokabeln einer Fremdsprache bewußt ändert, ebenfalls dazugelernt. Und wenn ein Mensch sein Wertesystem in Frage stellt oder ändert, hat auch er neues Wissen erworben und gegebenenfalls dazu gelernt. Es gibt also die unterschiedlichsten Formen und Stufen des individuellen Lernens.

Lernen wurde in der Vergangenheit in der Wissenschaft wie in der Praxis als Vorgang oftmals mystifiziert. Das lag daran, daß individuelles Lernen als solches, wissenschaftlich gesehen, nicht greifbar war. Um die Komplexität des menschlichen Lernprozesses in den Griff zu bekommen, versuchte man in der behavioristischen Lerntheorie ein Modell zu konstruieren, das die Eingabe (Stimulus) und die Ausgabe (Response) des Individuums als einzige Variablen in den Mittelpunkt der Betrachtungen stellte. Die eigentliche Verarbeitung der Eingabe zur Ausgabe im menschlichen Gehirn blieb dabei unberücksichtigt. Das Individuum wurde als Black Box betrachtet.

> ☞ Ein Hund sondert beim Erblicken eines Fleischpulvers (unbedingter, ursprünglicher Reiz) augenblicklich Speichel ab (angeborene, unbedingte Reaktion). Ertönt vor der Darbietung des Fleischpulvers regelmäßig ein Glockenton (bedingter, neutraler Reiz), so sondert der Hund nach einiger Zeit bereits nach Ertönen des Glockentons Speichel ab (bedingte, konditionierte Reaktion). Der Hund hat damit gelernt, auf den beigefügten äußeren und nicht auf den ursprünglichen Reiz zu reagieren. Der Glockenton ist somit zum konditionierten Reiz für das Verhalten des Hundes geworden. Die unmittelbare Verknüpfung dieses Reizes mit der Nahrung des Tieres und eine regelmäßige Wiederholung dieser Verknüpfung hat beim Hund zu einer Generalisierung geführt: "Wenn die Glocke ertönt, dann gibt es etwas zu essen". Dieser Lerneffekt bleibt auch dann über einen gewissen Zeitraum erhalten, wenn der ursprüngliche Reiz nicht mehr im Anschluß an den neutralen Reiz dargeboten wird (Klassische Konditionierung nach dem Physiologen Pawlow).

Im Gegensatz zur klassischen Konditionierung untersucht die instrumentelle und auch operante Konditionierung nicht die Eingabe (Stimulus), sondern die Ausgabe (Response).

> ☞ Der amerikanische Psychologe Thorndike untersuchte die Wahrscheinlichkeit einer Verhaltenswiederholung bei positiven oder negativen Verhaltenskonsequenzen. Zu diesem Zwecke sperrte er hungrige Katzen in einen Käfig und ließ diese den Öffnungsmechanismus der Käfigtür erforschen. Zuerst versuchten die Katzen, nach dem Versuch- und Irrtum-Verfahren aus dem Käfig auszubrechen. Die Vitalität, die die Katzen dabei entwickelten, um der Gefangenschaft zu entkommen, war außerordentlich. Zehn Minuten lang versuchten sie mit aller Kraft durch Krallen, Beißen und Hinauszwängen, sich der unangenehmen Gefangenschaft zu entziehen. Daß sie dabei irgendwann eher zufällig den Öffnungsmechanismus in Form eines Hebels für die Käfigtür erwischen würden, war sehr wahrscheinlich. Bei Wiederholung der Versuchsanordnung wurden von den Katzen allmählich alle erfolglosen Handlungen

reduziert. In der Folge stellte sich heraus, daß die Katzen, die mit einem gefüllten Futternapf vor der Käfigtüre belohnt wurden, nach einigen Versuchen schneller die Lösung fanden als jene Katzen, die keine Belohnung in Form von Futter erhielten. Mit der Zeit stellte sich aber bei allen Katzen eine erfolgreiche Problemlösung ein.

Im Gegensatz zur klassischen Konditionierung erfolgt bei der instrumentellen Konditionierung die Belohnung nicht automatisch, sondern muß erst durch Problemlösen bewußt erarbeitet werden. Hierbei ist die wichtigste Beziehung, die gelernt werden muß, jene zwischen einem gezeigten Verhalten (Reaktion) und ihrer unmittelbaren Konsequenz (Belohnung/Bestrafung). Gemäß des Ansatzes der instrumentellen Konditionierung wird durch positive Konsequenzen (Belohnung) das Lernen verstärkt und durch negative Konsequenzen (Bestrafung) das Lernen eher geschwächt. Ein weiterer und gleichzeitig einer der bekanntesten Ansätze des Behaviorismus, ist der Ansatz der operanten Konditionierung von Skinner. Er unterscheidet zwischen "respondent behavior" und "operant behavior". Während "respondent behavior" reaktives Verhalten auf Umfeldreize im Sinne der klassischen Konditionierung beschreibt, erfordert "operant behavior" aktive Eingriffe, um damit bestimmte Erfolge zu erzielen. Diese Erfolge initiieren konkrete Lernprozesse. Es wird sozusagen am Erfolg gelernt.

☞ Zum experimentellen Nachweis seiner Behauptungen entwickelte Skinner einen Versuchskasten, die sogenannte Skinnerbox. Die Skinnerbox ist eine Versuchsanordnung, die es Versuchstieren erlaubt, durch das Betätigen bestimmter Hebel und Knöpfe an Futter und Wasser (positive Verstärker) zu gelangen beziehungsweise auch einen elektrischen Schmerzreiz (negativer Verstärker) abzustellen. Damit wurde es möglich, Tiere zu einem bestimmten Verhalten zu erziehen. Interessanterweise zeigten die Versuche. daß eine kontinuierliche Verstärkung (jedes erwünschte Verhalten wird belohnt) im Hinblick auf die Stabilisierung des Verhaltens der unterbrochenen Verstärkung unterlegen ist und sich lediglich zum erstmaligen Verhaltensaufbau eignet.

Individuelles Lernen ist keineswegs ein ablaufender Prozeß, der sich nur nach außen hin bemerkbar machen muß. Lernen vollzieht sich zuallererst im Inneren des Menschen und dort – laut derzeitigem Stand der Erkenntnisse - im menschlichen Gehirn. Während sich aber traditionell behavioristische Lerntheorien nur auf die Ein- und Ausgabe konzentrierten, wenden die kognitiven Lerntheorien ihre Aufmerksamkeit vermehrt dem menschlichen Gehirn und seiner inhärenten Informationsverarbeitungsfähigkeit zu. In den traditionellen Lerntheorien ist deutlich geworden, daß sich viele Dinge durch Wiederholung lernen lassen. Sie bestätigen damit ein altes Sprichwort, das besagt, daß Wiederholung und Übung bekanntlich in einigen Fällen den Meister machen. Eine Erweiterung dieser Auffassung sieht vor, zwischen dem Stimulus (S) und dem Response (R) den Organismus des Menschen zu positionieren. Deshalb werden solche erweiterten Ansätze in Abgrenzung zur klassischen SR-Theorie auch häufig als S-O-R-Paradigma bezeichnet. Nach dieser Erweiterung bildet jeder menschliche Organismus eine vorläufige, kognitive Karte seines Umfeldes, um mit ihrer Hilfe alle wahrgenommenen Reize in eine zeitlich-räumliche Struktur zu bringen und danach zu handeln. Bestehen in neuen ungewohnten und damit noch nicht oft wiederholten Situationen noch keine solche Karten, entwirft der Organismus eigene Erwartungen über mögliche Verhaltenskonsequenzen. Treten die Erwartungen ein, wird das Verhalten gelernt. Kognitive Lerntheorien verstehen individuelles Lernen also nicht als Ergebnis von reiz- und reaktionsabhängiger Verstärkung, sondern eher als zielgerichtetes Problemlösungsverhalten auf der Grundlage von Erwartungen über zukünftige Umfeldzustände. Außerdem unterscheiden kognitive Lerntheorien erstmals zwischen dem Verhalten (Learning) und der eigentlichen Ausführung (Performance). Dabei bedeutet die Verhaltensänderung zwar eine Verfestigung des vorangegangenen Lernprozesses, ist aber für diesen nicht essentiell notwendig.

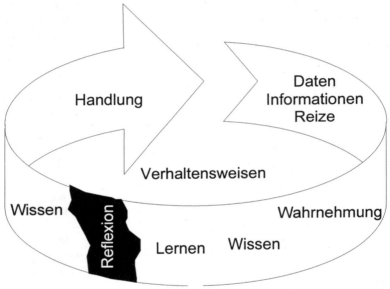

Abbildung 2-12 : Regelkreis Individuelles Lernen

Lernen ist damit spätestens seit der kognitiven Wende nicht mehr nur mit Verhaltensänderung gleichzusetzen. Nicht nur die Stärke einer Lernerfahrung ist für die Anzahl der notwendigen Wiederholungen ausschlaggebend, sondern auch die potentiellen Verknüpfungsmöglichkeiten bei bereits vorhandenen und damit zuvor erworbenen Wissensbeständen. Basierend auf den Theorien von Folman gehen nun handlungstheoretische Ansätze davon aus, daß Individuen ihre Handlungen aufgrund ihrer kognitiven Landkarten der wahrgenommenen Situation irgendwie festlegen. Die Betrachtungsebene wird damit vom Zusammenhang zwischen Stimulus und Response auf den Zusammenhang "Cognition" und "Action" verlagert. Lernprozesse verlaufen nicht mehr eindimensional und stimuliert durch äußere Reize, sondern werden durch individuelle Wissensbestände in mehrdimensionaler Interaktion mit der konkreten

Handlung ausgelöst. In Anlehnung an die kybernetischen Arbeiten von Wiener gewinnt dabei das alte Prinzip der Rückkoppelung wieder an Bedeutung. Der systemtheoretische Informationsverarbeitungsansatz des Kognitivismus reifte vor allem durch die Basisinnovation des Computers, indem man mit diesem elektronischen Vehikel versuchte, Lernprozesse des menschlichen Gehirns mit Hilfe der Funktionsweise des Computers zu erklären. Gemäß diesem Ansatz hat man das sogenannte Dreispeichermodell des menschlichen Gedächtnisses entwickelt. Nach diesem Modell ist das Gedächtnis in drei Subsysteme unterteilt: dem Ultrakurzzeit-, Kurzzeit- und Langzeitgedächtnis. Im Ultrakurzzeitgedächtnis, das auch häufig als sensorisches Register bezeichnet wird, werden Informationen lediglich für den Zeitraum von maximal zwei Sekunden festgehalten. Der Kurzzeitspeicher hat eine Haltezeit von mehreren (5-20) Sekunden und der Langzeitspeicher besitzt prinzipiell eine unbegrenzte Haltezeit. Der Übergang vom Ultrakurzzeit- zum Kurzzeitgedächtnis kann als Übergang von einer bloßen Reizinformation zu einer ersten Versprachlichung des Sachverhaltes aufgefaßt werden. Der Übergang vom Kurzzeit- zum Langzeitgedächtnis bildet den Prozeß der Informationsverarbeitung und Wissensniederlegung in den Strukturen des Langzeitgedächtnisses. Diese Informationsverarbeitungsprozesse werden durch Regeln (kognitive Programme, Betriebssysteme) über die Verknüpfung und die Art der Abspeicherung von Informationen gesteuert. Der Mensch bildet sich ein Modell der Situation, das darüber entscheidet, ob wahrgenommene Informationen Lernprozesse auslösen oder nicht. Die heutige Entwicklung der kognitiven Lerntheorien wird durch den Forschungsbereich der "Künstlichen Intelligenz" und des "Künstlichen Lebens" auf der einen und durch die neuen Erkenntnisse der neurobiologischen Forschung auf der anderen Seite stark beeinflußt. Dabei ergeben sich für den in diesem Bereich angesiedelten und systemtheoretisch beeinflußten Forschungszweig der "Konnektionisten" neue Gesichtspunkte in Bezug auf das kognitivistische Verständnis des "Lernens".
Weder traditionell behavioristische, noch kognitive Lerntheorien sind im Stande, die Fülle und Vielfalt menschlicher Lernprozesse zu erklären. Behavioristische und kognitive Lerntheorien konzentrieren sich zu sehr auf die Lernprozesse eines einzelnen Menschen, isoliert von seinen Mitmenschen, ungeachtet seines sozialen Umfeldes. Der Mensch lebt aber in aller Regel nicht isoliert von der Gesellschaft, sondern innerhalb eines sozialen Netzwerkes, mit dem er zahlreiche Austauschbeziehungen kommunikativer oder interaktiver Art unterhält.
Die neuere Systemtheorie geht daher davon aus, daß es sich bei jedem lebenden System um operational, d.h. strukturell geschlossene Systeme handelt. Dabei weist der Begriff der Struktur in Analogie zur Systemtheorie darauf hin, daß jedes System aus einzelnen Elementen besteht, die zueinander in Beziehung stehen und damit eine Struktur bilden. Die Struktur eines Lebewesens kann sich verändern, ohne seine Weiterexistenz zu gefährden. Aus der strukturellen Geschlossenheit kann dann gefolgert werden, daß jedes lebende System nur die Zustände annehmen kann, die durch seine eigene Struktur bestimmt sind. So ist das menschliche Nervensystem ein solches, lebendes System und damit ebenfalls strukturell geschlossen. Daraus ergibt sich, daß das Nervensystem zu seinem Umfeld keinen direkten Zugang und damit keine direkte

Verbindung hat. Es gibt daher auch keinen unmittelbaren und direkten Informationsaustausch zwischen System und Umfeld. Vielmehr ist das Nervensystem nicht nur strukturell, sondern auch informationell geschlossen. Lernen findet weder nach den Prinzipien des klassischen Behaviorismus als Eingabe-Ausgabe-Relation statt, noch verarbeitet es im klassischen Verständnis der kognitiven Lerntheorie - dem Computer ähnlich – lediglich Daten und Informationen. Das Nervensystem erzeugt vielmehr eine eigene Welt, indem es selbst Informationen aktiv selektiert. Es bestimmt, auf welche äußeren Störeinflüsse des Umfeldes es mit eigenen Strukturveränderungen kompensierend reagieren muß, um so seine eigene Überlebensfähigkeit zu erhalten. Es bestimmt damit auch selbst, welche Konfigurationen des Umfeldes Störeinflüsse darstellen und welche Kompensationen diese im Nervensystem auslösen. Das Nervensystem versucht damit, durch einen kontinuierlichen Wandel im Einklang mit seinem Umfeld zu verbleiben. Diesen Vorgang bezeichnet man als strukturelle Kopplung. Damit entscheidet der Grad an struktureller Plastizität eines Systems in direkter Art und Weise über dessen Fähigkeit, seine autopoietische Struktur aufrechtzuerhalten und in der Folge sein eigenes Überleben damit zu sichern. Für das plastische System gibt es jedoch lediglich ein kontinuierliches strukturelles Driften, das in jedem Augenblick dem Ziel der dauerhaften Erhaltung der strukturellen Kopplung des Systems mit seinem Umfeld dient. Dem externen Beobachter erscheint diese strukturelle Kopplung als situationsadäquates Lernen. Daher spricht man in diesem Fall vom Lernen des Individuums. Ein Mensch lernt, indem er in seinem Gehirn altes, bereits vorhandenes Wissen mit neuem Wissen verknüpft, oder indem er altes Wissen in einer neuen Art und Weise miteinander verbindet, ohne daß dabei neues Wissen unbedingt hinzutreten muß. Individuelles Lernen ist daher eine neue Vernetzung, eine neue Struktur im Gehirn, die sich anschließend äußerlich auf das Verhalten in irgendeiner, nicht jedoch immer sichtbaren Weise auswirken kann. Individuelles Lernen ist somit ein Vorgang, bei dem auf den alten Erfahrungen aufbauend, neue Erfahrungen gewonnen werden können. Lernen als Prozeß besteht in der Transformation des Verhaltens eines Organismus durch seine eigene Erfahrung.

2.5.2 Gruppenlernen

Neben dem individuellen Lernen von seinem sozialen Umfeld, kann es auch zu einem bewußten Lernen in der Gruppe kommen. Unter einer Gruppe versteht man eine begrenzte Anzahl von Personen (Gruppenmitglieder), die als Folge gemeinsamer Interessen (Gruppeninteressen) und eines damit verbundenen ausgeprägten Wir-Gefühls hinsichtlich bestimmter Gegenstände und Problemstellungen, eine längere Zeit annähernd gleiche Ziele (Gruppenziele) durch gemeinsame Interaktionen (Gruppenhandeln) verfolgen. Zum Zweck eines koordinierten Gruppenhandelns werden den einzelnen Gruppenmitgliedern spezifische Rollen zugewiesen, die miteinander (nicht immer harmonisch) verknüpft sind. Solche Gruppen bilden als soziale Systeme den zentralen Ansatzpunkt für das Verständnis von Organisationen. Gruppen-Lernprozesse treten dabei in der Realität in verschiedenen Formen auf. Man unterscheidet zwischen

- Partizipativen,
- kooperativen und
- kollektiven Gruppen-Lernprozessen.

Im Gegensatz zum klassischen Schüler-Lehrer-Verhältnis, das im günstigen Fall eine Kombination aus Vorbild- und Erfolgs-Lernen, im schlechteren Fall hingegen ein Lernen aus Schmerz und gelernter Hilflosigkeit darstellt, findet partizipatives Lernen dann statt, wenn man innerhalb einer Gruppe gegenseitig von den Fähigkeiten des jeweils anderen profitieren kann. Der Begriff der Partizipation weist in diesem Zusammenhang darauf hin, daß sich der partizipativ Lernende in einer Art "Novizenphase" oder "Lehrzeit" befindet, in der er als Neuling die Chance bekommt, sich das Wissen der Experten anzueignen, eben an ihrer Erfahrung zu partizipieren. Dabei steht nicht das "Learning of the job", sondern das "Learning on the job" eindeutig im Vordergrund.

Partizipative Lernprozesse sind durch eine klare fachliche und zumeist auch damit verbundene formale Hierarchie gekennzeichnet, bei der der Neuling auf den guten Willen der Erfahrenen (Experten) unbedingt angewiesen ist, um von ihnen profitieren zu können. Außerdem wird der Wissenszuwachs beim Neuling innerhalb des partizipativen Lernprozesses der Gruppe bei weitem höher sein, als der Wissenszuwachs der anderen Gruppenmitglieder. Die nächsthöhere Stufe im Vergleich zu partizipativen Lernprozessen stellen kooperative Lernprozesse dar. Bei kooperativen Lernprozessen werden bestehende gegenseitige fachliche Asymmetrien innerhalb der Gruppe in einem wechselseitigen Prozeß überwunden. So kann man beispielsweise in einem Entwicklungsteam unterschiedliche Charaktere oder unterschiedliche Kulturkreise zusammenstellen, mit dem Ziel, die jeweilige Landeskultur des anderen innerhalb der Gruppe zu transferieren. Dies kann gelingen - dann hat ein partizipativer Lernprozeß stattgefunden - muß aber nicht in jedem Fall gelingen. Denn die Akzeptanz von neuem Wissen wird bei kooperativen Lernprozessen im Gegensatz zu partizipativen Lernprozessen nicht mehr an die fachliche oder hierarchische Überlegenheit des Dritten geknüpft, sondern beruht allein auf der intensiven Auseinandersetzung mit den Wissensbeständen innerhalb der Gruppe. Auf der anderen Seite setzt der Begriff der Kooperation Gemeinsamkeiten voraus, die beim kooperativen Lernen zwischen den Gruppenmitgliedern in der Festlegung gemeinsamer Lernziele oder zumindest in der Definition einer gemeinsamen Lernproblematik bestehen können. Diese gemeinsame Lernproblematik soll durch die Bündelung unterschiedlicher Fähigkeiten und Fertigkeiten in einer Gruppe gelöst werden. Dazu ist die Voraussetzung zu erfüllen, daß ein ungehinderter Wissenstransfer beziehungsweise Wissensfluß zwischen den einzelnen Gruppenmitgliedern stattfinden kann. Hierarchien und sonstige strukturelle Zwänge können diesen ungehinderten Wissensfluß nachhaltig behindern und führen lediglich zu eindimensionalen partizipativen, anstatt zu mehrdimensionalen kooperativen Lernprozessen. Deswegen ist es wichtig, daß in diesen Gruppen eine annähernde Gleichstellung der einzelnen Gruppenmitglieder erfolgt und gleichzeitig vorhandene Asymmetrien, die zu Mißtrauen führen können, ausgeglichen werden. Außerdem ist es wichtig, fachliche Asymmetrien in diesen Gruppen zuzulassen, um mit Hilfe einer harmonischen Durchmischung der Gruppe motivierende Lernziele zu erreichen.

Kooperative Lernprozesse ermöglichen wechselseitige Lernprozesse der gesamten Gruppe, wodurch fachliche Asymmetrien innerhalb der Gruppe ausgeglichen werden können. Aufgrund des gegenseitigen In-Frage-Stellens der anderen Wissensbestände und der fachlichen Divergenzen, werden diejenigen individuellen Wissensbestände selektiert und in den Wissensbestand der Gruppe aufgenommen, die den argumentativen Wettkampf in Form einer Diskussion gewonnen haben. Dabei verpaßt man allerdings durch diesen argumentativen Wettkampf die Chance, aus der Menge der einzelnen Meinungen und individuellen Wissensbestände heraus, völlig neues Wissen zu erzeugen. Diese neue Qualität eröffnet der kollektive Lernprozeß, indem er im Gegensatz zu partizipativen und auch zu kooperativen Lernprozessen die Möglichkeit eröffnet, daß in der Gruppe solches Wissen produziert wird, das kein einzelner in der Gruppe je zuvor so angedacht hat. In diesem Lernprozeß werden die Wissensbestände der einzelnen Gruppenmitglieder zu einem neuen Wissen verbunden, das mehr als nur die Summe der alten Wissensteile darstellt. Es ist dabei gerade nicht die Intelligenz, das Können und das Wissen des einzelnen Gruppenmitglieds, die die überdurchschnittliche Leistungen einer Gruppe ermöglichen, sondern vielmehr die Interaktion, die Beziehung zwischen den einzelnen Mitgliedern und damit die gruppeninhärente Kommunikation. Erst diese Kommunikation macht das eigene Wissen den anderen Gruppenmitgliedern zugänglich. Schlechte Kommunikation bedeutet damit auch unweigerlich schlechte Interaktion. Mißtrauen und Arroganz gegenüber dem anderen fördern diese mangelhafte Kommunikation. Das eigene Wissen wird "getunnelt" und nicht weitergereicht. Die Gruppe ist in ihrer Gesamtleistung der kleinste gemeinsame Nenner seiner Einzelteile. In der gruppeninhärenten Kommunikation spielt die Unterscheidung zwischen Dialog und Diskussion eine extrem wichtige Rolle. Eine Diskussion ist nichts anderes als ein Schlagabtausch von Argumenten. Das Ergebnis einer solchen Diskussion ist, daß es entweder kein Ergebnis oder höchstens einen Kompromiß gibt. Es gibt aber immer Sieger und Verlierer. Eine Diskussion ist heutzutage die am häufigsten anzutreffende Kommunikationsform innerhalb der Organisation. Ein Dialog unterscheidet sich in seiner qualitativen Kommunikationsebene grundsätzlich von einer Diskussion. Bei einem Dialog fließt im wortwörtlichen Sinne Wissen durch die Reihen der Beteiligten. Ein Wissen, das keiner Person direkt zugerechnet werden kann. Ein Wissen, das sich erst allmählich entwickelt. Ein Wissen, das zum Abschluß des Dialogs neues Wissen produziert hat. Ein neues Wissen, das in dieser Art und Weise kein Einzelner innerhalb der Gruppe je zuvor so angedacht hat. Die Gruppe hat damit als Gruppe neues Wissen mit Hilfe des Dialogs produziert.
Sie hat als Gruppe kollektiv gelernt und jeder in der Gruppe hat dieses neue Wissen in seine Wissensbasis übernommen. Bei jedem Teilnehmer am Dialog wurde wiederum ein individueller Lernprozeß in Gang gesetzt.
Die Systemtheorie sieht Gruppen als Teilmenge aller sozialen Systeme, wobei der Gruppenbegriff zu einem relativ späten Zeitpunkt als ergänzende Zwischenebene zwischen Interaktionen und Organisationen in die neuere Systemtheorie eingefügt wurde. Gruppen sind systemtheoretisch über folgende Kriterien definiert:

- **Face to face-Kontakte**: Dies stellt die Abgrenzung zur Gesellschaft dar. Gegenseitige unmittelbare Interaktionen müssen möglich sein, ohne daß es dafür eine maximale numerische Grenze bei der Anzahl von Gruppenmitgliedern gibt.
- **Diffusität der Mitgliederbeziehungen**: Dies stellt die Abgrenzung zur Organisation dar. Interaktionen innerhalb von Gruppen sind nicht von vornherein auf spezifische Zwecke eingegrenzt.
- **Relative Dauerhaftigkeit**: Dies stellt die Abgrenzung zur Interaktion dar. Gruppen hören nicht auf zu existieren, wenn ihre Mitglieder abwesend sind. Insofern wohnt der Gruppe eine Fähigkeit zur Latenz inne.

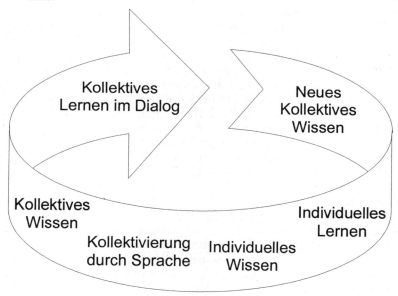

Abbildung 2-13 : Regelkreis Kollektives Lernen

Gruppen sind daher als soziale Systeme mit relativ dauerhaften persönlichen Beziehungen anzusehen. Dabei lassen sich je nach dem Ausmaß des Interaktionsgrades, der Diffusität und der Dauerhaftigkeit unterschiedliche Gruppenarten differenzieren. So wie sich individuelles Lernen systemtheoretisch abbilden läßt, gibt es auch erste Versuche, Lernprozesse von Gruppen systemtheoretisch zu modellieren. So hat man ein kybernetisches Modell der Lern- und Entwicklungsfähigkeit von Gruppen entwickelt, das direkt auf dem Rückkopplungsmechanismus basiert. Dabei unterscheidet man folgende Arten von Rückkopplungen:

- Rückkoppelung über eine bestimmte Handlung und deren Korrektur.
- Rückkoppelung über die Gruppenstruktur und äußere Anforderungen.
- Rückkopplung der Gruppe, als sich selbst beobachtendes und damit handlungsfähiges System, das eigene Ziele setzt und Rückschlüsse auf seinen Gesamtzustand ziehen kann.

Damit folgt, daß Gruppen genauso wie Individuen in der Lage sind, sich im eigenen Kontext zu beobachten und diese Beobachtungen in ihre zukünftigen Handlungen einbeziehen können. Sie sind daher in der Lage, ihre Lernkontexte selbst zu organisieren und können deshalb nach diesem Modell auch lernen zu lernen. Selbstbeobachtung findet aber nur in der Sprache und damit nur in der Kommunikation ihre einzige mögliche Ausdrucksform. Sprache kann deshalb auch nicht als Beschreibung einer objektiv vorhandenen Wirklichkeit aufgefaßt werden, sondern nur als Versuch, eine gemeinsame Realität interagierender Individuen hervorzubringen, mit dem Ziel einer weiteren erfolgreichen Verhaltenskoordination. Sprachliches wird dabei gemäß den neueren Ansätzen der Systemtheorie als spezieller, und zwar als bewußt erlernter Teilbereich des kommunikativen Verhaltens aufgefaßt, wobei Kommunikation als das gegenseitige Auslösen von koordinierten Verhaltensweisen unter den Mitgliedern einer sozialen Einheit definiert werden kann. Da Gruppen als soziale Systeme die Fähigkeit zur Selbstbeobachtung über Sprache und Kommunikation besitzen, zeichnet sich ihre Lernfähigkeit auch durch eine andere Qualität als die individuelle Lernfähigkeit aus, zumal sich ihr sprachliches Verhalten von dem eines Individuums unterscheidet. Damit kann das Selbstbewußtsein der Gruppe nicht allein über individuelle Lerntheorien und neurobiologische Erkenntnisse erklärt werden. Vielmehr handelt es sich hierbei um ein emergentes Phänomen, das als unabhängiger Interaktionsbereich aus dem selbstorientierten Verhalten entsteht und somit vollständig im sprachlichen Bereich liegt. Der Begriff Emergenz bezeichnet in diesem Zusammenhang jene Eigenschaften eines Systems, die aus den Eigenschaften seiner einzelnen Systemelemente nicht erklärbar sind. Diese Eigenschaften sind nicht den Elementen zuzurechnen, sondern der bestimmten selektiven Verknüpfung der Elemente im System und ihrer jeweils besonderen selbstorganisierenden Prozeßdynamik. Gruppen-Lernprozesse bilden deshalb eine neue Qualität ab. Somit läßt sich auch durch die neuere Systemtheorie die eigene Qualität von Gruppen-Lernprozessen und hierbei insbesondere von kollektiven Lernprozessen, mit Hilfe des sprachlichen Verhaltens erklären.

2.6 Künstliche Intelligenz

Die Idee, intelligente und lernfähige Maschinen nach dem Vorbild des menschlichen Gehirns zu bauen, ist nicht neu. Bereits Ende der fünfziger Jahre beschäftigte man sich damit, die Beziehung zwischen Rechenmaschinen und den Rechnerprozessen im menschlichen Gehirn zu finden. Gleichzeitig flammte eine philosophische Debatte auf, in der es um die Streitfrage ging, inwieweit eine Maschine überhaupt zu intelligenten Leistungen fähig sei.

2.6.1 Menschliche Intelligenz

Der psychometrische Ansatz hatte gegen Ende des 20. Jahrhunderts vor allem zwei wichtige Funktionen zu erfüllen: Zum einen wurden Intelligenztests im Erziehungswesen eingesetzt und zum anderen lieferten die in diesen Tests erzielten Ergebnisse das Ausgangsmaterial für psychometrische Theorien der

Intelligenz. Der Schwerpunkt der psychometrischen Theorienbildung liegt dabei bei den interindividuellen Unterschieden. Man sieht sich nämlich mit dem Problem konfrontiert, daß sich die Ergebnisse aufgrund mangelnder Übereinstimmung kaum interpretieren lassen. Für diese mangelnde Übereinstimmung lassen sich vor allem zwei Gründe heranziehen: Die Widersprüchlichkeit der Ergebnisse und die theoretischen Kontroversen. Trotz dieser Schwierigkeiten müssen einige Fakten und Schlußfolgerungen aus dem psychometrischen Ansatz bedacht werden. So kann der faktoranalytische Ansatz als Strukturmodell des menschlichen Intellekts betrachtet werden. Ein Faktor ist dabei eine hypothetische Größe, ein meßbarer Wert also, die jede Person in unterschiedlichem Maße besitzt. Der ermittelte Faktor wird dann als mathematische Abstraktion darüber entscheiden, ob ein System ex post factum als intelligent bezeichnet werden kann. Man hat inzwischen die Grenzen dieses theoretischen Testansatzes aufgezeigt, dennoch stellt die Faktoranalyse ein Verfahren dar, mit dessen Hilfe sich Hypothesen aufstellen und überprüfen lassen. Die Fähigkeit, Begabung, Leistung oder intellektuelle Fertigkeit - für welchen Begriff man sich auch entscheiden mag - wird demnach als Reaktionsprodukt auf eine standardisierte Reizsituation gemessen. Der Reiz wird von einem Menschen dargeboten, der dann beim Rechner durch einen bestimmten Prozeß eine Reaktion hervorbringt. Dabei geht dieser Testansatz weit über die Untersuchung des Reiz-Reaktions-Paradigmas hinaus, indem nicht nur das Ergebnis als solches interpretiert, sondern auch der Prozeß oder die Operation untersucht wird.

Der Ansatz der Informationsverarbeitung stellt eine Theorie dar, in der die Struktur eines intelligenten Systems im Mittelpunkt steht. Das Ziel solcher Theorien ist es, die Struktur des menschlichen Geistes zu erarbeiten und die geistigen Vorgänge und Prozesse zu bestimmen, die mit einer intelligenten Reaktion unmittelbar und mittelbar verbunden sind. Dabei bedient man sich der Erkenntnisse der kognitiven Psychologie, dem Zweig der Psychologie, der sich ebenfalls mit den Strukturen und Prozessen des menschlichen Geistes befaßt. Hierbei werden Phänomene wie Wahrnehmung, Gedächtnis, Wissen, Problemlösen, Verstehen und eben auch Intelligenz an sich untersucht. Die menschliche Kognition wird dabei als ein Prozeß der Informationsverarbeitung betrachtet. Man widmet also sein Interesse vor allem solchen Prozessen, die bei einem kognitiven System zwischen einer Eingabe und einer Ausgabe ablaufen. Dem KI-Forscher kommt diese Betrachtungsweise sehr entgegen, zumal es nunmehr nicht mehr auf die Unterscheidung Computer vs. Mensch ankommt. Insofern liefert dieser Ansatz ein erstes, wenn auch noch sehr nebulöses Modell der Informationsverarbeitung. Werden in der Umwelt Informationen zur Verfügung gestellt, dann analysiert und identifiziert das System die Ausgabe der Rezeptoren über einen Prozeß der Mustererkennung. Ist das jeweilige Muster für das System tatsächlich bedeutungsvoll, dann wird ein Teil des für das Muster relevanten Wissens abgerufen. In diesem Modell werden gleich drei grundlegende Komponenten ins Spiel gebracht, die bei jedem Informationsverarbeitungssystem von Nöten sind. Es sind dies die Wissensbasis, die Mustererkennung und das aktivierte Gedächtnis.

Eine Wissensbasis stellt zunächst Wissen relativ dauerhaft zur Verfügung. Dabei geht man von der Prämisse aus, daß zwar der Inhalt des Wissens von einem System zum anderen variieren kann, aber die Organisationsstruktur und die Mechanismen, die den Zugang zu diesem Wissen ermöglichen, auf einer bestimmten Ebene für alle Mitglieder einer Systemspezies gleich sein müßten. Man unterscheidet dabei zwischen Faktenwissen (deklaratives Wissen) und Verarbeitungswissen (prozedurales Wissen). Es existieren viele Vorstellungen darüber, wie Faktenwissen im menschlichen Geist (was immer dies auch sein soll) organisiert sein könnte. Die meisten Theoretiker vertreten dabei die Ansicht, daß das menschliche Wissen als Netzwerk organisiert sei, das begrifflich miteinander zusammenhängende Eintragungen verbindet. Das Netzwerk ist dabei grundsätzlich assoziativ. Die eher dynamischen Eigenschaften einer Fertigkeit lassen sich oftmals nur sehr schwer in assoziativen Netzwerken unterbringen. Die Theoretiker der Informationsverarbeitung greifen auch hier in die Trickkiste, indem sie sogenannte Produktionsregelsysteme postulieren, mit deren Hilfe das prozedurale Wissen (Verarbeitungswissen) dargestellt werden kann. Die Basiseinheit eines solchen Systems ist die Produktion, die sich aus einer wohldefinierten Reihe von Bedingungen und damit verbundenen Aktionen oder Handlungen zusammensetzt.

```
WENN Erythrozytenzahl > 15.000
UND Leukozythenzahl > 1000
DANN liegt eine Leukopenie vor.
```

Sobald beide Bedingungen erfüllt sind, liegt die Diagnose vor. Die obige Produktion stellt jedoch sicherlich nicht einen Algorithmus zur Lösung von Laborbefunden dar, obwohl das System aus einer vollständigen Handlungsabfolge besteht, die bei korrekter Eingabe von Labordaten grundsätzlich zur richtigen Diagnose führt. Spätestens an dieser Stelle kommen Heuristiken ins Spiel. Heuristiken sind allgemeine Richtlinien oder Regeln, die eine Lösung wahrscheinlicher machen, aber nicht unbedingt eine solche Lösung garantieren. Den Unterschied zwischen Heuristiken und Algorithmen kann man sich durch einen Problemraum veranschaulichen. Ein Problemraum ist dabei eine Art Diagramm, das die verschiedenen Problemzustände und die verschiedenen Operationen darstellt, über die man von einem Zustand zum anderen gelangt. Tatsächlich kann jedes Problem in eine solche Darstellung übersetzt werden, sofern Anfangszustand, Zielzustand und die Operationen wohldefiniert sind. In einem Problemraum bezieht sich daher ein Algorithmus auf eine bekannte Abfolge verschiedener Operationen, die einen Ausgangszustand mit einem Endzustand verbinden. Eine Heuristik hingegen ist ein Suchverfahren, mit dessen Hilfe eine Operation ausgewählt wird, wenn kein Algorithmus zur Verfügung steht. Aus den bisherigen Betrachtungen ergeben sich folgende Implikationen für die weitere Auffassung von Intelligenz: Eines der Kennzeichen menschlicher Intelligenz ist sicherlich die Fähigkeit, umfangreiche Wissenspakete bei Bedarf abrufen zu können. Unterschiede bezüglich der Verfügbarmachung von Informationen haben daher wegweisende Implikationen für die Wahrscheinlichkeit des weiteren Wissenserwerbs. Das Verstehen neuer Fakten oder Sinnzusammenhänge und ihre Integration in die Wissensbasis ist um so einfacher, wenn sie zu einer schon vorhandenen Information in Beziehung gesetzt werden kann. Wer zu einem gegebenen Zeitpunkt mehr weiß, hat

größere Chancen, noch mehr Wissen zu erwerben, denn jede neue Information kann in eine bereits vorhandene und gut entwickelte Wissensbasis integriert werden.
Sollen äußere Reize in Erfahrung umgesetzt werden, so müssen zunächst die physikalischen Reize des Inputs in solche Aktivitäten umgesetzt werden, daß ein entsprechender Output generiert werden kann. Diese Interaktion von Information und Rezeptor produziert als Produkt ein Muster elektrischer Aktivitäten, das dann weitergeleitet werden muß, bevor es von dem verarbeitendem System registriert wird. Diese Repräsentation wird im Fachjargon als Ikon bezeichnet und umschreibt den Großteil an Informationen, der zur Generierung der intelligenten Ausgabe benötigt wird. Dem Ikon muß dann eine Bedeutung zugemessen werden, ein Prozeß, der von den Theoretikern als Mustererkennung bezeichnet wird.

- **Schablonenvergleich**: Eine Strategie, um Muster erkennen zu können, wird in dem sogenannten Schablonenvergleich gesehen. Innerhalb dieses Systems werden die Muster bisherig erfolgter Aktivitäten in einer Wissensbasis gespeichert. Beim Mustererkennen wird das jeweilige Input-Muster mit den gespeicherten Repräsentationen oder Schablonen verglichen. Dabei werden dann Konvergenzen beziehungsweise Divergenzen festgestellt. Der Schablonenvergleich eignet sich besonders für solche Arten von Mustererkennungsprozessen, bei der die Zahl der potentiellen Muster nur sehr klein ist.
- **Merkmalsdetektoren**: Es wird von einigen Kreisen der Fachwelt bestritten, daß die Grundlage der menschlichen Mustererkennung der Schablonenvergleich ist. Diese Kritiker führen das Erkennen auf die Herausarbeitung von Merkmalen zurück. Die Ähnlichkeit von Merkmalen scheint dabei entscheidend darüber zu bestimmen, wie leicht ein bestimmtes Muster erkannt werden kann.
- **Konzeptanalyse**: Dieser Ansatz trägt der Tatsache Rechnung, daß die Mustererkennung nicht ausschließlich von den Daten bestimmt wird, die an das System herangetragen werden. Sicherlich geben auch Intuitionen und subjektive Erwartungen oftmals den Ausschlag darüber, welches Muster in einer konkreten Situation erkannt und als real angesehen wird. Diese konzeptuellen Annahmen eines Systems über das, was es wahrnimmt, lenkt dann den Prozeß der Mustererkennung in eine bestimmte Richtung.

Das Manko des Menschen besteht darin, daß er einerseits über eine fast unbegrenzte Menge an deklarativem und prozeduralem Wissen verfügt, dieses aber zu einem bestimmten Zeitpunkt nur in einem begrenzten Umfang abrufen kann. Einige der kognitiven Psychologen unterscheiden daher das Gesamtwissen in einen aktiven und in einen inaktiven Teil. Das Wissen wird dabei entweder bearbeitet (aktiv), oder es ist in der Wissensbasis gespeichert ohne bearbeitet zu werden (inaktiv). Nach dieser Auffassung spiegeln die Grenzen der Verarbeitungsmöglichkeiten eines Systems die Höchstzahl der Vorstellungen wieder, die gleichzeitig von diesem System aktiviert werden können. Die Einheit solch einer speicherbaren Vorstellung wird im Fachjargon als Chunk bezeichnet. Das folgende Beispiel zeigt eine Liste von drei Chunks:

> Wenn Körpertemperatur = 37°, dann Normaltemperatur.
> Wenn Körpertemperatur = 38°, dann leichtes Fieber.
> Wenn Körpertemperatur = 40°, dann hohes Fieber.

Die Kapazität eines aktivierten Gedächtnisses begrenzt die Anzahl der kognitiven Verarbeitungsprozesse und zwar gleichermaßen bei der Bearbeitung von deklarativem, wie prozeduralem Wissen. Wenn es nun darum geht, diese Kapazität an Faktenwissen zu erhöhen, kann dies auf die Art und Weise erfolgen, daß das in einem Chunk enthaltene Wissen ausgeweitet wird. Diesen Prozeß der Chunk-Erweiterung wird als Rekodierung bezeichnet. Es muß festgestellt werden, daß die Einschränkung der Verarbeitungskapazität, durch die begrenzte Kapazität des aktivierten Gedächtnisses bedingt ist. Diese Einschränkung kann dadurch reduziert werden, indem Informationen zu größeren Chunks rekodiert oder Fertigkeiten eingeübt werden.

Aktiviertes Wissen muß demnach jedem intelligenten System zur Verfügung stehen. Der Begriff des aktivierten Gedächtnisses bezieht sich dabei nur auf jenen Teil der Wissensbasis, der zu einem gegebenen Zeitpunkt der Informationsverarbeitung unterliegt. Dieser Anteil ist beim Menschen im Gegensatz zu Rechnern mehr oder weniger begrenzt. Er umfaßt nach gängiger Auffassung nicht mehr als fünf bis sieben Chunks. Diese Grenzen können jedoch umgangen werden, indem größere Informations-Chunks gebildet werden. Auch das Antrainieren von automatischen Fertigkeiten erweitert die Kapazitätsgrenzen. Um einen Erkenntnisprozeß initiieren zu können, bedarf es daher dem Absuchen des aktivierten Gedächtnisses nach Antezedenzien.

Unter Denkvermögen soll die Fähigkeit verstanden werden, aus spezifischen Erfahrungen zu verallgemeinern, und neue, abstraktere Konzepte und Regeln zu bilden. Hierzu existieren gleich mehrere Ansätze:

- **Induktion**: Aus der Analyse von Ähnlichkeiten und Unterschieden verschiedener Erfahrungen werden allgemeine Merkmale von Klassen, Objekten, Phänomenen und Situationen abgeleitet. Diese wiederum formieren sich in unserer Wissensbasis zu Konzepten oder Schemata, die dann wiederum auf neue Erfahrungen angewendet werden können. Eine solche Ableitung allgemeiner Regeln, Vorstellungen und Konzepte aus spezifischen Erfahrungen bezeichnet man als Induktion.
- **Analogdenken**: Ein Ansatz, analoges Denken zu beschreiben, besteht darin, die Prozesse der Merkmalsentdeckung oder Enkodierung zu erläutern, durch die die wichtigen Merkmale eines Begriffes aus einer Analogie repräsentiert werden müssen. Ein weiterer Ansatz sieht den Vergleich spezifischer Begriffspaare vor. Dabei werden in einer Inferenzphase die Beziehungen zwischen zwei Entitäten erfaßt. Auch das indirekte Vergleichen (Mapping) dient dem Vergleich unterschiedlicher Merkmale. Hier steht allerdings die Herausarbeitung von Übereinstimmungen im Vordergrund.

In den praktischen Teilen dieses Buches werden solche Technologien beschrieben, die den Computer zu einem Verhalten veranlassen, das seine Umwelt als intelligent bezeichnen würde. Gemäß der drei Perspektiven wird man schlußfolgerndes Denken als Prozeß und Problemlösen als Hauptkomponenten einer - wie auch immer gearteten - Intelligenz ansehen müssen. Weiterhin soll die Anpassungsfähigkeit als wichtiger Aspekt den Intelligenzbegriff komplettieren. Eine solche Adaption an sich verändernde Anforderungen aus der Umwelt wird daher ausdrücklich gefordert. Als wichtigste Charakteristika menschlicher Intelligenz können unter Berücksichtigung der bisher dargestellten Ansätze demnach angesehen werden:

- Die Fähigkeit zum Umgang mit Symbolen.
- Besitz eines intrinsischen Modells der Welt, um Wissen repräsentieren zu können.
- Die Fähigkeit, gespeichertes Wissen abzurufen.
- Die Fähigkeit, die im Wissen enthaltenen Zusammenhänge zu erkennen, d.h., schlußfolgerndes Denken als Prozeß in Gang setzen zu können.
- Die Fähigkeit zur Verallgemeinerung (Generalisierung, Abstraktion).
- Die Fähigkeit zur Anwendung allgemeiner Zusammenhänge auf konkrete Problemstellungen (Spezialisierung).
- Die Fähigkeit, einmal erworbenes Wissen und Erfahrungswerte auf unbekannte Situationen übertragen zu können.
- Die Fähigkeit, geplantes Verhalten zu zeigen und entsprechende Problemlösungsstrategien zu entwickeln.
- Fähigkeit zur Adaption, d.h., sich an Umweltveränderungen beziehungsweise Problemänderungen anpassen zu können.
- Lernfähigkeit.
- Die Fähigkeit, auch in unscharf oder unvollständig beschrieben Situationen noch handlungsfähig zu sein.
- Die Fähigkeit zur Mustererkennung und zu aktiven Auseinandersetzung mit der Umwelt.
- Die Fähigkeit zum kommunikativen Verhalten.

2.6.2 Künstliche Intelligenz

Ziel des Forschungsgebiets der Künstlichen Intelligenz (engl. Artificial Intelligence) ist es, intelligentes Problemlöseverhalten zu untersuchen, sowie intelligente Computersysteme und Anwendungen zu entwickeln. Durch die rechnerbasierte Anwendung von Wissen werden neue Einsichten und Erfahrungen produziert. Die Entwicklung der Künstlichen Intelligenz hängt sehr eng mit den Entwicklungsstufen der angrenzenden Wissenschaftsbereiche zusammen, da sie ein Forschungsgebiet darstellt, das viele Disziplinen in sich vereint. Die Wurzeln liegen in den Wissenschaftsgebieten Pädagogik, Physiologie, Cognitive Science, Linguistik, Informatik, Logik und der Psychologie. Wichtige Anwendungen der Künstlichen Intelligenz sind die Expertensysteme, Bild- und Sprachverarbeitung sowie die Robotik. Diese Anwendungen werden mit Methoden der Wissensrepräsentation, des Lernens, der Wissensakquisition, des Problemlösens und Heuristiken entwickelt.
Die Realisierung von intelligentem Verhalten auf Rechnersysteme verlangt zwangsläufig das Zusammenwirken verschiedener Wissenschaftszweige (in-

terdisziplinärer Ansatz). Wenn man sich die Forschungstätigkeiten der AI einmal aus der Nähe betrachtet, so findet man dort ein weites Beschäftigungsgebiet:

- Wahrnehmen (Bild-Analyse, Spracherkennung, etc.),
- Denken (Problemlösungs-Verfahren, Schlußfolgerungstechniken; Lernen, Spieltheorien, automatische Beweisverfahren, etc.),
- Wissen (Expertensysteme),
- Lernen,
- Sprache (Sprache verstehen, Dialoge führen, Texte analysieren, Sätze generieren, maschinelle Übersetzungen, etc.),
- Roboter,
- Cognitive Science (Simulation menschlichen Verhaltens, Ablaufen kognitiver Prozesse, etc.),
- Neuro-Kybernetik (Funktionsweise des Gehirns, Fähigkeiten des Gehirns, etc.).

Faßt man alle diese Teilgebiete zusammen, so erhält man eine übersichtliche Unterteilung der Künstlichen Intelligenz in die folgenden Fachgebiete: Expertensysteme, Natürlichsprachliche Systeme (NNS), Deduktionssysteme (DS), Bildverarbeitung und Robotertechnologie.
Ein Expertensystem ist ein Programm, in dem Wissen eines oder mehrerer Spezialisten (eben den Experten) gespeichert ist und das zur Lösung von Problemstellungen abgerufen werden kann. "Natürlich zu sprechen", bedeutet soviel, daß ein Anwender mit einem Rechnersystem so kommuniziert, wie er es unter Menschen tun würde. Diesen Anspruch gilt es hier zu erfüllen, ob nun mündlich oder schriftlich mit dem System kommuniziert wird. Sprache wird hierbei als ein System von Symbolen und Regeln verstanden, mit denen sich Ideen, Gedanken, aber auch Gefühle mitteilen lassen. In diesem Fachbereich wird also versucht, die bisherige Unterhaltungsform mit dem Computer in Form von einer künstlichen und formalistischen Sprache zu verbessern. Es geht schlichtweg darum, daß die Maschine von sich aus versteht, was der Mensch ihr mitteilt. Hierfür wurden spezielle Techniken entwickelt, die unter dem Namen Natural Language Processing (NLP) bekannt wurden. Mit diesen Techniken ist es möglich, die Mensch-Maschine-Kommunikation einigermaßen realistisch zu verwirklichen. Deduktionssysteme helfen dem Menschen beim logischen Denken, wenn es darum geht, aus bestimmten Fakten und Annahmen logische Schlußfolgerungen zu ziehen. Die Einsatzgebiete dieser interessanten Systeme sind: Beweisen von mathematischen Sätzen, Beweisen von Sätzen der formalen Logik, Design von Schaltkreisen, Kontrolle und Testen von logischen Schaltungen und der Programmverifikation. Bei der Bildverarbeitung wird versucht, menschliches Sehen und visuelles Verstehen durch eine geeignete Kombination von Hard- und Software nachzubilden. In der die KI tangierenden Robotertechnologie fließen alle Teilgebiete der Künstlichen Intelligenz zusammen. Numerisch gesteuerten, d.h., programmierbaren Maschinen wird das Sehen (Erkennen), das Sprechen (Sprachverarbeitung) oder Wissen (Expertensysteme) beigebracht. Es werden also sensorische, motorische und sprachliche Informationsverarbeitung miteinander verquickt, um autonome und mobile Systeme entwickeln zu können.

2.6.3 Ansätze zur Künstlichen Intelligenz

Zu Beginn der KI-Forschung dachte man, sich den Geist des Menschen durch eine rein physikalische Betrachungsweise erschließen zu können.

> ♦ Artificial Intelligence is the study of intelligent behaviour[1]

Der Versuch, auf diese Art und Weise eine naturwissenschaftlich exakte Beschreibung liefern zu können, mußte jedoch schon an der Tatsache scheitern, daß es nicht gelang, auch nur annähernd angeben zu können, was man denn unter "Geist" zu verstehen hat.

Vor nicht allzu langer Zeit brachte man dann den Computer ins Spiel, von dem man sich erhoffte, Modelle und wissenschaftliche Ansätze in einer definierten Art und Weise und vor allem in einer endlichen Zeit testen zu können.

> ♦ Künstliche Intelligenz ist die Untersuchung von Ideen, die es Computern ermöglichen, intelligent zu sein.[2]

Hier waren es gerade die Wissenschaften wie Philosophie, Mathematik und Informatik, die Modelle über die Funktionsweise des Gehirns und des Gedächtnisses entwickelten und auf Computermodelle abstrahierten. Etwas genauer, jedoch in die gleiche Richtung, geht die Definition von M. Minsky: „Artificial Intelligence is the science of making machines do things that would require intelligence if done by men."[3]

Immer noch als reine ingenieurmäßige Angelegenheit untersucht demnach die KI Verhaltens- und Problemfindungsweisen, indem sie diese auf den Rechner abbildet und simuliert, um sie somit dem menschlichen Verständnis zugänglich zu machen.

Die Euphorie der Anfangsjahre legte sich. In nicht wenigen Fällen machten sich aufgrund der erreichten Erfolge sogar eine pessimistische und depressive Grundhaltung breit. Bei manchen Wissenschaftlern ging dieser Sinneswandel sogar soweit, daß sie der KI den Rücken kehrten und zu Kritikern avancierten (u.a. Feigenbaum). Dieser Wechsel namhafter Wissenschaftler an das andere "Ufer" führte jedoch in vielen Fällen dazu, daß diese Flucht vor der scheinbaren Ausweglosigkeit, den einen oder anderen motivierte, an seiner Sache weiterzuarbeiten. Korrekterweise muß man gestehen, daß man sich und seine Fähigkeiten überschätzt hatte. Der Versuch, die Jahrtausend alten Probleme innerhalb weniger Jahrzehnte lösen zu wollen, wurde vielerorts aufgegeben. Man beschränkte sich nunmehr auf kleine Erfolge, gestreng nach dem Motto: "Weniger ist mehr", und es wurde eine KI-Forschung betrieben, die vor allem eine dualistische Zielsetzung hatte:

> ♦ As engineering, Artificial Intelligence is concerned with concepts, theory, and practise of building intelligent machines. As science, Artificial Intelli-

---

[1] M.R. Genesereth, N.J. Nilson: Logical Foundations of Artificial Intelligence; Los Altos, CA 1985
[2] P.H. Winston: Künstliche Intelligenz; Addison-Wesley; Bonn 1987
[3] M. Minsky: Artificial Intelligence; San Francisco; London 1966

> gence is developing concepts an vocabulary to help us to understand intelligent behavior in people another animals.

Aufgrund der mangelnden Einsichten, die sich den Einzelwissenschaften bot, lag es nahe, die Einzelergebnisse zusammenzutragen und miteinander zu kombinieren. Gerade aufgeschlossene und nicht zu sehr auf die hart verkrusteten Akademie-Streitigkeiten ausgerichtete Forscher taten sich zusammen und arbeiteten gemeinsam an konkreten Projekten.

> ♦ Künstliche Intelligenz ist die Forschung darüber, wie man Computer Dinge ausführen lassen kann, die zur Zeit noch vom Menschen beherrscht werden.[4]

Diese Sichtweise legt ihren Schwerpunkt auf die Erarbeitung von Konzepten, die es ermöglichen, praxisgerechte Aufgabenstellungen besser vom Computer, als vom Menschen bearbeiten zu lassen. Nachteil dieser Auffassung: sie ist an den gegenwärtigen Stand gebunden und trägt dem dynamischen Charakter der Wissenschaft nicht Rechnung
Dieser informatorischer Ansatz zeichnet sich vor allem darin aus, daß er, ausgehend von den Unzulänglichkeiten der klassischen Methodik der Informatik, nach neuen Methoden sucht.

> ♦ Künstliche Intelligenz ist die Untersuchung der Verfahren zur Lösung exponentiell schwieriger Probleme in endlicher Zeit durch Anwendung von Wissen über den Problembereich.

Demnach muß die Künstliche Intelligenz solche Methoden entwickeln, mit denen sich Probleme praktikabel lösen lassen. Praktikabel bedeutet in diesem Zusammenhang, daß die gefundenen Lösungen nicht hundertprozentig exakt und eventuell auch nicht unbedingt optimal sein müssen. Brauchbar müssen sie sein!
Es gilt eine Formulierung zu finden, die nicht weit von dem eben dargestellten Konsens abweicht. Allerdings muß die Definition den Schwierigkeiten, Intelligenz definieren zu können, Rechnung tragen. Insofern erscheint es sinnvoll, alle Ansätze zu kombinieren und dieses "Mix" anschließend mit Realismus und Transparenz abzustimmen. Mit diesem Ansatz soll also nicht die Frage geklärt werden, ob denn Maschinen denken können. Die Klärung dieser sicherlich nicht unbedeutenden Frage sollte man Philosophen überlassen. Im Vordergrund steht also nicht die Frage, ob Maschinen denken, vielmehr ist man an den Ergebnissen, die diese Maschinen produzieren und die Art und Weise, wie die Maschinen diese Ergebnisse erzielen, interessiert.

> ♦ Unter Künstlicher Intelligenz versteht man das Fachgebiet, dessen Gegenstand es ist, mit Hilfe von Rechnersystemen und unter Einsatz spezifischer Methoden und Technologien solche Leistungen hervorzubringen, daß diese nach allgemeinem Verständnis als intelligent bezeichnet werden.

---

[4]Rich, E: KI - Einführung und Anwendungen; Hamburg u.a. 1988

Das Abstimmen auf Realismus und Transparenz bedeutet, daß solche Methoden entwickelt werden, die auf einen Computer übertragen, sprich: auf diesen programmiert werden können.

2.6.4 Maschinelle Intelligenz

Descartes Behauptung, daß es unmöglich sei, eine Maschine zu konstruieren, die die Fähigkeit besitze, sich in wesentlichen Bereichen wie ein Mensch zu verhalten, da der Mensch - im Gegensatz zum Tier - aufgrund seiner intellektuellen Leistungen nicht durch eine Maschine simuliert werden könne, steht im krassen Widerspruch zu den Bestrebungen der KI-Forschung. Diese Widersprüche beruhen auf der Tatsache unterschiedlicher Begriffsauffassungen des nicht unwesentlichen Namensbestandteiles "Intelligenz" der KI-Forschung. In der neueren Psychologie faßt man Intelligenz als komplexen und nicht definierbaren Begriff auf. Es wird angenommen, daß Intelligenz etwas mit Wissen zu tun haben muß. Wissen wird damit zentral für das Phänomen der Intelligenz. Umgangssprachlich formuliert ist Intelligenz eine Aktivität des Wissens, wobei Wissen nicht ausschließlich mit theoretischem Wissen gleichgesetzt werden darf. Im wesentlichen lassen sich die verschiedenen Definitionen des Intelligenzbegriffes in zwei Forschungsrichtungen einordnen: Empirisch-psychometrischer und Verbaler Ansatz. Der empirische beziehungsweise psychometrische Ansatz der Intelligenzforschung konzentriert sein Hauptinteresse auf beobachtbare und meßbare Ergebnisse des Verhaltens eines Individuums. Intelligenz ist nach diesem Verständnis, was ein, wie auch immer gearteter, Intelligenztest mißt. Der verbale Ansatz der Intelligenzforschung betont hingegen nicht nur ausschließlich das Ergebnis, sondern auch, und insbesondere, den Prozeß der Problemlösung. Damit wird Intelligenz nach diesem Verständnis definiert als Fähigkeit zur Bewältigung neuer Herausforderungen. Intelligenz ist damit im Gegensatz zum Lernen kein Prozeß, sondern ein struktureller Zustand und darf deshalb auch nicht mit "dem Lernen" an sich gleichgesetzt werden. Der verbale Ansatz hat gegenüber dem empirischen Forschungszweig den Vorteil einer ganzheitlichen Betrachtung des Phänomens der menschlichen Intelligenz. Der Intelligenztest berücksichtigt weder die kulturellen und kontextspezifischen Rahmenbedingungen noch die Vorgehensweise bei der Produktion intelligenter Leistungen. Die Intelligenz einer Person hängt vielmehr mit der strukturellen Plastizität seines Gehirns zusammen. Je flexibler das menschliche Gehirn auf neue Anforderungen reagieren kann und je höher die Wahrscheinlichkeit ist, daß neues Wissen mit alten Wissensbeständen verknüpft werden kann, um so höher ist die Intelligenz einer Person anzusetzen beziehungsweise das, was von einem Beobachter aus als Intelligenz dieser Person zugeschrieben wird. Die strukturelle Plastizität des menschlichen Gehirns hängt dabei nach den Erkenntnissen der modernen Gehirnforschung im wesentlichen von drei abhängigen Variablen ab:

- **angeborene Lernfähigkeit**: von den prinzipiellen strukturellen Voraussetzungen des menschlichen Gehirns.
- **erworbene Lernfähigkeit**: von der Qualität des Wissens über den Lernprozeß.

- **individuelle Wissensbestände**: Von der Menge und der Qualität der Verknüpfung von bisher erworbenen Wissensbeständen.

Dabei ermöglichen insbesondere die erste und dritte Komponente von verschiedenen Intelligenztypen zu sprechen. So wird bei einer Person ein größerer Wissensbestand an Faktenwissen (Fachintelligenz) und bei einer anderen Person ein größerer Vorrat an Prozeßwissen (Prozeßintelligenz) vorhanden sein. Auch das ausgeprägte Vorhandensein von emotionaler oder sozialer Intelligenz läßt sich dadurch erklären.

2.6.5 Wissensbasierte Systeme

Diese Erkenntnisse auf den Computer abstrahiert, läßt es zunächst naheliegend erscheinen, daß Wissen im Computer in erster Linie nicht im Bereich der Hardware, sondern im Bereich der Software anzutreffen ist. Die traditionelle Programmierung außerhalb der KI geht von einer strikten Trennung zwischen Algorithmus und Daten aus. Ein vorgegebener Algorithmus hat den Nachteil, daß sein Entwickler bereits im voraus alle möglichen Problemvarianten erkennen und berücksichtigen muß. Aber nur mit dem bestehenden Algorithmus kann die Verarbeitung der Daten erfolgen. Daraus ergibt sich eine gewisse Starrheit in bezug auf die Problemlösungsflexibilität des gesamten Programms. Neues Wissen wird durch den Algorithmus schon indirekt vorweggenommen, da es bereits zur Programmierung des Algorithmus diente. Der Hauptansatzpunkt eines wissensbasierten Computersystems ist daher die Abkehr von der traditionell strikten Trennung zwischen Algorithmus und Daten hin zu einer Trennung in Wissen und Problemlösungsstrategie.

> Ein wissensverarbeitendes System ist ein Softwaresystem, bei dem das Fachwissen über ein Anwendungsgebiet (Domain knowledge) explizit und unabhängig vom allgemeinen Problemlösungswissen dargestellt wird.

Der Entwickler legt innerhalb einer "regelorientierten Wissensdarstellung" fest, was in einer bestimmten Situation zu tun ist. Diese Regeln werden aber nicht wie bei einer traditionellen Programmierung sequentiell abgearbeitet, sondern ein Regelinterpreter bestimmt welche Regel für die jeweilige Situation angemessen ist. Expertensysteme werden in diesem Zusammenhang nicht wissensbasierten Systemen gleichgesetzt. Während bei wissensbasierten Systemen die interne Struktur nach obigen Gesichtspunkten zu gestalten ist, betont die Bezeichnung Expertensystem lediglich den externen Ursprung des Wissens und damit das Verhalten des Systems gegenüber seinem Systemumfeld, annähernd vergleichbar mit dem Wissen und Verhalten eines menschlichen Experten. Es gibt demnach sowohl Expertensysteme, die nicht als wissensbasierte Systeme zu bezeichnen sind, als auch wissensbasierte Systeme, die keine Expertensysteme darstellen.

Erst in den sechziger Jahren trat der Begriff „Wissen" sozusagen durch die Hintertür der Psychologie in Erscheinung, indem sich einige Wissenschaftsautoren über das äußerten, was man von Wissen zu meinen glaubte. So sahen z.B. im Jahre 1960 die Psychologen Miller, Galanther und Pribam im Wissen *„das Bild einer Wirklichkeit, aus dem heraus Menschen ihre Handlungspläne* *entwerfen".⁵* Auch der Psychologe Bruner sprach „*von der Darstellung des Wissens im menschlichen Geist".⁶* Die Programmierer der siebziger Jahren verstanden es ebenfalls, "Wissen" in Form von Bits und Bytes in intelligente Schach- oder Dame-Programme zu implementieren. Erst in den siebziger Jahren prägte sich Wissen als psychologische Realität und letztlich als theoretischer Begriff. Den intensiven Forschungsbemühungen der Gedächtnisforschung ist es zu verdanken, daß man Wissen inzwischen nicht mehr als bloßen Speicherinhalt sieht. Wissen ist zur Basis des Wahrnehmens, Handelns und des Sprechens avanciert. Im Wissen sind die Erfahrungen niedergelegt, die der Mensch aus seinen Tätigkeiten gewinnt. Intelligentes Verhalten benötigt ein Mindestmaß an Wissen. Diese Feststellung muß nun dahingehend ausgebaut werden, daß in Zukunft von einem intelligenten System gefordert werden muß, daß es über eine Komponente verfügt, die das dem System inhärente Wissen dem System auch bei Bedarf bereitstellt. Man bezeichnet diese Vorbedingung, daß intelligentes Verhalten Wissen voraussetzt, als Wissenrepräsentations-Hypothese. Im folgenden soll nun näher darauf eingegangen werden, was unter dem Begriff "Wissen" überhaupt zu verstehen ist. Zunächst scheint es sinnvoll, eine Arbeitsdefinition zu vereinbaren:

> **Als Wissen wird die Menge aller als wahr oder falsch angenommen Aussagen definiert, die über die repräsentierte Welt gemacht werden können.**

Diese Definition unterscheidet dabei nicht zwischen Wissen und Überzeugungen, wie es manche Autoren gerne tun. Diese Arbeitsdefinition grenzt auch gleichzeitig die verwandten Begriffe Daten und Informationen von Wissen ab. Als Daten soll eine wohldefinierte Sammlung von Fakten verstanden werden, die von einem Computersystem verarbeitet werden können. Fakten wiederum sind numerische oder alphanumerische Zeichen. Hiervon unterscheiden sich die Informationen, indem diesen in der Definition eine Zweckbestimmung zugedacht wird. Informationen sind Datenansammlungen, die für einen bestimmten Zweck ausgewählt, zusammengestellt, organisiert und verarbeitet werden.

Im folgenden Abschnitt sollen die verschiedenen Wissensarten etwas näher betrachtet werden.

- **Fakten**: Einfache Fakten sind beispielsweise "Es regnet" oder "Willi hat Schnupfen".
- **Komplexe Objekte und Eigenschaften**: Objekte stellen eine Art Bezugs- oder Beziehungspunkte in Wissensmengen dar. Sie sind durch bestimmte Eigenschaften gekennzeichnet, gehören zu einer bestimmten Klasse, besitzen Beziehungen zu anderen Objekten aus der Klasse und können Veränderungen unterworfen werden.
- **Semantische Beziehungen zwischen Objekten**: Objekte innerhalb eines Problembereiches sind nicht isolierte Entitäten, sondern stehen üblicherweise in Beziehungen zueinander. So kann beispielsweise das

---

[5] Miller, Galanter & Pribam; Strategien des Handelns, Stuttgart 1973
[6] Bruner; Studien zur kognitiven Entwicklung, Stuttgart 1967

Objekt *Willi* mit dem Objekt *Schnupfen* in der Beziehung "hat" stehen: Willi hat Schnupfen.
- **Ereignisse**: Ereignisse ähneln in gewisser Weise den Handlungen. Lediglich die Tatsache, daß sie nicht von handelnden Lebewesen initiiert werden können, sondern durch Umstände erzeugt werden, unterscheidet sie von den Handlungen. So kann uns Menschen beispielsweise der *Tod* als Ereignis ereilen. Unter einem Ereignis versteht man demnach eine Zustandsänderung, für die es einen Ort und eine Zeitdauer gibt.
- **Handlungen**: Durch Handlungen können Objekte absichtsvoll erzeugt, verändert, gelöscht (zerstört), in Besitz genommen, werden. Die Art der Handlungen läßt sich beliebig fortsetzen. So kann beispielsweise das Objekt *Arzt* das Objekt *Spritze* aufziehen, um diese einem anderen Objekt *Patient* zu verabreichen. Die Handlung in diesem Fall umfaßt das Verabreichen der Spritze. Das auslösende Objekt heißt Agent oder Aktor.
- **Vorgänge**: Ein Vorgang ist eine lang andauernde Handlung. Vollzieht sich beispielsweise die Besserung des Patienten durch die Verabreichung eines Medikamentes in Monaten, so spricht man von einem Vorgang der *Gesundung*.
- **Verfahren**: Ein Verfahren setzt sich aus einer wohldefinierten Anzahl von verketteten Handlungen zusammen. Die einzelnen Handlungen müssen dabei oftmals in einer ganz bestimmten Reihenfolge ausgeführt werden. Das Wissen um bestimmte Verfahren, also das Wissen wie Objekte und Aktionen kombiniert werden müssen, um ein bestimmtes Ziel zu erreichen, bezeichnet man auch als "know how".
- **Zusammenhänge und Einschränkungen**: Neben einfachen Beziehungen wie "hat" existieren selbstverständlich auch noch komplexere Beziehungen zwischen Objekten. Es ist ein Wissen von der Art "wenn Faktum A zutrifft, dann gilt auch Faktum B". Es können aber auch Beziehungen zwischen Objekten und Geschehnissen (Ereignisse, Handlungen, Vorgänge, Verfahren) bestehen. Eng mit diesem Wissen verbunden, ist das Wissen über einschränkende Bedingungen, d.h., Wissen über die Unzulässigkeit von Zuständen oder Zustandsänderungen.
- **Metawissen**: Metawissen ist das Wissen über das restliche Wissen. Es umfaßt Kenntnisse über die Verläßlichkeit beziehungsweise die Wahrscheinlichkeit von Fakten. Es beinhaltet auch das Wissen, wie und wo unbekannte Daten erfragt werden können oder ggf. wo sie aus vorhandenem Wissen abgeleitet werden können. Aber auch das Strukturieren von Wissen, das Hinzufügen von Wissen und die Unterstützung des Zugriffs auf dieses Wissen zählt man zum Metawissen.
- **Probleme und Problemlösungsstrategien**: Das zu lösende Problem muß bekannt sein, soll es gelöst werden. Bei der Bearbeitung solcher Probleme mit Hilfe von Computern muß das zu lösende Problem sogar noch in einer für den Computer verständlichen Form spezifiziert werden. Allgemeine Strategien und Methoden zur Lösung dieser

Probleme und spezielle Kenntnisse über den Problembereich müssen bekannt sein.

Das Wissen einer Art kann unterschiedlicher Qualität sein. Die wichtigsten Wissensqualitäten sind die folgenden:

- **unvollständiges Wissen**: Alle Wissensbasen sind unvollständig in dem Sinne, daß immer nur Teile einer zu repräsentierenden Welt erfaßt und dargestellt werden können. So formuliert bereits Levesque das Kriterium der Unvollständigkeit wie folgt: Eine Wissensbasis heißt unvollständig, wenn sie für eine Menge von Aussagen feststellt, daß mindestens eine davon wahr ist, aber nicht angibt, welche dies ist. Daher muß auch jedes Wissen, das für die Nutzung durch einen Computer zusammengestellt wurde, zwangsläufig unvollständig sein, da es zur Zeit noch nicht möglich ist, das gesamte Wissen der Menschheit in einem Computersystem oder einem Netz von Computern zu speichern oder gar effizient zu verarbeiten.
- **widersprüchliches Wissen**: In vielen Fällen ist das Wissen in sich widersprüchlich. Gerade bei der Erweiterung bestehender Wissensbasen steht das neu hinzukommende im Widerspruch zum bereits existierenden Wissen.
- **unsicheres Wissen**: Wissen kann auch unsicher sein, wenn nicht die exakte Wahrscheinlichkeit des Zutreffens dieses Wissens angegeben werden kann.
- **ungenaues Wissen**: Ferner kann Wissen ungenau sein, d.h., es lassen sich keine exakten Angaben zu den Eigenschaftswerten machen, wohl aber die möglichen Werte einschränken. Der Unterschied zu unsicherem Wissen besteht dabei darin, daß ungenaues Wissen sicher zutrifft. Der Unterschied zu unvollständigem Wissen besteht darin, daß eine Eigenschaftsangabe sehr wohl vorliegt und eben nicht fehlt.
- **prototypisches Wissen**: Man kann verschiedene Modalitäten von Wissen unterscheiden, d.h., es ist möglich, Wissen über Sachverhalte zu besitzen, die notwendig, möglich, oder unmöglich (alethische Modalitäten), obligatorisch, geboten oder verboten (deontische Modalitäten) sind. Als prototypisch bezeichnet man gewöhnliches Wissen über zutreffende Sachverhalte. Hier hat man einfach eine Vorstellung, wie die Dinge sind. Prototypisches Wissen kann benutzt werden, um Eigenschaften mit relativ großer Wahrscheinlichkeit anzunehmen, solange noch keine weiteren, oder der Annahme widersprechende Informationen vorliegen. Prototypisches Wissen ist also eine Möglichkeit, unvollständiges Wissen zu ersetzen.
- **definitorisches/kontingentes Wissen**: Eine definitorische Aussage bezieht sich auf die unanzweifelbaren Eigenschaften einer Aussage oder eines Objekts einer Klasse. Andererseits gibt es Aussagen, die zwar allgemein anerkannt sind oder sich nur auf einen großen Teil der Klasse beziehen, deren Wahrheit aber nicht unbedingt notwendig zu sein braucht.
- **Allgemeinwissen**: Unter Allgemeinwissen versteht man das Wissen, welches Menschen einsetzen, um alltägliche Probleme zu meistern.

- **Fachwissen**: Vom Allgemeinwissen läßt sich das Fachwissen abgrenzen, das Experten einsetzen, um Probleme spezialisierter Art zu lösen.
- **Modalaspekte**: Als Modalaspekte bezeichnet man solche Umstände, unter denen eine Aussage bewertet werden muß. So ordnet man z.B. Aussagen einen bestimmen Wahrheitswert (wahr oder falsch) zu. Im Umkehrschluß kann man bei der Aussage "Es regnet" nicht ohne weiteres einen Wahrheitswert zuordnen, da dieser von dem Zeitpunkt abhängt, zu dem die Aussage gemacht wurde.
- **Unwissen**: Unwissen stellt das Pendant zu Wissen dar und ist als solches stets mit Wissen verbunden.

2.6.6 Intelligentes Schließen

Wissensverarbeitung, beziehungsweise das geforderte intelligente Verhalten, entsteht erst dann, wenn ein Wissen aktiv angewendet, ausgewertet und weiter entwickelt wird. Aufgrund der großen Vielfalt an menschlichen Schlußweisen und der bisher eher partiellen Erforschung einiger Arten intelligenten Schließens, existiert keine einheitliche Theorie. Um sich einen Überblick über die derzeit diskutierten Methoden verschaffen zu können, wurden die einzelnen Methoden nach Unterschieden und Berührungspunkten klassifiziert.

Bei der Deduktion schließt man über einen regelhaften Zusammenhang (Regel) von einer Annahme beziehungsweise Ursache (Prämisse) auf eine Folgerung (Konklusion). Man geht dabei von einer als gültig angesehenen Regel aus.

Prämisse:	Dieser Computer hat ein defektes Netzteil.
Regel:	Alle Computer mit einem defekten Netzteil starten nicht.
⇩	
Konklusion:	Dieser Computer startet nicht.

Die Prädikatenlogik liefert dabei das notwendige Werkzeug zur Formalisierung des deduktiven Schließens. So gelten der "Modus Ponens" und der "Logische Schnitt" als die typischen Inferenzmechanismen. Das aufgrund deduktiver Schlußweisen produzierte Wissen hat eine besondere Eigenschaft: Wenn zu einer Menge von Sätzen (Theoreme) eine weitere Formel hinzu genommen wird, dann wird die dadurch entstehende Menge von Formeln nicht kleiner sein, als es die ursprüngliche Menge vor der Hinzunahme war. Diese Eigenschaft, daß die Ableitungsmenge im allgemeinen anwächst, bezeichnet man als Monotonie. Genau diese Eigenschaften zeigen jedoch viele menschliche Schlußweisen nicht, da hier oft beim Hinzukommen neuerer Erkenntnisse alte Annahmen oder Hypothesen "über Bord", sprich: revidiert werden. Zur Formalisierung nichtmonotonen Schließens hat die KI-Forschung verschiedene Systeme entwickelt:

- Prototypisches Schließen,
- Default Logik,
- Autoepistemisches Schließen,
- Modale nicht monotone Logik,
- Closed World Assumption-Logik (CWA),

- Predikat-Circumscription.

Zur Illustration dieser Schlußweisen sollen einige Beispiele aufgeführt werden, wobei das prototypische Schließen den Anfang macht.

> ☞ Jede Stadt hat ein Kino.
> ⇩
> Also nehme ich an, daß in der Stadt, in die ich das nächste Jahr ziehe, auch ein Kino sein wird.
> Dieser Schluß muß möglicherweise nach dem Umzug revidiert werden.

Bei der Default Logik verwendet man standardisierte Annahmen, die erst dann revidiert werden, wenn explizit der Beweis erbracht wird, daß diese Annahmen nicht mehr zutreffen. Diese Schlußweise eignet sich für solche Anwendungsgebiete, in denen Anfangsinformationen zum Aufbau einer gesicherten Wissensbasis fehlen.

> ☞ Jede Stadt hat ein Kino.
> ⇩
> Diese Annahme wird solange als zutreffend in der Wissensbasis gehalten, bis der Gegenbeweis (nach dem Umzug) erbracht wird.

Immer dann, wenn Überlegungen bezüglich des vorhandenen Wissens angestellt werden, spricht man von autoepistemischem Schließen:

> ☞ Mein Wissen über Städte ist das, daß mir sicher bekannt wäre, wenn Städte keine Kinos hätten. Ich habe keine anderslautenden Informationen über die Stadt, in die ich nächstes Jahr ziehen werde.
> ⇩
> Also gibt es in der Stadt, in die ich ziehen werde, tatsächlich ein Kino.

Die CWA-Logiken bewegen sich in ihrer eigenen Welt, indem sie alle die Annahmen, die sich nicht aus der eigenen Wissensbasis erarbeiten lassen, von vorne herein ablehnen. Annahmen, die aus eigenem Wissen heraus nicht produziert werden können, treffen auch nicht zu.

> ☞ Mein Wissen kennt ausschließlich Städte mit mindestens einem Kino.
> ⇩
> Also ist eine Stadt ohne Kinos mit diesem Wissen nicht dar- und damit vorstellbar.

Das abduktive Schließen stellt die Umkehrung der Deduktion dar. Man schließt dabei von einer Tatsache, einem Befund oder einer Wirkung unter Annahme einer gültigen Regel auf eine mögliche Ursache.

> Regel: Alle Computer mit einem defekten Netzteil starten nicht.
> Konklusion: Dieser Computer startet nicht.
> ⇩
> Prämisse: Dieser Computer hat ein defektes Netzteil.

Solche Schlüsse gelten nicht streng, da die Konklusion auch aufgrund anderer Annahmen beziehungsweise Ursachen gültig sein kann. Mit anderen Worten: Solche Schlüsse sind nur plausibel. So könnte beispielsweise der Grund für das Nichtstarten des Rechners durchaus darin liegen, daß man vergessen hat, den Netzstecker in die Dose zu stecken. Ein solcher Schluß kann demnach inkorrekt sein. Insofern ist die Abduktion eine hypothetische Inferenz, deren Stichhaltigkeit überprüft werden muß, und die, wenn die Hypothese sich als falsch erweist, gegebenenfalls wieder zurückgenommen werden muß. Typisches Anwendungsgebiet ist das Suchen nach Erklärungen für beobachtete Zusammenhänge. Aber auch im täglichen Leben spielt das abduktive Schließen eine wichtige Rolle, beispielsweise bei der Fehlerfindung am eigenen Auto, beim Indizienbeweis oder bei der medizinischen Diagnostik. Trotz dieser praktischen Relevanz ist die Formalisierung und die theoretische Durchdringung noch nicht soweit gediehen, wie die des deduktiven Schließens.

Charakteristisch für das induktive Schließen ist, daß hier aus mehreren Einzelfällen auf regelhafte Zusammenhänge geschlossen wird. Man bedient sich hier bewußt der Verallgemeinerung von Sachverhalten.

Prämisse:	Dieser Computer hat eine defektes Netzteil.
Konklusion:	Dieser Computer startet nicht.
⇩	
Regel:	Alle Computer mit einem defekten Netzteil starten nicht.

Auch diese Schlüsse müssen nicht immer korrekt sein, das heißt, solche Schlüsse müssen möglicherweise zurückgenommen werden, etwa dann, wenn sich Gegenbeispiele beobachten lassen. Anwendung findet induktives Schließen vorwiegend im Bereich des formalen Lernens aus Beispielen und Gegenbeispielen. Eine Verallgemeinerung setzt das Entdecken von Gemeinsamkeiten beziehungsweise das Finden von Ähnlichkeiten zwischen Einzelfällen voraus. Man vergleicht Einzelfälle, versucht gemeinsame Merkmale herauszufinden, diese gefundenen Merkmale zu interpretieren, um dann Gesetzmäßigkeiten abzuleiten. Menschliches Wissen gilt in vielen Fällen nicht uneingeschränkt, sondern nur in gewissen Wahrscheinlichkeiten oder nur mit bestimmten Gewißheitsgraden. Um auch hier zu Schlußfolgerungen zu gelangen, kann man sich den approximativen Schlußweisen bedienen. Hierbei werden Konzepte der Wahrscheinlichkeitsrechnung herangezogen. Eines dieser Konzepte sieht vor, daß den Ereignissen Maßzahlen zugeordnet werden, die den Grad der Sicherheit ausdrücken, mit dem das Eintreten des Ereignisses erwartet wird. Diese Maßzahlen nennt man dann Wahrscheinlichkeiten. Besonders häufig werden Bayessche Inferenz- und Entscheidungsmethoden eingesetzt. Aber auch durch das Schließen mit unscharfen Begriffen (Fuzzy) lassen sich approximative Schlußweisen durchführen. Es gibt Wissen, das nicht in jeder denkbaren Welt gültig sein muß. Analog hierzu können Sachverhalte nicht immer sicher gewußt werden, sondern man glaubt vielmehr, dieses oder jenes zu wissen. Das Schließen unter solchen Vorbedingungen wie "notwendigerweise", "möglicherweise" oder "man glaubt" bezeichnet man als modale Schlußweisen. Zur formalen Behandlung solcher Aussagen wurden verschiedene Logiksysteme entwickelt. Die wichtigsten sind:

- alethische Logik,
- epistemische Logik,
- deontische Logik,
- intentionale Logik.

Wissen ist oftmals an Zeit und Raum gebunden. Diese Aspekte werden im räumlichen und zeitlichen Schließen berücksichtigt. Wissen ist laut neuester Erkenntnissen der Kognitiven Psychologie auch organisiert, d.h., die einzelnen Wissensbestandteile (Konzepte, Tatsachen, Sachverhalte, Erfahrungen, etc.) sind miteinander vernetzt. Das assoziative Schließen funktioniert, indem die einzelnen Verknüpfungen im Wissensspeicher abgearbeitet werden.

2.7 Kognitionspsychologie

2.7.1 Mentale Modelle

Analogien werden mit Hilfe schematischen Wissens entdeckt oder konstruiert. Insofern sind mentale Modelle von solch einem schematischen Wissen abhängig.

> Ein Schema ist ein hypothetisches Konstrukt, mit dem die Organisation von Wissen im Gedächtnis beschrieben wird.

Dabei geht man von der Hypothese aus, daß sich Erinnern und Wiedergeben als ein konstruktiver Prozess gestalten und damit ganz im Gegensatz zu einer reinen Widerspiegelung des Wahrgenommenen stehen. Diese Rekonstruktion erfordert aber, daß das Gedächtnismaterial in strukturierter Form vorliegt, und zwar in solchen Einheiten, die typische Zusammenhänge enthalten, entlang derer die Reproduktion aufgebaut werden kann. Genau diese Wissenseinheiten werden als Schemata bezeichnet. In der theoretischen Perspektive der Kognitionspsychologie nehmen Schematheorien inzwischen eine herausragende Position ein. Aufgrund zahlreicher Experimente lassen sich die folgenden Merkmale von Gedächtnisschemata zusammenfassen:

- Schemata sind Strukturen allgemeinen Wissens, die typische Zusammenhänge eines Realitätsbereichs enthalten.
- Sie unterscheiden sich damit von direkten Erinnerungen an konkrete Gegenstände, Ereignisse oder Personen.
- Schemata sind Abstraktionen der konkreten Erfahrung. So besitzen beispielsweise EDV-Anwender ein Schema darüber, was ein Datenbank-Programm ist. Diese Vorstellung muß dabei nicht an einem bestimmten Programm orientiert sein, sondern kann auf abstrakte Gemeinsamkeiten reduziert sein. Schemata müssen aber nicht, wie in diesem Beispiel auf Objekte begrenzt sein, sondern können sich ebenso auf Handlungsabläufe, Situationen oder Personen beziehen.
- Schemata enthalten Leerstellen, die die Relationen zu bestimmten Kategorien angeben. So enthält beispielsweise das Datenbank-Schema Leerstellen wie "Daten" oder "Suchkriterien". Diese geben nur an,

daß mit einem Datenbankprogramm Daten verwaltet werden können, und daß in dieser Datenmenge gesucht werden kann. Welcher Art diese Daten sind, hängt vom konkreten Beispiel ab und wird je nach Situation ergänzt.
- Die Aktivierung eines Schemas und die damit verbundene Ausfüllung von Leerstellen durch spezifische Werte des Arbeitsgedächtnisses wird Instantiierung genannt. Die Ausfüllung einer Leerstelle bestimmt also, welche konkreten Werte in einer anderen Leerstelle als sinnvoll akzeptiert werden. Genau diese Zusammenhänge, die sich als Einschränkungen von Instantiierungen äußern, stellen den Informationsgehalt des Schemas dar.
- Nicht immer liegen Informationen über die konkrete Ausfüllung aller Leerstellen vor. Ein Schema enthält jedoch Informationen über typische Merkmalsausprägungen, die gleichsam als Voreinstellungen wirken.
- Schemata werden auf unterschiedlichen Abstraktionsebenen gebildet und sind hierarchisch verschachtelt. So kann der EDV-Benutzer durchaus ein allgemeineres Schema von Büroanwendungsprogrammen haben, dem sich das spezifischere Datenbank-Schema unterordnen läßt.
- Die Änderung eines hierarchisch niedrigeren Schemas dagegen bedingt nicht zwangsläufig eine Umstrukturierung der übergeordneten Wissensstrukturen. Eine zunehmende Differenzierung und Unterscheidbarkeit von Schemata ist daher ein Kennzeichen wachsender Expertise in einer Wissensdomäne. Es mehren sich die Hinweise, daß allgemeine Schemata schwerer zu ändern sind als spezifische Schemata, weil die Anpassung eines hierarchisch höheren Schemas Wirkung auf alle untergeordneten hat und letzteres würde eine drastische Umorganisation von Wissensstrukturen implizieren.
- Schemata sind nicht statisch, sondern unterliegen selbst der ständigen Veränderung. Einerseits leiten Gedächtnisschemata die Wahrnehmung und Erinnerung (Assimilation), andererseits können neue Erfahrungen bewährte Schemata modifizieren (Akkomodation). Wird beispielsweise ein EDV-Anwender mit einem ihm unbekannten Datenbankprogramm konfrontiert, wird schematisches Wissen über Programme dieser Art aktiviert. Dieses Wissen kann durchaus die Informationen übersteigen, die ihm ursprünglich mitgeteilt wurden: Auch wenn nicht explizit gesagt wurde, daß man mit diesem speziellen Programm Daten speichern, wiederauffinden und ordnen kann, wird der Anwender dies aufgrund seines Datenbank-Schemas erwarten. Das bereits vorhandene schematische Wissen leitet dann den Erwerb neuen Wissens.
- Gedächtnisschemata beeinflussen die unterschiedlichsten kognitiven Leistungen. Sie lenken elementare Wahrnehmungsprozesse, die Repräsentation visueller Wahrnehmungsinhalte, den Erwerb motorischer Fertigkeiten, das Verstehen von Ereignisabfolgen in sozialen Situationen.

Diese Rekonstruktion erfordert, daß das Gedächtnismaterial in strukturierter Form vorliegt, in Einheiten nämlich, die typische Zusammenhänge enthalten, entlang derer die Reproduktion aufgebaut werden kann. Diese Wissenseinheiten werden daher im folgenden als Schemata bezeichnet. Mit Hilfe des Schemabegriffs kann präzisiert werden, wann im Analogiefall Relationen vom Basisbereich in den Zielbereich übertragen werden: Diese werden nur dann übertragen, wenn ein Gedächtnisschema aktiviert werden kann, aus dem sowohl der Sachverhalt des Zielbereichs als auch der des Basisbereichs abgeleitet werden kann. Läßt sich dagegen kein gemeinsames Schema aktivieren, wird die Analogiebeziehung nicht entdeckt und die Bildung eines mentalen Modells, welches auf dieser Analogie aufbaut, schlichtweg verhindert. Wird kein Schema aktiviert, kann dies zwei Ursachen haben: Entweder es existiert kein relevantes Gedächtnisschema, oder die Hinweisreize der Situation sind nicht geeignet, es zu aktivieren.

Da mentale Modelle auf Analogiebeziehungen aufbauen, müssen sie auf der Grundlage schematischen Wissens konstruiert werden. Dies impliziert jedoch nicht, daß mentale Modelle selbst schematisch sind. Mentale Modelle werden also auf der Grundlage schematischen Wissens konstruiert, sind selbst jedoch konkrete Instantiierungen eines oder mehrerer Schemata.

Schlußfolgerndes Denken wurde in der Geschichte kognitiver Psychologie in unterschiedlicher Weise behandelt. So vertrat eine Tradition das Primat der Struktur, indem sie postulierte, daß die Eigenschaften der logischen Struktur einer Aufgabe die Denkprozesse determinieren, die zu ihrer Lösung erforderlich sind. Die Denkinhalte sind dabei von sekundärer Bedeutung, die Prozesse sind unabhängig von den Inhalten analysierbar. Diese strukturorientierte Analyse menschlichen Denkens ist häufig mit einer normativen Betrachtungsweise verbunden. Die Versuchung, die formale Analyse von Problemen zum Maßstab menschlichen Denkens und Urteilens zu machen, wächst mit der vermeintlichen Formalisierbarkeit der kognitiven Anforderungen. So mag es zunächst nahe liegen, aufgrund einer formal-logischen Analyse zu bestimmen, welche Lösungen eines Problems "richtig" sind und die Analyse menschlichen Denkens auf die Registrierung von Abweichungen von diesem Standard zu reduzieren. Dabei wird jedoch häufig nicht beachtet, daß dieser Standard selbst umstritten oder gar mehrdeutig sein kann. Noch problematischer ist jedoch, daß die Analyse menschlicher Abweichungen von formalen Standards noch keine Erklärung der Denkprozesse darstellt, häufig an einer solchen sogar vorbeiführt. Mentale Modelle als theoretische Konstrukte in Form von Instantiierungen von Gedächtnisschemata und als Repräsentationen konkreter Vorstellungsinhalte, hätten in einer solchen Sichtweise kaum ihre Daseinsberechtigung. Daher wurden dieser strukturorientierten, normativen Sichtweise Ansätze gegenübergestellt, die Denkprozesse auf der Grundlage konkreter Denkinhalte analysieren. In diesem Zusammenhang wird betont, daß die Prozesse schlußfolgernden Denkens nicht unabhängig vom individuellen, bereichsspezifischen Wissen analysiert werden können. Das mentale Modell ist in diesem Ansatz das zentrale theoretische Konstrukt, das Alltagswissen in die Lösung von Problemen des logischen Schließens und des Urteilens mit einbezieht. Die Analyse logischen Schließens scheint zunächst nichts mit der Spezifität von Denkinhalten zu tun zu haben, gibt es doch formal-logische Regeln, deren konsequente Anwendung fast immer zu validen Schlüssen führt: Die Bedingungsaussage "wenn A, dann B" führt bei der Prämisse " gegeben sei A" zur Konsequenz "B", ohne daß dabei die Frage, wen oder was A und B repräsentieren, irgendwie von Bedeutung wäre. Die Validität der Aussage liegt allein in ihrer Struktur begründet und ist unabhängig von den Inhalten. Daraus allerdings abzuleiten, daß logische Formalismen gleichzeitig eine Theorie menschlichen logischen Denkens darstellen, führt zu einer falschen Konklusion. Beispielsweise existieren unterschiedliche Wege, zu logisch validen Aussagen zu gelangen. Das Ableiten einer korrekten Folgerung ist also keine hinreichende Bedingung dafür, daß die Ableitung tatsächlich formal-logischen Regeln folgte. Neben diesen theoretischen Argumenten gibt es jedoch auch empirisch begründete Bedenken. Eine der wichtigsten ist der Nachweis, daß die Lösungswahrscheinlichkeit logischer Probleme auch von inhaltlichen Aspekten der Aufgabe abhängt. Zur Erklärung dieses Nachweises lassen sich zwei Hypothesen heranführen: die Einsichts- und die Gedächtnishypothese. Nach der Einsichtshypothese erhöht der realistische Kontext der Aufgabe die Einsicht in die Struktur der Regel. Die Gedächtnishypothese entstand auf der Grundlage von Experimenten, die zeigten, daß der erleichternde Effekt eines thematischen Kontextes nicht immer a priori eintrat. Die Gedächtnishypothese besagt, daß die Aufgabenlösung in besonders gut bekannten Zusammenhängen nicht in einem intrinsischen Schlußfolgerungsprozeß abgeleitet wird, sondern vielmehr aus dem Gedächtnis abgerufen wird. Auch bei solchen Problemstellungen, bei denen keine unmittelbare Erinnerung der Lösung möglich ist, greift das Konzept des Gedächtnisschemas, indem sich aus einem abstrakteren Schema eine spezifische, vorstellbare Situation ableiten läßt, die den geeigneten Kontext zur Lösung des Problems darstellt, ohne daß exakt diese spezifische episodische Erinnerung vorliegen muß. Diese Argumentation stützt aus empirischer Sicht die vertretene Position, daß mentale Modelle konkrete Instantiierungen von Gedächtnisschemata sind. Diese Instantiierungen sind notwendigerweise exemplarische Konkretisierungen abstrakter Zusammenhänge. Der thematische Kontext einer Schlußfolgerungsaufgabe aktiviert somit ein eventuell vorhandenes, passendes Gedächtnisschema, aus dem ein inhaltlich spezifiziertes, mentales Modell der Problemsituation abgeleitet wird. Die Bedeutungszusammenhänge dieses abgeleiteten Modells bestimmen und erleichtern respektive erschweren die Ableitung einer Lösung. Eine alltägliche Anforderung an die menschliche Informationsverarbeitung betrifft das Urteilen unter Unsicherheit. Gemeint sind Situationen, in denen eine Entscheidung getroffen werden muß, obwohl nicht alle notwendigen Informationen vorliegen, die für eine sichere Entscheidung eigentlich erforderlich wären. Statt dessen muß der Entscheider auf Häufigkeits- beziehungsweise Wahrscheinlichkeitsschätzungen zurückgreifen. Ebenso wie beim logischen Schließen deutet sich jedoch auch hier der Übergang von einer rein formalen und normativen Betrachtungsweise zu einer Konzeption an, die stärker Denkinhalte und aufgabenspezifisches Wissen in den Mittelpunkt stellt. In vielen Experimenten konnte nachgewiesen werden, daß Urteile unter unsicheren Bedingungen nach formalen Maßstäben häufig nicht korrekt sind und bestimmten Verzerrungen unterliegen. Um solche Fehlleistungen zu erklären, vertreten einige Wissenschaftler die Ansicht, daß Menschen beim Urteilen nicht den Regeln der Logik, schon gar nicht optimalen Entscheidungsalgorithmen folgen, sondern daß menschliches Urteilen, besonders im sozialen Bereich, eher durch einen überhöhten Gebrauch intuitiver Strategien („aus dem Bauch heraus") gekennzeichnet ist. Für diese intuitiven Strategien hat sich der Begriff "Heuristik" durchgesetzt. Der Einsatz dieser Heuristiken führt zu charakteristischen Urteilsverzerrungen.

> ☞ Ein Beispiel für eine solche Urteilsverzerrung ist der sogenannte "overconfidence bias" (Nisbett & Ross, 1980, S. 119 f.). Hiermit wird die Tendenz bezeichnet, ein stärkeres Vertrauen auf die Richtigkeit eigenen Wissens zu äußern als durch die objektive Richtigkeit der Urteile gerechtfertigt wäre.

Warum es jedoch zu einem Overconfidence-Effekt kommt, ist umstritten. Experimente weisen jedoch darauf hin, daß der Mensch bei seiner Entscheidungsfindung zwei unterschiedliche mentale Modelle entwickelt. Zunächst wird der Mensch versuchen, ein sogenanntes lokales mentales Modell zu entwickeln, das einen direkten Abruf des zur Entscheidung erforderlichen Wissens ermöglichen soll. Die Entscheidung beruht in diesem Falle auf dem Abruf von Wissen aus dem Gedächtnis und elementaren logischen Operationen. Mit Hilfe dieses Wissens kann eine rasche und sichere Entscheidung getroffen werden. Ein solches lokales mentales Modell hat folgende Eigenschaften:

- Ein lokales mentales Modell ist in dem Sinne lokal begrenzt, als es sich ausschließlich auf die zur Entscheidung stehenden Alternativen bezieht.
- Es ist als direkt zu bezeichnen, da es sich allein auf die Zielvariable bezieht und keine weiteren Hinweise probabilistischer Art berücksichtigt.
- Es treten keine Schlußfolgerungen außer elementaren logischen Operationen auf.
- Können entsprechende Informationen aus dem Gedächtnis abgerufen werden, dann wird die Entscheidung als sicher bewertet.

Ist es hingegen nicht möglich, die erforderlichen Informationen direkt abzurufen, dann wird ein probabilistisches mentales Modell gebildet. Dieses bettet die Aufgabe in einen breiteren Zusammenhang und bezieht Wahrscheinlichkeitsstrukturen der realen und natürlichen Umwelt mit ein, die als Hinweise auf die Wahrscheinlichkeit der einen oder anderen Alternative dienen. Im einzelnen unterscheidet sich ein probabilistisches mentales Modell von einem lokalen Modell in allen vier oben genannten Aspekten:

- Ein probabilistisches mentales Modell ist nicht auf die vorgegebenen Alternativen begrenzt (nicht lokal), sondern bezieht Wissen über die Umwelt mit ein, das über die Aufgabenstellung hinausgeht und im Langzeitgedächtnis gespeichert ist. Aus diesem Wissen wird eine Referenzklasse der Objekte oder Ereignisse gebildet, über die geurteilt werden soll.
- Das Modell ist nicht direkt, weil es neben der Zielvariable ein Geflecht von weiteren Variablen einbezieht, das in Wahrscheinlichkeitsbeziehungen mit der Zielvariablen steht.

- Im Gegensatz zum lokalen, mentalen Modell erfordert das probabilistische Modell Schlußfolgerungsprozesse auch komplexerer Art.
- Das Urteil im Rahmen eines solchen Modells ist durch Unsicherheit variierenden Ausmaßes gekennzeichnet.

Die Bildung einer Referenzklasse dient der Bestimmung von Wahrscheinlichkeitshinweisen. Im Idealfall, d.h., bei differenziertem Wissen über die Referenzklasse, werden die Wahrscheinlichkeitshinweise in der Reihenfolge ihrer Validität auf Anwendbarkeit überprüft. So wird insbesondere unter Entscheidungsdruck die Suche möglicherweise schon nach dem Auffinden des ersten, zwischen den Alternativen differenzierenden Hinweises frühzeitig beendet. Die potentiellen Wahrscheinlichkeitshinweise sind also innerhalb einer Referenzklasse nicht konstant, sondern können einander, je nach Aufgabenstellung, gegenseitig ersetzen. Die Theorie probabilistischer mentaler Modelle sagt also aus, daß beide Typen von Urteilen strukturell auf die gleiche Weise abgeleitet werden, jedoch auf der Grundlage unterschiedlichen Wissens. Die Einbeziehung unterschiedlicher Gedächnisinhalte (Referenzklasse, Zielvariable und Wahrscheinlichkeits-hinweise) erklärt, warum Häufigkeitsschätzungen und Urteilssicherheit für Einzelentscheidungen divergieren können, warum also ein Confidence-Frequency-Effekt auftreten kann. So wurde für einen weiteren Bereich menschlichen Denkens gezeigt, daß eine Theorie mentaler Modelle kognitive Leistungen dadurch zu erklären vermag, daß sie konkrete Denkinhalte bestimmt und das Alltagswissen als Erklärungskomponente mit einbezieht. Mentale Modelle sind auch im Bereich des Urteilens unter Unsicherheit als kognitive Konstruktionen zu kennzeichnen, die ein Problem mit Hilfe des Alltagswissens zu einer anschaulichen Vorstellung anreichern. Diese über die spezifische Aufgabenstellung hinaus angereicherte Vorstellung ermöglicht die Ableitung einer Lösung, ohne daß diese zwangsläufig mit normativen Kriterien des Schlußfolgerns verträglich sein muß.

Modelle sind nicht statisch, sondern vielmehr prozeßhaft. Dies äußert sich primär in ihrer Eigenschaft zur qualitativen und quantitativen Simulation von Vorgängen der realen Welt. Als qualitativ wird diese Form der Simulation bezeichnet, um sie von quantitativen (mathematischen) Simulationen abzugrenzen. Es wird gerade angenommen, daß keine exakte mentale "Verrechnung" kontinuierlicher Größen vorgenommen wird. Alltagssprachlich kommt dem die "Betrachtung vor dem geistigen Auge" nahe. Mentale Modelle entwickeln sich graduell in der Auseinandersetzung mit dem zu modellierenden Realitätsausschnitt. Nicht in allen Stadien dieser Entwicklung ist die gleiche Simulationsfähigkeit gegeben. In vielen Modelltheorien wird zwischen zwei Zustandsformen mentaler Modelle unterschieden, die je nach theoretischem Hintergrund anders benannt werden: Wahrnehmungs und Kausalmodell. Zum einen handelt es sich um Modelle, die "wahrnehmungsnah" sind, sogenannte "Perzeptionsmodelle". Diese bilden Teile der Außenwelt als Folgen von Wahrnehmungsprozessen ab. Auf die, der unmittelbaren Wahrnehmung nahestehenden Modelle, operieren dann "höhere" kognitive Prozesse, wie beispielsweise Inferenzen oder Induktions- und Analogieschlüsse. Im Zusammenhang mit abstraktem, schematischen Wissen bewirken diese Prozesse Umstrukturierungen, indem neue Vorstellungen abgeleitet werden. Dieses

Ableiten neuer Vorstellungen aufgrund der Interaktion von Wahrnehmungsinhalten und abstrakten Wissensbeständen kennzeichnet die zweite Erscheinungsform mentaler Modelle. Mit dem Übergang von einem wahrnehmungsnahen Modell zum Kausalmodell nimmt auch die Komplexität der kognitiv simulierbaren Vorgänge zu. "Verstehen" ist als Erkenntnissubjekt innerhalb der Psychologie allerdings mehrdeutig. So wird "Verstehen" häufig mit Konnotationen anderer Disziplinen, wie beispielsweise der Erkenntnisphilosophie, der Semiotik und vor allem der Linguistik versehen. Bei der Vielfalt der Begriffsverwendungen und der offensichtlichen Komplexität mag es verwundern, daß der Prozeß des Verstehens auch sehr einfache Charakterisierungen erfahren hat. Verstehen heißt, ein Sinnverständnis für eine neue Erfahrung aus ihrer Ähnlichkeit mit den Elementen aus vertrauter Erfahrung zu entwickeln. Verstehen wird dabei als ein Prozeß aufgefaßt, in dem Kongruenz zwischen neuen Informationen und bereits organisiertem Wissen hergestellt wird. Diese Kongruenz wird in mentalen Modellen hergestellt. Diese bauen auf abstrakten Gedächtnisschemata auf und werden solange verändert, bis die neuen Informationen widerspruchsfrei integriert sind. Die widerspruchsfreie Integration entspricht dann dem Erlebnis des Verstehens. Ist diese Integration hingegen nicht möglich, ist eine Veränderung der das Modell bestimmenden Gedächtnisschemata erforderlich. Die Akkomodation eines Schemas erlaubt eine Modifizierung des Models und damit die erneute Chance der Integration der neuen Information. Gemäß dieser Sichtweise ist Verstehen ein konstruktiver Prozeß, im Rahmen dessen die Bedeutung wahrgenommener Ereignisse oder Mitteilungen diesem nicht entnommen wird, sondern in Interaktion mit existierendem Wissen sukzessive aufgebaut wird.

Das mentale Modell als Mittel und Produkt des Verstehens geht über den unmittelbaren Bedeutungsgehalt des Wahrgenommenen oder des Mitgeteilten hinaus. Von Verstehen soll im folgenden dann die Rede sein, wenn zu einem Zielbereich (Bilder, Text, Gerät, Ereignis usw.) eine mentale modellhafte Repräsentation entwickelt wird, die über die lediglich registrierende Perzeption hinausgeht und das mentale Modell evaluativ auf Konsistenz mit dem wahrgenommenen Zielbereich und auf interne Kohärenz mit Wissensbeständen überprüft und notfalls revidiert wird. Allgemein können Verknüpfungen neuer Sinneinheiten durch existierende Wissensstrukturen wie folgt entstehen:

- Wenn eine neue Sinneinheit keinen Bezug zum gegenwärtigen mentalen Modell eines Umweltausschnitts aufweist, wird ein neues Modell konstruiert.
- Wenn eine neue Sinneinheit in wenigstens einem Aspekt mit dem gegenwärtigen Modell übereinstimmt, wird die gesamte, darüber hinausgehende Information dieser Einheit, dem mentalen Modell zugefügt.
- Wenn eine neue Sinneinheit Überschneidungen mit zwei bis dahin getrennten mentalen Modellen aufweist, werden beide Modelle zusammengefügt.
- Wenn eine neue Sinneinheit vollständig in das mentale Modell integriert ist, erfolgt eine Konsistenzprüfung.

Diese Konsistenzprüfung kann unterschiedliche Ausgänge haben. So kann die neue Sinneinheit im Rahmen des bestehenden Modells wahr, falsch oder nicht beurteilbar sein. In jedem dieser drei Fälle wird eine andere Prozedur erforderlich:

- Sollte es mangels Informationen nicht möglich sein, die Verträglichkeit zu überprüfen, wird die gesamte Sinneinheit nach Maßgabe der Widerspruchsfreiheit in das Modell integriert.
- Sollte sich die neue Sinneinheit als falsch im Sinne des Modells erweisen, werden bestehende Wissensbestände (Schemata) verändert, so daß ein modifiziertes Modell resultiert oder die neue Sinneinheit wird als inkompatibel mit dem bestehenden Modell zurückgewiesen.
- Sollte sich die neue Sinneinheit als wahr im Sinne des Modells erweisen, wird versucht, ein alternatives Model zu konstruieren, das mit den bestehenden Schemata verträglich ist, aber in Widerspruch zu der neuen Sinneinheit tritt. Gibt es ein solches Modell, wird angenommen, daß die neue Sinneinheit nur möglicherweise wahr ist. Kann ein solches Modell nicht konstruiert werden, wird angenommen, daß die neue Sinneinheit notwendigerweise wahr ist.

Es gilt dabei zu beachten, daß die Überprüfung der internen Konsistenz keinesfalls die objektive Richtigkeit des mentalen Modells im Sinne einer Kongruenz mit dem konzeptuellen Modell sicherstellt. Verstehen bedeutet in diesem Zusammenhang das Erlebnis einer stimmigen Einsicht in die Zusammenhänge, unbeschadet der Möglichkeit, daß sich diese Zusammenhänge als objektiv nicht zutreffend herausstellen können.

> Eine Verknüpfung zweier Gegebenheiten G_1 und G_2 ist dann einsichtig, wenn G_1 entnommen werden kann, daß, wenn G_1, dann auch G_2 und genau dann G_2 gilt.

Die Evidenz einer solchen Verknüpfung kann dabei auf zwei verschiedene Ursachen zurückzuführen sein. Zum einen ist G_2 ein Teil des Ganzen und kann direkt aus der Gegebenheit des Ganzen abgelesen werden. Zum anderen ist eine Begebenheit die Konsequenz aus den übrigen Momenten des Ganzen. Diese Ursachen lassen zwei weitere Merkmale mentaler Modelle erkennen: die Inhaltsgebundenheit und die Bildhaftigkeit. So greifen die mentalen Modelle zum einen auf Transformationen von Vorstellungsinhalten zurück und können somit bildhafte Vorstellungen erzeugen. Die Manipulation dieser bildlichen Vorstellungen kann Ausdruck einer kognitiven Simulation sein. Einerseits haben diese bildlichen Vorstellungen ihren Ursprung in der Wahrnehmung, andererseits sind sie keine originalgetreuen Reproduktionen früherer Wahrnehmungen. Vorstellungen werden nicht nur anders erlebt als Wahrnehmungen, sie sind auch unwillkürlichen und willkürlichen Veränderungen zugänglich, deren Realitätsbezug variieren kann. Wahrnehmungsprozesse benötigen dabei externe Reize, währenddessen Vorstellungen auf den Erinnerungen an diese Wahrnehmungen basieren. Trotz dieser unterschiedlichen Basis besteht eine funktionale Ähnlichkeit zwischen Wahrnehmung und Vorstellung. Außerdem zeigen Experimente, daß neben dieser funktionalen Ähnlichkeit auch strukturell analoge Beziehungen zwischen Wahrnehmungen und Vorstellungen zu bestehen scheinen. Dabei wird davon ausgegangen, daß das Wahrnehmungsobjekt ähnliche Eigenschaften hat, wie der entsprechende Vorstellungsinhalt. Vorstellungs-bilder sind somit eine Art Sichtweise auf mentale Modelle, indem sie die wahrnehmbaren Eigenschaften der Objekte des Modells enthalten. Allerdings dürfen die mentalen Modelle nicht mit den Vorstellungsbildern gleichgesetzt werden, da mentale Modelle auch abstrakte Relationen enthalten, die in einer momentanen Sicht auf das Modell nicht unbedingt wahrnehmbar sein müssen. Dies betrifft vor allem solche Eigenschaften, die dem Objekt inhärent sind und die erst durch eine mentale Simulation "sichtbar" werden.

☞ So kann man in der bildlichen Vorstellung eines Spielwürfels höchstens drei Seiten sehen. Das mentale Modell des Würfels enthält mehr Wissen über dieses Objekt. Dies ermöglicht dann eine kognitive Simulation, indem der Würfel in der Vorstellung so gedreht wird, daß auch die anderen Seiten sichtbar werden. Durch diese unterschiedlichen Perspektiven auf den einen Gegenstand des Interesses läßt sich erreichen, daß alle möglichen Vorstellungsbilder des Würfels kompatibel miteinander sind.

Es wird davon ausgegangen, daß Regelungstätigkeiten eines Systems eines inneren Modells des zu regelnden Systems bedürfen. Dieses innere Modell umfaßt dabei folgenden Bereiche:
- Wissen über das zu regelnde System.
- Wissen über Störbedingungen, die auf das System einwirken können.
- Wissen über die auszuführende Aufgabe (Sollwerte, Randbedingungen, Signalbedeutungen etc.).

Dieses innere Modell stellt dabei neben Optimierungsmöglichkeiten auch eine unabdingbare Voraussetzung für eine effektive Regelungstätigkeit dar. Dieses innere Modell reguliert sozusagen die Handlung. Als Inhalte solcher Modelle kommen folgende Bereiche in Frage:
- **Handlungsziele** beziehungsweise deren kognitive Antizipation: Diese repräsentieren die "Sollwerte" der Handlungssteuerung auf unterschiedlichen Detailliertheitsebenen.
- **Ausführungsbedingungen**: Diese umfassen Wissen darüber, unter welchen Randbedingungen die Handlungen auszuführen sind, mit denen die vorgenommenen Ziele erreicht werden können.
- **Wissen um Transformationsmaßnahmen**: Wissen, mit dem der Ist- in den Sollzustand überführt werden kann. Hierzu zählen nicht nur die Arbeitsmittel, sondern auch Pläne zu ihrem Einsatz und die hierzu erforderlichen Operationen des Handelnden selbst.

Mentale Modelle stellen somit die Grundlage sowohl der Handlungsplanung als auch der Handlungsausführung dar. Die handlungsleitende Wirksamkeit eines operativen Modells äußert sich vor allem darin, daß die Handlung, unabhängig von äußeren Informationen, wie beispielsweise Handlungsanweisungen, Entscheidungsregeln, etc., erfolgt. Die Handlungskontrolle geht von solchen äußeren Informationen auf das innere Modell des Arbeitsgegenstandes,

des Handlungsablaufs und der Zielstruktur über. Das innere Modell erspart so die aktuelle Informationsaufnahme und Informationsrekodierung während der Handlungsausführung, weil die erforderlichen Informationen zur Handlungssteuerung im Gedächtnis bereits vorliegen. Aus dieser spezifischen Funktion der Handlungssteuerung ergibt sich allerdings ein Unterschied zu den bisher diskutierten Merkmalen mentaler Modelle: Arbeitshandlungen sind nur zu einem gewissen Teil problemlösender Art. Ein größerer Teil besteht aus mehr oder weniger geübten, wiederkehrenden Handlungen, die zumindest teilweise automatisiert werden können. Automatisierte Handlungen bedürfen beispielsweise nicht mehr der vollständigen Planung oder einer dauernden, bewußten Steuerung. Dies gilt sowohl für Prozeßkontrolltätigkeiten als auch für Fertigungs- oder Verwaltungsarbeiten. Innere Modelle zur Steuerung solcher Handlungen zeichnen sich durch einen hohen Grad an Beständigkeit aus. Ihre Entwicklung bedeutet die Konservierung von Invarianten des Handlungsprozesses, die mit zunehmender Routine in Form von Schemata gespeichert werden können. So zeigen die inneren Modelle verallgemeinerte, schematische Züge, indem sie dazu tendieren, Klassen von Merkmalen und Relationen zu repräsentieren. In diesem Sinne sind mentale Modelle als Adaptionen innerer Modelle an unterschiedliche kognitive Anforderungen zu verstehen. Im Rahmen der Handlungsregulationstheorie bedeutet "Handeln" immer Handeln in bezug auf ein externes Objekt, meistens unter Zuhilfenahme von Werkzeugen und Arbeitsmitteln. Gemäß dieser Auffassung umfaßt das System der mentalen Modelle nicht nur die Repräsentationen eigener Handlungen, sondern auch die Relation zwischen eigenem Handeln und dem Zustand des Arbeitsmittels beziehungsweise des jeweiligen Arbeitsobjekts. Aus der Erfahrung dieser Relation werden Regeln über den Zusammenhang von Ausführungsbedingungen, Zielen und Handlungen abgeleitet, die eine Vorhersage von Systemzuständen erlauben. Die vorstellungsmäßige Vorwegnahme von Ereignissen ermöglicht sowohl effektives Eingreifen und damit die Vermeidung von Störfällen, als sie auch ihre nachträgliche Diagnose erleichtern.

2.7.2 Wissensrepräsentation und mentale Modelle

In vorangegangenen Abschnitten wurden die Grundannahmen der Kognitionspsychologie dargestellt. Unter ihnen befand sich auch die sogenannte "Transformationsannahme", die besagt, daß Gegebenheiten der Umwelt mit der Wahrnehmung in einen mentalen Code umgewandelt werden müssen. Erst mit dieser internen Darstellung entsteht subjektiv eine Information, die dann einer Verarbeitung zugänglich ist. Denken ist damit die Manipulation einer internen Repräsentation der Welt. In der bisherigen Darstellung wurden in erster Linie die möglichen Manipulationen in mentalen Modellen verfolgt. Der vorliegende Abschnitt wendet sich nun explizit der Frage der Wissensrepräsentation zu, d.h., der Frage, in welcher Form mentale Modelle kodiert werden können. Jedes Modell ist eine Repräsentation des Originals. Dies macht eine Unterscheidung des repräsentierten Originals und des repräsentierenden Modells erforderlich. Bezogen auf die mentale Repräsentation kommen folgende Klassen von Originalen in Frage:

- **Ereignisse** oder **Tatbestände** der Außenwelt: Sie sind für den Menschen wahrnehmbar.
- **Mentale Sachverhalte**: Da Menschen über ihre eigenen Informationsverarbeitungsprozesse reflektieren können, kann davon ausgegangen werden, daß auch psychische Zustände oder Prozesse intern repräsentiert sind, so daß diese selbst Gegenstand kognitiver Operationen sein können.
- **Überindividuelle Gebilde**: Einige Originale sind nun weder in der Außenwelt beobachtbar, noch sind sie mentale Sachverhalte, die allein und eindeutig einem Individuum zuzuschreiben sind (beispielsweise die Sprache oder das Recht).

Alle folgenden Repräsentationsformen sind als Repräsentationen zweiter Ordnung zu verstehen. Da die mentale Repräsentation eines Sachverhalts nicht direkt beobachtbar ist, muß sie selbst Gegenstand eines externen Modellierungsprozesses sein. Ein semantisches Netz, als ein prominentes Beispiel einer Repräsentationsform, ist selbst nur eine externe Repräsentation der internen Repräsentation von begrifflichen Beziehungen. Die darzustellenden, externen Repräsentationsformen können also nicht per se richtig oder falsch sein, sondern nur mehr oder weniger geeignet, die interne Repräsentation von Wissen nachzubilden. Die meisten in der Kognitionspsychologie und in der Forschung zur Künstlichen Intelligenz entwickelten Repräsentationssysteme sind im weiteren Sinne als propositionale Systeme zu bezeichnen. So basieren propositionale Repräsentationssysteme auf der Grundannahme, Bedeutungen mit Hilfe von Symbolen darstellen zu können. Auch die natürliche Sprache ist ein Symbolsystem und in diesem Sinne hervorragend geeignet, Bedeutungen zu repräsentieren. Da das Erkenntnisinteresse sich aber gerade auf das Sprachverstehen richtet, erscheint es angezeigt, eine Repräsentation zu wählen, die Bedeutungen weitestgehend unabhängig von einer spezifischen sprachlichen Formulierung abzubilden erlaubt. Deshalb sind stärker formalisierte Sprachen in den Mittelpunkt des Interesses gerückt. Besonders häufig wurde das von dem deutschen Mathematiker Gottlob Frege (1892) entwickelte Prädikatenkalkül in mehr oder weniger direkter Weise als Ausgangspunkt gewählt. Ein Prädikat bezeichnet dabei eine Eigenschaft eines Objekts oder eine Beziehung zwischen Argumenten (beispielsweise zwischen Objektbegriffen). Dabei ist das Prädikat in der Regel inhaltlich bestimmt, nicht jedoch die Argumente, auf die es sich bezieht. Diese werden durch Variablen dargestellt. Sind diese Variablen jedoch durch spezifische Konstanten ausgefüllt, wird dieses Prädikat als Proposition bezeichnet. Dadurch, daß es nun keine Platzhalter mehr gibt, sondern konkrete Objektbegriffe, kann die Proposition entweder wahr oder falsch sein. Auf dieser Grundlage sind zahlreiche Repräsentationssysteme entstanden, die sich dadurch unterscheiden, daß sie unterschiedliche Arten von Symbolen, Relationen und Darstellungsmodi benutzen. Deshalb sind sie nicht für alle Darstellungsebenen in gleicher Weise geeignet. Drei Beispiele bekannter symbolischer Repräsentationsformen veranschaulichen dies.

- **Semantische Merkmalslisten** sind beispielsweise geeignet, um Begriffsbedeutungen darzustellen.

- **Propositionen** können Wissen auf der Ebene natürlichsprachlicher Sätze repräsentieren.
- **Semantische Netze** werden mit dem Anspruch konstruiert, Wissen sowohl auf lexikalischer Ebene als auch auf der Ebene von Satzaussagen abbilden zu können.

Analoge Repräsentationen dagegen sind Abbildungen, die entweder alle oder nur einige Eigenschaften eines abzubildenden Objekts oder Umweltereignisses beibehalten. Abgebildetes und Abzubildendes sind einander in bestimmten Relationen ähnlich. Nach dieser Kennzeichnung erscheint die Unterscheidung symbolischer und analoger Repräsentationen zunächst rein akademischer Natur, denn prinzipiell ist jede Repräsentation dem Abzubildenden analog oder ähnlich. Die Frage ist nur, ob für diese Abbildungen Elemente erforderlich sind, die dem Abzubildenden nicht zwangsläufig inhärent sind. Eine symbolische Darstellung muß für alle abzubildenden Relationen Symbole einführen. Diese Symbole können willkürlich gewählt werden, sie sind kein inhärenter Bestandteil des Abzubildenden. Bei einer analogen Repräsentation kann zumindest teilweise auf die Verwendung von Symbolen verzichtet werden, wenn die darzustellende Relation in der gleichen Weise abgebildet werden kann, wie sie für das Original kennzeichnend ist. Der größte Teil der Forschung zu analogen Repräsentationen ist am Beispiel bildlicher Erinnerungen und Vorstellungen durchgeführt worden. Dies stellt aus zwei Gründen eine einseitige Betrachtung des Problems dar: zum einen sind analoge Repräsentationen auch bezüglich anderer Sinnesmodalitäten denkbar und sogar wahrscheinlicher. So ist etwa bei der Erinnerung von Geräuschen oder Gerüchen mit recht hoher Wahrscheinlichkeit eine analoge Repräsentation anzunehmen. Obwohl man für die wenigsten Wahrnehmungen dieser Art Symbole zur Verfügung hat, kann man sie relativ sicher unterscheiden oder wiedererkennen. Zum anderen müssen bildliche Vorstellungen oder die Erinnerung von Bildern nicht zwangsläufig auf analogen Repräsentationen beruhen:

- Bilder sind als Bilder gleichberechtigt neben propositionalen Repräsentationen im Langzeitgedächtnis gespeichert.
- Bildliche Informationen sind zwar zweifach repräsentiert, aber beide Repräsentationen unterscheiden sich in funktionaler Hinsicht. So nimmt man eine propositionale Tiefenrepräsentation als das Medium der Langzeitspeicherung an, während analoge Oberflächenrepräsentationen bei der aktuellen Vorstellung und Erinnerung generiert werden.
- Wissen (auch bildliches) ist einheitlich propositional gespeichert. Bildliche Vorstellungen werden aus propositionalen Repräsentationen rekonstruiert oder sprechen unterschiedliche Merkmale im semantischen Netz an.
- Bilder sind ausschließlich analog repräsentiert.

Menschliches Wissen wird oftmals in zwei Formen betrachtet: Deklaratives und Prozedurales Wissen. Deklaratives Wissen ist dabei in einer Form gespeichert, die einen direkten Zugriff, Bewußtmachung und Verbalisierung ermöglicht. Fragt man beispielsweise einen Computeranwender, ob ihm die Wirkung eines bestimmten Kommandos im Anwendungsprogramm bekannt ist, wird für die Beantwortung solches deklaratives Wissen aktiviert, das in der Regel zu einer Ja-Nein-Entscheidung führt. Prozedurales Wissen dagegen liegt der Steuerung von Verhalten zugrunde. Es muß dabei weder bewußt noch verbalisierbar sein. Geübte Computeranwender betätigen beispielsweise Tasten, deren genaue Lage sie verbal nicht unbedingt zutreffend beschreiben können. Deklaratives Wissen kann nur vorhanden oder nicht vorhanden sein, während prozedurales Wissen in unterschiedlichen Ausprägungsgraden vorliegen und durch Übung verbessert werden kann. Im Gegensatz dazu kann deklaratives Wissen auch allein durch Mitteilung erworben werden. Es besteht allerdings auch die Möglichkeit, daß deklaratives Wissen durch Übung in prozedurales umgewandelt werden kann. Beide Formen des Wissens lassen sich durch unterschiedliche Formalismen repräsentieren. Während deklaratives Wissen sich in allen symbolischen Repräsentationsformen darstellen läßt, die semantische Relationen abbilden, ist dies für prozedurales Wissen zwar möglich, aber sehr umständlich und aufwendig. Besser eignen sich hierzu Produktionssysteme. Produktionen sind untereinander verknüpfte Regeln, die Aktionen der Dann-Komponente immer dann ausführen, wenn die Bedingung der Wenn-Komponente erfüllt ist. Diese Darstellung erleichtert die Repräsentation von Prozessen, obwohl theoretisch auch jedes deklarative Wissen in Produktionen kodiert werden kann. Mit der theoretischen Unterscheidung prozeduraler und deklarativer Wissensrepräsentation ist also keine Entscheidung für ein bestimmtes externes Repräsentationsformat getroffen. Viele Wissenschaftler gehen von einem einheitlichen Repräsentationssystem aus. Diese sind dann als abstrakt modale Repräsentationen konzipiert, d.h., sie sind unabhängig von spezifischen Wahrnehmungs- oder Reaktionsmodi. In der Regel handelt es sich um propositionale oder prozedurale Formen. Andererseits wird in vielen Ansätzen auf die Nützlichkeit multipler Repräsentationen hingewiesen, wobei viele dieser Ansätze davon ausgehen, daß es mehrere modalitätsspezifische Repräsentationen gibt. So werden beispielsweise die drei Repräsentationsformen enaktiv (handlungsleitend), ikonisch (bildlich) und symbolisch (sprachlich) unterschieden, die onthogenetisch nacheinander entstehen, ohne die jeweils vorher entstandenen zu verdrängen. Andere Wissenschaftler nehmen eine getrennte Speicherung der sprachlichen und motorischen Komponenten an. In der Theorie der "dualen Kodierung" geht man davon aus, daß Wahrnehmungen sowohl symbolisch als auch bildlich kodiert werden. Andere wiederum postulieren eine propositionale langzeitliche Speicherung von bildlichen Informationen, nehmen aber zusätzlich eine analoge Repräsentation aktueller bildlicher Vorstellungen, die sogenannte "Oberflächenrepräsentation" an. Es gibt also keine "beste" Repräsentationsform an sich. Die Konsequenz hieraus ist eine stärker funktionale Sichtweise: Kann nicht absolut entschieden werden, welche Repräsentationsform die "wahre" ist, gewinnt die Frage an Bedeutung, welche Repräsentationsform für welche kognitiven Leistungen am besten geeignet ist. Es gilt hier die Devise: Erst wenn es funktioniert, wird optimiert! Diese Sichtweise scheint im Zusammenhang wachsender Gemeinsamkeiten zwischen Teilgebieten der Psychologie und der KI-Forschung zu stehen. Die Zielsetzung, kognitive Operationen simulieren zu können, rückt die Frage einer technisch möglichst eleganten Realisierung in den Mittelpunkt.

Die funktionale Sichtweise gewinnt so an Bedeutung, die Wahrscheinlichkeit, unterschiedliche Repräsentationsformen für unterschiedliche kognitive Operationen postulieren zu müssen, steigt.
Es werden drei grundlegende Formen der mentalen Repräsentation angenommen:

- propositionale Repräsentation,
- mentale Modelle und
- Vorstellungsbilder.

Dabei werden mentale Modelle als Repräsentationen höherer Ebenen betrachtet, die aus propositionalem Wissen aufgebaut werden. Während mentale Modelle also aus Einheiten generiert werden, die propositionaler oder bildlicher Art sein können, ist das mentale Modell selbst, zumindest teilweise, als eine analoge Repräsentation zu betrachten. Mentale Modelle sind intrinsische Repräsentationen. Eine grundlegende Kritik an propositionalen Repräsentationen, insbesondere aber an semantischen Netzen lautet: Sie werden mit dem Anspruch konstruiert, Bedeutungen (beispielsweise von Begriffen der natürlichen Sprache) zu repräsentieren. Tatsächlich repräsentierten sie jedoch nur intensionale Bedeutungen, d.h., die Beziehungen zwischen Begriffen, nicht jedoch ihre extensionale Bedeutung. Die Begriffsextensionen stellen die Beziehungen eines Symbolsystems zu den bezeichneten Objekten oder Relationen der Außenwelt dar. Fehlen diese, kann laut dieser Kritik keine Rede von Bedeutungsrepräsentation sein. Die Repräsentation extensionaler Beziehungen ist daher nun gerade die Funktion mentaler Modelle: Eine anschauliche Vorstellung der konkreten Situation stellt eine extensionale Beziehung her, die Zweifel über die Bedeutung des Prädikats ausräumen. Damit wird der Gegenstand der Repräsentation abgegrenzt. Während propositionale oder allgemein symbolische Repräsentationen geeignet sind, einen Text, eine sprachliche Mitteilung oder ähnliches abzubilden, repräsentieren mentale Modelle die in diesem Text oder dieser Mitteilung beschriebene Situation. Einen weiteren Unterschied zwischen mentalen Modellen und propositionalen Repräsentationen sieht man in der Spezifität der Inhalte gegeben. Während Modelle (mentale wie nicht-mentale) ähnlich wie Bilder immer spezifisch sein müssen, können Propositionen auch abstrakte Bedeutungen repräsentieren. So kann beispielsweise eine propositionale Repräsentation zweier Objekte die Relation "nebeneinander" enthalten, ohne daß diese näher spezifiziert sein muß. Eine analoge modellhafte Repräsentation kommt ohne eine Spezifikation ("links von" beziehungsweise "rechts von") nicht aus. Zwei nebeneinander befindliche Objekte können ohne eine diesbezügliche Entscheidung nicht abgebildet werden. Propositionale Repräsentationen sind also in der Lage, sowohl determinierte als auch indeterminierte Relationen abzubilden. Bildliche Vorstellungen mentaler Modelle können dagegen leicht determinierte Relationen repräsentieren.
Eine der Grundannahmen der Kognitionspsychologie besagt, daß Gegebenheiten der Umwelt mit der Wahrnehmung in einen mentalen Code umgewandelt werden müssen. Erst mit dieser internen Darstellung entsteht subjektiv eine Information, die dann einer Verarbeitung zugänglich ist. Denken ist damit die Manipulation einer internen Repräsentation der Welt. Mentale Modelle lassen sich dabei in unterschiedlichen Formen kodieren. Jedes Modell ist dabei eine

Repräsentation des Originals. Dies macht eine Unterscheidung des repräsentierten Originals und des repräsentierenden Modells erforderlich. Weiterhin gelten folgende Aspekte bezüglich der Merkmale und Funktionen mentaler Modelle:

- Mentale Modelle sind hypothetisch.
- Mentale Modelle bilden Gegebenheiten der Umwelt in sowohl reduzierender als auch elaborierender Weise ab.
- Mentale Modelle dienen unterschiedlichen Funktionen.
- Nützliche mentale Modelle sind schwer zu verändern.
- Mentale Modelle zum Verstehen neuer Sachverhalte basieren häufig auf Analogien.
- Das Erkennen oder Konstruieren einer Analogie erfordert schematisches Wissen.
- Ein mentales Modell zum Verstehen eines neuen Sachverhalts ist eine Instantiierung eines oder mehrerer Schemata.
- In einem mentalen Modell können Sachverhalte der Umwelt dynamisch simuliert werden.
- Mentale Modelle sind anschaulich.
- Theorien mentaler Modelle sind keine Repräsentationstheorien im engeren Sinne.
- Mentale Modelle sind transitorische Produkte der Vorstellung.
- Es gibt keine einheitliche Theorie mentaler Modelle.

Mentale Modelle sind hypothetische Konstrukte, mit denen Leistungen menschlicher Informationsverarbeitung beschrieben und erklärt werden sollen. Eigenschaften und Funktionen mentaler Modelle können daher nur indirekt aus der experimentellen oder simulationsbasierten Analyse menschlicher Denkprozesse gewonnen werden. Es werden nicht alle Merkmale eines Originals in einem inneren Modell abgebildet. Die Menge der Merkmale und Relationen wird verkürzt. Welche Merkmale abgebildet werden, hängt vom Vorwissen der Person ab und von der Funktion des mentalen Modells, beziehungsweise von den Intentionen des Modellierers. Das mentale Modell kann gegenüber dem Original, gegenüber der subjektiven Wahrnehmung desselben, oder gegenüber Mitteilungen über das Original jedoch auch zusätzliche Merkmale enthalten. Diese stammen aus dem bereits gespeicherten Wissen, das in die Konstruktion eines inneren Modells mit eingeht. Die beiden wichtigsten Funktionen sind das Verstehen von Sachverhalten der Umwelt zu ermöglichen und eine Grundlage zur Planung und Steuerung von Handlungen bereitzustellen. Je nach Funktionsschwerpunkt werden Modelle über unterschiedliche Aspekte des gleichen Gegenstands gebildet. Ein mentales Modell zur Steuerung von Routinehandlungen ist besonders wirksam, wenn es schematische Beziehungen zwischen Umweltzuständen, Handlungen und Handlungsfolgen in der Umwelt enthält, wenn es also von Einzelereignissen abstrahiert. Ein mentales Modell zum Verstehen eines unbekannten Sachverhalts ist besonders wirksam, wenn es die Probleminhalte der spezifischen Situation abbildet und nicht bei der Verarbeitung schematischen Wissens stehen bleibt. Ist ein mentales Modell gebildet worden, das einer bestimmten Funktion gerecht wird, ist dieses Modell nur schwer zu verändern, selbst wenn es eine

Gegebenheit der Umwelt objektiv falsch oder unzureichend abbildet. Auch unzutreffende, mentale Modelle können unter eingeschränkten Bedingungen nützlich sein. Ihre Korrektur ist mit kognitivem Aufwand verbunden, dem unter Umständen kein unmittelbarer Nutzen gegenübersteht. Die Qualität eines mentalen Modells bemißt sich subjektiv nur zu einem geringeren Anteil an seiner objektiven Korrektheit, und zu einem größeren Teil an seiner Nützlichkeit zur Erreichung von individuellen Zielen.

Eine Analogie ist ein Spezialfall eines Modells, bei der nur Relationen zwischen Elementen eines Basisbereichs (bereits gespeichertes Wissen) auf die Elemente eines neuen Zielbereichs übertragen werden. Der Erkenntnisgewinn beruht auf der Übertragung der Relationen, nicht auf der Ähnlichkeit der Elemente selbst. Die Vergleichbarkeit der Relationen im Basis- und Zielbereich können nur dann konstruiert, beziehungsweise erkannt werden, wenn es ein oder mehrere langzeitlich gespeicherte Gedächtnisschemata gibt, aus denen sowohl die Relationen im Basisbereich als auch die im Zielbereich abgeleitet werden können. Dazu muß dieses Schema abstrakter sein als die Relationen im Basis- und Zielbereich. Eine hohe Ähnlichkeit der Elemente im Basis- und Zielbereich begünstigt die Aktivierung eines geeigneten Schemas. Bei der Konstruktion eines mentalen Modells zum Verstehen eines neuen Sachverhalts werden die Leerstellen eines Schemas durch die Gegebenheiten einer spezifischen Situation ausgefüllt. Damit werden die abstrakten Relationen des Schemas auf dieses spezifische Modell übertragen. Die Folge ist eine Anreicherung des Modells durch Kontextwissen, das Bestandteil des Schemas ist. Das Ableiten neuer Folgerungen wird dadurch erleichtert oder ermöglicht, daß die abstrakten Relationen durch Beispiele vertrauter, vorstellbarer Sachverhalte repräsentiert sind. Das mentale Modell ist also konkreter als die zugrundeliegende schematische Wissensbasis. Gedankliches Probehandeln oder Durchspielen von Ereignisfolgen kann das mentale Modell so verändern, daß neue Modellzustände vorher nicht bekannte Zusammenhänge und Folgerungen repräsentieren. Das Ergebnis der Simulation kann aus dem Endzustand des Modells abgelesen werden. Dieser kann auf die Wissensbasis des Modells zurückwirken und Gedächtnisschemata verändern. Da die kognitive Simulation aus der Manipulation konkreter Gedächtnisinhalte in der Vorstellung besteht, bedarf sie nicht unbedingt der Anwendung formaler Schlußfolgerungsregeln. Anschaulichkeit bedeutet nicht zwangsläufig "Bildhaftigkeit", obwohl dies in vielen Fällen zutreffen mag. Denn Vorstellungsbilder sind Sichtweisen auf ein Modell in einem bestimmten Zustand. An einem mentalen Modell können jedoch auch Repräsentationen anderer Sinnesmodalitäten beteiligt sein, so daß "anschaulich" im Sinne von "vorstellbar" zu verstehen ist.

Mentale Modelle sind zumindest teilweise analoge Repräsentationen, ihre Wissensbasis kann propositional oder anderweitig symbolisch repräsentiert sein. Es muß nicht zwangsläufig angenommen werden, daß mentale Modelle eine eigenständige und gegenüber analogen Repräsentationen abgrenzbare Repräsentationsform darstellen.

Mentale Modelle werden auf der Grundlage abstrakten, schematischen Wissens zu einem bestimmten Zweck gebildet. Es ist deshalb auch aus Gründen der Speicherökonomie nicht anzunehmen, daß mentale Modelle Einheiten der langzeitlichen Speicherung sind. Dafür spricht auch die begründete Hypothese, daß die Art der Repräsentation eines mentalen Modells von seinem Verwendungszweck, also von den situativen Anforderungen, sowie den Kompetenzen und Intentionen der Person abhängt. Man kann die Bildung mentaler Modelle auch als Heuristik bezeichnen, die immer dann von Nutzen sind, wenn Anforderungen an die Informationsverarbeitung gestellt werden, für die entweder nur unzureichende informationelle Grundlagen vorliegen (beispielsweise bei Verständnisproblemen), oder bei denen die Nutzung derselben unökonomisch wäre (beispielsweise bei Routinehandlungen). Die vorliegende Darstellung mentaler Modelle basiert nicht auf einer einzigen Theorie, sondern auf einer Vielzahl unterschiedlicher Ansätze, die gegenseitige Bezüge aufweisen. Die geschilderten Zusammenhänge sind nicht in ihrer Gesamtheit empirisch belegt, sondern zumeist nur in isolierten Aspekten. Was die Ansätze zu mentalen Modellen eint, ist eine gemeinsame Perspektive auf das problemlösende Denken. In deren Mittelpunkt steht eine ganzheitliche Betrachtung der Vorstellungstätigkeit. In ihr kommt zum Ausdruck, daß viele komplexe Leistungen der menschlichen Informationsverarbeitung auf dem Zusammenwirken von Prozessen beruhen, die häufig isoliert voneinander untersucht werden:

- analoges Denken,
- Gedächtnisorganisation,
- Vorstellung,
- deduktives Schließen,
- Urteilen unter Unsicherheit und
- Handlungsregulation.

Die separate Untersuchung wirkt sich positiv auf die Präzision der Aussagen aus, die man gerade im Rahmen des Mentalen-Modell-Ansatzes vermissen mag. Eine stärker integrative Betrachtung büßt an Präzision ein, expliziert andererseits Zusammenhänge, die sonst unbestimmt blieben. Der theoretische Status des Mentalen-Modell-Ansatzes ist somit als der eines Rahmenkonstrukts zu kennzeichnen. Mentale Modelle haben sich damit als ein integriertes Konstrukt etabliert.

2.7.3 Neurobiologie und Computerwissenschaft

Das Informationsverarbeitungsmodell der kognitiven Lerntheorie zieht den Computer zur Modellbildung heran. Insofern sind hier starke Parallelen zum Forschungsbereich der Künstlichen Intelligenz festzustellen. Es lassen sich daher neben der Neurobiologie auch der Forschungsbereich der Künstlichen Intelligenz unter dem Überbegriff der Kognitionsforschung subsummieren.

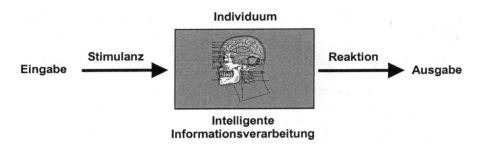

Abbildung 2-14 : Kognitive Lerntheorie

Die Neurobiologie und die Computerwissenschaften stehen schon seit langem in einem mehr oder weniger leidvollen Verhältnis zueinander. Einerseits glaubte man, die Prozesse im menschlichen Gehirn mit der Funktionsweise der ersten technischen Informationsverarbeitungssysteme besser abbilden zu können. Andererseits konnte man sich des Eindrucks nicht erwehren, daß die technische Weiterentwicklung der Hardware und Software, hier insbesondere im Bereich der Künstlichen Intelligenz, die Erklärungsmodelle für die Funktionsweise des menschlichen Gehirns verbessern sollten. Das menschliche Gehirn sollte sich über den Umweg der Konstruktion technischer Maschinen irgendwie selber erklären. Aber bisher ist dies nicht in dem erhofften Grade erfolgt, da es bisher auch unter der großen Restriktion des technischen Wissens zwar gelungen ist, komplizierte Maschinen zu bauen, diese jedoch nicht den Prozessen und der Kapazität unseres menschlichen Gehirns entsprachen. Diese Hoffnung wird in Teilbereichen der Künstlichen Intelligenz aber immer noch gehegt und gepflegt. Noch immer gestaltet sich das Wissen im Computer und das Wissen im menschlichen Gedächtnis in unterschiedlicher Qualität und Dimension. Auch wenn die Definition zum Wissensbegriff so allgemein gehalten ist, daß beides als Wissen zu bezeichnen ist, so darf diese Definition nicht dazu führen, menschliches Wissen mit Wissen in künstlichen Informationsspeichern gleichzusetzen.

2.8 Begriff des ganzheitlichen Wissensmanagements

Ziel eines ganzheitlichen Wissensmanagements ist es, das in der Organisation vorhandene Potential an Wissen derart aufeinander abzustimmen, daß ein integriertes, organisationsweites Wissenssystem entsteht, welches eine effiziente, gesamtorganisatorische Wissensverarbeitung im Sinne der Organisationsziele gewährleistet. Dazu bedarf es vor allem der Gestaltung des gesamten Wissens der Organisation, unter gleichberechtigtem Einsatz natürlicher wie künstlicher Ressourcen zur Wissensverwaltung und -verarbeitung. Damit wird deutlich, daß Wissensmanagement keine Tätigkeit ist, die an Experten, Stäbe oder Abteilungen einfach delegiert werden kann. Wissensmanagement ist eine Aufgabe der Organisationsführung und der nachfolgenden Managementhierarchien. Daraus lassen sich vier Problembereiche ableiten:

- **Wissensressourcen**-Management: Management des organisationsweiten Wissenspotentials.
- **Human-Ressourcen**-Management: Management aller mit der personellen Wissensverarbeitung verbundenen Prozesse.
- **Translation** Management: Entwicklung und Pflege adäquater Übersetzungstechniken und –methoden.
- **Wissenstechnik**-Management: Management der Hard- und Softwarestruktur der Organisation sowie der sonstigen Methoden, Systeme und Instrumente der Wissensverarbeitung.

Aufbauend auf diesen Problembereichen lassen sich die Aufgaben des strategischen und operativen Managements festlegen. Dabei gilt als primäre Aufgabe des strategischen Wissensmanagements die Schaffung beziehungsweise Sicherung von Wissenspotentialen in Abstimmung mit den Strategien und Zielen der Organisation. Folgende Aufgabenkomponenten umfaßt das strategische Management:

- Verankerung der organisationsweiten Wissensorientierung in den Organisationsgrundsätzen beziehungsweise Leitbildern.
- Schaffung einer wissensorientierten Organisationskultur.
- Entwicklung einer organisationsweiten Wissensstrategie.
- Strategisches Management der Humanressourcen.
- Strategisches Management der Wissenstechnik.

Die praktische Umsetzung und Realisierung der einzelnen strategischen Komponenten ist Aufgabe des operativen Wissensmanagements, das dafür zu sorgen hat, daß jegliches in der Wertschöpfungskette notwendige Wissen an der richtigen Stelle der Ablauforganisation zum passenden Zeitpunkt und in der erforderlichen Menge und Qualität verfügbar ist. In diesen Prozeß sind die Fachabteilungen, das Personalwesen und die Informatik/Datenverarbeitung unbedingt einzubeziehen. Hauptaufgabe des strategischen Managements der Humanressourcen ist es, Bedingungen zu schaffen, die Lernprozesse in der Organisation fördern können, und im Umkehrschluß solche Bedingungen abzubauen, die Lernprozesse hemmen.

2.8.1 Organisationales Wissensmanagement

In Anbetracht der Differenzierung zwischen individuellem und organisationalem Wissen, steht ein ganzheitliches Wissensmanagement auf zwei Säulen: der Qualität der Mitglieder einer Organisation und dem kollektiven Wissen der Organisationsmitglieder, das in der organisationalen Wissensbasis verankert ist. Während die personelle Seite des Wissensmanagements seit langer Zeit im Mittelpunkt verschiedenster Forschungsbemühungen steht, wurde die organisationale Seite des Wissensmanagements bisher eher vernachlässigt. Insofern muß eine Organisation im Rahmen eines ganzheitlichen Wissensmanagements die Fragen der Übertragung individueller Wissensbestände in organisationale Wissensbestände klären. Organisationen inhalieren Wissen, indem ein für die Organisation relevantes Wissen von Personen formuliert, in einer adäquaten Notation festgehalten und schließlich dieses symbolisch repräsentierte, kodierte Wissen in eine Wissensbasis eingebracht wird, die dann in den Routineabläufen der Organisation genutzt wird. Dieser Transformationsprozeß stellt die eigentliche Herausforderung an das Management dar. So verfügt beispielsweise heute kein Individuum über das erforderliche Wissen, um einen modernen Computer, ein Auto oder ein Flugzeug zu bauen. Organisationen aber können das. Und genau in diesem Sinne sind heute komplexe Organisationen intelligenter als jeder einzelne Mensch. Die Intelligenz einer Organisation hängt dabei direkt mit der Qualität des Wissensmanagements zusammen.

Dimension	Wissensform	Systemproblem
Sachlich	Strukturwissen	Restrukturierung
Sozial	Personenwissen	Human-Resources-Management
Zeitlich	Prozesswissen	Prozeßoptimierung
Operativ	Projektwissen	Integration von Expertise
Kognitiv	Steuerungswissen	Erfindung von Identität

Abbildung 2-15 : Dimensionen des Wissensmanagements

Diese Intelligenz wird definiert als eine Fähigkeit, die organisationale Wissensbasis zu nutzen, zu verbessern und zu transformieren. Wie diese Qualität des Wissensmanagements verbessert werden kann, hängt von fünf relevanten Dimensionen ab, die aus der Systemtheorie abgeleitet werden.

2.8.2 Organisationales Wissenssystem

In diesem Sinne bilden Organisationen Wissenssysteme, in denen in enger Wechselwirkung individuelles und organisationales Lernen stattfindet. Organisationale Lernprozesse werden in diesem Zusammenhang als Informationsverarbeitungs- und Interpretationsprozesse verstanden, die auf der Basis vorhandener Wissenssysteme Informationen aus dem Organisationsumfeld verarbeiten und in Bezug zu eben diesen Wissenssystemen setzen. Insofern kann man ein Wissenssystem auch als ein Netzwerk von Annahmen über die Realität auffassen, das durch subjektive Hypothesen und übergeordnete Theorien semantisch zusammengehalten wird. Es gibt dabei sowohl individuelle als auch organisationale Wissenssysteme. Ein individuelles Wissenssystem ist beispielsweise ein mentales Modell. Ein organisationales Wissenssystem findet sich in der praktizierten Handlungstheorie. Damit wird ersichtlich, daß auf der organisationalen Ebene eigene Wissenssysteme existieren. Organisationale Lernprozesse sind daher auch nicht als Summe individueller Lernprozesse in Organisationen aufzufassen. Sie haben vielmehr einen eigenständigen Charakter und führen zu einer Veränderung der organisationalen Wissenssysteme. Damit lassen sich drei Arten des organisationalen Lernens unterscheiden:

- **Kognitives Lernen**: Organisationales Lernen als Veränderung des Denkens.
- **Organisationskultur**: Organisationales Lernen als Veränderung des Fühlens.
- **Verhalten**: Organisationales Lernen als Veränderung des Handelns.

Hinsichtlich der Gestaltung eines Wissensmanagements in lernenden Organisationen steht die Offenlegung "des Inhalts" von Wissenssystemen im Vordergrund. Ziel dieser Offenlegung ist die Überbrückung der vertikalen, horizontalen, sachlichen und zeitlichen Differenzierung in Organisationen. Diese Überbrückungsfunktion wird durch innerorganisationalen Wissenstransfer wahrgenommen. So ist es beispielsweise die Aufgabe des Wissensmanagements und des strategischen Personalmanagements, die Abstimmung des zukünftigen Qualifikationsbedarfs mit den verfügbaren Qualifikationspotentialen vorzunehmen. In diesem Falle liegt es somit nahe, betriebliche Weiterbildungsstrategien als Managementstrategien eines Wissenstransfers zu betrachten. Damit werden individuelle Qualifizierungsprozesse zu einer wesentlichen Voraussetzung organisationaler Lernprozesse. Während sich der Begriff des Wissensmanagements erst in den letzten Jahren etabliert hat, scheint die praktische Umsetzung von Wissensmanagement bis in die heutige Zeit hinein in den meisten Organisationen eher bedeutungslos zu sein. So zeigen Umfragen, daß ein an der Praxis orientiertes Wissensmanagement in Organisationen noch eher in Kinderschuhen zu stecken scheint. Selbst Firmen und Einrichtungen, die auf professionelle, wissensbasierte Leistungen ausgerichtet sind, wie etwa Beratungsunternehmen, Zeitungen, Fachzeitschriftenverlage, Fachkliniken, Schulbehörden, Bibliotheken etc. unterscheiden sich in ihrem Wissensmanagement kaum von den Manufakturen des 17 Jahrhunderts. Nahezu alles Wissen steckt in den Köpfen von Menschen. So gibt es Listen, Karteikästen, Datenbanken und ähnliches, aber das gesamte Arrangement ist eher darauf angelegt, den Zugang und die allgemeine Nutzung des Wissens zu verhindern, als zu fördern.

2.9 Bausteine eines ganzheitlichen Wissensmanagements

Aus der Perspektive der Organisation lassen sich bezüglich dem Wesen des Wissens folgenden Aussagen treffen:

- Wissen beschreibt die Welt und somit das Geschehen innerhalb und außerhalb einer Organisation. Somit unterteilt Wissen die Welt und das Geschehen in Bekanntes, Unbekanntes, Negatives und Positives, Erwartetes und Unerwartetes. Wissen ist somit stets individuell und kontextabhängig.
- Die reine Beobachtung und Beschreibung der Welt und der Geschehnisse reichen alleine nicht aus. Um die Welt zu verstehen, sind Interesse, Aufmerksamkeit und Interpretation von Nöten. Wissen ist demnach nicht nur reine Information, sondern die zweckgebundene Vernetzung von Daten und Informationen.
- Grundlage menschlicher kognitiver Prozesse sind modellhafte Vorstellungen über reale Zusammenhänge, sogenannte mentale Modelle, die wiederum einen Wissensbestand darstellen. Diese haben aufgrund unterschiedlicher Erfahrungen und Interpretationen individuell unter-

- schiedliche Ausprägungen, so daß ein Begriff durchaus mit individuell unterschiedlichen Konnotationen versehen sein kann.
- Wissen läßt sich über eine formale Sprache in ein rechnergestütztes Modell überführen und dort mit Hilfe intelligenter Informations- und Kommunikationstechnologien verarbeiten.
- Die Zukunft läßt sich beeinflussen, indem unter Heranziehung des aktuellen Wissens alternative Zukünfte entworfen und daran Handlungsalternativen ausgerichtet werden können.

2.9.1 Daten, Informationen, Wissen

Daten werden durch Zeichen repräsentiert und sind Gegenstand von Verarbeitungsprozessen. Sie setzen sich aus einzelnen Zeichen oder aber aus einer Folge von Zeichen zusammen, die einen sinnvollen Zusammenhang ergeben. Dieser Zusammenhang ist entweder schon bekannt oder er wird unterstellt, so daß die Zeichen mit einem Code gleichgesetzt werden können. Eine Aussage über den Verwendungszweck wird allerdings auf dieser Stufe der Begriffshierarchie noch nicht getroffen. Daten werden zu Informationen, indem sie in einen Problemzusammenhang (Kontext) gestellt und zum Erreichen eines konkreten Ziels verwendet werden. So stellen Informationen für Organisation diejenigen Daten dar, die für die Vorbereitung ökonomischer, geschäftsorientierter Handlungen nützlich und beschaffbar sind (vgl. Heppner 1997, S. 13 ff.). Wissen ist das Ergebnis der Verarbeitung von Informationen durch das Bewußtsein und kann als „verstandene Information" bezeichnet werden. Diese verstandenen Informationen werden zur Handlungssteuerung verwendet. Wissen ist somit die Vernetzung von Information, die es dem Träger ermöglicht, Handlungsvermögen aufzubauen und Aktionen in Gang zu bringen. Es ist das Resultat einer Verarbeitung der Informationen durch das Bewußtsein. Formal betrachtet ist Wissen daher ein Begriff mit weitem Umfang und kann hinsichtlich Erkenntnisquelle, Inhalt, Ursprung, Qualität, Struktur und Funktion differieren. Deshalb erscheint es auch in diesem Zusammenhang berechtigt, von verschiedenen Arten und Formen von Wissen zu sprechen. Sie weisen meist eine enge Korrelation auf und können daher nicht eindeutig zugeordnet, beziehungsweise voneinander abgegrenzt werden. Im Rahmen eines ganzheitlichen Wissensmanagements wird in diesem Buch zwischen folgende Wissensarten unterschieden (vgl. Sanchez 1997, S. 174 ff.):

- **Prozedurales Wissen** hält feste Vorgehensweisen oder Strategien fest und entspricht dem Know-how.
- **Erfahrungswissen** ist das durch die Sinneswahrnehmung gewonnene Wissen, welches in eine bestimmte Situation eingebettet ist. Es ist somit gegen Vergessen resistenter als reines Wortwissen.
- **Deklaratives, faktisches Wissen** repräsentiert Kenntnisse über die Realität und hält feststehende Tatsachen, Gesetzmäßigkeiten, sowie bestimmte Sachverhalte fest. Es entspricht damit dem Know-that.
- **Statistisches Wissen** entspricht dem Wissen, das aus Fallsammlungen stammt. Kausales Wissen stellt Wissen dar, in dem Beweggründe und Ursachen festgehalten werden (Know-why).

- **Heuristisches Wissen** hält bestimmte Sachverhalte in Regeln fest.
- **Klassifizierungs- und Dispositionswissen** repräsentiert Wissen, welches dem Wissenden ermöglicht, komplexe Gegenstände aufzuschlüsseln und bestimmte Sachverhalte richtig zuzuordnen.
- **Relationenwissen** stellt Wissen dar, das dem Wissenden ermöglicht, Strukturen und Zusammenhänge zu sehen.

Ferner ist eine Differenzierung des Wissens in implizites Wissen und explizites Wissen sinnvoll (vgl. Nonaka/Takeuchi 1997). Implizites Wissen ist dadurch gekennzeichnet, daß es sich nur unvollständig formalisieren läßt. Implizites Wissen ist weitgehend aktionsgebunden, stillschweigend und höchst subjektiv. Es beinhaltet sowohl eine technische als auch eine kognitive Komponente. Zum impliziten technischen Wissen zählen beispielsweise das prozedurale Wissen (Know-how). Dieses implizite, technische Wissen repräsentiert das individuelle Können, die Fähigkeiten und Kompetenzen, die ein Individuum zur Ausführung von Aufgaben verwendet, welche aber nicht oder nur unvollständig beschrieben oder verbalisiert sind. Das implizite, kognitive Wissen ist geprägt durch ein hohes Maß an Selbstverständlichkeit, ist tief im Innern von Personen manifestiert (embodied knowledge) und beeinflußt nachhaltig die Art und Weise, wie die Welt gesehen und wahrgenommen wird. Es beinhaltet beispielsweise mentale Modelle oder Bilder, Wahrnehmungen, Vorstellungen, Überzeugungen oder Schemata. Um implizites Wissen verarbeiten und speichern zu können, bedarf es einer Transformation in explizites Wissen. So muß es erst mittels Metaphern, Bildern und Analogien greifbar und erfaßbar gemacht werden. Das implizite Wissen eines Experten ist nur für ihn selbst zugänglich.

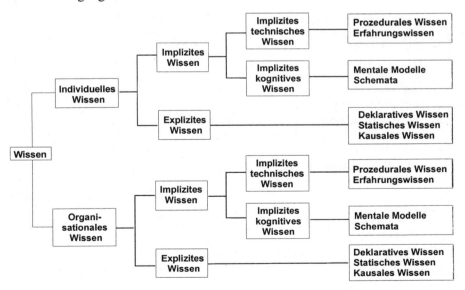

Abbildung 2-16 : Wissensarten

Es ist zeitlich und sozial an den Besitzer gebunden und somit privat. Das implizite Wissen der Organisation ist im Gegensatz zum privaten impliziten Wissen des Individuums zur gleichen Zeit in mehreren Köpfen vorhanden, also eher kollektiver Natur. Explizites Wissen ist beschreibbares, formalisierbares, zeitlich stabiles Wissen, das standardisiert, strukturiert und methodisch in sprachlicher Form in Dokumentationen, Datenbanken, Patenten, Produktbeschreibungen, Formeln, aber auch in Systemen, Prozessen oder Technologien angelegt werden kann. Es ist außerhalb der einzelnen Individuen gespeichert (disembodied knowledge) und kann im Vergleich zu implizitem Wissen mittels elektronischer Datenverarbeitung verarbeitet, übertragen, verteilt und gespeichert werden. Das explizite Wissen des Individuums ist analog zum impliziten Wissen des Individuums privat, wenn es durch Verschluß nur für ein Individuum zugänglich ist. Wenn explizites Wissen mehreren Individuen in der Organisation zugänglich ist, ist es kollektiv. Es kann festgestellt werden, daß Wissen in fast allen praktischen und theoretischen Bereichen des Lebens eines Individuums eine wichtige Rolle spielt. Wissensmanagement ist ein weitreichendes und komplexes Thema, das unter anderem die Aufgaben der Wissenserzeugung, Wissenstranslation, Wissensidentifikation, Wissensverbreitung und Wissensnutzung umfaßt. Dieses Thema gilt es ganzheitlich zu betrachten und systematisch zu einem Konzept zu entwickeln, das sich durch einen gemeinsamen Wissensbegriff auszeichnet.

2.9.2 Wissensbasiertes Modell

Die zentrale Bedeutung der Ressource Wissen legt es nahe, die bisherigen Modelle zur Beschreibung von Organisationen zu erweitern. Dadurch ergibt sich die Möglichkeit zur Entwicklung einer Theorie der Organisation, welche die Existenz, die Grenze und die internen Strukturen letztendlich über diese essentielle Ressource erklärt und legitimiert. Das in diesem Buch zu entwickelnde, wissensbasierte Modell einer Organisation basiert auf dem Postulat, daß die Existenzberechtigung von Organisationen nicht primär in einer Minimierung von Transaktionskosten besteht, sondern in einer wissensbasierten Leistungserbringung. Gemäß diesem Postulat müssen Organisationen Bedingungen schaffen, unter denen die verschiedenen Wissensträger ihr Wissen integrieren können, um gemeinsam eine Leistung zu erbringen. Diese Integration stellt aufgrund der unterschiedlichen Zugänglichkeit und Transferierbarkeit impliziten und expliziten Wissens eine kardinale Aufgabe des zukünftigen Managements dar. Die Grenze einer Organisation wird nach diesem Modell über die Kongruenz des Aufgabensystems mit deren Wissenssystem bestimmt. Dabei stellt nicht genutztes Wissen das Potential für zukünftige Innovationen dar. Wettbewerbsvorteile entstehen nicht nur aus dem reinen Besitz von Wissen, sondern erst aus seiner Kombination zu innovativen Leistungen (vgl. Wildemann 1998). Jede Leistungserbringung erfordert unterschiedliches, in der Regel von mehreren Wissensträgern generiertes und damit verteiltes Wissen, dessen Integration von fundamentaler Wichtigkeit für die Zukunft der Organisation ist. Die neue Herausforderung für die Organisation gründet sich nun in der Tatsache, daß ein Großteil des organisationsinhärenten Wissens nicht frei verfügbar, sondern implizit, also eher personengebunden ist. Dies impliziert eine Abkehr von alten, historisch gewachsenen und verkrusteten Hierarchieprinzipien. Mit dieser Abkehr läßt sich nicht nur eine Beschleunigung der Entscheidungsprozesse oder sonstige Effizienz-steigerungen erreichen, sondern der erwünschte intraorganisationale Wissensfluß und -transfer wird dadurch erst möglich. Um die teilweise heterogenen Wissensstrukturen in einer ganzheitlichen Wissensarchitektur modellieren zu können,

- muß eine systematische Identifizierung von Wissensressourcen erfolgen,
- deren Austausch und Verknüpfung zur Generierung von neuem Wissen aufgezeigt werden,
- die Veränderung von Handlungsroutinen aufgrund neu gewonnener Einsichten und Erkenntnisse transparent gemacht und
- die Prozesse gemessen und überwacht werden.

All dies sind potentielle Aufgaben eines Wissensmanagements. Von diesen Aufgaben leitet sich das Ziel eines Wissensmanagements ab, indem es die Lernfähigkeit der Organisation verbessern soll. Das Ziel eines ganzheitlichen Wissensmanagements ist es daher, die Lernfähigkeit der Organisation zu verbessern.

2.9.3 Ebenen des Wissensmanagements

Die Sichtung der interdisziplinären Arbeiten zum Thema Wissensmanagement und organisationalen Lernens offerriert eine differenzierte Sichtweise, indem man zwischen folgenden Ebenen unterscheiden kann:

- Lernebenen,
- Lernformen,
- Lerntypen,
- Lernprozesse.

Fundamental ist zunächst die Unterscheidung von Lernebenen, indem zwischen individuellem und organisationalem Lernen unterschieden werden muß. Dabei besteht der folgenreiche Zusammenhang, daß einer Organisation nicht postwendend das Wissen zur Verfügung steht, auch wenn einzelne Personen der Organisation gelernt haben. Für diese Unterscheidung spricht aber auch, daß eine Organisation nicht nur als Speicher für individuelles Wissen zu betrachten ist, sondern ferner eine eigenständige Dynamik des organisationalen Lernprozesses auf der Grundlage interpersonaler und intraorganisatorischer Wissenssysteme zeigt. Organisationen handeln daher oftmals so, wie es von den einzelnen Mitgliedern der Organisation nicht geleistet werden kann. Das Zusammenspiel aller Beteiligten auf der Grundlage einer gemeinsamen Wissensbasis und die Entwicklung neuer Interpretationen, Taktiken und Strategien ist hierzu erforderlich. Insofern liegen dem Lernen in Organisationen andere Prinzipien zugrunde und erfordern demzufolge auch andere Methoden. Diese Unterscheidung der verschiedenen Lernebenen impliziert die Notwendigkeit, Lernen im Kontext eines Wissensmanagements nicht nur als individuelles Lernen innerhalb von Organisationen zu verstehen, sondern darüber hinaus die Besonderheit von Lernen in und von Organisationen in die weitere Betrachtung mit einzubeziehen. Diese

tung mit einzubeziehen. Diese Implikation führt dann zu einer weiteren Unterscheidung, indem sich bei Bedarf zwischen der Individuen-, der Team-, der Organisations- und der organisationsübergreifenden Ebene von Wissenssystemen untergliedern läßt. In Anlehnung an die klassische Dreiteilung menschlichen Daseins des Aristoteles in Denken, Fühlen und Handeln, lassen sich drei unterschiedliche Annäherungsweisen an Lernformen unterscheiden:

- kognitionspsychologische Konzepte,
- kulturelle Konzepte und
- verhaltensorientierte Ansätze.

Während ein kognitionspsychologisches Verständnis Lernen vereinfacht als Veränderung, beziehungsweise Differenzierung von individuellen, kognitiven Strukturen sieht, dominiert bei der kulturorientierten Sichtweise die kollektive Ebene der Organisation. Verhaltensorientierte Ansätze legen demgegenüber den Fokus auf die Wechselwirkung von Handlung und Erfahrungslernen. Auch hier erscheint es sinnvoll, nicht auf einzelne Ansätze dediziert zu bauen, sondern alle drei Formen des Lernens gleichberechtigt zu berücksichtigen. Die meisten Ansätze organisationalen Lernens basieren auf die von Batesons beschriebenen Lerntypen. Es lassen sich demnach drei organisationale Lerntypen unterscheiden:

- Adaptives Lernen,
- Umweltorientiertes Lernen und
- Problemlösungslernen.

Beim adaptiven Lernen wird die interne Umwelt anhand definierter Parameter überprüft, und es wird dann gegebenenfalls eine Anpassung der Steuerungsmechanismen vorgenommen. Der zentrale Mechanismus dieses Lernprozesses besteht in einem selbstregulativen Prozess, bei dem negative Rückkopplungs-Informationen der Auslöser sind, um sich an die Vorgabenorm anzupassen. Beim umweltorientierten Lernen wird durch Umweltbeobachtung das organisationale Wissen geprüft und gegebenenfalls eine Modifikation der Handlungstheorien vorgenommen. Dabei werden organisationale Hypothesen, Normen und Handlungsweisen mit Beobachtungen der Umwelt konfrontiert und es erfolgt eine Rückkopplung dieser Beobachtungen in das Wissenssystem der Organisation. Beim Problemlöselernen wird die Lernfähigkeit einer Organisation selbst zum Gegenstand des Lernprozesses. Es wird hier nicht einfach auf eine objektive Umwelt mit einer Anpassung reagiert, sondern ein Prozeß angestoßen, der primär ein Erweiterungsstreben zum Inhalt hat. Bei diesem Streben nach "Mehr" werden Ziel- und Sinndefinitionen organisationaler Handlungstheorien in Frage gestellt und eventuell geändert. Die bisher beschriebenen Ebenen haben den Nachteil, daß sie eher statischer Natur sind. Das organisationale Lernen gestaltet sich demgegenüber als Prozeß, der sich in unterschiedlich ausgestaltete Teilprozesse unterscheiden läßt:

- Identifikation von relevanten Daten, Informationen und Wissen.
- Verteilung beziehungsweise Diffusion dieser Daten, der Information und des Wissens.
- Bearbeitung der Daten, der Informationen und des Wissens.

- Integration der Daten, der Informationen und des Wissens in bestehende Wissenssysteme.
- Integration des Gelernten in Steuerungs- und Regelungssysteme.
- Verifikation beziehungsweise Falsifikation des Gelernten.

Im Rahmen des Identifikationsprozesses werden Ereignisse, Daten, Informationen und Wissen wahrgenommen. Relevante Informationen werden mit Hilfe von Informations- und Kommunikationsinfrastrukturen verteilt und diffundieren so ins System. Die Integration von Wissen in das jeweilige Wissenssystem geht mit einer Modifikation der Wissensbasis einher. Neue Erkenntnisse müssen sich in den Verhaltensroutinen niederschlagen und das Arbeitsverhalten eventuell nachhaltig beeinflussen. Aus all diesem läßt sich ein Rahmen konstruieren, der die grundlegenden Bausteine organisationalen Lernens beschreibt und der echte Ansatzpunkte für die Gestaltung von Wissensmanagementsystemen liefert.

2.9.4 Bausteinbetrachtung

Ausgehend von der Basis einer Konzeption der lernenden Organisation als wissensbasiertes System wird das Managementsystem als ein Gestaltungselement des Führungssystems der lernenden Organisation gesehen. Wissensmanagement wird deshalb in erster Linie als Aufgabe und im Verantwortungsbereich der Organisationsführung angesiedelt und steht damit im Gegensatz zu einem rein technisch beziehungsweise personell orientierten Wissensmanagement. Gemäß dieser Abgrenzung ist Wissen "gelernte Information". Auf die Organisation übertragen, bedeutet dies, daß zwischen dem Informationsmanagement und dem Wissensmanagement der organisationale Lernprozeß steht. Der organisationale Regelkreis determiniert in direkter Art und Weise die Funktionen eines ganzheitlich, und damit organisationsübergreifend, verstandenen Wissensmanagements. Er besteht aus den vier Basis-Prozessen: Wissensgenerierung (Wissen entwickeln), Wissensspeicherung (Wissen speichern und schützen), Wissenstransfer (Wissen verteilen) und Wissensanwendung (Wissen anwenden). Das Management von Wissen gliedert sich dabei in zahlreiche Einzelaufgaben. Ein ganzheitliches Wissensmanagement muß dabei alle Interventionsfelder berücksichtigen, alle Prozesse umfassen und gleichzeitig innerhalb eines integrierten Systems abbildbar sein. Die Anordnung der Bausteine

- Wissensziele,
- Wissensidentifikation,
- Wissenstransparenz,
- Wissenserwerb und –vermittlung,
- Wissensentwicklung,
- Wissenstransfer,
- Wissenstranslation,
- Wissensspeicherung,
- Wissensnutzung,
- Wissensbewertung,
- Wissensschutz.

läßt sich in einem Prozeß-Kreislauf abbilden und dieser Kreislauf bildet ein ganzheitliches System um die o.a. Prozesse (vgl. Probst 1997). Diese Definition von Bausteinen des Wissensmanagements hat mehrere Vorteile:

- Sie strukturiert den Prozess in logische und in sich abgeschlossene Phasen.
- Das Gesamtprojekt kann in kleine, handhabbare Maßnahmenpakete heruntergebrochen werden.
- Sie bietet die Möglichkeit nach frühzeitigen Interventionen.
- Sie liefert einen Filter für die Suche nach den Ursachen von Problemen.
- Die Auswahl geeigneter Instrumente und Technologien wird erleichtert.

Wenn auch in der Zerlegung des Gesamtprozesses in einzelnen Strukturen ein Vorteil gesehen wird, darf nicht vernachlässigt werden, daß die einzelnen Bausteine in Abhängigkeit zueinander stehen und die notwendigen Maßnahmen niemals isoliert betrachtet werden dürfen. Wissensziele geben den Aktivitäten des Wissensmanagements eine Richtung vor. Sie legen fest, auf welchen Ebenen welche Fähigkeiten aufgebaut werden sollen. Normative Wissensziele richten sich auf die Schaffung einer wissensbewußten Organisationskultur, die das Verteilen und die Weiterentwicklung von individuellem Wissen zu organisationsweit verfügbarem Wissen unterstützt. Die Formulierung dieser Wissensziele stellt gleichsam eine Wissensmanagement-Vision dar, die Voraussetzung für ein effektives Wissensmanagement ist. Bevor aufwendige Anstrengungen zum Aufbau neuer Fähigkeiten unternommen werden, ist es notwendig, intern oder extern bereits vorhandenes Wissen oder Know-how zu identifizieren. Den meisten Organisationen fällt es heute schwer, den Überblick über intern und extern verfügbares Wissen zu behalten. Diese mangelnde Transparenz führt zu Ineffizienzen, uninformierten Entscheidungen und Redundanzen.

Ein effektives Wissensmanagement muß daher ein hinreichendes Maß an interner und externer Transparenz schaffen und den einzelnen Mitarbeiter bei seinen Suchaktivitäten unterstützen. Tatsächlich herrscht in vielen Organisationen Unklarheit darüber, wo welche Experten mit welcher Expertise sitzen und an welchen Projekten innerhalb der Organisation zur Zeit gearbeitet wird. Restrukturierungen und Reengineering-Aktivitäten können in vielen Fällen die Intransparenz erhöhen, da sie in ein über Jahre gewachsenes Beziehungsgeflecht eingreifen und es zum Teil zu schnell auflösen. Allerdings sind gerade Restrukturierungsprozesse geeignet, das bestehende Beziehungsgeflecht in andere Organisationseinheiten zu erweitern. Die Erfahrungen vieler Organisationen zeigen, daß einmal bestehende, persönliche Beziehungen in vielen Fällen unabhängig von Lokation und organisationaler Verankerung sind.

Eine Möglichkeit zur Schaffung interner Wissenstransparenz liegt in der Erstellung von Wissenslandkarten, welche den systematischen Zugriff auf die organisationale Wissensbasis unterstützen. Die heutigen Möglichkeiten der Informationstechnologie ermöglichen dabei völlig neue Lösungen im Zugriff auf die interne, elektronisch verfügbare Wissensbasis und die Verknüpfung unterschiedlicher Datentypen (vgl. Townsend/DeMarie/Hendrickson 1998). Im Zusammenspiel mit der rasanten Entwicklung der Internet- und Intranet-Technologien wird sich der Umgang mit und der Zugriff auf Informationen und Wissen ebenfalls in der Zukunft radikal verändern. In diesem Zusammenhang ist zu beachten, daß das Phänomen des Informationsüberflusses durch eine gezielte Identifikation der wissenswerten Informationen - abgeleitet aus dem Wissensbedarf - vermieden werden kann. Durch die weltweite Wissensexplosion und gleichzeitige Wissensfragmentierung sind Organisationen immer weniger in der Lage, sämtliches, für den Erfolg notwendiges Know-how aus eigener Kraft zu entwickeln. Statt dessen müssen kritische Fähigkeiten auf den verschiedenen Wissensmärkten erworben werden. Das erfordert von Organisationen gezielte Beschaffungsstrategien. Es können mehrere Strategien unterschieden werden. Die Akquisition von Wissen anderer Firmen wird häufig eingesetzt, um zukünftig benötigte Kompetenzen schneller aufzubauen, als dies aus eigener Kraft möglich wäre.

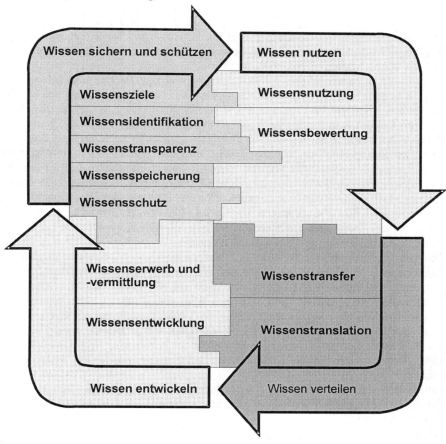

Abbildung 2-17 : Prozesse und Bausteine

Eine Möglichkeit liegt in diesem Zusammenhang in der Übernahme besonders innovativer Firmen im eigenen Kompetenzfeld oder dem Eingehen von Produktverbindungen zur gezielten Schließung von Know-how-Lücken. Auch der Erwerb von Stakeholderwissen ist häufig ein günstiger Weg, um an zentrale Ideen und Verbesserungsvorschläge zu gelangen. So können beispielsweise zum Erwerb des Wissens die eigene Kundschaft, oder Schlüsselkunden in den Entwicklungsprozeß involviert oder Kooperationen in Pilotprojekten eingegangen werden. Dies ermöglicht das frühzeitige Lernen und Berücksichtigen der Kundenbedürfnisse. Im Mittelpunkt der Wissensentwicklung steht die Produktion neuer Fähigkeiten, neuer Produkte, besserer Ideen und leistungsfähigerer Prozesse. Wissensentwicklung umfaßt dabei alle Managementanstrengungen, mit denen sich die Organisation bewußt um die Produktion bisher intern noch nicht bestehender, oder gar um die Kreation intern und extern noch nicht existierender Fähigkeiten bemüht. Wissensentwicklung kann dabei auf der individuellen und auf der kollektiven Ebene konzeptionalisiert werden. Prozesse der individuellen Wissensentwicklung beruhen auf Kreativität und systematischer Problemlösungsfähigkeit. Während Kreativität eher als einmaliger Schöpfungsakt zu sehen ist, folgt die Lösung von Problemen eher einem Prozeß, der durch mehrere Phasen beschrieben werden kann. Beide Elemente müssen durch Maßnahmen der Kontextsteuerung begleitet werden, welche das Individuum in seiner Wissensproduktion unterstützen. Hierzu sind Instrumente, wie beispielsweise das Vorschlagswesen, zu revitalisieren und neu zu interpretieren. Kollektive Prozesse der Wissensentwicklung folgen häufig einer anderen Logik als individuelle Prozesse. Nimmt man das Team als Keimzelle kollektiven Lernens in der Organisation, so muß auf die Schaffung komplementärer Fähigkeiten in solchen Teams und die Definition sinnvoller und realistischer Ziele geachtet werden. Nur in einer Atmosphäre von Offenheit und Vertrauen, die durch eine hinreichende Kommunikationsintensität unterstützt und erzeugt werden kann, sind kollektive Prozesse der Wissensentwicklung individuellen Bemühungen überlegen. Durch die Einrichtung interner "think tanks", Lernarenen, sowie den Aufbau interner Kompetenzzentren oder Produktkliniken, können diese Prozesse unterstützt werden.

Das Generieren von Wissen stellt eine Kernaufgabe des Wissensmanagements dar. Damit ist das Erzeugen von neuem Wissen aus verfügbaren Daten, Informationen und alten Wissensbeständen gemeint. Es kann zum einen aus der Kombination von internem und externem Wissen entstehen, als auch durch die Transformation von implizitem Wissen in explizit verfügbares Wissen. Der Kern der Praktiken beruht auf einer komplexen Integrationsleistung, bei der die teils heterogenen Wissensbasen miteinander kombiniert und damit gleichzeitig Bedingungen für die Entwicklung und Generierung neuen Wissens geschaffen werden.

Der Austausch von Wissen in Form einer gezielten Verteilung ist nur dann möglich, wenn man vorab genau weiß, was, wo und wann gebraucht wird. Die Verteilung von Erfahrungen in der Organisation ist eine zwingende Voraussetzung, um isoliert vorhandenes Wissen nutzbar zu machen. Die Problematik stellt sich zum einen in der Identifikation des jeweiligen Bedarfs, zum anderen sind die Mitarbeiter zu motivieren, ihr Wissen zu verteilen. Hierbei taucht das Problem auf, wie Mitarbeiter, die wissenswerte Informationen besitzen, identifiziert werden können. Es bedarf hierzu einer spezifischen Untersuchung, einer an die Wissensart angepaßten Verteilungsmethode. Technische Infrastrukturen der Wissensverteilung können den simultanen Wissensaustausch in der Organisation fördern und somit viele, bisher getrennte Experten in einem elektronischen Netzwerk miteinander verbinden. Relevante Technologien betreffen hier vor allem Groupware-Systeme, sowie moderne Formen interaktiver Management-informationssysteme. Wissensverteilung schlägt sich neben Effizienzvorteilen, durch besseres Zeit- und Qualitätsmanagement auch direkt in Kundennutzen nieder. Verteilte, organisationale Wissensbestände erlauben eine Nutzung des Wissens an zahlreichen Stellen der Organisation. Statt des Rückgriffs auf spezialisierte Stellen wird so eine effiziente und schnelle Reaktion ermöglicht. Während hierzu der Einsatz von Informations- und Kommunikations-technologien eine wichtige Voraussetzung darstellt, und mittlerweile eine flächendeckende Vernetzung der meisten Organisationen auf der Grundlage von Intranet-Anwendungen, Internet-Technologien, Groupware-Konzepten, etc. stattgefunden hat, dürfen die basalen Grundlagen der zwischenmenschlichen Kommunikation und sozialpsychologische Faktoren im Hinblick auf den Wissensaustausch nicht unterschätzt werden.

Die Wissensnutzung, also der produktive Einsatz organisationalen Wissens zum Nutzen der Organisation, ist ein weiteres Ziel des Wissensmanagements. Mit erfolgreicher Identifikation und Verteilung zentraler Wissensbestandteilen allein ist die Nutzung im Organisationsalltag nicht sichergestellt. Erst durch die konstruktive Anwendung von Wissen wird der Nutzen erzeugt. Die Nutzung fremden Wissens wird jedoch durch eine Reihe von Barrieren erschwert. Fähigkeiten oder Wissen fremder Wissensträger zu nutzen, ist für viele Menschen ein widernatürlicher Akt, den sie nach Möglichkeit zu vermeiden suchen. Die Beibehaltung bewährter Routinen bildet eine Art Sicherheitsmechanismus, der den Mitarbeiter vor Überfremdung schützt und seine Identität aufrechterhält. Dennoch müssen Organisationen sicherstellen, daß Wissen, welches mit großem Aufwand erstellt und als strategisch wichtig eingeschätzt wird, tatsächlich im Alltag genutzt wird und nicht dem generellen Beharrungsvermögen der Organisation zum Opfer fällt. Alle Bemühungen des Wissensmanagements sind vergebens, wenn der potentielle Nutzer nicht vom Nutzen der neuen Lösung überzeugt ist. Nutzen und Nutzung liegen damit nicht nur sprachlich eng beieinander.

Organisationen sind Systeme, in denen Wissen produziert, akquiriert, getestet und angewendet, sowie transformiert und transferiert wird. Insofern lassen sich die Organisationen aufgrund ihrer dezentralisierten Entscheidungs- und Handlungsstrukturen und ihrer Einbettung in gesellschaftliche Systeme, sowie aufgrund der Tatsache, daß eine Organisation über keinen, ihr gesamtes Wissen umfassenden Speicher im Sinne eines zentralen Gedächtnisses verfügt, durchaus als verteilte Wissenssysteme auffassen. Das Wissen der Organisation befindet sich im wesentlichen in Dokumente codiert, in Handbüchern verankert, in Datenbanken gespeichert etc., aber auch im Besitz der Individuen. Eine zentrale Aufgabe eines ganzheitlichen Wissensmanagements ist es also, dieses verteilte Wissen zu integrieren und nutzbar zu machen. Eine Organisation ist demnach eine Institution zur Integration von Wissen.

In der Phase der Nutzung wird das Wissen eingesetzt, es wird genutzt und in entsprechendes Verhalten umgesetzt. Es entscheidet sich, welche Verhaltenskonsequenzen aus den modifizierten Wissenssystemen folgen. Im Prinzip geht es darum, wie Wissen in Verhalten umgesetzt werden kann, und wie Einsichten und Erkenntnisse handlungswirksam werden können.

Die Wissenstranslation umfasst zum einen die Visualisierung von Wissen, sowie dessen Überführung in eine dem Empfängersystem verständlichen Sprache. Daneben gehört die Messung und Bewertung organisationalen Wissens mit zu den größten Schwierigkeiten, die das Wissensmanagement heute zu bewältigen hat. Ein entscheidender Durchbruch konnte in diesem Bereich leider bisher noch nicht erzielt werden. Wissensmanager können im Gegensatz zu Finanzmanagern nicht auf ein erprobtes Instrumentarium von Indikatoren und Meßverfahren zurückgreifen, sondern müssen neue Wege gehen. Wissen oder Fähigkeiten können selten auf eine Meßdimension zurückgeführt werden, und häufig ist der Meßaufwand unvertretbar hoch. Dies ist auch vielleicht ein Grund, weshalb die Wissensbewertung ein bisher stark vernachlässigtes Forschungsgebiet darstellt.

Einmal erworbene Fähigkeiten stehen nicht automatisch für die Zukunft zur Verfügung. Die gezielte Bewahrung von Erfahrungen oder Wissen, aber auch von Informationen und Dokumenten setzt Managementanstrengungen voraus. Um wertvolle Expertisen nicht leichtfertig preiszugeben, müssen die Prozesse der Selektion des Bewahrungswürdigen, die angemessene Speicherung beziehungsweise -repräsentation und die regelmäßige Aktualisierung bewußt gestaltet werden. In jeder größeren Organisation werden täglich viele Erfahrungen gewonnen, die für die Zukunft nützlich sein könnten und daher bewahrt werden sollten. Projektberichte, Sitzungsprotokolle, Briefe oder Präsentationen entstehen an vielen Orten. Die Herausforderung liegt in der Selektion zwischen den bewahrungswürdigen und nicht bewahrungswürdigen Wissensbestandteilen, wobei Organisationen nie alle Selektionsprozesse managen können, was auch gar nicht sinnvoll wäre.

Speicherungsprozesse finden auf der individuellen, der kollektiven und der elektronischen Ebene statt. Auf der individuellen Ebene können in speziellen Fällen Träger von Schlüssel-Know-how über materielle oder immaterielle Anreizsysteme an die Organisation gebunden werden. Auf der kollektiven Ebene kann man sich um die Explizierung von Fähigkeiten, welche im prozeduralen Gedächtnis der Organisation gespeichert sind, bemühen und ein Bewußtsein für den Inhalt des historischen Gedächtnisses der Organisation schaffen. Dies ermöglicht einen gezielten Zugriff auf diese Erfahrungen zu einem späteren Zeitpunkt. Die elektronische Bewahrung, in der immer häufiger Intranetze als intelligente Wächter des organisationalen Erfahrungsschatzes auftreten, ermöglicht den zukünftigen, systemischen Zugriff auf zentrale Wissensdokumente.

3 Organisationale Intelligenz

Die Organisation benötigt wertvolle Innovationen auf allen Ebenen und nicht nur für Produkte oder Dienstleistungen. Die Identifikation, Prüfung und Realisierung von Ideen muß effizient und sehr effektiv erfolgen. Die Voraussetzung dafür ist eine schnelle Interaktion einer Organisation mit ihrer Umwelt, um Daten und Informationen aufzunehmen, zu verarbeiten, um sich im Umgang mit Daten und Informationen neues Wissen anzueignen, neues Wissen zu schaffen sowie zu nutzen. Wissen dient dabei als Nährboden für die notwendigen Fähigkeiten, die eine Organisation benötigt, um ihr optimales Verhaltenrepertoire zu entwickeln. Die Zusammenhänge der Umwelt, in der sich die Organisationen bewegen, sind komplex und auch die Organisation selbst erscheint komplex. Komplexität verlangt wiederum nach einem systemischen Denken. Die Varietät, die Vielfalt der möglichen Zustände, ist neben der Dynamik der zweite Aspekt von Komplexität. Die Dynamik zu beeinflussen, ist außerordentlich schwierig. Eine Organisation kann mit Komplexität dadurch erfolgreich umgehen, daß sie ihre eigene Varietät im richtigen Ausmaße verstärkt oder die Varietät der Umwelt dämpft. Das Ziel einer Organisation sollte daher sein, die Vielfalt ihres eigenen Verhaltensrepertoires auszubauen und zu optimieren. Dadurch eignet sie sich die Fähigkeit an, sich an ihr Umfeld anpassen, dieses aktiv mitgestalten oder, sofern erforderlich, fluchtartig wechseln zu können. Die Schwierigkeit für eine Organisation besteht zunächst darin, so ein Verhaltensrepertoire zu entwickeln, das in Übereinstimmung mit der Dynamik in der Organisation mit der Dynamik in ihrer Umwelt steht. Erschwerend kommt hinzu, daß diese Umwelt sich derzeit von der Industrie- und Dienstleistungsgesellschaft zur Wissensgesellschaft umgestaltet. Dieser Umgestaltungsprozeß zeichnet sich vor allem aus durch Diskontinuität, Turbulenz und Informationsüberfluß. Neben ihrer Umwelt befinden sich die Organisationen selbst in einer Metamorphose. Ihre Organisationsformen, ihre Strategien und die Organisationskultur sind einem starken Wandel unterworfen.

3.1 Ansatz

Die Veränderungen des organisationalen Umfeldes haben gezeigt, daß sich Schwierigkeiten dann ergeben, wenn die eigene Dynamik angepaßt und das Verhaltensrepertoire optimal entwickelt werden soll. Erschwerend kommt hinzu, daß eine Anpassung alleine, auch eine dauernde, nicht immer ausreicht. Die Umwelt verändert sich nämlich in einigen Bereichen so schnell, daß Maßnahmen der Anpassung einfach zu spät kommen. Eine Organisation muß daher Einfluß auf ihr Umfeld nehmen und dieses aktiv mitgestalten. Dies setzt ein besonderes Verständnis der Umwelt voraus, und die Fähigkeit, dieses Verständnis in einen engen Zusammenhang mit der Umsetzung von proaktiven Maßnahmen und von Innovationen zu bringen. Der Ansatz der organisationalen Intelligenz muß hierzu einen wesentlichen Beitrag leisten. Den Anpassungs-, Lern- und Entwicklungsprozessen in einer Organisation sind immer Prozesse vorgelagert, die als organisationale Reflexion bezeichnet werden können. Sie vereinen verschiedene Perspektiven der Wahrnehmung, entwickeln ein gemeinsames Verständnis und etablieren einen Dialog konfliktärer Verhaltensnormen. Sie verhindern damit gedankenlose Veränderungen ohne Konzept oder gar einen wilden Aktionismus ohne Zielstellung. Organisationale Intelligenz setzt sich aus den folgenden Elementen zusammen:

- Wahrnehmung,
- Verstehen,
- Lernen,
- Problemlösung,
- Denken,
- Kommunikation,
- Werte,
- Verhalten,
- Wissen.

3.2 Elemente

Die Folgen eines harmonischen Zusammenspiels dieser Grundelemente in einer Organisation wären unter anderem ein freier Fluß von Gedanken und Ideen, ein Wachstum von Innovationen auf allen Ebenen, ein intensives Aneignen von Fähigkeiten und eine schnelle Umsetzung. Alles in allem ließe sich dadurch eine Organisation mit einem optimalen Verhaltensrepertoire gestalten. Wie dieses wirkungsvolle Zusammenspiel aussieht, beziehungsweise sich im einzelnen gestaltet und was es ermöglicht, ist derzeit noch nicht ausgiebig erforscht. Die Erkenntnisse der Psychologie, der Soziologie, der Anthropologie und der Biologie lassen allerdings erahnen, wie die Verbindungen der Grundelemente zu einer organisationalen Intelligenz aussehen könnten. Organisationale Intelligenz ist die Fähigkeit einer Organisation, ihr Umfeld zu erkennen, zu antizipieren, sich diesem anzupassen, es aktiv mitzugestalten oder zu wechseln.

3.2.1 Wahrnehmung

Die Erkenntnisse der Psychologie, der Soziologie, der Anthropologie, der Biologie und der Managementlehre führen zu einer Bestärkung der Annahme, daß die genannten Elemente in einem kombinatorischen Zusammenhang zueinander stehen. Wahrnehmung besteht in dem Aufnehmen von Informationen über Ereignisse, Objekte und über sich selbst. Die Menschen nehmen Informationen bewußt oder unbewußt durch Sinneswahrnehmungen oder durch strukturierte Gegenstandswahrnehmungen auf. Die Menge dessen, was wahrgenommen werden kann, die sogenannte Wahrnehmungskapazität, ist allerdings eher begrenzt. Dies gilt auch dann, wenn sich die Aufmerksamkeit auf Ausschnitte eines ganz bestimmten Wahrnehmungsfeldes konzentriert. Wenn diese Kapazitätsgrenze erreicht ist, beginnen Ungenauigkeit und Schätzung sich breit zu machen. Heterogene und komplexe Objekte oder Ereignisse benötigen eine größere Wahrnehmungskapazität als homogene und einfache. Sie werden aber als interessanter empfunden und erhalten daher eine höhere Aufmerksamkeit. Die menschliche Tendenz, komplexe Wahrnehmungen in Gruppen einzuordnen und zu organisieren, vereinfacht den Umgang mit Komplexität und steuert die Aufmerksamkeit. Die Aufmerksamkeit richtet sich dabei selten auf isolierte Ereignisse. Verantwortlich für die Organisation der Wahrnehmungen sind die kognitiven Muster. Kognitive Muster sind flexible Wahrnehmungsstrukturen, die durch Kenntnisse und Fähigkeiten entwickelt und modifiziert werden.

Ohne Wahrnehmung kann eine Organisation nicht der Notwendigkeit entsprechen, Kontakt mit der Umwelt zu halten und ihr Verhalten der Dynamik und der Varietät dieses Umfeldes anzupassen. Eine Organisation, die ihre Wahrnehmungsfähigkeiten bewußt nutzen will, muß dazu ausreichende Wahrnehmungskapazität bereitstellen. Die Frage nach der optimalen Wahrnehmungskapazität ist dabei schwer zu beantworten. Für eine Organisation können Ereignisse relevant sein, die in allen Dimensionen ihrer Umwelt vorkommen: in der ökonomischen, der technologischen, der soziokulturellen, in der rechtlichen oder in der ökologischen Dimension. Absatzmärkte, Beschaffungsmärkte, die Konkurrenz und die Kundenbeziehungen sind dabei nur Ausschnitte des notwendigen organisatorischen Wahrnehmungsfeldes. Eine Organisation nimmt dabei hauptsächlich über zwei Quellen Informationen auf. Die wichtigste Quelle sind die Manager und Mitarbeiter. Sie sammeln externe Informationen über persönliche Kontakte, durch Beobachtungen oder durch Lektüre und bringen diese in die Organisation ein. Die andere Quellen sind Informationssysteme mit ihren Berichten, Analysen, Studien und Datenbanken. Die Nutzung dieser beiden Quellen und die Intensität der Aufmerksamkeit sind abhängig von der Bedeutung, die eine Organisation der Wahrnehmung beimisst. Einzelne Organisationen unterhalten Spezialabteilungen, die dauernd Informationen über die Umwelt sammeln und regelmäßige Berichte oder Studien verfassen. Andere verlassen sich hingegen auf Routineberichte, die ihre Informationssysteme in regelmäßigen Abständen produzieren. Wieder andere nehmen Informationen eher beiläufig und zufällig auf, bevorzugen persönlichen Informationsaustausch und verfassen unregelmäßige Berichte mit dem Ziel, daraus dann gezielt weitere Informationsbedürfnisse abzuleiten. Entscheidend für die effektive Wahrnehmung ist der Wille einer Organisation, Wahrnehmungsfähigkeit zu entwickeln, Wahrnehmungskapazität bereitzustellen und die Aufmerksamkeit auf die Umwelt zu stimulieren.

3.2.2 Verstehen

Verstehen ist das Verarbeiten wahrgenommener Ereignisse, Objekte und Beziehungen, mit dem Ziel, deren Wesen (Sinn und Zweck) zu erkennen, damit konzeptionelle Vorstellungen neu entstehen oder revidiert werden können. Verstehen beginnt unmittelbar mit der Wahrnehmung und steht mit ihr in einer engen Wechselbeziehung. Je tiefer das Verständnis sein soll, desto intensiver müssen die Wahrnehmung und die Auseinandersetzung mit dem Wahrgenommenen sein. Um das Ganze und nicht nur seine Teile zu verstehen, müssen verschiedene Perspektiven eingenommen werden. Wißbegierde und Offenheit sind Voraussetzungen für eine solche perspektivistische Auseinandersetzung. Ein positiver Nebeneffekt entsteht bei dieser Vorgehensweise dadurch, daß der Wechsel der Perspektiven die Aufmerksamkeit aufrechterhält und zusätzliches Wissen einbezieht. Ob die Aufmerksamkeit gesteigert und das Verständnis vertieft wird oder nicht, ist abhängig von der Bedeutsamkeit, die den vorliegenden Informationen zugemessen wird. Die beigemessene Bedeutsamkeit wiederum ist abhängig von den Absichten, von den Einstellungen, Erwartungen und Emotionen. Alles Wahrgenommene wird bewußt oder unbewußt gewichtet und mehr oder weniger beachtet. Nur ein Bruchteil des Wahrgenommenen wird verarbeitet und fließt in die Urteilsbildung ein. Verstehen ist demnach ein selektiver Prozess. Das Vertrauen in bestehendes Wissen kann während dieses Prozesses dabei vergrößert oder verringert werden. Direkt betroffen sind: Meinungen, Urteile, Bewertungen, Annahmen, Erwartungen, Wertvorstellungen, Weltanschauungen und Selbstverständnis. Indirekt betroffen sind Motivationen, Einstellungen, Interessen und Emotionen.

Das Verstehen der Umwelt und die Beziehung zu ihr, ist für eine Organisation von überlebensnotwendiger Bedeutung. Eine Organisation, die zum Beispiel die Bedürfnisse und die Probleme ihrer Kunden nicht versteht, hat vermutlich bald keine Kunden mehr. Gerade in turbulenten Zeiten ist es das antizipierende und gestaltende Verstehen, das eine Organisation so erfolgreich macht. Im Gegensatz zur Wahrnehmung besitzt das Verstehen einer Organisation nur zwei Quellen, derer sie sich bedienen kann. Es sind dies das Management und die Mitarbeiter. Das Management schafft kognitive Muster und gemeinsame mentale Modelle. So können organisationale, kognitive Muster entstehen, die von den einzelnen Individuen unabhängig sind. Diese Muster bleiben bestehen, auch wenn Individuen kommen oder gehen. Das individuelle Verstehen des Managers spielt zwar eine wichtige Rolle, organisationales Verstehen entsteht aber erst durch gemeinsames Verstehen des Managementteams und durch Konvergenz unter den Mitgliedern des Managements. Die Prozesse des gemeinsamen Verstehens benötigen einen gewissen Umfang an Managementkapazitäten, damit implizites Wissen explizit gemacht, und das bestehende Vorverständnis in Frage gestellt werden kann. So eröffnet sich einer Organisation die Möglichkeit, schnell genug zu erkennen, ob die kognitiven Muster noch effektiv und die mentalen Modelle noch zweckmäßig sind, obwohl sich die Umwelt bereits verändert hat.

Die Voraussetzungen für ein umfassendes Verstehen der Umweltbeziehungen einer Organisation sind

- ein klares Selbstverständnis,
- Managementteams mit dem Willen und der Fähigkeit, Vorverständnisse zu überprüfen,
- der Bereitschaft, Ereignissen und Objekten Bedeutung aus mehreren Perspektiven (z.B. die der Kunden und die der Mitarbeiter) beizumessen,

- dem Interesse an einer möglichst breiten, zukunftsgerichteten Wissensbasis.

3.2.3 Lernen

Lernen besteht in der Erweiterung von Fähigkeiten. Lernen geschieht in einem bestimmten Umfeld durch Handeln und durch Beobachtung (Verstehen und Einsicht) oder durch ein "mentales Probehandeln" beziehungsweise durch die Kombination dieser Varianten. Lernprozesse gehen von bestehenden oder möglichen Problemen aus und haben Problemlösungen zum Ziel. Sie nutzen bestehendes Wissen und wenden es in einem bestimmten Kontext an. Möglicherweise restrukturieren sie es, oder lösen die Revision des Wissens oder neue Wissensentwicklungsprozesse aus. Manager und Mitarbeiter lernen besonders, wenn sie nicht nur ihr Tagesgeschäft in ihrem Aktionsfeld mit Routine bewältigen, sondern auch Aufgaben außerhalb ihrer Routinetätigkeiten wahrnehmen. Wenn sie dies tun, lernen sie neue praktische Vorgänge kennen, und beginnen, die Zusammenhänge der Aufgabe mit der unmittelbaren Reaktion des Umfelds besser zu verstehen. Sie sind dann meistens auch in der Lage, aus den Reaktionen des Umfeldes adäquate Maßnahmen abzuleiten. Es handelt sich dabei um individuelles Single-Loop-Lernen oder operatives Lernen. Gelingt es einem Manager hingegen nicht, die Zusammenhänge seiner Handlungen mit der Reaktion des Umfeldes zu verstehen, liegt dies wahrscheinlich an seinem mentalen Modell dieser Zusammenhänge, das unzweckmäßig geworden ist. Sobald er dies erkennt, lernt er, indem er versucht, sein mentales Modell zu entwickeln, seinen konzeptionellen Rahmen zu erweitern und die Routinen oder Vorgehensweisen anzupassen. Letzteres bezeichnet man als individuelles Double-Loop-Lernen oder als Konzeptlernen. Wenn ein Manager oft gezwungen ist, Aufgaben außerhalb seines Aktionsfeldes zu übernehmen, kann dies ein Anlaß für die Organisation sein, zu lernen. Gelingt es dem Manager überzeugend darzustellen, daß sein Aktionsfeld angepasst und die Kooperationsmöglichkeiten innerhalb der Organisation erweitert werden müssen, folgen veränderte organisationale Handlungen. Diese führen zu Umweltreaktionen. Die Organisation hat sein Verhalten geändert. Organisationales Single-Loop-Lernen hat damit stattgefunden. Für organisationales Double-Loop-Lernen genügt es nicht, wenn alle Individuen ihre mentalen Modelle anpassen. Ausschlaggebend ist vielmehr, daß sie über eine gemeinsame Identität, eine gemeinsame Weltanschauung verfügen und dazu übergehen, die organisationalen Routinen und Vorgehensweisen anzupassen. Damit schaffen sie veränderte gemeinsame mentale Modelle. Aber auch das genügt nicht. Eine Organisation muß vielmehr geeignete effektive Strukturen schaffen, in denen sich die gemeinsamen mentalen Modelle durch koordinierte Handlungen entfalten können. Erst dann und nur dann hat die Organisation gelernt. Effektive Lernprozesse entstehen in Organisation, die

- ihre Fähigkeiten (ihre Varietät für Problemstellungen) so erweitern, ohne daß eine dringende Notwendigkeit besteht,
- konzeptionelles Lernen gleichrangig mit operativem Lernen betrachten,

- Lernmöglichkeiten bewußt schaffen.

3.2.4 Problemlösungen

Problemlösungen beseitigen Problemstellungen und bestehen aus Konzepten, Routinen und/oder Vorgehensweisen, die ein Instrumentalisieren vorläufigen Wissens darstellen. Wandel birgt dauernd neue Problemstellungen in sich und trägt dazu bei, daß auch bestehende Problemlösungen wieder zu Problemen werden können. Für eine Organisation besteht die Herausforderung nun darin, immer wieder neue Problemlösungen zu finden, obwohl die bestehenden Problemlösungen das instrumentalisierte Wissen noch bestätigen. Bestehende Vorgehensweisen, Routinen oder Konzepte sind dauernd gegenüber neuem Wissen in Frage zu stellen und weiterzuentwickeln. Eine Organisation, die akzeptiert, daß Wissen vorläufig ist, erliegt nicht der Versuchung des Erfolges, in der kontinuierlichen und permanenten Verbesserung eine Pause einzulegen. Eine effektive Problemlösungsfähigkeit entwickeln Organisationen, denen es gelingt:

- den Problemkontext und die Problemsituation umfassend zu bestimmen und die Problemstellung richtig zu klassifizieren,
- Vorgehensweisen, Routinen und Konzepte dauernd in Frage zu stellen,
- immer neuestes Wissen in Problemlösungen einzubeziehen.

3.2.5 Denken

Denken läßt sich als ein Frage- und Antwortspiel auffassen, das von bestehendem Wissen ausgeht und von unbewußten Regeln kontrolliert wird. Denken kann man sich als einen inneren Dialog aus Gefühlen, Intuitionen und Gedanken vorstellen, dessen Stärke der Folgerungsprozeß ist. Dieser innere Dialog geht von Wahrnehmungen aus und kann viele verschiedene Qualitäten aufweisen. Er kann beispielsweise analytisch, logisch, vertikal und rational, ganzheitlich, vernetzt, lateral und kreiskausal, pragmatisch, synthetisch, intuitiv und kreativ sein. Ausgehend von einzelnen Wahrnehmungen, Intuitionen oder Absichten versucht das Denken, Unsicherheit, Ungewissheit und Unwissen zu beseitigen oder zu erklären. Es sucht nach Antworten und auch nach weiteren Fragen. Dabei restrukturiert und organisiert das Denken bestehendes Wissen, stellt es in Frage und gestaltet damit neues Wissen.

Die Kapazität des Denkens wurde in vielen Organisationen durch die Bewegung des Downsizing stark eingeschränkt. Oft bezieht sich konzeptionelles und kreatives Denken nur auf Forschungs- und Entwicklungsprozesse oder auf ganz bestimmte Projekte und selten auf die Gestaltung der ganzen Organisation. Gleichzeitig aber besteht die Forderung nach organisationalem Denken, nach strategischem Denken, nach Innovation und kontinuierlicher Verbesserung auf jeder Stufe. Die Qualität des Denkens in der Organisationsführung sollte analytisch, synthetisch, pragmatisch, interdisziplinär und systemisch sein. Szenarien, Konzepte oder Strategien, wie auch Produktideen basieren auf Denkprozessen. Mentales Probehandeln ist die effizienteste Experimentierform. Oft fehlt jedoch die notwendige Zeit, die eine umfassende Denkarbeit erlauben würde. Die Voraussetzung für kreatives Denken schafft eine Organisation, indem sie

- Freiraum und Kapazität für das Denken schafft,
- Intuition, Emotionen und ungewöhnliche Ideen zulässt,
- immer neue Denkprozesse anregt.

3.2.6 Kommunikation

Kommunikation ist Informationsübertragung, Einflußnahme und Beziehungsgestaltung in einem. Menschliche Kommunikation ist ein kompliziertes Wechselspiel zwischen der Sprache, dem Ton der Stimme, der Körpersprache, Verhaltensmustern, Bildern und Musik. Über ein bestimmtes Verhalten kommuniziert man externe Signale. Die Wahrnehmung und die Interpretation dieser Signale schaffen innere emotionale Signale, die wieder zu Kommunikation und zu einem bestimmten Verhalten führen. Kommunikation vermittelt nicht nur Inhalt, sondern immer auch Gefühlszustände, Persönlichkeit und eine bestimmte Einstellung. Kommunikation basiert dabei ebenfalls auf Wahrnehmung und Verstehen, auf Annahmen und Vorwissen innerhalb des Kontextes, in dem sie vorkommt. Die Auslösung von Kommunikation kann bewußt durch bestimmte Gedanken oder unbewußt geschehen. Unbewußte Prozesse lösen spontane Kommunikation aus. Kommunikation kann durch die lokale Umgebung nicht kontrolliert werden. Sie ist ein Mittel zum Ausbruch in neue Vorstellungen und Hypothesen und verbindet das kreative Denken verschiedener Individuen, wenn die Rahmenbedingungen stimmen. Kommunikation besitzt dabei eine umfassende Wirkung bei der Übertragung von Information. Sie kann Auslöser sein für die Veränderung relevanter Meinungen, von Interessen, Einstellungen, Aufgabenstellungen, Zielen, Lernprozessen, allgemeiner Werthaltungen und Verhaltensregeln. Kommunikation beeinflußt in diesem Sinne das ganze Wissenssystem und betrifft damit die mentalen Modelle, die Art der Wahrnehmung, das Verstehen und schließlich das Verhalten. Sie verändert den sozialen Kontext, die Beziehungen unter den Kommunizierenden. Die Kommunikation mit der Umwelt einer Organisation, beispielsweise mit Kunden, Kapitalgebern, Lieferanten und der Öffentlichkeit, ist von ebenso großer Bedeutung wie die Kommunikation innerhalb der Organisation zwischen Management und Mitarbeitern. Für eine Organisation ist effektive Kommunikation eine der wichtigsten Voraussetzungen für Lebensfähigkeit und Entwicklung. So verbindet Kommunikation die Organisation mit ihrer Umwelt, vermittelt die Politik der Organisation, schafft Transparenz, entwickelt Strategien, verbindet die einzelnen Einheiten der Organisation und beschafft die Informationen für deren Regelung und Steuerung (vgl. Frese 1998, S. 283). Ohne Kommunikation gäbe es unter den verschiedenen Einheiten keine Koordination. Die Kreativität und Innovationskraft einer Organisation sind in einem sehr hohen Maße abhängig von einer effektiven Kommunikation. Das zeigt sich besonders in Prozessen des Wissensmanagements oder in Lern- und Problemlösungsprozessen. Kommunikation ist einerseits effektiv, wenn sie in geschlossenen Kreisläufen vorkommt und andererseits, wenn sie unterschiedliche Perspektiven verbinden kann. In einer Organisation entsteht wirkungsvolle Kommunikation, wenn sie

- ihre Kommunikationsfähigkeiten dauernd entwickelt,
- offene Foren und Kapazitäten für interpersonelle Kommunikation schafft, um die Ergebnisse verschiedenster Denkprozesse zu integrieren,
- Kommunikation als Such- und Gestaltungsprozess von Wissen betrachtet.

3.2.7 Werte

Werte verkörpern gewünschte Idealvorstellungen, die Sinn vermitteln, die Einstellungen gegenüber dem Selbst sowie der Umwelt bestimmen, die Absichten und das Verhalten beeinflussen. Menschliche Wertvorstellungen beziehen sich auf das menschliche Verhalten als Individuum und auf das Verhalten in zwischenmenschlichen Beziehungen. Solche Werte sind beispielsweise Offenheit, Vertrauen, Ehrlichkeit, Loyalität, Freundschaft, Familie, Fortschritt und gesunde Umwelt. Werte geben Sinn, schaffen Identifikation und besitzen eine kulturelle Integrationskraft. Sie bilden eine Grundlage der gemeinsamen Wahrnehmung und Willensbildung. Sie koordinieren das Verhalten von Individuen und entwickeln kollektives Verhalten. Sie bestimmen die Einstellung und beeinflussen die Erwartungen. Indem sie bestimmen, was wertvoll ist, werden Werte zu Maßstäben für die Bewertung von Verhalten und ziehen Werturteile nach sich. Werte entstehen dabei innerhalb eines bestimmten, soziokulturellen Kontextes. Sie werden entweder unreflektiert durch kulturelle Übertragung erworben oder durch Einsicht in ihre Sinnhaftigkeit übernommen. Wenn aus Werten kulturelle Verhaltensregeln, Normen hervorgehen, geschieht dies unter Einfluß tief verankerter Annahmen und des vorherrschenden Weltbildes. Verhaltensregeln entstehen, wenn authentische Werte vorgelebt und kulturell getragen werden. Intrakulturelle oder interkulturelle Normenkonflikte können entstehen, wenn sich in einer bestimmten Situation unterschiedliche Verhaltensregeln gegenüberstehen. Für evolutionäre Vorgänge stellen Werte eine kritische Qualität dar, weil sie selbstreferentiell sind. Sie beeinflußen gleichzeitig die Entwicklung der Kultur, aus der sie hervorgehen Die Werte, die in einer Organisation gelebt werden, bilden den prägenden Kern der Entwicklung einer Organisation. Nachhaltig erfolgreiche Organisationen unterscheiden sich von durchschnittlichen Organisationen vor allem durch die gemeinsamen Werte der Mitarbeiter und des Managements. Die Erkenntnis, daß der Werte-Pool die größte Hebelwirkung auf den langfristigen Erfolg ausübt, hat sich bis heute verstärkt bestätigt. Dabei kristallisieren sich drei bis sechs konstante Werte einer Organisation heraus, die gemeinsam den stabilen, normativen Kern einer Organisation bilden. Die Einhaltung dieses normativen Kerns wird ohne Rechtfertigung kompromißlos verfolgt. Entscheidend ist nicht der Inhalt der Werte, sondern ihre Authentizität. Neben dem normativen Kern bestehen grundlegende Werte wie Offenheit oder Vertrauen und opportunistische Werte. Opportunistische Werte können strategisch sinnvoll und müssen nicht immer mit dem normativen Kern kompatibel sein.

Sobald das Umfeld der Organisation sie nicht mehr honoriert, verschwinden sie. Qualität kann zum Beispiel ein solcher opportunistischer Wert sein. Geprägt wird der normative Kern durch das Top-Management, transparent wird er durch das Verhalten des Managements. Verbreitet und vermittelt wird er bewußt und unbewusst durch Vorleben und Kommunikation, durch seine Ausprägung in den Managementsystemen. Repräsentiert wird er im Verhalten der Organisation. Die Voraussetzung für eine nachhaltige Entwicklung schafft eine Organisation dadurch, daß ihr Management

- die authentischen Werte explizit macht,
- diese Werte vorlebt,
- in Systemen und Strukturen die Organisation erlebbar macht.

3.2.8 Verhalten

Verhalten besteht aus zusammenhängenden Handlungen, die auf bestimmten Fähigkeiten basieren und in einem bestimmten sozialen, physischen, geographischen und zeitlichen Milieu stattfinden. Verhalten kann von einzelnen Personen, Gruppen, Organisationen oder von Gesellschaften ausgehen. Eine Organisation besteht aus zahlreichen Verhaltenskonstellationen, die in Verbindung mit einem konstruierten Milieu (Gebäude, Räume, Arbeitsinstrumente, Kapital und Liquidität, Arbeits- und Öffnungszeiten) stehen. Die Ausprägungen der Verhaltenskonstellationen bestimmen den Umgang mit den verschiedenen Anspruchsgruppen der Organisation und auch die Koordination unter den verschiedenen Verhaltenskonstellationen. Das Ziel einer Organisation muß es also sein, Verhaltenskonstellationen so zu bilden, daß dauernd zweckmäßiges, also effektives und effizientes Verhalten entsteht. Dabei spielen nicht nur die Struktur der Organisation und die Organisationskultur, die Werte, die Fähigkeiten und das relevante soziale Umfeld eine Rolle, sondern auch die Architektur und die Innenarchitektur der Organisation. Um optimale zweckmäßige Verhaltensmuster zu entwickeln, muß eine Organisation:

- ihren Zweck und ihre Absichten transparent machen,
- die Grenzen und Bedingungen, welche die Milieus der verschiedenen Verhaltenskonstellationen setzen, thematisieren und verändern, sowie
- das Selbstbewußtsein des Managements und der Mitarbeiter stärken, um alle zweckmäßigen Fähigkeiten zu nutzen und vorzuleben.

3.2.9 Wissen

Wissen ist eine gerechtfertigte, wahre Überzeugung, eine Vorstellung von höchstwahrscheinlicher Gültigkeit. Es ist die Grundlage allen Verstehens und Lernens, ein Reservoir, aus dem Denken und Handeln erst hervorgehen. Explizites Wissen kann durch Worte und Ziffern beschrieben und direkt erworben oder vermittelt werden. Implizites Wissen kann nicht durch Sprache vollständig ausgedrückt werden, sondern ist verankert im mentalen Modell. Es kann nur über andere Kommunikationsformen vermittelt oder in explizites Wissen verwandelt werden (vgl. Grant 1996, S. 111). Konzeptionelles Wissen ist das Wissen um Zusammenhänge, das Wissen, warum etwas ist und warum etwas geschieht. Operatives Wissen beschreibt, was wie zu tun ist, damit geschieht, was geschehen soll. Zwischen dem impliziten Wissen und dem operativen Wissen besteht ein enger Zusammenhang, der sich in Routinetätigkeiten äußert, die unbewußt ausgeführt werden können. Beide Wissensarten sind Erfahrungswissen. Explizites und konzeptionelles Wissen ist Vernunftwissen, das objektiver und weniger rigide ist. Wissen ist keine Substanz, sondern eine dynamische Entität, die immer von bestehendem Wissen ausgeht, um neues Wissen zu schaffen. Entdeckungen werden gemacht, indem man Möglichkeiten nachgeht, die vom vorliegenden Wissen eröffnet werden. Entdeckungen setzen einen Verzicht auf Dogmen und Konformismus voraus. Die Bereitschaft, bestehendes Wissen zu verwerfen, Unsicherheit als Motivation anzunehmen und der Wille, neues Wissen selbst zu schaffen, sind hierfür eine Notwendigkeit. Solche Bereitschaft stellt hohe Ansprüche, denn neues Wissen kann zu schmerzhaften Lernprozessen führen, bis es neue Problemlösungen und optimale Verhaltensmuster hervorbringt. Wissen stellt aus informationstheoretischer Pespektive verarbeitete Daten und Informationen dar und ermöglicht seinem Träger, bestimmte, kontextbezogene Handlungsvermögen aufzubauen, um damit definierte Ziele zu erreichen. Wissen ist mithin maßgeblich das Ergebnis der intelligenten Verarbeitung von Daten und Informationen. Ein bedeutender Unterschied zwischen Daten und Informationen einerseits, sowie Wissen anderseits, liegt darin, daß erstere in der Regel expliziter Natur sind. So können Daten und Informationen sowohl in schriftlicher Form als auf elektronischen Medien erfaßt, verwaltet, gespeichert und der weiteren Nutzung zugänglich gemacht werden. Im Gegensatz dazu ist Wissen häufig von implizitem Charakter, das heißt, schwer artikulierbar und mitteilbar. Es baut auf individuellen, historisch bedingten Erfahrungen und schwer greifbaren Faktoren wie dem persönlichen Wertesystem oder Gefühlen auf. Oftmals schlummert dieses implizite Wissen in Form von Analogien und Metaphern, sozusagen als verborgener Schatz im Inneren der Mitarbeiter. Die primären Generatoren und Träger von Wissen sind, zumindest im Fall von implizitem Wissen, Personen. Berücksichtigt man die Tatsache, daß die Lern- und Speicherkapazität von Individuen relativ eng begrenzt scheint, so ist für die Wissensgenerierung eine gewisse Spezialisierung erforderlich. Das impliziert, daß eine Vertiefung des Wissens in einem bestimmten Gebiet in der Regel auf Kosten der Breite der Wissensbasis erfolgt. Die verschiedenen Kategorien von Wissen unterscheiden sich in bezug auf die Transferierbarkeit. Ein wesentlicher Unterschied besteht dabei besonders zwischen explizitem, also artikuliertem und somit leichter transferierbaren Wissen und implizitem, nur in der Anwendung zugänglichem, personengebundenem Wissen. Aus diesem Grund stellt das Wissensmanagement auch ganz andere Herausforderungen an Führungskräfte als es das pure Management von Daten und Informationen tut. So können gerade Daten und Informationen mit einer adäquaten technischen Infrastruktur verhältnismäßig einfach, kostengünstig und effizient aktualisiert, übermittelt, verarbeitet, gespeichert und genutzt werden. Dagegen greift dieser technisch-instrumentelle Ansatz zu kurz, wenn es darum geht, Wissen zu generieren, zu verteilen und zu nutzen. Die Träger des Wissens lassen sich nämlich nicht einfach in Regelkreise und Netzwerke einspannen, die per Knopfdruck oder per Dekret neues Wissen produzieren, verteilen und zielgerichtet anwenden. Vielmehr sind diese Wissensträger Teil einer gewachsenen Organisationskultur, in der sie individuellen und kollektiven Wertvorstellungen, Orientierungsmustern, Denkshemata und eben auch persönlichen Empfindungen unterliegen. Wissensmanagement muß daher auch soziale Interaktionsmechanismen berücksichtigen, die das kreative Wissenspotential der Mitarbeiter beeinflussen. Ein weiterer Unterschied zwischen Daten, Informationen und Wissen besteht darin, daß Wissen in seiner impliziten Form die Organisation nach Feierabend verläßt oder gar mit dem Ende des Arbeitsvertrages unter Umständen unwiederbringlich verloren geht. Aus dieser, wenn nicht sogar größten Gefahr für den Erhalt von Wettbewerbsfähigkeit, resultiert auch der unmittelbarste Nutzen eines funktionierenden Wissensmanagements. Funktional gestaltet, befähigt ein solches System, implizites Wissen einzelner Träger in explizites, zweckorientiertes und kontextbezogenes, eben in organisationales Wissen umzuwandeln.

Greift man auf die oben getroffene Unterscheidung zwischen implizitem und explizitem Wissen zurück, dann lassen sich insgesamt vier Modi der Wissensgenerierung zwischen diesen beiden Wissensklassen einerseits, und zwischen personalem und organisationalem Wissen andererseits ausmachen. Als Sozialisation wird der Erwerb des implizierten Wissens eines Experten durch den Novizen bezeichnet, wobei als Rahmen dieses Erwerbsprozesses eine gemeinsame Handlungspraxis dient. Der Novize beobachtet, ahmt nach und übt unter der Aufsicht des Experten. Die Konzentration bei der Sozialisation liegt eindeutig auf der Beobachtung, Nachahmung und Übung und weniger auf expliziten Erklärungen. Letztere spielen hingegen bei der Externalisierung eine große Rolle, indem hier diese Erklärungen, dieses Reden oder Schreiben über das vermittelte Wissen als basale Voraussetzung gewährleistet sein muß. Als Internalisierung wird die individuelle Aneignung von neuem Wissen als implizites, operationales Wissen bezeichnet, wobei hier explizites Wissen routinisiert und verinnerlicht wird. Eine Organisation kann nur dann Wissen generieren, wenn die Übergänge zwischen explizitem und implizitem Wissen in routinisierte, organisationale Prozesse gefaßt werden können. Diese Prozesse werden dann gewährleisten, daß individuelles Wissen artikuliert und damit der Organisation zugänglich wird. Erst wenn diese Voraussetzungen geschaffen sind, wird die Organisation als soziales System lernen, Wissen generieren, speichern und anwenden können. Als Container dieses organisationalen Wissens dienen die personen-unabhängigen, anonymisierten Regelsysteme, welche die Operations- und Funktionsweisen eines sozialen Systems definieren. Konkret kommen für diese Funktion in Frage: Standardverfahren, Leitlinien, Kodifizierungen, Arbeitsablaufbeschreibungen, Rezepte, Routinen, Traditionen, spezialisierte Datenbanken, kodiertes Produktwissen, dokumentiertes Projektwissen und kulturelle Merkmale.

Eine wissensbasierte Organisation muß das gesamte Wissen im Zugriff haben. Es umfaßt das Wissen der Vision, der Werte und der Geschäftsstrategie, das Produkt-, Lösungs-, Dienstleistungswissen, der Lizenzen, Patente, das Prozesswissen, das aufbauorganisatorische Wissen sowie das Wissen in der Infrastruktur und den Systemen. Wissen ist zur wichtigsten Ressource und Wissensmanagement zum wichtigsten Bestreben einer Organisation und einer Gesellschaft geworden. Unter bestimmten Voraussetzungen kann Wissen den nachhaltigsten Wettbewerbsfaktor einer Organisation bilden. Besonders wichtige Arten des Wissens sind für eine Organisation neben dem vorauszusetzenden fachspezifischen Wissen, Managementwissen, soziokulturelles Wissen, Wissen über die Märkte und den Wettbewerb, Kundenbeziehungswissen sowie technologisches Wissen. Die Möglichkeiten seines Wissens nutzt eine Organisation, wenn sie

- sich der Tendenz des Erfahrungswissens zur Rigidität bewußt ist,
- die Managementqualität nach der Flexibilität der mentalen Modelle beurteilt,
- den Inhalt sowie die Struktur des vorhandenen Wissens entwickelt, indem sie Gelegenheiten schafft, implizites mit explizitem Wissen zu verbinden.

Die Elemente der organisationalen Intelligenz stehen in einem engen Zusammenhang zueinander, indem sie ein selbstorganisierendes Netzwerk bilden. Alle Elemente dieses Netzwerkes beeinflussen sich gegenseitig und gleichzeitig. Die wichtigsten aus dem Zusammenhang hervorgehenden und die Wirkungen des Netzwerkes beeinflussenden Aspekte sind die Einstellungen, Absichten und Erwartungen. Sie üben beispielsweise einen direkten Einfluß auf die Aufmerksamkeit einer Organisation aus. Die Bedürfnisse, die Motivation, die Emotionen, die Interessen und die Erfahrungen der Mitglieder einer Organisation prägen deren Einstellungen und Erwartungen. Eine tiefergehende Auseinandersetzung mit dem Netzwerk und die Suche nach einer handhabbaren Netzwerkstruktur für das Management einer Organisation decken nun auf, daß es sinnvoll ist, von vier Zyklen innerhalb dieses Zusammenhanges zu sprechen. Gemeinsam mit Wissen bilden je Wahrnehmung und Verstehen, Lernen und Problemlösung, Denken und Kommunikation Werte und Verhalten die Fähigkeiten Kognition, Adaption, Innovation und Realisation.

3.3 Fähigkeiten

Diese vier Zyklen beschreiben die grundlegenden Fähigkeiten, welche gemeinsam den Zusammenhang organisationaler Intelligenz ausmachen und der Entwicklung von Kernkompetenzen zugrunde liegen.

3.3.1 Kognition

Kognition ist die Fähigkeit, sich selbst, sein relevantes Umfeld, sowie seine Umwelt zu erkennen, zu antizipieren, zu reflektieren und das daraus bestehende Wissen zu erweitern oder zu revidieren. Der innere Kognitionszyklus stellt die enge Beziehung zwischen dem Verstehen und der Wahrnehmung im Sinne des hermeneutischen Zirkels dar. Das Vorverständnis, die Annahmen über den Gegenstand der Wahrnehmung, ist ein Ausschnitt des bestehenden Wissens über die Umwelt und bestimmt die erste Perspektive. Die weitere Wahrnehmung bestätigt oder verwirft dieses Verständnis. Der äußere Kognitionszyklus bezieht das bestehende implizite und explizite Wissen einer Organisation über die Umwelt mit ein. Dieses Wissen bereichert das Verständnis, schafft neue

Perspektiven, intensiviert die Wahrnehmung und macht sich damit selbst zum Objekt der Revision und Erweiterung.

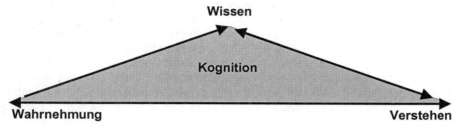

Abbildung 3-1 : Kognitionszyklus

Der Zweck des Kognitionszyklus einer Organisation besteht darin, ihr Verständnis und ihr Wissen über sich selbst, die Umwelt und das Umfeld, in dem es agiert, zu kontrollieren, zu revidieren und aktiv zu gestalten, damit es seine erforderliche Varietät erkennen und antizipieren kann. Der Kognitionszyklus schafft damit neues Wissen. Um effektive Verhaltensmuster zu entwickeln, sind Organisationen darauf angewiesen, ihre Märkte, die Trends und langfristige Entwicklungen zu kennen. Dazu sammeln sie Daten, Informationen und persönliche Erfahrungen, die sie in einem bestimmten Zusammenhang interpretieren. Dabei erkennen sie bestehende oder mögliche Chancen und Probleme. Sie antizipieren ihr Umfeld und erkennen, ob ihre Varietät der erforderlichen Varietät entspricht und wo Möglichkeiten bestehen, die Varietät den Konkurrenten gegenüber zu erhöhen. Die Annahmen des Managements über ihre Umwelt sind dabei abhängig von den Erfahrungen des Managements. Eine Organisation, die annimmt, daß ihre Umwelt konkret, meßbar und determiniert ist, versucht, die korrekte Interpretation ihrer Umwelt zu finden. Eine Organisation hingegen, die annimmt, daß ihre Umwelt nicht analysierbar ist, versucht, Interpretationen zu konstruieren oder zu erzwingen und ihre Umwelt auf diese Weise zu gestalten. Je bedrohlicher die Umwelt in einer Organisation empfunden wird, oder je abhängiger die Organisation sich von der Umwelt glaubt, desto intensiver und aktiver dringt die Organisation in ihre Umwelt ein. Die Intensität der Motivation scheint ebenfalls eine Rolle zu spielen, denn junge Organisationen befinden sich generell stärker im Dialog mit ihrer Umwelt als alte, etablierte und große Organisationen. Eine weitere wichtige Einflußgröße stellt die Annahme über den eigenen, bereits bestehenden Kenntnisstand dar. Der Zyklus des Verstehens und die Intensität des Wechselspiels mit der Wahrnehmung variieren je nach Mehrdeutigkeit der Informationen über die Umwelt einer Organisation und damit mit der Anzahl möglicher Interpretationen. Je größer die Vielfalt an möglichen Interpretationen ist, desto weniger Regeln sollte es für die Interaktion mit der Umwelt geben. Je größer die Vielfalt, desto mehr Managementkapazität wird benötigt, um dem hermeneutischen Zirkel zu folgen und das bestehende Wissen zu revidieren oder zu erweitern. Die Fähigkeit der Kognition braucht das Zusammenwirken einer entdeckenden Interpretation mit einem verordneten Experimentieren. Die gleichzeitige Pflege der beiden aktiven Interpretationsarten erlaubt es einer Organisation, analysierbare sowie nicht analysierbare Elemente systematisch einzubeziehen. Eine intensive Auseinandersetzung der Organisation mit ihren Umweltbeziehungen durch beide Interpretationsarten hält die Aufmerksamkeit aufrecht, kontrolliert das bestehende Verständnis und entwickelt die kognitiven Muster. Dadurch, daß sowohl Management und Mitarbeiter als auch die Möglichkeiten der Informationssysteme als Quellen der Wahrnehmung genutzt werden, bleiben die Absichten der Organisation bewußt, und potentielle Information werden von einer gestaltenden Kognition genutzt. Damit entwickelt sie ein breites Wissen, das in alle Zyklen einfließt und die Vielfalt der Perspektiven und Aspekte erst möglich macht, welche die folgenden Zyklen benötigen, um ihre Effektivität zu steigern.

3.3.2 Adaption

Adaption ist die Fähigkeit, auf Probleme flexibel zu reagieren, das bestehende Wissen anzuwenden und sich seiner Umwelt anzupassen. Der innere Adaptionszyklus stellt ausgehend von Problemstellungen die enge Beziehung zwischen dem Lernen und dem Finden von Problemlösungen dar. Diese Wechselbeziehung beschreibt ein operatives Lernen (Single-Loop-Lernen). Es handelt sich um eine Suche nach effizienteren Vorgehensweisen, die durch bestehende Konzepte begrenzt ist. Beispiele sind das Lernen durch Versuch und Irrtum und das Lernen durch Instruktion. Dieses Lernen geht von bestehenden Erfahrungen aus, die bereits in einem engen Zusammenhang mit vorangehenden Problemlösungen stehen. Der äußere Adaptionszyklus nutzt hingegen alles Wissen in der Organisation, welches für das Stimulieren und den Gehalt der Lernprozesse sinnvoll erscheint. Der Einbezug neuen Wissens erhellt den Problemzusammenhang und erlaubt das Eingehen auf antizipierte Problemstellungen. Neues Wissen deckt unweigerlich die Grenzen der bestehenden Konzepte und Vorgehensweisen auf, stellt leidenschaftslos Routinen in Frage und ermöglicht so ein konzeptionelles Lernen (Double-Loop-Lernen). Es lassen sich dadurch schneller umfassende und effektive Problemlösungen entwickeln.

Der Zweck des Adaptionszyklus einer Organisation besteht darin, bestehendes Wissen durch Lernprozesse direkt in Fähigkeiten umzusetzen, damit es für aktuelle und antizipierte Problemlösungen nutzbar wird. Im Sinne des Komplexitätsmanagements bedeutet dies, im relevanten Umfeld das Gesetz der erforderlichen Varietät konzeptionell und operativ sowie effektiv und effizient zu erfüllen. Der Adaptionszyklus nutzt Wissen.

Eine proaktive Adaption geht von gemeinsamen mentalen Modellen aus und entwickelt das gesamte Verhaltensrepertoire der Organisation, des Managements und der Mitarbeiter. Die Anpassung einer Organisation an ihre Umwelt betrifft nicht nur ihre Dienstleistungen und Produkte, sondern auch ihre Strategien, ihre Struktur, ihre Systeme und auch ihre inhärente Organisationskultur (vgl. Hofer/Schendel 1978). Ausschlaggebend für die Qualität einer Anpassung sind die Geschwindigkeit und die Kontinuität. Je schneller sich die Umwelt verändert, desto mehr wird die Fähigkeit einer Organisation, sich proaktiv anzupassen, zu einer grundlegenden Voraussetzung ihrer weiteren Existenz.

Die Konzepte des organisationalen Lernens setzen sich mit der Fähigkeit der Adaption auseinander und zeigen, wie diese in einem kontinuierlichen Prozeß in einer Organisation vor sich gehen kann. Hervorzuheben ist die Kybernetische Methodik, welche das Lernen im Kontext der Problemsituation konzeptionell ermöglicht.

Retroaktive Adaption kann von einer kleineren Wissensbasis ausgehen und ist einfacher als proaktive Adaption. Eine Organisation, die bewußt sowohl eine operative, als auch eine konzeptionelle sowie eine effiziente und eine effektive Adaption pflegt, begegnet damit der Gefahr, daß retroaktives Anpassen eine dominante Stellung einnimmt und immer weniger Wissen in die Entwicklung der Organisation Entwicklung einfließt.

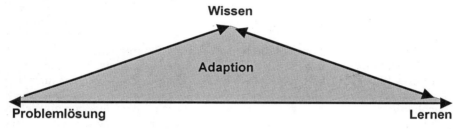

Abbildung 3-2 : Adaptionszyklus

3.3.3 Innovation

Innovation ist die Fähigkeit, neues Wissen zu schaffen und zu instrumentalisieren, um so die Umwelt aktiv mitzugestalten. Der innere Innovationszyklus geht von der engen Beziehung zwischen Denken und Kommunikation in einem bestimmten Kontext innerhalb und außerhalb der Organisation aus. Er fordert Intuition, läßt Emotionen zu und fördert individuelles Denken, bezuschußt die freie Produktion von Gedanken und Ideen. Eine intensive Kommunikation in allen möglichen Formen verbindet die verschiedenen individuellen Denkprozesse zu kollektiven Denkprozessen. Es entsteht ein kreatives Klima, und gemeinsame mentale Modelle bilden sich. Der Austausch von bestehendem Wissen und die Entwicklung von neuem, explizitem, sowie implizitem Wissen kommt zustande. Der äußere Innovationszyklus stellt das Wissen, das aus dem kreativen Prozeß hervorgeht, mit dem bestehenden verfügbaren Wissen in einen organisationsweiten Zusammenhang und dehnt den Kontext aus, innerhalb dessen sich Innovation auswirken kann. Die Bereicherung, die Konfrontation, oder der Konflikt mit neuen Ideen und neuem Wissen schaffen neue Hypothesen und führen zu einer Revision oder Erweiterung des Wissens und der mentalen Modelle.

Der Zweck des Innovationszyklus ist das Versorgen der Organisation mit einem fließenden Strom an potentiellen Innovationen. Er hält eine Spirale der Kreativität aufrecht, die dauernd nach neuen Antworten, nach neuen Fragen und nach neuem Wissen sucht. Er versorgt eine Organisation mit neuen Gedanken, mit Vorstellungskraft und Ideen und stellt damit den eigentlichen Wissensschöpfungsprozess in der Organisation sicher. Im Sinne des Komplexitätsmanagements schafft Innovation Relevanz, die vorher nicht bestand und kreiert Varietät, die über die bisher erforderliche weit hinausgeht. Der Innovationszyklus schafft neues Wissen.

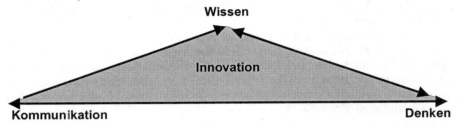

Abbildung 3-3 : Innovationszyklus

Der Innovationszyklus umfaßt die Sozialisierung, Externalisierung, Kombination und Internalisierung im Sinne des Wissensmanagements. Aus dem Innovationszyklus geht auch implizites Wissen hervor, das von Konkurrenten kaum zu erwerben ist. Entscheidend ist die Fähigkeit der Organisation, diesen nachhaltigen Wettbewerbsvorteil zu nutzen und in all die Elemente einfließen zu lassen, welche eine Organisation konstituieren, damit sie ein Verhaltensrepertoire aus eigenem Antrieb kontinuierlich gestalten kann. Für eine Organisation ist Innovation der anspruchsvollere Zyklus als Adaption, denn fließende Innovation braucht Freiraum, Kreativität und Zeit, sich mit Unerwartetem, mit Diskrepanzen, mit Intuitionen, mit scheinbar Irrelevantem auseinanderzusetzen. Kreativität ist zum Anliegen von immer mehr Organisationen geworden. Vielen fehlt noch die wirkliche Bereitschaft, sich der subversiven Kraft der Kreativität im eigenen Interesse zu stellen. Das Wissen, das aus dem Innovationszyklus hervorgeht und allen Zyklen zur Verfügung steht, ist die Essenz des Ideenflusses und der Vorstellungs- oder Einbildungskraft.

3.3.4 Realisation

Realisation ist die Fähigkeit, Wissen und erworbene Fähigkeiten direkt wirklichkeitswirksam werden zu lassen und zweckmäßig in den täglichen Verhaltensmustern zu verankern. Zwischen Werten und dem beobachtbaren Verhalten besteht eine enge Beziehung, welche der innere Realisationszyklus innerhalb eines bestimmten Handlungszusammenhanges beschreibt. Werte formen durch ihren direkten Einfluß auf Einstellungen und Verhaltensregeln ein bestimmtes Verhalten. Dieses wirkt wertvermittelnd, weil es Werte soziokulturell überträgt. Entsprechen die geäußerten Werte nicht den authentischen Werten, scheitert das Verankern des intendierten Verhaltens. Stimmen die geäußerten Werte mit den authentischen überein, entwickeln sich die erwünschten Verhaltensmuster. Die zu beobachtenden Verhaltensmuster sind konsequent, bestätigen die Authentizität der Werte und verstärken deren Wirkung. Der äußere Realisationszyklus überprüft die Zweckmäßigkeit der bestehenden Verhaltensmuster, Verhaltensregeln und Einstellungen, indem er den Handlungszusammenhang erweitert und diesem neues Wissen gegenüberstellt (über Zusammenhänge, Absichten, Fähigkeiten, Möglichkeiten, Konzepte oder

Vorgehensweisen). Die Erkenntnisse führen zu einer Weiterentwicklung der Verhaltensmuster, der Verhaltensregeln, der Einstellungen oder ganzer Verhaltenskonstellationen. Über die Beurteilung der Zweckmäßigkeit und darüber, in welchem Ausmaß der Einbezug neuen Wissens geschehen kann, bestimmen unmittelbar die in der Organisation gelebten Werte. Der Zweck des Realisationszyklus besteht darin, unter stetem Einbezug neuen Wissens die Verhaltensmuster und Verhaltenskonstellationen zu entwickeln. Im Sinne des Komplexitätsmanagements geht es darum, daß eine Organisation ihre potentielle Varietät ausspielt und die effektive Varietät erhöht. Der Realisationszyklus testet Vorgehensweisen und Konzepte und ist für den Erfolg der Umsetzung verantwortlich. Die kritische Größe dafür, ob sich die intendierten Verhaltensmuster zweckmäßig entwickeln und ob die potentielle Varietät genutzt wird, ist die Authentizität der Werte, die geäußert werden, um die Entwicklung zu motivieren. Der Realisationszyklus benutzt dabei Wissen. Authentisch sind nur die Werte, die der Realisationszyklus dauernd bestätigt und dadurch auch bestärkt. Da die Realisation unter dem Einfluß der Organisationskultur steht, ist der Erfolg der Umsetzung direkt davon abhängig, ob die intendierten Werte durch das Management vorgelebt werden oder nicht. Die Fähigkeit einer Organisation, eine bestärkende Realisation zu pflegen, welche die Organisationsentwicklung steigert, steht in einem direkten Zusammenhang mit der Qualität des Managements. Ein Scheitern bei der Implementation von Konzepten erklärt sich denn auch oftmals durch fehlende authentische Werte und inkonsistentes, behindertes Verhalten des Managements. Die wichtigsten authentischen Werte bilden gemeinsam den normativen Kern einer Organisation, an dem sich die Effektivität der Verhaltenskonstellationen dauernd messen muß.

Der normative Kern ist der eine Teil der Kernideologie einer Organisation. Der andere Teil besteht aus dem Zweck einer Organisation, aus der grundsätzlichen Ursache ihrer Existenz. Der normative Kern entfaltet seine vollständige Wirkung, wenn er Teil der Kernideologie einer Organisation wird, wenn er in einem Zweck der Organisation aufgehen kann, der nie endgültig erreichbar oder erfüllbar ist. Den Unterschied machen weder großartige Ideen, charismatische Führer, Gewinnmaximierung, die richtigen Werte, brilliante strategische Planung, noch die Ausrichtung an den Konkurrenten oder die Formulierung von Visionen aus. Die Differenz liegt vielmehr in der Qualität der Organisationsgestaltung und -entwicklung, die durch eine authentische Kernideologie gelenkt und von einer starken inneren Kraft evolutionär getragen wird. Diese Kraft kommt zustande durch eine Verpflichtung gegenüber herausfordernden, kühnen Zielen, in Verbindung mit kultähnlichen Organisationskulturen, Experimentierfreude, eigenem Managementnachwuchs und dem Credo, daß "gut genug" nicht existiert. Diese Erkenntnisse zeigen zudem, daß die für die Realisation zentrale Qualität des Managements sowohl in seiner Einstellung der Organisation gegenüber, als auch in der Authentizität der Werte, die das Management vorlebt, zu finden ist.

Abbildung 3-4 : Realisationszyklus

3.4 Organisationale Intelligenz

Organisationale Intelligenz ist die Fähigkeit einer Organisation, ihr Umfeld zu erkennen, zu antizipieren, sich diesem anzupassen, es mitzugestalten oder zu wechseln. Die Netzwerkstruktur organisationaler Intelligenz entsteht durch die Kombination der beschriebenen Fähigkeiten Kognition, Adaption, Innovation und Realisation. Das sich selbstorganisierende Netzwerk organisationaler Intelligenz zeichnet sich aus durch die gemeinsame, gleichzeitige und unbewußte Wirkung seiner neun Elemente Wahrnehmung, Verstehen, Lernen, Problemlösung, Denken, Kommunikation, Werte, Verhalten und Wissen. Der Zusammenhang und das Niveau organisationaler Intelligenz einer Organisation entstehen erst durch das bewußte Verbinden der Fähigkeiten Kognition, Adaption, Innovation und Realisation innerhalb von Teams, Organisationseinheiten, Organisationen oder Organisations-kooperationen. Je ausgeprägter und ausgeglichener die einzelnen Fähigkeiten sind und je intensiver ihr Zusammenhang Wirkungen entfalten kann, desto höher wird das Niveau organisationaler Intelligenz. Die explizite Darstellung und Formulierung eines Zusammenhanges organisationaler Intelligenz erlaubt die Integration der Erkenntnisse des organisationalen Lernens und des Wissensmanagements. Das Niveau organisationaler Intelligenz ist zudem eine Erklärung dafür, warum eine Organisation Kernkompetenzen hervorbringen und realisieren kann, oder warum nicht. Es erklärt die Stärken oder Schwächen einer Organisation in der Umsetzung von Konzepten. Organisationale Intelligenz geht von den Erkenntnissen des Konzeptes des Komplexitäts-managements aus. Der Zusammenhang, den sie beschreibt, kommt in allen rekursiven Einheiten einer Organisation vor und sollte entsprechend der erforderlichen Varietät über Quantität und Qualität der Ressourcen verfügen. Organisationale Intelligenz zeichnet dabei das Bild einer solchen Organisation, die sich aus den einzelnen Sequenzen potentieller Gedanken zusammensetzt und zusätzlich einer Eigendynamik ausgesetzt ist. Sie basiert auf zwei Prämissen: Die Interpretationen einer Organisation determinieren ihre Aktivität und die Aktivität einer Organisation determiniert die Interpretation ihrer Wahrnehmung.

Organisationale Intelligenz ist die Ursache organisatorischer Dynamik und Entwicklung. Sie befähigt eine Organisation, Wissen über ihre Umwelt und sich selbst zu schaffen, zu nutzen und über die erforderliche Varietät hinauszugehen. Wenn eine Organisation sich der Wirkung organisationaler Intelligenz bewußt ist, steigt die Erfolgswahrscheinlichkeit, ihre individuellen und gemeinsamen kognitiven Muster und mentalen Modelle zweckmäßig zu halten, Wissen für eine proaktive Adaption zu nutzen, implizites und explizites Wissen durch fließende kreative Prozesse zu schaffen und Konzepte sowie Vorgehensweisen in Verhaltenskonstellationen authentisch und konsequent zu realisieren. Organisationale Intelligenz ist dabei kein Prozeß. Sie ist vielmehr ein täglich vorkommender, selbstorganisierender und selbstreferentieller Zusammenhang, den eine Organisation nutzen kann. Jedes Element und jeder Zyklus ist gleichzeitig Wirkungs- und Zweckursache und trägt zur Kreation von effektiver Varietät bei. Jede Veränderung des Inhaltes eines Elementes verändert gleichzeitig die Inhalte des ganzen Zusammenhanges. Organisationale Intelligenz ist iterativ und evolutionär. Sie nutzt Ungewissheit und Ambiguität als Gestaltungsfreiraum.

Kognition, Adaption, Innovation und Realisation wirken gleichzeitig, überlappend und wechselwirkend. Neue Informationen (Kognition) oder neue Organisationsideen (Innovation) schlagen sich beispielsweise in verbesserten Prozessen der Organisation (Adaption) nieder. Die Verhaltensmuster entwickeln sich entsprechend (Realisation). Die veränderten Verhaltensmuster werden wahrgenommen und beurteilt (Kognition), was zu weiteren Anpassungen (Adaption und Realisation) oder zu weiteren neuen Konzepten führen kann, die umgesetzt werden (Innovation und Realisation). Organisationale Intelligenz kann demzufolge nicht verordnet werden. Das Niveau organisationaler Intelligenz ist vielmehr davon abhängig, ob der beschriebene Zusammenhang als eine fundamentale Kraft einer Organisation verstanden wird. Wenn dieses Verständnis vorhanden ist, entscheiden vor allem die Qualität der Human Ressourcen sowie der Einsatz von Zeit, Technologie und Architektur darüber, wie intensiv die vier Fähigkeiten ihre gemeinsame Wirkung entfalten können.

Jedes der neun Elemente ist kritisch für das Niveau organisationaler Intelligenz. Für die Effektivität organisationaler Intelligenz besonders ausschlaggebend sind aber die Werte, das Wissen und die Art der Kognition. Sie alle wirken gemeinsam auf Einstellungen und Erwartungen ein, welche als wichtigste Einflußgrößen der anderen Bauteile gelten können. Die Werte entscheiden, wie mit neuem Wissen umgegangen wird, ob neue Konzepte oder Vorgehensweisen zu einer Optimierung des Verhaltensrepertoires führen und ob die Verhaltenskonstellationen angepasst werden oder nicht. Der normative Kern sorgt für Sinn und Orientierung der Organisation und läßt nur Verhaltensweisen zu, die den authentischen Werten entsprechen. Das Wissen ist die zentrale Eingangs- und Ausgangsgröße organisationaler Intelligenz. Wissen kann als Treibstoff organisationaler Intelligenz betrachtet werden, der sich bei Gebrauch verbessert und vermehrt. Die Kognition nutzt und schafft Wissen. Die Adaption nutzt Wissen und regt die Verbreiterung der Wissensbasis an. Die Innovation nutzt und kreiert Wissen, und die Realisation setzt Wissen um und regt ebenfalls dessen Ausdehnung an. Die Kognition einer Organisation geht einerseits vom gemeinsamen kognitiven Muster und vom gemeinsamen mentalen Modell aus und interpretiert die Umweltbeziehungen. Andererseits stellt es Wissen, die kognitiven Muster und die mentalen Modelle bewußt in Frage und gestaltet sie aktiv mit. Zudem stellt sie den Zusammenhang zwi-

schen erwünschten und tatsächlichen Verhaltenskonstellationen her. Sie entscheidet auf der Basis des Wissens gemeinsam mit den authentischen Werten, ob die als effektiv und effizient wahrgenommen wird oder nicht.
Organisationale Intelligenz ist dabei kein wundersamer Zusammenhang, der eine Organisation zu immerwährendem Erfolg führt. Sie ist wie eine Münze mit den bekannten zwei Seiten. Die eine Seite besitzt die für eine Organisation und ihr Umfeld richtigen Inhalte, bringt Eigendynamik mit sich und führt zu einer hohen Entwicklung der betreffenden Organisation. Die andere Seite geht von ungünstigen oder gar falschen Inhalten (beispielsweise der Werte und des Wissens) aus und führt über die Dominanz einzelner innerer Zyklen in den organisatorischen Autismus. Welche Inhalte richtig oder falsch, zweckmäßig oder unzweckmäßig, günstig oder ungünstig sind, bestimmen die Eigenarten der Organisation und ihres Umfeldes zum gegenwärtigen und zukünftigen Zeitpunkt. Dominierende innere Zyklen setzen erosive Kräfte frei, die den äußeren Zyklus ineffektiv machen. Diese beginnen, sich innerhalb des Netzwerkes auszuwirken, indem sie direkt die anderen Zyklen beeinflussen. Wenn beispielsweise authentische Werte aus Gründen des Konformismus nützliches, neues Wissen über die Umwelt nicht mehr zur Verbesserung der Verhaltenskonstellation zulassen, beginnt der innere Zyklus der Realisation die Kognition zu dominieren. Die Erosion organisationaler Intelligenz beginnt unweigerlich. Das Wissen, das aus der Kognition hervorgeht, wird teilweise abgelehnt und nicht mehr intensiv nachgefragt. Die Einstellungen und die Erwartungen gegenüber der Kognition verändern sich. Die Aufmerksamkeit läßt nach, und die Kognition wird ineffektiv. Da die Perspektivenvielfalt und die Aktualität der Informationen verloren gehen, beginnt der Innovationsfluß zu stocken, und die Wissensbasis wird zunehmend kleiner. Eine konzeptionelle proaktive Adaption wird zunehmend unwahrscheinlicher. Die Organisation wird am Ende dominiert durch eine retroaktive Adaption und eine zurückhaltende Realisation. Diese Dominanz führt eine Organisation über die Wendephase direkt in den Niedergang. Eine Organisation weist ein Mehrfaches an inneren als an äußeren Verknüpfungen auf. Dem Netzwerk der organisationalen Intelligenz ist die Tendenz inhärent, daß im Laufe der Zeit Erfahrungswissen dominiert, Konformismus aufkommt, die Produktion von Wissen erlahmt und die inneren Zyklen zu dominieren beginnen. Diese Tendenz kann durch das anhaltende Gewährleisten der Grundlagen bekämpft werden, die Impulse schaffen und die organisationale Intelligenz in der Organisation einbetten.

3.5 Intelligenz entwickeln

Zunächst geht es darum, ein Problembewußtsein für die Ursachen eines niedrigen Niveaus organisationaler Intelligenz zu schaffen. Das Problembewußtsein ist eine Voraussetzung für eine Organisation, um intelligenter zu werden. Bereits eine intensive Auseinandersetzung innerhalb der Organisation mit den Problempotentialen einer Organisationsentwicklung kann einen wichtigen Beitrag zur Steigerung organisationaler Intelligenz bedeuten. Sobald diesen Themen in der Organisation Aufmerksamkeit zukommt, entsteht ein Problembewußtsein, welches Offenheit schafft für ein Verständnis des Zusammenhanges organisationaler Intelligenz. Wenn die Absichten, die hinter der Auseinandersetzung mit den Problempotentialen stehen, authentisch sind, sind die wichtigsten Voraussetzungen für eine gründliche Diagnose organisationaler Intelligenz erfüllt. Dazu kommt, daß bereits das Bestreben, sich mit möglichen Problemen auseinanderzusetzen, die Kognition intensiviert und Adaptionsprozesse in Gang setzt.

Im Zusammenhang mit der Organisationsstruktur stehen die Problemfelder Identität, Adaption, Implementierung, Strukturen, Prozesse und ein Verständnis von Organisationen. Nur wenige Organisationen sind sich ihrer Identität umfassend bewußt und kennen ihre Rolle, die sie innerhalb ihrer Umwelt auf allen strukturellen Ebenen erfüllen wollen. Oft bestehen Diskrepanzen zwischen dem Selbstverständnis der Organisationsbereiche und Organisationseinheiten gegenüber der Identität der Gesamtorganisation. Es bestehen auch Unterschiede im allgemeinen Verständnis darüber, was eine Organisation ist. Damit eine Organisation nicht an ihrem bestehenden Selbstverständnis haften bleibt, gehört zu ihrer Identität eine klare Vision und damit eine attraktive Vorstellung über ihre zukünftig gewollte Identität. Aus der Vision heraus leitet das strategische Management konkrete Maßnahmen ab. Visionen und strategisches Management sollten nicht nur auf der obersten Ebene, sondern auf allen strukturellen Ebenen einer Organisation vorkommen. Eine dauernde Adaption der Umwelt stellt für viele Organisationen eine sehr große Herausforderung dar, die sie mehr oder weniger gut meistern. Die Voraussetzung ist Aufmerksamkeit, Voraussicht und Empfänglichkeit in einem intensiven Dialog mit dem Umfeld. Die notwendige Aufmerksamkeit schafft eine transparente Zielbildung und die Ausrichtung auf die wichtigsten Stakeholder Kunden, Mitarbeiter, Aktionäre und Gesellschaft. Bei der Implementierung dominieren oft die Kriterien der operativen Ebene (Ertrag, Kosten) über die Kriterien der strategischen Ebene (Kernkompetenz, Wettbewerbsfähigkeit). Oft fehlen die Kriterien der normativen Ebene (Legitimität). Der gleichberechtigte Einbezug aller Ebenen gelingt nicht vielen Organisationen. Das kann dann dazu führen, daß nicht mehr gefragt wird, ob der richtige Prozeß implementiert wird, sondern nur, ob er effizient implementiert werden kann. Ein weiteres Problem stellen Controllingzyklen dar, die nach einer Implementierung nicht geschlossen werden. Es muß einer Organisation einfach gelingen, ihre Vision und das strategische Management in eine enge Verbindung mit ihrem normativen Kern zu stellen. In vielen Organisationen stützen Strukturen und Prozesse eine hierarchische Fremdbestimmung, wie auch eine Fremdlenkung von Organisationsbereichen oder Organisationseinheiten. Der Selbstbestimmungsgrad und die Selbstlenkung der einzelnen Einheiten ist viel zu gering, als daß die lokale Problemlösungsfähigkeit erhalten bliebe. Die lokale Problemlösungsfähigkeit wird dadurch gestärkt. Auch Outsourcing und strategische Netzwerke sind effektive Möglichkeiten zur Steigerung der lokalen Problemlösungsfähigkeit. Letztlich ist das Verständnis von Organisationen als Institutionen in einer Organisation meist heterogen und setzt sich aus verschiedenen Perspektiven zusammen. Eine Organisation kann sich beispielsweise aus der strukturellen, aus der menschlichen, der politischen oder der symbolischen Perspektive betrachten. Überhaupt bestehen vielfältige Ansichten darüber, was eine Organisation ist und welche Metapher sie am besten beschreibt. Die verschiedenen beschreibt. Die verschiedenen Perspektiven brauchen in der Organisation ein Forum zur offenen Reflexion und Kommunikation, damit ein gemeinsames Verständnis entstehen kann. Besonders geeignete Metaphern für ein zweckmäßiges Verständnis einer Organisation sind aus der Sicht der Kybernetik "Organismus" und "Gehirn". Eine Einigung auf visionäre Absichten und strategische Ziele setzt ein gemeinsames Verständnis darüber voraus, was die Organisation ist und was sie sein soll.

3.6 Ursachen mangelnder organisationaler Intelligenz

Die primären Symptome mangelnder organisationaler Intelligenz sind:
- eine schwächer werdende Intensität der Kognition,
- ein stockender Innovationsfluß,
- die Dominanz des inneren operativen Adaptionszyklus.

Die Entwicklung von Wissen und Fähigkeiten in einer Organisation lassen nach. Die Folge für eine Organisation besteht darin, daß sie nicht mehr fähig ist, die erforderliche Varietät zu erzeugen und nur noch ein suboptimales Verhaltensrepertoire besitzt. Steigen die Dynamik und die Varietät der Umwelt, kann dies den Anfang vom Ende der Existenz einer solchen Organisation bedeuten. Insgesamt lassen sich drei Ursachen ausmachen, die für eine ungenügende organisationale Intelligenz verantwortlich sind:

- Eine unklare oder nicht gelebte Kernideologie kann organisationale Intelligenz innerhalb einer Organisation nicht verankern.
- Fehlende rekursive Organisationsstrukturen verhindern das Verteilen organisationaler Intelligenz in der Organisation.
- Ein falsches Verständnis im Umgang mit Organisationsressourcen verhindert das Primat des Wissens und damit eine intensive Kognition.

Wenn die Kernideologie einer Organisation nicht explizit definiert ist, fehlt ihr gegenüber eine verbindliche Verpflichtung. Die Wahrscheinlichkeit ist dann groß, daß sie nicht gelebt wird oder im Laufe der Zeit an Integrationskraft verliert, wenn beispielsweise das Management wechselt. Eine Verankerung organisationaler Intelligenz in der Organisation kann dann nur lose gekoppelt sein. Ohne die klare Gewißheit über ihre Kernideologie ist es für eine Organisation bedeutend schwieriger, einen Konsens über die gemeinsame Identität zu bilden. Die Konsensfindung ist die notwendige Voraussetzung für das Formulieren einer tragfähigen Vision und für das Ableiten von Strategien. Der folglich schleppende Zielfindungsprozeß führt zu einer verlangsamten Adaption. Ohne eine klare und allgemein akzeptierte Kernideologie fehlt die Klarheit, an welchen Kriterien sich die Legitimität von Verhaltensweisen der Organisation und der Mitglieder der Organisation messen lassen. Zudem fehlt die Orientierung für das Verhalten des Managements und für die Entwicklung einer kultähnlichen, adaptiven Organisationskultur. Die Erfolgswahrscheinlichkeit der Realisation sinkt, da nicht klar ist, welche die eigentlichen authentischen Werte sind. Die Ausrichtung der Managementsysteme im Sinne organisationaler

Intelligenz wird damit eher unwahrscheinlich. Dies erschwert zudem eine konsequente Wahrnehmung einer gesellschaftlichen Verantwortung und das Anpassen der hierzu notwendigen Verhaltenskonstellationen. Eine Organisation, der es nicht gelingt, rekursive Strukturen im Sinne von lebensfähigen Einheiten in lebensfähigen Einheiten zu gestalten, verhindert ein optimales Komplexitätsmanagement. Ist dies der Fall, hat dies hat oft eine schwerfällige Organisationsentwicklung zur Folge. Es besteht die Gefahr, daß Partikularinteressen und Lobbyismus aufkommen und zu einer ungünstigen Verschiebung der Aufmerksamkeit und der Absichten führen. Das Management und die Mitarbeiter finden eher hierarchisch geprägte Verhaltenskonstellationen vor, die ihnen die Weiterentwicklung ihrer Fähigkeiten erschweren oder gar verwehren. Die Einstellungen, Erwartungen und Motivationen können sich kaum günstig auf die Entwicklung oganisationaler Intelligenz auswirken. Ein falsches Verständnis mit Organisationsressourcen ist eine weitere, weit verbreitete Ursache für ungenügende organisationale Intelligenz. Hinter dieser Ursache steckt die Annahme, daß Ressourcen nur produktiv sind, wenn sie direkt am operativen Prozeß der Produktion oder Dienstleistungserbringung beteiligt sind. Ihre Auswirkungen sind in einer Organisation erst nach Jahren spürbar, denn sie führen zu einem unbewußten Mangel an Varietät. Eine solche Optik besitzen beispielsweise Organisationen, die ihre Mitarbeiter als pure Lagerbestände betrachten, die es zu minimieren gilt. Managementkapazität wird eingekauft, wenn man sie gerade braucht. Das falsche Verständnis geht davon aus, daß Kognition, Adaption, Innovation und Realisation mehr oder weniger unabhängig voneinander ablaufen können. Diese Annahme ist nicht vereinbar mit dem Konzept organisationaler Intelligenz, denn sie läßt die notwendige Redundanz von Informationen, Organisation, Fähigkeiten und Ressourcen einfach nicht zu. Schlanke Organisationen tendieren zwar zu hoher Effizienz, aber auch dazu, ineffektiv zu werden, ohne es eigentlich zu bemerken. Fehlende Redundanz erschwert das Bilden und das Aufrechterhalten eines gemeinsamen mentalen Modells der Organisation. Die Kognition kann sich nur noch auf das vordergründig Dringende und auf das offensichtlich Relevante konzentrieren. Die Qualität der Koordination der Organisationseinheiten beginnt zu leiden. Die Kreativität krankt an einem Mangel an gedanklichem Freiraum und am Fehlen von adäquaten Kommunikationsforen. Die Innovationsfähigkeit ist gering, und der äußere Adaptionszyklus kann sich auf der relativ engen Wissensbasis schlecht entwickeln. Ohne Redundanz fehlt zudem die Möglichkeit, durch Fluktuation kreatives Chaos zu schaffen, um die innere Dynamik einer Organisation zu beeinflussen. Ein Fördern der Humanressourcen dadurch, daß sie an ihre Grenzen herangeführt würden, unterbleibt.

Die drei Ursachen haben eine unmittelbare Auswirkung auf die Qualität und die Intensität der Kognition, die sich direkt auf die restlichen drei Zyklen auswirkt. Um die Wirkung des Zusammenhanges organisationaler Intelligenz zu erhöhen, muß eine Organisation alle Ursachen bekämpfen, sich mit den relevanten Themen auseinandersetzen, die Probleme überwinden und die Symptome beseitigen. Dann kann sie dazu übergehen, einzelne Fähigkeiten zu entwickeln, ihre Verhaltenskonstellationen und das Verhaltensrepertoire zu optimieren. Bevor eine Organisation sich diesem Unterfangen widmen kann, muß es ihre Qualität der vier grundlegenden Fähigkeiten und ihr Niveau organisationaler Intelligenz kennen lernen.

3.7 Diagnostik

Eine Diagnose, wie die Kognition, die Adaption, die Innovation und die Realisation konstituiert sind und zusammenhängen, ist unbedingt notwendig. In der Organisation entsteht dadurch ein Verständnis für das bestehende Niveau organisationaler Intelligenz. Auf der Suche nach Ursachen wächst die Sensibilität gegenüber Symptomen. Ohne dieses Verständnis und eine gewissen Sensibilität wäre es unsinnig, Transformationsprozesse einzuleiten. Die Diagnose deckt Stärken und Schwächen der Fähigkeiten organisationaler Intelligenz in ihrem spezifischen Umfeld auf, bevor diese sich auf die Wettbewerbsposition und auf das Geschäftsergebnis negativ niederschlagen. Schon der Wille in einer Organisation, sich mit organisationaler Intelligenz auseinanderzusetzen und eine Diagnose ihres Niveaus organisationaler Intelligenz durchzuführen, trägt zu einem besseren Verständnis der notwendigen Fähigkeiten bei. Eine intensive Diagnose ermöglicht gleichzeitig das Planen von Sofortmaßnahmen. Voraussetzung ist allerdings die echte Bereitschaft, sich mit den bisher explizit eher ungewollten Aspekten des Managements auseinanderzusetzen. Das Ziel der Diagnose besteht darin, das Intelligenzniveau, den organisationalen IQ (oIQ) zu bestimmen.

Die Diagnose bezieht sich inhaltlich auf die Fähigkeiten Wissen, Kognition, Adaption, Innovation, Realisation und auf den Gesamtzusammenhang der organisationalen Intelligenz. Für jeden Zyklus existieren dabei zwei Extremtypen, ein Zieltypus und ein Basistypus, die innerhalb eines Quadranten eines Koordinatensystems dargestellt werden können. Auf den Achsen finden sich die Ausprägungen, welche die Grundelemente des betreffenden Zyklus qualifizieren. Für jedes Grundelement wird eine Bewertung auf einer Skala von eins (Basistypus) bis zehn (Zieltypus) vorgenommen. Die Additionen der Bewertungen ergeben den Summanden des betreffenden Zyklus. Die Summe der vier Summanden, gemeinsam mit der Bewertung des Gesamtzusammenhanges (ebenfalls von eins bis zehn), ergeben schließlich das Intelligenzaggregat. Zum Intelligenzniveau der betreffenden Organisation führt die Division des erreichten Intelligenz-aggregates durch das maximale Intelligenzaggregat von 90 (neun mal die Höchstwertung). Das Intelligenzniveau kann dann in Prozentpunkten angegeben werden (maximal 100) und entspricht dann dem organisationalen IQ (oIQ). Eine sinnvolle Aussagekraft erhält die Maßzahl des Niveaus organisationaler Intelligenz vor allem durch eine Vergleichsmöglichkeit im Ablauf. Die Bewertung der einzelnen Grundelemente sollte aus einer standardisierten, regelmäßigen sowie Organisations- und kontextspezifischen, schriftlichen Befragung in Kombination mit Interviews, Workshops und Wissenslabors hervorgehen. Eine Diagnose kann dann für alle möglichen Rekursionsebenen einer Organisation durchgeführt werden (Netzwerke, Organisation, Organisationsbereich, Organisationseinheiten, Gruppe). Der Zieltypus steht dem Basistypus nicht gegenüber, sondern setzt letzteren voraus und geht aus ihm hervor. Es handelt sich auch nicht um eine Polarität.

Die Tendenz der Flüchtigkeit organisationaler Intelligenz wird dadurch berücksichtigt, daß jeder Basistypus auf seinen Zieltypus eine Anziehungskraft ausübt. Es ist immer einfacher, den Basistypus zu verfolgen.
Wissen liegt in den meisten Organisationen brach. Der wesentliche Grund hierfür ist die Tatsache, daß Wissen in physischer Form vorhanden ist, in Gestalt eines Buches, in Form einer Aufzeichnung auf einem Video- oder Audioband, in Gestalt eines Referenten oder als handgeschriebene Randbemerkung in einer Aktennotiz. Außerdem neigt der Mensch nach wie vor dazu, sich eher mit der Form als dem Inhalt auseinandersetzen, was unweigerlich dazu führt, daß inhaltliche Aspekte viel zu selten erkannt und entsprechend gewürdigt werden. Letztlich werden auch heute noch viele Organisationen eher traditionell geführt. Diejenigen, die sich für die materiellen Ressourcen verantwortlich zeichnen, sind bestens über das Anlagekapital und das finanzielle Kapital informiert. Doch Wissen, die größte Quelle der Wertschöpfung und der eigentliche Garant für die zukünftigen Wettbewerbsvorteile, fristet eher ein stiefmütterliches, kaum wahrgenommenes Dasein. Insofern wissen in der Tat die meisten Organisationen nicht, was sie wissen.

Ein Ansatzpunkt für eine Wissensdiagnostik sind dabei die Kernkompetenzen in der Organisation. Unter Kernkompetenz wird dabei die Summe des Wissens einer Organisation verstanden, das im Verlauf der Zeit durch Erfahrung entwickelt wurde, nur schwer anzueignen und imitierbar ist, und den zentralen Wettbewerbsvorteil gegenüber Konkurrenten darstellt. Diese Kernkompetenzen zeichnen jede Organisation gegenüber Konkurrenten aus. Sie können als die Keimzellen für Lernprozesse und als der Ansatzpunkt des Wissensmanagements betrachtet werden. Diese gilt es im Rahmen der Wissensdiagnostik zu spezifizieren, um dann in einem weiteren Schritt Wissensprozesse im Hinblick auf diese Kompetenzen näher zu untersuchen. Ausgehend von diesen Kernkompetenzen können auf Grundlage eines formalen Rahmenmodells Wissensentwicklungs- und Austauschprozesse in Organisationen mit unterschiedlichen Evaluierungs- und Analyseinstrumenten in den verschiedenen Funktionsbereichen hinterfragt werden. Die Differenzierung des Wissenskapitals in Human- und Strukturkapital dient dabei als Brücke, über die man in die einzelnen Bereiche gelangen und dort Wissensprozesse sichtbar machen kann (vgl. Sveiby 1997). Die Kognition dient der andauernden gestaltenden Entwicklung des Wissens der Organisation über die Umwelt, die Umweltbeziehungen und über sich selbst. Den Basistypus bildet dabei eine reagierende Kognition. Sie zeichnet sich durch eine passive Wahrnehmung und ein analytisches Verstehen aus. Gewohnheit und zufällige Gelegenheiten durch persönliche Kontakte dominieren die Informationsbeschaffung. Zweck der Kognition sind die Bestätigung oder die Revision des notwendigen Wissens und die Lenkung der Organisation. Der Zieltypus, die agierende Kognition, ist geprägt durch eine aktive Wahrnehmung und ein ganzheitliches Verstehen. Die Organisation ist vernetzt mit ihrer Umwelt, dringt tief in sie ein und schafft mit einem selbstentwickelten Verständnis die notwendige Voraussetzung zur aktiven Mitgestaltung ihres Umfeldes. Der Zweck der Kognition ist die Antizipation und die Kreation eines umfassenden Verständnisses, das in das Management der Organisation einfließt. Es lassen sich für die Analyse der Kognition die drei Kategorien ableiten: Aufmerksamkeit und Intension, kognitive Muster und Informationskultur. Sie ermöglichen eine differenzierte Bewertung der Kognition.

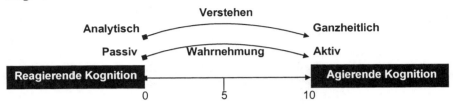

Abbildung 3-5 : Kognitionssummand

Der Grad an Aufmerksamkeit ist entscheidend dafür, ob die wahrgenommenen Informationen weiterverarbeitet werden oder nicht. Die Transparenz der Intension (Zweck, Vision, Strategie, Ziel) einer Organisation bestimmt, ob den wichtigen Objekten, Ereignissen und Umweltbeziehungen die erforderliche Aufmerksamkeit zukommt. Eine agierende Kognition bedarf dabei einer hohen Aufmerksamkeit aus mehreren Perspektiven, sowie durchgehend transparente Absichten.

Bei der Adaption wird versucht, alles in der Organisation bestehende Wissen einzubeziehen und gemeinsam zu nutzen, um kontinuierlich produktiv zu lernen und Problemlösungen zu finden. Es besteht demzufolge eine starke Nachfrage nach neuem Wissen. Der Basistypus heißt retroaktive Adaption. Seine Problemlösungen orientieren sich am Kriterium der Effizienz und die Lernprozesse sind operativer Natur. Sie gehen über gegebene Zusammenhänge nicht hinaus, wenn es nicht unmittelbar notwendig ist. Diese Art der Adaption ist eher sporadisch, denn sie wird erst ausgelöst, wenn gravierende Fähigkeitslücken entdeckt werden. Sie versucht primär, bestehende Hindernisse durch den Einbezug von Erfahrungswissen zu überwinden. Der Zieltypus, proaktive Adaption, orientiert sich zusätzlich an der Effektivität von möglichen Problemlösungen. Die Lernprozesse sind operativer und konzeptioneller Natur. Im Vordergrund steht das Wahrnehmen neuer Möglichkeiten. Dieser Typus der Adaption ist kontinuierlich, denn er geht von potentiellen Problemen aus. Er ist bestrebt, stets das neueste Wissen durch alle möglichen Lernformen einzubeziehen, um Hindernisse gar nicht aufkommen zu lassen. Die Analyse der Adaption setzt allerdings die Kenntnis der möglichen Adaptionsbarrieren voraus und orientiert sich an den Kategorien individuelle Adaption und organisationale Adaption.

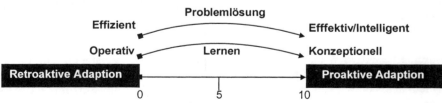

Abbildung 3-6 : Adaptionssummand

Bei der Innovation wird auf der Basis möglichst allen verfügbaren impliziten und expliziten Wissens versucht, durch intensive Denk- und Kommunikationsprozesse neues Wissen innerhalb der Organisation zu entwickeln. Dieses Wissen fließt in die mentalen Modelle, die Dienstleistungen, die Produkte und die ganze Organisation (Prozesse, Strukturen, Systeme, Strategien) ein. Den Basistyp bildet die punktuelle Innovation. Sie zeichnet sich vor allem dadurch aus, daß sich die einzelnen Denkprozesse vor allem in der Dimension der Produkte und Dienstleistungen bewegen. Die Kommunikationsforen sind eher sprachlich ausgerichtet. Ihr primärer Zweck besteht vorwiegend in der Auftragsinnovation. Sie reagiert damit auf eine Nachfrage nach neuem Wissen und bezieht vor allem explizites Wissen in die Entwicklung ein (vgl. Polanyi 1977, S. 138).

Der Zieltypus ist die ganzheitliche Innovation. Sie ist geprägt durch umfassende Denkprozesse, die sich nicht nur vorwiegend auf die Entwicklung des Angebotes, sondern auch auf die Gestaltung der Organisation als Ganzes beziehen. Ihre Formen und Arten der Kommunikation nutzen alle Möglichkeiten (explizit und implizit). Ihr Zweck ist das Hervorbringen von Innovationen aus eigenem Antrieb. Sie bezieht alles verfügbare Wissen mit ein und gibt der Organisation die Möglichkeit, ihr Umfeld aktiv mitzugestalten. Die Analyse der Innovation bezieht sich vor allem auf drei Kategorien: Innovationsklima, Innovationsquellen und Innovationseffektivität. Diese prägen gemeinsam die notwendigen Voraussetzungen für Innovation.

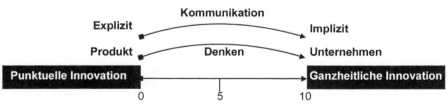

Abbildung 3-7 : Innovationssummand

Bei der Realisation trägt das neue Wissen direkt zur Entwicklung eines Verhaltens bei, das den normativen Kern bestärkt und dem Zweck der Organisation entspricht. Den Basistyp bildet die passive Realisierung. Das beabsichtigte Verhalten orientiert sich an opportunistischen Werten und sieht sich in seiner Umsetzung durch bestimmte ungünstige Umstände innerhalb bestehender Verhaltenskonstellationen stark behindert. Ohne direkt empfundene Notwendigkeit fehlt die Motivation, die ungünstigen Umstände zu beseitigen und die Verhaltenskonstellationen optimieren zu wollen. Ihren Zweck sieht diese Art der Realisierung solange in der Verwendung ihres Erfahrungswissens, bis der Einbezug neuen Wissens unumgänglich ist.

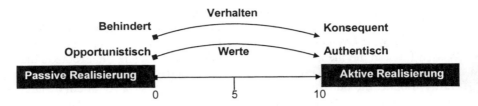

Abbildung 3-8 : Realisationssummand

Die aktive Realisierung orientiert sich an authentischen Werten und kompromißlos am normativen Kern. Ihr beabsichtigtes Verhalten ist auf die Konsistenz mit den Werten ausgerichtet und wird konsequent umgesetzt. Umstände, die legitime Absichten behindern, werden eigendynamisch beseitigt. Ihren Zweck findet diese Art der Realisierung in der sofortigen Umsetzung neuesten Wissens. Die Analyse der Realisation orientiert sich an den drei Kategorien Werte, Verhalten und Verhaltenskonstellation.

Damit sind alle vier Zyklen oder Fähigkeiten organisationaler Intelligenz abschließend diagnostiziert. Ein schnelles und zweckmäßiges Zusammenwirken der einzelnen Zyklen organisationaler Intelligenz bereichert eine Organisation mit einer Fähigkeit, die ihr eine intensive Auseinandersetzung mit der Umweltdynamik erlaubt. Damit befähigt die organisationale Intelligenz der Organisation, ihr Umfeld zu erkennen, zu antizipieren, sich diesem anzupassen, es mitzugestalten und es gegebenenfalls zu wechseln. Ein hohes Niveau organisationaler Intelligenz kommt durch das Zusammenführen von Kognition, Adaption, Innovation und Realisierung zustande. Die vorausgegangene Analyse der vier Zyklen Kognition, Adaption, Innovation und Realisierung machen Stärken und Schwächen dieser einzelnen Fähigkeiten in der Organisation transparent und lassen bereits den Entwurf erster Maßnahmen zu. Es geht nun darum, die bestehende Vorahnung über die Qualität des Zusammenhanges der vier Zyklen zu überprüfen und zu erkennen, ob alle einzelnen Grundelemente ihre Wirkung in der Organisation entfalten können. Das Bewerten des Gesamtzusammenhanges erfüllt die letzte Voraussetzung, um das Intelligenzaggregat und das Niveau der organisationalen Intelligenz der Organisation zu berechnen. Die Referenz für die Beurteilung des Gesamtzusammenhanges bildet nicht wie bei der Analyse der Zyklen ein Zieltypus, der aus einem Basistypus hervorgeht, sondern ein Spannungsfeld zweier sich gegenüberstehender Pole. Diese Pole entstehen durch das Zusammenwirken der einzelnen Basis-, respektive Zieltypen. Es gilt: Je intensiver die Turbulenz der Umwelt, desto höher muß das Niveau organisationaler Intelligenz sein.

Die Berechnung einer einzigen Maßzahl wäre kaum eine Hilfe bei der Suche nach den Ursachen eines mangelnden Niveaus organisationaler Intelligenz. Allerdings kann sie im Mehrjahresvergleich bei gleichbleibendem Meßvorgehen zu wichtigen und erkenntnisreichen Aussagen über die Steigerung oder Senkung des Niveaus führen. Durch die intensive Auseinandersetzung mit den zahlreichen Fragen der Diagnose organisationer Intelligenz haben die Beteiligten gelernt, wie die Organisation oder die betreffende autonome Einheit im Zusammenhang organisationaler Intelligenz Wissen schafft (Kognition und Innovation) und dieses Wissen nutzt (Adaption und Realisierung).

Ein Instrument für das Lokalisieren einzelner Ursachen, als Vorbereitung für die Konsensbildung, stellt die Stärken-Schwächen-Analyse dar. Dieses Instrument wird eingesetzt, um kritisch die Schwächen zu formulieren. Die Konsensfindung bezieht sich auf den Grad der Zufriedenheit, respektive Unzufriedenheit mit dem bestehenden Niveau organisationaler Intelligenz sowie auf die relevanten Problemperspektiven. Der Konsens bildet die notwendige Ausgangsbasis für das Initiieren der Transformationsprozesse. Einzelne Schwächen und einzelne Stärken können explizit formuliert und konkret einzelnen Zyklen sowie dem Zusammenhang organisationaler Intelligenz zugeordnet werden. Nachdem die Problemdefinition und die Konsensfindung erfolgt sind, kann es zur Formulierung und Umsetzung von Einzelmaßnahmen kommen. Die Umsetzung der einzelnen Maßnahmen richtet sich nach dem Transformationsprozeß. Die Transformation einer Organisation mit einem tiefen Niveau organisationaler Intelligenz hin zu einer Organisation mit einem hohen Niveau organisationaler Intelligenz ist ein gewaltiges Projekt. Reduktionismus ist verfehlt.

Die Transformation wird dabei bereits durch das Entstehen von Problembewußtsein initiiert und findet ihren Anfang in der Diagnose. Eine erfolgreiche Diagnose führt zu einem Konsens und zu einer Problemdefinition, welche die Kognition der betreffenden Organisation verstärkt und eventuell die kognitiven Muster bereits erweitert. Dabei gilt es zu berücksichtigen, daß es sich hierbei um einen Prozeß handelt, der dynamisch ist und der kein Ende findet. Dieser Prozeß berücksichtigt folgende Aspekte:

- Kernideologie,
- Rekursive Strukturen,
- Redundanz, Fluktuation und kreatives Chaos,
- Erforderliche Fähigkeiten,
- Verhaltenskonstellationen.

Als Voraussetzungen für eine erfolgreiche Transformation gelten die Akzeptanz der Diagnoseergebnisse, die innere Verpflichtung gegenüber der Organisation und der Wille, die Ursachen mangelnder Intelligenz zu beseitigen. Das Ziel ist die Gestaltung einer Organisation, die imstande ist, als Wachstumsorganisation Elemente der Pionierphase aufzunehmen. Dies kann in den einzelnen autonomen Einheiten geschehen, die sich in einem intensiven Wissensaustauschprozeß mit der Gesamtorganisation befinden. Um dieses äußerst anspruchsvolle Ziel anzupeilen, bedarf es der Transparenz der authentischen Kernideologie, rekursiver Strukturen und eines Umganges mit den Ressourcen, der Redundanz erlaubt. Ebenso wichtig sind ein anhaltendes Streben nach den erforderlichen Fähigkeiten und ein andauerndes Anpassen der Verhaltenskonstellationen.

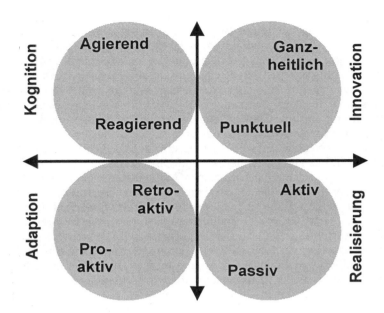

Abbildung 3-9 : Kombination der Summanden

3.8 Intelligenz erhalten

Die Erhaltung und die Steigerung organisationaler Intelligenz ist angewiesen auf Managementkonzepte, welche die Führung einer Organisation auf verschiedenen Rekursionsebenen erlaubt und die erwünschte Organisationskultur entstehen lassen. Damit das Management einer Organisation seine Aufgabe der Führung von autonomen Einheiten in autonomen Einheiten wahrnehmen kann, bedarf es eines systematischen Organisationsmodells, der Berücksichtigung aller Managementebenen und einem fundierten Verständnis für Hierarchie und Heterarchie in rekursiven Strukturen. Die Erkenntnisse, die aus dem Konzept des Komplexitätsmanagements hervorgingen, erwiesen sich als wichtige Rahmenbedingungen (Lebensfähigkeit, Rekursivität und Autonomie) für das Konzept der organisationalen Intelligenz. Der kybernetische Ansatz des Komplexitätsmanagements geht von der Möglichkeit rekursiver Strukturen aus. Das Ziel besteht in der Optimierung der lokalen Problemlösungsfähigkeit. Dabei gilt das Gesetz der erforderlichen Restvarietät. Damit autonome Einheiten auf verschiedenen Rekursionsebenen effektiv gelenkt werden können, bedarf es eines Modells des lebensfähigen Systems und dieses als systematisches Lenkungsmodell. Das Modell basiert auf dem Prinzip der Lebensfähigkeit (Kapazitäten und Interaktionsmuster der Funktionen Politik, strategische Intelligenz, Lenkung und Überwachung, Koordination und Umsetzung). Alle Funktionen des lebensfähigen Systems kommen auf allen rekursiven Ebenen einer Organisation vor. Während eine intelligente Organisationskultur das Anpassen der Organisation an die Umwelt und die Integration nach innen aufrechterhält, ist es die Aufgabe des Organisationsmodells, die beiden dazu notwendigen grundlegenden Mechanismen sicherzustellen: Organisationspolitik beziehungsweise Lenkung und Überwachung. Die Organisationspolitik stellt sicher, daß die Organisation ihr Verhaltensrepertoire am Ziel der Effizienz und am Ziel der Effektivität ausrichtet. Die Organisation soll nicht nur die Dinge richtig machen, sondern auch die richtigen Dinge machen. Dazu muß die Organisationspolitik die Komplexität der Organisation adäquat handhaben. Die Komplexität einer Organisation hat dabei zwei Quellen: ihre Umwelt und die Organisation selbst. Um seine organisationspolitischen Aufgaben zu erfüllen, muß das Top-Management akzeptieren, daß seine Varietät, sein Verhaltensrepertoire, immer kleiner ist als die der Organisation. Damit die organisationspolitische Funktion nicht überfordert ist, muß für jede Quelle der Komplexität ein Filter bestehen, der es der Organisationspolitik erlaubt, sich auf die für normatives Management relevante Varietät zu konzentrieren. Die beiden Filter sind die strategische Intelligenzfunktion (Umweltfilter) und die Lenkungs- und Überwachungsfunktion. Dem Mechanismus Organisationspolitik gelingt es dabei dann optimal, das Niveau organisationaler Intelligenz aufrechtzuerhalten, wenn er die Balance zwischen der strategischen Intelligenz und der Lenkung respektive Überwachung erhalten kann, um daraus politische Entscheidungen hervorzubringen. Entscheidend ist, wie die einzelnen Funktionen und ihr Zusammenhang strukturiert sind. Die grundlegenden Regeln dazu sind die folgenden:

- Minimierung der Informationsbedürfnisse von "Organisationspolitikern".
- Gestaltung der strategischen Intelligenz und Lenkungs- und Überwachungsfunktion mit ähnlicher Komplexität.
- Verbindung der Lenkung und Überwachung der strategischen Intelligenz.

Die Informationsbedürfnisse müssen sich am Kriterium der Relevanz für organisationspolitische Entscheide orientieren. Diese Entscheide betreffen Fragen nach der Kompatibilität mit der Kernideologie, Vision und Strategie sowie nach der Gestaltung der Organisation im Sinne der Effektivität sowie der allgemeinen Absichten und der Strategien der Organisation. Die Ähnlichkeit der Komplexität der strategischen Intelligenz und der Lenkung und Überwachung verhindert, daß die beiden Funktionen sich gegenseitig überfordern, oder daß für die Politik relevante Fragen aus nur einer Perspektive untersucht werden, bevor sie zum Entscheid vorgelegt werden. Sie ist die Grundlage der Koordination der beiden Funktionen und damit der Leistungsfähigkeit der Politik.

Der enge Zusammenhang zwischen strategischer Intelligenz und Lenkung und Überwachung ist neben den individuellen Fähigkeiten die zweite Notwendigkeit für eine hohe Effektivität beider Filter. Dieser enge Zusammenhang verhindert, daß die Politik die Erkenntnisse beider Perspektiven (außen und innen) selber im einzelnen überprüfen muß (beispielsweise Investitionschancen vs. Finanzierbarkeit). Dies geschieht, bevor sich die Organisationspolitik damit auseinandersetzt. Die Aufgabe der Lenkung und der Überwachung besteht darin, die tatsächliche Leistung und die vorhandenen Fähigkeiten der Organisation zu beurteilen. Damit sie Filter der Politikfunktion sein und feststellen kann, wie gut die Aufträge realisiert werden, die aus dem organisatorischen Zweck hervorgehen, muß sie die Primäraktivitäten der Organisation überprüfen. Wie die Varietät der Politikfunktion ist auch hier die Varietät kleiner als die der Organisation. Ihre Informationen über die Primäraktivitäten sind immer lückenhaft und eine umfassende Kontrolle ist nicht möglich. Das darf allerdings kein Grund sein, den Umfang des Berichtswesens zu erhöhen und damit die Flexibilität der autonomen Einheiten in der Interaktion mit deren Umfeld zu untergraben. Es dürfen keine Spiele vorkommen, in denen die Lenkung und Überwachung die Zuteilung von Ressourcen zur Machtfrage hochstilisiert. Außerdem dürfen die Primäraktivitäten ihr tieferes Wissen über die Auftragserfüllung nicht dazu nutzen, um das Top-Management zu manipulieren. Dies würde die organisationale Intelligenz degenerieren lassen. Dem Mechanismus Lenkung und Überwachung gelingt es, seinen wichtigen Beitrag zur Erhaltung des Niveaus organisationaler Intelligenz beizutragen, wenn er die Notwendigkeit der Flexibilität der autonomen Primäraktivitäten respektiert. Dazu muß er in der Lage sein, Informationslücken und Ungewißheit zuzulassen und Möglichkeiten zu finden, die es ihm trotzdem erlauben, seine Funktion zu erfüllen. Die grundlegenden Regeln sind die: Minimierung des Einsatzes direkter Befehle, Benutzung sporadischer Überwachung und Maximierung der Koordination von Primäraktivitäten.

Der seltene Einsatz von Befehlen schafft Kapazität im direkten Kommunikationskanal zwischen dem Top-Management und dem Management der Primäreinheiten. Durch diesen bidirektionalen Kanal erfolgen in der einen Richtung Vorgaben und Instruktionen und in die andere Richtung fließen die Standardberichte für die Lenkung der Primäreinheiten. In beide Richtungen fließen die Verhandlungen über Organisationsressourcen und deren Allokation. Die freie Kapazität kann genutzt werden, um die Integration und damit mögliche Synergien zwischen den Primäraktivitäten zu evozieren. Eine hohe Qualität der Ausnahmeberichterstattung gemeinsam mit einem praktizierten MbO ermöglicht die Minimierung des Erlasses von Befehlen. Eine maximale Koordination unter den Primäraktivitäten hat den Zweck, die Wahrscheinlichkeit der Inkonsistenz unter diesen autonomen flexiblen Einheiten zu minimieren. Eine direkte Einflußnahme der Lenkung zur Koordination würde deren Kapazität eher überlasten. Die selbstorganisierte (laterale) Koordination nutzt die Ressourcen zwar nicht optimal im Sinne der Produktivität, doch erhöht sie die Konsistenz unter den Primäreinheiten merklich und senkt dabei die erforderliche Varietät der Lenkung. Sie hat weitere Effekte, welche gar zu einer Erhöhung organisationaler Intelligenz beitragen können (gemeinsame Sprache, laterale Kommunikation). Die Unterstützung der selbstorganisierten Koordination kann durch die Gemeinsamkeit der Kernideologie und gewisser Standards, durch Informations- und Kommunikationstechnologie geschehen. Die sporadische und seltene direkte Überwachung ist eine alternative Quelle der Information, welche die offiziellen Berichte überprüfen kann. Sie übergeht quasi das Management der unteren Rekursionsebene, um festzustellen, ob die Interessen der Gesamtorganisation in den Primäraktivitäten verfolgt werden. Dazu zählt auch das "management by walking around". Diese Art von Überwachung muß eine offen deklarierte und in der Organisation akzeptierte Verhaltensform des Top-Managements sein. Sie darf nicht zu häufig und nicht regelmäßig vorkommen. Ein Lenkungsmodell, welches das Prinzip der Lebensfähigkeit im beschriebenen Sinne umsetzt, trägt mit Bestimmtheit zur Erhaltung der organisationalen Intelligenz bei. Das Lenkungsmodell kann seinen Beitrag jedoch nur leisten, wenn es inhaltlich alle Lenkungsebenen einbezieht, die für organisationale Intelligenz relevant sind.

3.9 Management organisationaler Intelligenz

Organisationale Intelligenz verlangt von einer Organisation den Aufbau heterarchischer Netzwerke sowie die Orientierung an der Kernideologie, an Wissen und an Fähigkeiten. Die grundlegenden Fähigkeiten sind die vier Zyklen Kognition, Adaption, Innovation und Realisation sowie deren Zusammenwirken. Damit nun eine Organisation das Niveau organisationaler Intelligenz erhalten kann, müssen die geschaffenen strukturellen und konzeptionellen Voraussetzungen mit Leben und Inhalten gefüllt werden. Dazu braucht es

- Führung,
- Kontinuität der Managementqualität,
- eine Wissensverwendung, welche diese Ressource vermehrt,
- ein Verständnis für widersprüchliche Lenkungsmodi des Zusammenhanges organisationaler Intelligenz,
- die Bereitschaft zum Experiment beim Zuordnen von Kapazität und Redundanz.

Führung ist die Eigenschaft zu dirigieren und unternehmerische Kräfte zu mobilisieren. Führung verhindert, daß in der Organisation mentale Trägheit, ein übermäßiges Interpretationsbedürfnis, konservative Tendenzen und das Bedürfnis nach Sicherheit überwiegen. Führer verhindern, daß Tendenzen das bestehende Niveau organisationaler Intelligenz massiv bedrohen. Führung ist komplementär mit Management, erfüllt bestimmte Funktionen und basiert auf bestimmten Eigenschaften. Ein Führer kreiert die Ausrichtung der Organisation, schafft ein gemeinsames Verständnis (mentales Modell) und formuliert eine konkrete Zukunftsvorstellung (Vision). Er überzeugt die Menschen in der Organisation, holt deren Verpflichtung gegenüber der Vision ein und sorgt für unternehmerische Dynamik im Dialog mit der Umwelt. Er sieht seine Hauptaufgabe darin, die Manager und Mitarbeiter zu inspirieren und zu motivieren. Dazu schafft er ein Zusammengehörigkeitsgefühl, stärkt durch Anerkennung das Selbstvertrauen, versucht das Ideal vorzuleben und läßt den Mitgliedern der Organisation den notwendigen Freiraum.

Ein Manager plant, budgetiert, gestaltet die Organisation und rüstet sie mit den entsprechenden Ressourcen aus, damit sie die Pläne auch verfolgen kann. Der Manager sieht seine zentrale Aufgabe darin, die Verfolgung der Pläne zu lenken und aufkommende Probleme zu lösen. Manager und Führer sind damit komplementäre Rollen. Management sorgt für die Erfüllung der notwendigen strukturellen und konzeptionellen Voraussetzungen. Führung füllt den durch Management erarbeiteten Rahmen mit Bewegung und Leben. Wie Management ist auch Führung eine verteilte Funktion, die in allen autonomen Einheiten vorkommen sollte. Für die Erfüllung der Aufgabe, das Niveau organisationaler Intelligenz zu erhalten oder zu steigern, steht Führung im Vordergrund. Führung

- schafft die Voraussetzungen im Netzwerk organisationaler Intelligenz (1. Ebene),
- hält die einzelnen Zyklen aufrecht (2. Ebene),
- verankert den Zusammenhang organisationaler Intelligenz in autonomen Einheiten (3. Ebene),
- sorgt für einen niemals endenden Entwicklungsprozeß,
- formt wirkungsvolle Teams.

Die wichtigsten inhaltlichen Einflußfaktoren im Netzwerk organisationaler Intelligenz sind die Einstellungen, die Absichten und die Erwartungen des Managements und der Mitarbeiter. In einem engen Zusammenhang dazu stehen deren Motivation, deren Bedürfnisse, Interessen, Emotionen und Erfahrungen. Führer beeinflussen direkt die Einstellungen in der Organisation, indem sie die "richtige", d.h. der Kernideologie entsprechende Einstellungen kommunizieren, vorleben, anerkennen und gegebenenfalls auch modifizieren. Sie machen die Absichten und das Aspirationsniveau der Organisation für jedermann transparent. Damit erhalten die Manager und Mitarbeiter objektive Kriterien für ihren Entscheid, ob sie Mitglieder der Organisation bleiben und ob sie die sich daraus ergebende Verpflichtung erfüllen wollen. Sie erhalten die Möglichkeit, ihre Absichten und ihre Interessen in denen der Organisation zu integrieren. Die Erwartungen der Mitglieder der Organisation sind in einem offenen Dialog zu thematisieren. Dadurch können Frustration, passive oder gar defensive Verhaltensmuster, Zynismus und sogar Mobbing wirkungsvoll bekämpft werden. Diese Bekämpfung muß auch stattfinden, würden Frustration bis hin zu Mobbing schließlich das Entstehen einer organisationalen Intelligenz untergraben. Relevante Erfahrungen der Manager und der Mitarbeiter sind das Wissen, das der Führer in die organisatorischen Prozesse einbezieht. Er nutzt zudem seine Sensibilität, um die Emotionen in der Organisation zu spüren, denn das Nachlassen von Humor, Begeisterung, Energie und kreativer Spannung sind Frühwarnindikatoren für eine Degeneration organisationaler Intelligenz. Die Motivation durch Transparenz der Leistung und durch Anerkennung, wie auch das Eingehen auf die Bedürfnisse der Menschen in der Organisation, sind weitere Aufgaben der Führung. Wichtig sind ergänzend die Fähigkeit der Selbstmotivation und die Fähigkeit, die Arbeit im Zusammenhang mit dem größeren Ganzen zu sehen, sowie das Wahrnehmen von Eigenverantwortung und eine beharrliche Arbeit an den eigenen Fortschritten. Die Voraussetzungen der Selbstmotivation bilden dabei den organisatorischen Freiraum. Dieser besteht innerhalb rekursiver Strukturen und aufgrund des Führungsverständnisses eines Führers. Dabei muß Führung die einzelnen Zyklen organisationaler Intelligenz aufrecht erhalten.

Eine agierende Kognition kann durch das Stimulieren von Aufmerksamkeit innerhalb der Organisation auf relevante Umfelder aufrechterhalten werden. Ein Führer sollte durchaus provozieren, aber auch zuhören und Vorverständnisse kritisch prüfen. Dazu sorgt er für eine Perspektivenvielfalt der Auseinandersetzung mit Wahrnehmungen. Ein proaktive Adaption evoziert der

Führer, indem er zeigt und verlangt, daß konzeptionelles Lernen dem operativen Lernen und Effektivität der Effizienz zumindest gleichzustellen ist. Er drängt darauf, die Fähigkeiten zu erweitern, ohne daß eine Notwendigkeit dazu Anlaß gäbe (beispielsweise auch wenn die Gewinne hoch sind). Bestehende Vorgehensweisen, Routinen und Konzepte stellt er kritisch, aber konstruktiv in Frage.

Eine ganzheitliche Innovation verlangt die Bereitschaft, Intuition, Emotionen und ungewöhnliche Ideen stets zuzulassen. Die Quellen der Innovation schützt der Führer dadurch, indem er gezielt Freiraum und Kapazitäten für das Denken in der Organisation schafft. Er selber regt dabei immer neue Denkprozesse an. Dann besteht die Möglichkeit, daß die ganze Organisation und nicht nur die Produkte als Gestaltungsobjekte betrachtet werden. Grundlegende Voraussetzung für eine bestärkende Realisation ist die Authentizität der Werte. Der Führer nimmt die Aufgabe wahr, die authentischen Werte (v.a. den normativen Kern) explizit und transparent zu machen und vorzuleben. Zudem sorgt er dafür, daß für alle Ebenen und Funktionen Zweck und Absichten transparent werden. Ein Führer stärkt das Selbstbewußtsein des Managements und der Mitarbeiter, damit diese alle ihre relevanten Fähigkeiten einsetzen.

Die wichtigste Funktion von Führung ist das nachhaltige Verankern des Zusammenhanges organisationaler Intelligenz. Dazu gehört die stete Kommunikation der Kernideologie und das Insistieren auf deren Bestätigung durch das Anpassen all dessen, was ihr nicht entspricht. Das Primat des Wissens hält ein Führer hoch, indem er Enthusiasmus gegenüber Wissen zeigt und Dogmatismus, sowie Konformismus bekämpft. Er fordert dazu auf, neuestes Wissen zu nutzen und selbst Wissen zu schaffen, und er hebt das Bewußtsein für die Tendenz zur Rigidität des Erfahrungswissens. Kritisch prüft er das eigene, sowie das gemeinsame kognitive Muster, das eigene mentale und das gemeinsame mentale Modell. Der Führer fordert eine kreierende Informations- und Wissenskultur, die neue An- und Einsichten, ein neues Verständnis sucht, damit die Organisation nicht nur nach Chancen Ausschau hält, sondern diese auch selbst gestaltet. Dadurch entsteht eine hohe Intensität der Kognition.

Der Transformationsprozeß soll ein Prozeß ohne Ende sein, der von der Kernideologie ausgeht. Führer verhindern das Aufkommen von "Gewohnheitsrechten", indem sie die bestehende Gestaltung der rekursiven Strukturen und die Allokation der Ressourcen thematisieren. Jenseits dem Zweck einer autonomen Einheit, der relevanten Komplexität und der Priorität der Zyklen organisationaler Intelligenz, sorgt der Führer für eine Anpassung des Ausmaßes der Redundanz. Zudem sorgt er für Fluktuation und kreatives Chaos, um die erforderlichen Fähigkeiten zu prüfen. Fluktuation kann beispielsweise vom Führer ausgehen, durch sein sehr hohes Aspirationsniveau, sein aktives Informationsverhalten oder durch das Einbringen pessimistischer Szenarien. Im Lichte der Kernideologie betrachtet der Führer die Verhaltenskonstellationen als ständiges Optimierungsobjekt. Im Sinne organisationaler Intelligenz versteht es der Führer, Mitarbeiter zu Teams zu formen. Er richtet sich nach der Flexibilität der mentalen Modelle (intellektuelle Offenheit) und nach der Diversität der kognitiven Muster, bringt die notwendigen komplementären Fähigkeiten (Kognition, Adaption, Innovation, Realisation) zusammen, um eine wirkungsvolle Dynamik in der autonomen Einheit zu erzeugen. Die Mischung der Managementteams ist entscheidend für die Fähigkeit einer Organisation, ihr Niveau organisationaler Intelligenz zu halten. Je nach Zweck kann es zu unterschiedlicher Mischung von Teams kommen. Dabei können global betrachtet die Typen "Experte", "Kreativer", "Macher", "Manager" und "Führer" unterschieden werden. Führung ist damit wahrscheinlich das wichtigste Element im Management organisationaler Intelligenz. Doch es ist auch das Element, welches die größte Herausforderung für eine Organisation darstellt, denn Führung scheint eher eine Begabung, als eine lernbare Fertigkeit zu sein und Führer sind daher nicht sehr zahlreich. Die Knappheit von Führung deckt die Bedeutung dessen auf, wie wichtig es ist, Führer frühzeitig an bestimmten Ausprägungen zu erkennen. Führung alleine garantiert jedoch noch nicht, daß das Niveau organisationaler Intelligenz erhalten bleibt und weiter steigt. Die Kontinuität der Managementqualität und die Qualität der Humanressourcen sind weitere zentrale Bedingungen.

Die Kontinuität der Managementqualität macht Führung zu einer Eigenschaft der Organisation und schützt die Kernideologie über Managementgenerationen hinweg. Sie sorgt für die Erhaltung der Voraussetzungen, daß in der Organisation Wissen geschafft, gespeichert und genutzt werden kann. Kontinuität entsteht, wenn die Managementressourcen innerhalb der Organisation heranwachsen und durch die Kernideologie und die Dynamik nachhaltig geprägt werden. Das kritische Element im Streben nach einer kontinuierlich hohen Managementqualität im Sinne einer organisationalen Intelligenz stellt die Flexibilität der mentalen Modelle der potentiellen Manager und Führer dar. Der Selektion von Humanressourcen kommt deshalb eine entscheidende Bedeutung zu. Sie wählt die Kandidaten mit den zweckmäßigen mentalen Modellen aus. Eine systematische Managemententwicklung und eine langfristige Nachfolgeplanung verfolgen das Ziel, die Managementqualität dauerhaft hoch zu halten. Die Selektion ist dabei als ein kontinuierlicher Prozeß zu verstehen, der am Anfang der Laufbahn eines Managers beginnt und an deren Ende aufhört. Dieser Prozeß orientiert sich an den Anforderungsprofilen für die entsprechenden Funktionen, die der Manager im Laufe seiner Karriere erfüllt. Beförderungen in neue Funktionen sind dabei keine Frage der Leistung in der vorangehenden Funktion, sondern eher eine Frage der Eignung.

Die Anforderungsprofile orientieren sich an der Kernideologie. Für eine wirkungsvolle Selektion bedarf es eines grundsätzlichen und zusätzlich eines spezifischen Anforderungsprofils. Das grundsätzliche Anforderungsprofil enthält die Kriterien, die erfüllen muß, wer immer Mitglied der Organisation werden oder bleiben will. Es befaßt sich ausschließlich mit der Persönlichkeit. Ein Kriterium sollte beispielsweise Authentizität sein. Die spezifischen Anforderungsprofile bauen hingegen auf dem Grundsätzlichen auf und richten sich nach Zweck und Funktion der zu besetzenden Stelle. Die wichtigsten Selektionsinstrumente sind Interviews und Wissenslabors. Dabei ist zu berücksichtigen, daß Sein und Können der Kandidaten gleichberechtigt in die Evaluation einbezogen werden. Das Sein betrifft die Persönlichkeitseigenschaften und das Können die Fähigkeiten.

Managemententwicklung ist eine Investition in die Qualität des bestehenden Managements und in die Förderung der Managementtalente, eine Investition in die zukünftige Managementqualität. Die Entwicklung des bestehenden

Managements kann durch eine Mischung eigener und fremdbezogener Ausbildungsangebote geschehen. Die fremdbezogenen Ausbildungsangebote sollten sich vor allem auf neues Managementwissen und auf fachspezifisches Wissen konzentrieren. Der Managementnachwuchs muß zusätzlich zu den Ausbildungsangeboten früh die Gelegenheit erhalten, Eigenverantwortung wahrzunehmen. Die Nachfolgeplanung des Top-Managements muß dabei sehr langfristig angelegt sein, so daß sich der Wechsel der Managementgenerationen fließend vollziehen kann.

Wenn die Selektion rigide, die Qualität des Managements hochstehend und der Nachwuchs vielversprechend sein soll, muß die Organisation sehr erfolgreich in den Talent, Führer- und Managementmärkten agieren und die richtigen Persönlichkeiten ansprechen, die zur Organisation und ihrer Kernideologie passen. Dadurch kann sie die Qualität ihrer Humanressourcen hoch halten. Die Qualität der Humanressourcen hängt dabei sehr eng mit der Fähigkeit der Organisation zusammen, Wissen zu schaffen und zu nutzen. Eine Organisation, die demnach realisiert, daß es Niveaus organisationaler Intelligenz gibt, kann sich daran ausrichten und wird vor allem Wissensarbeiter anziehen. Dazu muß es auf das Wesen von Wissensarbeitern eingehen. Wissensarbeiter sind anders zu führen. Sie

- organisieren ihre Arbeit durch Selbstmanagement,
- weisen eine Produktivität auf, die weitgehend nicht meßbar ist,
- arbeiten in heterarchischen Netzwerken,
- betrachten Geld nicht als Motivator, sondern als Hygienefaktor und
- sind wie ihre Arbeitsinhalte nur sehr schwer zu verstehen.

Wissensarbeiter sind als Mitglieder der Organisation und als Mitunternehmer zu betrachten. Mitglieder sind sie durch die Integrationskraft der Kernideologie, als Mitunternehmer sind sie mit dem notwendigen Freiraum für die Weiterentwicklung ihrer Disziplin auszustatten. Dazu gehören fachliche Unterstützung, qualitative Leistungsbeurteilungssysteme und entsprechende Beteiligungssysteme (finanzielle und soziale Integration).

Wenn Führung vorhanden ist, die Managementqualität und die Qualität der Humanressourcen hoch sind, können diese Voraussetzungen mit Gelegenheiten und mit Instrumenten ergänzt werden, die explizites und implizites Wissen gleichgewichtet berücksichtigen. Wissen, das auf diese Weise geschaffen, gespeichert, genutzt und erneuert wird, kann in alle vier Zyklen einfließen und vermehrt sich innerhalb des Zusammenhangs organisationaler Intelligenz. Damit dies gezielt geschehen kann, muß sich eine Organisation mit seinem Wissensbestand auseinandersetzen. Diese Auseinandersetzung sollte von der Perspektive der Kapazität für Wissensprozesse ausgehen, von der instrumentellen Perspektive (Informations- und Kommunikationssysteme) und von der Perspektive der Relevanz von Wissensgebieten. Ausgehend von der bestehenden Wissensbasis, die jedem Mitglied der Organisation verfügbar sein muß, sollte eine Organisation ausreichende Gelegenheiten eröffnen, um Wissen zu schaffen, zu nutzen und zu speichern. Organisationale Intelligenz bringt dabei neues Wissen aus den Zyklen Kognition und Innovation, sowie aus deren Zusammenwirken hervor. Die Kognition kennt ein umfassendes Instrumentarium. Sie benötigt lediglich die Kapazität, um dieses auch zu nutzen. Die Innovation kennt hingegen kein Instrumentarium, das ihr Eintreten garantiert. Sie verlangt "einfach" nach Kreativität, nach Kapazität, nach sie begünstigenden Strukturen und nach hochgesteckten Zielen. Eigenes explizites und implizites Wissen entsteht in der Organisation durch die Verbindung, durch die Synthese der beiden genannten Quellen Analyse und Hypothese. Instrumente, Vorgehensweisen, Konzepte und Kapazität müssen für die Analyse, für die Hypothesen und Synthesebildung ausreichend vorhanden sein, sonst kann weder eine gestaltende Kognition noch eine fließende Innovation aufrechterhalten werden. Bevor eine Organisation aber beginnt, die Kapazität zu erhöhen, um Wissen zu schaffen, kann es die bestehende Kapazität effektiver nutzen:

- Dadurch, daß innerhalb der bestehenden Kommunikationsräume (Sitzungen, Workshops, Erfahrungsaustauschgruppen) spezifische und konkrete Wissensthemen formuliert werden und das Ziel angestrebt wird, in bezug auf diese Themen, neues Wissen zu schaffen.
- Multimediale Informations- und Kommunikationssysteme erlauben Kommunikationsformen, die zu neuem Wissen beitragen können (Blickkontakt, Bilder, Töne, Filmsequenzen).
- Die Mischung von Teams ist ausschlaggebend für die Wahrscheinlichkeit einer hohen Innovationseffektivität. Durch Diversität der Teammitglieder können konfigurierende Vorstellungen zusammengebracht werden, die zu neuem Wissen führen. Diversität kann kulturell begründet sein. Sie kann die Spezialisierung betreffen, vom kognitiven Stil beeinflußt sein oder von bevorzugten Methodologien ausgehen.

Zusätzliche Kapazität sollte investiert werden in folgende Maßnahmen, die zur Ausweitung der Wissensbasis beitragen:

- Wissensnetzwerke schaffen und zwar innerhalb der Organisation, innerhalb der Branche, mit Kunden und Lieferanten, mit befreundeten branchenfremden Organisationen. Dies soll einerseits in institutionalisierten Räumen (Kundenanlässe, Workshops, Wissensgruppen) und durch das Pflegen von persönlichen Beziehungen geschehen. Die Möglichkeiten des Intranets und des Internets dienen der Unterstützung und Intensivierung solcher Netzwerke.
- Experimentierfelder (Projekte) schaffen, die Spiel- und Testmöglichkeiten bieten. Experimentierfelder sind mit einem bestimmten Zweck zu beauftragen und mit besonderen Kriterien zu versehen, damit sie relevantes Wissen hervorbringen.
- Kapazität von ausgewählten, hochqualifizierten und kreativen Managern und Mitarbeitern frei halten, damit sich diese mit scheinbar Irrelevantem auseinandersetzen können.
- Ausgewählte Stellen, die sich damit auseinandersetzen, Wissen zu schaffen, um diese in autonome Einheiten zu integrieren.
- Verschiedene themenorientierte "think tanks" mit organisationseigenen und außenstehenden Experten bilden.
- Innovationsworkshops institutionalisieren.

- Soziokulturelle Prozesse in der Organisation intensivieren (beispielsweise durch Partys, Event-Arbeitswochenenden, Outdoorworkshops etc.).

Wissen zu schaffen, hängt sehr eng mit dem Vorhandensein von Pioniergeist zusammen. Organisationen, die intensiv neues Wissen schaffen, verhalten sich wie Pioniere. Sie erschrecken nicht vor dem eigenen Mut, haben keine Angst vor dem Alleinsein und sind es gewohnt, sich an sich selbst zu messen. Wenn es einer Organisation gelungen ist, pionierhaft Wissen zu schaffen, steht in der Folge dessen Speicherung und Nutzung im Vordergrund. Beides stellen nämlich kritische Elemente im Versuch dar, Wissen durch Gebrauch zu vermehren. Wissen zu speichern, stellt eine wesentlich größere Herausforderung dar, als oftmals vermutet wird, denn Datenbanken und traditionelle Informationssysteme erfüllen zwar eine wichtige technische Voraussetzung hierfür, speichern sie doch aber nur explizites Wissen. Für die Dynamik einer Organisation ist die Erhaltung des Niveaus organisationaler Intelligenz und die Nachhaltigkeit der Wettbewerbsvorteile durch das implizite Wissen von größerer Bedeutung. Implizites Wissen ist nur in den einzelnen Mitgliedern einer Organisation, in deren Beziehungen und in der Organisationskultur gespeichert. Diese Erkenntnis bestärkt zum einen die Bedeutung der Humanressourcen und wirft ein eher grelles Licht auf die Höhe der Personalfluktuation einer Organisation, die in diesem Zusammenhang als kritische Größe zu beleuchten ist. Sobald diese Größe zu hoch ist, beginnt der Abfluß des impliziten Wissens der Organisation nachhaltig zu schaden. Eine Maßnahme, die den Abfluß von Wissen minimieren kann, ist die fließende Stellenübergabe. Der ehemalige führt den neuen Stelleninhaber ein, indem er mit ihm innerhalb eines gewissen Zeitraums eng zusammenarbeitet. Für das Speichern von explizitem Wissen stehen verschiedene, klassische Instrumente zur Verfügung:

- Dokumente und Weisungen waren immer schon Träger von explizitem Wissen. Notwendig ist jedoch das Bestreben, diese systematisch zu halten und laufend zu optimieren (beispielsweise Stellenbeschreibungen oder Kompetenzregelungen).
- Datenbanken und Informationssysteme speichern vor allem quantitative Elemente expliziten Wissens (beispielsweise über Kunden, Produkte, Konkurrenten). Notwendig ist zudem das Speichern von qualitativen Aspekten, welche die quantitativen Aspekte ergänzen. Wichtige Beispiele sind Experten- und Skills-Datenbanken über die Mitglieder der Organisation. Diese Datenbanken erlauben das Speichern von Wissen über Wissensquellen (beispielsweise Kreativität, Fähigkeiten, Talente, Know-how, fachspezifisches Wissen etc.) und das Anlegen von Wissensportfolios, um damit Wissenslücken der Organisation aufzudecken.
- Ausbildungsinhalte und –konzepte verkörpern ebenfalls Wissen (Unterlagen, Lehrer, Wissen über Lernprozesse) und vermitteln gleichzeitig Wissen. Ihre Gestaltung sollte die neuesten Erkenntnisse über Wissenstransferleistungen berücksichtigen.

Aus der Perspektive organisationaler Intelligenz sind Wissen, Information und Daten so zu speichern, daß sie an jedem Ort innerhalb der Organisation verfügbar gemacht werden können. Das gilt nicht für geschützte oder hochsensible und geheime Daten. Ob diese Verfügbarkeit in der Organisation möglich ist oder nicht, hängt von dessen Informations- und Wissenskultur ab. Diese wiederum ist eine Frage des in der Organisation herrschenden Vertrauens. Eine Maßnahme, die sowohl die Verfügbarkeit des Wissens wie auch die Wahrscheinlichkeit der Speicherung des Wissens und die Intensität der Kognition und Innovation aufrechterhalten kann, ist das Messen der organisationalen Wissensbasis. Die Verfügbarkeit des bestehenden Wissens ist allerdings erst wertvoll, wenn es auch genutzt wird. Aus der Sicht organisationaler Intelligenz wird Wissen vorwiegend genutzt durch Adaption und durch Realisation. Der Vorteil eines hohen Niveaus organisationaler Intelligenz für das Nutzen von Wissen besteht darin, daß ein Inselverhalten einzelner Einheiten eher unwahrscheinlich ist, und politische Macht aufgrund der Authentizität der Werte eine untergeordnete Rolle spielt. Die Organisation ist auch bereit, bestehende Erfolgsrezepte abzulegen. Es besitzt eine starke Vorstellungskraft für neue notwendige Produkte, für neue Konzepte und Vorgehensweisen, für eine neue Interpretation der Werte, für neue Verhaltensmuster und Verhaltenskonstellationen.

Die Grenzen zwischen der Organisation und der Umwelt und die Grenzen unter den autonomen Einheiten sind als poröse Grenzen aufzufassen. Nur auf der Grundlage der Bereitschaft, innerhalb der Organisation grenzenlos zusammenzuarbeiten und auf Chancen außerhalb der Organisation aktiv einzugehen, kann es dazu kommen, daß eine Organisation die Nutzung des vorhandenen Wissens optimiert. Die größte Diskrepanz zwischen Wunschvorstellung und Umsetzung dessen, was an Wissen in der Organisation vorhanden ist, besteht in der Geschwindigkeit der Übertragung von Wissen auf Fähigkeiten. Diese Diskrepanz zu verstehen und zu akzeptieren, ist eine Notwendigkeit für ein Klima, das zum Nutzen des Wissens auffordert und Fehler erlaubt. Die Kontinuität der Beziehungsstrukturen in Organisationen ist daher von großer Wichtigkeit für das Aneignen von Wissen sowie für dessen Umsetzung in Fähigkeiten und Verhaltensmuster. Wiederum kommt der Fluktuation des Personals und der Qualität der Führung hierbei eine besondere Rolle zu. Um Wissen effektiv und schnell zu nutzen, sollte eine Organisation Fähigkeiten entwickeln, Wissen wahrzunehmen und Wissen zu evaluieren, Lerninvestitionen anhand von geeigneten Kriterien zu beurteilen und die Intensität sowie die Wirkung der Kommunikation zu optimieren. Die Kommunikation muß zu einer ausgeprägten Differenzierung zwischen Dialog (Suche nach Antworten) und Diskussion (Evaluation der Antworten) fähig sein, eingebettet in eine Feedbackkultur, also in geschlossenen Zyklen sich abspielen. Für eine starke Nachfrage nach neuem Wissen sorgt ein hohes Aspirationsniveau. Es fördert damit den dynamischen Zusammenhang organisationaler Intelligenz.

3.10 Lenkungsmodi

Für eine hohe Intensität des Schaffens von Wissen sorgen im Konzept organisationaler Intelligenz eine agierende Kognition und eine ganzheitliche Innovation. Für eine hohe Intensität des Nutzens von Wissen sorgen eine proaktive Adaption und eine aktive Realisation. Das Besondere an diesen beiden organisatorischen Aufgaben, Wissen schaffen und Wissen nutzen, ist ihr unterschiedlicher Lenkungsmodus. Die Lenkung von Kognition und Innovation kann nur durch das Vertrauen in die Fähigkeiten der Manager und Mitarbeiter geschehen, daß sie die zur Verfügung stehende Kapazität auch wirkungsvoll nutzen. Der Grund liegt in der Tatsache, daß die Qualität der Ergebnisse von Kognition und Innovation nicht in einem direkten Zusammenhang mit der Qualität der Kognition und der Innovation steht. Ohne gegenseitiges Vertrauen kann keine kreierende Informationskultur entstehen, die Information überall verbreitet und damit zum Schaffen von Wissen beiträgt. Ohne Vertrauen in die Nachfrage nach neuem Wissen verliert Innovation ihre Effektivität, ihre Quellen und ihre soziokulturellen Voraussetzungen. Die Qualität der Ergebnisse der Adaption und der Realisation stehen in einem direkten Zusammenhang mit der Qualität der Adaption und der Realisation. Adaption und Realisation besitzen konkrete, erreichbare Zielgrößen. Die Lenkung von Adaption und Realisation geschieht durch Analyse von Kriterien, sowie Messen der Effektivität und der Effizienz. Die Effektivität der Fähigkeiten (Kernkompetenzen), die erlernt wurden, läßt sich durch die Analyse der Folgen in Relation zu den Absichten (strategische Erfolgspotentiale) messen. Die Effizienz der Realisation lässt sich messen an deren Input/Otput-Verhältnis (Managementerfolgsrechnung oder ROI-Kennzahlen). Zudem kann eine Analyse der Realisation zeigen, ob das Verhalten den intendierten Verhaltensmustern entspricht, und ob der normative Kern getragen wird oder nicht. Der grundsätzliche Unterschied in der Lenkung der Zykluspaare ist einerseits das zur Verfügung stehende Instrumentarium (Vertrauen vs. Controllingsystematik) und andererseits die unterschiedliche Zeitperspektive (ex ante vs. ex post). Für eine agierende Kognition und eine ganzheitliche Innovation sind Vertrauen und eine zukunftsgerichtete Betrachtungsweise conditio sine qua non. Für die Beurteilung einer proaktiven Adaption und einer aktiven Realisation ist Systematik notwendig und eine vergangenheitsbezogene Betrachtungsweise gilt als die einzige Möglichkeit.

Wissen schaffen und Wissen nutzen stehen in einer engen Beziehung zueinander. Damit diese Beziehung für eine Organisation fruchtbar sein kann, muß sie imstande sein, beide Formen der Lenkung parallel zu kultivieren. So gelingt es der Organisation, ihr Niveau organisationaler Intelligenz zu erhalten und weiter auszubauen. Kritische Momente dabei sind das Vertrauen und die Redundanz der Ressourcen. Erst die Redundanz der Ressourcen sorgt für ausreichende Kapazität für den selbstorganisierenden und selbstreferentiellen Zusammenhang organisationaler Intelligenz. Für eine Organisation ist es dabei hilfreich, eine "Logik des Gelingens" zu prägen und zukunftsgerichtete Experimente zu wagen. Neben der Qualität der Humanressourcen und der Managementqualität ist eine ausreichende Kapazität außerhalb der operativen Tätigkeiten und der Tätigkeiten, die Wissen nutzen, eine weitere zentrale Bedingung, damit Wissen geschaffen werden kann. Nämlich Zeit, um wahrzunehmen, zu verstehen, zu denken, zu kommunizieren und um zu experimentieren. Fehlt das Verständnis für diese Besonderheit des Lenkungsmodus organisationaler Intelligenz, besteht zu wenig Kapazität für Kognition und Innovation. Die Zyklen Adaption sowie Realisation beginnen zu dominieren. Erosive Kräfte werden frei, und das Niveau beginnt unweigerlich zu sinken. Die Kognition einer Organisation ist dann von besonderer Bedeutung, wenn es darum geht, zu erkennen, daß Wissen weniger genutzt wird und das Niveau organisationaler Intelligenz zu sinken droht. Erste Anzeichen dafür sind die folgenden:

- **Sättigungseffekt**: Neues Wissen wird nicht mehr gleich schnell umgesetzt.
- **Kreativitätsverlust**: Der Neuigkeitsgehalt geschaffenen Wissens nimmt ab.
- **Skleroseeffekt**: Die Dynamik der Organisation nimmt ab.
- **Humorerosion**: Die Stimmung in der Organisation wird flacher.
- **Imageerosion**: Reaktionen von Kunden oder anderen Stakeholdern.

Fehlt die Kapazität zur selbstreferentiellen Kognition, sinkt das Niveau sogar unbemerkt. Im Bestreben, das bestehende Niveau organisationaler Intelligenz zu erhalten, gehört die Entscheidungsfindung für die Zuordnung von Kapazität und Redundanz zu den ausschlaggebenden Prozessen. Erstens beinhaltet sie die Thematik, wieviele Rekursionsebenen in der Organisation bestehen sollen, die Management zu einer adäquat verteilten Funktion machen. Sie beinhaltet zweitens die Frage, wie die erforderliche Varietät der autonomen Einheiten beschaffen sein muß. Drittens muß sie die Frage berücksichtigen, wieviel Führung die Einheit braucht. Viertens stellt sich die Frage, welche Zyklen organisationaler Intelligenz in Relation zum Zweck der Einheit eine überdurchschnittliche Intensität aufweisen sollen. Fünftens stellt sich die Frage nach den Anforderungsprofilen der Mitglieder der Einheit entsprechend den einzelnen Primäraktivitäten. Für die Beantwortung der fünf Fragen existieren keine Rezepte. Eine problembewußte Planung und Führung im Sinne der Grundlagen des Managements gilt jedoch als eine Voraussetzung. Die Bereitschaft zum Experimentieren auf der Basis des Vertrauens in die Fähigkeiten der Mitglieder der Organisation macht die andere Voraussetzung aus. Außerdem können sich die Antworten auf die zu stellenden Fragen an der Flexibilität der mentalen Modelle und an der Qualität der kognitiven Muster des Managements der autonomen Einheiten ausrichten. Je höher die Flexibilität der mentalen Modelle und die Qualität der kognitiven Muster, desto höher kann die Zuteilung von Kapazität und Redundanz erfolgen. Der Grund hierfür liegt in der höheren Wahrscheinlichkeit, daß in diesen Einheiten neue Kernkompetenzen entstehen. Die größte Sicherheit dafür, daß die eingesetzten Ressourcen im Sinne der Organisation genutzt werden, und das Niveau organisationaler Intelligenz nicht nur erhalten bleibt, sondern gar ausgebaut wird, bietet eine intelligente Organisationskultur.

3.11 Intelligente Organisationskultur

Die Kultur in einer Organisation ist ein System grundlegender Annahmen über die zweckmäßige Art wahrzunehmen, zu denken, zu empfinden und zu handeln. Diese Annahmen prägen gemeinsame Werte und ziehen Verhaltensnormen und -muster nach sich. Sie bilden Rituale und Traditionen und verkörpern sich in Artefakten. In einer Organisation kann es unterschiedliche Kulturen (Subkulturen) geben. Wenn eine höhere organisationale Intelligenz entsteht, erhellen die unternommenen Anstrengungen die alten Prämissen, Überzeugungen und Werte des Managements. Die kognitiven Muster und die mentalen Modelle einer Organisation entwickeln sich. Die Organisationsstruktur, die Qualität des Umgangs mit unternehmerischen Ressourcen und die Ausstattung mit Fähigkeiten passen sich an. Das Verhalten und die Verhaltenskonstellationen in einer Organisation beginnen, sich intensiver zu entwickeln. Die Kreation von organisationaler Intelligenz ist ein solcher kulturentwickelnder Prozeß. Das Ziel dieses Prozesses ist das Schaffen einer Organisationskultur, welche so ausgeprägt ist, daß sie die in einer Organisation bestehende organisationale Intelligenz nutzt und die soziokulturellen Voraussetzungen dafür schafft, damit das Niveau organisationaler Intelligenz erhalten bleibt und sich in der Folgezeit weiter erhöhen kann. Der lohnenswerteste Denkansatz zur Kultur besteht darin, diese als den gesammelten gemeinsamen Wissensvorrat einer bestimmten Gruppe zu betrachten, der sich auf sämtliche, verhaltensmäßigen, emotionalen und kognitiven Elemente der psychologischen Arbeitsweise aller Gruppenmitglieder erstreckt. Die Beschaffenheit der Kultur ist wahrscheinlich die entscheidende Größe im Bestreben einer Organisation, intelligenter zu werden beziehungsweise zu bleiben.

Damit das Management das Verhalten von Gruppen, von autonomen Einheiten oder von ganzen Organisationen wahrnehmen kann und die richtigen Prioritäten in der Organisationsführung findet, muß es ein Verständnis für Organisationskultur besitzen. Diese Funktion, welche die kognitiven Muster einer Organisation prägt, erfüllt die Organisationskultur aus zwei verschiedenen Zweckperspektiven:

- Anpassung und Überleben im äußeren Umfeld.
- Integration der organisationsinternen Prozesse, damit die anhaltende Fähigkeit zum Überleben und zur Anpassung gewährleistet werden kann.

Die Kultur einer intelligenten Organisation schafft durch ihre Ausrichtung an einer stabilen Kernideologie Integrationskraft und nutzt die Dynamik der Organisation, um sich selbst zu entwickeln, damit die Zweckmäßigkeit ihrer kognitiven Muster und mentalen Modelle aufrechterhalten bleibt. Sie entwickelt sich durch die Veränderung bestehender Annahmen, sobald sie erkennt, daß diese nicht mehr optimal geeignet sind, um die Kernideologie konsequent zu verfolgen. Sie entfaltet eine starke Nachfrage nach neuem Wissen und unterstützt die Anpassung der Strukturen und das Erarbeiten von Voraussetzungen. Sie erlaubt einer Organisation damit beispielsweise potentielle Kundenprobleme zu erkennen, neue Kernkompetenzen aufzubauen, bestehende weiterzuentwickeln und dabei Erfolgspotentiale zu nutzen. Eine intelligente Organisationskultur treibt eine Organisation zu den notwendigen Anpassungen an ihr Umfeld und erlaubt ihr, dieses mitzugestalten oder gar zu wechseln. Die Entwicklung einer erwünschten Kultur einer Organisation dauert länger als das Entdecken der Kernideologie, das Bilden von rekursiven Strukturen, das Verändern des unternehmerischen Umgangs mit Ressourcen und das Aneignen der erforderlichen Fähigkeiten zusammengenommen. Bis sich die intendierte Organisationskultur in den meisten Verhaltenskonstellationen durchgesetzt hat, vergehen in einer größeren Organisation mindestens zehn Jahre. Dieser lange Zeitraum setzt die Fähigkeit des Managements voraus, nicht vom Weg abzukommen. Kulturpflege und Kulturentwicklung sind Daueraufgaben des Managements. Kulturentwicklung ist ein eigentlicher Gruppenbildungsprozeß, der durch das Streben nach Integration auf der Grundlage der menschlichen Bedürfnisse nach Stabilität, Sicherheit, Konsistenz und Sinn beruht. In einer Organisation sieht er sich begleitet von einem bewußten oder unbewußten Lehrprozeß des Managements. Organisationskulturen entspringen grundsätzlich drei Quellen, die je nach Alter der Organisation unterschiedlich dominieren:

- Überzeugungen, Prämissen und Werte der Organisationsgründer.
- Lernerfahrungen der Gruppenmitglieder im Verlauf der Organisationsentwicklung.
- Neue Überzeugungen, Werten und Prämissen, die von neuen Mitgliedern und Führungspersönlichkeiten stammen.

Aus der Perspektive organisationaler Intelligenz ist der Auslöser der Entwicklung einer intendierten Organisationskultur die explizite Formulierung der Kernideologie. Das Management hat dabei ein gemeinsames mentales Modell geschaffen und beginnt dieses durch die Kernideologie zu vermitteln. Das Vermitteln der intendierten Kultur bedient sich dabei zweier Mechanismen: Verankerungsmechanismus beziehungsweise Artikulierungs- und Bekräftigungsmechanismus. Beide sind vielfältig. Der erste Mechnismus nutzt die Tatsache, daß sich Menschen an Menschen orientieren, und der zweite Mechanismus paßt die Elemente an, welche die Organisation konstituieren. Der Verankerungsmechanismus beinhaltet, daß Führungspersönlichkeiten regelmäßig das beachten, beurteilen und kontrollieren, was zur Essenz der Kernideologie gehört (beispielsweise die Entwicklung des Wissens und der Fähigkeiten innerhalb der Organisation). Entscheidend ist, ob die Reaktion des Managements auf problematische Ereignisse und sein Verhalten in Krisen mit der Kernideologie konsistent ist, und ob die Kriterien der Zuteilung knapper Ressourcen mit den geäußerten Werten übereinstimmen. Zum wichtigsten zählt daher das Ausüben einer bewußten Vorbildfunktion des Managements, das Überwachen der Kriterien für Belohnungen und Status, sowie die Definition der Kriterien für Einstellung, Auswahl, Beförderung oder Ausschluß von Organisationsangehörigen. Der Artikulierungs- und Bekräftigungs-mechanismus gestaltet die Struktur der Organisation (rekursive Struktur) und die Managementsysteme (beispielsweise ein System, das die Entwicklung des Wissens in der Organisation mißt) entsprechend der Kernideologie. Unpassende Rituale und Bräuche werden durch zweckmäßige abgelöst, die Architektur und die

Innenarchitektur erfahren eine Veränderung und damit unweigerlich eine Geschichte. Legenden und Mythen werden vermittelt und offizielle Aussagen zur Philosophie erhoben, zu den Werten addiert und zum Zweck der Organisation verbreitet. Eine neue Organisationskultur trägt neue gemeinsame Werte sowie neue Verhaltensnormen und entwickelt passende Artefakte. Zudem basiert sie auf bestimmten grundlegenden Prämissen. Die vier genannten Elemente bilden die verschiedenen Ebenen einer Organisationskultur. Sie unterscheiden sich in ihrem Grad an möglicher Sichtbarkeit und in ihrem Grad an Veränderbarkeit. Auf der tiefsten Ebene der Kultur in einer Organisation stehen die grundlegenden Prämissen. Sie sind verankert im gemeinsamen mentalen Modell. Auf einer ebenfalls tiefen Ebene befinden sich die gemeinsamen Werte einer Gruppe von Menschen, die auch bestehen bleiben, wenn die Mitglieder dieser Gruppe wechseln. Diese Werte sind nicht sichtbar und ihre Verhinderung gilt damit als außerordentlich schwer. Nicht nur, weil Werte dominant sind, sondern vor allem, weil sich die Organisationsmitglieder der Werte, die sie zusammenhalten, nur teilweise bewußt sind. Das kann zum Beispiel Innovationslust sein, das Interesse an Kunden oder einfach das mehr oder weniger schwer verdiente Geld. Die dritte Ebene ist die der Repräsentation der Kultur. Sie enthält die Verhaltensnormen und Verhaltensmuster in einer Organisation, die von neuen Angestellten "automatisch" übernommen werden. Verhaltensnormen betreffen zum Beispiel die Art, wie gearbeitet wird, wie man mit Kunden oder Mitarbeitern umgeht und wie man sich kleidet. Diese Ebene zu verändern, ist einiges leichter als die tiefer verankerte Ebene der Werte und der Prämissen. Dennoch ist sie immer noch eine große Herausforderung für das Management. Am sichtbarsten und am einfachsten zu verändern sind die Artefakte. Sie bilden die Elemente der Organisation, die von ihren Mitgliedern geschaffen wurden. Sie betreffen die Struktur, die Systeme, die Architektur, Rituale und Mythen. Das Ablösen von alten durch neue Artefakte ist ein starkes Zeichen dafür, daß sich etwas verändert und unterstützt die Dynamik der verändernden Kräfte. Wie der innere Realisationszyklus organisationaler Intelligenz bereits zeigte, besteht zwischen den Ebenen Werte, Verhalten und Artefakte eine sehr enge Koppelung. Sie bilden gemeinsam Verhaltenskonstellationen und beeinflussen einander gegenseitig. Je offener dabei die Verhaltenskonstellationen für Neues sind, desto einfacher kann es sein, unzweckmäßige Prämissen zu ersetzen und die Kultur zu verändern. Kulturentwicklung stellt ein besonders komplexes Managementproblem dar, weil die Kultur dabei sowohl Zweckursache als auch Wirkursache ist. Diese Eigenschaft der Kultur erklärt auch, warum manchmal der Austausch von Mitgliedern des Managements notwendig ist, um neue dynamische Kräfte in einer Organisation entstehen zu lassen. Ausgehend von der bestehenden Organisationskultur löst das Top-Management einen Lehr- und Lernprozess aus, der neue Verhaltensregeln deklariert und neue Verhaltensmuster zum Ziel hat. Wenn diese Verhaltensmuster erlernt worden sind, müssen sie zuerst beweisen, daß sie erfolgreicher sind als die vorangehenden, sonst erfolgt ein Rückfall in der Entwicklung, hin zu den alten Prämissen und Werten. Hat sich der Erfolg bewiesen, kommt es hingegen zur definitiven Verankerung der intendierten Werte und zu einer neuen Kultur. Die grundlegenden Prämissen ändern sich. Das Management steht dann ganz unter dem Einfluß der neuen Kultur. Als mögliche Hindernisse im Kulturentwicklungszyklus offenbaren sich vor allem die drei folgenden:

- Widersprüche im Verhalten des Managements.
- Nichtzustandekommen der für das Verhalten notwendigen Fähigkeiten in der Organisation.
- Fehlende Transparenz des Erfolges.

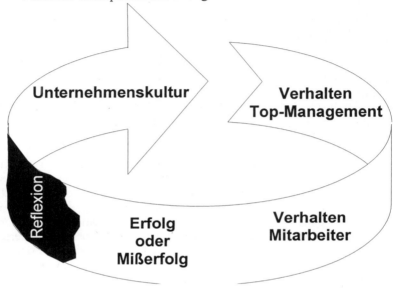

Abbildung 3-10 : Kulturentwicklungsprozeß

Die Transparenz des Erfolges der neuen Verhaltensmuster zu gewährleisten, ist Aufgabe der Wertmanagementsysteme in der Organisation. Wenn der Versuch, die Realisationsfähigkeit zu steigern, bewußt und parallel mit der Entfaltung der weiteren erforderlichen Fähigkeiten organisationaler Intelligenz geschieht (Kognition, Adaption, Innovation), ist die Wahrscheinlichkeit groß, daß sich die Organisation die notwendigen Fähigkeiten aneignen kann. Damit im Verhalten des Top-Managements keine grundsätzlichen Widersprüche aufkommen und die dynamischen Kräfte der Kulturentwicklung selbst blockieren, muß dieses über seine grundlegenden Prämissen einen Konsens besitzen. Prämissen sind grundlegende Annahmen, aus deren Zusammenhang die Werte einer Kultur und die Verhaltensnormen hervorgehen. Bei gleichen Werthaltungen können aus unterschiedlichen Prämissen unterschiedliche Verhaltensmuster hervorgehen. Das erklärt, warum verschiedene Organisationen mit einer ähnlichen Kernideologie, ein ganz unterschiedliches Verhalten in Kundenbeziehungen oder am Markt aufweisen können. Ein Konsens des Top-Managements über die grundlegenden Prämissen ist notwendig. Ohne Konsens entstehen keine gemeinsamen Interpretationen des normativen Kerns der Organisation, und keine Integrationskraft kann aufgebaut werden. Erst der Konsens über die grundlegenden Prämissen weist den Weg zu einem nachhaltig gemeinsamen mentalen Modell. Dieses mentale Modell sorgt für ein gemeinsames kognitives Muster und zu einem mit den in der Kernideologie geäußerten Werten konsistenten Verhalten. Dadurch wird das wohl kritischste Hindernis in der Kulturentwicklung überwunden. Die Prämissen zeichnen sich dadurch aus, daß sie als selbstverständlich vorausgesetzt werden und daher eher unbewußt sind. Sie äußern sich in Gefühlen, Wahrnehmungen, Intuitionen und Gedanken. Sie fließen in die Suche nach einer Vision ein, in das Finden von Strategien, in die Formulierung von Zielen, in die Wahl und den Einsatz der Ressourcen sowie in die Bewertung und das Treffen von Korrekturmaßnahmen. Dieses Nichtbewußtsein unterschiedlicher Prämissen, die unvereinbar sein können, wenn Menschen unterschiedlicher Kulturkreise miteinander zu arbeiten beginnen, sind Ursachen für das Scheitern einer Kulturentwicklung, aber auch für das Scheitern von Kooperationen. Das Management muß Gelegenheiten schaffen, um sich der Prämissen seiner individuellen mentalen Modelle und seines gemeinsamen mentalen Modells bewußt zu werden. Eine intensive Auseinandersetzung mit dem Thema organisationaler Intelligenz (beispielsweise im Diagnoseprozes und bei der Formulierung der Kernideologie) gibt den Prämissen der einzelnen Mitglieder des Managementteams die Gelegenheit, transparent und explizit zu werden. Die Grundprämissen, welche das gemeinsame mentale Modell des Managements prägen, lassen sich in fünf Kategorien strukturieren. Diese einzelnen Kategorien üben aufeinander einen gegenseitigen Einfluß aus und bilden ein Prämissensystem von Wirklichkeit und Wahrheit, Zeit und Raum, Mensch, Handlungen und Beziehungen.

Jede dieser Kategorien kann Annahmen beinhalten, die für die organisationale Intelligenz mehr oder weniger zweckmäßig sind. Die Zweckmäßigkeit der Annahmen entscheidet über die Qualität des Zusammenhanges organisationaler Intelligenz, denn sie verkörpern das in der Organisation am tiefsten kulturell verankerte Wissen mit einem Einfluß auf alle vier Zyklen. Es darf nicht der Eindruck entstehen, die Kombination dieser Prämissen zu einem Prämissensystem des Top-Managements sei einfach machbar. Auch nach einer Formulierung der Kernideologie und nach angemessenen Kommunikationsanstrengungen liegt das System noch nicht explizit vor und ist garantiert nicht konsistent. Vor der Konsistenz, die erst nach einem langandauernden Interaktionsprozess entstehen kann, kommen das gegenseitige Verständnis, die Konsensfindung und die Interaktionsregeln. Diese sind die wichtigsten Voraussetzungen eines relativ homogenen Managementverhaltens. Der anzustrebende zwingende Konsens innerhalb des Top-Managements bezieht sich nur auf die Grundprämissen und auf die Kernideologie. Wenn der Konsens erst gefunden ist, trägt er zur weiteren Verankerung der Kernideologie in der Organisation bei. Konsistenz innerhalb des Prämissensystems kann jedoch nur entstehen, wenn strukturelle Stabilität der Beziehungen besteht. Diese wird gewährleistet durch Aufrechterhalten einer Kontinuität von Qualität der Führungskräfte.

Die Annahmen über Wirklichkeit und Wahrheit definieren, was materiell und gesellschaftlich wirklich ist, was Tatsachen sind und was nicht. Es sind drei Wirklichkeiten zu unterscheiden: die externe materielle Wirklichkeit, die soziale Wirklichkeit und die individuelle Wirklichkeit. Die externe materielle Wirklichkeit läßt sich objektiv, analytisch und logisch ergründen. Die soziale

Wirklichkeit unterliegt dem allgemeinen Konsens einer Gruppe oder einer Gesellschaft. Die individuelle Wirklichkeit umfaßt das Wissen aus eigener Erfahrung, das für den Betreffenden oft die Qualität absoluter Wahrheit besitzt. Organisationale Intelligenz verlangt nach einem Bewußtsein dafür, daß die Realität ein Dreigespann aus individueller Erfahrung, sozialer Gestaltung und materieller Existenz ist. Sie pflegt einen pragmatischen Umgang mit der Realität. Am bedeutendsten ist der gestaltende Umgang mit der sozialen Wirklichkeit, denn der Großteil der Aktionsbereiche einer Organisation besteht aus Lebensbereichen, deren objektive Ergründung nicht für möglich gehalten wird. Eine agierende Kognition der sozialen Wirklichkeit ist verantwortlich dafür, daß eine Organisation mit Unsicherheit umgehen kann und weniger emotionale Reaktionen in Entscheidungsprozesse einfließen läßt. Eine gestaltende Interpretation läßt keine große Bedeutung von unzweckmäßigen Routinen und Traditionen zu, und kann so effektiver mit Ambivalenz umgehen. Die Fähigkeit einer Organisationskultur, in turbulenten Zeiten mit Ambivalenz und Unsicherheit konstruktiv umzugehen, ist ein zentraler Bestandteil der Anpassungsfähigkeit einer Organisation. Diese Fähigkeit geht von einem gemeinsamen Verständnis dessen aus, was Wissen ist und daß es entweder durch empirische Tests mit sozialer Konsensfindung, oder einfach durch individuelle Erfahrung geprüft werden kann (vgl. von Krogh/Ross 1996). Die Annahmen, welche die Orientierung in Zeit und Raum definieren, sind vielfältiger als es auf den ersten Blick scheint. Die Zeit orientiert sich an verschiedenen Punkten auf dem Zeitstrahl (Vergangenheit, Gegenwart, nahe Zukunft oder ferne Zukunft), und daran, wie sie genutzt werden kann. Der Raum hingegen hat nicht nur eine materielle Bedeutung als Aufenthalts- und Arbeitsort, sondern auch eine soziale Bedeutung und Symbolkraft. Und zudem beeinflußt er das Verhalten. Monochrom bedeutet, daß Zeit ein Band darstellt, das in beliebig viele Stücke teilbar ist, die nacheinander vergehen. Die Zeit ist eine wertvolle Planungseinheit, mit der man sparsam umgeht und die einfach "davonlaufen" kann. Der Zeitrahmen dominiert das Verhalten, und im Mittelpunkt steht die Erfüllung einer Aufgabe. Polychron ist der Umgang mit Zeit, wenn sie nicht Ressource, sondern ein vorhandenes Medium ist, in dem sich verschiedene Ereignisse gleichzeitige abspielen: Genauigkeit oder Gewißheit kommen in diesem Zeitverständnis nicht vor. Im Mittelpunkt stehen Beziehungen zwischen Menschen. In einer Organisation führt monochromer Umgang zu Zuverlässigkeit und Schnelligkeit und polychroner Umgang zu Multitasking, Kreativität und guten Beziehungen. Organisationale Intelligenz orientiert sich an der nahen und mittleren Zukunft und versteht es, mit der Zeit pragmatisch monochrom und polychron umzugehen. Sie nutzt den Raum funktional. Er muß synomorph mit den intendierten stehenden Verhaltensmustern sein. Die Vielfalt der möglichen Annahmen über das Wesen des Menschen ist sehr groß. In westlichen Kulturen wird es vorwiegend als komplex, formbar und wandelbar angesehen. Organisationale Intelligenz geht vom westlichen Menschenbild aus und sieht den Menschen in einem Spannungsfeld zwischen seinen anthropologischen Konstanten (mentale Trägheit, Interpretationsbedürfnis, konservative Tendenzen und die Suche nach Sicherheit und Gewißheit) und seiner mehr oder weniger ausgeprägten Tugend, diese Konstanten zu bekämpfen. Das Top-Management ist sich einig über das konkrete

Menschenbild. Es betrachtet seine Mitarbeiter aus einer gemeinsamen Perspektive, pflegt einen im Grundsatz gleichen Führungsstil, gestaltet entsprechende Zielfindungs-, Planungs- und Kontrollsysteme und schafft Anreize seinem Menschenbild entsprechend. Die Annahmen darüber, welche Handlungen des Managements und der Mitarbeiter angemessen sind und welche nicht, können in einer Organisation auseinandergehen. Entweder orientiert sich Angemessenheit an der Tat (Machbarkeitsglaube), an der Ohnmacht (Fatalismus) oder an den Entwicklungsmöglichkeiten. Aus der entsprechenden Orientierung ergibt sich je eine spezifische Haltung zur Umwelt und zur Arbeit. Organisationale Intelligenz orientiert sich an Entwicklung und an der Tat. Die Umwelt wird als beeinflußbar betrachtet. Das Management ist sich einig über die Rolle der Arbeit im Leben, damit in der Organisation keine Enttäuschungen und Konflikte im Zusammenspiel mit den anderen Rollen jedes Individuums aufkommen (beispielsweise Familie und Interessen). Die Prämissen über das Wesen menschlicher Beziehungen stellen den Kern einer Kultur dar. Ohne Konsens über diese Prämissen entsteht keine Kultur. Sie bestimmt, ob der Individualismus (Arbeitsteilung, Einzelverantwortung und Erhaltung von Machtstrukturen) oder die Gruppe (Kommunikation, Zusammenarbeit und Engagement) in der Organisation dominieren soll. Organisationale Intelligenz definiert das Team (im Gegensatz zur Gruppe) und den Individualismus als richtige Beziehungsform, je nach Funktionalität und Zweckmäßigkeit. Im Vordergrund steht die Kooperationsbereitschaft jedes Mitarbeiters und Managers, aber auch der Verzicht auf Konformismus. Nachdem die Aussagen zu den grundlegenden Prämissen gemacht wurden, wären Aussagen zu den konkreten Inhalten von Werten zu erwarten. Diese Aussagen erfolgen allerdings nicht. Der Grund liegt darin, daß deren Inhalte von den Eigenheiten der Organisation abhängig sind. Das wichtigste Kriterium ist dabei die Authentizität. Insgesamt zeigt sich, daß Organisationskulturen einen signifikanten Einfluß auf den langfristigen finanziellen Erfolg einer Organisation ausüben können. Organisationskulturen, welche den langfristigen Erfolg von Organisation behindern, sind nicht selten. Sie entwickeln sich leicht, sogar in solchen Organisationen, die voll von intelligenten Mitarbeitern sind. Obwohl es eine außerordentliche Herausforderung darstellt, können sich Organisationskulturen verändern, um den Erfolg einer Organisation stärker zu unterstützen. Kulturen, die den finanziellen Erfolg einer Organisation langfristig unterstützen, sind weder starke Kulturen noch Kulturen, die sich durch die Anpassung an die Strategie oder an die Struktur einer Organisation auszeichnen. Erfolgreiche Organisationskulturen zeichnen sich aus durch ihre Adaptivität, ihre Fähigkeit zur Anpassung an das Umfeld, in dem sie wirken. Diese Kulturen sind demnach geprägt durch einen normativen Kern und durch Führung. Der Inhalt des normativen Kerns konzentriert sich auf die gleichzeitige Erfüllung der Bedürfnisse der drei Anspruchsgruppen Kunden, Mitarbeiter und Aktionäre. Die Führungskräfte richten ihre Aufmerksamkeit auf die Interessen der drei Anspruchsgruppen mit der authentischen Absicht, deren Bedürfnisse optimal zu befriedigen. Sobald sich das Umfeld verändert, nimmt das Top-Management dies wahr und sorgt durch Führung für die schnelle Anpassung des Verhaltens in der Organisation und für die Realisation der notwendigen Strategien, um die Effektivität der Bedürfnisbefriedigung aller drei Anspruchsgruppen zu erhalten oder zu erhöhen. Adaptive Organisationskulturen können sehr schnell auf Veränderungen in der Umwelt reagieren. Besonders erfolgreiche Organisationen orientieren sich zwar an einem normativen Kern, doch erstens in enger ideologieähnlicher Verbindung mit seinem Zweck und zweitens nicht alle mit demselben Inhalt, aber alle mit authentischem Inhalt. Diese authentische Kernideologie mit zeitloser Gültigkeit setzt der Adaptivität Grenzen, ist aber zugleich ihr Ursprung. Denn Führung bezieht die Legitimation auf jeder Ebene der Organisation aus der Kernideologie und ordnet ihr die Gestaltung der ganzen Organisation unter. Das kompromißlose "glühende" Verfolgen der Kernideologie führt zu "kultähnlichen" Organisationskulturen, die sich in Indoktrination, in engen Werthaltungen und in Elitarismus äußern.

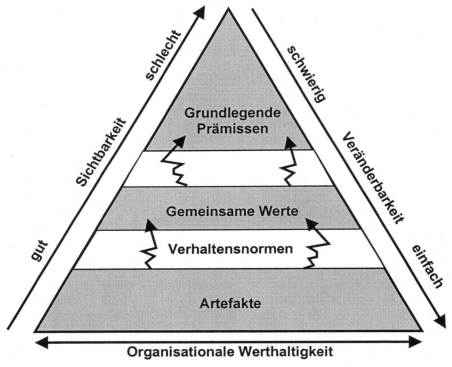

Abbildung 3-11 : Kulturelle Ebenen

Die Kernideologie innerhalb der Organisation ist die Referenzgröße der dynamischen Kräfte einer Organisationskultur. Die Kernideologie ermöglicht, daß eine Organisation Ambiguität und Unsicherheit als Gestaltungsfreiraum nutzt. Sie ist es auch, die scheinbar vorhandene Dichotomien auflöst. Neben dem Ausgleich der Interessen aller Anspruchsgruppen in Form von Anpassungen an den Wandel in der Umwelt, sorgt eine authentische Kernideologie für die organisatorische Eigendynamik. Diese Eigendynamik in Verbindung mit der Adaptivität ist es, die eine Organisation befähigt, sich nicht nur an ihr Umfeld anzupassen, sondern dieses auch aktiv mitzugestalten. Es läßt sich daraus folgern, daß sich intelligente Organisationskulturen in der Praxis kultähnlich in bezug auf die Kernideologie und adaptiv in bezug auf ihr Umfeld, auf die Lenkung, Gestaltung und Entwicklung der gesamten Organisation auswirken. In rekursiven Strukturen bilden sich daher je nach Umfeld unterschiedliche Subkulturen, die zwar die Kernideologie genauso intensiv verfolgen wie die Organisationskultur und daraus ihre Kohäsionskraft generieren, aber aufgrund ihrer unterschiedlichen Umfelder für die Organisation eine Quelle von Ambiguität und kreativem Chaos darstellen. Die Kultur einer intelligenten Organisation trägt damit erstens durch ihre Eigenschaft der kultähnlichen Adaptivität und zweitens durch die Verschiedenheit der Rollen, Prämissen und Verhaltensnormen in ihren Subkulturen zur Erhaltung oder Erhöhung des Niveaus organisationaler Intelligenz bei. Die Prämissen können sich zwischen autonomen Einheiten unterscheiden. Die Grundprämissen im Managementteam einer autonomen Einheit sollten jedoch einen Konsens aufweisen. Je verschiedener die Subkulturen sind, desto intensiver muß die Kommunikation zwischen diesen Subkulturen sein, damit sie die Unterschiede in ihren Prämissen verstehen und gegenseitig akzeptieren können.

4 Die Organisation als lernende Organisation

Die lernende Organisation avanciert immer mehr zum Trendsetter der Managementlehre und des Managements. Einerseits klingt dies eher etwas abwertend, denn anscheinend versteht jeder etwas anderes unter einer solchen, wie auch immer gearteten, Organisation. Die Variationsmöglichkeiten sind fast so zahlreich wie die bisher zu diesem Thema erschienenen Veröffentlichungen. Andererseits ist dieser Trend aber auch positiv zu bewerten, da es den Bedarf nach einer für das Wissenszeitalter adäquaten Managementkonzeption zeigt.

4.1 Theorie und Forschung zur lernenden Organisation

In diesem Abschnitt wird zunächst der aktuelle Stand der Theorie zur lernenden Organisation beschrieben. In Anlehnung an die Erkenntnisse aus der Wissenschaftstheorie werden zunächst die relevanten Begriffe eingeführt, um dann im Anschluß auf den Stand der Theorie, Technologie und Philosophie einzugehen.

4.1.1 Begriffslehre

Eine einheitliche und streng formale Theorie der lernenden Organisation existiert bis zum heutigen Zeitpunkt nicht. Zu stark divergieren die einzelnen Definitionsversuche bezüglich der Begriffe der lernenden Organisation und des organisationalen Lernens. Jedoch stellt der Begriff des organisationalen Lernens die Grundlage der Theorie zur lernenden Organisation dar. Insofern wird in diesem Buch von einem eigenständigen Begriff des organisationalen Lernens dann gesprochen, wenn folgende Aspekte gegeben sind: Individuelles und insbesondere auch kollektives Lernen darf nicht mit organisationalem Lernen gleichgesetzt werden, Organisationales Lernen darf ebenso nicht mit der Summe der individuellen und kollektiven Lernprozesse der Organisationsangehörigen gleichsetzt werden. Da insbesondere in der Anfangsphase der organisationalen Lerntheorie ein eigenständiger organisationaler Lernbegriff nicht anzutreffen war, sieht man sich bei der Findung eines allgemein akzeptierten Begriffs zahlreichen (Fehl)versuchen von Definitionen ausgesetzt. So sieht eine Gruppe von Autoren im Begriff des organisationalen Lernens lediglich eine Art Metapher. Im Gegensatz zu dieser eher destruktiven Auffassung, die eine eigenständige Begriffsbildung und damit in der Folge eine eigenständige Theorie der lernenden Organisation von vorne herein zum Scheitern verurteilt, gibt es eine Reihe von Autoren, die es als durchaus gerechtfertigt ansehen, einen eigenständigen organisationalen Lernbegriff zu entwickeln. Dabei gab es die ersten aussichtsreichsten Versuche einer Begriffsbildung zum Phänomen des organisationalen Lernens in einem Bereich, der heutzutage gerne unter dem Oberbegriff des "adaptive learning" in Anlehnung an die zugrundeliegende behavioristische SR-Lerntheorie zusammengefaßt wird. Aufgrund seiner ausschließlichen Konzentration auf das Anpassungslernen, das heute selbst in der individuellen Lerntheorie von anderen Wissenschaftsprogrammen abgelöst wurde, ist dieser Ansatz in der aktuellen Forschung zur organisationalen Lerntheorie jedoch eher als unbedeutend einzustufen. Ein weiterer Bereich organisationaler Lerntheorien umfaßt den Bereich der Organisationskulturansätze. Der gemeinsame kulturelle Hintergrund, der durch die Organisation vorgegeben wird, beeinflußt dabei nach dieser Auffassung entweder direkt oder indirekt jede Art von organisationalem Lernprozeß. Die Organisationsmitglieder lernen und handeln aufgrund von Annahmen, die sich aus der Organisationskultur heraus im Laufe der Zeit entwickelt und gefestigt haben. Damit ist sicherlich eine gewisse Nähe zu individuellen sozialen Lerntheorien gegeben, zumal das gesamte Gebäude dieser Annahmen, sowohl des Individuums als auch die Organisation betreffend, als Alltagstheorie bezeichnet wird. Ein anderer Bereich der organisationalen Lerntheorie konzentriert sich auf das Management der Organisationsressource Wissen und basiert im wesentlichen auf der individuellen kognitiven Lerntheorie. Das gesamte Wissen, das einer Organisation bei Lernprozessen zur Verfügung steht, wird unter dem Modell der organisationalen Wissensbasis zusammengefaßt. Das dadurch gewonnene Verständnis organisationaler Lernprozesse als Veränderung der organisationalen Wissensbasis läßt sich dann praktisch unter dem Oberbegriff "Wissensbasisentwicklung" zusammenfassen. Wissen kann dabei als "Verstehen" durchaus etwas weiter gefaßt werden. Organisatorisches Lernen besteht demnach zum einen darin, daß latentes Wissen beschafft, beziehungsweise durch den Abbau von Informationspathologien verfügbar gemacht wird. Dieses Wissen wird dann in organisatorische Entscheidungsprozesse eingebracht. Organisatorisches Lernen kann sich zum anderen darin zeigen, daß sich aktuelles Wissen in der Organisation verändert, das heißt, in einem bestehenden Rahmen (Kultur, Kontext, Sinnmodell etc.) verbessert wird. Organisatorisches Lernen kann sich in der Weiterentwicklung organisationalen Wissens manifestieren, wobei es zu einer Evolution der organisationalen Wissensbasis und in der Folge, beziehungsweise als Resultat davon, ein Übergang auf eine höhere Entwicklungsstufe (Sinnmodell) möglich ist.

4.1.2 Theorien

Die Theorien zur lernenden Organisation bestehen derzeit aus einer großen Anzahl von Bruchstücken, die jeweils einen ganz bestimmten, durch die verwendeten Begriffe und den angestammten Wissenschaftszweig determinierten Bereich beschreiben. In allen diesen Ansätzen nehmen individuelle Lernprozesse eine zentrale Stellung für das Modell der lernenden Organisation ein. So geht ein früher Ansatz von einer Art Anpassungslernen der Organisation aus. Organisationen passen sich nach diesem Ansatz in kleinen Schritten den vorangegangenen Umfeldveränderungen an. Die Umfeldveränderungen können deshalb als Stimuli gesehen werden, auf die die Organisation entsprechend reagiert. Diese Reaktion erfolgt in Form einer Anpassung

- der **Ziele**: beispielsweise aufgrund des ausgeübten Druckes von stakeholdern (Anspruchsgruppen),
- der **Aufmerksamkeit**: beispielsweise auf spezielle Umfeldsegmente, die eine höhere Bedeutung für das Überleben der Organisation haben als andere,
- des **Problemlösungsverhaltens**: beispielsweise im Selektieren erfolgreicher Lösungsverfahren aus der Vergangenheit.

Argyris verwendet zur Umschreibung des organisationalen Lernprozesses den Begriff der "organisationalen Handlungstheorie". Dabei geht er davon aus, daß jeder einzelne Mensch im Laufe seines Lebens programmhafte Muster entwickelt. Diese Programme bestehen aus subjektiven Werten, Regeln und Gesetzmäßigkeiten. Als solche tragen sie nicht nur dazu bei, das Verhalten und Handlungen gezielt festzulegen, sondern sie helfen außerdem, das Verhalten und die Handlungen Dritter zu interpretieren. Diese Muster sind demzufolge als allgemeine Handlungstheorien aufzufassen. Sie können in zwei wahrnehmbaren Formen auftreten:

- die nach außen hin verkündete Handlungstheorie: Sie wird auch als offizielle Handlungstheorie bezeichnet. Sie umfaßt die Prinzipien, Leitlinien, Ziele und Absichtserklärungen eines Individuums oder einer Organisation.
- die tatsächlich im Gebrauch befindliche Handlungstheorie: Auf sie wird meist in Streßsituationen des Alltags zurückgegriffen, da in diesen Situationen nicht die Zeit bleibt, sich über die nach außen hin verkündete Theorie bewußt zu werden. Diese Theorie kann deshalb in einem enormen Widerspruch im Vergleich zu der anderen Theorie stehen und damit zu Glaubwürdigkeitsverluste in der Öffentlichkeit führen. Die wenigsten Individuen und Organisationen sind sich dieser Tatsache im vollen Umfang bewußt.

Eine Kernvoraussetzung für das Erkennen dieser Widersprüche zwischen den einzelnen Theorien und damit dem Initiieren sowohl individueller als auch kollektiver Lernprozesse ist Offenheit und Unvoreingenommenheit der beteiligten Individuen. Erst bei Erfüllung dieser Voraussetzungen werden dann bewußt intendierte Lernprozesse ausgelöst. Das neue Wissen wird erst am Ende des Lernprozesses bewußt wirksam und beispielsweise in Form eines strategischen Plans als Verhaltensänderung der gesamten Organisation nach außen hin sichtbar. Allerdings sind die Widerstände in der Organisation gegenüber solchen Neuorientierungen oftmals sehr stark ausgeprägt, so daß neues Wissen häufig nur in Krisensituationen oder mit Unterstützung eines externen Beraters durchgesetzt werden kann. Im ersten Fall bestehen in Organisationen bereits informelle Theorien, die sich in krisenhaften Situationen in den Vordergrund schieben. Im zweiten Fall wird mit Hilfe einer Prozeß-, Lern- oder Systemberatung versucht, bestehende Abwehrhaltungen aufzubrechen, beziehungsweise zu lockern. Damit werden unweigerlich auch Fragen der Organisationskultur angesprochen. Die Organisationskultur besteht aus der

Gesamtheit aller Annahmen, die sich durch kollektive Lernprozesse im Laufe der Zeit entwickeln, und das Verhalten der Organisationsmitglieder grundlegend beeinflußt haben. Diese Annahmen, die den Kern einer Art von Organisationsgedächtnis bilden, werden dabei von Verfahren und Methoden flankiert, mit deren Hilfe der Gründer oder Vorgesetzte innerhalb der lernenden Organisation seine eigenen Erfahrungen auf die organisationale Ebene übertragen kann. Man kann das organisationale Lernen differenzieren in Problemlösungslernen, Vermeidungslernen und kollektives Lernen. Problemlösungslernen tritt auf, wenn die äußeren Bedingungen, in denen das Problem begründet liegt, noch nicht so sind, wie es sich das Individuum oder die Organisation wünscht. Liegt jedoch ein inneres Ungleichgewicht, ein innerpsychischer Konflikt vor, so muß dieser zunächst durch Vermeidungslernen behoben werden. Dabei werden in einem ersten Schritt zunächst diejenigen Faktoren des äußeren Umfeldes identifiziert, die das innere Ungleichgewicht auslösen, um dann in einem zweiten Schritt das eigene Verhalten so anzupassen, daß diese Faktoren nicht mehr auftreten. Während beim Problemlösen die Wahrnehmung und damit auch der Lernprozeß relativ offen gegenüber der Realität gestaltet werden können, unterliegt das Vermeidungslernen von vornherein einer eingeschränkten Wahrnehmungsfähigkeit, die durch die Angst vor dem erneuten Auftreten der unerwünschten externen Faktoren eher noch weiter eingeschränkt wird. Die systemische, kollektive Denkweise soll alle Lernprozesse in Organisationen unterstützen. Dadurch gewinnen die Prozesse, die zur Entstehung der organisationalen Handlungstheorien beitragen, beispielsweise die teamorientierte Kommunikationsform des Dialogs, sowie die gegebenen strukturellen Rahmenbedingungen der Organisation, eine neue Qualität. Eine weitere Variante der Lerntheorie setzt beim Wissen der Organisation an, indem Organisationen als Wissenssysteme und organisationale Lernprozesse als das adäquate Mittel aufgefaßt werden können, um neues Wissen zu generieren und dadurch die organisationale Wissensbasis kontinuierlich zu verändern. Weiterhin wird das organisationale Lernen vom individuellen Lernen streng abgegrenzt. Individuelles Lernen ist ein Prozeß, bei dem sich das Verhalten relativ kontinuierlich aufgrund von neuen Erfahrungen und damit neuem Wissen ändert. Im Gegensatz dazu wird der organisationale Lernprozeß als eine Weiterentwicklung des organisationalen Wissens verstanden, der eine Neuorientierung der Organisation entweder erst ermöglicht oder aber unnötig macht. Während individuelle Lernprozesse lediglich privates Wissen erzeugen, schaffen organisationale Lernprozesse öffentliches Wissen innerhalb der Organisation. Öffentliches Wissen ist dadurch charakterisiert, daß es

- zwischen den Organisationsmitgliedern kommunizierbar,
- konsensfähig, intersubjektiv akzeptabel, gültig und nützlich,
- integriert innerhalb der organisationalen Wissensbasis ist.

Auf diese Weise entsteht ein von allen Organisationsmitgliedern gemeinsam geteiltes Wissen. Dieses Wissen zu verarbeiten, setzt allerdings ein Gedächtnis voraus. Damit wird zum einen die Unterscheidung zwischen dem organisationalen Gedächtnis und dem individuellen Gedächtnis notwendig. Außerdem müssen die Informationsverarbeitungsprozesse des menschlichen Gehirns von denen der Organisation deutlich abgegrenzt werden. Als basale Bestandteile eines solchen organisationalen Gedächtnisses lassen sich ausmachen:

- standardisierte Arbeitsanweisungen,
- Bräuche,
- Symbole als Träger organisationaler Traditionen,
- Normen,
- Mythen,
- Organisationssagen,
- Managementkultur.

Abbildung 4-1 : Harmonie/Disharmonie der Handlungstheorien

Nach neurobiologischen Erkenntnissen gilt als der wesentliche Bestandteil, der die Überlegenheit des menschlichen Gehirns auszeichnet, das menschliche Gedächtnis, die Großhirnrinde als Subsystem des menschlichen Gehirns. Die bisher praktizierte Differenzierung zwischen Gehirn und Gedächtnis ist nicht mehr so ohne weiteres möglich. Damit eröffnet diese holographische Sichtweise des menschlichen Gehirns eine Chance für die Managementforschung. Organisationen sollten nach diesem neuen Verständnis daher als Gehirne und als holographische Systeme aufgefaßt werden. Die einzelnen Teile des holographischen Gesamtsystems bestehen dabei im wesentlichen aus den Gehirnen der einzelnen Organisationsmitglieder, aber beispielsweise auch aus Computern, wobei man letztere als technische Gehirne ansehen kann. Diese Teile gilt es in einer Organisation gemäß der folgenden vier Prinzipien zu einem holographischen Gesamtsystem zusammenzuführen:

- das Ganze in Teile zerlegen,
- Verbindungen herstellen und Redundanzen schaffen,
- simultane Spezialisierung und Generalisierung herstellen,
- eine Kapazität zur Selbstorganisation aufbauen.

Wenn man aus dieser Sichtweise heraus organisationale Lernprozesse analysiert, so kommt man zwangsläufig zu dem Ergebnis, daß die Kapazität der Selbstorganisation der Organisation die Kapazität der organisationalen Lernfähigkeit in direkter Abhängigkeit mitbestimmt. Die Sichtweise von der Organisation als selbstorganisierendes System basiert auf der Annahme, daß eine Entwicklung innerhalb eines selbstorganisierenden Systems nur dann stattfinden kann, wenn ein institutioneller Lernprozeß abläuft. Begründet wird diese Annahme dadurch, daß Selbstentwicklung als einzige Möglichkeit existiert, um Entwicklung in der Veränderung zu erkennen und aktiv zu betreiben. Neben den Themenkomplexen der Systementwicklung und Selbstorganisation werden in zunehmenden Maße auch Fragen des organisationalen Wissens und der organisationalen Wissensbasis mit einbezogen. Durch diesen Ansatz wird es möglich, den organisationalen Lernprozeß in direkte Beziehung zur organisationalen Wissensbasis zu setzen, indem organisationales Lernen als Transformation zur organisationalen Wissensbasis aufzufassen ist. Dieser Ansatz wird in weiten Teilen als basale Grundlage für das Modell der lernenden Organisation als wissensbasiertes System dienen.

4.2 Modellvarianten der lernenden Organisation

Das Modell der lernenden Organisation wird innerhalb der Managementlehre in den Bereich des organisatorischen Wandels beziehungsweise in das Management des Wandels eingeordnet.

4.2.1 Modelle des Wandels

Es existieren in der Wissenschaft unterschiedliche Erklärungsmodelle, wobei sich drei Grundmodelle des Wandels unterscheiden lassen: Entwicklungsmodelle, Selektionsmodelle und Lernmodelle. Zu den Entwicklungsmodellen zählen vor allem die Lebenszyklus- und Reifungsmodelle von Organisationen. Sie gehen von systembedingten Veränderungen aus, die automatisch und ohne ein Dazutun externer Kräfte ablaufen. Diese naturgegebenen Zyklen gehorchen Gesetzmäßigkeiten, deren Kenntnis auf der einen Seite die Richtung der Veränderung beeinflussen kann. Radikale Modelle gehen davon aus, daß die Organisation, dem Lebewesen gleich, verschiedene Altersstufen durchläuft. Nach einer bestimmten Zeit ist sie aufgrund ihrer typischen Alterungsprozesse zum Sterben verurteilt. Sie kann diesen Alterungsprozeß zwar hinauszögern, verhindern kann sie ihn jedoch nicht, geschweige denn sich verjüngen. Andere, eher gemäßigtere Ansätze, sprechen von einem Zyklus, in dessen letzter Phase, meistens geprägt durch eine Krise, die Organisation eine Reorganisation oder eine Transformation vornehmen muß. Bewältigt die Organisation diese erfolgreich, ist ihr der Sprung in einen nächsten Zyklus gelungen, und der Kreislauf kann von vorne beginnen. Gelingt dies allerdings nicht, so muß das System untergehen, es muß sterben. Veränderungen, egal ob positiv oder negativ, treffen auf jeden Fall ein und können von den Entscheidungsträgern zwar vorhergesagt, aber keinesfalls vermieden werden. So kann sich die Organisationsführung zwar auf die einzelnen Phasen optimal vorbereiten, inwieweit sie jedoch die Chance hat, durch gezielte und erfolgreiche Anpassungsmaßnahmen dem Untergang zu entgehen, bleibt in den meisten Entwicklungsmodellen allerdings offen. Im Vergleich zu den Entwicklungsmodellen haben die Selektionsmodelle eine wesentlich weitere Sichtweise bezüglich des allgemeinen Wandels. Sie betrachten nämlich weniger die einzelne Organisation als vielmehr ganze Populationen von Organisationsformen. Es fehlt ihnen damit eine vorgegebene Richtung der allgemeinen Umfeld- und Organisationsentwicklung. Das Organisations-umfeld setzt lediglich Bedingungen und Grenzen, innerhalb derer die Organisation in ihrer Vielfalt weiterhin existieren kann. Diese äußeren und dynamischen Zwänge des Umfelds entscheiden, welche Baugruppen beziehungsweise spezifischen Populationen mit ihren Charakteristika am besten zu dem vorgegebenen Umfeld passen. Das Organisationsumfeld sondert nach einem allgemeinen Wandel die schlechten Systeme, Strukturen und Organisationen aus, so daß nur die Organisationsformen mit den weiterhin von dem Umfeld erwünschten oder zugelassenen Charakteristika übrigbleiben. Diese bezüglich der Fitness optimierten Organisationen können sich dann in dem neuen Umfeld, beispielsweise durch Wachstum und Vermehrung, etablieren, bis sie wiederum an umfeldbedingte Wachstumsgrenzen stoßen und es zur nächsten Selektion der Schwächeren kommt. Aufgabe der Entscheidungsträger in solch einer Organisation ist zwar das Erkennen der vom Organisationsumfeld vorgegebenen Bedingungen, dies ist aber nicht in jedem Selektionsmodell möglich. Außerdem kann ein allgemeiner Wandel im Umfeld dazu führen, daß einige Organisationen ihre Adaptionsfähigkeit gerade durch diesen Wandel verlieren und dadurch von vornherein zum Sterben durch Selektion verurteilt sind. Andere Modelle gehen davon aus, daß die Organisation zwar den allgemeinen Wandel erkennen kann, dies allerdings viel zu spät, so daß die Organisationsführung dann nicht mehr in angemessener Weise darauf reagieren kann. Die Organisationsführung hat in diesen Modellen einzig und allein die Aufgabe, eine Organisation möglichst flexibel zu gestalten, um einer Selektion zu entgehen. Die Selektionsmodelle sprechen daher der Organisationsführung die Fähigkeit ab, den allgemeinen Wandel im Umfeld zu identifizieren und sich diesem anzupassen. Das Organisationsumfeld ist nach ihrer Meinung ein viel zu komplexes Gebilde, als daß die Entscheidungsträger innerhalb der Organisation den allgemeinen Wandel rechtzeitig und klar erkennen können.

Die Lernmodelle bilden einen dritten Erklärungsansatz, um organisationale Veränderungsprozesse zu beschreiben. Es handelt sich hierbei, im Gegensatz zu den beiden vorhergehenden Ansätzen, um nicht-fatalistische Modelle. Der Mensch hat im Vergleich zu biologischen Organismen niederer Ebene die Fähigkeit zur Reflexion über sein Handeln und Tun. Menschen können deshalb bewußt ihre Verhaltensweisen ändern und haben damit auch die Chance zu einer Verbesserung. Dieser Prozeß der Verhaltensänderung wird in der Literatur ebenfalls, wie schon die Informationsverarbeitung, unter dem Begriff des Lernens subsummiert. Einfache Lernmodelle arbeiten nach dem Stimulus-

Response-Ansatz (SR-Ansatz). Dieser besagt nichts anderes, als daß der Mensch eine Veränderung in seinem Umfeld erkennt und sich dieser durch eine eigene Handlung anpaßt. Auf die Organisation übertragen heißt das: Der Manager erkennt einen allgemeinen Wandel, beispielsweise durch eine Krise, und paßt daraufhin die gesamte Organisation durch einen organisatorischen Wandel an. Hier lernt dieser Manager gezwungenermaßen, ausgelöst durch "Krisen". Weitergehende Ansätze, insbesondere systemische, kybernetische und kognitive Modelle, stellen die Behauptung auf, daß der Mensch die Fähigkeit besitzt, durch Einsicht, Erfahrung und Erkenntnis einen allgemeinen Wandel des Umfelds, zumindest zeitweise, vorwegzunehmen oder gar zu seinen Gunsten zu beeinflussen. Hier gestaltet die Organisation durch den Menschen ihr Umfeld und damit den allgemeinen Wandel und läßt sich keine schicksalhaften Entwicklungen oder Selektionen aufzwingen.

4.2.2 Modelle der Organisationsveränderung

Die Theorie des Wandels besagt, daß dem allgemeinen Wandel ein organisatorischer Wandel folgen muß, will die Organisation ihre Überlebensfähigkeit auch in Zukunft behalten. Denn jede Organisation als System steht mit seinem organisatorischen Umfeld in direkter Beziehung. Die Ansätze der Organisationsveränderung behandeln die Formen des organisatorischen Wandels innerhalb der Organisation dabei ausführlicher. Ausgangspunkt dieser Modelle ist die Erkenntnis, daß eine erfolgreiche Umstellung der Organisationsstrukturen in einem signifikanten Ausmaß von der Einstellung der Organisationsmitglieder zu diesen neuen Strukturen abhängt (vgl. Frese 1998, S. 6). Die somit erwünschte positive Einstellung ist in der Regel nicht gegeben. Deshalb gilt es, Widerstände und emotionale Sperren gegen den Wandel zu untersuchen, um sie in der Folge abbauen zu können. Im Vergleich zu den anderen Modellen des organisatorischen Wandels spielt folglich die Interaktion zwischen Organisationsumfeld und Organisation hier eine eher untergeordnete Rolle. Es geht vielmehr um die Technik der Veränderung innerhalb der Organisation. Die Betrachtungsebene verlagert sich damit von außen nach innen. Zur Organisationsveränderung als geplanten organisatorischen Wandel lassen sich vier Ansätze heranziehen:

- Organisationsentwicklung,
- Kulturentwicklung,
- Organisationsübergang,
- Organisationsverwandlung.

Die Organisationsentwicklung findet ihren Ursprung in der Aktionsforschung, die von Kurt Lewin und Jacob Moreno begründet wurde. Ihre Forschungsarbeiten über Gruppendynamik und Gruppentherapie legten den Grundstein einer problemorientierten Organisationsveränderung, bei der die Mitarbeiter gemeinsam die Probleme analysieren und daraufhin auch gemeinsam Veränderungen in die Wege leiten. Daraus geht hervor, daß die Organisationsentwicklung ein anwendungsbezogener Ansatz innerhalb der verhaltensorientierten Organisationsforschung ist. Eine konkrete Definition der Organisationsentwicklung fällt nicht leicht, da sie in der Vergangenheit als Begriff für sehr viele und verschiedenartige Ziele herhalten mußte. Grundsätzlich befasst sich die Organisationsentwicklung mit der Initiierung, Planung und Umsetzung von Veränderungsprozessen in Organisationen. Insbesondere das Ziel der Humanisierung der Arbeit wird dabei auffallend oft behandelt. Dies birgt natürlich die Gefahr einer Ideologisierung der Debatte in sich, in der man sehr schnell die wirtschaftlichen Grundsätze vernachlässigt. Wenn man dann noch die Überlegungen ausschließlich am Individuum Mensch ausrichtet, hat dies zur Folge, daß andere Einflußfaktoren auf Veränderungsprozesse, wie Gruppenverhalten, Organisationsstruktur und Betriebsklima, kaum mehr Berücksichtigung finden. Deshalb wurde auch häufig innerhalb der Organisationsentwicklung von der Veränderung von Werten und Einstellungen beim Mitarbeiter gesprochen und weniger oder gar nicht von Veränderungen der Organisationsstruktur und -kultur. Dies führte dazu, daß sich die Forschung zur Organisationsentwicklung in der Folgezeit allzu sehr mit Fragen der Manipulation des einzelnen Menschen beschäftigte. Zusätzlich ist kritisch anzumerken, daß die psychologisch oder sogar als psychotherapeutisch zu bezeichnende Ausrichtung der OE-Forschung den organisatorischen Wandlungsprozeß eher zu einer Spezialistensache werden läßt, der ohne die Hinzuziehung eines externen Beraters nicht mehr erfolgreich bewältigt werden kann. Seitdem das Forschungsgebiet der Organisationskultur an Bedeutung gewonnen hat, vermehren sich die Versuche, Organisationsentwicklung und Organisationskultur miteinander zu verbinden. Diese Versuche laufen meist unter dem Überbegriff der Kulturentwicklung. Sie betonen das Werte- und Normensystem einer Organisation und wollen über die Veränderung dieses Systems die gesamte Organisation schrittweise umwandeln. Organisatorischer Wandel soll dabei einem geplanten kulturellen Wandel folgen. Man unterscheidet in diesem Zusammenhang zwischen zwei grundsätzlich unterschiedlichen Betrachtungsweisen zur Möglichkeit einer gezielten Kulturveränderung: Management als Systemsteuerung und Management als Kulturentwicklung. Beide Möglichkeiten werden dabei gleichrangig nebeneinander gestellt. Über die Betrachtungsebene der formalen Systemsteuerung hinausgehend, hat das Management als Kulturentwicklung die Aufgabe, die gesamte Organisationskultur zu verändern und diesen Prozeß über symbolische Handlungsweisen zu verstärken. Dabei soll die Veränderung der Organisationskultur von allen Organisationsangehörigen durch Übereinstimmung getragen werden. Dieser Ansatz ist in Teilaspekten auch für das Lernmodell interessant, da es dadurch möglich wird, die Lernkultur einer Organisation positiv zu beeinflussen. Allerdings verlangt das Organisationsveränderungsmodell auch nach einer sehr kritischen Betrachtungsweise, da man allgemein eher bezweifeln muß, ob jeder organisatorische Wandel zunächst über eine, zudem noch einstimmig zu treffende, Kulturveränderung herbeigeführt werden kann. Ganz abgesehen davon scheint die Möglichkeit eines bewußt geplanten, kulturellen Wandels von Seiten der Organisationsführung aus systemtheoretischer Sichtweise doch eher begrenzt zu sein. Der dritte Erklärungsansatz einer Organisations-veränderung konzentriert sich stärker als die beiden vorherigen Ansätze auf den einzelnen Wandlungsprozeß. Der organisatorische Wandel stellt einen Prozeß dar, der einen aktuellen Ist-Zustand über ein Zwischenstadium, den eigentlichen Übergang, in einen Soll-Zustand überführt. Dem Management dieses Übergangszustandes kommt dabei eine ganz besondere Bedeutung zu. Gelingt nämlich der Übergang, so gilt es, den erreichten neuen Zustand zu festigen. Gelingt er hingegen nicht, so muß der alte Zustand wieder hergestellt werden. Der Wandel wird vom Management schrittweise geplant. Die eigentliche Übergangsphase wird in kleine Teilschritte zerlegt, die jederzeit beide gerade beschriebenen Szenarien und damit auch die Möglichkeit eines Scheiterns einkalkulieren sollten. Die Steuerungs- und Kontrollfunktion verbleibt in Händen der Organisationsführung. Der Ansatz geht davon aus, daß sich der organisatorische Wandlungsprozeß in einer zeitlich überschaubaren, kontinuierlichen und damit stetigen Art und Weise vollzieht. Dies widerspricht allerdings allen bisherigen Erkenntnissen der Systemtheorie. Interne und externe Faktoren verlangen oftmals nach einem schnellen und diskreten revolutionären Wandel, um die Überlebensfähigkeit des Gesamtsystems wiederherstellen zu können. Der organisatorische Wandel wird zudem in Übergangsmodellen häufig als Sonderfall und als klar umschriebenes Projekt behandelt. Am Projektende des organisatorischen Wandlungsprojekts wird die Organisation wiederum bewußt stabilisiert. Ausgangspunkt dieser Sichtweise ist ein übertriebenes Gleichgewichtsdenken. Organisatorischer Wandel wird demnach als Übergang von einem zum nächsten Gleichgewichtszustand interpretiert. Dem scheint eine Auffassung zu widersprechen, die Wandel eher als Normalität, Stabilität hingegen als störender und der Überlebensfähigkeit des Systems entgegenstehender Zustand auffaßt. Neuere systemtheoretische Konzepte, die auf neurobiologischen Überlegungen basieren, gehen davon aus, daß lebensfähige Systeme die Eigenschaft haben, in ihrer Struktur immanent unruhig zu sein. Auf eine Organisation übertragen bedeutet dies, daß sich deren Struktur kontinuierlich verändert, der organisatorische Wandel damit alltäglich und zum Normalfall wird. Der Erklärungsansatz der Organisationstransformation unterscheidet sich in mehreren Punkten grundlegend von den vorherigen Ansätzen. Erstmals wird hier die Organisationsveränderung mit dem allgemeinen Wandel im Systemumfeld in Verbindung gebracht. Der organisatorische Wandel wird dabei durch drei wesentliche Faktoren ausgelöst:

- durch die Wahrnehmung der allgemeinen Veränderungen im Organisationsumfeld.
- durch das Erkennen zukünftiger Anforderungen an die Organisation, die durch diesen allgemeinen Wandel neu entstehen.
- durch das Wahrnehmen der jetzigen, nur unzureichend darauf vorbereiteten organisatorischen Situation.

Die Organisationsveränderung ist dabei eher revolutionär als evolutionär. Die Motivation zur Organisationsveränderung resultiert aus einem festen Glauben an die Existenz neuer Lösungen und aus der Unzufriedenheit über die bestehende Situation, insbesondere über die bestehenden Managementkonzeptionen. Die Organisationstransformation wird durch die Organisationsführung initiiert und von einem Team umgesetzt, das sich aus internen und externen Beratern zusammensetzt. Die Transformationen verfolgen dabei folgende Ziele: Verbesserung der Arbeitsproduktivität, Verstärkung der Kernkompetenzen und Initiieren von Selbsterneuerungs-kräften. Die Veränderung von Arbeitsabläufen, die Reduzierung der Komplexitätskosten und die Erhöhung der

Arbeitsqualität führen zu einer Verbesserung der gesamten Arbeitsproduktivität. Eine Organisation, die den organisatorischen Wandel zu einer schlanken Organisation bewältigen will, führt in aller Regel eine solche Organisationstransformation durch. Die Konzentration auf die eigenen Kernkompetenzen, der gezielte Ausbau der eigenen Stärken, die Festlegung und Zementierung der strategischen Neuausrichtung erhöhen die Überlebensfähigkeit der gesamten Organisation. Die Realisierung dieser Transformationsart gestaltet sich in der Praxis schon wesentlich komplexer, da der gesamte Veränderungsprozeß langfristiger angelegt ist und seine Auswirkungen oftmals erst in ferner Zukunft wirklich sichtbar werden. Durch die Initiierung von Selbsterneuerungskräften wächst bei der Organisation die Fähigkeit, den allgemeinen Wandel zu erkennen, um dadurch strategische, als auch operative Abweichungen erst gar nicht entstehen zu lassen. Spielt sich der Wandel wie bei der gemeinschaftlichen Selbsterneuerung über einen längeren Zeitraum hinweg ab, prägen sich gewisse Wandlungsmuster innerhalb der Organisation ein. Diese verbinden sich zu Konfigurationen, wenn man die gesamte Organisation als System betrachtet. Konfigurationen sind somit Cluster von formell geplanten oder informellen Strukturen und Subsystemen, die durch gemeinsam geteiltes Wissen zusammengehalten werden. Die für eine Organisation wesentlichen Konfigurationen bezeichnet man als sogenannte Archetypen (Urmuster). Als Subsysteme aufgefaßt, haben diese Archetypen die Tendenz, die wesentlichen Struktur-, Strategie- und Kulturelemente in sich zu verbinden. Übergänge von einem Archetyp zum nächsten sind revolutionär und stellen eine Organisationstransformation dar. Sie stehen dazu im Gegensatz zu den oben angeführten Organisationsveränderungen, wie beispielsweise die Organisationsentwicklung, die eher evolutionäre Charakterzüge zeigen und sich innerhalb dieser Archetypen abspielen. Evolutionäre und revolutionäre Veränderungen der Urmuster erschaffen und steigern die Lern- und Wandlungsfähigkeit der gesamten Organisation. Das bemerkenswerteste Konzept dieser Transformationsart ist sicherlich das der lernenden Organisation.

4.3 Das Konzept der lernenden Organisation

Unter einer lernenden Organisation wird ein wirtschaftliches und systemtheoretisches Modell innerhalb eines komplexen aber beeinflußbaren Umfeldes verstanden, die zum Ziel hat, die Lernprozesse der gesamten Organisation und die seiner Gruppen und Mitarbeiter in Einklang mit den aktuellen neurobiologischen und lerntheoretischen Erkenntnissen zu fördern und in einen organisationalen Lernprozeß zu integrieren, um durch Lernen und kontinuierliche gemeinschaftliche Selbsterneuerung die eigene Überlebensfähigkeit langfristig zu gewährleisten.

Diese Definition trägt den folgenden Anforderungen Rechnung:
- Die lernende Organisation kann als ein wirtschaftswissenschaftliches Modell verstanden werden, das den zukünftigen Anforderungen der Informations- und Wissensgesellschaft gerecht wird.

- Die lernende Organisation kann als ein systemtheoretisches Modell verstanden werden, das dazu beiträgt, die Überlebensfähigkeit von Organisationen mit Hilfe individueller, kollektiver und organisationaler Lernprozesse auf ein Optimum zu steigern.
- Das theoretische Modell der lernenden Organisation widerspricht nicht den aktuellen Erkenntnissen der neurobiologischen und lerntheoretischen Forschung.
- Die organisationalen Lernprozesse in lernenden Organisationen sind deutlich von individuellen und kollektiven Lernprozessen, auch in deren Summe, abgegrenzt.
- Die Verwandtschaft des Modells der lernenden Organisation zu Lernmodellen auf der einen Seite, und zu Modellen der Organisationstransformation, sowie Organisationsentwicklung auf der anderen Seite, kann im folgenden klar herausgearbeitet werden.

4.3.1 Eigenschaften

Da die lernenden Organisationen nicht nur als wirtschaftswissenschaftliches, sondern auch als systemtheoretisches Modell aufgefaßt werden muß, läßt sich diese Organisationsform durch einige Systemeigenschaften bereits näher charakterisieren. Lernende Organisationen sind relativ offene Systeme, da ihre Systemgrenzen durchlässig sind. Damit sind sie in der Lage, bilaterale Austauschbeziehungen zu ihrem Systemumfeld zu unterhalten. Dabei sind Beziehungen sowohl zwischen Organisationsumfeld und Organisation als auch zwischen Organisation und Organisationsumfeld möglich. Lernende Organisationen sind aber nicht nur offene, sondern gleichzeitig auch geschlossene Systeme. Letzteres dadurch, da ihre innere Struktur und Kultur die Systemgrenze für manche Informationen undurchlässig gestaltet. Dieses Phänomen wird in der Literatur als Betriebsblindheit bezeichnet.

Lernende Organisationen sind relativ dynamische Systeme, weil sich in allen Modellen zur organisationalen Lerntheorie der Lernprozeß in strukturellen und kulturellen Veränderungen der Organisation niederschlägt. Eine lernende Organisation ist eine sich ständig wandelnde Organisation. Der organisationale Lernprozeß trägt dazu bei, daß sich das System kontinuierlich verändert. Allerdings zeigt die lernende Organisation auch gleichzeitig statische Züge, da in allen organisationalen Lernansätzen ein fester Rahmen von sicheren Spielregeln eine lernfreundliche Umgebung sicherstellen soll. Individuelle Sicherheit ist nach lerntheoretischen Gesichtspunkten die Voraussetzung für individuelle Lernprozesse und damit für die lernende Organisation.

Lernende Organisationen sind relativ undeterminierte Systeme und weisen daher eine hohe Anzahl an Freiheitsgraden auf, die ihre Flexibilität innerhalb ihres Systemumfelds erhöhen. Sie sind aber auch gleichzeitig probabilistisch, weil das menschliche Gehirn und damit das individuelle Lernen als Grundlage des organisationalen Lernens in weiten Bereichen eher undeterminiert arbeitet. Damit ergibt sich auf der organisatorischen Ebene eine probabilistische und damit gleichzeitig auch situationsabhängige Wahrnehmungs- und Lernfähigkeit. Lernende Organisationen sind in Teilbereichen determiniert, da Regeln und Strukturen als Grenzen notwendig sind, um Lernprozesse in eine gewisse

Ordnung zu bringen und effektiv nutzen zu können. Diese Strukturen geben zwar Sicherheit, behindern auf der anderen Seite aber auch die Wahrnehmungs- und Lernfähigkeit der gesamten Organisation. Lernende Organisationen sind relativ probabilistische Systeme und können daher nicht mehr einer traditionellen, tayloristischen Organisationsauffassung folgend als determinierte Systeme (Maschinen) betrachtet werden. Die zunehmende Komplexität determinierter Systeme verlangt gemäß dem Varietätsgesetz von Ashby nach ebenso komplexen Organisationsstrukturen, die mit determinierten Systemen nicht in ausreichendem Maße nachgebildet werden können. Allein probabilistische Systeme besitzen die Flexibilität, auf ein komplexes Umfeld adäquat reagieren zu können.

Lernende Organisationen sind sowohl zu einem hohen Grad selbstorganisierend als auch strukturdeterminiert. Sie sind selbstorganisierend, da in Anlehnung an das menschliche Gehirn die organisationale Wissensbasis und damit der organisationale Lernprozeß nur dann der Gefahr einer Erstarrung entgeht, wenn selbstorganisierende Prozesse nicht behindert werden. Selbstorganisation hält damit nicht nur die Lernfähigkeit, sondern auch die Überlebensfähigkeit der gesamten Organisation aufrecht. Lernende Organisationen sind gleichzeitig strukturdeterminiert, da insbesondere Grundannahmen und damit in letzter Konsequenz alte Wissensbestände die Aufnahme neuen Wissens verhindern können. Diese Gefahr muß erkannt, kann aber nicht völlig beseitigt werden, da ein unverhältnismäßiger Abbau alter Paradigmen und alten Wissens eher zu einer Verunsicherung unter den Mitarbeitern und deshalb seinerseits wiederum zu Lernblockaden führen würde. Ein gewisses Maß an Strukturdeterminiertheit ist daher für jede lernende Organisation in Analogie zum menschlichen Gehirn von großer Bedeutung.

Lernende Organisationen können sowohl adaptiv als auch lernfähig sein, je nachdem, welcher organisationale Lernansatz ihnen zugrunde liegt. So sind sie adaptiv, da organisationales Lernen mit Umfeldadaption gleichgesetzt werden kann. Lernende Organisationen sind als Systeme allerdings nicht nur adaptiv, sondern auch lernfähig. Sie sind deshalb nicht nur als rein adaptive Systeme nach dem SR-Modell zu verstehen, sondern besitzen auch die Lernfähigkeit höherer Ebenen und sind daher als lernfähige Systeme aufzufassen. Lernende Organisationen sind damit aus systemtheoretischer Sicht relativ offene, relativ dynamische und relativ probabilistische Systeme. Lernende Organisationen sind zu einem hohen Grad selbstorganisierend und strukturdeterminiert, wobei dieser Grad variabel ist. Lernende Organisationen sind entweder adaptiv oder lernfähig.

5 Die Organisation als wissensbasiertes Modellsystem

Der Stand der Theorie des Modells wissensbasierter Systeme ist untrennbar mit dem Stand der Theorie des Wissens verbunden. Die Theorie des Wissens hat, seitdem die Managementlehre das nahende Wissenszeitalter gesichtet hat, zusehens an Bedeutung gewonnen und gleichzeitig markante Änderungen durchlaufen.

5.1 Wissenstheorie

Die Basisinnovationen des Computers und der Kommunikationstechnologie haben das Informationszeitalter eingeläutet. Die ständige Verfügbarkeit von Mensch und Computer wird das Arbeitsumfeld in Zukunft radikal verändern. Datenhighways und moderne Satellitentechnik werden zu einem gewissen Teil die in der Anfangsphase der industriellen Revolution geschaffene volkswirtschaftliche Trennung zwischen Stadt und Land, die strikte räumliche Trennung zwischen Wohn- und Arbeitswelt, die zeitliche Trennung zwischen Lern-, Arbeits- und Freizeit rückgängig machen. Diese Netzwerke stellen gleichzeitig eine Unmenge von Daten an jedem Ort und zu jeder Zeit zur Verfügung. Es sind dies Daten, die hilfreiche Dienste leisten, unentbehrlich werden, da sie von der Konkurrenz genutzt werden, in ihrer Menge und Komplexität förmlich erschlagend wirken, niemals in ihrer Gesamtheit verarbeitet und berücksichtigt werden können. Gerade diese neue Komplexität, die durch eine Überforderung der menschlichen Wahrnehmungsfähigkeit entsteht, ist das eigentlich Neue am Wissenszeitalter. Mußten früher Manager Entscheidungen unter unvollständigen Daten und Informationen treffen, so tun sie dies heute unter einem Zuviel an Daten. Diese Daten lassen sich nicht alle zu Informationen oder gar Wissen verarbeiten. Genau diese drei Begriffe sind es, die das Wissenszeitalter bestimmen und doch gleichzeitig immer wieder für Verwirrung sorgen. So werden Daten, Information und Wissen häufig, sowohl im Alltag als auch in der Wissenschaft, uneinheitlich und unsystematisiert verwendet.

5.1.1 Daten, Informationen und Wissen

Daten sind alle in gedruckter, gespeicherter visueller akustischer oder sonstiger Form verwertbare Angaben über die verschiedensten Dinge und Sachverhalte. Daten bestehen aus beliebigen Zeichen-, Signal- oder Reizfolgen und sind objektiv wahrnehmbar und verwertbar.

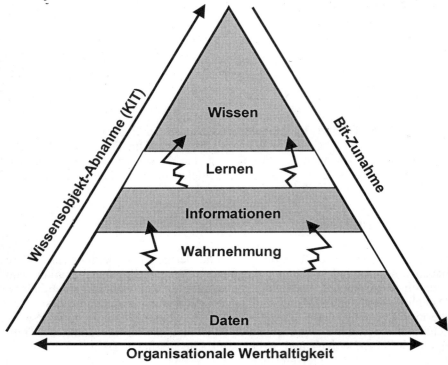

Abbildung 5-1 : Daten, Informationen und Wissensobjekte

Sie sind damit die Grundbausteine sowohl für die zukünftige Informations- und Wissensgesellschaft als auch für Organisationen als wissensbasierte Systeme. Informationen sind diejenigen Daten, die das einzelne Individuum persönlich verwerten kann. Informationen sind also im Gegensatz zu Daten nur subjektiv wahrnehmbar und auch nur subjektiv verwertbar. Informationen sind daher immer empfängerorientiert. Informationen stellen eine in sich abgeschlossene Einheit dar. Dabei sind Informationen zwar aus Daten zusammengesetzt, sie bilden aber durch ihren für den Empfänger relevanten Aussagegehalt eine höhere Ordnung im Vergleich zu Daten ab. Wissen entsteht durch die Verarbeitung und Verankerung wahrgenommener Informationen im menschlichen Gehirn. In diesem Fall spricht man vom Prozeß des Lernens. Altes, bereits gespeichertes Wissen ist dabei der Anker, um aus neu aufgenommenen Informationen, neues Wissen in der Struktur des Gehirns zu vernetzen. Wissen stellt das Endprodukt des Lernprozesses dar, in dem Daten als Informationen wahrgenommen und als neues Wissen gelernt werden. Durch die Berücksichtigung der Tatsache, daß zur Wissensgenerierung die Verarbeitung von Informationen notwendig ist und sich gerade das Wissen vom Meinen und Glauben durch den Prozeß der Informationsverarbeitung unterscheidet, wird das Wissensverständnis der Kognitionswissenschaften und insbesondere das Wissensverständnis der Neurobiologie hier mit einbezogen. Während in der Philosophie Wissen einen bestimmten Grad der subjektiven Sicherheit und des subjektiven wie objektiven Überzeugtseins widerspiegelt, erfährt der Wissensbegriff in der Neurobiologie endlich eine spürbare Konkretisierung. Den kognitiven Strukturen und ihrer Verarbeitung liegen menschliches Wissen nicht zugrunde, sondern sie sind das Wissen selbst. Damit wird das Wissen zum einen von einer eher mystischen Ebene in eine greifbare und konkrete Nähe gerückt. Gleichzeitig wird die in der Neurobiologie lange Zeit vorherrschende Lokalisationstheorie, in der Wissen als Speicherinhalt der einzelnen Neuronen des menschlichen Gehirns definiert wurde, durch eine neue Theorie des Konnektionismus abgelöst, die Wissen mit den Strukturen, den Querverbindungen zwischen den einzelnen Neuronen gleichsetzt. Dementsprechend ändert sich das Erkenntnisziel der Neurobiologie dahingehend, daß nunmehr beschrieben wird, in welchen Arten, Systemen und Austauschbeziehungen Wissen vorliegt. Wissen hört damit auf, als abstrakter Begriff sein Dasein zu fristen. Nunmehr muß man den etwas weiteren, systemtheoretischen Ansatz harmonisch integrieren, der Wissen als die Gesamtheit der in Informationsspeichern fixierte und durch planmäßigen Ablauf reproduzierte Information definiert. Dieser Ansatz löst das Wissen von seiner subjektiven Abhängigkeit vom Menschen und macht es damit als wissenschaftliche Größe objektiv greifbar. Nach dieser Definition kann Wissen durchaus auch in anderen Systemen als dem menschlichen Gedächtnis entstehen. So beispielsweise im Speicher eines Computers oder in den noch näher zu bestimmenden Speichern einer Organisation. Unter Wissen versteht man demnach die Gesamtheit aller Endprodukte von Lernprozessen, in denen Daten als Informationen wahrgenommen und Informationen in Form von strukturellen Konnektivitätsmustern in Wissensspeichern zur Handlungsgenerierung gespeichert werden.

5.2 Systembegriff

Ein System wurde als eine Menge von Elementen definiert, die auf irgendeine nicht näher spezifizierte Art und Weise miteinander in Beziehung stehen. Es handelt sich bei dieser Definition um eine sehr formale Festlegung, die einerseits auf sehr viele Untersuchungsobjekte zutrifft, andererseits einer weiteren Präzisierung ihrer Bestandteile bedarf, um eine Gruppe von Untersuchungsobjekten wissenschaftlich betrachten zu können. Bei dieser Definition findet Berücksichtigung, daß eine Organisation gerade nicht ausschließlich als Maschine aufgefaßt werden darf, die lediglich objektive Informationen zu neuem Wissen verarbeitet. Sie muß vielmehr als ein wissensbasiertes System aufgefaßt werden. Im folgenden werden deshalb die Erkenntnisse über wissensbasierte Systeme, die aus den Bereichen der KI-Forschung, der Neurobiologie und zum Teil auch aus der Managementlehre gewonnen werden können, zu einer sinnvollen Gesamtdefinition zusammengeführt. Aus dem Forschungsbereich der Künstlichen Intelligenz weiß man, daß wissensbasierte Systeme:

- gleichzeitig auch intelligente Systeme sind, da Intelligenz als strukturelle Aktivität des Wissens definiert werden kann.

- über Fachwissen über ein Anwendungsgebiet explizit und unabhängig vom allgemeinen Problemlösungswissen verfügen.
- einen Regelinterpreter besitzen, der bestimmt, welche Regel für die jeweilige Situation zutreffend ist.

Aus dem Forschungsbereich der Neurobiologie weiß man, wie wissensbasierte Systeme

- nach dem konnektionistischen Forschungsansatz die grundlegende Fähigkeit zur Gedächtnisbildung und damit zum Lernen besitzen.
- nicht mit Hilfe vorab definierter und in einzelne Systemelemente abgespeicherter Datenbasis arbeiten, sondern neues Wissen durch verschiedene Lernprozesse und damit durch eine Veränderung der strukturellen Konnektivitätsmuster erwerben.
- die Fähigkeit besitzen, den Prozeß des Lernens und damit sich selbst zu verstärken, was innerhalb der Systemtheorie als hervorstechende Eigenschaft wissensbasierter Systeme im Vergleich zu anderen Systemen angesehen werden muß.

Aus dem Forschungsbereich der Managementlehre weiß man, daß wissensbasierte Systeme:

- durch arbeitsteilig produzierende Organisationen realisiert werden können.
- in der Lage sind, eine bestimmte Art von qualitativ hochwertigen Informationen bereitzustellen, die es ihnen ermöglichen, eine systeminterne Intelligenz aufzubauen.
- das Wissen ihrer Subsysteme integrieren, um damit eine effektive Informationsverarbeitung zu sichern und damit die Wissensproduktivität des gesamten wissensbasierten Systems erhöhen.

Organisationen als wissensbasierte Systeme werden in ihrer Produktivität durch das individuelle Wissen der Mitarbeiter, das kollektive Wissen einzelner Arbeitsgruppen und das organisationale Wissen entscheidend beeinflußt. Wissensbasierte Systeme werden im folgenden insbesondere aufgrund der Erkenntnisse aus den Forschungsbereichen der Neurobiologie, und dort insbesondere aus den neurobiologischen Wissenschaftsprogrammen des Konnektionismus und der Korrelationstheorie, sowie aufgrund der Erkenntnisse aus der Managementlehre definiert. Wissensbasierte Systeme können demzufolge als Systeme definiert werden, die charakterisierende Fähigkeiten besitzen. Sie sind zur Gedächtnisbildung und damit zum Lernen fähig. Sie legen ihr Wissen in Form von strukturellen Konnektivitätsmustern nieder. Sie vermögen qualitativ hochwertige Informationen bereitzustellen. Sie können das Wissen ihrer Subsysteme integrieren und somit systeminterne Intelligenz aufbauen. Sie beherrschen den Prozeß des Lernens und können sich dadurch selbst verstärken.

5.3 Eigenschaften

Wissensbasierte Systeme können sowohl relativ offene als auch relativ geschlossene Systeme sein. Wissensbasierte Systeme stehen mit ihrem Systemumfeld in einem ständigen Austausch. Sie nehmen Daten als Informationen wahr und transferieren sie aus dem Umfeld in ihre Systemgrenzen, indem sie die Informationen zu Wissen verarbeiten und damit in ihrer Struktur fest verankern. Ihre eigene Struktur bestimmt dabei die Grenze ihrer Wahrnehmungsfähigkeit sowie ihrer Wissensaufnahme, Wissensspeicherungs- und Wissensweitergabefähigkeit und damit in der Folge die Durchlässigkeit ihrer Systemgrenzen. Die Durchlässigkeit ihrer Systemgrenzen wird mit der Systemeigenschaft der Offenheit, beziehungs-weise Geschlossenheit, gemessen. Einerseits können wissensbasierte Systeme daher relativ offene Systeme sein, das heißt, ihre innere Struktur beeinträchtigt die Verarbeitung und Speicherung von Daten und Informationen nur unwesentlich, andererseits können wissensbasierte Systeme auch relativ geschlossene Systeme sein, die, durch ihre systeminterne Struktur bedingt, nur einen relativ geringen Anteil an Daten als Informationen wahrnehmen, oder nur einen relativ geringen Anteil an wahrgenommenen Informationen zu Wissen verarbeiten können. Das menschliche Gehirn kann beispielsweise als ein relativ offenes wissensbasiertes System betrachtet werden. Die Eigenschaft "relativ" bezieht sich dabei nur auf das menschliche Abbild der Wirklichkeit, da der Mensch die objektive Wirklichkeit ebenfalls nur strukturdeterminiert aus der Sicht des Menschen und damit nie umfassend betrachten kann. Aus der Sicht des Menschen kann der Computer als relativ geschlossenes, wissensbasiertes System angesehen werden. Die Bestrebungen der KI-Forschung zielen in ihrem Kern darauf ab, den Grad dieser relativen Geschlossenheit zugunsten einer relativen Offenheit zu erhöhen. Wissensbasierte Systeme können immer nur Wissen erzeugen, das ihren bisherigen Strukturen nicht widerspricht. Ihre Austauschbeziehungen zu ihrem Systemumfeld und damit ihre Systemgrenze ist aus diesem Grunde niemals als vollständig durchlässig und damit als vollständig offen zu bezeichnen. Andererseits ist eine vollkommene Geschlossenheit nicht denkbar, da ansonsten wissensbasierte Systeme ihre Wahrnehmungsfähigkeit und damit ihre Fähigkeit zur Gedächtnisbildung und in der Folge ihre Lernfähigkeit verlieren würden. Damit würden dann aber diese vollkommen geschlossenen Systeme laut der Definition nicht mehr der Menge der wissensbasierten Systeme angehören. Wissensbasierte Systeme sind als relativ dynamisch zu charakterisieren. Die Dynamik wissensbasierter Systeme zeigt sich im Lernprozeß. Der Lernprozeß generiert neues Wissen, indem das wissensbasierte System als Folge äußerer Wahrnehmung seine innere Struktur ändert. Dies geschieht in wissensbasierten Systemen als kontinuierlicher Prozeß. Die innere Struktur ist aber nur beschränkt wandlungsfähig, so daß die innere Dynamik wissensbasierter Systeme immer nur relativ und nicht absolut sein kann. Die äußere Dynamik wissensbasierter Systeme ist aufgrund der beschränkten Interaktionsmöglichkeiten zwischen System und Systemumfeld, die auf die relative Undurchlässigkeit der Systemgrenze zurückzuführen ist, ebenfalls nur eingeschränkt und damit nur relativ wirksam. Eingeschränkt auch deshalb, weil die Systemstruktur eine bedingte Geschlossenheit, Stabilität und damit auch Statik aufweist. Wissensbasierte Systeme können sowohl determinierte Systeme, beispielsweise eine einfache Rechenmaschine, als auch äußerst probabilistische Systeme, beispielsweise das menschliche Gehirn, sein. Bei einer einfachen Rechenmaschine bestimmt in der Regel die Eingabe die Ausgabe. Auf traditionelle Computer trifft diese Aussage ebenfalls zu, bis auf wenige Zufallsfunktionen. Die Künstliche Intelligenz ist jedoch bestrebt, Rechner zu entwickeln, deren Reaktion auf bestimmte Eingaben nicht unbedingt vorhersagbar ist und die im gewissen Maße kreativ sind. Kreativität beinhaltet aber genau die probabilistische Komponente. Das menschliche Gehirn wäre ohne diese probabilistische Komponente nicht in der Weise schöpferisch leistungsfähig, in der es sich in der Praxis ab und an erweist. Gerade die mehr oder weniger zufällig ablaufende, neue Vernetzung alter Wissensbestände erzeugt neue Denkstrukturen und bietet alternative Verankerungsmöglichkeiten für neue Wissensgenerierungen. Im Gegensatz zur alten Lokalisationstheorie können mit Hilfe der Korrelationstheorie diese schöpferischen Vorgänge im menschlichen Gehirn besser erklärt werden.

Wissensbasierte Systeme können häufig selbstorganisierend sein, sind aber immer bis zu einem gewissen Grade auch strukturdeterminiert. Wissensbasierte Systeme können selbstorganisierend sein, wie beispielsweise das menschliche Gehirn, das nach der konnektionistischen Theorie keine zentrale Einheit besitzt. Sie müssen aber nicht selbstorganisierend sein, wie es Beispiele aus der KI-Forschung zeigen. Wissensbasierte Systeme sind strukturdeterminiert, da sie nach unserem Verständnis Wissen immer in Form von strukturellen Konnektivitätsmustern niederlegen. Durch die strukturellen Vorgaben bedingt, können sich wissensbasierte Systeme nur innerhalb einer bestimmten Variation bewegen. Die Struktur beschränkt daher die Möglichkeiten von vornherein ein, verschiedene Wissensbestände zu speichern.

Wissensbasierte Systeme sind immer auch lernfähige Systeme. Lernen wurde dabei als die Fähigkeit definiert, neues Wissen in der eigenen Struktur, das heißt innerhalb seiner bestehenden Wissensbasis zu verankern. Wissensbasierte Systeme zeichnen sich nun dadurch aus, daß sie gemäß dieser Definition neues Wissen abspeichern können. Sie besitzen die Fähigkeit zur Gedächtnisbildung und damit zum Lernen. Damit wissensbasierte Systeme als lernfähige Systeme bezeichnet werden können, müssen sie neben einer adaptiven auch eine antizipative Lernfähigkeit besitzen. Wissensbasierte Systeme besitzen aber nicht nur Lernfähigkeit, sondern auch die Fähigkeit, systeminterne Intelligenz aufzubauen. Da Intelligenz als Aktivität des Wissens definiert wurde, besitzen wissensbasierte Systeme Lernfähigkeiten, die weit über das SR-Modell und die Konditionierung hinausreichen. Damit ist die Beschränkung auf eine rein adaptive Lernfähigkeit ausgeschlossen. Wissensbasierte Systeme können neues Wissen ohne externe Reize entstehen lassen und damit sogar antizipativ lernen. Wissensbasierte Systeme sind damit per Definition immer auch lernfähige Systeme.

Wissensbasierte Systeme sind damit aus systemtheoretischer Sicht lernfähige, strukturdeterminierte und relativ dynamische Systeme. Wissensbasierte Systeme können zwischen relativ offenen als auch vollständig geschlossenen sowie zwischen vollkommen deterministischen als auch vollkommen probabilistischen Systemeigenschaften variieren. Wissensbasierte Systeme können, müssen aber nicht selbstorganisierend sein.

5.4 Die Organisation als wissensbasiertes System

Wissen in Organisationen kann nicht ohne die Mithilfe des einzelnen Individuums entstehen. Organisationen kommen zu ihrem Wissen, indem ein für die Organisation relevantes Wissen von Personen formuliert, aufgeschrieben oder in einer sonstigen Notation festgehalten und schließlich dieses symbolisch kodierte Wissen in eine Wissensbasis eingebracht wird. Dieses Wissen kann in den Routineabläufen der Organisation genutzt werden. Der Mensch ist damit in erster Linie das Verbindungsglied zwischen dem Modell der lernenden Organisation und den Modellen wissensbasierter Systeme.

5.4.1 Relevante Wissensarten

In der Fachliteratur, die sich mit der Thematik des Wissens auseinandersetzt, gibt es schon seit jeher Bestrebungen, die Komplexität des Wissensbegriffes durch Differenzierung zu reduzieren. Eine fast schon als klassisch zu bezeichnende Einteilung in verschiedene Wissensarten nimmt die Managementlehre vor, die drei Wissensarten unterscheidet: Wissenschaftliche Erkenntnisse, Berufliches Erfahrungswissen und Globales Wissen. Die erste Wissensart umfaßt den gesamten Bereich der wissenschaftlichen Erkenntnisse. Die zweite Wissensart beschreibt das berufliche Erfahrungswissen, das auch die Bereiche der Menschenkenntnis und des Kulturwissens beinhaltet. Die dritte Wissensart umfaßt eine Art globales Wissen, das es beispielsweise einem Börsenmakler ermöglicht, durch Wissen über örtliche und temporäre Preisunterschiede einen persönlichen Arbitrageerlös zu erzielen.

Ein ebenfalls schon als klassisch zu bezeichnender Einteilungsvorschlag stammt aus der Soziologie. Er unterteilt das Wissen in Heils- und Erlösungswissen, Bildungswissen, Herrschafts- und Leistungswissen (Funktionalwissen). Wichtig ist in diesem Zusammenhang, daß diese drei Wissensarten Komponenten jeden Wissens darstellen, wobei je nach Situation die Zusammensetzung sehr unterschiedlich ausfallen kann. So kann zum Beispiel wissenschaftliches Wissen zugleich auch heils- und erlösungswissenschaftliche Charakterzüge tragen und trotzdem für einen Wissenschaftler Sinn vermitteln. Entscheidend ist demnach die subjektive Bedeutung des Wissens für den Wissenden, die sich in seinen Kommunikationen und Handlungen niederschlägt. Dementsprechend kann man auch Wissen in Anlehnung an Habermas einteilen in kognitiv-instrumentelles Wissen, moralistisch-praktisches Wissen und ästhetisch-expressives Wissen. Kognitiv-instrumentelles Wissen tritt mit dem Anspruch der Wahrheit oder Wirklichkeitsbeschreibung auf und dient der Anleitung zu zielgerichteten Handlungen. Moralisch-praktisches Wissen sagt etwas über die normative Richtigkeit einer Handlung aus. Ästhetisch-expressives Wissen verkörpert das Wissen, das einem Individuum aufgrund seiner eigenen Struktur, seiner inneren Welt, bevorzugt zugänglich ist, verbunden mit einem Geltungsanspruch auf Wahrhaftigkeit. Alle drei Wissensarten treten durch Kommunikation oder Handlungen immer in einer gemischten Form zutage, bei der einmal die eine und ein anderes mal die andere Wissensart stärker ins Gewicht fällt.

Basierend auf der praktischen Erkenntnis, daß man mehr weiß, als man zu sagen weiß, läßt sich eine weitere Unterscheidung treffen und zwar in explizites und implizites Wissen. Dabei kommt dem impliziten Wissen eine besondere Bedeutung zu, da jedem expliziten Wissen notwendigerweise dieses implizite Wissen zugrunde liegen muß. Als Beispiele für implizites Wissen kann man die künstlerischen oder wissenschaftlichen Fähigkeiten des Genies ansehen, die Kunst und den Spürsinn des erfahrenen Diagnostikers und die Ausübung von Geschicklichkeiten sportlichen, artistischen oder technischen Ursprungs. Neben der subjektiven Bedeutung des Wissens ist es auch möglich, das Wissen, je nach zugrundeliegender Gehirnaktivität, in ein analytisch-begründetes und ein intuitiv-ganzheitliches Wissen zu trennen. Unter diesem Gesichtspunkt läßt sich das organisationale Wissen differenzieren in Begriffswissen, Handlungswissen, Rezeptwissen und Grundsatzwissen. Das Begriffswissen oder auch Faktenwissen beantwortet die Frage nach dem "Was" innerhalb einer Organisation. Es repräsentiert die schrittweise erworbene, kulturspezifische Terminologie einer Organisation. Es bestimmt, was beispielsweise als ein Problem und was als eine Beförderung innerhalb einer Organisation angesehen wird. Das Handlungswissen oder auch Auskunftswissen beantwortet die Frage nach dem "Wie". Es enthält die allgemein anerkannten Erklärungen für Ursache-Wirkungs-Zusammenhänge. Es stellt eine Art Prozeßwissen dar, mit dessen Hilfe deutlich wird, wie Probleme in Organisationen entstehen können. Es entspricht der Alltagstheorie. Das Rezeptwissen beantwortet die Frage "was getan werden soll'. Es enthält Regelsysteme für Korrektur- und Verbesserungsstrategien und legt damit fest, was getan werden soll, um ein spezielles Problem zu lösen. Das Grundsatzwissen beantwortet die Frage nach dem "Warum". Es enthält die Gründe und Erklärungen für das Auftreten bestimmter Ereignisse, beispielsweise warum in einer Organisation ein spezifisches Problem entstanden ist. Es entspricht den Grundannahmen einer Organisation. In der Praxis ergeben sich klare Unterscheidungsmöglichkeiten bezüglich dieser vier Wissenstypen innerhalb einer Organisation.

5.4.2 Wissensbasierte Teilsysteme

Anhand der Definition wissensbasierter Systeme lassen sich die folgenden wissensbasierten Teilsysteme von Organisationen identifizieren: Mensch, Computer und Gesellschaft. Der Mensch als biologisches System besitzt

- die Fähigkeit zur Gedächtnisbildung und damit zum Lernen über seine Wahrnehmungsorgane, die mit seinem Zentralnervensystem verbunden sind,
- Wissen in Form von strukturellen Konnektivitätsmustern in seinem Gehirn niederzulegen,

- die Fähigkeit, qualitativ hochwertige Informationen in Form einer Sprache über mündliche, beziehungsweise schriftliche, Kommunikation bereitzustellen,
- die Fähigkeit, das Wissen seiner Subsysteme, beispielsweise des menschlichen Gedächtnisses oder des Kleinhirns, zu integrieren,
- die Fähigkeit, systeminterne Intelligenz im menschlichen Gehirn aufzubauen,
- die Fähigkeit, seinen individuellen Prozeß des Lernens selbst zu verstärken.

Der Mensch als biologisches System kann daher als wissensbasiertes System verstanden werden. Der Computer als technisches System besitzt

- die Fähigkeit zur Gedächtnisbildung durch seine technischen Speichersysteme,
- die Fähigkeit, Wissen in Form von strukturellen Konnektivitätsmustern in technischen Speichern niederzulegen,
- die Fähigkeit, qualitativ hochwertige Informationen, beispielsweise durch Datenbanken, bereitzustellen,
- die Fähigkeit, das Wissen seiner Subsysteme, beispielsweise anderer Dateien über Netzwerke oder andere austauschbare Speicher zu integrieren,
- die Fähigkeit, systeminterne Intelligenz durch proaktive Lernprozesse und damit durch Erfahrung, abhängig von der Zeitgröße ihres Einsatzes, beispielsweise im Falle von Schachcomputern durch die Anzahl ihrer Partien, aufzubauen.

Damit kann der Computer als technisches System und auch als wissensbasiertes System bezeichnet werden. Wissensaustausch setzt implizit voraus, daß Wissen kommunizierbar ist, damit es vom wissensbasierten System A an das wissensbasierte System B weitergereicht werden kann. Wissen ist in Form von Sprachen kommunizierbar und muß deshalb zunächst in eine sprachliche Form gebracht werden. Der Computer als Symbolmaschine kann daher nur bestimmte Wissensarten verarbeiten. Legt man im folgenden die Unterscheidung der Wissensarten von oben zugrunde, so kommt man zu folgenden Ergebnissen. Begriffswissen stellt eine gewisse Art der Symbolsprache dar, um Dinge, Ereignisse und Phänomene zu beschreiben und zu kennzeichnen. Daher kann es in die Symbolsprache des Computers übersetzt werden und umgekehrt. Insofern ist der Austausch von Begriffswissen zwischen Mensch und Computer über das Kommunikationsmedium der Sprache möglich. Handlungswissen ist nur mit großen Einschränkungen kommunizierbar, und deshalb nur sehr bedingt zwischen Mensch und Computer zu transferieren. Prozeßwissen, und damit auch menschliche Fähigkeiten, läßt sich oftmals nicht in sprachliche Formen fassen, da es auf Erfahrungen beruht, die zwar im Unterbewußtsein vorhanden sind, jedoch nicht aktiv in das Bewußtsein geholt werden können. Rezeptwissen kann nach den aktuellen Fortschritten in der KI-Forschung zwischen Mensch und Computer in zunehmendem Maße weitergegeben werden. Mit Hilfe eines Regelinterpreters besitzen Computer als wissensbasierte Systeme die Fähigkeit, bestimmte geeignete Regeln auf bestimmte, dazu passende

Situationen anzuwenden. Problemlösungswissen muß dafür unabhängig vom Begriffswissen über ein Anwendungsgebiet dargestellt werden können. Moderne wissensbasierte Systeme der KI erfüllen diese Anforderungen. Grundsatzwissen kann wiederum nur zum Teil zwischen Mensch und Computer ausgetauscht werden, da es basale Grundannahmen enthält, die vergleichbar mit dem Handlungswissen nicht kommunizierbar sind. Grundsatzwissen ist, im Gegensatz zum strategischen und operativen Handlungswissen, in der Regel normatives Wissen und damit zum Teil noch wesentlich schwerer in Sprache zu fassen als Handlungswissen. Das Organisationsumfeld in der Form der Gesellschaft als soziales System besitzt

- die Fähigkeit zur Gedächtnisbildung und damit zum Lernen, die sich an der Anzahl der Basisinnovationen und in Form von konjunkturellen Zyklen ablesen läßt,
- die Fähigkeit, Wissen in Form von strukturellen Konnektivitätsmustern in den Gehirnen der einzelnen Gesellschaftsmitglieder niederzulegen,
- die Fähigkeit qualitativ hochwertige Informationen durch Menschen und andere Speichersysteme, beispielsweise durch technische Systeme, bereitzustellen,
- die Fähigkeit, das Wissen ihrer Subsysteme (biologische und technische Systeme) zu integrieren,
- die Fähigkeit, systeminterne Intelligenz über den Menschen und lernfähige technische Systeme aufzubauen.

Dieses soziale System kann daher als wissensbasiertes System bezeichnet werden. Die Gesellschaft setzt sich wie eine Organisation in erster Linie aus einzelnen Menschen zusammen. Der Mensch dient neben technischen wissensbasierten Systemen innerhalb der Gesellschaft als Informationsübermittler und Wissensträger. Diese Gesellschaft ist in der Lage, das Wissen von Mensch und Computer zu integrieren, um langfristig systeminterne Intelligenz mittels Lernprozessen auf der Ebene der Gesellschaft aufzubauen. Die Abhandlung einer Austauschbeziehung zwischen Computer und Gesellschaft hätte vor wenigen Jahren recht abstrakte Züge angenommen und wäre vielleicht völlig unvorstellbar gewesen. Im Zeichen zunehmender weltweiter Datenautobahnen und globaler Computernetzwerke ist es für die Organisation zunehmend wichtig geworden, mit Hilfe des Computers das Organisationsumfeld zu beobachten und Wissen auszutauschen. Dieser Wissensaustausch kann beispielsweise in Form von Informationsdiensten für Internet-Benutzer von Computer zu Gesellschaft und in Form von elektronischen Mailboxen von Gesellschaft zu Computer erfolgen. Der Computer als Mittler zwischen Organisation und Organisationsumfeld gewinnt damit zunehmend an Bedeutung. Aber auch in diesem Bereich gilt die Einschränkung, daß nicht jedes Wissen auch tatsächlich kommuniziert werden kann. Begriffswissen ist die einzigste Wissensart, die ohne wesentliche Einschränkung zwischen Computer und Gesellschaft in beiden Richtungen transferiert werden kann, wenn man einmal von internationalen Sprachbarrieren absieht. Rezeptwissen kann bisher hingegen nur mit Einschränkungen genutzt werden, da die Entwicklung wissensbasierter Systeme innerhalb der KI-Forschung zwar auf einzelne Komponenten angewendet werden kann und dort auch ihre Nutzung findet, die Übertragung auf globale Netzwerke aber bei weitem noch in der Anfangsphase steckt. Für das Handlungs- und Grundsatzwissen gelten die Einschränkungen analog zu obigen Überlegungen. Zwischen dem Organisationsumfeld, der Gesellschaft und dem Menschen kann prinzipiell jede Art von Wissen ungehindert ausgetauscht werden. Prinzipiell deshalb, da ausgehend von der Neurobiologie, bereits die Erkenntnis gewonnen wurde, daß neues Wissen nur über vorhandenes Wissen aufgenommen werden kann. Die derzeitige Struktur des menschlichen Gedächtnisses beeinflußt demnach maßgeblich die Weitergabe und Aufnahme neuen Wissens. So sind alle Wissensarten, einschließlich des Begriffswissens, nicht für jeden in gleicher Art und Weise kommunizierbar und in verbale oder nonverbale Kommunikationsformen zu fassen. Die Strukturen des menschlichen Gehirns erzeugen demnach die wahrgenommenen Strukturen der Gesellschaft oder anders ausgedrückt: Die individuellen Modelle erzeugen die Modelle der Wirklichkeit. Deswegen nimmt jeder Mensch ein anderes Wissen über die Gesellschaft wahr, gewisse Wissensinhalte bleiben je nach Individuum diesem völlig verschlossen und sie sind in diesem Fall nicht kommunizierbar.

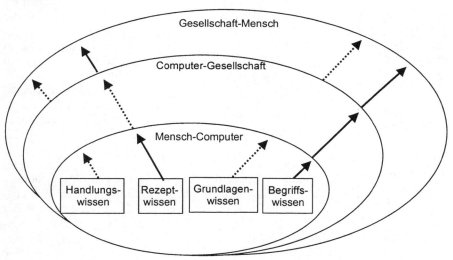

Abbildung 5-2 : Austauschbeziehungen

Diese Tatsache gilt auch in umgekehrter Richtung. So ist es auf der einen Seite nicht immer möglich, die gewünschten Wissensinhalte, beispielsweise über die Medien, an die Gesellschaft zu kommunizieren, sondern es sind auch der dem Menschen eigenen Struktur Grenzen gesetzt, die es unmöglich machen, gewisse Wissensinhalte der Gesellschaft mitzuteilen.

5.5 Die organisationale Wissensbasis

Eine Organisation, die als wissensbasiertes System betrachtet wird, setzt sich aus mehreren Subsystemen zusammen. Die organisationale Wissensbasis ist eines und gleichzeitig auch das wichtigste Subsystem einer Organisation, die als wissensbasiertes System agieren möchte.

5.5.1 Organisationales Wissen

Der Kern der organisationalen Wissensbasis besteht aus dem von allen Organisationsmitgliedern geteilten Wissen. So wird beispielsweise jedes Organisationsmitglied den Namen der Organisation kennen, bei der es arbeitet. Auch die Telefonnummer und Adresse der Organisation sollten jedem Mitarbeiter bekannt sein. Diesem organisationalen Wissen gehören allerdings neben Begriffs-, Handlungs- und Rezeptwissen auch Grundsatzwissen, wie beispielsweise die Organisationskultur, Weltbilder und Sinnmodelle an. Dieser Kern der organisationalen Wissensbasis wird als organisationales Wissen bezeichnet. Er läßt sich aufgliedern in kollektives Wissen, individuelles Wissen und sonstiges Wissen. Der Begriff des kollektiven Wissens in Organisationen wird in der Literatur mit dem Begriff des organisationalen Wissens in der Regel gleichgesetzt. Trotzdem ist es im Hinblick auf die Betrachtung der Lernprozesse in Organisationen wichtig, das kollektive Wissen vom organisationalen Wissen abzugrenzen. Kollektives Wissen muß im Gegensatz zum organisationalen Wissen nicht von allen Organisationsmitgliedern geteilt werden und auch nicht allen Organisationsmitgliedern jederzeit zugänglich sein, beziehungsweise zugänglich gemacht werden. Kollektives Wissen entsteht aus partizipativen, kooperativen oder kollektiven Lernprozessen heraus. Es kann, wie das organisationale Wissen, auch normative Elemente enthalten. Es ist deswegen so wichtig für die Organisation, da, wie beim organisationalen Wissen und im Gegensatz zum individuellen Wissen, das Ausscheiden eines Organisationsmitgliedes nicht ausreicht, um das Wissen aus der organisationalen Wissensbasis zu entfernen. Andererseits kann es passieren, daß Gruppen innerhalb der Organisation durch ihr kollektives Wissen eine gewisse Machtstellung erreichen. Kollektives Wissen gliedert sich in zwei Bereiche: Wissen, das den anderen Organisationsmitgliedern zugänglich gemacht wird, beziehungsweise gemacht werden kann, und Wissen, das den Organisationsmitgliedern aus den verschiedensten Gründen nicht zugänglich ist.

Individuelles Wissen bleibt streng auf einzelne Organisationsmitglieder beschränkt, die weder in formellen noch in informellen Gruppen oder Netzwerken zusammengefaßt sein müssen. Auch hier gilt für die einzelnen Wissenskomponenten dasselbe wie schon beim organisationalen und kollektiven Wissen, indem auch hier zwischen der Organisation zugänglichem und nicht zugänglichem, individuellem Wissen unterschieden wird. Die organisationale Wissensbasis umfaßt dabei nur jene individuellen und kollektiven Wissensbestände, die der Organisation zugänglich sind. Damit wird deutlich, daß die organisationale Wissensbasis nicht mit der Summe des individuellen Wissens aller Organisationsangehöriger gleichgesetzt werden darf. Daher verläuft die

Grenze des Subsystems der organisationalen Wissensbasis exakt an der Linie der Zugänglichkeit des individuellen und kollektiven Wissens. Diese Zugänglichkeit des Wissens hängt dabei von folgenden Variablen ab:

- Begriffen,
- Sprache,
- Nutzen für die Organisation,
- Kommunikations- und Informationsprozesse,
- Machtprozessen,
- Motivation.

Zur Kategorie des sonstigen Wissens im Organisationsumfeld gehört jenes Wissen, das innerhalb des Wahrnehmungsbereiches der Organisation liegt, bisher aber nicht von der Organisation gelernt wurde. Auch das wahrgenommene Wissen im unmittelbaren Organisationsumfeld, beispielsweise von Kunden und Lieferanten, muß zu dieser Kategorie gerechnet werden. Dieses Wissen liegt damit wie ein blinder Fleck außerhalb des Wahrnehmungsbereiches der Organisation. Dafür sind mehrere Gründe verantwortlich:

- beschränkte Wahrnehmungsfähigkeit des menschlichen Gehirns,
- beschränkte Informationsverarbeitungsfähigkeiten von Mensch und Technik,
- Beschränkte Bereitschaft, neues Wissen zu erwerben
- strukturelle Wahrnehmungsbarrieren auf organisatorischer Ebene.

Aufgrund des exponentiellen Wachstums der Wissensbestände ist zu erwarten, daß sich im hereinbrechenden Wissenszeitalter das Verhältnis zwischen organisationaler Wissensbasis und der Gesamtmenge an verfügbarem Wissen in zunehmendem Maße zu Ungunsten der organisationalen Wissensbasis verlagern wird.

5.5.2 Organisationale Wissensbasis

> Im folgenden wird unter der organisationalen Wissensbasis die Menge an Wissensbeständen verstanden, die für alle Mitglieder der Organisation jederzeit und ohne Einschränkungen zugänglich sind.

Dieses Wissen umfaßt das gesamte organisationale Wissen und Teilbereiche des individuellen und kollektiven Wissensbestandes. Es besteht daher ein wesentlicher Unterschied zwischen der Menge des gesamten Wissens der einzelnen Organisationsmitglieder und der Menge des Wissens in einer organisationalen Wissensbasis eines Organisationssystems. Hält beispielsweise ein Mitglied der Organisation aus Gründen der Macht, Angst oder Frustration neu erworbenes Wissen von der Organisation fern, so wird die Menge des gesamten Wissens der einzelnen Organisationsmitglieder zwar größer, die organisationale Wissensbasis bleibt jedoch unverändert. Im Mittelpunkt dieser differenzierten Betrachtung steht der Gedanke, daß die Wahrscheinlichkeit der Wissensanwendung bei organisatorischen Entscheidungen, von außen nach innen gesehen, eher zunimmt. Somit ist es nicht verwunderlich, daß organisationales Wissen die höchste Wahrscheinlichkeit der Anwendung im Entscheidungsfall besitzt. Um aber auch solche Situationen abbilden zu können, in denen Wissen der organisationalen Wissensbasis zugänglich ist, jedoch keinen Einfluß auf organisatorische Entscheidungen nimmt, muß das Wissen in verschiedene Dimensionen eingeteilt werden. Die erste Dimension umfaßt Daten und Einzelhypothesen (empirisch-phänomenologische Dimension). Die zweite Dimension umfaßt das Instrumentarium und die Methodik der Wissensgenerierung, Wissensspeicherung, des Wissenstransfers und der Wissensanwendung (heuristisch-analytische Dimension).

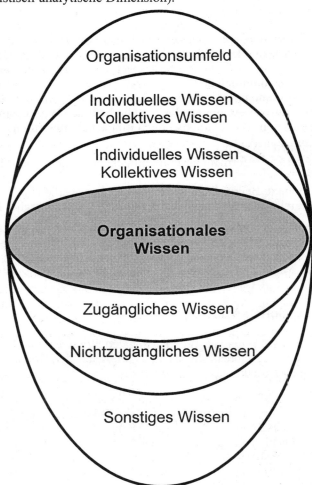

Abbildung 5-3 : Organisationale Wissensbasis

Die dritte Dimension umfaßt die Grundannahmen, die Themata und Weltbilder, die den gesamten Prozeß der Wissensgenerierung, Wissensspeicherung, des Wissenstransfers und der Wissensanwendung tragen (Dimension der Themata und Weltbilder). Die dritte Dimension der Themata und Weltbildannahmen scheint bei der Begründung von dem, was als Wissen anerkannt und demzufolge auch angewendet wird, ein entscheidender Faktor zu sein. Man kann Parallelen zur Theorie des individuellen Lernens und vor allem der konnektionistisch orientierten Neurobiologie ziehen, die testiert, daß neues Wissen nur bei altem Wissen verankert und anschließend angewendet werden kann. Organisationales Wissen ist deshalb nur dann verfügbar, wenn es zugänglich ist und im Einklang mit der organisatorischen Handlungstheorie steht. Die organisationale Wissensbasis umfaßt damit jenes Wissen, das für die gesamte Organisation prinzipiell verfügbar ist, das heißt, zugänglich ist und im Einklang mit der organisatorischen Handlungstheorie steht. Die organisationale Wissensbasis kann in unterschiedlicher Form vorhanden sein. Die einfachste denkbare Form ist das schriftlich niedergelegte Wissen in Büchern, Dokumentationen, Forschungsberichten, Datenbanken und Expertensystemen. Aber auch komplexere Formen des Wissens, wie informelle Muster und Verhaltensweisen, die allen Mitarbeitern bekannt sind, gehören zur organisationalen Wissensbasis. Sogar das individuelle Wissen, das nur einer einzigen Person in der Organisation bekannt sein muß, ist ein Bestandteil der organisationalen Wissensbasis, wenn es prinzipiell verfügbar ist, das heißt, wenn alle anderen Mitarbeiter der Organisation dieses Wissen erreichen können, und es nicht mit der Handlungstheorie der gesamten Organisation in Konflikt steht.

5.6 Der Prozeß des organisationalen Lernens

Trotz der Dynamik der organisationalen Wissensbasis und des damit verbundenen Prozesses des organisationalen Lernens in wissensbasierten Systemen, läßt sich ein praktisches und übersichtliches Lernschritt-Modell aufbauen. Dazu werden gleich mehrere Aspekte berücksichtigt. So orientiert sich das Modell an den wissensbasierten Modellen. Das Modell bezieht die Erkenntnisse der individuellen kognitiven und kollektiven Lerntheorien ein. Es arbeitet die einzelnen Formen und Phasen organisationaler Lernprozesse gut sichtbar aus. Außerdem eignet sich das Modell aufgrund seiner Konzentration auf das individuelle und organisationale Wissen hervorragend dazu, auf organisationale Lernprozesse in wissensbasierten Systemen übertragen zu werden. Dieses Modell umfaßt vier Lernschritte:

- Individuelles Lernen,
- Individuelles Lernen als Bestandteil des organisationalen Lernens,
- Kollektiver Lernprozeß,
- Institutionalisierung der organisationalen Wissensbasis.

Die Mitglieder einer Organisation verfügen über ein bestimmtes individuelles Wissen, das sie zu einem Teil oder zur Gänze der Organisation und damit der organisationalen Wissensbasis zur Verfügung stellen. Ihre Handlungen innerhalb der Organisation beruhen auf diesem individuellen Wissen. Die Auswirkungen dieser Handlungen können auch von dem betreffenden Menschen kritisch reflektiert und hinterfragt werden. Er kann aus diesen gemachten Erfahrungen seine Schlüsse ziehen und dabei lernen. Wenn er jetzt wiederum sein so verändertes Wissen der organisationalen Wissensbasis zur Verfügung stellt, liegt in diesem Fall ein organisationaler Lernprozeß vor. Die zentrale Rolle in diesem Prozeß trägt das Individuum. Es ist als einziges in der Lage, aus Erfahrungen zu lernen, neues Wissen hervorzubringen und in Handlungen umzusetzen.

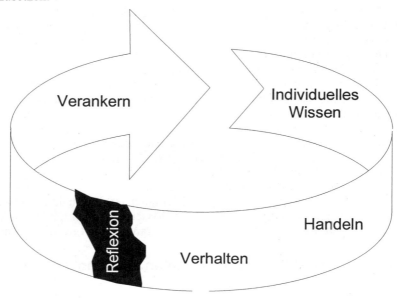

Abbildung 5-4 : Individuelles Lernen

Der entscheidende Punkt ist, daß sich aus der Förderung der individuellen Lernprozesse in der Organisation nicht zwangsläufig eine Verbesserung des organisationalen Lernprozesses ergeben muß. Individuelles Wissen, das kurzfristig für alle Mitarbeiter der Organisation prinzipiell verfügbar ist, also der organisationalen Wissensbasis angehört, geht nämlich verloren, wenn der entsprechende Wissensträger die Organisation verläßt. Außerdem ist nicht in jedem Fall gewährleistet, daß das gesamte individuelle Wissen eines Organisationsmitglieds der Organisation zur Verfügung gestellt wird. Deshalb muß das Prozeßmodell um einen weiteren Schritt erweitert werden. Individuelles Wissen findet in einer Organisation in der Regel nicht isoliert statt. Vielmehr gestaltet sich der individuelle Lernprozeß als kollektiver Prozeß. Idealerweise ist die Summe der Lernprozesse in einer Gruppe immer größer ist als die Summe der Lernprozesse der einzelnen Gruppenmitglieder. Da sich alle Gruppenmitglieder mit der Materie gleichermaßen befassen müssen, können sie sich auch alle an diesen Verbesserungs- und Modifizierungsprozessen beteiligen. Oder sie können mit Hilfe des Dialogs sogar völlig neues Wissen hervorbringen. Entscheidet man sich für das neue und damit gegen das alte Wissen, ist dieses neue Wissen in allen Gehirnen der Gruppenmitglieder gespeichert. Dies vermindert nicht nur das Verlustrisiko dieses Wissens für die gesamte Organisation, sondern löst auch neue individuelle Handlungen und

Lernprozesse bei allen einzelnen Gruppenmitgliedern aus, was wiederum zu neuen Erkenntnissen führen und neue Lernvorgänge auslösen kann.

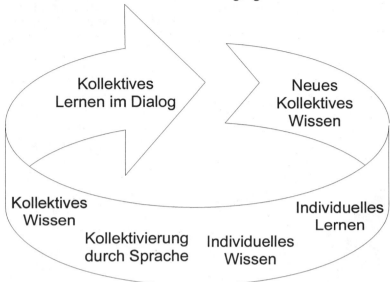

Abbildung 5-5 : Kollektives Lernen

Eine Art Schneeballeffekt wird in Gang gesetzt. Allerdings bleibt es wiederum bei diesem Prozeß dem Individuum überlassen, dieses neue Wissen in der organisationalen Wissensbasis zu konservieren. Die Verlustgefahr des Wissens wird dabei zwar minimiert, aber nicht völlig ausgeschlossen. Es muß daher auch in diesem Fall nicht unbedingt organisationales Lernen entstehen. Deswegen muß ein weiterer Schritt die bisherigen komplettieren. Bisher bleibt es dem einzelnen Individuum überlassen, ob er sich bei seinen Handlungen dem individuellen, kollektiven oder organisationalen Wissen bedient. Der vierte Schritt institutionalisiert die organisationale Wissensbasis und damit auch das organisationale Lernen. Dies ist der unabdingbare Regelkreis, in dem sich die Selbstorganisation der Lernprozesse in einer lernenden Organisation als wissensbasiertes System abspielen muß. Bei der Institutionalisierung beziehungsweise Formalisierung wird das Wissen in Form von Handlungswissen für jeden Mitarbeiter der Organisation in einfacher und zugänglicher Form aufbereitet. Diese Aufbereitung ist der wesentliche zusätzliche Bestandteil des organisationalen Lernprozesses. Mit diesem vierten Schritt wird die organisationale Wissensbasis zum Leben erweckt und der endgültige organisationale Lernzirkel geschlossen. Organisationales Lernen basiert damit auf den neuen Ideen und Erfindungen der Mitarbeiter (individuelles Lernen). Diese Ideen werden als Vorschlag in einen Dialog eingebracht. Mehrere Kollegen in der Organisation setzen sich kritisch mit diesem Vorschlag auseinander und erzeugen gegebenenfalls neues Wissen. Hat das Wissen diese Hürde übersprungen, wird es in einen kollektiven Wissensvorrat neu aufgenommen (kollektives Lernen). Anschließend wird dieses Wissen innerhalb der Organisation in der organisationalen Wissensbasis institutionalisiert. Schließlich wird die Idee in Form eines zukünftigen Handlungswissens bei den Mitarbeitern verankert und in der Praxis erprobt (organisationales Lernen). Daraus resultieren wiederum neue Lernprozesse bei den einzelnen Mitarbeitern, und der Kreislauf wird wiederum in Gang gesetzt.

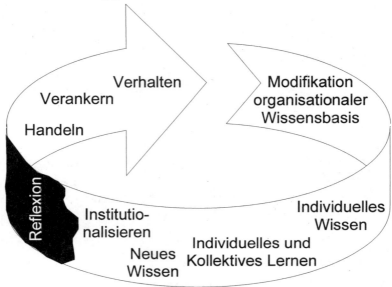

Abbildung 5-6 : Institutionalisierung

5.7 Organisationale Lernarten

In Anlehnung an die Unterscheidung der verschiedenen Wissensarten lassen sich die folgenden vier Lernarten unterscheiden:

- Begriffslernen,
- Handlungslernen,
- Rezeptlernen,
- Grundsatzlernen.

Begriffslernen entspricht einem bewußten oder auch unbewußten Begriffs-, beziehungsweise Faktenlernen, und ist auf der untersten Ebene der organisationalen Wissensbasis angesiedelt. Neue Begriffe, Definitionen, Gesetze und Zusammenhänge werden über den Weg der organisationalen Wissensbasis der Organisation verfügbar gemacht. Dieses Lernen wird durch Individuen oder Gruppen vollzogen und über diese in das System der organisationalen Wissensbasis durch den Lernschritt der Institutionalisierung getragen.

Handlungslernen verbindet das Organisationsumfeld und die empirisch-phänomenologische Dimension mit der strategischen Ebene, der heuristisch-analytischen Dimension in der Organisation. Im Gegensatz zum Rezeptlernen beeinflußt das Organisationsumfeld kontinuierlich die Handlungstheorie der gesamten Organisation. Nicht das festgeschriebene strategische Rezeptwissen allein, sondern das gesamte Handlungswissen und damit die einzelnen Kernfähigkeiten und Kernkompetenzen der Organisation werden durch dieses Lernen verändert.

Durch das Rezeptlernen werden offizielle Regelsysteme für Korrektur- und Verbesserungsstrategien innerhalb der Organisation beeinflußt. Die nach außen verkündete Handlungstheorie der Organisation wird dadurch langfristig verändert, nicht jedoch unbedingt die gesamte Handlungstheorie, da die im tatsächlichen Gebrauch befindliche Handlungstheorie als zweiter Bestandteil unerwünschtes Rezeptwissen so ausgleichen kann, daß das Verhalten der gesamten Organisation nahezu konstant bleibt. So ist beispielsweise die Bereitschaft der Mitarbeiter und der Gruppen ungleich größer, eine unerwünschte, nach außen verkündete Handlungstheorie durch das Einführen neuen Wissens über den Weg der tatsächlich im Gebrauch befindlichen Handlungstheorie zu kompensieren, als von sich aus eine bestehende und unerwünschte nach außen verkündete Handlungstheorie zu verändern. Dies gilt insbesondere in stark hierarchisch organisierten Systemen. Aus diesem Grunde findet Rezeptlernen mit einer größeren Betonung innerhalb der organisationalen Wissensbasis zwischen der empirisch-phänomenologischen Ebene und der heuristisch-analytischen Ebene statt, und wird nicht so sehr vom Organisationsumfeld und dem nicht zugänglich gemachten Wissen der Mitarbeiter und Gruppen beeinflußt.

Auf der obersten Ebene kann das Grundsatzlernen identifiziert werden, das aus der Organisation und dem Organisationsumfeld neues Grundsatzwissen in Form von Weltanschauungen, Werten, kulturellen Grundeinstellungen und Themen in die organisationale Wissensbasis einbringt. Dabei ist es durchaus vorstellbar, daß neues Grundsatzwissen innerhalb der organisationalen Wissensbasis sowohl aus der empirisch-phänomenologischen, als auch aus der heuristisch-analytischen Ebene heraus entstehen kann. Aber auch durch den Transfer bisher nicht zugänglichen Wissens aus dem Organisationsumfeld oder von Mitarbeitern und Gruppen kann neues Grundsatzwissen entstehen. Durch den organisationalen Lernprozeß in wissensbasierten Systemen wurde ein Bezugsrahmen geschaffen, der es ermöglicht, sowohl die Definition und Eigenschaften als auch die Gestaltungsmöglichkeiten einer lernenden Organisation als wissensbasiertes System herzuleiten und zu behandeln.

5.8 Voraussetzungen

Die lernende Organisation ist ein Managementmodell, das die Förderung aller organisationalen Lernarten zu seinem obersten Leitbild erheben soll. Dies ist jedoch an einige wesentliche Voraussetzungen geknüpft. Individuelles, kollektives und organisationales Lernen geschehen nicht automatisch und nicht in jeder Umgebung in gleicher Intensität. Lernen ist vielmehr ein Wort, das bei den meisten Menschen eher negative Gefühle aufkommen läßt, da Lernen oftmals zunächst mit Schule verknüpft wird, und Schule wiederum negative Bilder und Erinnerungen aufsteigen läßt. Wenn der Einzelne einmal die Schule oder auch die Universität verlassen hat, wird er im Regelfall froh darüber sein, es endlich geschafft zu haben. Das Lernen scheint damit für immer und ewig der Vergangenheit anzugehören. Und gerade dies ist ein gefährlicher Trugschluß, insbesondere in der Zeit des heraufziehenden Wissenszeitalters. Lebenslanges Lernen wird hier einfach vorausgesetzt. Die Arbeitsplätze werden in diesem Zeitalter lernintensiver sein und sie werden sich vor allem in ihren Anforderungen radikal wandeln. Das Produkt, das hergestellt und bearbeitet werden muß, wird immer öfter die Information und das eingebrachte Wissen sein. Die Qualität dieses Produkts wird von diesem Vermögen und dem Vermögen der Organisation zu lernen, entscheidend abhängen. Somit muß die lernende Organisation nicht nur die Lernbereitschaft steigern, sondern auch die Lernfähigkeit und hier sowohl die individuelle, die kollektive als auch die organisationale Lernfähigkeit. Der Einzelne muß dabei zunächst lernen, richtig zu lernen. Viele Menschen werden dies dann, trotz Schule und Universität, das erste Mal systematisch in ihrem Leben tun. Auch die Kommunikationskompetenz aller Organisationsangehörigen muß entscheidend verbessert werden, um kollektive Lernprozesse zu steigern oder überhaupt erst einmal in Gang zu setzen. Schließlich hat die lernende Organisation die Aufgabe, den Regelkreis des organisationalen Lernens ihren Mitarbeitern verständlich zu machen und eine allgemeine Akzeptanzplattform zu schaffen. Sie muß jedes Organisationsmitglied in den organisationalen Lernprozeß einbinden und ihm hilfreich zur Seite stehen. Ihm hilfreich zur Seite stehen, heißt in diesem Fall aber auch, daß die lernende Organisation dem Mitarbeiter die richtigen Lerninstrumente zur Verfügung stellen und anbieten muß. Dem Wollen und Können muß also ein Wissen folgen, das den letzten Anstoß zum organisationalen Lernen gibt. Oftmals müssen die richtigen Instrumente für das organisationale Lernen durch eine neu zu schaffende Stelle innerhalb der lernenden Organisation entwickelt und/oder verbessert werden. Diese Instanz bildet sozusagen die Schnittstelle zwischen der organisationalen Wissensbasis und den Köpfen der Mitarbeiter. Aus der bisherigen Betrachtung der Lernenden Organisation lassen sich die folgenden Schlußfolgerungen ziehen, indem lernende Organisationen:

- wirtschaftswissenschaftliche und systemtheoretische Modelle sind,
- von einem komplexen, aber beeinflußbaren Umfeld umgeben sind,
- alle ihre Bemühungen darauf ausrichten, die Lernprozesse der gesamten Organisation und die ihrer Gruppen und Mitarbeiter zu fördern und zu einem organisationalen Lernprozeß zu integrieren,
- zu diesem Zweck die aktuellen neurobiologischen und lerntheoretischen Erkenntnisse verwenden,
- über organisationale Lernprozesse und kontinuierliche gemeinschaftliche Selbsterneuerung ihre eigene Überlebensfähigkeit langfristig optimieren.

Aus der Behandlung der Wissensbasierten Systeme lassen sich weitere Schlußfolgerungen ziehen, daß wissensbasierte Systeme die folgenden Fähigkeiten besitzen:

- Die Fähigkeit zur Gedächtnisbildung und damit zum Lernen.

- Die Fähigkeit, Wissen in Form von strukturellen Konnektivitätsmustern zu speichern.
- Die Fähigkeit, qualitativ hochwertige Informationen bereitzustellen.
- Die Fähigkeit, das Wissen ihrer Subsysteme zu integrieren.
- Die Fähigkeit, systeminterne Intelligenz aufzubauen.

Aus der Auseinandersetzung mit der lernenden Organisation als wissensbasiertes System läßt sich aber auch schlußfolgern, daß der organisationale Lernprozeß auf folgenden Komponenten basiert:

- Auf neuen Ideen und Erfahrungen der Mitarbeiter.
- Auf der Aufnahme neuen Wissens in einen kollektiven Wissensvorrat (Wissensgenerierung).
- Auf der Translation neuen Wissens in eine verarbeitbare Form (Wissenstranslation).
- Auf der Institutionalisierung neuen Wissens innerhalb der organisationalen Wissensbasis (Wissensspeicherung).
- Auf der Verankerung neuen Wissens in Form eines zukünftigen Handlungswissens bei den Mitarbeitern (Wissenstransfer).
- Auf der Praxiserprobung neuen Wissens von Seiten der Mitarbeiter, aus der neue Lernprozesse bei den einzelnen Mitarbeitern resultieren, und der Kreislauf wiederum in Gang gesetzt wird.

> Im folgenden wird daher unter der lernenden Organisation als wissensbasiertes System ein wirtschaftswissenschaftliches und systemtheoretisches Managementmodell innerhalb eines komplexen, aber beeinflußbaren Umfeldes verstanden, das in seinem Kern durch das Subsystem der organisationalen Wissensbasis und der damit verbundenen individuellen, kollektiven und organisationalen Lernprozesse realisiert wird.

Dieses Modell bildet ein wissensbasiertes, lernfähiges und damit insbesondere ein intelligentes System ab, das mit Hilfe seiner Bestandteile, des Lerninstrumentariums, der Lernfähigkeiten und der Lernbereitschaft, in der Lage ist, systeminterne Intelligenz aufzubauen und diese für die Optimierung seiner eigenen Überlebensfähigkeit zu nutzen. Die Systemeigenschaften der lernenden Organisation als wissensbasiertes System ergeben sich aus der logisch-deduktiven Verknüpfung des systemtheoretischen Modells lernender Organisationen und des Modells wissensbasierter Systeme. Daraus resultieren als Ergebnis die Systemeigenschaften der lernenden Organisation. Lernende Organisationen sind immer unabhängig vom jeweils zugrundeliegenden Modell. Vor allem widerspricht das Modell wissensbasierter Systeme von seinen Systemeigenschaften her nicht dem Modell der lernenden Organisation. Außerdem ist es nur in einem Kriterium enger gefaßt als das Modell der lernenden Organisation. Damit ergibt sich als wesentliches Kennzeichen dieses Modells lernender Organisationen als wissensbasierte Systeme, daß sie nicht nur adaptive, sondern auch lernfähige Systeme sind. Damit sind sie auch, wie eingangs gefordert, als intelligente Systeme zu bezeichnen.

6 Die Organisation als Wissensmanagementsystem

Ausgehend von der Basis der Konzeption der lernenden Organisation als wissensbasiertes System soll im folgenden ein Wissensmanagementsystem erarbeitet werden, das sich als ein Gestaltungselement des Führungssystems in der täglichen Praxis anwenden lässt. Wissensmanagement wird deshalb im folgenden in erster Linie als Aufgabe und im Verantwortungsbereich der Organisationsführung angesiedelt, und steht damit im Gegensatz zu einem rein technisch, beziehungsweise personell orientierten Wissensmanagement. Gemäß der Abgrenzung ist Wissen "gelernte Information". Auf die Organisation übertragen, bedeutet dies, daß zwischen dem Informationsmanagement und dem Wissensmanagement der organsiationale Lernprozeß steht.

6.1 Wissensgenerierung

Die Grundidee des organisationalen Wissens besteht darin, daß es zum größten Teil zwischen den einzelnen Individuen und damit personenunabhängig existiert. Es konstituiert sich in der Organisationskultur, in organisationalen Routinen, durch Kommunikation, durch Dokumentationen und im Verhalten der Organisation. Trotzdem kann die Organisation als Ganzes nicht neues Wissen unabhängig vom Individuum, vom einzelnen Organisationsmitglied generieren. Organisationales Wissen muß daher durch organisationale Lernprozesse entstehen. Organisationale Lernprozesse implizieren aber individuelle Lernprozesse. Daraus folgt, daß neues organisationales Wissen nur durch bereits vorhandenes individuelles Wissen entstehen kann. Die dabei mögliche Zwischenstufe des kollektiven Wissens ändert nichts an dieser unabdingbaren Reihenfolge. Dabei ist es irrelevant, wie lange dieses individuelle Wissen bereits vorhanden ist. Wissensgenerierung bezieht sich damit sowohl auf die bessere organisationale Nutzung bestehender individueller und kollektiver Wissenspotentiale, als auch auf die Entwicklung oder Beschaffung neuen Wissens.

6.1.1 Entwicklung durch Nutzung von Wissenspotentialen

Die leichteste, aber am häufigsten unterschätzte Art und Weise, neues organisationales Wissen zu generieren, ist die Nutzung vorhandener, interner Wissenspotentiale. Bereits das System der organisationalen Wissensbasis machte deutlich, daß sich deren Systemgrenze genau an der Nahtstelle zwischen den, der Organisation zugänglichen, und der Organisation nicht zugänglichen individuellen und kollektiven Wissensbeständen befindet. Aufgabe des Wissensmanagements innerhalb der Funktion der Wissensgenerierung muß es deshalb sein, der Organisation als Ganzes, bisher nicht zugängliches individuelles und kollektives Wissen zuzuführen.

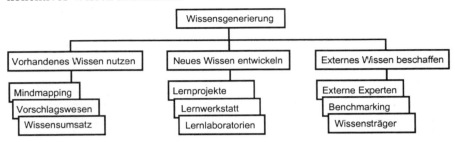

Abbildung 6-1 : Arten der Wissensgenerierung

Neues Wissen kann nur dann für die organisationale Wissensbasis gewonnen werden, wenn die Organisationsmitglieder bereit sind, ihr Wissen anderen Organisationsmitgliedern durch Kommunikationsprozesse zu artikulieren. Diesem Prozeß stehen innerhalb der Organisation zahlreiche Barrieren gegenüber.

- Begrenzte kognitive Fähigkeiten des Menschen, die Bedeutung seiner Wissensbestände für die Organisation zu erkennen.
- Begrenzte kommunikative Möglichkeiten, sein Wissen anderen verständlich mitzuteilen.
- Desinteresse: Gleichgültigkeit und Demotivation bis hin zur inneren Kündigung, sein Wissen anderen zugänglich zu machen.
- Negative Erfahrungen in der Vergangenheit, die ein schmerzvermeidendes Verhalten fördern, das sich in einer verminderten Bereitschaft zur Wissensweitergabe niederschlägt.
- Angst, sich durch die Wissensweitergabe für die Organisation überflüssig zu machen.
- Macht, die über selektive und verzerrte Wissensweitergabe gestärkt werden kann.

Das Wissensmanagement hat in einem ersten Schritt die Aufgabe, diese in jeder Organisation vorhandenen und daher systemimmanenten Barrieren wahrzunehmen und in einem zweiten Schritt abzubauen. Dieser Abbau kann beispielsweise mit Hilfe der Instrumente Mind Mapping, Vorschlagswesen oder Entlohnung nach Wissensumsatz in die Wege geleitet werden. Mind Mapping ist ein Instrument zur bildlichen Darstellung von kognitiven Wissensstrukturen. Sein Ziel ist es, eine Wissenslandkarte für die gesamte Organisation zu entwerfen. Dabei wird, ausgehend von einem Mittelpunkt, das in der Organisation vorhandene Wissen kreisförmig abgebildet. Durch den Erstellungsprozeß können bisher nicht zugängliche Wissensbestände in die organisationale Wissensbasis geholt werden. Als Ausgangspunkt dienen dabei die folgenden Fragen:

- Wer in der Organisation braucht wann und wozu welches Wissen?
- Welches Wissen ist dabei beim Ausführenden vorhanden?
- Wo oder bei wem wird gegebenenfalls dieses Wissen intern beschafft?
- Welches Wissen ist nicht zugänglich?

In einem nächsten Schritt können mit zunehmendem Detaillierungsgrad Wissenslandkarten für Organisationsbereiche, Gruppen, bis hin zu einzelnen Arbeitsplätzen erstellt werden. Mit Hilfe von Bildern können bisher auch nicht verfügbare implizite Wissensstrukturen dargestellt und damit zugänglich gemacht werden. Eine weitere Möglichkeit, vorhandene interne Wissenspotentiale nutzbar zu machen, stellt das betriebliche Vorschlagswesen dar. Das betriebliche Vorschlagswesen verfolgt das Ziel, die Organisationsmitglieder zu Verbesserungsvorschlägen anzuspornen. Beim klassischen Vorschlagswesen wird zu diesem Zweck eine zentrale Stelle eingerichtet, die die eingereichten Vorschläge auf ihre Praktikabilität hin beurteilt, und die Einreicher mit Geld- beziehungsweise Sachprämien belohnt. Somit werden bisher nicht genutzte individuelle und kollektive Wissensbestände der organisationalen Wissensbasis zugänglich gemacht. Der Nachteil des klassischen Vorschlagswesens liegt in der anonymen Art des Ablaufs, da der Mitarbeiter lange nicht erfährt, was mit seinem Vorschlag passiert, und im schlimmsten Falle auch nicht, warum sein Vorschlag abgelehnt wurde. Dadurch können Lernblockaden durch negative Erfahrungen entstehen. Zum anderen behindert ein monetäres Prämierungssystem den in der Gruppen-Lerntheorie bereits vorgestellten und zur Verbesserung von Ideen so wichtigen kollektiven Lernprozeß durch eine egozentrische Mißtrauenskultur. Damit bleibt die Qualität der Ideen aber innerhalb der Strukturdeterminiertheit der einzelnen Person limitiert. Durch diese Vorgangsweise werden aus lerntheoretischer Sicht drei wichtige Ziele erreicht. Es wird der individuelle Lernprozeß durch die sich gleich anschließende Umsetzung der eigenen Verbesserung in Gang gehalten. Außerdem werden durch die Art der Prämiengestaltung bewußt kollektive Lernprozesse gefördert und damit die Mitarbeiter dazu angeregt, gemeinsam mit ihren Kollegen die Qualität ihrer Ideen weiter zu steigern. Durch die lineare Ausschüttung entsteht ein gruppendynamisch ausgelöstes, negatives Gefühl bei den nicht daran beteiligten Personen, das in einer Aktivierung dieses bisher nicht genutzten Wissenspotentials münden kann.

In letzter Zeit erfreuen sich neue Ansätze der Entlohnung zunehmender Beliebtheit, die sich nicht mehr ausschließlich an der funktionalen und hierarchischen Stellung des Lohnempfängers orientieren. Insbesondere die Kombination von Grundgehalt (Fixum) und leistungsabhängiger Komponente gewinnt dabei zunehmend an Bedeutung. In diesem Zusammenhang ist die leistungsabhängige Komponente der Entlohnung in der Regel ausschließlich ergebnisorientiert. Der Mitarbeiter einer lernenden Organisation darf daher nicht nur nach seinen erzielten Resultaten entlohnt, beziehungsweise belohnt werden, sondern auch nach seiner Bereitschaft und Fähigkeit, wie er seine individuellen Wissenspotentiale der Allgemeinheit zur Verfügung stellt. Das leistungsabhängige Gehaltssystem bezahlt deshalb denjenigen besser, der sein individuelles Wissen möglichst umfassend und multiplikativ der Organisation zugänglich macht. Dieser Wissenstransfer kann zu einem Wissensmarktplatz führen. Derjenige Mitarbeiter, der am meisten organisationsrelevantes Wissen im Angebot hat und dieses auch häufig „anbieten" und „verkaufen" kann, bekommt den höchsten leistungsbezogenen Zuschlag zu seinem Gehalt. In der Folge führt der Anreiz über die Entlohnung dazu, daß jeder Mitarbeiter bestrebt sein wird, einen möglichst hohen Anteil seines Wissens in die Organisation einzubringen und seine individuelle Wissensbasis in Eigeninitiative weiterzuentwickeln, beziehungsweise ständig zu aktualisieren. So werden beispielsweise in jüngster Zeit die Berater bei großen, international tätigen Organisationsberatungen in ihrer leistungsbezogenen Komponenten danach bezahlt, wie hoch die Nachfrage nach ihren individuellen Wissensbeständen ist, die sie der Organisation zur Verfügung stellen.

6.1.2 Entwicklung von neuem Wissen

Häufig benötigen Organisationen neue Lösungen und damit auch neues Wissen für komplexe Probleme, das nicht innerhalb der Organisation verfügbar ist und auch nicht aus dem Organisationsumfeld beschafft werden kann. In diesem Fall muß neues Wissen intern entwickelt werden. Neues Wissen kann die Organisation von innen heraus aber nur auf der Basis ihrer bestehenden Strukturen und ihrer zur Verfügung stehenden individuellen, kollektiven und organisationalen Wissensbestände generieren. Aus diesem Grunde kann nicht jedes komplexe Problem von der Organisation allein gelöst werden. Je mehr Wissen allerdings in den Problemlösungsprozeß eingebracht wird, um so größer ist die Chance, das relevante neue Wissen zu generieren, da die Gesamtmenge an Wissen die strukturelle Plastizität der Organisation erweitert. Die Entwicklung neuer gemeinsamer Wissensbestände erfolgt allerdings nicht problemlos. Folgende Barrieren können diesem Prozeß entgegenstehen:

- Negative Einstellung gegenüber Lernprozessen aufgrund negativer Erfahrung in der Vergangenheit.
- Prinzipieller Widerstand gegen strukturelle Veränderungen im Sinne von Veränderungen der organisationalen Wissensbasis.
- Strukturelle Determinierung aufgrund der bisherigen Lernerfahrungen und Wissensbestände.
- Kommunikationsbarrieren beim Einbringen der individuellen Wissensbestände in den gemeinsamen Lernprozeß.

Das Wissensmanagement kann durch die Instrumente Lernprojekte, Lernwerkstatt oder Lernlaboratorium den Prozeß der Wissensgenerierung fördern. Neben dem tagtäglichen Routinegeschäft werden Organisationen vor komplexe Problemsituationen gestellt, die nicht innerhalb des Routinegeschäfts schnell gelöst werden können. Die Anzahl der komplexen Probleme ist dabei in der jüngsten Vergangenheit in Verbindung mit der sich beschleunigenden Dynamik und der ständig zunehmenden Komplexität stark angestiegen. Da die Probleme nicht im Routinegeschäft gelöst werden können, sind Projekte ein Mittel, um diesen Problemen Herr zu werden. Projektmanagement ist dabei ein hervorragend geeignetes Instrument, um parallel zu einer bestehenden Struktur der Regelorganisation, ganz bestimmte, abgrenzbare Sonderaufgaben effizienter zu bearbeiten. Projekte können dabei als zeitlich befristete und sich von den Routinegeschäften abhebende, einmalige Aufgaben definiert werden, bei denen Spezialisten aus unterschiedlichen Funktionsbereichen der Organisation gemeinsam an einer Problemlösung arbeiten. Lernprojekte unterscheiden sich nun dadurch, daß sie nicht in erster Linie zur Problemlösung, sondern zur Wissensgenerierung gebildet werden. Auch wenn diese Unterscheidung auf den ersten Blick akademisch erscheint, so wird damit doch deutlich, daß bei einem Lernprojekt nicht die Problemlösung, d.h., das einmalige „Aus-der-Welt-Schaffen" eines real existierenden Problems, sondern die systematische Entwicklung neuen Wissens im Mittelpunkt steht. Lernprojekte sind damit weder ausschließlich vergangenheitsbezogen und damit reaktiv, noch behalten sie ihren Charakter der Einmaligkeit bei, sondern versuchen statt dessen, aus der einmaligen Chance eine dauerhafte Veränderung der organisationalen Wissensbasis herbeizuführen. Deshalb setzen sich, im Gegensatz zur klassischen Projektgruppe, die Mitglieder eines Lernprojekts nicht ausschließlich aus Spezialisten unterschiedlicher Funktionsbereiche zusammen, sondern es wird in erster Linie auf die projektrelevanten, individuellen Wissensbestände und vor allem auf die Fähigkeit der einzelnen Mitglieder geachtet, wie sie die eigenen Wissensbestände auch anderen mitteilen. Es ist deshalb sinnvoll, Lernprojekte mit sogenannten Dialog-Projekten zu beginnen, die ein Lernumfeld herstellen, die die kollektive Kommunikation qualitativ verbessern helfen und damit in letzter Konsequenz auch die Qualität des neu entwickelten organisationalen Wissens steigern. Ziel der Dialog-Projekte ist es dabei, insbesondere strukturelle Determinierungen im Sinne von Betriebsblindheit der Projektgruppe zu reduzieren und die Gruppenkohäsion bereits vor der eigentlichen Lernphase zu steigern.

Die Lernwerkstatt ist eine Gruppe von Mitarbeitern, die den gemeinsamen Bezugspunkt Arbeit und Organisation haben und sich einmal pro Woche während der Arbeitszeit zusammensetzen und lernen. Die Lernwerkstatt unterscheidet sich daher von einem Lernprojekt in ihrer dauerhaften Art der Institutionalisierung. Wie bei einem Lernprojekt wählen die Mitglieder einer Lernstatt ihre Themen in aller Regel selbst. Ein oder zwei Moderatoren steuern den kollektiven Lernprozeß und geben methodische Hilfestellungen zur Problemlösung. Die Gruppe arbeitet ansonsten eigenständig und selbstorganisierend an der Lernthematik in einer zwang- und angstfreien Umgebung. Vorgesetzte dürfen nur auf Einladung an der Lernstatt teilnehmen, um zu Vorschlägen als Experten Stellung zu nehmen. In dieser Beziehung unterscheidet sich auch das Lernwerkstatt-Konzept von den traditionellen Qualitätszirkeln, bei denen die Problemlösungsarbeit sehr stark strukturiert ist und weniger das Lernen an sich, sondern die Problemlösung und damit ein unmittelbar verwertbares Ergebnis im Vordergrund steht. Dagegen fördert die Lernwerkstatt nicht nur langfristige Weiterentwicklungen der organisationalen Wissensbasis und bringt damit auch indirekt Problemlösungen zutage, sondern dient in erster Linie der institutionalisierten Verbesserung lernbezogener und kommunikativer Fähigkeiten. Es ist das vordringlichste Ziel der Lernwerkstatt, die Kluft zwischen fremdbestimmtem Wissen und eigenen individuellen Wissensbeständen zu überbrücken, um dadurch die eigene Lernfähigkeit und indirekt auch den organisationalen Lernprozeß zu stärken. Das Lernwerkstatt-Konzept

wird deshalb auch häufig als Organisationsentwicklung "von unten" verstanden.
Eine weitere Möglichkeit, neues Wissen für die Organisation zu gewinnen, wird mit Hilfe von Lernlaboratorien in die Praxis umgesetzt. Lernlaboratorien stellen die Weiterentwicklung einer klassischen Forschungs- und Entwicklungsabteilung dar. Lernlabors sind Versuchsfelder, in denen nicht nur neues Wissen generiert, sondern dieses Wissen auch gleichzeitig getestet, angewendet und verbessert werden kann. Daß die Qualität des Lernprozesses durch die aktive Wissensanwendung gesteigert wird, ist in diesem Zusammenhang inzwischen eine unbestrittene Tatsache. Innerhalb eines Lernlabors sind große Mengen an individuellen, kollektiven und organisationalen Wissensbeständen konzentriert und in technischen Anlagen, in Prozessen beziehungsweise beim Menschen abgespeichert. Lernlaboratorien versuchen dabei, möglichst exakt einen bestimmten Teil der Wirklichkeit in der Organisation abzubilden und damit zu simulieren, sei es nun eine bestimmte Prozeßkette oder ein spezieller Managementprozeß. Diese Abbildung kann entweder in materieller Art und Weise, beispielsweise in Form eines "Prototyps" erfolgen oder auch in virtueller Art und Weise in Form von "Mikrowelten", beziehungsweise "Flugsimulatoren". Dabei ist es an dieser Stelle wichtig zu betonen, daß Lernlaboratorien und deren Simulationsinstrumente nicht in erster Linie das Ziel verfolgen, möglichst exakte Vorhersagen über zukünftige Entwicklungen zu machen. Vielmehr steht das Lernen in der Gegenwart und aus der Gegenwart heraus im Mittelpunkt. Daß durch Lernprozesse die strukturelle Plastizität der gesamten Organisation erhöht wird, und daß durch reaktionsfähigere und flexiblere Strukturen die Überlebenschance der Organisation, unabhängig von der tatsächlich eingetretenen zukünftigen Entwicklung steigt, ist eine direkte und erwünschte Konsequenz des Lernlabors.

6.1.3 Beschaffung von externem Wissen

Eine dritte Möglichkeit, neues Wissen für die Organisation zu gewinnen, besteht darin, externes Wissen zu beschaffen. Dies ist insbesondere dann notwendig, wenn aufgrund der Strukturdeterminiertheit einer Organisation bestimmte Wissenspotentiale nicht verfügbar sind, beziehungsweise intern nicht zugänglich gemacht werden können. Dabei können die folgenden Barrieren bei der Beschaffung von externen Wissensbeständen auftreten:

- Fehlende Möglichkeiten der strukturellen Verknüpfung mit den bestehenden Wissensstrukturen der organisationalen Wissensbasis.
- Mangelnde Akzeptanz des extern beschafften Wissens.
- Kommunikationsbarrieren und damit mangelndes Verständnis durch kulturell bedingte Sprachbarrieren zwischen dem System Organisation und dem Organisationsumfeld.
- Mangelnde Wahrnehmung, bei wem das relevante externe Wissen beschafft werden kann.
- Mangelnde Wahrnehmung über die Existenz des externen Wissens.

Die Instrumente Beratung, Benchmarking und Wissensträgerschaft können die externe Wissensgenerierung im Sinne einer lernenden Organisation unterstützen. Die einfachste Möglichkeit, externes Wissen zu generieren, ist die Hinzuziehung von externen Beratern. Berater verkaufen Teile ihres Wissens an die Organisation. Damit wird das externe Wissen zum Bestandteil der organisationalen Wissensbasis, wobei der Weg dorthin durch allerlei Sprach-, Kommunikations- und Kulturbarrieren so erschwert werden kann, daß die Wissensübertragung einfach scheitert. In besonderen Fällen kann deshalb die externe Wissensgenerierung über Berater zu einer personalorientierten Wissensbeschaffung führen, bei der man neues Wissen dadurch generiert, daß man gezielt Personen oder Gruppen mit ihren benötigten individuellen Wissenspotentialen in die Organisation holt. Eine zweite Möglichkeit, externes Wissen zu generieren, besteht darin, die eigenen Prozesse mit denen anderer Organisationen zu vergleichen. Durch diesen Vergleich kann die in der Organisation gegebene systemimmanente Strukturdeterminiertheit, die sich oftmals in Form des Phänomens der Betriebsblindheit niederschlägt, durch die Kooperation mit externen Partnern durchbrochen werden und damit die strukturelle Plastizität der Organisation erhöht werden. Um die Qualität des Lernprozesses zusammen mit externen Partnern zu steigern, bietet es sich an, den Lernprozeß als Benchmarking-Prozeß zu systematisieren. Benchmarking ist ein Analyse- und Planungsinstrument, das den Vergleich der eigenen Prozesse mit denen anderer Organisationen, im Idealfall mit den Prozessen des Klassenbesten, ermöglichen soll. Benchmarking setzt Selbstbewertung der eigenen Prozesse voraus. Dadurch wird organisationales Lernen ausgelöst. In einem zweiten Schritt werden diese eigenen Prozesse mit denen von Kunden und Konkurrenz verglichen. Dabei muß man nicht unbedingt in der eigenen Branche verhaftet bleiben, denn auch hier existiert das Phänomen der strukturellen Determiniertheit und zwar in Form von Branchenblindheit. Ziel sollte es sein, vom Klassenbesten zu lernen, unabhängig davon, ob diese Organisation im eigenen Land oder in der eigenen Branche tätig ist, oder vielleicht sogar als ein potentieller Kunde gilt. Ziel des Benchmarking-Prozesses kann es dabei nicht sein, die Prozesse des Klassenbesten blind zu kopieren, denn gerade im Vergleichen und in der gemeinsamen Reflexion werden qualitativ hochwertige Lernprozesse ausgelöst, wird neues organisationales Wissen generiert. Eine weitere Möglichkeit, externes Wissen zu generieren, liegt in der systematischen Nutzung immateriell-rechtlichen Wissens. Ein solches findet man in Patenten, Mustern, Marken, Zeichnungen, Beschreibungen, Spezifikationen oder Modellen. Da dieses Wissen in der Regel durch Schutzrechte nur erschwert zugänglich ist, ist die Generierung dieses Wissens nur mit einem offiziellen Rechtsgeschäft möglich. Dabei hat sich im Laufe der Zeit eine Vielzahl unterschiedlicher Vertragsformen für dieses Rechtsgeschäft herausgebildet, so beispielsweise Franchise-, Lizenz-, Know-how-, Management-, Entwicklungsverträge, usw. Die Nutzung dieser externen Wissenspotentiale ist in der Regel mit erheblichem finanziellen Aufwand verbunden. Insofern liegt die Idee nahe, dieses externe Wissen im Austausch mit internen Wissenspotentialen zu kompensieren. Viele Organisationen besitzen eine unübersichtliche Anzahl von Patenten, in deren Schutz zum Teil erhebliches Geld investiert wurde, von denen wiederum ein Teil "Patentleichen" darstellen, Patente also, die derzeit nicht genutzt werden, insbesondere in wirtschaftlicher Hinsicht. In Anbetracht der Tatsache, daß diese Patente nicht nur Unsummen an Geld verschlingen, sondern auch ungenutzte interne Wissenspotentiale darstellen, bietet sich ein systematisches Management dieser immateriell-rechtlichen Wissensbestände an.

6.2 Wissensspeicherung

Der Wissensgenerierung muß die Wissensspeicherung unmittelbar folgen, ansonsten besteht die Gefahr des organisationalen Vergessens. Vergleichbar mit dem kognitiven Modell der individuellen Informationsverarbeitung, besitzt eine Organisation begrenzte kognitive Fähigkeiten. So kann in diesem Zusammenhang beispielsweise die Personalfluktuation herangezogen werden, die, wenn man eine genügend lange Zeitdauer unterstellt, dazu führen kann, daß der Organisation wichtige individuelle oder auch kollektiv geteilte Wissensbestände wieder verloren gehen. Außerdem führt die ständige Veränderung individueller Wissensbestände zum Verlust eines für die Organisation potentiell relevanten organisationalen Wissens. Es existieren daher innerhalb von Organisationen in Analogie zum menschlichen Ultrakurzzeit-, Kurzzeit- und Langzeitgedächtnis ähnliche Prozesse, die dazu führen, daß die Notwendigkeit einer dauerhaften Wissensspeicherung und damit auch -sicherung im Langzeitgedächtnis einer Organisation besteht. Wissensspeicherung hängt dabei in erster Linie von den Speichermedien ab. Speichermedien haben die Aufgabe, das organisationale Wissen unabhängig von den einzelnen Organisationsmitgliedern abzuspeichern und damit dieses Wissen dauerhaft zu sichern. Speichersysteme sind die Träger und Bewahrer der organisationalen Wissensbasis. Die einzelnen Speichersysteme stellen demzufolge Subsysteme der organisationalen Wissensbasis dar. Man unterscheidet gewöhnlich zwischen natürlichen, künstlichen und kulturellen Speichermedien. Das Management der Wissensspeicherung hat daher die Aufgabe, das jeweilige organisationale Wissen dem hierzu "passenden" Speichermedium zuzuordnen. Dabei muß das Wissen so aufbereitet werden, daß es für den einzelnen Benutzer handhabbar wird.

Abbildung 6-2 : Arten der Wissensspeicherung

Handhabbar ist eine Wissensaufbereitung dann, wenn sie, ausgehend von einer überschaubaren Menge von Informationsinhalten, Rückschlüsse auf interessierende Einzeltatbestände ermöglicht. Folgende Kriterien sind dabei von Bedeutung:

- Art des organisationalen Wissens,
- Ausmaß an erforderlicher Stabilität,
- Zeitliche Verfügbarkeit,
- Grad der gewünschten Standardisierung,
- Verlustrisiko,
- Ausmaß an gewünschter Veränderung und Weiterentwicklung,
- Intensität der Anwendung.

Wissensspeicherung bedeutet daher auch immer Institutionalisierung der durch organisationale Lernprozesse gewonnenen neuen Erkenntnisse. Allerdings garantiert die Wissensspeicherung allein noch nicht die Anwendung des neuen organisationalen Wissens und damit die Verwandlung des organisationalen Wissens in betriebswirtschaftlichen Nutzen.

6.2.1 Natürliche Speichersysteme

Bei natürlichen Speichersystemen wird Wissen in Form von strukturellen Konnektivitätsmustern im menschlichen Gehirn niedergelegt. Dieses Wissen ist für andere nur mit Hilfe der Kommunikation und über das Instrument der Sprache abrufbar: Es ist mit Hilfe der Kommunikation kollektivierbar. Deshalb ist nicht nur ausschließlich der Mensch ein natürlicher Wissensspeicher, sondern es gehören zu dieser Kategorie auch Gruppen, Teams und Wissensgemeinschaften. Natürliche Wissenssysteme sind einer ständigen Dynamik aus ihrem Umfeld unterworfen. Aus diesem Grunde sind natürliche Wissensspeicher relativ instabil. Sie besitzen daher ein systemimmanentes Verlustrisiko. Andererseits hat die hohe Instabilität den Vorteil der kontinuierlichen Weiterentwicklung bestehender Wissenspotentiale, und wirkt auf diese Weise einer Gefahr der drohenden Erstarrung entgegen. Bereits bei dem Modell des organisationalen Lernprozesses ist deutlich geworden, daß bisher nur Menschen in der Lage sind, neues Wissen zu generieren. Deshalb sind Individuen auch immer diejenigen Wissensspeicher, die als erste neues Wissen quasi stellvertretend für die Organisation abspeichern. Gleichzeitig sind sie auch die umfassendsten Wissensspeicher der Organisation, da der Mensch aus seinen strukturellen Grenzen heraus nicht imstande ist, sein gesamtes Wissen mit Hilfe der Kommunikation anderen zugänglich zu machen. Außerdem hat sich der Mensch seinen Wissensbestand zum größten Teil außerhalb der Organisation angeeignet, beispielsweise durch Erziehung, Sozialisation, Aktivitäten usw. und besitzt damit unter Umständen einen größeren Wissensbestand, als für die Organisation relevant ist. Die systematische Aufteilung des Wissens auf einzelne menschliche Wissensspeicher nach der Philosophie der Lokalisationstheorie und damit ein Verzicht auf Redundanzen, erscheint innerhalb einer lernenden Organisation wenig wünschenswert, da sich dadurch die Gefahr des Wissensverlustes beim Ausscheiden dieser Organisationsmitglieder drastisch erhöht. Außerdem reduziert eine Arbeitsteilung bei der menschlichen Wissensspeicherung die Wahrscheinlichkeit, daß das individuelle Wissen Bestandteil der organisationalen Wissensbasis wird und in die Handlungsroutinen einfließt, was einerseits auf individuell unterschiedlich begrenzte kommunikative Fähigkeiten, andererseits aber auch auf individuell unterschiedliche Willensbarrieren zurückzuführen ist. Aus diesen Tatsachen kann aber umgekehrt nicht der Schluß gezogen werden, daß es prinzipiell wünschenswert wäre, wenn jeder Mitarbeiter das gesamte relevante Wissen individuell bei sich abgespeichert hätte. Abgesehen von den begrenzten kognitiven Fähigkeiten des menschlichen Gehirns würde diese Art von Gleichschaltung auch zu einer Gleichschaltung im kreativen Prozeß des Lernens führen, und dadurch die Qualität neuen Wissens durch die Blindheit einer gleichgeschalteten Gemeinschaft erheblich reduzieren. Es gilt daher einen Mittelweg zu finden, um den Mitarbeiter in seiner Funktion als Wissensspeicher in effektiver Art und Weise nutzen zu können. In diesem Zusammenhang wird in der Literatur eine Unterscheidung zwischen dem Mitarbeiter als Gatekeeper und als Wissensingenieur getroffen. Während Gatekeeper die Aufgabe haben, das Wissen in der Organisation an entsprechend geeignete Mitarbeiter als Wissensspeicher weiterzureichen, sind Wissensingenieure als Schlüsselpersonen der Wissensspeicherung auf bestimmten Gebieten Experten und besitzen durch ihr Detailwissen eine unangefochtene Fachkompetenz. Gatekeeper verfügen deshalb gegenüber anderen Mitarbeitern über ein hohes Ausmaß an Handlungs- und Rezeptwissen innerhalb der Organisation. Aus diesem Grunde sind typische Gatekeeper meist Mitarbeiter, die bereits längere Zeit für diese Organisation tätig sind und die sich deshalb bereits sowohl Erfahrung als auch Einfluß und Kontakte aufgebaut haben. Die drei Elemente Erfahrung, Einfluß und Kontakte verleihen dem Gatekeeper innerhalb der Organisation Macht, die er im positiven wie im negativen Sinne ausüben kann. Wissensingenieure besitzen hingegen ein hohes Ausmaß an Faktenwissen. Sie haben die Aufgabe, ihr detailliertes Wissen mit den visionären Vorstellungen des Managements über die Zukunft der Organisation zu verbinden und es in konkrete Technologien, Produkte, oder die Erschließung neuer Märkte umzusetzen. Durch die Verbindung von Vision und konkreter Handlung sind die Wissensingenieure maßgeblich an der Aufrechterhaltung eines kontinuierlichen, organisationalen Lernprozesses beteiligt, und erhalten damit die lernende Organisation am Leben.

Mit Hilfe von Gruppen versucht man, das systemimmanente Verlustrisiko personeller Wissensspeicher zu reduzieren, indem man das Wissen auf mehrere Personen verteilt. Gleichzeitig tritt dabei das Problem impliziten Wissens auf, nämlich die Tatsache, daß das Individuum unfähig ist, sein gesamtes Wissen anderen zugänglich zu machen. Unter dem Begriff der Gruppe wird in diesem Zusammenhang sowohl die formelle als auch die informelle Gruppe verstanden. Eine formelle Gruppe wird bewußt für ein bestimmtes Ziel oder eine Aufgabe dauerhaft oder auch auf Zeit konstituiert. Informelle Gruppen können hingegen als organisationale Subkulturen bezeichnet werden, die aus sozialen Bedürfnissen heraus, durch gemeinsame Interessen oder um neue Ideen herum, entstehen. In diesem Zusammenhang kann man den Schwerpunkt auf formelle Gruppen legen, die man als partizipative lernende Systeme bezeichnen kann. Darunter versteht man insbesondere temporäre formelle Gruppen, die Wissen und Erfahrungen sammeln und speichern, indem innerhalb dieser Gruppen Schlüsselpersonen des jeweiligen Wissensgebiets miteinander direkt in Kontakt treten. Gleichzeitig tragen diese Gruppen zur Verbreitung ihres Wissens in der gesamten Organisation bei, da die Schlüsselpersonen gespeichertes Gruppenwissen in ihre eigenen Bereiche tragen. Die Gefahr des Wissensverlustes wird damit für die Gesamtorganisation weiter reduziert. Informelle Gruppen fungieren als Wissensspeicher in dreierlei Formen. So speichern Countercultures Wissen, das im Widerspruch zu anderen Wissensbeständen der organisationalen Wissensbasis steht. Countercultures lösen damit einen Konflikt innerhalb der organisationalen Wissensbasis aus, der entweder dazu führt, daß alte Wissensbestände verlernt werden, oder daß Gruppenwissen der Countercultures keinen Eingang in die organisationale Wissensbasis findet und damit verworfen wird. Countercultures können deshalb insbesondere dann für die Organisation gefährlich werden, wenn man sie als Wissensspeicher für Grundsatzwissen nutzt. Als Speichermedium für Fakten-, Handlungs- und Rezeptwissen können sie hingegen willkommene Alternativen für Erfolgswissen bieten, das sich durch Umfeldveränderungen selbst überholt hat. Countercultures stellen in diesem Sinne ein kreativschöpferisches Konfliktpotential innerhalb der Organisation dar, das Lernprozesse höherer Ebenen auslöst. Subkulturen im engerem Sinne identifizieren sich im Gegensatz zu Countercultures mit den organisationalen Wissensbeständen. Sie tragen zu einer kontinuierlichen Weiterentwicklung der organisationalen Wissensbasis bei, und eignen sich deshalb insbesondere als Wissensspeicher für die Wissensbestände, die das langfristige Überleben und die Identität der Organisation sichern, und die deshalb vor allzu schnellen und unüberlegten Änderungen geschützt werden müssen. Expertenkulturen als dritte Art informeller Gruppen sehen schließlich ihre Aufgabe als Wissensspeicher in den Wissensnischen der organisationalen Wissensbasis. Diese Gruppen können deshalb als Eliten für bestimmte spezifische Problemstellungen bezeichnet werden. Da sie dabei Gefahr laufen, sich in organisatorische Elfenbeintürme zu begeben, tragen sie weniger zur Weiterentwicklung bestehender Wissensbestände bei, als die beiden anderen Gruppen. Auf der anderen Seite bieten sie gerade aus diesem Grunde einen dauerhaft sicheren Wissensspeicher für komplexe und hochspezialisierte, aber gleichzeitig auch überlebensnotwendige Wissensbestände der Organisation.

Eine dritte Kategorie natürlicher Speichersysteme bilden sogenannte Wissensgemeinschaften. Wissensgemeinschaften werden aus der Menge von Organisationsmitgliedern gebildet, die über äquivalentes Wissen verfügen, welches für andere Organisationsmitglieder nicht unmittelbar verständlich ist. Aus dieser Definition heraus ist ersichtlich, daß jede Lerngruppe auch eine Wissensgemeinschaft darstellt. Aber nicht jede Wissensgemeinschaft ist auch eine Lerngruppe, da die Mitglieder einer Wissensgemeinschaft nicht in einem unmittelbaren Interaktionsverhältnis zueinander stehen müssen, oft voneinander nicht einmal etwas wissen. Der Begriff der Wissensgemeinschaft, in Abgrenzung zu einer Gruppe als Wissensspeicher, ist deshalb in diesem Zusammenhang so bedeutsam, da in der Literatur häufig der Begriff der Gruppe, beziehungsweise auch Lerngruppe mit "gemeinsam geteiltem Wissen", beziehungsweise der spezifischen Art des gemeinsam geteilten Wissens, gleichgesetzt wird. Das wesentliche Merkmal einer Wissensgemeinschaft ist im Gegensatz zur Gruppe, die Vielschichtigkeit der Arten ihrer Ausprägung. Während ein Organisationsmitglied in der Regel immer nur einer formellen Gruppe (Abteilung oder Bereich) angehören wird, und auch nur Mitglied einer sehr begrenzten Anzahl von informellen Gruppen innerhalb der Organisation sein kann, gehört das Organisationsmitglied doch bewußt oder unbewußt zahlreichen Wissensgemeinschaften innerhalb der Organisation an. Das Entstehen von neuen Wissensgemeinschaften, und damit das Abspeichern von organisationalem Wissen in neue äquivalente Wissensbestände, kann dabei auf folgende Arten zustande kommen:

- durch vergleichbare präorganisationale Ausbildung und Sozialisation durch Schule, Universität etc.,
- durch ähnliche Zugehörigkeiten zu anderen Organisationen außerhalb der Organisation (persönliche Netzwerke, Vereine),
- durch vergleichbare innerorganisationale Laufbahnen (Einstieg, Position),
- durch vergleichbare Tätigkeiten innerhalb der Organisation (Bereich, Projekte),
- durch überlappende Arbeitsaufgaben (Qualitätszirkel, Arbeitsprozeß),
- durch gemeinsame Interessen,
- durch räumliche Nähe und gemeinsame Interaktionen während der Arbeit.

Wissensgemeinschaften lassen sich über alle Wissensarten hinweg beobachten. So können beispielsweise sowohl Wissensgemeinschaften im Bereich des Begriffswissens als auch Wissensgemeinschaften im Bereich des Handlungs-, Rezept- und Grundsatzwissens existieren.

6.2.2 Künstliche Speichersysteme

Künstliche Speichersysteme sind charakterisiert durch einen direkten und expliziten Wissenszugriff. Wissen wird in künstlichen Speichersystemen in kodierter Form (Sprache) niedergelegt. Der Vorteil künstlicher Speichersysteme besteht darin, daß das Verlustrisiko für die Organisation minimiert, und durch die allgemein akzeptierte und verständliche Kodierung der persönliche Interpretationsspielraum aufgrund der eigenen strukturellen Prägung auf ein Minimum reduziert werden kann. Allerdings kann in künstlichen Speichersystemen bis dato ausschließlich explizites Wissen niedergelegt werden. Es kann damit nicht jede Wissensart zufriedenstellend in Form von Sprache kodiert werden. Ein weiterer Nachteil ist in den bisher noch sehr begrenzten Möglichkeiten der Wissensveränderung und der Wissensweiterentwicklung zu sehen, die sich bei künstlichen Speichersystemen immer aufwendiger gestalten als bei natürlichen oder kulturellen Speichersystemen. Künstliche Speichersysteme können deshalb auch extreme Lernbarrieren darstellen.

Die schriftliche Form der Wissensspeicherung hat lange Tradition. Bereits bei den Ägyptern wurden Daten für den Pyramidenbau auf Tontafeln gespeichert, und in Alexandria existierten erste Formen einer Bibliothek als Wissensaufbewahrungsstätten. In den vergangenen Jahren wurde die schriftliche Dokumentation in fortschreitendem Maße von elektronischen Datenbanken ersetzt. Der Begriff "ersetzen" ist in diesem Zusammenhang so zu verstehen, daß elektronische Datenbanken zwar prinzipiell die gleichen Wissensspeicherungsfunktionen erfüllen wie traditionelle schriftliche Dokumentationen, aber eindeutig die zeitgemäßere Variante im Sinne von Schnelligkeit und universeller Verfügbarkeit darstellen. Deshalb werden schriftliche Dokumentationen im folgenden unter elektronischen Datenbanken subsummiert, da ihre Übertragung auf elektronische Medien keine nennenswerten Schwierigkeiten bereitet. Schriftliche beziehungsweise elektronische Datenbanken ermöglichen die systematische Sammlung und Speicherung von gelernter Information (Wissen) in Form von Begriffs-, Handlungs-, Rezept- und Grundsatzwissen. Dabei gilt es allerdings zu beachten, daß nicht jede Form von Wissen in Datenbanken niedergelegt, beziehungsweise abgespeichert werden kann. Individuelles Wissen wird in Form von Sprache schriftlich dokumentiert. Die strukturellen Mittel der Sprache sind aber eher begrenzt. So können beispielsweise implizite Wissensbestände nur sehr schemenhaft in Form von Sprache schriftlich niedergelegt werden. Eine weitere Einschränkung tritt dadurch zutage, daß die kommunikativen Fähigkeiten jedes Individuums unterschiedlich stark ausgeprägt sind. Dadurch wird die prinzipiell mögliche strukturelle Plastizität der Sprache weiter reduziert. Neben dem Sender soll in diesem Zusammenhang auch der potentielle Empfänger nicht unberücksichtigt bleiben, bei dem es durch sprachliche Barrieren, ausgelöst durch unterschiedliche Erfahrungshintergründe, zu einer weiteren Einschränkung der Nutzung des in Datenbanken abgelegten Wissens kommen kann. Der Vorteil der schriftlichen, beziehungsweise elektronischen Datenbanken, ist in der relativ sicheren, statischen und langfristigen Speicherung von Wissensbeständen zu sehen.

Expertensysteme stellen eine Weiterentwicklung der klassischen Wissensspeicherung durch schriftliche oder elektronische Datenbanken dar. Expertensysteme speichern nicht nur Wissen ab, sondern ziehen das in ihnen abgespeicherte Wissen auch zu Schlußfolgerungen heran. Expertensysteme besitzen daher die Fähigkeit, das abgespeicherte Wissen zielgerichtet zu kombinieren. Bestandteile eines Expertensystems sind dementsprechend neben der Wissensbasis und der Wissenserwerbskomponente auch die Problemlösungs-, Erklärungs- und Dialogkomponente. Expertensysteme lassen sich im Bereich der Wissensspeicherung deshalb insbesondere dann sinnvoll einsetzen, wenn Fakten-, Handlungs- und Rezeptwissen abgespeichert werden, die den Anwender später bei der Diagnose, Planung, Beratung, Entscheidungsfindung und Koordination unterstützen sollen.

Bei neuronalen Netzen handelt es sich um parallel arbeitende und miteinander vernetzte Computersysteme, die im Gegensatz zu Expertensystemen nicht nur ihre Wissensbestände in bezug auf die Problemlösung sinnvoll kombinieren, sondern ihre alten Wissensbestände aufgrund von Problemlösungen ständig verbessern und weiter entwickeln. Damit trainieren sich neuronale Netzwerke anhand von Problemstellungen und verbessern kontinuierlich die Qualität ihrer abgespeicherten Wissensbasis. Auf der anderen Seite verlieren sie durch diese Veränderung unter Umständen alte und originäre Wissensbestände. Neuronale Netzwerke eignen sich deshalb auch nur begrenzt für die dauerhafte Niederlegung von organisationalem Wissen.

6.2.3 Kulturelle Speicher

Kulturelle Speichersysteme sind charakterisiert durch ihre indirekte und damit nicht unmittelbar sichtbare und abrufbare Art der Wissensabspeicherung. Wissen wird in kulturellen Speichersystemen in Form von Strukturen gespeichert, wobei sich diese Strukturveränderungen in dem Verhalten der Organisation oder auch in der tagtäglichen gegenseitigen Interaktion und Kommunikation zeigen können. Der Vorteil der kulturellen Speichersysteme liegt in ihrem Potential, nahezu jedes Wissen und damit auch alle Wissensarten abspeichern zu können. Außerdem fördert die systemimmanente Dynamik kultureller Speichersysteme organisationale Lernprozesse und damit die kontinuierliche Weiterentwicklung organisationaler Wissensbestände. Auf der anderen Seite ist das hohe Maß an Komplexität und Freiheitsgraden auch gleichzeitig der Nachteil kultureller Speichersysteme. Aufgrund der Strukturdeterminiertheit jedes Systems, in diesem Falle insbesondere des Individuums, kann nicht oder nur sehr schwer vorhergesagt werden, wie die in kulturellen Speichersystemen abgespeicherten organisationalen Wissensbestände als individuelle Wissensbestände verankert werden. Außerdem erhöhen kulturelle Speicher das Verlustrisiko des organisationalen Wissens aufgrund ihres hohen Grades an Instabilität.

Jedes Individuum besitzt Wissen und Fähigkeiten. Individuelles Wissen im engeren Sinne kann dabei leichter in einer organisationalen Wissensbasis gespeichert werden als Handlungswissen, da Handlungswissen zu einem weitaus größeren Teil implizite Wissensbestände enthält, die nicht in Form von Sprache kommunizierbar sind. Trotzdem gibt es auch hier Möglichkeiten, dieses Wissen in der organisationalen Wissensbasis zu erfassen. Eine dieser Möglichkeiten besteht in der Übertragung von individuellen Fähigkeiten und individuellem Handlungswissen in organisationale Routinen. Organisationale Routinen können dabei als Integration individueller Fähigkeiten in den Rahmen komplexer organisationaler Abläufe verstanden werden. Sie speichern das organisationale Wissen bezüglich einer bestimmten Problemlösung. Organisationale Routinen werden mit Hilfe von Flußdiagrammen wiedergegeben. Aufgrund ihrer internen Komplexität kann diese grafische Wiedergabe aber in der Regel nur unvollständig und damit sehr schemenhaft erfolgen. Organisationale Routinen laufen selbstorganisierend ab und funktionieren deshalb auch ohne spezifische Aufmerksamkeit des Managements. Organisationale Routinen sind wie alle Wissensspeicher prinzipiell neutral bezüglich der Wissensinhalte, die sie abspeichern. So können beispielsweise organisationale defensive Routinen weitere Lernprozesse behindern.

Eine weitere Möglichkeit, organisationales Wissen mit Hilfe von kulturellen Speichersystemen abzuspeichern, bieten Archetypen. Das Wort "Archetypen" stammt vom griechischen Wort "archetypos" ab und kann mit "das Erste ihrer Art" übersetzt werden. Archetypen sind daher als Urmuster einer Organisation zu verstehen, d.h. als wesentliche Konfigurationen, die Cluster von Handlungsmustern abbilden. Die System-Archetypen bieten als einziges Wissensspeichermedium die Möglichkeit, Wissen, das durch systemische Denk- und Lernprozesse gewonnen wurde, in der organisationalen Wissensbasis abzuspeichern. System-Archetypen können damit insbesondere Rezeptwissen abspeichern, das Managern dabei hilft, organisationale Lern-

speichern, das Managern dabei hilft, organisationale Lernprozesse zu fördern, um Fehler im Umgang mit komplexen Systemen zu vermeiden. Basierend auf den systemtheoretischen Grundlagen werden dabei acht typische System-Archetypen unterschieden:

- **Zeit**: Zeitverzögerung des Feedback.
- **Wachstumsgrenzen**: Natürliche Grenzen des Wachstums.
- **Korrekturhast**: Übereilte Korrekturen verhindern langfristige Lösungen.
- **Schmetterlingseffekt**: Gegenseitiges aggressives Hochschaukeln.
- **Gesetz des Stärkeren**: Der Stärkere gewinnt gegenüber dem Schwächeren beim Kampf um begrenzte Ressourcen. Der Stärkere wird immer stärker, der Schwächere dadurch immer schwächer.
- **Trugschluß der Verallgemeinerung** bei frei verfügbaren, aber begrenzten Ressourcen.
- **Lawineneffekt**: Schnelle Lösungen haben langfristig unvorhergesehene und unerwünschte Konsequenzen, die immer mehr Mitteleinsatz in Folge der am Anfang durchgeführten schnellen Lösungen nach sich ziehen.
- **Herausforderungs-Sog**: Wachstum führt zu neuen Herausforderungen, denen schnell und aggressiv mit neuer Kapazität begegnet werden muß, ansonsten besteht die Gefahr, daß Ziele vorübergehend reduziert werden. Die nur scheinbar vorübergehend reduzierten Ziele führen zu niedrigeren Erwartungen und diese führen in einer Art selbsterfüllenden Prophezeihung zu schlechteren Ergebnissen. Dadurch können mögliche hohe Ziele dauerhaft nicht mehr erreicht werden.

Eine dritte Art kultureller Wissensspeicher für die Abspeicherung der organisationalen Wissensbasis stellt die Organisationskultur dar. Die Organisationskultur ist ein Grundgerüst aus Werten, Prinzipien und Glaubenssätzen in der Organisation. Jeder Mitarbeiter in der Organisation ist zwar ein Repräsentant dieser Organisationskultur, dennoch stellt die Organisationskultur aufgrund ihrer emergenten Systemeigenschaften ein von Individuen unabhängiges Speichermedium dar. Die Organisationsgründer haben durch ihre Worte und Handlungen den Grundstein für das abgespeicherte Grundsatzwissen innerhalb der Organisationskultur gelegt. Dieses Wissen wird mit Hilfe der Organisationskultur von Mitarbeitergeneration zu Mitarbeitergeneration weitergegeben. Dadurch wird ihr Kern stabilisiert und einem Identitätsverlust der gesamten Organisation vorgebeugt. Die Organisationskultur hat daher im wesentlichen die Aufgabe, den Kern des organisationalen Grundsatzwissens dauerhaft zu speichern und dadurch den Organisationsmitgliedern eine Orientierung zu bieten. Artefakte als offenkundige Zeugnisse der Gemeinschaft sind der nach außen hin sichtbarste Teil dieser Organisationskultur. Artefakte sind beispielsweise Legenden und Geschichten, die spezifische Organisationssprache, beobachtbare Rituale und öffentlich geäußerte oder dokumentierte Organisationswerte.

6.3 Wissenstransfer

Gespeichertes organisationales Wissen muß in den relevanten Bereichen der Organisation zur Anwendung gelangen. Wissen anwenden können in erster Linie aber nur die Organisationsmitglieder. Deshalb hat das organisationale Wissen den umgekehrten Weg wie bei der Wissensgenerierung zurückzulegen. Zunächst gilt es, das organisationale Wissen auf die Organisationsmitglieder zu übertragen, die nicht am Prozeß der Wissensgenerierung beteiligt waren. Anschließend wird dann dieses Wissen zur Anwendung geführt. Geplanter Wissenstransfer in Organisationen kann dabei entweder in direkter oder in indirekter Art und Weise durchgeführt werden. Die Phase des Wissenstransfers wird von der Art der Wissensspeicherung in entscheidendem Maße mit beeinflußt. Dabei hängt der Transferprozeß insbesondere von der zeitlichen Variablen ab. So ist es beispielsweise ein wesentlich langwierigerer und wechselseitigerer Prozeß, in der Kultur gespeichertes organisationales Grundsatzwissen in den Köpfen aller Organisationsmitglieder zu etablieren, als in schriftlichen Dokumentationen festgelegtes Begriffswissen. Dafür unterscheidet sich hierbei auf der anderen Seite auch die Anwendungsintensität aufgrund der strukturellen Bindung.

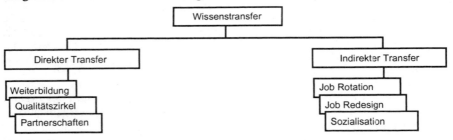

Abbildung 6-3 : Arten des Wissenstransfers

6.3.1 Direkter Wissenstransfer

Direkter Wissenstransfer hat explizit die gesteuerte Übertragung von organisationalen Wissensbeständen auf die Organisationsangehörigen zum Ziel. Diese gesteuerte Übertragung geschieht in der Regel über die Sprache. Aus diesem Grunde stehen beim direkten Wissenstransfer insbesondere organisationales Begriffs- und Rezeptwissen im Vordergrund, da sich diese Wissensarten besonders leicht durch sprachliche Kommunikationsformen übertragen lassen. Die klassische Methode, organisationales Wissen in der Organisation zu transferieren, liegt in der Weiterbildung der Mitarbeiter begründet. Unter Weiterbildung versteht man die Fortsetzung beziehungsweise Wiederaufnahme des von außen angeleiteten Lernens nach Abschluß einer ersten Bildungsphase. Grundsätzlich können dabei die drei Weiterbildungsarten der allgemeinen, beruflichen und politischen Weiterbildung unterschieden werden. Unter dem

Begriff der beruflichen Weiterbildung werden alle Maßnahmen zusammengefaßt, die zum Ziel haben, Wissen und Fähigkeiten festzustellen, zu erhalten, zu erweitern und zu aktualisieren, um, aufbauend auf einer abgeschlossenen Ausbildung und angemessenen Berufserfahrung, eine berufliche Weiterentwicklung zu ermöglichen. Neben dem Ziel der beruflichen Weiterentwicklung, die beispielsweise mit einem beruflichen Aufstieg verbunden sein kann, stehen als weitere Ziele Nachwuchssicherung, Motivation, Innovation, Flexibilität und Identifikation der Mitarbeiter mit der Organisation im Vordergrund. Zur Erreichung dieser Ziele können darüber hinaus Elemente der allgemeinen Weiterbildung eine wichtige Rolle spielen. Im Mittelpunkt der Weiterbildung steht immer der Wissenstransfer von einer Person, dem Lehrenden, auf eine oder mehrere andere Personen, die Lernenden. Dabei kann im Rahmen der Weiterbildung immer nur eine begrenzte Menge des Wissensbestandes des Lehrenden auf den Lernenden übertragen werden. Die Qualität des Weiterbildungsprozesses hängt dabei in jedem Fall eng mit der expliziten und impliziten Kommunikationsfähigkeit des Lehrenden in Bezug zu den Lernenden zusammen. Ziel ist es, eine strukturelle Koppelung zwischen Lehrenden und Lernenden herzustellen. Betrachtet man die Lehrsituation, beziehungsweise das Lernumfeld genauer, so kann grundsätzlich zwischen Weiterbildung und damit Wissenstransfer "on the job" und Wissenstransfer "off the job" unterschieden werden. Bei der Weiterbildung "on the job", wie beispielsweise im Rahmen der Arbeitsplatzeinschulung neuer Mitarbeiter oder bei Arbeitsunterweisungen, liegt der Schwerpunkt auf dem Transfer von Handlungs- und Rezeptwissen. Bei der Weiterbildung "off the job", wie beispielsweise im Rahmen von Schulungen oder Workshops, steht in der Regel der Transfer von Faktenwissen, zum Teil auch von Grundsatzwissen im Vordergrund.

Unter einem Qualitätszirkel versteht man dabei eine auf Dauer angelegte Kleingruppe, in der Mitarbeiter einer hierarchischen Ebene mit einer gemeinsamen Erfahrungsgrundlage in regelmäßigen Abständen auf freiwilliger Basis zusammenkommen, um Themen des eigenen Arbeitsbereichs zu analysieren. Unter Anleitung eines geschulten Moderators wird mit Hilfe spezieller erlernter Problemlösungs- und Kreativitätstechniken versucht, Lösungsvorschläge zu erarbeiten und zu präsentieren. Diese Vorschläge werden selbständig oder im Instanzenweg umgesetzt und eine Ergebniskontrolle wird vorgenommen, wobei die Gruppe als Bestandteil in den organisationalen Rahmen des Qualitätszirkel-Systems eingebunden ist und zu den anderen Elementen Kommunikationsbeziehungen unterhält. Qualitätszirkel erfüllen nach diesem Verständnis nicht nur die Funktion der Wissensgenerierung, sondern insbesondere auch die Funktion des Wissenstransfers. Dabei verläuft der Wissenstransfer auf zweierlei Ebenen ab. Zunächst wird neues Wissen innerhalb des Qualitätszirkels durch kollektive Lernprozesse auf alle Mitglieder übertragen. In einem zweiten Schritt wird das neue Wissen auf weitere, nicht dem Qualitätszirkel angehörige Organisationsmitglieder über Kommunikationsbeziehungen transferiert, die ihrerseits das Wissen an weitere Organisationsangehörige weitertragen. Im Idealfall wird damit neues Wissen in kaskadenförmiger Art und Weise, ausgehend vom Qualitätszirkel, durch die ganze Organisation getragen. Wie bei einem Fluß mit kaskadenförmigem Wasserfall sind für die Breite des anschließenden Stroms die Anfangsgeschwindigkeit vor dem Wasserfall (E-

nergie) und die räumlichen Gegebenheiten in der Organisation die entscheidenden Größen. In den Organisationsbereichen, in denen nur geringe strukturelle Barrieren existieren (räumliche Nähe beziehungsweise als Ersatz elektronische Vernetzung) läuft der Wissenstransferprozeß selbstorganisierend ab.
Erst seit wenigen Jahren finden Formen und Modelle lernpartner-schaftlicher Beziehungen vermehrt Berücksichtigung. Inzwischen unterscheidet man zwischen drei Formen helfender Beziehungen. Instruktion beinhaltet kurzfristig angelegte Hilfe bei konkreten Problemstellungen. Hierbei geht es insbesondere um den Transfer von Fakten- und Handlungswissen. Coaching umfaßt die Unterstützung bei der Bewältigung von längerfristigen Arbeitsaufgaben. Im Mittelpunkt steht hierbei der Transfer von Handlungs- und Rezeptwissen. Coaching soll langfristig das Problemlösungsverhalten verbessern helfen. Mentoring orientiert sich nicht an der Arbeitsaufgabe, sondern an der Persönlichkeit des Mitarbeiters und seiner Persönlichkeitsentwicklung. Der Schwerpunkt von Mentoring bildet daher der Transfer von Axiomwissen. Mentoring ist ein äußerst langfristiger, oft lebenslanger Prozeß, bei dem ein Mentor einem anderen Menschen dabei hilft, seine Arbeits- und Lebensposition zu hinterfragen und Zukunftslinien zu erkennen.

6.3.2 Indirekter Wissenstransfer

Indirekter Wissenstransfer hat nicht explizit das Ziel, organisationale Wissensbestände auf die Organisationsangehörigen zu übertragen, sondern er erfolgt einfach. Indirekter Wissenstransfer ist damit der mehr oder weniger erwünschte Nebeneffekt von bestimmten Maßnahmen. Indirekter Wissenstransfer geschieht nicht über sprachliche Medien, sondern durch strukturelle Koppelung. Aus diesem Grunde stehen beim indirekten Wissenstransfer insbesondere organisationales Handlungs- und Grundsatzwissen im Vordergrund, da diese Wissensarten im Rahmen struktureller Koppelungsvorgänge bevorzugt übertragen werden.
Unter Job Rotation versteht man den planmäßigen und systematischen Wechsel von Arbeitsplatz und Arbeitsaufgaben. Der ursprüngliche Gedanke, der hinter der Einführung von Job Rotation in den Organisationen stand, war die Idee, die durch die Arbeitsteilung entstandene Arbeitsmonotonie zu durchbrechen und damit sowohl psychische wie auch physische Folgeschäden zu vermeiden, oder zumindest zu vermindern. In der heutigen Zeit, in der immer mehr monotone Arbeitsschritte durch maschinelle Automation ersetzt werden, scheint bei dieser Argumentation auch die Notwendigkeit für Job Rotation wieder abzusinken. Dabei blieb in der bisherigen Diskussion über Job Rotation ein weit wichtigeres Argument unberücksichtigt: die Wissenstransfer-Funktion dieses Konzeptes. Denn bereits durch einen geplanten systematischen Arbeitsplatzwechsel kann der Wissenstransfer innerhalb der Organisation gezielt gesteuert werden. Das gilt für den Berufseinstieg genauso wie für die Entwicklung des Führungskräftenachwuchses. So kann beispielsweise die organisationale Wissensbasis im Rahmen von Trainee-Programmen, und dabei insbesondere Begriffs- und Handlungswissen auf die neuen Organisationsmitglieder recht bequem übertragen werden. Gleichzeitig haben die neuen Organisationsmitglieder die Chance, sich bereits in der Anfangsphase eine Art

Wissens-Netzwerk zu knüpfen, das es ihnen später ermöglichen wird, bei spezifischen Problemen das hierzu adäquate Problemlösungswissen an der richtigen Stelle nachzufragen. Auf der anderen Seite wird Job Rotation häufig dazu benutzt, Führungskräftenachwuchs in der eigenen Organisation heranzuziehen. Diese Job-Rotation, die auf einer höheren Ebene als einfache horizontale Job Rotation in Trainee-Programmen abläuft, ist dadurch gekennzeichnet, daß durch Auslandsaufenthalte in Tochtergesellschaften, beziehungsweise durch eine Art Projekt-Job-Rotation versucht wird, die zukünftige Führungskraft durch den Transfer von Rezept- und Grundsatzwissen auf seine zukünftigen Aufgaben vorzubereiten.

Neben dem Wissenstransfer innerhalb der Job Rotation besteht auch die Möglichkeit, den eigenen Arbeitsplatz so umzugestalten, daß Wissenstransferprozesse bezüglich neu gewonnenem organisationalem Wissen erleichtert werden. Der Begriff Job Redesign gilt dabei als Sammelbegriff für verschiedenartigste Maßnahmen, die vom Job Enlargement über Job Enrichment, bis hin zur Gruppenarbeit reichen können. Dabei gehen alle diese Maßnahmen in dieselbe Richtung: die in den vergangenen Jahrzehnten übertriebene Arbeitsteilung und Spezialisierung rückgängig zu machen, um dadurch die Hauptbarrieren, die einem schnellen Transfer neu gewonnenen organisationalen Wissens entgegenstehen, wieder zu beseitigen. Insbesondere der Abbau von Funktionsgrenzen und die gleichzeitige Etablierung von unternehmerisch selbständigen Einheiten führt zu einer Entbürokratisierung des Wissenstransfers. Je mehr verschiedenartige Arbeitsaufgaben ein Organisationsmitglied bearbeiten muß, und je mehr es bei der Erfüllung der einzelnen Aufgaben mit anderen Organisationsmitgliedern in Interaktion treten muß, um so ungehinderter kann sich neues organisationales Wissen innerhalb der Organisation ausbreiten. Andererseits bestehen natürliche kognitive Grenzen der Informationsverarbeitung beim Menschen, so daß auch hier ein optimaler Punkt zwischen Spezialisierung und Generalisierung der Arbeitsaufgaben zu finden ist. Durch die qualitativ höherwertige Dimension kollektiver Lernprozesse kann diese Grenze des Wissenstransfers durch Gruppenarbeit in einem sinnvollen Ausmaß weiter ausgedehnt werden.

Eine weitere indirekte Möglichkeit, organisationales Wissen zu transferieren, bietet die Sozialisation. Durch Sozialisation kann insbesondere schwer kommunizierbares organisationales Wissen, wie beispielsweise Handlungs- oder Grundsatzwissen, innerhalb der Organisation transferiert werden. Sozialisationsprozesse finden zwar sowohl bei der Job Rotation als auch beim Job Redesign statt. Unter Sozialisation versteht man dabei die Wissenstransferprozesse, in denen ein Mensch in seiner sozialen Umwelt lernt, vorwiegend solche Verhaltensweisen zu zeigen, sowie die Einstellungen, Werte, Bedürfnisse usw. zu übernehmen, die den anerkannten Wertvorstellungen und Normen entsprechen, beziehungsweise solche Verhaltensweisen, Einstellungen usw. abzubauen, die damit in Widerspruch stehen könnten. Sozialisierungsprozesse haben das besondere Charakteristikum, daß sie ohne Sprache auskommen, wie dies insbesondere beim Modell-Lernen deutlich wird. Sozialisation unterstützt damit im Wesentlichen den Transfer von nur schwer kommunizierbarem Handlungs-, Rezept- und Grundsatzwissen, und findet in der Regel zum größten Teil unbewußt zwischen Lehrendem, Modell, Lernendem und Beobachter statt. Das Ergebnis von Sozialisation und struktureller Koppelung, der konsensuelle Bereich, in dem das Wissen des einen, strukturell plastischen Systems, beispielsweise eines Individuums, auf ein zweites System transferiert wurde, ist damit äquivalent. In jedem Fall kann durch die Förderung von Sozialisationsprozessen die Zusammenarbeit und Interaktion verstärkt, sowie gleichzeitig Einzelkämpfertum wirksam abgebaut, und damit insgesamt das Verlustrisiko für organisationales Wissen erheblich reduziert werden.

6.4 Wissensanwendung

Ist dem Wissensmanagement der Wissenstransfer innerhalb der Organisation gelungen, so gilt es, innerhalb eines letzten Schrittes dieses Wissen zur Anwendung zu führen. Wissensanwendung beschreibt dabei einen Transferprozeß, bei dem organisational gelerntes Wissen in Aktionen umgesetzt wird. Diese Umsetzung kann sich in den drei verschiedenen Aktionsformen Kommunikation, Handlung und Entscheidung manifestieren. Organisationales Wissen äußert sich damit in einem geänderten Verhalten der Organisation und kann nach außen hin sichtbar gemacht werden. Dabei soll der Prozeß der Wissensanwendung deutlich vom Prozeß der Wissensverwertung abgegrenzt werden. Beim Prozeß der Wissensverwertung versucht man, organisationales Wissen als Produkt zu betrachten und in der Folge aus diesem Produkt wirtschaftlichen Nutzen zu ziehen. Man transformiert damit im Prozeß der Wissensverwertung organisationales Wissen in finanziellen Nutzen. Dieser Transformationsprozeß kann entweder direkt oder indirekt erfolgen. Direkte Strategien der Wissensverwertung umfassen die Gewährung von Rechten in Form von Lizenzen oder Franchise-Verträgen, Schulung, Beratung, Abgabe von Personal bis hin zum Verkauf von ganzen Organisationsteilen. Organisationales Wissen wird damit in direkter Form, ohne Zwischenschritt, in finanziellen Nutzen umgewandelt. Indirekte Strategien der Wissens-verwertung realisieren das organisationale Wissen hingegen zunächst in Produkten oder Dienstleistungen, um über diesen Zwischenschritt finanziellen Nutzen zu ziehen. So könnte eine indirekte Wissensverwertungsstrategie beispielsweise in einer Diversifikation der Organisation liegen. Unter Diversifikation versteht man in diesem Zusammenhang sehr allgemein Investitionsentscheidungen in innovative Produkte und Märkte.

Abbildung 6-4 : Arten der Wissensanwendung

Abschließend kann festgehalten werden, daß die Wissensnutzung eine gezielte wirtschaftliche Nutzung der Wissensanwendung darstellt. Sie ist damit als Spezialfall der Wissensanwendung zu sehen. Entscheidend im Zusammenhang mit dem Wissensmanagement in lernenden Organisationen, und damit für die Aufrechterhaltung des organisationalen Lernprozesses, ist jedoch in erster

Linie die Umsetzung des gelernten organisationalen Wissens in Aktionen, und damit die Wissensanwendung, um in der Folge aufgrund von Reflexionsprozessen über das eigene Tun, wieder neue individuelle, kollektive und organisationale Lernprozesse in Gang zu setzen. Das tiefere Verständnis der Prozesse der Wissensanwendung führt auch zu einem verbesserten Umgang mit den Prozessen der Wissensnutzung als Spezialfall der Wissensanwendung.

Die einfachste und unmittelbarste Form, in der neues, organisationales Wissen zur Anwendung kommen kann, ist die Kommunikation. Im Gegensatz zur klassischen Systemtheorie, die den Kommunikationsprozeß als objektive Informationsübertragung versteht, soll im Zusammenhang mit der Wissensanwendung, d.h. der Einbeziehung neuer organisationaler Wissensbestände in den Kommunikationsprozeß, eine etwas differenzierte Sichtweise des Kommunikationsprozesses eingeführt werden. Unter Kommunikation versteht man dabei das gegenseitige Auslösen von koordinierten Verhaltensweisen unter den Mitgliedern einer sozialen Einheit. Kommunikationen stellen eine besondere Klasse von Verhaltensweisen dar, die mit oder ohne Anwesenheit eines Nervensystems beim Operieren von Organismen in sozialen Systemen auftritt. Charakteristisch für jeden Kommunikationsprozeß ist das Prozessieren von Selektion als dreistufigen Prozeß. Zunächst muß von einem Individuum eine Information ausgewählt werden, die man beabsichtigt mitzuteilen. In einem zweiten Schritt muß das Individuum ein Verhalten wählen, mit dessen Hilfe es die ausgewählte Information mitteilen möchte. Abschließend muß das Individuum, an das die Information gerichtet ist, diese verstehen. Dazu muß es zwischen Information und Mitteilung differenzieren können, um nicht nur das Verhalten des Informationsgebers zu beobachten. Information, Mitteilung und Beobachtung sind an das jeweilige System gebunden, d.h. die strukturellen Wissensbestände der beiden am Kommunikationsprozeß beteiligten Systeme haben einen entscheidenden Einfluß auf den erfolgreichen Verlauf des Kommunikationsprozesses. Deshalb kann neues Wissen in Form von geänderten Kommunikationsprozessen zum Vorschein treten. Entscheidend für diesen Vorgang ist die Selbstreferentialität des Systems, d.h., ein System beobachtet sich als System bzw. seine System/Umfeld-Beziehung. Aufbauend auf dem Konzept der basalen Selbstreferentialität als grundlegendste Form der Selbstreferenz, die eine autopoietische Reproduktion temporalisierter Systeme ermöglicht, unterscheidet man gewöhnlich zwei Arten von Kommunikationsprozessen. Bei der Reflexivität kommuniziert das System über seine eigenen Prozesse. Hingegen kommuniziert bei der Reflexion das System über seine Beziehungen zum Umfeld. Reflexivität entsteht in lebensfähigen Systemen, beispielsweise in Organisationen insbesondere dann, wenn innerhalb des Kommunikationsprozesses Verständigungs-schwierigkeiten auftauchen. Ziel sollte es dabei sein, die eigenen Prozesse im Hinblick auf die Etablierung einer gemeinsamen Sprache zu überdenken. Reflexion überprüft hingegen die Prozesse zwischen Organisation und Umfeld. Dies ist insbesondere dann in verstärktem Maße der Fall, wenn das Organisationsumfeld einer hohen Veränderungsdynamik unterworfen ist, und das System Organisation dadurch ständig gezwungen wird, seine eigene Identität zu überdenken. Bei Organisationen kann sich dieser Reflexionsprozeß nach außen hin in Stellungnahmen gegen-

über Kapitalgebern, Kunden, Lieferanten und der Konkurrenz bemerkbar machen.
Im Gegensatz zum engen soziologischen Handlungsbegriff, der unter einer Handlung nur das nach außen hin beobachtbare Verhalten einer Person versteht, soll im folgenden der Handlungsbegriff gemäß der systemtheoretischen Grundüberlegungen weiter gefasst werden. So definiert beispielsweise Maturana die Handlung als prinzipielle Operationen eines lebensfähigen Systems innerhalb seiner strukturellen Dynamik und Plastizität. Als Handlungen wird in diesem Buch alles bezeichnet, was in irgendeinem operationellen Bereich getan wird, was in einem Diskurs hervor gebracht wird, so abstrakt es auch scheinen mag. Denken ist demnach Handeln im Bereich des Denkens. Gehen ist Handeln im Bereich des Gehens. Reflektieren ist Handeln im Bereich der Reflexion. Sprechen ist Handeln im Bereich der Sprache. Wissenschaftliches Erklären ist Handeln im Bereich wissenschaftlichen Erklärens. Handlungen sind gemäß dieser Auffassung nicht immer von einem Beobachter aus gesehen beobachtbar, da der Beobachter aufgrund seiner strukturellen Determiniertheit manchmal nicht in der Lage ist, Handlungen eines von ihm unabhängigen lebensfähigen Systems wahrzunehmen. So fällt es beispielsweise den Organisationsangehörigen wesentlich leichter, bestimmte Wissensanwendungen in Form von Handlungen, d.h. Verhaltensänderungen ihrer Organisation, wahrzunehmen, als externen Personen. Auf der anderen Seite gibt es aber auch Verhaltensänderungen der Organisation, beispielsweise solche, die sehr langwierig sind, oder sich nur sehr langsam vollziehen, die aufgrund des Phänomens der Betriebsblindheit nur von außen beobachtet werden können. Handlungen sind des weiteren Aktionen, die immer einem lebensfähigen System, beispielsweise einem Individuum, einer Gruppe oder einer Organisation, zugerechnet werden. Handeln ist damit immer ein Versuch, externe Komplexität zu reduzieren. Durch Handeln versucht ein lebensfähiges System, externe Komplexität zu reduzieren und gleichzeitig interne Komplexität aufzubauen, um in der systemeigenen Struktur neue Anschlußmöglichkeiten für zukünftige Lernprozesse zu finden. Handlungen ordnen damit organisationales Wissen und ermöglichen erst dadurch neue organisationale Lernprozesse. Die Entscheidung an für sich stellt nach systemtheoretischer Sichtweise einen Spezialfall der Handlung dar. Von Entscheidung soll in diesem Buch dann gesprochen werden, wenn und soweit die Sinngebung einer Handlung auf eine an sie selbst gerichtete Erwartung reagiert. Entscheidungen sind damit Handlungen mit selbstreferentieller Komponente, d.h., ein System beobachtet sich als System beziehungsweise seine System-Umfeld-Beziehung selbst und trifft selbst für sich als System Entscheidungen, was zu tun ist. In Organisationen bedeutet daher die Wissensanwendung über Entscheidungen die systematischste Form, neues organisationales Wissen anzuwenden. Kommunikationen und Handlungen in Organisationen können demnach post hoc immer als Entscheidungen interpretiert werden. Organisierte Sozialsysteme lassen sich als Systeme begreifen, die aus Entscheidungen bestehen und die Entscheidungen, aus denen sie bestehen, durch die Entscheidungen, aus denen sie bestehen, selbst anfertigen. Wie die Lerntheorie zeigt, können nur durch die Anwendung und damit die Erprobung neuer Wissensbestände neuerliche Prozesse der Reflexivität und Reflexion, und damit der Wissensgenerierung ausgelöst werden. So wird

durch die vierte Funktion des Wissensmanagements der organisationale Regelkreis geschlossen und damit das ganzheitliche Wissensmanagement erst zu einem abgeschlossenen Ganzen.

6.5 Wissensmanagementsystem lernender Organisationen

Das Ziel des Wissensmanagements innerhalb einer lernenden Organisation als wissensbasiertes System beruht auf der Vision, eine lernende Organisation zu werden. Die Vision ist eine klar umrissene Absichtserklärung der Organisation. Eine solche Vision kann vier mögliche Muster einzeln oder gemeinsam ansprechen: die gezielte strategische Vorgabe, den gemeinsamen Feind, die innere Verwandlung und/oder das modellhafte Vorbild. Im Falle der lernenden Organisation spricht die Vision die Muster der dritten und vierten Art, die innere Verwandlung in Form einer gemeinschaftlichen Selbsterneuerung und das modellhafte Vorbild an. Das daraus abgeleitete Ziel des Wissensmanagements der lernenden Organisation als wissensbasiertes System lautet: Steigerung der organisationalen Intelligenz. Dabei muß in diesem Zusammenhang streng zwischen der Intelligenz von einzelnen Personen oder Organisationsangehörigen, und der Intelligenz der Organisation, unterschieden werden. So ist es beispielsweise möglich, daß intelligente Mitarbeiter in dummen Organisationen arbeiten können und auf der anderen Seite intelligente Organisationen nicht in jedem Fall auch intelligente Mitarbeiter benötigen. Während aber die Intelligenz von Individuen schon seit langem im Mittelpunkt zahlreicher Forschungsbemühungen steht, beginnt man sich erst in jüngster Vergangenheit der Erforschung organisationaler Intelligenz intensiv zu widmen. Der Begriff der Organisationalen Intelligenz wird allerdings bisher nahezu ausschließlich als Metapher verwendet. Aufgrund der bisherigen Überlegungen zur individuellen Intelligenz wird organisationale Intelligenz im folgenden als die Fähigkeit einer Organisation verstanden, neuen Herausforderungen mit strukturellen Veränderungen zu begegnen. Mit neuen Herausforderungen werden dabei sowohl Problemstellungen aus dem Organisationsumfeld als auch aus der Organisation angesprochen. Organisationale Intelligenz hängt damit von den strukturellen Voraussetzungen der Organisation, insbesondere ihrer strukturellen Plastizität, ihrer organisationalen Lernfähigkeit (Meta-Wissen über den organisationalen Lernprozeß) und der Größe als auch Qualität ihrer organisationalen Wissensbasis ab. Auf der anderen Seite ist das Ziel des Wissensmanagements selbst Ergebnis organisationaler Lernprozesse in der Organisation auf dem Weg zu einer lernenden Organisation. Die Institutionalisierung und Instrumentalisierung fördern bei jeder Organisation andere organisationsspezifische Stärken und Schwächen zutage. Deshalb besitzt jede Organisation ihre eigene, organisationsspezifische Intelligenz, die durch die Größe und die Qualität ihrer organisationalen Wissensbasis bestimmt wird. Die Implementierung eines Wissensmanagements kann damit nicht für jede Organisation nach exakt demselben Schema, sondern nur mit Hilfe von gewissen Vorgaben, nach einem gewissen strukturellen Muster erfolgen. Das Muster besteht aus Wissensgenerierung, Wissensspeicherung, Wissenstransfer und

Wissensanwendung. Auf diesen vier Säulen ruht das Wissensmanagement in einer lernenden Organisation. Das Fundament des Gebäudes bildet ein Baukasten aus einsetzbaren Methoden und Instrumenten. Im Detail wird jede Organisation als komplexes Gebilde vor eigenen Herausforderungen stehen und damit aus diesem strukturellen Muster heraus eigene spezielle und nicht standardisierbare Lösungen entwickeln müssen. Jede Organisation gestaltet ihr eigenes Wissensmanagement, ihre eigene organisationsspezifische Intelligenz und damit ihren eigenen Weg, auf dem sie sich der Vision einer lernenden Organisation annähert.

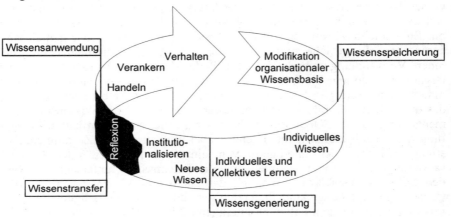

Abbildung 6-5 : Wissen und Lernen

7 Knowledge Computing

Die Technologien der Künstlichen Intelligenz und des Künstlichen Lebens sind heute dabei, aus den Forschungslabors herauszutreten, um in vielen Bereichen der Technik Fuß zu fassen und eine zunehmende Verbreitung zu finden. Besonders gewinnbringend ist hierbei ein transdisziplinärer Technologieansatz, der auf erworbenes Wissen im Gebiet der Theorie und Technik der künstlichen Intelligenz und des künstlichen Lebens zurückgreift. Dieser Ansatz vereint die einzelnen Erkenntnisse und bildet damit eine harmonische Basis für die Entwicklung von rechnerbasierter Intelligenz, die als Grundlage für hybride intelligente Systeme mit höherem systemischen IQ (sIQ) dient.

7.1 Transdisziplinärer Ansatz

Ziel des Forschungsgebiets der Künstlichen Intelligenz (engl. Artificial Intelligence) ist es, intelligentes Problemlöseverhalten zu untersuchen, sowie intelligente Computersysteme und Anwendungen zu entwickeln. Durch die rechnerbasierte Anwendung von Wissen werden neue Einsichten und Erfahrungen produziert. Künstliches Leben hingegen befaßt sich mit künstlich erzeugten Systemen, die sich teilweise wie lebende Systeme verhalten. Im amerikanischen Sprachraum bezeichnet man diesen Wissenschaftsbereich kurz mit A-Life (als Akronym für Artificial Life). Die Hauptnachteile der klassischen künstlichen Intelligenz bestehen darin, daß sie sich auf die symbolische Informationsverarbeitung und auf Logiken ersten Grades stützt. Als Antwort auf dieses Problem wurde in diesem Buch ein Ansatz entwickelt, der auch auf Unbestimmtheiten und Ungenauigkeiten Rücksicht nimmt. Hierdurch ist es möglich, wichtige Probleme aus der realen Umwelt zu lösen. Der transdisziplinäre Technologieansatz stellt eine Symbiose von neuen rechnerischen Methoden und Techniken, wie wissensbasierte Systeme, Fuzzy Logik, neuronalen Netze, genetische Algorithmen und Agentensysteme dar. Dieser Ansatz umfaßt aber auch neue Methoden zur Projektierung von hybriden intelligenten Informations- und Steuerungssystemen, Entscheidungsfindungssystemen und letztlich von ganzheitlichen Wissensmanagementsystemen. Eine Maschine oder ein System kann als intelligent bezeichnet werden, wenn sie oder es dazu fähig ist, seine Leistung zu verbessern oder ein akzeptables Leistungsniveau unter Einfluß auftretender Ungewißheiten aufrechtzuerhalten. Hauptattribute dieser Intelligenz sind Lernfähigkeit, Anpassungsvermögen, Selbstorganisation und die Verarbeitung unsicherer Informationen. Dabei versucht man in der Kombination sich ergänzender intelligenter Methoden und Techniken den sIQ-Level (systemischer Intelligenz-Quotient) zu erhöhen. Dabei tritt das

Knowledge Computing als Schlüsselmethode auf, welche eher gemeinsame als autonome Verwendung solcher neuen Ansätze, wie Fuzzy-Logik, neuronale Netze, Evolutionsalgorithmen usw. vorsieht. Mit ihnen lassen sich einige der wichtigsten Real-World-Probleme lösen, was mit den traditionellen Methoden der künstlichen Intelligenz alleine nicht möglich ist. Im folgenden wird daher der Zusammenschluß von intelligenten Paradigmen, wie beispielsweise Fuzzy-Logik, Neuronale Netzwerke, wahrscheinlichkeitsbedingte Schlußfolgerungen, Chaostheorie, genetische und generische Algorithmen, Wissensbasierte Systeme, Agentensysteme und der Lerntheorie, die mit den überall vorherrschenden Unbestimmtheiten und den Undefiniertheiten der realen Welt arbeiten, und mit denen sich Wissen aus Daten und Informationen generieren läßt, als Knowledge-Computing bezeichnet. Anders als die bisherigen Ansätze kann das Knowledge Computing auch solche Unbestimmtheiten, Unwägbarkeiten und Teilwahrheiten verwenden, ohne die Performance und die Effektivität für den Endanwender zu verlieren. Es ist leicht einzusehen und durch die objektorientierte Ontologie untermauert, daß eine hinreichende Genauigkeit auch ihren Wert hat. Zur Lösung einer bestimmten Aufgabe mit einem akzeptablen Wert hat man sich also als Ziel eine Lösung zu setzen, die ausreichend genau ist. Sie muß jedoch nicht genauer sein als unbedingt notwendig. Dies gilt auch für Unbestimmtheit und partielle Wahrheit. Die Kombination dieser Paradigmen ermöglicht die Entwicklung eines breiten Spektrums von hybriden intelligenten Systemen. Betrachtet man die autonomen Anwendungen der einzelnen Knowledge Computing Komponenten, erscheinen diese zunächst als völlig verschiedene Arbeitsgebiete, zwischen denen kaum ein Zusammenhang zu erkennen ist. In den folgenden Abschnitten werden daher die charakteristischen Merkmale der einzelnen Bestandteile kurz erläutert, um aufzuzeigen, daß die Kombination dieser Bestandteile ein erfolgreiches Konzept im Hinblick auf die Entwicklung intelligenter hybrider Systeme ist.

7.2 Bausteine des Knowledge Computing

Die Bausteine des Knowledge Computing können autonom und in Kombinationen zueinander eingesetzt werden. Eine Technik des Knowledge Computings ist die Fuzzy-Logik. Sie erschließt eine Möglichkeit für den Umgang mit Worten. Fuzzy-Logik wird mit Erfolg in vielen industriellen Bereichen, beispielsweise in Robotertechnik, Stabilisierung von Systemen mit einem inversen Pendel, in komplizierten Systemen zur Beschlußfassung und Diagnostik, Datenkomprimiersystemen, TV- und anderen Bereichen eingesetzt. Um einen Systemprozeß zur Wissensverarbeitung zu entwickeln, der in linguistischer oder in unpräziser Form vorliegt, ist es nötig, ein Fuzzy-Modell des Systems zu besitzen. Fuzzy-Mengen lassen sich als universale Approximierer einsetzen, was zum Modellieren unbekannter Objekte sehr wichtig ist. Für den Fall, daß ein Anwender nicht linguistisch ausdrücken kann, welche Aktionen er in einer bestimmten Situation ausführt, ist es nützlich, wenn man zur Modellierung der Regelaktionen die numerischen Daten verwendet. Die Fuzzy-Logik in der sogenannten reinen Form ist nicht immer für den Aufbau intelligenter Systeme anwendbar. Wenn zum Beispiel ein Experte über keine ausreichenden a priori-Informationen (Kenntnisse) über das System verfügt, ist der Aufbau einer Regelbasis nicht möglich. Mit dem Zuwachs des Kompliziertheitsgrades des Systems ist auch die Festlegung einer richtigen Menge von Regeln und Zugehörigkeitsfunktionen, welche für eine adäquate Beschreibung des Verhaltens des Systems nötig sind, mit Schwierigkeiten verbunden. Fuzzy-Systeme leiden auch an der mangelhaften Gewinnung der Kenntnisse, abhängig von den Ergebnissen der Experimente und der Korrektur der Fuzzy-Regeln zur Verbesserung der Qualität des Systems.

Eine weitere bedeutende Technik des Knowledge Computings stellen die Neuronalen Netze dar. Künstliche neuronale Netze können als paralleles Rechner-Modell angesehen werden. Sie sind kleinbereichige, parallele Abbildungen von nichtlinearen statischen oder dynamischen Systemen. Ein wichtiger Vorteil dieser Netze ist ihre adaptive Struktur, wo das "Lernen am Beispiel" das Programmieren von Lösungen ersetzt. Ein anderer Vorteil ist der innere Parallelismus, der schnelle Berechnungen erlaubt. Diese Netzwerke sind auf digitalen Parallelrechnern implementiert. Sie sind variable Rechnermodelle für eine große Anzahl von Problemen wie beispielsweise Muster-Klassifizierung, Sprachsynthese und Spracherkennung, Kurvenangleichungen, Bilddatenverarbeitung, assoziative Speicher, Modellierung nicht-linearer unbekannter Systeme und ihre Steuerung. Die Nachteile Neuronaler Netze sind Fehlinterpretationen der Ergebnisse. Eine der Haupteigenschaften neuronaler Netzen ist ihre Black-Box-Natur.

Als weitere Bausteine dienen die genetischen Algorithmen, die Algorithmen zur globalen Optimierung darstellen, wobei sie auf Mechanismen für natürliche Selektion und natürliche Genetik basieren. Einer der größten Vorteile der genetischen Algorithmen ist die effektive Verwendung einer Vielzahl verschiedener Suchrichtungen im Suchraum zum Auffinden eines globalen Optimums. Die Mechanik der Ausführung eines genetischen Algorithmus ist dabei sehr einfach. Diese Einfachheit und ein leistungsstarker Seiteneffekt sind zwei der Hauptvorteile. Als Nachteil genetischer Algorithmen kann man das Konvergenzproblem nennen. Die Notwendigkeit, den Bereich reeller natürlicher Variablen in den Bereich der Bitreihen zu kodieren, stellt eine weitere Schwäche genetischer Algorithmen dar.

Agentensysteme sind autonome Anwendungen, die sich durch eine hohe Kommunikations- und Problemlösungsfähigkeit auszeichnen. Sie basieren auf der intrinsischen Verwendung zahlreicher Technologien der Künstlichen Intelligenz und des künstlichen Lebens.

Die einzelnen Bestandteile des Knowledge Computings sind leistungsfähiger, wenn sie miteinander verbunden werden und somit einen kombinatorischen Einsatz ermöglichen. Dabei erkennt man, daß neuronale Netze auf der einen Seite und die Wissensermittlung auf der anderen Seite als zwei Formulierungen ein und desselben Problems angesehen werden können. Neuro Fuzzy-Systeme sind hybride Systeme, die dieses Problem der Lernfähigkeit des konnektionistischen Modells, mit den Darstellungs- und Interpretierfähigkeiten der Fuzzy-Systeme lösen. Dabei wird automatisches Korrigieren der Wissensbasis in Fuzzy-Systemen bei einem dynamischen Arbeitsmedium zur Notwendigkeit. Andererseits werden künstliche Neuronale Netze erfolgreich für die Lösung der Probleme eingesetzt, die für die Steuerungs- und Optimierungsprozesse mit gewünschter Genauigkeit auf Basis des Lernens an Beispielen verbunden sind. Der Einsatz des neuronalen Lernens zur Optimierung der Kurvenformen von Zugehörigkeitsfunktionen in Fuzzy-Regeln, sowie die Minimierung der Zahl der zu verwendenden Regeln auf eine für das Erreichen einer gewünschten Genauigkeit ausreichende Zahl, stellen das Wesen des Neuro-Fuzzy-Ansatzes dar. Die Zugehörigkeitsfunktionen in den Regeln der Wissensbasen werden oft als Fuzzy-Zahlen vom Typ LR dargestellt, beispielsweise als Trapeze, Dreiecke usw.. Die Verwendung von Gradientenmethoden zur Korrektur der Fuzzy-Wissensbasen, d.h. zur Feststellung der Werte von Mittelpunkten und Formen der Zugehörigkeitsfunktionen, ist nicht effizient. Als ein effizientes Mittel erweisen sich genetische/generische Algorithmen. Durch die Kombination von Fuzzy Logic und Generischen Algorithmen kann man eine Fuzzy-Wissensbasis mittels Feststellung einer optimalen Zahl von Regeln in der Wissensbasis und optimaler Werte von Mittelpunkten und Formen der Zugehörigkeitsfunktionen optimieren. Generische Algorithmen werden dabei zum Aufbau einer Relationsmatrix und der Zugehörigkeitsfunktion des projektierenden Fuzzy-Systems verwendet. Weiterhin läßt sich durch die Kombination von Fuzzy Logik und Generischen Algorithmen die Theorie der Fuzzy-Mengen ihrerseits zur Verbesserung des Verhaltens genetischer Operationen im allgemeinen verwenden. So ist es möglich, Fuzzy-Werkzeuge für die Verbesserung der Effizienz von generischen Algorithmen zu schaffen.

Algorithmen mit Neuronalen Netzen liefern auch gute Ergebnisse. Bekanntlich ist eine der Hauptaufgaben bei der Entwicklung der Systeme der künstlichen Intelligenz die Auswahl einer anpassenden Lernmethode zum Einstellen der Parameter des Neuronalen Netzes durch Gewichte, Schwellenwerte, usw. Die bekannteste dieser Methoden ist der Error-Backpropagation-Algorithmus, der allerdings mit gewissen Schwierigkeiten verbunden ist. Dies hängt damit zusammen, daß die Effizienz des Lernens von der Anfangsmenge der Gewichte des Neuronalen Netzes, die zufälligerweise festgelegt werden, abhängig ist. Außerdem lassen sich mit ihm, wie auch mit jedem anderen Algorithmus, lokale Minimalwerte nicht vermeiden. Die Lerngeschwindigkeit ist ebenfalls eher gering. Man braucht viel Zeit, um eine Lösung zu finden. Im ungünstigen Fall kann dies Schwankungen um den Lösungspunkt herum hervorrufen. Der Error-Back-Propagation-Algorithmus fordert, daß die Aktivierungsfunktionen differenzierbar sind. Diese Voraussetzung ist für viele Typen Neuronaler Netze nicht erfüllbar.

Generische Algorithmen, die zur Optimierung vieler Aufgaben eingesetzt werden, wo "starke" Methoden keine gute Lösung finden, können erfolgreich zum Lernen in Neuronalen Netzen verwendet werden, da sie frei von obigen Nachteilen sind. Die Modelle von Neuronen in künstlichen Neuronalen Netzen, die oft als lineare, sigmoide Schwellenwert- und andere Modelle verwendet werden, sind für das Knowledge Computing sehr vielversprechend (vgl. Kandel, E.R./Schwantz, J.H./Jesell, T.M. 1991). Es sei aber bemerkt, daß solche Modelle von Neuronen sehr vereinfacht sind. Die Reaktion eines biologischen Axons des Neurons ist chaotisch, selbst wenn die Entwicklung periodisch ist. Unter diesem Aspekt wäre es logisch, nach adäquateren Modellen von Neuronen unter Berücksichtigung der Nichtlinearität und des chaotischen

Zustandes zu suchen. Das Modell des chaotischen Neurons darf als Bestandteil chaotischer neuronaler Netze verwendet werden. Adäquatere Ergebnisse lassen sich erzielen, wenn man "Fuzzy-Chaotisch- Neuronale Netze" verwendet. Zum Lernen in Neuronalen Netzen, d.h. bei der Untersuchung Neuronaler Netze mit Fuzzy-Signalen und/oder Fuzzy-Gewichten, können für deren Lernen verschiedene Methoden verwendet werden. Insbesondere wird die direkte Fuzzyfizierung und die Schnitt-Regel im Error-Back-Propagation-Algorithmus für die Suche nach Fuzzy-Gewichten Neuronaler Netze verwendet, und diese als Dreiecke und Trapeze dargestellt. Die Suchaufgabe basiert dabei auf der Anwendung des Error-Back-Propagation-Algorithmus und der Intervallarithmetik. Im ersten Fall kann die Funktion des Algorithmus erfolglos im Sinne der Konvergenz gegen richtige Gewichtswerte sein. In jedem Fall ist der Gradient des Meßfehlers zu berechnen, wobei diese Ableitungen sehr kompliziert sind, besonders in den Fällen von allgemeineren Fuzzy sets von Ein- und Ausgangssignalen und Gewichten. Fuzzy-genetische-Algorithmen zum Lernen in Neuronalen Netzen, die auf der Kombinatorik der Fuzzy Logik, Neuronalen Netzen und Generischen Algorithmen basieren, haben die obengenannten Nachteile nicht und liefern in effizienter Weise ausreichende Ergebnisse. In den nachfolgenden Abschnitten werden Teilaspekte der jeweiligen Methoden und Technologien ausgearbeitet, die zeigen, daß bereits heute eine technische Realisierung von Knowledge Computing möglich ist.

7.2.1 Neuronale Netze

Das wesentliche anatomische Kennzeichen des menschlichen Gehirns sind seine beiden, annähernd symmetrischen Großhirn-Hemisphären, die über einen Balkenkörper (Corpus callosum) miteinander verbunden sind. Beide Hemisphären sind durch starke Bahnen von Nervenfasern eng mit den nächst tieferen Hirnebenen, den großen neuronalen Komplexen des Thalamus und der Basal-Ganglien verknüpft. Auf- und absteigende Bahnen, die sich aus Millionen von Nervenfasern zusammensetzen, verbinden die beiden Großhirnhemisphären und den Thalamus mit den noch tiefer gelegenen Ebenen, dem sogenannten Mittelhirn (Mesenzephalon), der Brücke (Pons), dem Kleinhirn (Cerebellum), dem verlängerten Mark (medulla oblongata) und dem Rückenmark. Als Sitz einer intelligenten Leistung des Menschen hat man das Gehirn, und dort speziell die Hirnrinde (Neokortex), ausgemacht. Diese menschliche Gehirnrinde ist eine große, gefaltete Struktur, die den Hauptteil unseres Gehirns ausmacht. Gleichzeitig stellt sie zum einen die höchste Stufe der evolutionären Entwicklung des Nervensystems dar und ist zum anderen der entwicklungsgeschichtlich jüngste und beim Menschen am größten ausgebildete Teil des Gehirns.

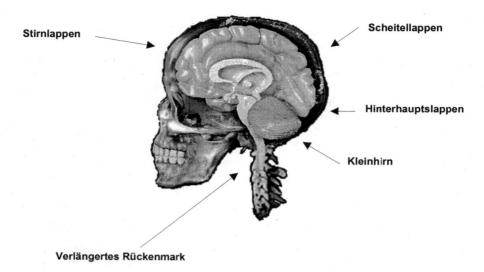

Abbildung 7-1 : Gehirnbau

Rein äußerlich betrachtet handelt es sich bei diesem Organ um eine $0,2m^2$ große und 2-3 mm dicke Schicht aus Nervenzellengewebe, die, rein aus Platzgründen stark gefaltet, die Außenhülle der beiden Gehirnhemisphären bildet. Um sich hier ein einigermaßen zutreffendes Bild von der Größe dieses Organs machen zu können, kann man sich ein Stück Blech von $2500cm^2$ Fläche und 3 mm Dicke vorstellen. Das entspräche in etwa den Abmessungen unserer Gehirnrinde, wenn sie aufgefaltet und auf dem Boden ausgebreitet wäre. Man hat die Hirnrinde in verschiedene Felder aufgeteilt, wobei jedes dieser einzelnen Felder ganz bestimmte Teilaufgaben übernimmt. Unter jedem Quadratmillimeter Hirnrinde liegen beim Menschen ca. 100.000 eng miteinander vernetzte Nervenzellen, die sogenannten Neuronen. Sie sind es, die die informationsverarbeitenden Elemente des Gehirns bilden. Untersucht man die menschliche Großhirnrinde unter dem Mikroskop, so erkennt man sehr unterschiedliche Neuronentypen. Vor allem sind die Formen der Nervenzellen sehr verschieden. Und dennoch stellt die Großhirnrinde kein Zufallsprodukt oder gar ein Zufallsmuster von Nervenzellen dar, sondern bildet eine geschichtete, in sich hierarchische Struktur. In der Medizin unterscheidet man daher sechs Schichten und jede davon zeigt gewisse Funktionalitäten. Das Neuron ist sozusagen der Grundbaustein des Nervensystems. Das menschliche Gehirn besteht aus etwa 10 Milliarden solcher Nervenzellen (Neuronen), die alle irgendwie und in unterschiedlicher Weise untereinander verbunden sind. Man schätzt die Anzahl der Verbindungen in einer Größenordnung von einer Million von Milliarden. An einem solchen Neuron lassen sich drei wesentliche Einheiten unterscheiden: Dendritenbaum, Zellkörper und Axon.
Verschiedene Typen von Nervenzellen werden unter dem Sammelbegriff "Neuron" zusammengefaßt. Das Neuron stellt eine Sonderart von Zellen in lebendigen, elektrisch aktiven, Organismen dar. Die Hauptaufgabe des Neurons besteht darin, den Organismus operativ zu steuern. Das biologische Neu-

ron besteht aus dem Zellkörper, der einen Kern und Zytoplasma enthält, die in einer Haut-Membran eingeschlossen sind. Das Neuron enthält auch einen Baum bestehend aus Eingängen (Dendriten) und Ausgängen (Axon und dessen Enden). Die Endabzweigungen des Axons stoßen an andere Zellen über synaptische Kontakte (Synapsen). Vom Axon zweigen sich auch Auswüchse (Kollateralien) ab, die auch an andere Zellen stoßen. Die Eingangssignale des Dendritenbaumes (postsynaptische Potentiale) werden auf dem Weg zu den Anfangssegmenten des Axons, wo ein Ausgangsimpuls generiert wird, gewichtet und addiert. Die Intensität dieses Impulses ist demzufolge eine Funktion der gewichteten Summe der Eingangssignale. Räumliche Summation erfolgt dann, wenn gleichzeitig durch unterschiedliche Synapsen ankommende Signale kombiniert werden. Von einer zeitlichen Summation spricht man, wenn zeitlich getrennte Signale so kombiniert werden, um damit ein entsprechendes Ausgabesignal zu produzieren. Dieses Ausgangssignal läuft über die Zweige des Axons und gelangt zu den Synapsen, welche die Axonen mit den Dendritenbäumen anderer Neuronen verbinden. Das Signal wird über die Synapsen in ein neues Eingangssignal für benachbarte Neuronen umgewandelt. Dieses Eingangssignal kann abhängig vom Synapsentyp positiv oder negativ (Reize verstärkend oder hemmend) sein.

Man kann den drei Hauptbestandteilen nun bestimmte Aufgaben zuordnen, die aus der allgemeinen Datenverarbeitung bekannt sind (EVA-Prinzip: Eingabe-Verarbeitung-Ausgabe). So übernimmt der Dendritenbaum die Aufgabe der Informationseingabe, der Zellkörper die der Verarbeitung und das Axon realisiert schließlich die Informationsausgabe oder Informationsweitergabe. Dieses neuronale EVA-Prinzip funktioniert dabei folgendermaßen: Der Dendritenbaum, eine ziemlich verästelte Struktur einzelner dünner Zellfortsätze, breitet sich in einem Bereich von ca. 450 µm um das Neuron herum aus und summiert die empfangenen Signale der umgebenden Neuronen. Dieses Aufsummieren erfolgt dabei in Form eines elektrischen Potentials, das dem Zellkörper (Soma) zugeleitet wird. Überschreitet nun dieses Potential einen bestimmten, wohldefinierten Schwellenwert, so erzeugt der Zellkörper einen kurzzeitigen elektrischen Impuls (spike). Dieser Impuls wird dann von einer Nervenfaser, dem sogenannten Axon, fortgeleitet, wobei diese Faser eine Länge von Millimetern oder mehreren Metern aufweisen kann. Auch dieses Axon verzweigt sich und führt somit den Impuls mehreren weiteren Neuronen aus der Umgebung zu. Dieser Vorgang wiederholt sich für jedes Neuron und innerhalb eines Zeitraumes von wenigen hundertstel Sekunden werden auf diese Weise ganze Gehirnareale beteiligt. Die von einer Synapse generierte Größe des Eingangssignals kann selbst dann unterschiedlich sein, wenn die Größe des in die Synapse kommenden Signals dieselbe bleibt. Solch ein Unterschied hängt mit der Wirksamkeit der Synapse zusammen, die durch deren Gewicht bestimmt wird. Letzteres kann sich während der Verwendung der Synapse ändern. Man unterscheidet drei Gruppen von Neuronen: rezeptorische Neuronen, intermediäre Neuronen und elektrische Neuronen.

Rezeptorische Neuronen sichern die Einführung der Sensorinformationen ins Gehirn. Sie wandeln die Signale, die zu den Sinnesorganen gelangen, beispielsweise optische Signale an der Augennetzhaut, akustische Signale in der Hörschnecke usw., in elektrische Impulse ihrer Axonen um. Effektorische

Neuronen leiten die zu ihnen gelangenden Signale weiter an exekutive Organe. Die Enden dieser Axonen haben spezielle synaptische Verbindungen mit exekutiven Organen (beispielsweise Muskeln), wo sich die Reize der Neuronen in die Muskelzusammenziehung umwandeln. Intermediäre Neuronen verarbeiten die von den Rezeptoren empfangenen Informationen und generieren Steuersignale für Effektoren. Sie bilden das zentrale Nervensystem. Die Synapsenzahl eines Neurons variiert von Hundert bis Tausend. Der Zustand der Neuronenmembran (deren elektrisches Potential) hängt von der Größe und Dauer der Signale ab, die zu den Synapsen gelangen. Wenn das Potential der Membran einen Schwellenwert (von etwa 40 mV) erreicht, entsteht ein Nervenimpuls, eine Aktivierungswelle, die sich längs der Nervenfaser des Axons ausbreitet. Die über die Nervenfaser übertragenen Reize stellen einen elektrochemischen Vorgang dar, dessen Ausbreitungsgeschwindigkeit vom Faserdurchmesser abhängt und im Bereich 1-150 m/s liegt. Nach der Ausführung des Impulses befindet sich die Nervenfaser in voller Reizbarkeitslosigkeit, d.h., sie führt keine Nervensignale aus, wie groß die Reizkraft auch sein mag.

Die Neuronen der oben beschriebenen Art sind zwar nur sehr einfach strukturierte Gebilde, zugleich aber dennoch mächtige Instrumente, wahre "Universalelemente" im Sinne der Systemtheorie. Sie vermögen nämlich alle Arten von Informationsverarbeitungsprozesse durchzuführen. Für die logischen Grundoperationen reicht es aus, wenn von binären Aktivitäten der Neuronen ausgegangen wird, d.h., daß nur die Aktivitätsgrade 0 oder 1 auftreten können. Die 0 entspricht einer minimalen Impulsfrequenz und die 1 einer maximalen Impulsfrequenz.

Die folgende Abbildung zeigt die Realisierung der logischen Grundoperationen "UND", "ODER" und "NICHT".

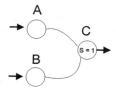

Abbildung 7-2 : UND-Operation

Das Ausgabeneuron C des Netzes wird nur dann aktiv, wenn beide Eingabeneuronen aktiv sind. Nur in diesem Fall ist die Gesamtaktivität des Eingangs größer als die Schwelle des Neurons C.

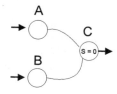

Abbildung 7-3 : ODER-Operation

Das Ausgabeneuron des Netzes wird dann aktiv, wenn das eine Eingabeneuron oder das andere oder aber wenn beide aktiv sind. Die Schwelle des Neurons C ist gleich 0.

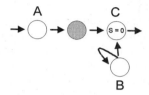

Abbildung 7-4 : NICHT-Operation

Das Ausgabeneuron C des Netzes wird nur dann aktiv, wenn das Eingabeneuron A nicht aktiv ist. Es negiert die Eingabe. Dabei wird angenommen, daß das Neuron B sich ständig in seiner Aktivität erhält.
Die nächste Operation stellt einen Übergang zwischen der "UND"- und der "ODER"-Operation dar. Sie spielt in der Theorie der unscharfen Mengen (fuzzy sets) eine bedeutende Rolle. Je nach Aktivität des inhibierenden Neurons D müssen entweder beide Eingabeneurone A und B maximal aktiv sein, um das Ausgabeneuron C zu aktivieren (Logisches UND). Oder aber es reicht eine geringe Aktivität beider Neurone oder schließlich nur die Aktivität eines einzelnen Neurons (Logisches ODER). Mit diesem Netz lassen sich durch die Variation der Aktivität des inhibierenden Neurons D alle möglichen Übergänge zwischen "UND" und "ODER" realisieren.

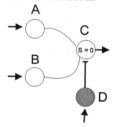

Abbildung 7-5 : Fuzzy-Operation

Die Neuronen führen demzufolge recht einfache Tätigkeiten aus. Mc. Culloch und Pitts veröffentlichten 1943 ihre Idee, ein biologisches Neuron als eine Art logisches Schwellwertelement zu beschreiben. Diese einzelnen Elemente aktivieren einander, hemmen sich, oder werden durch Erhöhungen oder Senkungen von "Übergangsgewichten" miteinander verknüpft. Insofern lassen sich mit diesen Neuronen die vier Prozesse abbilden: Aktivieren, Hemmen, Erhöhung von Übergangsgewichten und Senkung von Übergangsgewichten. Ein Neuron kann dabei als eine Art Rechenmaschine betrachtet werden, die allerdings nicht mit Zahlen, sondern mit elektrischen Impulsen und Spannungsänderungen arbeitet. Insofern ist das Neuron in einem künstlichen neuronalen Netz die formalisierte Entsprechung der Sinneszelle in biologischen Systemen. Die Formalisierung der Informationsverarbeitung durch Neurone erfolgt mit Hilfe der Vektormultiplikation. Eine Multiplikation von zwei Vektoren findet statt, indem man die einzelnen Komponenten paarweise multipliziert und die Ergebnisse summiert. Das Ergebnis heißt das Skalarprodukt der Vektoren. An dem Dendritengeflecht und dem Soma einer Nervenzelle gibt es n Synapsen, die die Inputs von anderen Neuronen übermitteln (Neuronen können dabei Inputs von bis zu zehntausend anderen Neuronen erhalten). Jedes der Inputneuronen, die in diesen Synapsen enden, hat zu diesem einen bestimmten Zeitpunkt eine bestimmte Aktivität, produziert also zum Beispiel eine bestimmte Impulsfrequenz. Die verschiedenen Aktivitätsgrade der Inputneuronen kann man als die Komponenten eines Vektors E betrachten. Die folgende Abbildung verdeutlicht die Verarbeitungseigenschaften eines Neurons. Der Kreis stellt das Soma samt Dendritengeflecht eines Neurons dar. An diesem Kreis enden die Axonverzweigungen anderer Neuronen. Die Endigungen aktivierender Neurone werden durch ein Dreieck, diejenigen von inhibierenden Neuronen durch einen Balken symbolisiert. An den zuführenden Axonendigungen sind Werte vermerkt, die die Impulsfrequenzen der Inputaxone darstellen sollen. Bei dem obersten Axon beträgt der Wert 0.5, d.h., fünf Impulse pro Zeiteinheit. Die Impulsfrequenzen ergeben sich aus dem Wahrheitsgrad der dem Axon zugeordneten Aussage. Insofern sieht man in der Abbildung den Inputvektor als Vektor der einzelnen Impulsfrequenzen, d.h., als Folge der Zahlen 0.5, 0.3, 0.4 und 0.3. In den synaptischen Endknoten können verschiedene Mengen von Transmittersubstanzen gespeichert sein.

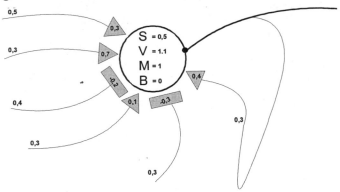

Abbildung 7-6 : Neuronenmodell

Die Größe der Transmittersubstanzdepots im synaptischen Endknoten ist die Komponente eines speziellen Gewichtsvektors G. Diese Größe ist in den synaptischen Endknoten als Wert dargestellt. Die Transmittersubstanzen errechnen sich aus der Anzahl der kontextabhängigen Input-Neuronen. In den synaptischen Endknoten können daher verschiedene Mengen von Transmittersubstanzen gespeichert sein. Die Größe des Transmittersubtanzdeptos im jeweiligen synaptischen Endknoten bildet die Komponente eines Vektors G. Die Depots von Transmittersubstanzen in den synaptischen Endknoten und die Aktivierung der Input-Neuronen werden nun miteinander verrechnet. Wenn zum Beispiel eine starke Aktivierung, d.h. eine hohe Frequenz von Impulsen, auf ein großes Transmitterdepot stößt, dann wird viel Transmittersubstanz freigesetzt, und die Wirkung auf das Empfängerneuron ist entsprechend groß. Trifft dagegen eine hohe Aktivierung auf ein nur kleines Depot, werden nur wenige Transmitter ausgeschüttet. Dasselbe ist der Fall, wenn eine kleine Aktivierung auf ein großes Transmitterdepot trifft. Die Menge der durch einen synaptischen Endknoten freigesetzten Transmittersubstanz ist also das Produkt aus der Eingangsaktivierung und der Größe des Transmitterdepots, also das Ergebnis der Multiplikation der entsprechenden Zahlen. Die Transmittersubstanz führt nun an der Stelle, wo sie freigesetzt wurde, entweder zu einer De- oder einer Hyperpolarisation in der Empfängerzelle. Mathematisch werden die beiden verschiedenen Wirkungen dadurch gekennzeichnet, daß die Produkte der Komponenten des Vektors G bei Depolarisationen mit einem positiven, bei Hyperpolarisationen hingegen mit einem negativen Vorzeichen versehen werden. Das Empfängerneuron sammelt die Impulse, die in Form von mehr oder minder großen Depolarisationen oder Hyperpolarisationen seine Membran erreichen. Das Skalarprodukt wird nun im Modell als Zahl I, hingegen als Impulsfrequenz über das Axon weitergeleitet, und die Summe der De- oder Hyperpolarisierungen entspricht dem Skalarprodukt. In die Bildung des Skalarproduktes im Neuron gehen die inhibitorischen Inputs, also die Hyperpolarisierungen, als negative Werte ein. Sie wirken damit abschwächend, hemmend. Wenn viele und hohe negative Werte in die Vektormultiplikation einfließen, so wird der Wert des Skalarproduktes leicht gegen 0 gehen können. Und das bedeutet, daß keine Impulse über das Axon weitergeleitet werden. Das Sammeln der Inputs geschieht bei der Bildung des Skalarproduktes durch Addition. Außer mit der Fähigkeit zur Vektormultiplikation sind Neuronen in diesem Informations-verarbeitungsmodell noch mit oberen und unteren Grenzen, sowie mit Verstärkungsfaktoren und Schwellen ausgestattet. Dadurch werden aus ihnen Schwellenelemente. Ein einzelnes Neuron kann nicht über eine obere Grenze hinaus aktiv werden. In der obigen Abbildung wurde diese obere Grenze mit M gekennzeichnet. Als untere Schwelle kann 0 gewählt werden. Ansonsten sind andere Werte größer als 0 und kleiner als M einstellbar. Die untere Schwelle sorgt dafür, daß die Inputaktivität erst dann wirksam wird, wenn sie über dem Schwellenwert liegt. Wäre die untere Schwelle eines Neurons zum Beispiel 0.2, bliebe ein Input von 0.1 ohne Wirkung und würde einfach "verschluckt". In der obigen Abbildung wurde diese Schwelle mit S bezeichnet. Statt nun einfach nur den summierten Input weiterzugeben, kann dieser vorab verstärkt oder abgeschwächt werden, indem das Skalarprodukt (als Integration der einzelnen Inputs) mit einem Wert größer, beziehungsweise kleiner als 1 multipliziert wird. In der obigen Abbildung beträgt der Verstärkungsfaktor 1.1. Durch den Verstärkungsfaktor V können Neuronen als Verstärker oder als Abschwächer fungieren. Das Neuron der obigen Abbildung hat einen Inputvektor von Aktivierungen, der in Zahlen umgesetzt die Gestalt [0.5, 0.3, 0.2, 0.4, 0.3, 0.3] hat. Der Gewichtsvektor beträgt [0.3, 0.7, -0.2, 0.1, -0.3, 0.4]. Bildet man das Skalarprodukt beider Vektoren, so ergibt sich der Wert 0.39. Da dieser Wert größer als die Schwelle $S=0.2$ ist, würde er zu einer Aktivität des Neurons führen. Diese beträgt dann 0.39 x 1.1 = 0.429. Eine entsprechende Impulsfrequenz (etwas mehr als vier Impulse pro Zeiteinheit) würde das Neuron dann über das Axon weiterleiten (feuern). Ein Neuron kann auch dann aktiv werden, wenn es keinen Input erhält. Ein solches Neuron stellt eine dauernde Quelle von Aktivität dar. In diesem System wird hierzu ein weitere Parameter B eingeführt, der zu dem Skalaprodukt von E und G hinzuaddiert wird. Wird dann für B ein Wert größer als S gewählt, dann hat das Neuron auch ohne Input eine Eigenaktivität. Insofern ist ein Neuron vollständig charakterisiert durch eine Schwelle S (mit S ≥ 0), eine maximale Ausgabeaktivität M (mit M ≥ 0), einen Verstärkungsfaktor V (mit V ≥ 0) und eine Basis B (mit B ≥ 0). Die jeweilige Eingabe als Summe (oder Produkt) der Vektoren E und G sei P. Dann gilt für die Berechnung der Ausgabeaktivität A:

WENN ((P + B) > S) *DANN* A ⇐ ((P + B) * V) *ANSONSTEN* A ⇐ 0
WENN (A < 0) *DANN* A ⇐ 0
WENN (A > M) *DANN* A ⇐ M

Diese verbalen Formalisierungen können direkt in eine Programmiersprache umgesetzt werden. Sie bedeuten dabei folgendes: Wenn der Wert des Skalarproduktes der Eingabe mit dem Gewichtsvektor plus dem Wert der Basis größer ist als die Schwelle S, dann bekommt die Variable A den Wert von (P+B)*V, ansonsten aber den Wert 0. Das Symbol ⇐ bringt zum Ausdruck, daß das Ergebnis der rechten Seite der linken Seite zugeordnet wird. Man kann dies auch so lesen: A wird gleich den Wert von (P+B)*V erhalten. Die nachfolgenden beiden Anweisungen sorgen dafür, daß A nicht unter 0 fällt, beziehungsweise nicht über einen Maximalwert M anwächst. Bei dieser Formalisierung wird vereinfachend angenommen, daß die Vorgänge in den neuronalen Modellen in diskreten Zeittakten erfolgt, d.h., daß den Netzen eine bestimmte Zeit ∇t zugebilligt wird, um aus der Eingabe eine bestimmte Ausgabe zu berechnen. Gemäß diesem Ansatz handelt es sich bei einem Neuron um eine Rechenmaschine, die im wesentlichen zwei Zahlenreihen miteinander multipliziert und die Ergebnisse aufaddiert. Liegt das Ergebnis über einer definierten Schwelle, multipliziert das Neuron die so gewonnene Summe von Produkten mit einem definierten Verstärkungsfaktor und teilt das Ergebnis weiteren Neuronen mit. Diese machen ihrerseits mit ihrem Input genau das gleiche: addieren, multiplizieren, verstärken, abschwächen. In dem ganzen Netzwerk geschehen tausend-, millionen- oder milliardenfach, nacheinander oder parallel diese Rechenoperationen.

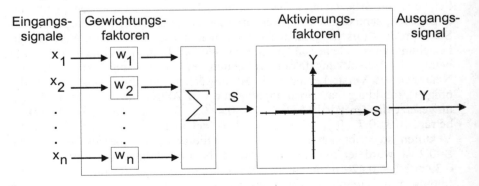

Abbildung 7-7 : Funktionsweise eines Neurons

Diese Abbildung zeigt die eben beschriebene Funktionsweise eines Neurons aus mathematischer Sicht. Die Eingangssignale $x_1,...x_n$ werden bei jedem einzelnen Neuron individuell gewichtet. Die Gewichtungen versuchen dabei, die Veränderungen der Verbindungsstellen (Synapsen) im biologischen Modell zu simulieren. Das Netz lernt, indem diese Gewichtungen nach vorgegebenem Muster und einem Lerngesetz modifiziert werden. Es gibt mehrere Typen von Aktivierungsfunktionen. Die wichtigsten zeigt das nächste Bild:

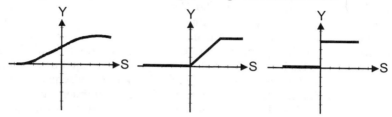

Abbildung 7-8 : Sigmoidale, pseudo-lineare und Treppenfunktion

Die Aktivierungsfunktion legt fest, wie ein Aktivierungszustand zum Zeitpunkt 1 in einen Aktivierungszustand zum Zeitpunkt t+1 überführt wird. Der Aktivierungszustand definiert den aktuellen Zustand eines Neurons. Der Typ der Aktivierungsfunktion ist oft abhängig vom Lerngesetz. So bedingt beispielsweise das Back-Propagation-Lerngesetz, daß die Aktivierungsfunktion eine differenzierbare Funktion ist. Manche Modelle sehen den Einsatz einer sogenannten Ausgabefunktion vor, die dann den tatsächlichen Ausgabewert eines Neurons unter anderem in Abhängigkeit vom aktuellen Aktivierungszustand festlegt. Das Ausgangssignal y des dargestellten Neurons wird dann wie folgt berechnet:

$$y = f\left(\sum (x_n * w_n)\right)$$

Dabei entspricht x dem Eingangsvektor, w dem Gewichtsvektor und $f(s)$ der Aktivierungsfunktion. Diese Art von Neuronenmodell findet man unter anderem im Hopfield-Netz oder im Perceptron. Vergleichbar zu dem oben beschrieben Modell ist das Neuron, dessen Ausgangssignal über ein Ähnlichkeitsmerkmal beschrieben wird. Es wird beispielsweise beim Self Organizing Feature Map oder bei Restricted Coulumb Energy-Modellen verwendet. Die Berechnung des Ausgangssignals erfolgt dabei über die Bestimmung eines Ähnlichkeitsmaßes zwischen Gewichtungs- und Eingangsvektor. Häufig wird als Ähnlichkeitsmaß die euklidische Distanz verwendet. Sie berechnet sich für die beiden Vektoren x und w:

$$\| x-w \| = \sqrt{((x_1-w_1)^2 + (x_2-w_2)^2 + ... + (x_n-w_n)^2)}$$

Das Ausgangssignal y eines Neurons ist wieder Eingangssignal bei anderen Neuronen oder auch rückgekoppelt. Dies ist abhängig von der jeweiligen Verbindungsstruktur. Die meisten Neuronenmodelle lassen sich mit diesem Modell annähernd abbilden. Jedoch zeigen sich schon bei leichten Modifikationen am Modell, beispielsweise bei der Aktivierungsfunktion, ein gänzlich anderes Netzverhalten. Bei dem Shunting-Grossberg-Modell sowie beim ART1/ART2- Netz von Grossberg wird mit der Aktivierungsfunktion nicht die Aktivität selbst, sondern deren zeitliche Änderung berechnet. Diese Modelle eignen sich daher gut für rückgekoppelte Verbindungen, bei denen das Netz nach einem Einschwingvorgang in einen stabilen Zustand übergehen soll. Daher rührt auch die Bezeichnung Adaptive Resonance Theory (ART). Andere Modelle, wie beispielsweise das Neo-Cognitron von Fukushima, erweitern die Aktivierungsfunktion um nichtlineare Anteile. Neuronen mit Radial Basis Functions (RBF) haben als Aktivierungsfunktion $f(s)$ keine monotone Funktion, sondern eine Gaussche Verteilungsfunktion. Da dadurch die Aktivität oberhalb eines Maximums mit steigendem Input abnimmt, können damit numerische Intervalle erkannt und beispielsweise XOR-Problemstellungen zugänglich gemacht werden. Das Restricted Coulomb Energy - Modell (RCE) von Reilly-Cooper und Elbaum hingegen stützt seine Aktivierungsfunktion auf die elektronische Wechselwirkung zwischen geladenen Teilchen, womit Klassifikationsprobleme als Energie-minimierungen abgebildet werden können. Bei den Single-Spike-Modellen wird die Aktivität eines Neurons nicht mit durchschnittlichen Feuerungsraten, Membranpotentialen oder anderen kontinuierlichen Variablenwerten beschrieben. Stattdessen wird diese Aktivität durch einzelne Impulse (Spikes) zu einem bestimmten Zeitpunkt angegeben. Da sich dadurch nicht alle Eingänge gleichmäßig aufsummieren, hängt die Aktivierung eines Neurons kritisch von der Zeitrelation zwischen den einzelnen Impulsfolgen der Eingänge ab. Dadurch ergibt sich die Möglichkeit, zusätzlich zur Feuerungsrate auch die Zeitabhängigkeiten zur Informationsübertragung auszunutzen. Dieser zusätzliche Informationsübertragungskanal kann beispielsweise dazu genutzt werden, die Zusammenhörigkeit von Merkmalen mehrerer Objekte bei der visuellen Objekterkennung zu kodieren. Mit diesen Neuronenmodellen lassen sich viel mehr Informationen pro Rechenschritt verarbeiten als mit den zeitunabhängigen Neuronenmodellen. Selbstverständlich kann man die Neurone auch anders gestalten. So könnte man beispielsweise die Eingabewerte, statt sie zu einem Skalarprodukt aufzuaddieren, auch miteinander multiplizieren. Man könnte auch die Neuronen inhaltlich anders gestalten. Wichtig bei Experimenten mit solchen Varianten ist, daß die Neuronen Universalelemente bleiben, d.h., daß sich mit ihnen die logischen Operationen "und", "oder", und "nicht" auch weiterhin abbilden lassen.

Ein neuronales Netz stellt eine Gesamtheit einzelner Neuronen dar, die zu einer bestimmten Struktur verbunden sind. Die Rechenkraft des Netzes, d.h., die Aufgaben, die das Netz lösen kann, wird durch diese Verbindungen angegeben. Die Verbindungen verknüpfen die Eingänge der einen Neuronen mit den Ausgängen der anderen, wobei deren "Kraft" durch Gewichtskoeffizienten angegeben wird. Die Einflußkraft des Verhaltens des einen Neurons auf das Verhalten des anderen wird demgemäß durch das jeweilige Verbindungsgewicht bestimmt. Daher heißen neuronale Systeme oft auch konnektionistische Systeme. Die Verbindungsanordnung im Netz stellt dessen Architektur dar. Man kann zwischen zwei Architekturtypen neuronaler Netze unterscheiden: total verbundene und hierarchische Netze.

Wie aus der Graphentheorie bekannt, sind alle Netzelemente bei total verbundener Architektur miteinander verbunden. In der Terminologie neuronaler Netze bedeutet dies, daß der Ausgang jedes Neurons mit den Eingängen aller anderen Neuronen und seine Eingänge mit den Ausgängen anderer Elemente verbunden sind. Der Ausgang jedes Neurons ist außerdem an seinen Eingang angeschlossen (der An-Sich-Selbst-Anschluß). Die Verbindungszahl eines total verbundenen Netzes aus n Neuronen ist gleich $n \times n$, da von jedem Knotenpunkt n Verbindungen ausgehen.

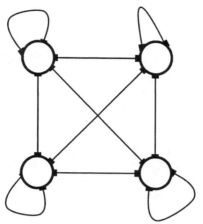

Abbildung 7-9 : Total verbundenes neuronales Netz

Bei hierarchischer Architektur kann man die Gruppen von Neuronen, die sich in separaten Schichten (Niveaus) befinden, gesondert betrachten. Jedes Neuron einer Schicht ist mit jedem der Neuronen der vorangegangenen und der darauffolgenden Schicht verbunden. Besonders sind dabei die Eingangs- und die Ausgangsschicht hervorzuheben. Die Neuronen der Eingangsschicht empfangen Signale aus dem umgebenden Medium und verteilen sie unter den Neuronen der nächsten Schicht. Die Ausgänge von Neuronen der Ausgangsschicht gelangen zum umgebenden Medium. Die sich zwischen der Eingangs- und der Ausgangsschicht befindlichen Schichten heißen intermediär oder latent, letzteres, da sie keine direkten Verbindungen zum umgebenden Medium haben.

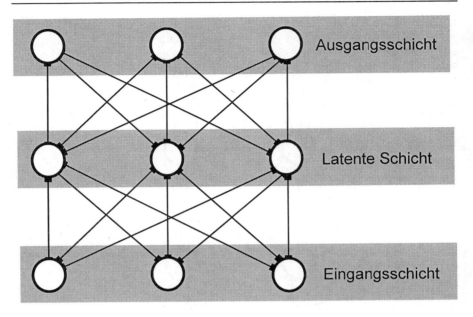

Abbildung 7-10 : Hierarchisch neuronales Netz

Je nach Richtung der Signalübertragung im Netz kann man Netze ohne Rückkopplungen (nichtrekursive beziehungsweise Feed-Forward-Netze) und mit Rückkopplungen (rekursive beziehungsweise Feed-Back-Netze) unterscheiden. In nichtrekursiven Netzen empfangen die Neuronen einer bestimmten Schicht die Signale nur aus dem umgebenden Medium oder von den Neuronen der vorangegangenen Schicht und leiten diese Signale entweder in das umgebende Medium oder an die Eingänge der Neuronen der nächsten Schicht weiter. In rekursiven Netzen können die Neuronen einer bestimmten Schicht darüber hinaus die Signale von sich selbst und anderen Neuronen, die in derselben Schicht liegen, empfangen. Im Unterschied zu nichtrekursiven Netzen werden die Größen der Ausgangssignale von Neuronen rekursiver Netze damit nicht nur durch die Größen laufender Signale an Neuroneneingängen und Gewichte dazugehöriger Verbindungen bestimmt, sondern auch durch die Ausgangsgrößen einiger Neuronen im vorangegangenen Zeitpunkt. Dies bedeutet, daß solch ein Netz Speicherelemente hat, welche die Informationen über die Ausgangszustände für eine gewisse Zeit speichern können.

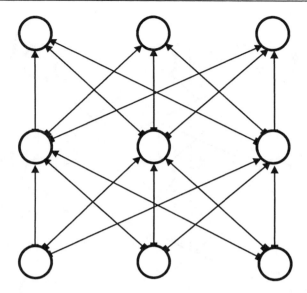

Abbildung 7-11 : Nichtrekursives neuronales Netz

Hat ein rekursives Netz hemmende Verbindungen mit den Neuronen seiner Schicht, so nennt man es ein Netz mit lateraler Hemmung.

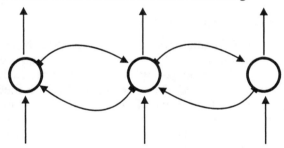

Abbildung 7-12: Neuronales Netz mit lateraler Hemmung

Ein hierarchisches nichtrekursives Netz, das außer der Schicht von Eingangsneuronen, die der Signalverteilung dienen, auch eine Schicht von Rechenneuronen enthält, deren Ausgangssignale als Funktion der gewichteten Summe der zu dem Eingang des jeweiligen Neurons gelangenden Signale bestimmt wird, heißt einfaches einschichtiges Netz. Im einfachsten Fall stellt der Ausgang einfach die gewichtete Summe der zu dem Eingang jedes Rechenneurons gelangenden Signale dar. Die Gesamtheit der Ausgangssignale bildet den Netzausgangsvektor Y, dessen Dimension m gleich der Zahl der Netzausgänge ist. Definiert man gleichartig den Eingangsvektor X mit der Dimension n und die Matrix W der Gewichtskoeffizienten mit der Dimension n x m, so erhält man die Abhängigkeit des Ausganges des Netzes von dessen Eingang in folgender Vektorform: $Y = Y \times W$.

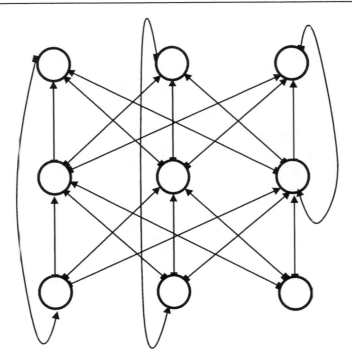

Abbildung 7-13 : Rekursives neuronales Netz

Das menschliche Gehirn enthält eine riesige Anzahl von Neuronen (etwa 14 Mrd.), die durch synaptische Verbindungen in einem Netz verbunden sind. Alle Wahrnehmungs-, Erkennungs- und Denkprozesse des Menschen werden dadurch realisiert, daß in diesem Netz elektrische Signale fließen. Der reale Prozeß der Signalverarbeitung in biologischen Neuronen ist im Vergleich zu dem modellierten Prozeß viel komplizierter und noch nicht ausreichend untersucht. Das Ansprechen von Neuronen erfolgt asynchron in Echtzeit. Die Aktivitäten von Neuronen ändern sich mit der Zeit. Die Kraft der synaptischen Verbindungen ändert sich auch, aber viel langsamer. Der Mensch denkt viel schneller als er lernt. Die Änderung der Aktivität von Neuronen hängt von der Größe der zu dem Neuron gelangenden Signale sowie deren Einflußdauer ab. Von besonderem Interesse ist die Dynamik der Verbindungsgewichte. Hebb hat eine Vermutung über die Änderung der Gewichtskoeffizienten veröffentlicht, die als biologisch richtig gilt. Er hat bewiesen, daß, falls zwei miteinander verbundene Neuronen gleichzeitig aktiviert werden, entweder die Knotenpunktzahl, die das Axon eines Neurons mit dem Körper (oder dem Dendriten) des anderen verbindet, oder die Größen dieser Knotenpunkte größer werden. In beiden Fällen bedeutet dies die Verstärkung der gewichteten Verbindung zwischen zwei Neuronen. Auf dieser Idee basiert der Hebb-Lernalgorithmus, der historisch als der erste Algorithmus des Lernens neuronaler Netze gilt.

Eine weitere, zentrale Eigenschaften ist die Parallelität der Informationsverarbeitung in den Netzen. Jedes Neuron ist eine einzelne Rechenanlage, die parallel mit einer gewissen Gruppe anderer Elemente arbeitet. Jedes Neuron leistet seinen Rechenbeitrag zur Erzeugung des Endvektors der Ausgangssignale des Netzes. Dies sichert eine hohe Schnelligkeit neuronaler Rechenoperationen bei deren Ausführung mit parallel geschalteten Geräten. Aus dem Parallelitätsprinzip folgt die Verteilung der in den neuronalen Netzen dargestellten Informationen. Die Zuverlässigkeit der Modelle neuronaler Netze ist eine weitere wertvolle Eigenschaft. Einerseits kann sich das Netz mit einem verrauschten oder nicht vollständigen Bild an seinem Eingang so verhalten, als ob die Originalvariante des Bildes zum Eingang gelangt wäre. Andererseits reduziert sich die Verhaltensqualität des Netzes beim Ausfall irgendwelcher Verbindungen oder sogar eines ganzen Neurons nicht stark. Diese Eigenschaft erlaubt die Anwendung von Systemen neuronaler Netze für die Bereiche, die einer hohen Zuverlässigkeit bedürfen. Wichtig ist auch die Lernfähigkeit neuronaler Netze. Das Netz ist fähig, nicht nur die Funktionen eines Automaten durch die Abbildung der Menge von Eingangsvektoren auszuführen, sondern auch eigene Parameter (Struktur, Gewichtskoeffizienten) so zu modifizieren, daß sein Verhalten an die Anforderungen konkreter Aufgaben angepaßt wird. In Supervisor-Algorithmen ist es beispielsweise nötig, die Abbildung der Menge von Eingangsvektoren auf die Ausgangsvektoren zu sichern. Die Parameter des Netzes werden dementsprechend je nach konkretem Algorithmus gewählt. Diese Eigenschaft läßt die Parameter des Netzes berechnen, ohne besondere Kenntnisse über das Fachgebiet zu haben. Beim Aufbau neuronaler Expertensysteme wird beispielsweise der arbeitsintensive Prozeß der Arbeit mit Experten nicht mehr erforderlich, vorausgesetzt, das statistische Material reicht aus. Die Fähigkeit neuronaler Netze zur Verallgemeinerung ist eine weitere, sehr wichtige Eigenschaft. Die Netze sind dank dieser Eigenschaft fähig, nicht nur die im Lernprozeß angegebenen Abbildungen zu reproduzieren, sondern auch neue zu bilden.

7.2.2 Neuro-Fuzzy

Bei der Nutzung von Fuzzy-Logik werden die Eingangsdaten in die Form von linguistischen Variablen umgewandelt. Diese wiederum werden durch Zugehörigkeitsfunktionen beschrieben. Hierbei wird der Fuzzy-Wert eines scharfen Wertes und die Zugehörigkeit zu diesem Set gebildet. Viele Parameter der Fuzzy-Logik müssen von einem Experten eingestellt werden. Die Vorgehensweise solcher Experten ist oft die Versuchs- und Erprobungs-Methode oder die heuristischer Algorithmen. Ebenso wird jemand benötigt, der die Charakteristika des Systems kennt, um die anfänglichen Regeln aufzustellen. Einige Untersuchungen enthalten einen Vorschlag für den Anfang und die Änderungsbedingungen für die Experimentierphase. Es gibt auch selbstorganisierende Regler, die Regeln aufstellen und modifizieren können. Desweiteren existiert ein Algorithmus für die Aufteilung des Eingangsdatenraums und ein quadratischer Ansatz für die Bestimmung der notwendigen Parameter, der auch für die Bestimmung der Parameter der Fuzzy-Logik verwendet werden kann. Aber diese Verfahren haben alle heuristischen Charakter, und die Auswahl der Zugehörigkeitsfunktionen arbeitet auf der Grundlage der Versuchs- und Erprobungs-Methode. Es fällt auf, daß viele Methoden die Lernmöglichkeit künstlicher neuronaler Netze gut verwenden könnten, um bessere Ergebnisse zu erhalten. Multilayer neuronale Netzwerke mit Lernalgorithmen, wie der Fehler-Backpropagation, Bestrafung, unüberwachtes Lernen oder eine Kombination dieser Verfahren sind benutzt worden, um Fuzzy-Regeln aufzustellen, oder um die Zugehörigkeitsfunktionen und den Grad der Zugehörigkeit zu ändern. Unter einem neuronalen Fuzzy-Netz wird also ein neuronales Netz verstanden, welches Fuzzy-Signale verarbeitet und/oder Fuzzy-Gewichte hat. Wenn ein Netz ein Fuzzy-Netz ist, müssen die Signale und/oder Gewichte Fuzzy-Mengen darstellen.

Neuronale Netze haben die wertvolle Eigenschaft, daß sie lernen können, d.h., sie können ihre Verhaltensweise wie gewünscht einstellen. Es gibt eine große Zahl von unterschiedlichen Lernalgorithmen für deterministische neuronale Netze und mehrere Klassifizierungsmethoden für Lernverfahren. Die wohl wichtigste Methode ist die Klassifikation nach der Wechselwirkung (Kontakt) des Netzes mit der Umgebung. Die stärkste Kommunikation und Wechselwirkung besteht in den sogenannten Supervisor-Lernalgorithmen. Dem Netz werden in diesen Algorithmen die Eingangs- und Sollwertvektoren eingegeben. Das Netz soll dann eine passende Abbildung von ihnen finden. Ein einzelnes Paar von diesem Eingang/Ausgang wird Lernpaar genannt. Eine Menge solcher Paare heißt Lernmenge. Im Laufe des Lernprozesses erhalten die Eingangsneuronen die Eingangsvektoren, während die Ausgangsneuronen daraus die momentanen Ausgangsvektoren spontan generieren. Solch ein Vektor wird durch die momentanen Werte der Gewichte und Schwellenwerte des Netzes bestimmt. Der menschliche Supervisor oder Trainer vergleicht den Sollwert aus der Lernmenge mit dem momentanen Ausgang und berechnet dann den Fehler, d.h., die Distanz zwischen der gewünschten und der vorhandenen Verhaltensweise des Netzes. Dann führt man die notwendigen Änderungen der Parameter (Gewichte, Schwellenwerte usw.) durch und verkleinert dadurch den Fehler. Der bekannteste Algorithmus dieser Klasse ist der Backpropagation-Algorithmus. Eine andere Klasse von Lernmethoden bilden die Nicht-Supervisor-Lernalgorithmen. Diese Prozeduren haben keinen menschlichen Trainer, man spricht von self-organizing systems. Die Lernmenge beinhaltet nur die Eingangsvektoren. Die Aufgabe solcher Prozeduren besteht in der Suche nach Regelmäßigkeiten in der Menge der Eingangsvektoren, um diese Menge in geeignete Klassen zu zerlegen. Die meist verbreitete Methode dieser Klasse ist das Competitive Learning. Diese Methode hängt stark mit der Cluster-Analyse zusammen, ein bekanntes statistisches Verfahren zur automatischen Klassifikation von ungeordneten Mengen. Dem Netz werden dabei Eingangsvektoren eingespeist, und die Aufgabe des Netzes besteht darin, einander ähnliche Vektoren in eine Klasse und voneinander verschiedene in verschiedene Klassen einzuordnen. Wenn der Eingangsvektor am Eingang anliegt, versuchen die Ausgangsknoten Merkmale festzustellen, die für eine bestimmte Klasse typisch sind. Sie veranstalten einen Wettbewerb untereinander und erarbeiten dabei verschiedene Aktivierungsniveaus. Nach diesem "Wettbewerb" bekommen die Neuronen mit dem höchsten Aktivierungsgrad, also die Sieger, den Wert "1", und die restlichen "Verlierer" eine "0". Diese Strategie heißt "Der Gewinner bekommt alles" (winner takes all) und entspricht der lateralen Hemmung in der Netzhaut des menschlichen Auges, um die Wahrnehmung von Kontrasten zu verstärken. Ein Vektor gehört also zu

der Klasse, die dem Gewinner-Neuron entspricht. Die Zwischenpositionen zwischen Supervisor- und Nicht-Supervisor-Lernmethoden besetzen die sogenannten Algorithmen mit Bestätigung (reinforcement, d.h. Belohnung/Bestrafung je nach Neuronenleistung).
Die folgende Abbildung enthält die verallgemeinerte Beschreibung der Struktur und der Hauptfunktionen des Neuro-Fuzzy-Systems. Wie man dieser Abbildung entnehmen kann, werden im System die Fuzzy-Regeln und die von ihnen verwendeten Zugehörigkeitsfunktionen generiert. Als Anfangsdaten für die Generierung dienen die Ein-/Ausgangsdaten, welche die Realisierung der erwünschten Funktion eines logischen Systems auf Basis konkreter Werte darstellen, welche entweder experimentell oder irgendwie sonst bestimmt werden.

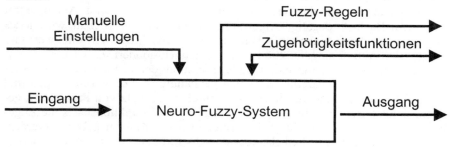

Abbildung 7-14 : Struktur eines Neuro-Fuzzy-Systems

Die nächste Abbildung zeigt das Neuro-Fuzzy-System etwas konkreter, denn hier ist der strukturelle Aufbau des Systems dargestellt. Der Einfachheit halber ist hier die Struktur eines Neuro-Fuzzy-Systems mit zwei Eingängen X_1, X_2, und einem Ausgang Y gezeigt. Wie man der Abbildung entnehmen kann, werden die Systemeingänge in der 1. Schicht nur unter den Neuronen der nächsten Schicht verteilt. Die 2. Schicht von Neuronen vereinigt einige Neuronengruppen (deren Anzahl entspricht der Zahl der Eingänge, in diesem Fall 2). Die Neuronen jeder Gruppe stellen Zugehörigkeitsfunktionen für die Fuzzy-Definitionen dar, welche dem mit dieser Gruppe verbundenen Eingang gehören. Der Ausgang jedes Neurons ist die Zugehörigkeitsfunktion, welche die Übereinstimmung der Eingangsgröße mit der Fuzzy-Definition angibt, die mit diesem Neuron verbunden ist. Dieser Prozeß heißt Fuzzifizierung, und die dazugehörigen Neuronen nennt man Fuzzyfikatoren. Die Neuronen der 3. Schicht stellen Fuzzy-Regeln dar. Die Anzahl von Neuronen in dieser Schicht bestimmt in einigen Fällen direkt die Anzahl von Regeln, die am logischen Fuzzy-System „Wenn...Dann" teilnehmen. In einigen anderen Fällen werden zwecks Minimierung der Netzgröße, insbesondere für ein einfacheres und schnelleres Lernen, traditionelle neuronale Netze verwendet. Die Neuronen der 4. Schicht enthalten die Zugehörigkeitsfunktionen für die Fuzzy-Definitionen, die zu den Ausgangsvariablen gehören. Diese Schicht führt die komplizierteste Funktion aus. Zunächst führt jedes Neuron die Operation MAX (oder eine Näherung dieser Operation) an den Eingangssignalen aus. Die gefundene Größe wird zur Modellierung der jeweiligen Zugehörigkeitsfunktion eingesetzt. Die Werte der Zugehörigkeitsfunktion, die über diesem

Maximalwert liegen, werden auf diesen Wert reduziert. Dann wird an allen auf diese Weise modifizierten Zugehörigkeitsfunktionen die Vereinigungsoperation ausgeführt. So wird die Zugehörigkeitsfunktion am Ausgang, d.h., der Fuzzy-Wert am Ausgang, gebildet. In der Abbildung ist in der 5. Schicht der untere Knotenpunkt Y mit Rückrichtung des Signals dargestellt, um zu zeigen, daß der Ausgang der 4. Schicht fuzzy ist, so daß beim Aussenden des Signals Y mit einem konkreten Wert von diesem Knotenpunkt der 4. Schicht ein jeweiliger Wert der Zugehörigkeitsfunktion kommt. In der 5. Schicht wird die Operation Defuzzyfizierung ausgeführt, um einen Defuzzy-Ausgang, d.h., einen Defuzzy-Wert auf Basis des Fuzzy-Wertes zu erhalten. Dies läßt die gegebene Struktur mit den Methoden untersuchen, die den für künstliche neuronale rückkopplungsfreie Netze (feed forward neural networks) verwendeten Methoden ähneln, und die Lernmethoden verwenden, die man in Analogie mit den Error-Back-Propagation-Algorithmen erhält. In diesem Fall wird jedes Neuron nicht durch einen einfachen Satz von Gewichten, Schwellenwert und universaler Aktivierungsfunktion gekennzeichnet, sondern es ist ein zusammengesetzter Wandler mit individueller Funktion, der von der Lage des Neurons im Netz (Ordnungszahl der Schicht) abhängig ist. Die Verbindungen sind nicht vollbindend. Jede von ihnen wird durch einen Satz von Parametern gekennzeichnet. Sie sind abhängig davon, auf welcher Funktionsbasis die Zugehörigkeitsfunktionen für Fuzzy-Definitionen der Variablen gebildet werden. Beispielsweise sind für dreieck- oder gewölbeförmige Zugehörigkeitsfunktionen zwei Parameter erforderlich, für trapezförmige drei usw. Beim Lernen unterscheiden sich die Formeln zur Modifizierung der mit einem konkreten Neuron verbundenen Parameter je nach Ordnungszahl der Schicht gemäß dem Typ der Signalumformung. Beim Einsatz von Gradientenlernmethoden wird immer versucht, unstetige Funktionen in den Knotenpunkten vom Typ MIN und MAX zu vermeiden. Beim Einsatz genetischer Algorithmen zur Suche nach optimalen Werten der Parameter und Netzstruktur wird nicht gefordert, daß die zu verwendenden Funktionen stetig sind, und die Berechnungen werden leichter. Es kann aber sein, daß das Lernen mehr Zeit benötigen wird. Die Hauptaufgaben, die das Neuro-Fuzzy-System lösen kann, sind im einzelnen: Realisierung paralleler Fuzzy-Herleitung, automatische Generierung der Regeln und Zugehörigkeitsfunktionen nach Ein-/Ausgangsdaten, Möglichkeit der Kombination automatischer Regeln und Handanalyse und Modifizierung der Regeln und Zugehörigkeitsfunktionen. Im Unterschied zum traditionellen, neuronalen Netz, das auch ein Modell des Systems nach Ein-/ Ausgangsdaten aufbauen läßt, ist ein auf Basis des Neuro-Fuzzy-Verfahrens aufzubauendes Modell kein "black box"-Modell. Außer der konkreten Realisierung der Ein-/Ausgangs-Relation lassen sich heuristische Kenntnisse und qualitative Informationen über das System ermitteln. Unter der Generierung der Regeln ist die Möglichkeit zu verstehen, Parameter und Struktur eines aufgebauten und gelernten neuronalen Netzes in einen Satz von Fuzzy-Regeln mit geforderten Charakteristika für den linken und rechten Teil der Regeln sowie einem Defuzzyfizierungs-Algorithmus direkt abzubilden. Bei der Generierung der Regeln wird auch der Satz der Zugehörigkeitsfunktionen, welche in den Regeln als Fuzzy-Werte für die Ein- und Ausgangsvariablen - jeweils im linken und rechten Teil der Regeln - zur Anwendung kommen, festgelegt. Je nach der zu lösenden Aufgabe, d.h., der Anzahl von Ein- und Ausgängen, Anforderungen an die Zugehörigkeitsfunktionen und der zur Anwendung kommenden Netze kann dieses Verfahren verschiedenartig und mehr oder weniger arbeitsintensiv sein. Der Einsatz besonderer Typen von Neuronen, welche die Operationen ausführen, die für Fuzzy-Logik typisch sind (MIN, MAX, ODER, UND, usw.), erleichtern die Transformation der Regeln ins Neuro-Fuzzy-Netz sowie deren Rückextraktion. Wenn dies auf Basis traditioneller Rechentechnik realisiert wird, wird das Lernen infolge des Einsatzes von Neuronen mit nichtlinearen Transformationen auch komplizierter und es bedarf einer großen Speicherkapazität.

Oft kommen traditionelle neuronale Netze für jede Phase der Fuzzy-Verarbeitung (Fuzzyfizierung, Herleitung und Defuzzyfizierung) zur Anwendung. Der Block des Neuro-Fuzzy-Systems, der für die Realisierung der Fuzzy-Verarbeitung verantwortlich ist, stellt einen Satz Fuzzy-Regeln dar und kann auf den Neuronen basieren, welche die Operation MIN (oder deren stetiges Analogon) realisieren. Die Anzahl von Neuronen zur Realisierung der Fuzzy-Verarbeitung bestimmt in manchen Fällen die Zahl der am logischen Fuzzy-System beteiligten Regeln direkt. In einigen anderen Fällen werden zur Minimierung der Netzgröße traditionelle neuronale Netze verwendet.

Die Besonderheit der Fuzzyfizierung und Defuzzyfizierung in Neuro-Fuzzy-Systemen besteht darin, daß hier das Einstellen oder Lernen eine wichtigere Rolle spielt. Fuzzyfikator heißt die Vorrichtung, die für einen konkreten Eingang mehrere Ausgänge hat, wobei jeder Ausgang einen bestimmten Fuzzy-Begriff darstellt und bestimmt, in welchem Grad der gegebene Eingang zu ihm gehört. Fuzzyfikatoren sind gewöhnlich einstellbar und als unterschiedliche Neuronen und neuronale Netze realisierbar. Die Vorrichtung, die auf Basis einer Fuzzy-Größe am Eingang eine ihr entsprechende Defuzzy-Größe ermittelt, heißt Defuzzyfikator. Es gibt mehrere Formeln zur Deffuzyfizierung, je nach dem, wie der Mittelwert für den Bereich unter der Zugehörigkeitsfunktion am Ausgang zu berechnen ist. Die Attraktivität der Defuzzyfizierung in Neuro-Fuzzy-Systemen besteht darin, daß die Defuzzyfizierungsfunktion hier wie die Zugehörigkeitsfunktion einstellbar ist. Die Methode zur Realisierung des Fuzzyfikators (und auch des Defuzzyfikators) hängt davon ab, welche Anforderungen an die Zugehörigkeitsfunktion gestellt werden, d.h., mit welchem allgemeinen mathematischen Ausdruck die zulässige Gesamtheit der Zugehörigkeitsfunktionen beschrieben werden. Aufgrund der erhaltenen Formel kann man den Typ des jeweiligen Neurons aussuchen.

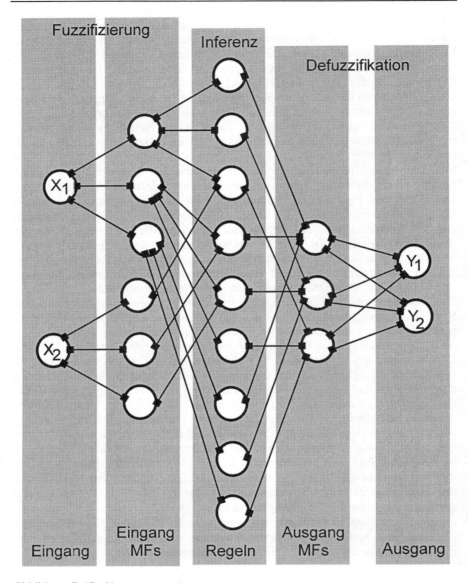

Abbildung 7-15 : Neuronenstruktur

7.2.3 Genetische Algorithmen

Die Anfänge der Entwicklung genetischer Algorithmen kann man bis in die frühen 50er Jahre zurückverfolgen, als einige Biologen Computer für die Simulation biologischer Systeme verwendeten. Die heute bekannten genetischen Algorithmen gehen auf Arbeiten zurück, die in den späten 60er und 70er Jahren unter der Federführung von John Holland an der Universität von Michigan entstanden. Es gibt bislang zwei Modelle der Evolution, die sich für rechnerbasierte Simulationen und Anwendungen besonders eignen: Evolutionsstrategien und Genetische Algorithmen.

Ein genetischer Algorithmus ermöglicht eine multidirektionale Suche nach möglichen Lösungen mit einer Population von möglichen Lösungen und ermittelt Informationen über Zusammenhänge und Differenzen zwischen ihnen. Die Population wird einer simulierten Evolution zugeführt. Bei jeder Generation überleben die "guten" Lösungen, und die "schlechten" sterben. Für solche Entscheidungen wird eine objektive Funktion verwendet, die eine Beurteilung ermöglicht. Die Struktur eines einfachen genetischen Algorithmus ist die gleiche Struktur wie bei jedem anderen evolutionären Programm. Der Ablauf der Ausführung genetischer Algorithmen ist dabei sehr einfach gehalten. Gerade die Einfachheit der Operationen und die Leistungsfähigkeit sind zwei der Hauptvorteile genetischer Algorithmen. Genetische Algorithmen unterscheiden sich von traditionellen Methoden in folgenden Punkten:

- Genetische Algorithmen arbeiten nicht mit den Variablen selbst, sondern mit deren binären Kodierungen.
- Genetische Algorithmen benutzen die Zielfunktion selbst und nicht deren Ableitung oder irgendwelche sonstige Informationen über das Objekt. Dies ist sehr bequem in den Fällen, in denen die Funktion nicht differenzierbar oder diskret ist.
- Genetische Algorithmen suchen nicht mit einem Punkt, sondern mit der Population der Punkte. Dies sichert den Erhalt umfangreicher Informationen über das Verhalten der Funktion und schließt ein mögliches Steckenbleiben in lokalen Funktionsextrema aus. Traditionelle Suchmethoden (Gradientenmethode und andere) können dieses Problem nicht bewältigen.
- Genetische Algorithmen benutzen wahrscheinlichkeitstransitive Regeln anstatt deterministischer Regeln.
- Genetische Algorithmen sind sehr einfach für die Problemlösung mit Computern anzuwenden

Zur Untersuchung der basalen Funktionen ist es sinnvoll, die Gradientenmethode einzusetzen, um das Maximum der Funktion zu finden. Mit dieser Methode kann die Aufgabe ziemlich schnell gelöst werden. Die Suche beginnt mit dem Anfangspunkt und nähert sich sukzessive dem Spitzenpunkt. Verwendet man diese Methode aber für die Feststellung des globalen Spitzenpunktes, so bleibt man in dem lokalen Spitzenpunkt stehen, in dessen

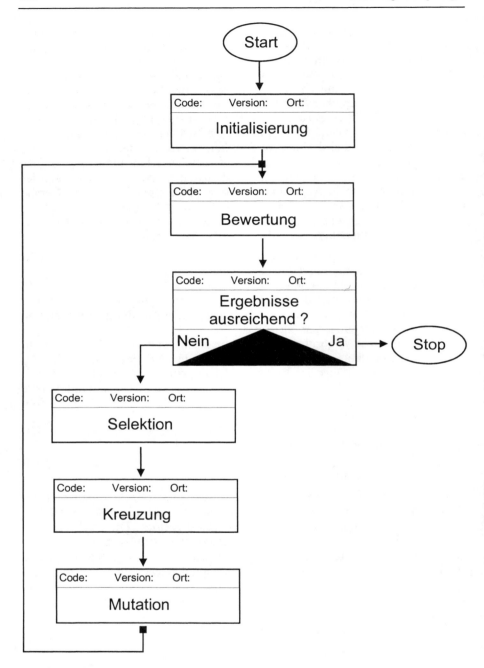

Abbildung 7-16 : Struktur eines Genetischen Algorithmus

Nähe die anfängliche Annäherung gewählt wurde. Der genetische Algorithmus wird in diesem Fall die Population der Punkte verwenden und sich dem globalen Spitzenpunkt ohne das Risiko, in lokalen Spitzenpunkten stehen zu bleiben, nähern. Der genetische Algorithmus ist jedoch an sich ein Evolutionsvorgang, der aus der Sicht der zu verarbeitenden Daten ziemlich umfangreich ist. Daher gibt es genetische Algorithmen, deren Ziel darin besteht, den Vorgang zu beschleunigen und den Algorithmus effizienter zu machen. Dazu wurden auch hybride Methoden vorgeschlagen, die genetische Algorithmen mit traditionellen Algorithmen wie Gradientenabstieg, Hillclimbing und Koordinatenmethode vereinigen.

Für bestimmte Aufgabenklassen weisen sie eine hohe Effizienz auf. Genetische Algorithmen werden für unterschiedliche Aufgaben, wie die Spieltheorie, Klassifizierung, Codierung und Lernen erfolgreich verwendet. Eine der Hauptvorteile genetischer Algorithmen ist das "Black-Box-Prinzip", das diesen Algorithmus sehr bequem macht. Nach diesem Prinzip braucht der Forscher die Eigenschaften des Objektes nicht zu kennen. Es genügt, die Eingangsdaten anzugeben und die Ausgangsdaten zu erhalten.

7.2.4 Chaotische Systeme

Chaotische Systeme treten oft in elektronischen Schaltkreisen, mechanischen Systemen, bei Flüssigkeitsbewegungen und biologischen Populationsdynamiken auf. Trotz der weiten Verbreitung chaotischen Verhaltens in der Umwelt wurde das Phänomen des Chaos von Wissenschaftlern und Ingenieuren in der Regel eher vernachlässigt. Es wurde eher als Rauschen wahrgenommen, daher suchte man nach Wegen zu dessen Bekämpfung. Das plötzliche Auftreten von Verwirbelungen an den Flügeln von Flugzeugen, zerstörerische windbedingte Bewegungen von Hängebrücken und von Instabilitäten in den Steuerungen des Space Shuttles sind Beispiele für solche gefährliche und zerstörerische, chaotische Zustände. Erst vor kurzem hat man Chaos als einen sehr wichtigen Forschungsbereich und als Basis für neue Technologien erkannt. Es ist überraschend, daß es keine allgemein gültige Definition gibt, was Chaos ist. Bildlich gesprochen kann man sagen, daß das Chaos die Ordnung in der Unordnung ist. Chaos ist ein zufälliger Zustand in einem deterministischen, nichtlinearen System.

Wissenschaftler und Ingenieure konnten lange Zeit chaotisches Wesen und Verhalten der Systeme nicht begreifen, weil sie nichtlineare Systeme oft linear approximierten. Das Auftreten von Nichtlinearität in physikalischen Systemen zeigt, daß der lineare Berechnungsansatz oft überbewertet wird. Das Verhalten von linearen Systemen ist vorhersagbar, wenn die Eigenvektoren und Eigenwerte bekannt sind. Ihr zeitliches Verhalten wird durch ein System von Differentialgleichungen beschrieben, die Lösungen in geschlossener Form aufweisen. Ein paar nichtlineare Systeme haben ähnliche Lösungen. Für lineare Systeme gibt es eine transiente Lösung, die das Systemverhalten während des Herunterfahrens nach Störungen beschreibt, und einen eingeschwungenen Zustand, in dem das System nach längerer Zeit endet. Ein System versucht immer, in diesen Endzustand zu kommen. Da ein lineares System nur in drei Zuständen stabil sein kann, gibt es nur drei Typen dieser Zustände (attractors): konstanter Wert (ein Festpunkt-attractor), konstant periodischer Zustand (ein periodischer attractor) oder quasi-periodischer Zustand (ein quasi-periodischer attractor). Der zuletzt genannte ist eine Summe von periodischen Funktionen. Endzustände von nichtlinearen Systemen sind weit unterschiedlicher und schwieriger. Zusätzlich zu den Endzuständen von linearen Systemen hat ein nichtlineares System möglicherweise chaotische Zustände (chaotischer attractor), wodurch es in der Praxis unmöglich ist, einen späteren Zustand dieser Systeme aufgrund des momentanen Zustands zu bestimmen. Das Chaos ist eine Trajektorie eines nichtlinearen dynamischen Systems.

7.2.5 Agentensysteme

Die Informationsflut kann von einem Einzelnen nicht mehr bewältigt werden. Zur Unterstützung werden mehr oder weniger anpassungs- und lernfähige Softwareprogramme eingesetzt, die sich selbständig Wünschen und Zielen des menschlichen Anwenders anpassen (vgl. Alan 1984). Da diese virtuellen Agenten mit simulierten Eigenschaften lebender Systeme ausgestattet werden, verbindet sich an dieser Stelle die Forschungsrichtung der Künstlichen Intelligenz mit der des Künstlichen Lebens. Analog zur virtuellen Evolution einer Automaten-population können eine Population von Softwareagenten ihre Fitnessgrade verbessern oder selektiert werden, je nachdem, wie erfolgreich sie die gestellten Aufgaben löst, oder sich einer ständig verändernden Netzumwelt anpassen kann. Virtuelle Agenten können stationär am Arbeitsplatz des menschlichen Anwenders wie persönliche Assistenten wirken und selbständig beispielsweise die E-Mails nach den gelernten Nutzerwünschen auswählen. Sie können auch als mobile Agenten ins World Wide Web geschickt werden, um an verschiedenen Orten selbständig Informationsrecherchen vorzunehmen. Ein praktischer Vorteil mobiler Agenten ist die Minimierung von Online-Zeit und damit von Kosten. Als geklonte Softwarewesen können sie zudem in beliebiger Vielzahl an verschiedenen Orten gleichzeitig arbeiten. In einem offenen elektronischen Dienstleistungsmarkt können auch stationäre Agenten mit mobilen Agenten verbunden werden. Der Anbieter einer Dienstleistung (beispielsweise Datenbank) stellt einen stationären Agenten quasi wie einen elektronischen Bibliothekar zur Verfügung, der auf die Wünsche des geschickten mobilen Agenten eingeht. Der mobile Agent könnte bei erfolgloser Suche nach einer bestimmten Information vor Ort selbständig entscheiden, eine damit zusammenhängende Information zu suchen, auf die ihn vielleicht der Anbieteragent aufmerksam gemacht hat. Mit wachsender Komplexität der Computer- und Kommunikationssysteme werden virtuelle Agenten für das Wissensmanagement ebenso unverzichtbar sein, wie mikrobielle Organismen für die Lebensfähigkeit des menschlichen Körpers. Je nach Aufgabenstellung sind virtuelle Agenten unterschiedlich spezialisiert. Neben den persönlichen elektronischen Assistenten, die sich autonom den veränderten Wünschen der Anwender anpassen, wird es Netzagenten geben, die in den heterogenen Multimedia-Systemen des Netzes (Datenbanken, Textsysteme, etc.) Informationen sammeln. Wissensagenten werden sie filtern und integrieren, diese Informationen an andere weiterleiten und speichern. Sicherheitsagenten im Sinne eines virtuellen Immunsystems werden die Systeme und Informationen schützen. Es können so virtuelle Agenten mit einer Skala von mehr oder weniger starken

le Agenten mit einer Skala von mehr oder weniger starken Fähigkeiten ausgestattet werden. In der bisher realisierten schwachen Agententechnologie entscheiden stationäre oder mobile Softwareprogramme autonom über vorgegebene Ziele, reagieren auf veränderte Netzsituationen und tauschen Informationen aus.

Die Agententechnologie läßt sich als Erweiterung aktiver Datenbanken verstehen, die bereits autonom mit regelbasierten Programmen durch die Anwendung von Geschäftsregeln über laufende Informationserweiterung oder Informationssicherung entscheiden können. In einer starken Agententechnologie sind virtuelle Agenten lernfähig, flexibel, verfolgen eigene Ziele, verfügen über eine Motivationsstruktur (Emotionen) und registrieren ihre Identität (Bewußtsein). Lernfähigkeit und Flexibilität läßt sich bereits durch Hybridsysteme realisieren, die beispielsweise die Architektur und Lernalgorithmen von neuronalen Netzen mit den flexiblen und unscharfen Klassifikationsregeln von Fuzzy-Systemen verbinden. Aufgrund von Beispielen erlernt dieser neuronale Fuzzy-Agent ein Benutzerprofil mit mehr oder weniger unscharfen Präferenzen. Die Entwicklung dieser lernfähigen und flexiblen Hybridagenten ist durch Gehirnforschung, Neuroinformatik und Psychologie inspiriert. Die Einwirkungen dieser Erkenntnisse auf die Softwareentwicklung wird aber auch die Schnittstelle zwischen Anwender und System erheblich verbessern.

7.2.6 Expertensysteme

Expertensysteme zählen zu den hauptsächlichen Betätigungsfeldern in der Künstlichen Intelligenz. Das Ziel von Expertensystemen ist es, Wissen und Fähigkeiten aus einem definierten Fachgebiet zur Verfügung zu stellen, über die sonst nur Experten verfügen. Ein Expertensystem ist demnach ein Programm, das in einem definierten Anwendungsbereich die spezifischen Problemlösungsfähigkeiten eines menschlichen Experten erreicht oder gar übertrifft. Grundsätzlich bezeichnet man als Experten einen speziell ausgebildeten und erfahrenen Fachmann, der auf einem abgegrenzten Fachgebiet über umfassendes Wissen verfügt. Darüber hinaus ist er in der Lage, mit diesem Wissen aktiv umzugehen, er kann es anwenden, d.h. er kann aus seinem Wissen Schlußfolgerungen ziehen, sowie einmal getroffene Entscheidungen erläutern und begründen. Dabei kann sich sein fachliches Wissen aus sehr vielen Elementen zusammensetzen: Fakten, Regeln, Allgemeinwissen, Erfahrungswissen, Intuition und Kreativität. Aus dieser Sicht handelt es sich bei einem Experten um eine Person, die aufgrund der folgenden Eigenschaften in der Lage ist, ein an ihn herangetragenes Problem aus einem bestimmten Bereich zu lösen. Ein Experte besitzt Wissen über den Problembereich, kann Wissen erwerben und damit hinzu lernen, kann Probleme lösen, kann seine Vorgehensweise beim Problemlösen erklären, kann Wissen reorganisieren, handelt in den meisten Fällen effizient, kann aber auch Regeln übertreten, kann die eigene Kompetenz beurteilen und sich ggf. mit Anstand zurückziehen. Schon anhand dieser Beschreibung wird deutlich, daß wahre Experten sehr rar und teuer sind. Das Wissen des Experten bildet dabei die Grundlage für sein Handeln. So verfügt der Experte über eine Begriffswelt und kennt den Zusammenhang zwischen diesen Begriffen. Er arbeitet aber auch mit unsicheren

Informationen, dem sogenannten vagen Wissen. Darüber hinaus kennt der Experte die Zusammenhänge zu anderen Wissensgebieten und hat Hintergrundwissen über bestimmte Sachverhalte. Letzteres bezeichnet man als Common-Sense-Wissen. Wo er selbst nicht unbedingt Wissen abrufen kann, verfügt er oftmals über Verweise auf Wissensquellen, wie beispielsweise Bücher, Fachartikel etc. Daher versucht man, deren Wissen mit Hilfe von Programmen einem größeren Kreis von Anwendern jederzeit zur Verfügung zu stellen. Aber auch die Experten selbst bedienen sich der Expertensysteme, indem letztere dazu eingesetzt werden, um Experten bei ihrer Arbeit zu unterstützen. Zentrales Anliegen hierbei ist es, fachspezifisches Wissen eines Experten als wissensbasiertes System zu simulieren. Das Ergebnis ist auch hier ein Expertensystem:

- in dem Wissen über ein spezielles Fachgebiet gespeichert wird (Fähigkeit zur Wissensrepräsentation bzw. -manipulation),
- das aus dem gespeicherten Wissen Schlußfolgerungen ziehen kann (Fähigkeit zur effektiven Problemlösung bzw. Inferenzausführung),
- das Lösungen zu konkreten Problemen dieses Fachgebietes produziert (Fähigkeit des Erreichens von Expertenniveaus bezüglich der Leistungsfähigkeit),
- das die Lösungswege selbst erklärt (Fähigkeit zur Selbsterklärung, was Reflexion über eigene Inferenzprozesse voraussetzt),
- das mit dem Anwender kommuniziert (Fähigkeit zur nutzerfreundlichen Kommunikation mit dem Anwender),
- und das sich problembezogen einsetzen läßt (Fähigkeit zur Einsetzbarkeit für spezifische, hinreichend komplexe Aufgaben auf einem Gebiet, das sich durch folgende Eigenschaften auszeichnet: Problemraum groß, Spezialwissen erforderlich, Wissen oft heterogen und/oder unscharf und/oder zeitlich ändernd).

Von einem Expertensystem wird gefordert, daß es intelligentes Verhalten zeigt. Intelligentes Verhalten in diesem Sinne wird durch das spezielle Wissen über das jeweilige Fachgebiet sowie durch deren Verarbeitung möglich. Unter einem Expertensystem versteht man demnach ein wissensbasiertes System, das über die Fähigkeiten zur Problemlösung beziehungsweise Inferenzausführung verfügt, und das zur Lösung von solchen Aufgaben eingesetzt wird, die im allgemeinen Spezialkenntnisse voraussetzen. Als wissensbasiertes System versteht man hingegen ein System, welches Wissen über einen Problembereich enthält und mit diesem Wissen arbeiten kann, und dies in einer symbolischen, dem externen menschlichen Wissen entsprechenden Form.
Expertensysteme unterscheiden sich damit grundlegend von konventionellen Software-Systemen. Zwar werden auch in konventionellen Systemen, beispielsweise Datenbanken, Informationen mit speziellen Wissensinhalten gespeichert. Doch im Gegensatz zu Expertensystemen sind Datenbanken nicht in der Lage, dieses Wissen selbst weiterzuverarbeiten. Insofern setzt sich die Intelligenz eines konventionellen Systems aus der Summe der implementierten Algorithmen und Datenstrukturen zusammen. Da gewöhnlich auch keine eigene Wissensrepräsentation vereinbart ist, kann dieses Wissen auch nicht direkt angesprochen werden. Von einem Expertensystem erwartet man dage-

gen, daß der Anwender das gespeicherte Wissen jederzeit anzeigen lassen und modifizieren kann. Die Intelligenz eines Expertensystems wird dem Anwender durch die Expertensystemfunktionen, sowie durch die Methoden der Wissensverarbeitung zur Verfügung gestellt.

In der Fachliteratur wird oftmals zwischen großen und kleinen Expertensystemen in Bezug auf Größe und Leistungsfähigkeit unterschieden. Es gilt zu beachten, daß eine verbindliche Grenze hierbei nicht gezogen werden kann, ergibt sich diese oftmals erst nach Überblick über die Gesamtproblematik. Nützlich ist eine solche Unterscheidung allerdings dann, wenn ein anstehendes Projekt schnell beurteilt werden soll. Beim praktischen Umgang mit Expertensystemen haben sich einige Kriterien herauskristallisiert, die sich für große und kleine Systeme angeben lassen. Demzufolge sind große Expertensysteme solche Systeme, die nicht mit konventionellen Methoden entwickelt werden können, die bevorzugt im Team entwickelt werden und die ein breites Leistungsangebot für den Anwender zur Verfügung stellen. Kleine Expertensysteme sind hingegen Systeme, die von einem Experten oder Entwickler selbst entwickelt werden und die nicht ein breites, sondern eher ein enges Leistungsangebot zur Verfügung stellen. Gerade in der älteren Fachliteratur werden große und kleine Expertensysteme auch nach der Menge der darin verwendeten Regeln unterschieden. Auch hier kann eine eindeutige Grenze nicht gezogen werden. Man spricht allerdings von kleinen Expertensystemen, wenn etwa 500 Regeln zum Einsatz kommen. Werden bis etwa 5000 Regeln verarbeitet, so spricht man von einem großen Expertensystem. Um aber eine für die weitere Behandlung des Themas nützliche Systematik zu finden, wird im folgenden versucht, die Expertensysteme in Klassen einzuteilen. Dafür wurden verschiedene Klassifikationskriterien verwendet: zum Einsatz kommende Methoden, Einsatzgebiet oder Leistungsumfang und Funktionalität. Expertensysteme sind nicht universell sinnvoll einsetzbar. So würde es sicherlich nicht viel Sinn machen, ein Expertensystem zur Lösung linearer Gleichungssysteme einzusetzen. Sie sollten daher nur dort eingesetzt werden, wo sie den eher konventionellen Verfahren überlegen sind. So lassen sich beispielsweise Expertensysteme für Probleme heranziehen, für deren Lösung exakte Theorien und ausgereifte Algorithmen existieren. Die Stärke der heutigen Expertensysteme liegt jedoch auch darin, Problemlösungen aufgrund von unvollständigen Theorien, Erfahrungswissen oder vagem und unsicherem Wissen zu erarbeiten. Generell wird bei der Konsultation eines Expertensystems das inhärente Wissen der Wissensbasis dem Anwender zur Verfügung gestellt. Damit verfügt dieser Anwender unter Umständen über ein Wissen, das ihm selbst nicht bekannt ist. Vielmehr kann der Anwender durch diese Konsultation seine eigene, individuelle kognitive Leistung steigern. Damit aber dieses Wissen auch wirkungsvoll angewendet werden kann, ist Erfahrung in der Wissensverarbeitung notwendig. So werden Expertensysteme häufig Experten zur Seite gestellt, um deren Entscheidungen abzusichern oder sie von lästigen Routineaufgaben zu entlasten. Werden Expertensysteme nicht sinnvoll eingesetzt, können die Ergebnisse der Wissensverarbeitung nicht in angemessener Art und Weise auf die Praxis übertragen werden. Letzteres ist sicherlich eine der häufigsten Ursachen beim Scheitern solcher KI-Projekte. Eine an der Praxis orientierte Charakterisierung ordnet die Expertensysteme bezüglich ihrer Aufgabenbereiche, die sie erfüllen müssen, in unterschiedliche Expertensystemtypen ein. Dies erscheint sinnvoll, denn unterschiedliche Probleme bedingen unterschiedliche Anforderungen und erfordern unterschiedliche Techniken der Wissensrepräsentation in der Wissensbasis und der Wissensanwendung in der Inferenzkomponente. Man unterscheidet demnach folgende Aufgabenbereiche: Diagnose, Beratung, Design/Entwurf, Planung oder das Lernen. Die aufgezählten Aufgabenbereiche, sowie die Typen von Expertensystemen, sind bisher noch nicht vollständig systematisch gegliedert. Auch scheint die Bedeutung der einzelnen Begriffe noch im Fluß zu sein, zumal moderne Expertensysteme mehrere Typen in sich vereinen.

Bei Diagnosesystemen übernehmen Expertensysteme die Funktion, aufgrund von bestimmten Anzeichen (den Symptomen) Fehler in einem System aufzufinden und möglicherweise Vorschläge für geeignete Aktionen (Therapievorschläge, Reparaturanweisungen etc.) zu erarbeiten. So wird beispielsweise in einem Expertensystem aufgrund von beobachteten Symptomen diagnostiziert, welche Krankheit vorliegen kann und entsprechend dieser Diagnose ein entsprechendes Rezept erstellt. Ein anderes Expertensystem spürt aufgrund der festgestellten Störung eines technischen Systems die Fehlerquelle auf. Ein solches Expertensystem klassifiziert ein vorhandenes Problem mit Hilfe des Wissens in der Wissensbasis, d.h., es versucht, dieses Wissen auf eine ganz konkrete Situation anzuwenden. Die Daten, die das Problem umschreiben, werden entweder durch den Anwender im Rahmen einer Konsultation erfaßt, beziehungsweise von ihm im Rahmen eines Dialogs erfragt, oder sie stammen direkt aus den betrieblichen Prozessen. Das Problem wird anhand des vorliegenden Datenmaterials zunächst klassifiziert, und erst dann kann eine entsprechende Diagnose gestellt werden. Die Diagnose kann immer nur aus dem im System vorhandenen Diagnosemöglichkeiten stammen. Sollte das System eine eindeutige Zuordnung vornehmen können, dann ist eine eindeutige Diagnose möglich. Ob letztlich die Diagnose zutrifft, muß der Anwender selbst entscheiden. Sollte hingegen keine eindeutige Zuordnung möglich sein, d.h., das System kann das Problem keiner vorhandenen Problemklasse zuordnen, so erfolgt ein Diagnosevorschlag mit Vorbehalt. Letzteres bezeichnet man auch als eine "Diagnose mit Expertensystem-üblichen Vorbehalt".

Bei Beratungssystemen liegt die primäre Aufgabe in der Unterstützung beim Analysieren von komplexem und umfangreichem Datenmaterial. Dabei steht die Beratungsfunktion im Vordergrund. Der Anwender klärt im Rahmen eines Dialoges mit dem Expertensystem und dessen inhärentem Wissen aus der Wissensbasis einen konkreten Sachverhalt. Dazu beschreibt er durch Eingaben das anstehende Problem und erhält von der Wissensbasis aufgrund der gespeicherten Fakten und Regeln eine entsprechend ausgestaltete Beratung. Auch hier wird die Bewertung der Lösungen dem Anwender überlassen. So übernehmen Expertensysteme die Beratung der Kunden bei einem Autokauf. Der Kunde gibt auf Anfragen des Systems die gewünschten Eigenschaften seines späteren Autos ein. Die Beratungsleistung dieses Systems besteht dann darin, daß das System dem Kunden anhand der vorgegebenen Kriterien einen passenden Wagen vorschlägt.

Desgin- oder Entwurfsysteme umfassen das Entwerfen oder Zusammenstellen von Systemen aus Einzelkomponenten. Beispiele hierfür sind der architektonische Entwurf eines Bürogebäudes, die Konstruktion eines Flugzeuges oder die Konfiguration von EDV-Systemen. Gerade dem letzten Anwendungsbeispiel ist es zu verdanken, daß solche Systeme oftmals als Konfigurationssysteme bezeichnet werden. Dabei sind die Entwurfsfunktionen dem Anwender im Dialog zugänglich. Der eigentliche Entwurfsprozeß gestaltet sich dann dahingehend, daß die spezifizierten Anforderungen auf dem Bildschirm direkt als Entwurf dargestellt werden.

An praxistaugliche Expertensysteme werden teils hohe Anforderungen gestellt. Die im folgenden aufgeführten Eigenschaften sind sicherlich unvollständig, jedoch gelten sie als Maß für die Qualität solcher Systeme. Expertensysteme müssen:

- Expertenwissen so aufbereiten, daß es vom Expertensystem verstanden wird.
- aus Anfragen des Anwenders eine präzise Problemstellung formulieren.
- für das vorgegebene Problem im Dialog mit dem Anwender ein korrekte und vollständige Lösung erarbeiten.
- für den Anwender verständliche Antworten generieren.
- eine aufgefundene Lösung begründen und das Vorgehen bei der Problemlösung erklären, so daß die Verläßlichkeit der angebotenen Lösung überprüft werden kann.
- Hilfestellung beim Anwenden der Lösung geben.
- neues Wissen leicht aufnehmen.
- in der Lage sein, das Fachwissen von der Problemlösung zu trennen und eine leichte Austauschbarkeit gewährleisten.

Damit Expertensysteme diese Anforderungen erfüllen können, besitzen sie eine besondere Architektur. In einem idealisierten Expertensystem lassen sich im wesentlichen fünf Komponenten herausheben:

- eine Wissensbasis, die sowohl Fakten als auch Regelwissen über das spezielle Anwendungsgebiet enthält.
- eine Inferenzkomponente, die auf Anfragen bzw. Aufgabenstellungen Lösungen zu einem bestimmten Problem sucht und findet.
- eine Dialogkomponente (engl. Interface), die es gestattet, in einer anwenderfreundlichen Sprache mit dem System zu kommunizieren.
- eine Erklärungskomponente, die es ermöglicht, dem Anwender zu erläutern, warum und auf welche Weise eine bestimmte Lösung gefunden wurde (bzw. warum nicht).
- eine Wissensakquisitionskomponente, die dem Entwickler des Expertensystems bei der Eingabe, Wartung und Editierung von Wissenselementen unterstützt.

Das Zusammenwirken dieser einzelnen Komponenten ist in der folgenden Abbildung dargestellt. Im allgemeinen enthält ein Expertensystem die in der Abbildung aufgezeigten Komponenten, die sich allerdings bezüglich ihrer Ausprägung je nach System unterscheiden. Diese Realisierung von Expertensystemfunktionen über einzelne, in sich abgeschlossene Komponenten bringt den Vorteil mit sich, daß Weiterentwicklungen komponentenorientiert vorge-

nommen werden können. Jedes Expertensystem benötigt im Kern mindestens eine Wissensbasis sowie eine Inferenzkomponente. Aber auch die Ausgestaltung der Schale, bestehend aus Erklärungs-, Dialog-, Wissensakquisitions- und Problemlösungskomponenten, entscheidet über die Leistungsfähigkeit und damit über die "Intelligenz" des Expertensystems.
In der Wissensbasis ist das gesamte Wissen des Expertensystems gespeichert. Neben dem Expertenwissen enthält sie auch das spezifische Wissen jeder einzelnen Expertensystemfunktion. Insofern sind dort nicht nur Fakten, d.h., Datensätze, sondern auch Regeln, d.h., die Vorschriften zur Wissensverarbeitung gespeichert. Die Wissensbasis enthält also Regeln und Fakten, um das Wissen zu organisieren und zu strukturieren. Die Darstellung eines solchen Wissens läßt sich, grob betrachtet, in vier Kategorien einteilen:
- deklaratives Wissen: Fakten und Relationen,
- prozedurales Wissen: Verfahren und Vorschriften,
- Kontrollwissen: Steuerungsverfahren zur Verarbeitung von deklarativem und prozeduralem Wissen,
- vages Wissen: Erfahrungswissen und Heuristiken.

Der Inhalt einer solchen Wissensbasis kann grob unterteilt werden in:
- fachspezifisches Expertenwissen, das sich während einer Arbeitssitzung des Anwenders ändern kann,
- auf ein konkretes Problem bezogenes Faktenwissen, das der Anwender während der Konsultation eingibt,
- Zwischen- und Endergebnisse, die das Expertensystem während der Arbeitssitzung erarbeitet hat und dem Anwender mitteilt.

Für die Wissensrepräsentation in Expertensystemen kommen unter anderem logikorientierte Wissensrepräsentation, Frame-Repräsentation, Semantische Netze sowie spezifische Darstellungsmethoden in Frage. Die Wahl der geeigneten Methode ist dabei stark vom jeweiligen Anwendungsgebiet bzw. von der Problemklasse abhängig. So können beispielsweise Fakten - sie verkörpern deskriptives Wissen über reale Objekte, Situationen oder Zustände - durch Frames, durch semantische Netze oder durch prädikatenlogische Ausdrücke dargestellt werden. Zur Unterstützung der Inferenzprozesse können solche Fakten durch zusätzliche Eigenschaften charakterisiert werden. Durch Aktualität kann beispielsweise der Neuheitsgrad eines Faktums ausgedrückt werden. Dieses Merkmal kann aufgrund einer Heuristik eingeführt werden, wonach die aktuellsten Fakten die bedeutsamsten sind. Ein mit dieser Eigenschaft ausgestattetes Expertensystem zeigt eine hohe Sensibilität gegenüber Änderungen des Wissenskontextes. Durch einen Gewißheitsgrad kann die Sicherheit bzw. die Gewißheit angegeben werden, mit der ein Faktum gilt. In der Praxis verwendet man oftmals zu deren Darstellung Wahrscheinlichkeitswerte oder Akzeptanzgrade. Deren subjektiver Charakter schränkt die Gültigkeit von solchen Wissenselementen etwas ein.

Bausteine des Knowledge Computing 257

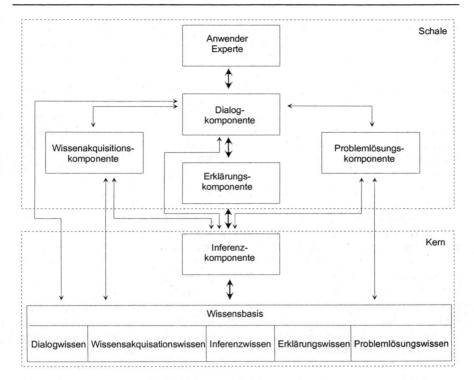

Abbildung 7-17 : Komponenten eines Produktionregelsystems

Regelwissen wird in Expertensystemen hauptsächlich in der Gestalt von Produktionsregeln spezifiziert, die oftmals die Form

$$<\text{Muster}><\text{Bedingung}> \Rightarrow <\text{Ziel}>$$
oder
$$<\text{Muster}><\text{Bedingung}> \Rightarrow <\text{Aufgabe}>$$

zeigen. Dabei muß das Muster die gleiche Grundstruktur wie die Fakten haben. Bei Expertensystemen mit logischem Unterbau sind Muster und Bedingung nicht voneinander getrennt, sondern vielmehr in einem einzigen Ausdruck, der Prämisse konzentriert. Als Ziel kommen Objekt- bzw. Situationsbeschreibungen oder Aktionen in Frage. Man bezeichnet solche Ziele im Fachjargon auch oftmals als Kontext. Sehr häufig werden Produktionsregeln zur kontrollierten Beeinflussung der Steuerstrategie des Inferenzsystems benutzt. In diesem Fall ist der auf der rechten Seite der Regel stehende Ausdruck eine Aufgabe, die den Ablauf der einzelnen Abarbeitungsschritte des Systems beeinflußt.

Als Verarbeitungsrichtungen zur Abarbeitung der einzelnen Regeln kommen sowohl die Vorwärtsverkettung als auch die Rückwärtsverkettung in Frage (vgl. Waterman 1986). Bei Regeln, die gemäß der Vorwärtsverkettung abgearbeitet werden, stehen auf der rechten Seite oftmals Aktionen, die Veränderungen in der Wissensbasis erzeugen. Die Richtung dieser Verarbeitungsart, die von den Fakten ausgeht und auf ein bestimmtes Ziel hin sich orientiert, kann aus einer programmtechnischen Betrachtungsweise heraus als daten- oder ereignisorientiertes bottom-up-Verfahren bezeichnet werden. Bei Regeln, die entsprechend der Rückwärtsverkettung abgearbeitet werden, stehen auf der rechten Seite keine Aktionen, sondern Ziele. Letztere müssen die gleiche Grundstruktur aufweisen wie die Muster auf der linken Seite. Andernfalls wäre eine Rückwärtsverkettung nicht möglich! Diese Arbeitsrichtung von einem vorgegebenen Ziel hin zu den Fakten bezeichnet man zielgerichtetes top-down-*Verfahren*. Ähnlich den Fakten können auch die Ziele zur Beeinflussung des Inferenzsystems mit zusätzlichen Eigenschaften ausgestattet werden. Durch Kosten erfolgt eine Abschätzung des zeitlichen bzw. speichertechnischen Aufwands, der erforderlich ist, um das entsprechende Ziel zu erreichen. Durch Zuordnen von Prioritäten läßt sich ein Maß für die Relevanz des zu erreichenden Ziels angeben. Dieses Maß kann dem Inferenzsystem als Grundlage für die Reihenfolge der Zielbearbeitung dienen. Die Aktualität bestimmt, wie der zeitliche Neuheitsgrad des Zieles bemessen ist. Gewöhnlich besitzt das zuletzt generierte Ziel den höchsten Neuheitsgrad. Letztlich erkennt man durch einen Status, welche Stellung ein Ziel im Verarbeitungsprozeß besitzt. Oftmals werden die Status "aktiv", "suspendiert" (ausgesetzt), "gelöst" oder "verlassen" (Sackgasse) verwendet.

Die Inferenzkomponente bildet zusammen mit der Wissensbasis den Kern eines wissenverarbeitenden Systems. Damit verkörpert sie den Schlußfolgerungs- und Problemmechanismus eines Expertensystems. Inferenz ist dabei die Fähigkeit, aus vorhandenem Wissen mit Hilfe geeigneter Regeln Schlüsse zu ziehen, um damit neues Wissen zu erzeugen. So läßt sich beispielsweise aus zwei Regeln eine dritte Regel ableiten. Durch Inferenzen auf der Wissensbasis erarbeitet die Inferenzkomponente eine Problemlösung für die vom Anwender gestellte Aufgabe. Um das in der Wissensbasis gespeicherte Wissen zu verarbeiten, bedient sich die Inferenzkomponente dabei unterschiedlicher Methoden und Techniken. Konkret sind das Schlußfolgerungsregeln und Mechanismen zur Durchführung solcher Schlußfolgerungen. Die Inferenzkomponente wertet dabei aus, welche Regeln zum gerade anstehenden Problem gespeichert sind und erzeugt damit den notwendigen Problemlösungsraum, um die anstehende Aufgabe adäquat und effizient zu bearbeiten.

Das Inferenzsystem kann - grob betrachtet - in mehrere miteinander in Wechselbeziehung stehende Teilsysteme unterteilt werden. Der Interpreter ist für die unmittelbare Regelanwendung verantwortlich. Er bedient sich eines Pattern-matchers zur Verarbeitung der linken Seite einer Produktionsregel, und eines Exekutors, der die rechte Seite der Produktionsregel dann ausführt, wenn dort eine Aktion verankert ist. Der Aufgaben-Manager nimmt die Ziel- bzw. Regelauswahl vor. Er führt weiterhin Konfliktlösungen durch und koordiniert die zu bearbeitenden Aufgaben. Der Konsistenzüberprüfer vergleicht das neu erschlossene Wissen (Lösungen, Hypothesen) hinsichtlich ihrer Konsistenz mit der vorhandenen Wissensbasis. Er berechnet Akzeptanzgrade, wenn approximative Schlußweisen verwendet werden, oder aber er aktiviert Truth-Maintenance-Systeme, sofern Verfahren der nicht-monotonen Logik eingesetzt werden.

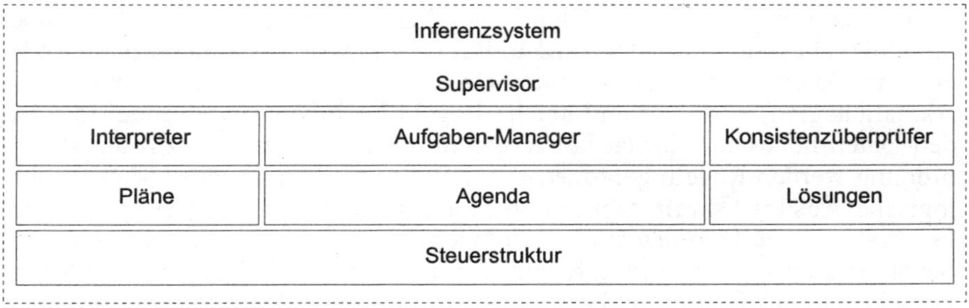

Inferenzsystem		
Supervisor		
Interpreter	Aufgaben-Manager	Konsistenzüberprüfer
Pläne	Agenda	Lösungen
Steuerstruktur		

Abbildung 7-18 : Subkomponenten des Inferenz-Systems

Programmtechnisch implementiert man hierzu sogenannte Steuerstrukturen, um die allgemeinen Problemlösungsabläufe, Ziele bzw. Aufgaben, Zwischenlösungen oder -Ergebnisse, Hypothesen, etc., zu speichern bzw. zu manipulieren. Insofern stellen diese Steuerstrukturen eine Art operatives Kurzzeitgedächtnis des Expertensystems dar. Folgende Typen von Steuerstrukturen haben sich in der bisherigen Praxis bewährt:

- **Kellerspeicher**: das sind spezielle Listenstrukturen, die Ziele beinhalten. Dabei wird oftmals das zuletzt aufgenommene Ziel zuerst bearbeitet. Dieser Typ ist besonders für die Regelverarbeitung nach der Methode der Tiefe-Zuerst-Suche geeignet.
- **Warteschlangen**: das sind ebenfalls spezielle Listenstrukturen, die Ziele aufnehmen können. Hier wird das Prinzip verfolgt, indem das zuerst aufgenommene Ziel auch zuerst bearbeitet wird. Dieser Typ unterstützt eine Breite-Zuerst-Suche.
- **Agendas**: das sind verallgemeinerte Warteschlangen, in denen die Aufgaben nach Prioritäten geordnet sind, wobei die einzelnen Elemente mit der höchsten Priorität zuerst abgearbeitet werden.
- **Bäume**: Solche Strukturen werden vor allem dann verwendet, wenn die Ziele in einer Hierarchie von Unter- und Oberzielen organisiert sind.
- **Blackboards**: das sind zentrale Speichereinheiten, die in mehrere Sektionen unterteilt sind, denen wiederum verschiedene Abstraktionsniveaus zugeordnet sein können. Blackboards dienen oftmals zur Speicherung von Zwischenergebnissen, wenn mehrere relativ unabhängige, aber miteinander kommunizierende Teile eines Expertensystems an der Lösung einer Gesamtaufgabe beteiligt sind. Diese Agenten tauschen dann über diese Blackboards ihre Arbeitsergebnisse untereinander aus.

Die jeweils verfolgte Steuerstrategie eines Expertensystems hängt vor allem mit der Auswahl der im Inferenzprozeß einzusetzenden Wissenselemente zusammen. Die wichtigsten Strategien sind die Konfliktlösung, Filterung und der Einsatz von Metaregeln. Bei der Konfliktlösung kommt die Anwendung mehrerer Regeln in Betracht, daher muß eine Entscheidung getroffen werden, welche von diesen zuerst verarbeitet werden soll. Gewöhnlich verfügt dabei ein Expertensystem über mehrere Möglichkeiten einer Konfliktlösung. Nach dem Prinzip der Refraktion dürfen Regeln nicht zum wiederholten Male über dieselben Daten angewendet werden. Bei dem Prinzip der Datenordnung werden die Daten nach einem bestimmten Kriterium (beispielsweise nach dem Aktualitätsgrad) geordnet und solche Regeln bevorzugt angewendet, die mit den Daten höchster Priorität konvergieren. Auch bei dem Prinzip der Regelordnung werden Regeln geordnet, nur daß hier ein heuristisches Maß für ihre logische Ausdruckskraft zugrunde gelegt wird. Durch Filterung wird bezüglich der in Frage kommenden Regeln oder Fakten eine Vorauswahl getroffen, bevor es zum eigentlichen Inferenzprozeß kommt. Dabei unterscheidet man zwischen Regelfilterung und Datenfilterung. Bei der Regelfilterung gruppiert man die Regeln nach der Art der Ziele, die sie erfüllen sollen. Es werden nur solche Regeln dem Inferenzprozeß zugeführt, die für eine Zielerreichung auch relevant sind. Bei der Datenfilterung werden nur solche Fakten dem Inferenzprozeß zugeführt, die einen vorgegebenen Zulässigkeitsschwellenwert nicht überschreiten. Eine solche Schwelle kann beispielsweise durch einen Neuheitsgrad oder durch einen Akzeptanzgradienten definiert werden. Der Einsatz von Metaregeln ermöglicht die Verfolgung einer Strategie, bei der die Steuerung durch Verwendung eines speziellen Regelmechanismus beeinflußt wird, der in die Arbeit des Aufgaben-Managers eingreift, indem Veränderungen in der Agenda vorgenommen werden.

Das Vorgehen des Expertensystems bei seiner Problemlösung muß immer einsichtig sein. Zu diesem Zweck verfügen die meisten Expertensysteme über eine Erklärungskomponente. Die Erklärungskomponente eines Expertensystems hat die Funktion, dem Anwender das Verhalten des Systems transparent zu machen und seine Ergebnisse zu begründen. Diese begründet die durch die Inferenzkomponente erarbeitete Problemlösung, erklärt und kommentiert den Lösungsweg. Komfortable Erklärungskomponenten bewerten sogar die Qualität und Verläßlichkeit der Lösungen. Die Erklärungsinhalte sind in der zugehörigen Wissensbasis in Form der vereinbarten Wissensrepräsentation gespeichert und werden dem Dialog beigefügt. Durch die Erklärungskomponente kann ein Expertensystem das in der Wissensbasis gespeicherte Wissen nicht nur anwenden, sondern seinen Benutzern auch vermitteln. Die dadurch erbrachte intelligente Leistung wäre ohne Erklärung für den Anwender in der Regel sonst nicht erkennbar. In den Systemen können verschiedene Arten der Erklärung formell unterschieden werden, darunter Warum-, Wie-Erklärungen sowie Erläuterungen. Warum-Erklärungen und Wie-Erklärungen beziehen sich auf den Ablauf der Lösungssuche und auf die produzierten Teilergebnisse. Zur Beantwortung greift die Erklärungskomponente auf die dafür speziell angefertigten Inferenzprotokolle zurück, um so die Argumentationskette lückenlos darstellen zu können. Zu einer Warum-Erklärung gehören eine nähere Erläuterung der gerade untersuchten Teilaspekte, eine Auflistung der von ihr aus möglichen Schlüsse und den dazugehörigen Regeln und eine Beschreibung der bereits erfüllten und geprüften Prämissen. Hingegen gehören zu einer Wie-Erklärung die Darstellung der produzierten Ergebnisse oder Teilergebnisse und des jeweiligen Herleitungsweges, der zu diesen Ergebnissen führte. Von solchen Erklärungen sind die Erläuterungen zu unterscheiden. Letztere sind statischer Natur und gleichen eher den Bedienungshilfen. Diese Erläuterungen gibt das System auf explizit an die Erklärungskomponente gerichtete Fragestellungen.

Eine wichtige Rolle für den praktischen Umgang mit Expertensystemen spielt die Schnittstelle zwischen Anwender und System selbst. Über diese Komponente teilt der Anwender beispielsweise dem Expertensystem mit, welches Problem er aktuell angehen möchte. Dabei sollte dies durch eine möglichst natürliche und unkomplizierte Kommunikation erfolgen. Üblicherweise ist das Expertenwissen für die Problemlösung im Dialog zugänglich. Jedoch reichen hier die Arten der Kommunikation von graphisch unterstützten, menügesteuerten Dialogen, über formalsprachliche Mittel, bis hin zu natürlichsprachlicher Kommunikation. Welche Art der Kommunikation auch gewählt wird, die Dialogkomponente wickelt den Dialog mit dem entsprechenden Dialogwissen der Wissensbasis ab und präsentiert dem Anwender einen intelligenten Dialog. Dabei greift diese Komponente auf die unterschiedlichen Kommunikationsformen zurück. Diese Komponente dient zur Erleichterung der Wissensakquisition. Insofern hat die Wissensakquisitionskomponente, auch als Wissenserwerbskomponente bezeichnet, die Funktion, Expertenwissen in der gewählten Wissensrepräsentation in die Wissensbasis zu integrieren. Sie hilft dabei, die Wissensbasis erstmals zu erstellen, später zu erweitern und fortlaufend zu aktualisieren. Dieser Komponente kommt daher eine hohe Bedeutung zu, da der Wissenserwerb den eigentlichen Flaschenhals in der Vorbereitung eines Expertensystems für den praktischen Einsatz darstellt. Während die bisher beschriebenen Komponenten, insbesondere die Inferenz- und Erklärungskomponente und deren Darstellungsform von Wissen, für eine ganze Klasse von Problemen und Anwendungsgebieten verwendbar sein können, muß das Problemwissen jeweils für ein Fachgebiet unter Berücksichtigung der aktuellen Problemstellung erfaßt, formalisiert und dargestellt werden. Die Schwierigkeit besteht aber auch darin, das Wissen für die Wissensbasis adäquat aufzubereiten. So liegt das Wissen zu einem Problembereich nicht immer gleich vor, sondern muß aus verschiedenen Quellen extrahiert werden. Die Quellen können beispielsweise Fachbücher, technische Zeichnungen, Datenbanken oder eben menschliche Experten sein. Die Formen dieses Wissens sind nicht minder vielfältig, als da natürlichsprachliche Prosa, Fallbeispiele, Regelwerke. Bilder, Aufnahmen, Interviews und vieles mehr in Fragen kommen. Erschwerend kommt nämlich hinzu, daß sich die Experten oftmals selbst nicht bewußt sind, auf welchem Weg sie zu Problemlösungen gekommen sind. Beispielsweise kann ein Mediziner nicht unbedingt und lückenlos begründen, aufgrund welcher Fakten und Symptome er eine bestimmte Diagnose erstellt hat. Auch die Abbildung von intuitiven Vorgängen bereitet Schwierigkeiten, da sich diese sehr schwer formalisieren lassen. Es ist daher notwendig, die Wissensakquisitionskomponente so zu gestalten, daß sie den Experten beim Zusammentragen und Dokumentieren seines Wissens unterstützt. Aufgabe der Wissensakquisition ist es, dieses verstreute, vielgestaltete und rudimentäre Wissen zu finden, einzugrenzen, zu erfassen, zu formalisieren und in der für das Expertensystem geeigneten Form darzustellen. Im einfachsten Fall werden sprachliche Mittel sowie entsprechend gestaltete Editoren für die Eingabe und Änderungen von Fakten und Regeln bereitgestellt. In komfortablen Expertensystemen sind Komponenten zum rechnergestützten, halb-automatischen Wissenserwerb implementiert. Das auf diese Weise zusammengetragene Wissen wird in einem entsprechenden Teil der Wissensbasis abgelegt und im Bedarfsfall dem Anwender mit den anstehenden Fragen im Dialog angeboten. Dabei wird grundsätzlich anzustreben sein, daß sich die Wissensbasis ab einem bestimmten Punkt selbständig weiterentwickelt.

Die Problemlösungskomponente enthält den oder die Problemlösungsalgorithmen zu dem jeweiligen Problemgebiet. Dieser Algorithmus ist gewöhnlich zu implementieren. Dazu wird das Wissen zu der Problemlösungskomponente im entsprechenden Teil der Wissensbasis abgelegt. Die Weiterentwicklung kann dann mit Hilfe der Wissensakquisitionskomponente erfolgen. Um die anfallende Rechenzeit zu minimieren, werden oft Heuristiken eingesetzt. Es existieren eine Vielfalt an Problemlösungsmethoden. Einige der eher klassischen Verfahren sind:

- Lösungssuche in Graphen,
- Baum-Suchtechniken,
- Bewertete Suche,
- Heuristische Verfahren,
- Problemreduktionsverfahren,
- Problemlösung durch Operatorauswahl.

Aber auch die Inferenzverfahren haben inzwischen Erweiterungen erfahren und bilden heute mit den Problemlösungsmethoden eine Einheit. Wissensverarbeitung setzt voraus, daß vorhandenes Wissen aktiv angewendet und ausgewertet wird. Dies ist Aufgabe der Inferenzkomponente, die dafür über entsprechende Schlußfolgerungsmechanismen, d.h., Strategien und Prozeduren verfügt. Die Inferenzkomponenten der meisten Expertensysteme sind statischer Natur, d.h., sie können nicht an das vorliegende Problem angepaßt werden. In der Regel wird die Inferenzkomponente mit dem Expertensystem zusammen erworben und während des produktiven Einsatzes nicht geändert.

Inferenz im Sinne der Expertensysteme wird definiert als die Fähigkeit, aus vorhandenem Wissen mit Hilfe geeigneter Inferenzregeln neues Wissen abzuleiten. Insofern kann man Inferenz durchaus als Wissen darüber auffassen, wie man aus Wissen anderes Wissen produziert. Gemäß dieser Auffassung kommt der Inferenz die Bedeutung eines Meta-Wissens zu. Da nun intelligentes Verhalten Wissen voraussetzt, ergänzt man bei Expertensystemen das deklarative Wissen (gewußt was) und das prozedurale Wissen (gewußt wie) durch das Meta-Wissen darüber, wie diese beiden erstgenannten Wissensformen anzuwenden sind. Wissensverarbeitung im Bereich der Expertensysteme bedeutet also, daß die Inferenzkomponente aus bestehendem Wissen Schlüsse zieht. Dies erfolgt durch die implementierten Schlußfolgerungsalgorithmen. Dabei werden die vorhandenen Regeln ausgewertet und die daraus neu gewonnenen Fakten der Wissensbasis hinzugefügt. Diese hinzugefügten Fakten existieren jedoch nur im Moment der aktuellen Anwendung. Sie müssen bei jedem Schlußfolgerungs-algorithmus erneut abgeleitet werden. Diese Abarbeitungsstrategien sind in allgemeiner Form in der Inferenzkomponente integriert oder aber in spezifischer Form in der Problemlösungskomponente verankert. Beim deduktiven Schlußfolgern werden aus allgemeinen Sachverhalten spezielle Aussagen abgeleitet. Das ist beispielsweise dann der Fall, wenn auf konkrete

Situationen feststehende Gesetzmäßigkeiten angewendet werden. Die meisten wissensbasierten Systeme wenden diese Form des Schlußfolgerns an. Mit Hilfe solcher deklarativen Regeln können auf recht einfache Weise neue Fakten erzeugt werden. Hingegen werden beim induktiven Schlußfolgern aus den einzelnen Fakten und Erkenntnissen einer konkreten Situation allgemeingültige Aussagen abgeleitet. Da bisher kaum praktikable und programmtechnisch effizient umsetzbare Algorithmen fehlen, spielt diese Form der Schlußfolgerung bei der Entwicklung von Expertensystemen eine eher unscheinbare Rolle. Beim analogen Schlußfolgern wird versucht, aus einem unbekannten Sachverhalt aufgrund der Analogie oder Ähnlichkeit zu bekannten Sachverhalten Schlüsse zu ziehen. Diese Form der Schlußfolgerung wird vor allem bei der Mustererkennung praktiziert, d.h., das wissensbasierte System erkennt ein bestimmtes Muster und wendet die dafür definierte Regel an. Das approximative Schließen oder nicht-exakte Schließen wird angewendet, wenn auf der Basis von unsicherem oder vagem Wissen Schlüsse zu ziehen sind.

Für das Schlußfolgern bei Expertensystemen ist es von großer Bedeutung, in welcher Folge, d.h., nach welchem Algorithmus die vorhandenen Regeln der Inferenzkomponente gesucht und damit bearbeitet werden. Vor allem auch deshalb, weil je nach Bearbeitungsfolge sich unter Umständen unterschiedliche Rechenzeiten für die Auswertung der Regeln und damit für die Lösungsfindung ergeben können. Allerdings kann man nicht generell feststellen, welche Algorithmen die schnellsten oder die langsamsten sind. Das hängt immer von dem konkreten Problem ab, das gelöst werden soll. In der Inferenzkomponente der meisten Expertensysteme sind daher gleich mehrere Abarbeitungsstrategien implementiert. So kann je nach Anwendungsfall die Vorwärts- oder die Rückwärtsverkettung sowie die Tiefen- oder die Breitensuche praktiziert werden. Eine effiziente Lösungsfindung erfordert neben den Kenntnissen auch einiges an Erfahrung im Umgang mit diesen Algorithmen.

Die Inferenzkomponente wertet im Zuge einer Problemlösung mehrere Regeln aus. Das Ergebnis einer Regel führt jeweils zur Auswertung einer nächsten Regel. Insofern kann man davon sprechen, daß Regeln im Problemlösungsprozeß miteinander verkettet werden. Für diese Verkettung können zwei unterschiedliche Richtungen eingeschlagen werden: die Vorwärts- oder die Rückwärtsverkettung. Bei der Vorwärtsverkettung wird die Lösung von einem Anfangszustand in Richtung eines Zielzustandes gesucht. Dabei wird von problembezogenen Fakten bzw. Daten ausgegangen. Die Inferenzkomponente prüft, welche Regeln aufgrund der eingegebenen Fakten zu beachten sind. Da von Daten ausgegangen wird, spricht man auch von einem datengesteuerten Inferenzmechanismus. Diese Strategie wird vor allem dann angewendet, wenn die Anzahl der möglichen Lösungen sehr groß und das Ziel eher unbekannt ist. Hier muß also eine mögliche Lösung erst gesucht bzw. konstruiert werden.

Bei der Rückwärtsverkettung wird die Lösung vom Zielzustand in Richtung Anfangszustand gesucht. Hier wird von einer bekannten oder vermuteten Lösung ausgegangen. Dann werden Fakten und Regeln gesucht, mit denen die Hypothese im Rahmen eines Verifikationsprozesess bestätigt oder im Rahmen eines Falsifikationsprozesses widerlegt werden kann. Da hierbei von den möglichen Lösungszielen ausgegangen wird, spricht man auch von einer zielgerichteten Strategie. Sie wird vor allem in solchen Anwendungsfällen eingesetzt, wo die möglichen Ergebnisse bekannt und deren Anzahl noch überschaubar sind.

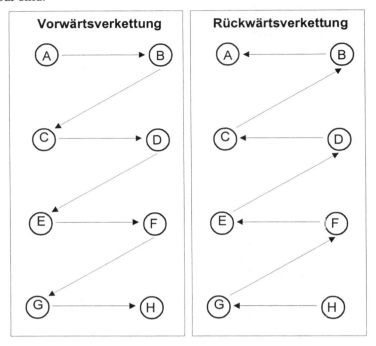

Abbildung 7-19 : Vorwärts- und Rückwärtsverkettung

Inferenzen bei Produktionsregeln basieren in der Regel auf dem Wenn-Dann-Prinzip, d.h. "Wenn *A* dann *B*". Ist *A* dann wahr, dann ist auch *B* wahr. In der Vorwärtsverkettung werden die Regeln solange angewendet, bis das Ziel *H* erreicht ist. Hingegen wird bei der Rückwärtsverkettung vom Ziel *H* ausgehend alle die Regeln gesucht, die zur Erreichung des Ziels *A* erfüllt werden müssen. Welchen Algorithmus die Inferenzkomponente auch wählt, generell werden die einzelnen Positionen der Lösungssuche intern gespeichert. Dadurch kann ein einmal erreichter Zustand schnell wieder hergestellt werden, um dann im Problemlösungsraum weiter voranzuschreiten. In der Regel sind in einem heutigen Expertensystem sowohl die Vorwärts- als auch die Rückwärtsverkettung implementiert. Wenn der Ausgangspunkt und die Richtung der Lösungssuche feststehen, ist in einem nächsten Schritt zu klären, nach welchem Prinzip gesucht werden soll. Das Suchen nach einer Problemlösung kann man sich dabei als ein Suchen eines Pfades durch einen Baum vorstellen. Die Stationen, die auf der Suche nach einer Lösung durchlaufen werden, können insgesamt in Form eines Lösungsbaumes beschrieben werden. Ziel ist dabei jeweils eines der Blätter dieses Baumes. Es existieren zwei grundsätzliche Möglichkeiten für die Lösungspfade in Bäumen: die Tiefen- und die Breitensuche. Während bei der Tiefensuche zuerst alle Varianten in der Tiefe des Baumes gesucht werden, arbeitet die Breitensuche zuerst alle Lösungsvarianten in der Breite des Lösungsbaumes durch. Welche Möglichkeit der Suche sich für den Problemlösungsprozeß als günstiger erweist, hängt in erster Linie von der Breite und Tiefe des Baumes ab. So steigt bei der Breitensuche der Aufwand mit jeder Stufe stark an. Hingegen kann es bei der Tiefensuche passieren, daß der gerade verfolgte Weg in eine Sackgasse führt. Dann muß dieser Weg bis zur nächst möglichen Abzweigung zurückverfolgt werden. Von dort aus wird dann der Suchprozeß fortgesetzt. Dieses Verfahren bezeichnet man als Backtracking.

Sowohl bei der Vorwärts- und Rückwärtsverkettung, der Tiefen- und Breitensuche, als auch bei anderen, hier nicht behandelten Algorithmen, kann Metawissen eingesetzt werden. Das sind hier Informationen aus dem Ableitungs- bzw. Schlußfolgerungsprozeß, die beim Ableiten als Zwischenergebnisse oder Weginformationen in Form neuer Regeln abgelegt werden können. Sollte sich das gleiche Problem erneut stellen, wird auf diese Zwischenergebnisse der Wegeinformationen zurückgegriffen. Solche Algorithmen werden oftmals als universelle Inferenzverfahren in den Expertensystemen implementiert. Ein Inferenzverfahren als Universalalgorithmus ist dabei recht einfach, da die Schlußfolgerungen immer nach dem gleichen Algorithmus gezogen werden. Jeder, der das implementierte Inferenzverfahren benutzt, kann dann auf diesen Universalalgorithmus zugreifen. Dadurch reduziert sich der Entwicklungsaufwand beim Erstellen einer Anwendung auf das Formulieren der Problembeschreibung.

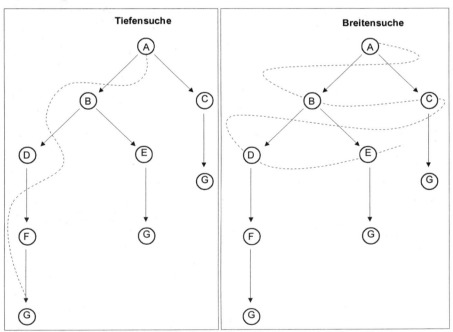

Abbildung 7-20 : Tiefen- und Breitensuche

8 Anwendungsszenarien

8.1 Organisation

8.1.1 Organisationsbild

Die Organisationsarbeit in Organisationen ist nicht leicht faßbar. Vielmehr präsentiert sich ein verwirrendes, in stetem Wandel begriffenes Bild der Wahrnehmung organisatorischer Gestaltungsaufgaben. So findet man Organisationen, die gänzlich auf die Bildung von Organisationsabteilungen verzichten. Dort werden organisatorische Aufgaben dezentral, von jedem Manager oder von externen Organisatoren übernommen. Andere Organisation haben an der zentralen Organisationsabteilung festgehalten, wobei sich gegebenenfalls der Charakter der dort wahrgenommenen Aufgaben gewandelt hat. Daher wird im folgenden Rahmenmodell ein Konzept dargestellt, daß das bei der Gestaltung von Organisationsstrukturen erforderliche Wissen erfasst.

8.1.2 Organisatorische Wissensbasen

Im hier betrachteten Kontext bezieht sich das Wissen auf den Einsatz von Koordinations-, Steuerungs-, Kontroll- und Motivationsinstrumente zur Schaffung von Organisationsstrukturen. Es umfaßt daher auch Regelungssysteme, die das Verhalten der Organisationsmitglieder auf die übergeordneten Organisationsziele und -strategien ausrichten sollen. Insofern beinhaltet die Organisationsarbeit auch die Entwicklung und Implementierung von Infrastrukturen zur Beeinflussung des Mitarbeiterverhaltens. Hierzu sind unterschiedliche Wissensbasen erforderlich, die sich in

- Kontext-,
- Objekt- und
- Integrationswissen

unterteilen lassen. Auf Basis dieser Unterscheidung können nun unterschiedliche Organisationsbegriffe abgeleitet und typische Erscheinungsformen der Organisationsarbeit aufgezeigt werden. Wissen aus dieser Sicht ist also ein Zustand des kognitiven Systems, der die Voraussetzungen für die Durchführung einer Handlung widerspiegelt. Wissen umfaßt dabei alle Daten und Informationen, auf die ein Individuum seine Handlungen gründet.

Das Kontextwissen umfasst Kenntnisse zum einen über die Märkte und Strategien der Organisation und zum anderen über die aktuelle Organisations- und Führungsphilosophie. Beiden Wissensbasen ist gemeinsam, daß deren inhaltliche Ausrichtung maßgeblich durch das Top Management bestimmt wird. Beide Wissensbasen üben somit außerordentliche Kräfte auf die organisatorische Gestaltung aus.

Strategien haben längerfristigen Charakter, indem sie gültige Grundsatzentscheidungen beinhalten, die die Basis und den Rahmen für zukünftige, detaillierte Entscheidungen bilden. Die praktische Umsetzung solcher Strategien zeigt sich vor allem in der Art und Weise des Ressourceneinsatzes, der Abgrenzung der relevanten Märkte sowie der Definition des Verhaltens auf diesen Märkten. Es gehen also nachhaltige Wirkungen auf die Organisationsstruktur aus, was impliziert, daß die Gestaltung von Organisationsstrukturen ohne die Kenntnis der jeweils gültigen strategischen Ausgangsposition nicht möglich ist. Ebenfalls wirkt sich die Auswahl der Führungsphilosophien auf die Organisationsstruktur aus. Unter einer solchen Philosophie sind die im Zeitablauf relativ stabilen Haltungen von Führungskräften gegenüber formalen Organisationsstrukturen, sowie den mit ihrer Gestaltung korrespondierenden Bedingungen und Prozesse zu verstehen. Die Wirkkraft von Führungsphilosophien ergibt sich aus der begrenzten Rationalität der Führungskräfte. Mangelnde oder fehlende Informationen werden im Zuge der Entscheidungsfindung durch den Rückgriff auf implizite Modelle, Überzeugungen und allgemeine Werthaltungen ersetzt.

Objektwissen umfasst Kenntnisse über die Objekte der organisatorischen Gestaltung. Dies sind vor allem Aufgaben und Prozesse, Personal, Technologien sowie die zu organisierenden Bereiche. Demzufolge kann zwischen dem Aufgaben-, Prozeß-, Personal-, Technologie- und Bereichswissen unterschieden werden. Unter Aufgaben werden in der Organisationstheorie zu verwirklichende Handlungsziele verstanden. Eine Abgrenzung von Aufgaben kann sich dabei an verschiedenen Kriterien orientieren. So können sich beispielsweise Teilaufgaben mit Blick auf die einzusetzenden Produktionsfaktoren (Finanzwirtschaft, Personalwirtschaft), die auszuführenden Verrichtungen (Planung, Kontrolle etc.), die zu bearbeitenden Märkte (Vertrieb Inland, Vertrieb Ausland) oder die im Mittelpunkt stehenden Produkte ergeben. Aufgaben können dabei sehr umfassend oder auch sehr eng definiert werden. Unter Prozeßwissen versteht man die Kenntnisse in Bezug auf ein Bündel von Aktivitäten, die alle einem bestimmten Zweck oder einer bestimmten Zielerreichung dienen. Es herrscht in der Literatur wenig Übereinstimmung darüber, wie Geschäftsprozesse zweckmäßig abzugrenzen sind. Die Vielfalt möglicher Abgrenzungen ist unüberschaubar und das im Zuge der organisatorischen Gestaltung erforderliche Prozeßwissen stellt sich in der Regel sehr unübersichtlich und vielfältig dar. Personalwissen umfasst Wissen über die Teilgebiete des Personalwesens. Es lassen sich dabei drei zentrale Aufgabenfelder unterscheiden:

- **Personalbereitstellung**: Ermittlung des Personalbedarfs, Personalbeschaffung, Personaleinsatz, Personalfreisetzung.

- **Qualifizierung und Förderung**: Aus- und Weiterbildungsmaßnahmen.
- **Verhaltenssteuerung**: Motivations- und Führungsmaßnahmen.

Dieses breite Tätigkeitsspektrum führt unweigerlich dazu, daß das personalwirtschaftlich relevante Wissen außerordentlich vielfältig ist. Es umfaßt neben Kenntnissen in den einzelnen Aufgabengebieten wie beispielsweise rechtliche Rahmenbedingungen, Arbeitszeitflexibilisierung, Personalauswahlverfahren, etc. auch die Beherrschung allgemein betriebswirtschaftlicher, wie auch spezieller personalwirtschaftlicher Planungsmethoden. Die wesentlichen Bausteine personalwirtschaftlichen Wissens stammen aus den Disziplinen der Betriebswirtschaftlehre, der Arbeits- und Betriebspsychologie und der Organisationspsychologie. Technologiewissen umfaßt Kenntnisse aus dem Bereich der Rechner-Hardware, der Software, der Kommunikationssysteme, der Datenorganisation sowie der Systementwicklung. Im Bereich der Hardware, der Software und der Kommunikationssysteme handelt es sich vor allem um die Kenntnis der am Markt angebotenen Produkte, ihrer Leistungsmerkmale sowie deren Anwendungsmöglichkeiten und Einsatzvoraussetzungen. Die Entwicklung von Anwendungssoftware, die Datenorganisation und die Systementwicklung erfordern demgegenüber neben spezifischen Kenntnissen insbesondere auch methodisches Wissen. Das Bereichswissen umfaßt zum einen bereichsspezifische Strategie- und Führungsentscheidungen und zum anderen die intime Vertrautheit mit den Anforderungen der jeweiligen Bereiche. Dazu zählen aber auch die Kenntnisse der Besonderheiten des jeweiligen Marktes, die Geschäftserfahrung, Aufgaben-, Prozeß-, Personal- und Technologiewissen.

Integrationswissen ist das Wissen über den Entwurf von Organisationsstrukturen mit Hilfe des Einsatzes von Koordinations- und Motivationsinstrumenten. Es beinhaltet aber auch das Wissen über die Implementierung neuer Organisationsstrukturen. Im Besonderen zeichnet sich ein solches Wissen durch die Kenntnisse organisatorischer Basisbausteine wie beispielsweise Delegations- und Kommunikationsprinzipien als auch die Möglichkeit ihrer Kombination zu umfassenderen Organisationsbausteinen aus. Auch die Kenntnis umfassender Organisationskonzeptionen wie „Business Reengineering" und „Lean Production" zählt zu diesem Wissen. Es umfasst aber neben der Kenntnisse einzelner Gestaltungsinstrumente auch Wissen über die Konsequenzen des Einsatzes dieser Instrumente, vor allem über die Effizienzwirkungen der verschiedenen Gestaltungsmaßnahmen. Es gehört schließlich auch die Beherrschung von Organisationsmethoden und –techniken dazu, die den Entwurf neuer Organisationsstrukturen unterstützen. Implementierungswissen ist prozessuales Wissen über die erfolgreiche Einführung eines zuvor entworfenen organisatorischen Konzepts. Es umfaßt Vorstellungen darüber, wie Prozesse organisatorischen Wandels in die Tat umgesetzt, vorangetrieben und erfolgreich beendet werden können. Dazu zählen unter anderem Kenntnisse über mögliche Implementierungsbarrieren, informelle Bomben, Machtaspekte im Implementierungsprozeß, Implementierungsstrategien sowie Möglichkeiten der Konfliktbewältigung und Akzeptanzsicherung. Das Integrationswissen bildet den Kern der Organisationsarbeit und es besteht eine relativ hohe Abhängigkeit vom Kontext-, Aufgaben-, Prozeß-, Personal-, Technologie- und Bereichswissen.

8.2 Consulting

Um die Anforderungen an Wissensmanagement im Consulting besser verstehen zu können, muß man zuvor die Aufgabenstellung und das Wesen der Consultants betrachten.

8.2.1 Aufgaben

> Unter Consulting wird die Bearbeitung einer unternehmerischen oder überbetrieblichen Problemstellung verstanden, bei der externe professionelle Problemlöser mit Mitgliedern der betroffenen Organisationseinheit zusammenarbeiten.

Grundsätzlich lassen sich fünf Gründe angeben, warum solche externe Problemlöser eingesetzt werden:

- Know-how Transfer durch den Externen,
- Methoden-Transfer durch den Externen,
- höhere Effizienz beziehungsweise Professionalität der Projektabwicklung
- Beseitigung von Kapazitäts-Engpässe,
- Neutralität des Externen und damit Erzielen eines Ausgleiches zwischen Interessengruppen.

Im Rahmen eines solchen Controllings unterscheidet man zwischen drei Projektarten: Planungs-, Beratungs- und Schulungsprojekte. Unter Planung versteht man dabei einen kreativen Prozeß zweckrationaler Handlungen. So beinhaltet jede auf ein Ziel ausgerichtete rationale Handlung eine gewisse Planung. Planung bedeutet damit, Handlungsmöglichkeiten zu entwickeln und aus ihrer Menge zur Zielerreichung ein erfolgsversprechendes Konzept auszuwählen. Ein solches Erarbeiten von Konzeptalternativen und die spätere Entscheidung für eine der Alternativen kann nur mit Wissen zur Problemstellung getroffen werden. Neben der Wissensanwendung ist auch die Wissensgenerierung in Bezug auf komplexe Planungsaufgaben zu bewältigen. Solche komplexe Planungsaufgaben bedürfen einer Mehrzahl von interdisziplinär zusammengesetzten Wissensträgern. Durch die Auseinandersetzung mit verschiedenen Sichtweisen wird als kreative Leistung der beteiligten Planer neues Wissen generiert. Beispiele für Planungsprojekte sind:

- Bauplanung,
- Infrastrukturplanung,
- Logistikplanung,
- Informations- und Kommunikationssystemplanung,
- Organisationsplanung,

- Personalplanung.

Beratung umfaßt die Lieferung und Erklärung von Handlungsempfehlungen durch Experten. Diese Empfehlungen orientieren sich an den Zielsetzungen des zu Beratenden und den hierzu relevanten Theorien. Zielsetzung und das situative Umfeld des Auftraggebers bilden die Eingangswerte für den Beratungsprozeß. Die Situation des Auftraggebers und dessen Ziele müssen dabei oft in einem der eigentlichen Beratung vorausgehenden Schritt analysiert werden. Beispiele für Beratungsaufgaben sind

- Managementberatung,
- Personalberatung,
- Organisationsberatung,
- Technische Beratung.

Unter Schulung versteht man einen gezielten, vordefinierbaren Transfer von Wissen. Insofern könnte man unter Schulung eine Sonderform von Beratung verstehen. In all diesen Fällen geht es im Kern darum, die Operationsweise von psychischen und sozialen Systemen nachhaltig zu beeinflussen, welche sich allerdings dieser Beeinflussung gegenüber resistent, kontraintuitiv, undurchsichtig, unberechenbar und damit oftmals kontraproduktiv verhalten.

8.2.2 Consultants

Consulting-Organisation sehen sich einer hohen Fluktuationsrate ausgesetzt. Die in Relation zu anderen Branchen enorme Fluktuation läßt sich durch das Karrierebild der Berater erklären. So wird man Consultant als Berufseinstieg nach der Universität, am Ende einer beruflichen Karriere oder nach einigen Jahren Erfahrung in der Wirtschaft. Nach einigen Jahren bekleidet der Mitarbeiter die Rolle eines Senior Consultants oder Projektleiters. Die weiteren Karrieremöglichkeiten in Consulting-Organisationen sind eher beschränkt, denn nur einige wenige übernehmen im Anschluß daran Leitungsfunktionen. Nach fünf bis zehn Jahren der Organisationsangehörigkeit verläßt ein sehr großer Teil der Mitarbeiter wieder das Unternehmen. Nur so erklären sich Fluktuationsraten von nahezu über 30%. Consultants sind extrem belastet, in dem sie sich permanent in einem rauhen Geschäft durchsetzen müssen. Die wöchentliche Arbeitszeit liegt deutlich über der Normalarbeitszeit. In der überwiegenden Zahl der Consulting-Organisationen bilden verkaufbare Stunden die zentrale Meßgröße für die Leistung. Daraus resultiert eine hohe Außen- und eine geringe Innenorientierung. Ferner verfügen Consultants über eine hohe Autonomie. Arbeits- und Wohnort sind meistens nicht identisch, was im Hinblick auf die Karriereplanung oftmals geduldet werden muß. Nach Abschluß eines Projektes wird meistens nicht die notwendige Zeit in die Dokumentation der gewonnenen Erkenntnisse investiert, da die Arbeit beim nächsten Kunden höherwertiger als die Weiterentwicklung der eigenen Organisation betrachtet wird. Auch der innere Konkurrenzdruck bildet eine weitere Barriere, Erkenntnisse zu dokumentieren, immerhin können solche Dokumentationen auch von anderen eingesehen werden. In diesem Zusammenhang fällt auf, das viele Berater alles selbst erledigen, vieles neu entwickeln und so das

Rad immer wieder auf das Neue erfinden. Insofern ist das Wissen anderer nicht immer gefragt.

8.2.3 Geschäftsprozess

Es existieren die unterschiedlichsten Prozeßentwicklungen in den einzelnen Consulting-Organisation. Die wichtigsten Prozesse haben dabei sicherlich immer mit dem Auftraggeber beziehungsweise dem Kunden zu tun. Auftragsgenerierung und Auftragsabwicklung stehen dabei im Vordergrund. Im folgenden werden diese beiden Prozesse zu einem Musterprozeß im Consulting entwickelt.

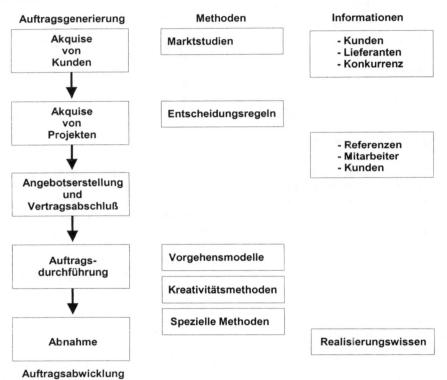

Abbildung 8-1 : Musterprozess Consulting

Bei der Akquise von Kunden werden potentielle Adressen gesucht, die hohen Beratungsbedarf haben. Marktstudien bieten dazu eine methodische Unterstützung. Die Akquisitionsdatenbank liefert im Consulting-Geschäft weitere wertvolle Informationen. Dieser Phase folgt die Akquise konkreter Projekte, bei der im vorangegangenen Schritt gefundenen potentiellen Kunden näher untersucht werden. Dabei geht es darum zu untersuchen, ob diese Kunden eine konkrete Nachfrage an den angebotenen und leistbaren Dienstleistungen ha-

ben. Interne Entscheidungsregeln legen dabei fest, ob die nachgefragte Leistung tatsächlich angeboten werden soll.
Zur Angebotserstellung ist das über den Kunden gewonnene Wissen erforderlich. Vergleichbare, bereits abgewickelte Projekte erleichtern die Angebotserstellung und sind als Referenzen für die Reputation wertvoll. Es folgen dann die Schritte der Auftragsdurchführung und der Abnahme. Während der Auftragsdurchführung erfolgt die eigentliche Planungs- bzw. Beratungsleistung. Das Umsetzungs- beziehungsweise das Realisierungs-wissen und die Methodik der Beratung kommen zum Tragen. Nach der Beendigung der Realisierung werden noch offene Punkte geklärt, um das Projekt zu einem inhaltlichen und finanziellen Abschluss zu bringen. Traditionelle Ansätze fokussieren den systematischen Umgang mit Wissen auf die Auftragsdurchführung. Im Sinne eines ganzheitlichen Wissensmanagements ist jedoch der gesamte Hauptgeschäftsprozess bezüglich Wissen zu betrachten.

8.2.4 Wissen als Produktions- und Wettbewerbsfaktor

In dem hier vorrangig dargestellten Anwendungsszenario reagiert die Profession nicht mit Schulenbildung und einem darauf aufgesetzten organisationalen Daten- und Informationsmanagement, da die endlose Flut immer marktschreierischer Revolutionen einiges von ihrer Glaubwürdigkeit inzwischen verloren hat. Vielmehr trägt die hier vorgeschlagene Konzeption dem besonderen Typus von Arbeit Rechnung, die sich gegenüber herkömmlicher professioneller Arbeit dadurch abhebt, daß das erforderliche Wissen nicht mehr in zeitlich stabilen, sachlich allgemeinen, sozial konsensfähigen und operativ technologisierbaren Formen vorliegt, sondern vielmehr anderen Regeln zu gehorchen scheint:

- Wissen und Nicht-Wissen ist die zentrale Ressource.
- Wissen ist volatil und veraltet rasch.
- Wissen läßt sich nicht in allgemeine Lehrsätze und Gesetzmäßigkeiten pressen.
- Dem Wissen mangelt es an allgemeiner Anerkennung.
- Wissen läßt sich nur sehr schwer in Technologien umsetzen.
- Wissen ist einfach strukturiert.
- Wissen zeigt ambivalenten Charakter.

Jede Beratung basiert nicht nur auf Wissen, sondern auch oder gerade auf Nicht-Wissen. Gerade das Nicht-Wissen ermöglicht es, auf Besonderheiten aufmerksam zu werden, orientierungslos und irritierbar in die eher blinden Flecken des Klientensystems vorzudringen. Dieses Wissen, gepaart mit dem Nicht-Wissen, stellt die zentrale Ressource dar und bildet das überlebenswichtige Kapital. Wissensmanagement hat für Beratung gleich in zweifacher Hinsicht Bedeutung: Erstens als Voraussetzung und zweitens als Produkt von Beratungsdienstleistungen. Damit Berater beraten können, müssen sie über mehr oder zumindest über anderes Wissen als ihre Kunden verfügen. In zeitlicher Hinsicht ist das verwertbare Wissen volatil und veraltet rasch. Der Grund hierfür liegt darin, daß es kontextabhängig ist und die relevanten Kontexte sich gerade dadurch kontinuierlich ändern, daß neues Wissen produziert wird.

In der sachlichen und inhaltlichen Dimension zeigt sich auch, daß das Wissen, das der beraterischen Tätigkeit zugrunde liegt, sich nicht in allgemeine Lehrsätze und Gesetzmäßigkeiten pressen läßt. Vielmehr ist es extrem kontextsensitiv und zwar in dem Sinne, daß seine Relevanz und Wirksamkeit von der spezifischen Situation respektive Umfeld der Personen und Organisationen abhängen, die in einen solchen Beratungsprozeß eintreten. Dies bedeutet unter anderem, daß Berater neben einem fundierten Wissen auch über soziale Kompetenzen verfügen. Fachwissen alleine reicht oftmals nicht mehr aus. Daraus folgt, daß in der Sozialdimension beraterisches Wissen kaum Chancen hat, allgemeine Anerkennung zu erlangen und sich somit nur sehr schwerfällig zu konsensfähigen Regelsystemen verdichten läßt. So konkurrieren unterschiedliche Schulen, Ansätze und Paradigmen um Anerkennung, Aufträge und Autorität. Potentielle Klienten orientieren sich deshalb gezwungenermaßen als orientierungslose Suchende eher an Reputationen als an Richtigkeit. An dieser Stelle greift das ganzheitliche Wissensmanagement, indem nunmehr auch die soziale Netzwerke des Wissenstransfers, der Ideen- und Innovationsmärkte transparent und der Austausch von Wissen möglich wird. In operativer Hinsicht unterscheidet sich beraterisches Wissen von naturwissenschaftlichen Wissen dadurch, daß es sich nicht in berechenbare und funktionierende Technologien adaptieren läßt. Vielmehr reagiert ein wissensbasiertes System auf neuem Wissen, indem es seinen inneren Zustand zu verändern vermag. Letzteres wiederum erfordert neues Wissen, wenn das System auch nach dieser Veränderung weiterhin verstanden werden soll. Insofern erzwingt Wissensbasierung im Prinzip eine nicht mehr endende Spirale wechselseitiger Beeinflussung

- durch Beobachtung,
- Intervention und
- Interaktion.

Deutlich wird dieser Zusammenhang auch bei der Generierung von Beratungswissen. Berater hängen hinsichtlich des normalen Wissens in Form von Beobachtungen vollständig davon ab, ob und wie weitgehend potentielle und reale Klienten ihnen diese Beobachtungen ermöglichen. Für reflexives Wissen können sie zwar die Systematisierungen der einschlägigen wissenschaftlichen Disziplinen nutzen, aber selbst diese sind noch in überraschend hohem Maße wenig mehr als schwer faßbare Generalisierungen oder abstrakte Systematisierungen von Erfahrungen teils anonymisierter Berater. Insofern beruht Beratungswissen weniger auf theoriegeleiteter Rekonstruktion als auf einem der Praxis entnommenen Beobachtungs- und Erfahrungswissen. Es wird dadurch weniger komplex, ist an der Sache und der Praxis ausgerichtet und beruht auf einfachen Prüfoperationen. Das Beratungswissen zeigt allerdings ambivalente Charakterzüge, weil Berater sich von einer Praxis belehren lassen, welche sie eigentlich belehren sollen. Berater schöpfen einen Teil ihres Wissens von jenen, die erwarten, daß sie über Beratungsleistungen ein anderes Wissen erwerben können. Jeder Berater wird an einem Punkt seiner Entwicklungslaufbahn in aller Regel über keine eigene Managementpraxis verfügen und diese eruieren müssen. Solange es um generell zugängliches Fachwissen geht, oder um generelle Grundlagen der Gestaltung von Prozessen, haben Fachberatung und Prozeßberatung keine größeren Legitimationsprobleme. Schwierig wird es, wenn das einschlägige Fachwissen und Prozeßwissen das hochgradig spezialisierte und proprietäre Wissen der Organisationen betrifft, die zu beraten sind. In diesen Fällen haben nämlich die Klienten einen Wissensvorsprung vor den Beratern. Den Beratern bleibt nur die Hoffnung, daß die Klienten nicht wissen, was sie wissen, oder aber mit dem latent vorhandenen Wissen nicht optimal umgehen, das sie selbst generieren, und sich somit in dieser Lücke der Raum für die Legitimation der Beratung auftut. Beratung als wissensintensive Dienstleistung aufgefaßt, beruht auf zwei Kategorien von Wissen: Wissen, das einen Wettbewerbsfaktor darstellt und Wissen, das Allgemeingut umfasst. Im Laufe der Zeit verflacht der Wettbewerbsvorteil, indem Expertenwissen zum Allgemeingut wird, sofern nicht neues, spezifisches Wissen entwickelt wird. Wissen ist dabei nur dann ein Wettbewerbsvorteil, wenn es für den Kunden tatsächlich relevant ist. Dieses Wissen sollte selten sein und sich vom breiten Basiswissen differenzieren. Die relative Marktposition kann umso länger gehalten werden, je schlechter das Wissen imitierbar beziehungsweise substituierbar ist. Gerade im Consulting ist daher die Entwicklung eigener Methoden oder eigener Problemlösungsansätze zur Differenzierung notwendig. Daraus leiten sich die folgenden Konsequenzen für das Consulting-Unternehmen ab:

- Bildung von Schwerpunkten,
- Entwicklung von Methoden,
- Strategische Personalplanung und -entwicklung,
- Bindung von Beratern.

Durch die Fokussierung auf Beratungsschwerpunkte wird einschlägiges Wissen gesammelt. Je höher die Erfahrung in einem Segment ist, desto schwieriger wird es für die Mitbewerber, gewinnbringend in das Segment einzudringen. Die entwickelten Methoden stellen eine Herausstellungsmerkmal dar. Wird der Kunde nämlich nur mit Standardmethoden und ohne spezifisches Organisationsphilosophie betreut, so kann er diese Leistung bei jeder anderen Organisation ebenso beziehen. Die verkaufte Beratung ist damit nicht mehr selten und unterliegt starker Konkurrenz. Der Berater muß einen erkennbaren Nutzwert für die beratene Organisation erbringen. Dabei ist sicherlich training on the job und learning by doing in vielen Punkten unverzichtbar, dies darf jedoch nicht die einzigste Ausbildungsschiene darstellen. Flankierend zum Geschäft muß ein entsprechender Ausbildungs- und Weiterbildungsplan beziehungsweise ein Kompetenzentwicklungsplan entwickelt werden, um die Berater für die zukünftigen Aufgaben vorzubereiten. Berater haben eine hohe Flexibilität, was eine hohe Bereitschaft zum Wechsel bezüglich des Arbeitgebers impliziert. Mit dem Abgang von Beratern zu anderen Beratungsunternehmen diffundiert oftmals organisationsspezifisches Wissen nach außen. Damit wird eine strategische Personalentwicklung nahezu unmöglich. Zu den relevanten Wissensarten zählen vor allem:

- Wissen über Theorie (Systemtheorie, Kybernetik, Chaostheorie etc.),
- Wissen über und Methodik von Beratung (Coaching, Supervision, systemische Interventionstechniken),

- Wissen über soziale Organisationen, deren Logik, Funktionsweise, Strukturen, Spannungsfelder und Entwicklungsmöglichkeiten,
- Wissen über Qualitäts- und Veränderungsmanagement,
- Wissen über Teams, deren Steuerung und deren Entwicklung,
- Projekt- und Konfliktmanagement,
- Wissen über Personalentwicklungs-Instrumente,
- Führungswissen,
- Kommunikationswissen,
- Wissen über Selbstmanagement,
- Wissen zu fachspezifischen Themen wie beispielsweise Marketing, Controlling etc.

8.2.5 Ziele und Nutzenpotentiale von Wissensmanagement

Durch Wissensmanagement läßt sich zum einen ein zweckorientiertes Potential entwickeln, um die Wettbewerbsfähigkeit zu verbessern. Zum anderen können damit auch Lösungen erarbeitet werden, um die Herausforderungen des Marktes besser annehmen zu können. Immerhin erwarten die Kunden von solchen Organisationen hohe Problemlösungskompetenz, Einfühlungsvermögen in die jeweilige unternehmerische Situation sowie eine geringe Unsicherheit bei der Abwicklung von Planungs- und Beratungsprojekten. Im Umkehrschluß ist neben der Erfüllung dieser Kundenerwartungen die wirtschaftliche Abwicklung der Projekte von zentraler Bedeutung für die Consulting-Organisation. Somit ergeben sich die folgenden Ziele für die Einführung von Wissensmanagement:

- hohe Effektivität der Projekte,
- höhere Effizienz der Projektarbeit,
- Erhöhung der Ertragskraft,
- Erhöhte Kundenzufriedenheit.

Die Ergebnisse der Beratungs- und Planungsleistungen werden aufgrund der harten Wettbewerbssituation kritisch hinterfragt. Der Marktdruck, unter dem oftmals die Kunden stehen, erfordert ein effektives Controlling. Consulting stellt für viele dieser Kunden in dieser Situation eine Überlebenshilfe, eine Art Rettungsanker dar. Bleibt demnach die Wirkung der Consulting-Leistung aus, so verschlechtert sich die Wettbewerbssituation für den Kunden und das Image des Consultings-Unternehmens nimmt dabei nicht unerheblich Schaden. Innovative Lösungen führen zu einer Verbesserung der Wettbewerbssituation des Kunden, obgleich damit auch Risiken verbunden sind. Daher wird versucht, eine systemisch entwickelte Innovation beim Kunden einzubringen, wozu ein breites Vorwissen notwendig ist.

Eine ultimative Effektivität für den Kunden kann jedoch nur unter Beachtung der eigenen Effizienz erfolgen. Durch den strategischen Aufbau von Wissen und der gezielten Wiederanwendung kann die Wirtschaftlichkeit der Leistungserbringung verbessert werden. Dies kann realisiert werden, indem ein ganz auf Wissen ausgerichteter Personaleinsatz erfolgt. Dabei werden sowohl Wissensträger als auch solche Mitarbeiter im Projekt eingesetzt, die im Zuge der Projektarbeit bewußt Wissen aufbauen. Durch diese dualistische Konfiguration des Projektteams kann insgesamt die Personalproduktivität gesteigert werden. Das Image des Consulting-Unternehmens bestimmt nachhaltig den Preis, der für die erbrachten Dienstleistungen eingefordert werden kann. Eine Stärkung der eigenen Ertragskraft wirkt sich sowohl auf die Effizienzkriterien aus, als es das verfügbaren Wissen als Marketing-Instrument möglich macht. Beides, erhöhte Effizienz und verfügbares Wissen, ermöglichen dann wiederum bessere Preise. Für den Kunden muß sich ein akzeptables Preis-/Leistungsverhältnis ergeben. Die Kundenbindung im wissensbasierten Consulting ist enorm wichtig. Mit jedem Projekt vertieft sich das Wissen der Berater über den Kunden und deren situatives Umfeld. Folgeprojekte lassen sich dadurch wirtschaftlicher abwickeln, weil sowohl für den Kunden als auch für das Consulting-Unternehmen die kostenintensiven Projektinitialisierungsphasen sukzessive verkürzt werden.

8.2.6 Systemisches Wissensmanagement im Consulting

Die Problematik geographisch verteilter Standorte und die hohe Mitarbeiterzahl machen den Einsatz von modernen Informations- und Kommunikationstechnologien erforderlich. So werden einerseits Sammlungen von Dokumenten ermöglicht, die nach Schlagworten und Kurzfassungen durchsucht werden können. Diese Sammlungen lassen sich zu spezifischen Themen gliedern und so entstehen komprimierte Sammlung. Bedeutend ist ferner eine intelligente Personaldatenbank, in der die Tätigkeitsfelder und Kontaktkoordination der Mitarbeiter gespeichert sind. So kann auf eine vorliegende Problemstellung ein kompetenter Mitarbeiter innerhalb der Organisation gesucht werden. Moderne Systeme ermöglich hier die rechnergestützte Suche und Konfiguration von Projektteams, wozu auch direkt auf externe Daten- und Informationsquellen zugegriffen werden kann. Um aktuelle Fragen klären zu können, werden elektronische Diskussionsplattformen auf Basis von Web-Technologien eingerichtet. Insofern zeigt sich, daß Wissen in den verschiedensten Teilbereichen der Consulting-Organisation angewandt wird.

> Unter Wissen wird hier die Erkenntnis über die Zusammenhänge von Eingabe-Informationen und daraus resultierender effektiver Handlungsweisen verstanden.

Dieses Wissen ist zweckgebunden sowie kontext- und beziehungsspezifisch. Insofern differenziert sich auch dieser Wissensbegriff sehr klar vom Daten- und Informationsbegriff. Allgemein formuliert umfaßt Wissensmanagement alle Schritte zur Definition von Wissenszielen, zur Identifikation vorhandener Wissensbestände, zur Wissensgenerierung, zur Wissensspeicherung, zum Wissenstransfer und zur Wissensnutzung.

> Wissensmanagement im Consulting ist die Optimierung des Erwerbs, der Verbreitung und der Anwendung des intellektuellen Vermögens einer Organisation.

Intellektuelles Vermögen umfaßt Daten, Informationen und wird durch die problemspezifische Wissensaspekte wie persönliche Eigenschaften und Erfahrungen (Werkzeugwissen, Methodenwissen, Projekterfahrung, biographisches Wissen etc.) erweitert. Es wird angestrebt, alles Wissen aus Ideen, Planungen und Ausführungen der Mitarbeiter zu erfassen. Der verfolgte Ansatz versucht dieses Wissen lebendig, d.h. im Strom von der Entstehung, über die Manifestation bis hin zur Anwendung zu halten. Diese ganzheitliche Behandlung umfasst folgende Entwicklungsgrundsätze:

- systemorientiert,
- situativ,
- zielorientiert und prospektiv,
- inhalts- und prozessorientiert.

Systemorientiertes Entwickeln umfasst dabei die Komponenten Mensch, Arbeitsmittel inklusive Technologie, Organisation, Daten, Information und Wissen. Situatives Entwickeln berücksichtigt die individuellen Erfordernisse und Gegebenheiten des Problembereiches. Zielorientiert heißt, daß der Nutzen aus dem Wissensmanagement zu lukrieren ist. Es bedeutet aber auch die Fokussierung auf die gestaltbaren Faktoren. Prospektiv bedeutet, daß auch zukünftige Entwicklungen antizipiert werden. Inhalts- und Prozeßorientiertheit gewährleistet, daß sich auch Kultur- und Strukturveränderungsprozesse im laufenden Systembetrieb abbilden lassen.

> Unter einem Wissensmanagementsystem wird zum einen das rechnergestützte Informations-, Organisations- und Wissenssystem für Personalsuche und Personalvermittlung als auch die damit unweigerlich verbundene (eventuell noch zu schaffenden) Organisationskultur verstanden.

Die Erfahrungen haben nämlich gezeigt, daß ohne eine passende Kultur die meisten Projekte dieser Art zum Scheitern verurteilt sind. In diesem Sinne bedeutet Wissensmanagement, Wissen als planbare Größe zu betrachten. Die strategische Planung sowie die jährliche Organisationsplanung muß Vorgaben hinsichtlich des erforderlichen Wissens definieren. Diese Vorgaben definieren den Wissensraum, in dem die Organisation seine Geschäftstätigkeit entfaltet und in dem es sich in der Zukunft bewegen wird.

> Als Wissensraum wird jener Bereich bezeichnet, über den man Wissen besitzt oder für die Geschäftstätigkeit erforderlich ist.

Sollte innerhalb dieses Raumes ein Wissensvakuum entstehen oder sich erkennen lassen, muß es durch Entwicklung oder Erwerb gefüllt werden. Die Beschreibung dieses multidimensionalen Wissensraums wird erleichtert, wenn man diesen Raum in Dimensionen einteilt. Folgende Dimensionsbetrachtungen haben sich dabei in der Praxis bewährt:

- Projektart,
- Art der Dienstleistungen,
- Organisationsprozesse,
- Organisationsfunktionen,
- Wirksysteme,
- Phasen,
- Branche,

- Umfang der Organisationseinheit,
- Region oder Standort.

Jede dieser Dimensionen kann dann je nach Bedarf weiter untergliedert werden, was die folgende Abbildung zeigt. Je nach Ausprägung der einzelnen Gliederungsaspekte innerhalb der verschiedenen Dimensionen können andere Wissensinhalte zur Abwicklung der Geschäftsprozesse erforderlich sein.

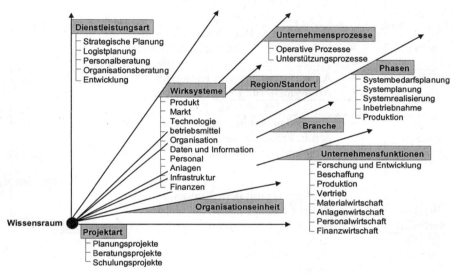

Abbildung 8-2 : Dimensionen des Wissensraumes

8.2.7 Einsatz von Wissen im Consulting

Basierend auf den Prozessen des Wissensmanagements

- Wissen nutzen
- Wissen verteilen
- Wissen entwickeln
- Wissen sichern
- Wissen schützen

werden in der folgenden Tabelle Einsatzmöglichkeiten von Wissen in den Geschäftsprozessen aufgezeigt. Es wird der Begriff und die Institution des Wissens-Forums eingeführt, mit dem sich flankierend zum eigentlich Prozeß öffentlichkeitswirksames Wissensmanagement betreiben läßt.

	Kunden-Akquise
Wissen nutzen	<ul><li>Altkunden dahingehend untersuchen, ob neue Leistungen in Frage kommen</li><li>Projektideen von den Altkunden sammeln und neu aufbereiten</li><li>Projektunterlagen sichten und Argumentarien für den Erstkontakt mit dem Kunden sammeln</li></ul>

Wissen verteilen	• Eskalation von Projekten verhindern • Wichtige Mitteilungen verteilen • Projekterfahrungsberichte an Interessenten verteilen
Wissen entwickeln	• Marktanalysen • Kundendatenbank pflegen • Mitarbeiterdatenbank aktuell halten • Auswertung von Presseinformationen • Key-Accounts definieren
Wissen sichern	• Key-Account Plan dokumentieren • Indexierung der Presseinformationen • Projektstatus- und Erfahrungsberichte speichern
Wissen schützen	• Anonymisierung von Kundeninformationen • Anonymisierung von Projektberichten
Projekt-Akquise	
Wissen nutzen	• Altkunden dahingehend untersuchen, ob neue Leistungen in Frage kommen • Projektideen von Altkunden sammeln und entsprechend aufbereiten • Projektunterlagen sichten und Argumentarien für den Erstkontakt mit dem Kunden sammeln
Wissen verteilen	• Projekt-Cluster bilden • Rechzeitige Einbindung designierter Projektmitglieder
Wissen entwickeln	• Ableiten von neuen Leistungen für Kundengruppen • Wissen über die tatsächlichen Probleme transparent machen
Wissen sichern	• Entscheidungskriterien dokumentieren und formalisieren • Kundenwünsche dokumentieren
Wissen schützen	• Akquiseergebnisse dokumentieren • Gesprächsnotizen festhalten und auswerten
Angebotserstellung	
Wissen nutzen	• Vergleichbare Dokumente als Anschauungsmaterial bzw. als Vorlage heranziehen • Verwertung von Analyseergebnissen aus den Angeboten
Wissen verteilen	• Gewonnene Aufträge in der Organisationszeitschrift präsentieren • Verlorene Aufträge analysieren und diskutieren • Erfolgs- und Mißerfolgsfaktor kommunizieren
Wissen entwickeln	• Erfolgs- und Mißerfolgsanalyse durchführen • bei neuen Produkten Wissen über die Markakzeptanz und erzielbaren Preis entwickeln • Abschätzung des Aufwandes für bestimmte Leistungen eruieren
Wissen sichern	• Angebote in zentraler Angebotsdatenbank ablegen • Informationen über das Ergebnis des Angebotes einschließlich der Analysen dokumentieren

Wissen schützen	• Wissen umfassend dokumentieren • Wissen in der adäquaten Form codieren
Durchführung	
Wissen nutzen	• Auf bestehende Werkzeuge zurückgreifen • Wissen über Kunden heranziehen • Wissen über vergleichbare Problemstellungen heranziehen
Wissen verteilen	• Projektideen dokumentieren • Account-Manager über Status informieren
Wissen entwickeln	• Erfahrung im Umgang mit Werkzeugen mitteilen • Kunden-Werkzeuge nutzen • Rahmenwissen zur Branche zugänglich machen • Von externen Experten Wissen erwerben
Wissen sichern	• Ideen für weitere Projekte ableiten • Gewonnenes Wissen der Projektmitarbeiter dokumentieren • Kunden-Werkzeuge dokumentieren
Wissen schützen	• Projekterfahrung dokumentieren • Meilensteine überprüfen
Abnahme	
Wissen nutzen	• Analyse-Werkzeuge in der Review-Phase einsetzen
Wissen verteilen	• Projektergebnisse und Diskussionen an interne Teilnehmer verteilen • Projektideen zur Diskussion stellen
Wissen entwickeln	• Schwachstellenanalyse durchführen • Kundenzufriedenheit ermitteln • Projekt-Review durchführen • Kundenwünsche für weitere Projektideen identifizieren • Tatsächlichen Aufwand bei neuen Leistungen erfassen
Wissen sichern	• Projektkurzdokumentation durchführen • Schwachstellenanalyse dokumentieren • Kundenintentionen dokumentieren
Wissen schützen	• Kundenwünsche festhalten • Verbesserungsvorschläge auswerten

Abbildung 8-3 : Einsatzmöglichkeiten

Das Aufspüren von neuen potentiellen Kunden kann über die Durchführung von Marktanalysen erfolgen, bei dem neues Wissen generiert wird. Dabei geht es darum, zu erkennen, welche Organisation welche Bedürfnisse haben und welches Interesse sie an einem bestimmten Produkt oder Dienstleistung zeigen. Altkunden werden ebenfalls bezüglich ihrer Interessen beziehungsweise ihrer Wünsche kontaktiert. Im Zuge dieser Analysen und im Zuge der Auseinandersetzung mit der jeweiligen Situation des Kunden fallen Projektideen an. Diese Ideen müssen gesichert werden, um sie über alle Hierarchiegrenzen hinweg jedermann zugänglich zu machen, um sie dann richtigen Zeitpunkt aktivieren zu können. Potentielle Neukunden kann man beispielsweise auch

hinweg jedermann zugänglich zu machen, um sie dann richtigen Zeitpunkt aktivieren zu können. Potentielle Neukunden kann man beispielsweise auch durch die Auswertung von externen Signale sichten. In Pressemitteilungen sind potentielle Informationen enthalten, die in Verbindung mit Hintergrundwissen über Kunden und Markt zu Projektchancen umgewandelt werden können. Insofern gilt die Tagespresse nach wie vor als die Wissensquelle für die Akquise. Das Marketing wird in den meisten Consulting-Unternehmen hauptsächlich über das sogenannte Key-Account-Management betrieben. Dabei werden Inhaber von Schlüsselpositionen regelmäßig kontaktiert, um Projektideen entstehen zu lassen. Das Wissen über mögliche Aktivitäten muß innerhalb des Consulting-Unternehmens geteilt werden. Bei der Entwicklung von Projektideen muß man mit einem eher beschränkten und vagen Wissen hantieren. Die Dokumentation vergleichbarer Projekte liefert zwar erste Informationen für den weiteren Wissensaufbau, vollständiges Wissen wird jedoch frühestens in der Phase der Produktion oder der Abnahme erlangt werden können. Die Wissenslücken zwischen angebotener und benötigter Leistung können geschlossen werden, wenn der Kunde aus eigener Sicht vorhandene und aktuelle Problemstellungen beschreibt. Mit diesem Zusatzwissen gilt es dann, entweder eine entsprechende Leistung anzubieten, die eigene Projektidee auf später zu verschieben oder sie gar zu verwerfen. Dabei gilt es sicherzustellen, daß potentielle Projektmitglieder bereits in dieser Phase aktiv miteinbezogen sind. Einerseits kann deren problemspezifisches Wissen bei der nachfolgenden Angebotslegung eingesetzt werden, und andererseits entfällt ein Transfer des dabei gewonnen Wissens zu einem späteren Zeitpunkt. Bei der Angebotserstellung muß für die nicht vollständig beschreibbare Leistung ein verbindlicher Preis gefunden werden. Der Preis orientiert sich einerseits am Aufwand und damit an den zu erwartenden Kosten, die durch den Vergleich mit ähnlichen Projekten, bei denen bereits Erfahrungs- oder Ist-daten vorhanden sind, abgeschätzt werden können. Andererseits müssen das äußere Erscheinungsbild (Image) des Produkts und des Consulting-Unternehmens und die Wettbewerbssituation berücksichtigt werden, um den erzielbaren Preis abzuschätzen. Außerdem gilt es dabei die Auslastung zu berücksichtigen. Manche Projekte sind hochgradig prestigeträchtig, so daß der Zuschlag dazu aus Marketinggründen angestrebt wird. Allerdings muß auch die Wirkung für Folgeaufträge berücksichtigt werden. Jedes abgegebene Angebot wird unabhängig vom Akquisitionserfolg nach der Vergabe einer Analyse unterzogen. Hat der Consultant den Zuschlag bekommen, so muß er das Wissen ableiten, warum er zum Zug gekommen ist, um seine Stärken genau zu erkennen und ggf. weiter ausbauen zu können. Nur so kann er in späteren Angeboten auf dieses Wissen zurückgreifen. Geht hingegen der Auftrag an die Konkurrenz, so gibt die Analyse Aufschluß über eigene Schwächen beziehungsweise das Vorgehen der Mitbewerber. Bei der Realisierung ist die Wiederverwendung von Methoden ein fundamentaler Ansatzpunkt der Wissensnutzung. Hierzu stehen in den meisten Fällen die folgenden Quellen zur Verfügung:

- Standardmethoden,
- Vorhandene Eigenentwicklungen des Consultant,

- Weiterentwicklung bereits vorhandener Eigenentwicklungen Neuentwicklung durch Consultants,
- Methoden des Kunden,
- Weiterentwicklung von Methoden des Kunden.

Zumeist erfordert die Projektrealisierung den Einsatz einer Kombination verschiedener Arten aus der obigen Liste in Form eines Methoden-Mixes. Ganz essentiell für den Projekterfolg ist die Kommunikationsschiene mit dem Kunden. Insofern ist es von enormer Wichtigkeit, das der Consultant die Sprache des Kunden spricht. Dem Consultant muß eine Definition für Fachbegriffe zur Verfügung stehen, die er kundenbezogen abrufen kann. In besonderen Fällen kann Akquisition und Projektdurchführung von unterschiedlichen Bereichen geleitet werden. Dabei darf der Key-Account-Manager nie in ein Wissensdefizit über den Projektverlauf kommen. Insofern muß das Durchführungsteam Fortschrittsmeldungen abliefern. In der Abnahmephase ist das Projekt noch nicht beendet, denn es gilt, Wissen über die Akzeptanz beim Kunden zu gewinnen. Dazu kann ein Fragebogen eingesetzt werden. Ferner muß die Projektdokumentation sauber und vollständig abgeschlossen werden. Ein Wissens-Forum stellt eine virtuelle Plattform innerhalb eines Systems oder einer Organisation dar, auf dem durch öffentliche Diskussion und Aussprache eine sachverständige Erörterung von Problemen oder Fragen möglich ist. An diesen Foren nehmen nicht nur die Mitarbeiter des Consulting-Unternehmens teil, sondern auch

- Kunden,
- Kooperationspartner,
- Konkurrenten,
- Wissenschaftler,
- Journalisten.

Die Foren können unterschiedlich aufgebaut und etabliert werden. Die wichtigsten Formen dieser Foren sind:

- Gehaltsmodell,
- Lernkreis,
- Lernsettings,
- Projektreviews,
- Themenprojekt,
- Wissensregal,
- Wissens-Flugblatt,
- Wissens- und Entwicklungsnetzwerke,
- Beraterhandbuch,
- Journalisten-Stammtisch,
- Workshops,
- Kongresse,
- Symposien.

Um eine möglichst fundierte und breite Wissensbasiertheit zu erhalten, läßt sich ein Gehaltsmodell einführen, das mehrere Kategorien umfasst. Nach diesem Modell enthält jeder Mitarbeiter monatlich oder am Jahresende eine Sonderzahlung, deren Höhe sich nach dessen Einbringen von innovativen Impulsen, Erstellen von Publikationen und dem Füllen der Wissensbasen richtet. Diejenigen Mitarbeiter, die ein intensives Wissensmanagement betreiben, genießen ein hohes Prestige und erhalten zusätzlich einen monetären Anreiz. Eine weitere Ausgestaltung solcher Wissens-Foren stellen die sogenannten Lernkreise dar. Diese werden regelmäßig veranstaltet und dienen ausschließlich der Wissenserzeugung. In den Sitzungen werden keinerlei Entscheidungen getroffen, sondern man sitzt vielmehr im Kreis beisammen und lernt miteinander. Die Teilnehmerzahl ist begrenzt, das Thema fest vorgegeben und die Sitzungen finden in völliger Abgeschiedenheit von Alltag und Büro statt. Durch die Schaffung von kollektiven Lernsettings können Berater gemeinsam in der Gruppe im Rahmen eines Workshops mit externen Experten oder Supervisionen lernen. Eine weitere Möglichkeit der produktiven Wissensgenerierung stellen die sogenannten Projektreviews dar. Diese werden ebenfalls regelmäßig veranstaltet, wobei die Teilnehmer sich über Projekte austauschen, die besonders spannend und erfolgreich waren, aber auch über solche, die gescheitert sind. Als weitere Institution zum Wissenserwerb kommen die Themenprojekte in Frage. In jedem Themenprojekt wird über einen Zeitraum von ein bis zwei Jahren an einem ganz bestimmten Thema gearbeitet. Das Thema, daß sich die Projektgruppe aussucht, muß dabei eines sein, daß die Organisation wirklich beschäftigt, spannend ist, die unmittelbare Arbeit betrifft und damit auch einen ökonomischen Wert besitzt. Die Themenprojekte erfüllen dabei gleich mehrere Funktionen. Neben der rein inhaltlichen Auseinandersetzung und Fortbildung entstehen verwertbare Ergebnisse wie beispielsweise Publikationen oder neue Seminarprodukte. In dem sogenannten Wissensregal werden den Mitarbeitern allerlei Wissenswertes zum Abruf beziehungsweise zur Einsichtnahme feilgeboten. In diesem Regal finden sich Artikel, Literaturhinweise, Lieblingsbücher, aber auch persönliche Dinge, die eventuell für alle von Interesse sein könnten. Dieses Wissensregal erfüllt damit nicht nur einen rein funktionalen Zweck, sondern symbolisiert und materialisiert überdies ein gemeinsames Identitätsempfinden. Das Wissens-Flugblatt besteht aus einem Blatt Papier, das alle drei Monate an jeden Mitarbeiter verschickt wird. Auf dieses Blatt Papier kann jeder in kurzen Stichworten seine persönlichen Erkenntnisse und das, was auf ihn den stärksten Eindruck gemacht hat, selbst verfaßte Kurzartikel, Skripte oder interessante Literaturhinweise, notieren. Mit diesem Flugblatt gelingt es, die blitzartigen, ansonsten sich schnell verflüchteten Gedanken und Erkenntnissequenzen jedes Einzelnen einzufangen. Durch diese formalisierten Eingaben kann der Wissensaustausch effektiver erfolgen. Es entsteht ein zwar knapper, aber ausreichender Überblick darüber, wer mit welchem Thema gerade beschäftigt ist, zu welchen Inhalten neue Skripte existieren und was es an neuen und lesenswerten Artikeln gibt. Jeder gewinnt ein Bild, was der andere Kollege weiß und kann gemäß seiner eigenen Arbeitsschwerpunkte und Interessen entsprechend gezielt nachfragen beziehungsweise selektiv nachlesen. Weiterhin erzwingt dieses Medium den dauerhaften Dialog. Durch die Einrichtung von Wissens- und Entwicklungsnetzwerken lassen sich die Beziehungen zu Kunden, Journalisten, Wissenschaftlern und Kooperationspartnern erweitern und verfestigen. Über diese Vernetzungen erfolgen Akquisition und Public-Relation-Arbeit, Grundlagenarbeit, Zukauf von fachspezifischen Wissen sowie die Einbindung von zusätzlichen, rasch einsetzbaren externen Beratungskapazitäten. Das beraterspezifische Wissen, das im Rahmen der Projekte laufend erhoben und transferiert wird, kann in einem Beraterhandbuch publiziert werden. Ein weiteres Forum stellt der sogenannte Journalisten-Stammtisch dar, bei dem Journalisten zu Seminaren oder Informationsveranstaltungen eingeladen werden, um über die potentiellen Kundschaft, über die aktuelle Arbeit und Ansätze der Organisation informiert zu werden.

8.2.8 Anwendungsbeispiel

In weltweit agierenden Organisationen bzw. Institutionen werden im Regelfall mehr prinzipiell positive Projektideen entwickelt, als überhaupt unter dem Aspekt beschränkter Ressourcen abgewickelt werden können. Ab einer kritischen Größe von Projekten pro Jahr muß eine Koordination der Projekte mit einer speziellen Methodik rechnergestützt erfolgen. Ein ganzheitliches, rechnerbasiertes Projekt-Management stellt einen derartigen Ansatz dar. In diesem Anwendungsbeispiel wird daher ein Produkt beschrieben, daß sich in allen Consulting-Organisation einsetzen läßt, um dort auch eine hohe Anzahl parallel laufender Projekte ganzheitlich zu managen. Ganzheitlich vor allem dadurch, daß alle Phasen beziehungsweise Teilschritte rechnergestützt bearbeitet werden können. Dabei werden vor allem folgende Teilschritte abgebildet:

- **Projektantrag**: Struktur zur Definition, ersten Grobplanung und Beantragung eines Projektes.
- **Risikoermittlung**: Erhebung, Bewertung, Berechnung und Darstellung von eventuellen Risikofaktoren beziehungsweise -potentialen von Projekten.
- **Projektauftrag**: Struktur zur Definition, Feinplanung und Beauftragung eines Projektes.
- **Projektscoring**: Mathematisches Modell zur Klassifizierung und Reihung von Einzelprojekten.
- **Realisierung**: Struktur zur Dokumentation von Projektfortschritten und projektbegleitender Dokumentation, Etablierung eines Frühwarnsystems bezüglich leidender Fortschrittsmeldungen.
- **Abnahme**: Struktur zur Dokumentation von Abnahmenprozessen sowie erste Rückmeldungen.

Die Anforderungen an das System lassen sich wie folgt zusammenfassen: qualitativ hochwertige Inhalte, flexible Dateneingabe, rasche Verfügbarkeit, dezentraler Zugriff, kontrollierter Umfang und Inhalt, geringer Administrations- und Verwaltungsaufwand. In regelmäßigen Abständen müssen die Inhalte nach allerlei Gesichtspunkten durchforstet werden. Beispielsweise liefern Analysen über die Zugriffshäufigkeit erste Ansatzpunkte für Kernbereiche. Die Anzahl der Modifikation einzelner Inhalte lassen einiges über die Qualität dieser Passagen erkennen. Die Dokumentation zu Projekten muß zu unterschiedlichen Zeitpunkten erfolgen können. Im letzten Stadium der Projekte wächst oftmals der Zeitdruck in den Projekten. In derartigen Phasen Zusatzaufwand für die Dokumentation zu erzeugen ist dabei eher kontraproduktiv. Allerdings muß systemseitig darauf geachtet werden, daß die Dokumentation in absehbarer Zeit nachgeholt wird. Bereits nach kurzer Zeit sollten Ergebnisse erkennbar sein. Dies erhöht die Akzeptanz und die Motivation der Anwender. Consultants verbringen die meiste Zeit beim Kunden. Daher muß auch während dieser Zeit der Zugriff auf das Wissensmanagementsystem jederzeit und von jedem Ort aus möglich sein. Die Web-Technologie eröffnet dazu breite Möglichkeiten. Es soll nicht das Ziel sein, jedes beliebige Dokument zu einem Stichwort vorrätig zu halten, egal wie alt es ist und in welchem Kontext es erstellt wurde. Wächst der Umfang, so steigt auch der Zeitaufwand bei der Suche. Neben der mengenmäßigen Eingrenzung sollen die Mitarbeiter auch die Möglichkeit haben, ihre Interessensgebiete zu definieren, um somit eine personalisierte Suche möglich werden zu lassen. Es muß beispielsweise gewährleistet sein, daß zu einem Vorgang eine definierte Anzahl von Dokumenten aus dem Wissensmanagementsystem in kurzer Zeit systemisch zusammengestellt werden, die für die aktuelle Tätigkeit besonders wichtig sind. In großen Organisationen kann man Stabstellen zur Aufbereitung von Wissen und zur Weiterentwicklung des Systems etablieren. Kleinere Organisation müssen jedoch auch solch einen großen Aufwand auskommen.

Die Wissensträger sind die gegenwärtigen und ehemaligen Mitarbeiter. Sie müssen sich in dem System wiederfinden. Besonders aufgrund der beschriebenen Gründe für die Fluktuation muß auch mit dieser Ressource gezielt umgegangen werden. Wenn Mitarbeiter die Organisation verlassen, so bedeutet das nicht zwangsläufig, daß dies im Streit passiert. Wer einen fairen Abgang hat, der steht weiterhin als Wissensquelle offen. Einzelne Beratungsunternehmen haben es beispielsweise zur Philosophie erhoben, ausscheidende Mitarbeiter an Schlüsselstellen in der Wirtschaft zu plazieren. Vielfach werden auch externe Experten bei Consulting-Projekten beigezogen. Zu Problemstellungen, die in bisherigen Projekten noch nicht aufgetreten sind, stellt dies oftmals der schnellste Weg dar, fehlendes Wissen zu akquirieren. Letztlich darf man auch die Mitarbeiter des Kunden nicht unterschätzen. Für viele kundenspezifische Belange sind diese die Experten schlechthin. Die Nutzung dieser Wissensquelle erfordert jedoch hohe Sozialkompetenz der Berater und eine direkte Einbindung des Kunden in das Wissensmanagementsystem. Auch Fachbücher und -zeitschriften enthalten Wissensaufbereitungen von Experten. Die Qualität kann auch dabei stark unterschiedlich sein. Zur Bewertung der Qualität ist Basiswissen zur Themenstellung erforderlich.

Bei der Befüllung des Systems werden jene Wissensbestände, die als bewahrenswert erkannt wurden, IT-mäßig abgebildet beziehungsweise aufbereitet. Zur Inbetriebnahme ist ein zu definierender Mindeststand an Dokumenten erforderlich. Es gilt, die verschiedenen Teilsysteme gleichmäßig zu füllen. Bestehende Dokumente, die beschlagwortet und mit Index-Einträgen versehen werden, sind einer dieser Teile. Ein anderer Teil stellen die themenspezifischen Ausarbeitungen dar, die auch einfachen, didaktischen Kriterien genügen müssen.

Parallel zur Inbetriebnahme erfolgen Schulungsmaßnahmen betreffend dem Umgang mit dem Wissensportal und den flankierenden IT-Lösungen. Am Anfang ist sicherlich eine gewisse Portion Überzeugungsarbeit notwendig, um die Akzeptanz bei den Anwendern zu erzielen. Mit der Anwendung wird sicherlich Kritik zu einzelnen Punkten laut. Kritik ist dabei als wertvoll zu erachten. Der Anwendungsprozeß besteht jedoch nicht nur aus der einseitigen Bedienung und dem Absaugen von Wissen, sondern auch in der aktiven Dokumentation. Wenn die Mitarbeiter aus der Anwendung einen Vorteil sehen, so wird die Akzeptanz bezüglich der Zugriffe rasch gegeben sein. Darüber hinaus muß man ihnen auch klar machen, daß längerfristig dieser Nutzen nur gegeben ist, wenn ein aktiver Beitrag in Form von Wissensgenerierung von allen Mitarbeitern betrieben wird.

Die Einführung von Wissensmanagementsystemen in Consulting-Unternehmen wird nicht immer harmonisch verlaufen. Dafür lassen sich folgende Gründe anführen:

- Ausrichtung an der Vergangenheit,
- Zu hoher Abstraktionsgrad,
- Anstreben einer perfekten und idealtypischen IT-Lösungen,
- Nichtbeachtung von impliziten Wissen,
- Nichtbeachtung der konventionellen Kommunikationsformen,
- Vernachlässigung der Lernaktivitäten der Anwender,
- Standardisierungskeule,
- Nichtausräumen der Vorbehalte gegen Wissensbasierung und Wissensmanagement bei den Beratern,
- Zu geringe Umstellungsaktivität des Organisations auf Wissensbasierung und Wissensmanagements,
- Mangelnde Berücksichtigung des ambivalente Charakters von Beratungswissen.

Für ein erfolgreiches und fruchtbares Wissensmanagement bedarf es der Nachbearbeitung dessen, was gemeinsam im Rahmen eines Projektes erarbeitet wurde. Nur so wird gewährleistet, daß das Erlernte nicht vom Tagesgeschäft überflutet wird und damit nur sehr begrenzt umgesetzt und nutzbar gemacht wird. Dabei lassen sich die abgeschlossenen Projekte sicherlich leicht beschreiben. Um davon für die Zukunft gültiges Wissen abzuleiten, ist um einiges schwieriger. Wissen aus der Vergangenheit muß nicht zwangsläufig auch in der Zukunft gültig sein. Vielfach gilt es, sich von vergangenem, obsolet gewordenem Wissen auch zu trennen. Wenn die Verbindung zur Anwendung nicht mehr erkennbar ist, wird es an der Akzeptanz mangeln. Die Abbildung des Wissens auf einem hohen Abstraktionsniveau hat zwar das Potential der breiten Anwendbarkeit in sich, bringt jedoch die Gefahr, daß die Umsetzung für die Anwender zu schwierig wird. Wissensmanagement impliziert eine klare Trennung zwischen Wissen, Daten und Information. Wissensmanagement zu sagen und Daten- respektive Informationsmanagement zu betreiben, sind daher zwei verschiedene Dinge. Wissensmanagement ist mehr als ein Ansatz zur Daten- und Informationssammlung. Der Unterschied zum Informationsmanagement besteht eben darin, daß es neben dem expliziten, klar abbildbaren Wissen, auch das unscharfe, nicht einfach faßbare des impliziten Wissens behandelt.

Die Nutzung fremden Wissens erfordert Vertrauen in die Wissensquelle. Persönliche Treffen können zu dieser Vertrauensbildung nachhaltig beitragen. Bestehende Kommunikationsprobleme zwischen Mitarbeitern können und dürfen nicht durch das Wissensmanagementsystem ersetzt werden. Wissensmanagement darf nicht zur Unterbindung der freien Lernmöglichkeiten führen. Es darf kein Wissenszentralismus entstehen. Aufgabenspezifisches Wissen wird am besten dort entwickelt, wo die Aufgabe auch erfüllt wird. Wissensmanagement darf auch nicht dazu führen, am Erprobten, Alten oder historisch Gewachsenen festzukleben. Das Ziel von Wissensmanagement ist es, mit vertretbarem Aufwand zu erfolgreicher Innovation zu kommen. Aber auch die sehr deutlichen Vorbehalte gegenüber Wissensbasierung im Allgemeinen und Wissensmanagement im Besonderen hemmen die Schaffung geeigneter, elaborierter Infrastrukturen für gemeinsame Daten, Informationen, Wissensbestände, Auswertungen, Erfahrungsberichte und Reflexionen. Genau dies aber ist der Kern einer transindividuellen, organisationalen Wissensbasierung als Voraussetzung für ein systemisches Wissensmanagement. So sehen es viele Berater nicht als notwendig an, eine solche Infrastruktur zu schaffen. Ein häufig vorgebrachtes Argument gegen eine solche Entwicklung basiert auf einer vermeidlich fehlenden Kosteneffizient. Weiterhin zeigen viele Berater eine ausgeprägte Computerallergie, indem sie, getrieben durch das hektische Tagesgeschäft, keine Zeit für die Nutzung der angebotenen Technologien zu haben scheinen. Mit diesem Argument wird auch begründet, warum die Nutzung von Netzen, Modems, elektronischen Dokumenten oder gemeinsamen Datenbanken, Groupware oder Workflow-Programmen boykottiert wird. Praktisch alle Berater befürchten, daß sie individuelle Wettbewerbsnachteile erleiden und individuell kennzeichnende Herausstellungskompetenzen verlieren, wenn sie ihr Wissen in ein gemeinsames Medium einbringen. Auch hier läßt sich eine Begründung konstruieren, indem postuliert wird, daß auf keinerlei Erfahrungen mit dem kollektiven Nutzen eines allgemein zugänglichen kollektiven Wissen zurückgegriffen werden kann. Von der Entwicklung einer allgemeinen Vertrauensbasis gegenüber solch einer kollektiven Wissensquelle ganz zu schweigen. Ein weiteres Argument seitens der Berater lautet, daß sie sich den langen Atem nicht leisten können, der nötig ist, um die unvermeidliche Durststrecke zwischen Planung, Entwicklung und Etablierung einer wissensbasierten Infrastruktur zu überwinden. Auch hier hat das Tagesgeschäft eindeutig den Vorrang. Insofern ergibt sich ein Bild, wonach Berater zwar professionelle Arbeit verrichten, aber diese kaum zur organisierten Wissensarbeit fortentwickeln. Verstärkt wird diese individuelle Mentalität des einzelnen Beraters durch das beherbergende Consulting-Unternehmen, stellt letzteres sich oftmals in einem noch zu geringem Maß auf Wissensbasierung und Wissensmanagement um. Diese Mangelerscheinung läßt es zu, daß Berater auf die gestiegenen Anforderungen an Wissen mit steigenden individuellen Bemühungen um Lernen, Fort- und Weiterbildung reagieren. Während dies in anderen Professionen wie beispielsweise Ärzten und Wissenschaftlern vorläufig noch ausreicht, kommen Berater mit dieser Strategie immer mehr in Schwierigkeiten. Während nämlich Ärzte, Anwälte oder Lehrer davon ausgehen, daß ihre "Klienten" normalerweise Personen sind und das Beratungsverhältnis deshalb symmetrisch von Person zu Person konstruiert ist, sehen sich Organisationsberater nun einmal Organisationen gegenüber. Insofern handelt es sich hier um ein asymmetrisches Beratungsverhältnis von Person zur Organisation. Dieses Verhältnis wird nur solange aufrecht erhalten werden können, wie die Organisation als Klient anspruchslos und unprofessionell agieren.

Genau dies ändert sich seit geraumer Zeit. Immer mehr gewinnen die Organisationen an differenzierter Erfahrung mit Beratung, bauen eigene interne Beratungskompetenz auf und treten deshalb auf dem Markt mit gestiegenen Ansprüchen auf.
Sowohl der Berater als auch die beratende Organisation lernen bei und mit ihren Klienten und schließen so sukzessive die eigenen Wissenslücken. Es ist evident, daß Berater und das Beratungsunternehmen sich aus dieser Ambivalenz nur befreien können, wenn sie eine eigenständige Wissensgenerierung und ein darauf basierendes Wissensmanagement aufbauen, wenn sie zugleich auch ihre Anreiz- und Motivationssysteme so entwickeln, daß Wissensgenerierung und -nutzung nicht dem guten Willen des einzelnen Beraters ausgesetzt ist, sondern aktiver Teil des Organisationdesigns wird. Daraus folgt, daß eine organisationale Wissensbasierung für Beratungsfirmen in dem Maße unabdingbar wird, wie ihre Klienten proprietäres Wissen generieren und als Kunden nicht mehr naiv auftreten. Unter Berücksichtigung all dieser eher hemmenden Faktoren lassen sich folgende Erfolgsfaktoren definieren:

- Definieren von Wissenszielen,
- Fokussieren im Wissensraum,
- Bewertung von Markpotentialen,
- Beachtung der Zeit,
- Prozeßunterstützung,
- Schaffung von dynamischen und kontinuierlichen Prozessen,
- Erreichung einer Kulturveränderung.

Ohne Wissensziele ist kein strukturierter Wissenserwerb möglich. Zu abstrakte Ziele überfordern die Mitarbeiter. Außerdem muß es eine klare Ausrichtung geben, welche Stoßrichtungen verfolgt werden. Selbst große Beratungsunternehmen fokussieren sie auf bestimmte Marktsegmente. Nur in diesen ausgewählten Bereichen kann man Stärken aufbauen und den Vorsprung zur Konkurrenz wahren. Es ist uninteressant, wie viele Seiten zu einem spezifischen Thema gesammelt oder eigens verfaßt wurden, wenn mit diesem Wissensgebiet keine weiteren Marktchancen verbunden sind. Wenn am Markt das Wissen nicht mehr in verkaufbare Leistung umgewandelt werden kann, so muß man es entweder wertmäßig abschreiben oder auf andere Märkte transferieren. Das System muß ermöglichen, das ein profunder Wissensstand auch in kurzer Zeit aufgebaut werden kann. Die Wissensproduktion hat zumindest zum Teil eine andere Zeitlogik als die Beratung selbst, indem erstere eine kontinuierliche Beschäftigung erfordert. Insofern gilt es die zeitliche Balance von umsatzgenerierender Beratungsarbeit einerseits und umsatzhemmenden Wissensmanagement andererseits zu halten.

Teilschritt	Methodik/System	Beschreibung
Projektantrag	Formular	Standardisiertes Dokumentenformular mit allgemeinem und pro-jekt-artenspezifischer Struktur

	Wissens-Portal	Standardisierte und rechnergestütztes Ausfüllen des Formulars über ein personalisiertes Wissens-Portal
	ETL-Mechanismen	Automatisches Überführen der Daten in das Wissens-Warenhaus
	Produktionsregelsystem	Permanentes Überprüfen auf Vollständigkeit und Plausibilität der gemachten Angaben
	Neuronales Netz	Suchen von Mustern bezüglich der Generierung von Beispielanwendungen
Risikoermittlung	Produktionsregelsystem	Generierung von Checklisten mit projektartbezogenen Risikokriterien
	Algorithmen	Risikoberechnung einzelner Risikokriterien bezüglich des Gesamtprojektes
	Wissens-Portal	Präsentation der Risikoermittlung
Projektauftrag	Formular	Standardisiertes Dokumentenformular mit allgemeinem und projekt-artenspezifischer Struktur
	Wissensportal	Standardisierte und rechnergestütztes Ausfüllen des Formulars über ein personalisiertes Wissens-Portal
	ETL-Mechanismen	Automatisches Überführen der Daten in das Wissens-Warenhaus
	Produktionsregelsystem	Permanentes Überprüfen auf Vollständigkeit und Plausibilität der gemachten Angaben
Projektscoring	Wissens-Portal	Vorgehensmodell zur Ermittlung der kundenspezifischen Scoring-Werten und deren Gewichtung
	Algorithmen	Rechenmodell zur Ermittlung des Scoring-Wertes und Function Points
	Wissens-Portal	Präsentation der Scoring-Reihung
Realisierung	Formular	Standardisiertes Dokumentenformular mit allgemeinem und projekt-artenspezifischer Struktur zur Fortschrittsanzeige
	Wissensportal	Standardisierte und rechnergestütztes Ausfüllen des Formulars über ein personalisiertes Wissens-Portal

	ETL-Mechanismen	Automatisches Überführen der Daten in das Wissens-Warenhaus
	Produktionsregelsystem	Permanentes Überprüfen auf Vollständigkeit und Plausibilität der gemachten Angaben
	Produktionsregelsystem	Ermittlung von Frühwarnindikatoren
	Neuronales Netz	Erkennen von Mustern bezüglich der Erkennung von Mißständen
	Agentensystem	Ermittlung der relevanten Ansprechpartner
	Agentensystem	Recherche bei internen und externen Wissensquellen
Abnahme	Formular	Standardisiertes Dokumentenformular mit allgemeinem und projekt-artenspezifischer Struktur zur Abnahmedokumentation
	Wissens-Portal	Standardisierte und rechnergestütztes Ausfüllen des Formulars über ein personalisiertes Wissens-Portal
	ETL-Mechanismen	Automatisches Überführen der Daten in das Wissens-Warenhaus
	Produktionsregelsystem	Permanentes Überprüfen auf Vollständigkeit und Plausibilität der gemachten Angaben
	Wissensportal	Abruf der Projektdokumentation

Abbildung 8-4 : Teilschritte

Es ist wichtig, den gesamten Geschäftsprozess zu unterstützen. Punktuelle Realisierungen in einem Prozeßsegment können bestenfalls einen Anfang für Wissensmanagement darstellen. Ziel muß jedoch die adäquate und ganzheitliche Unterstützung aller Teilprozesse sein. Wissensmanagement ist ein nimmer endender Prozeß. Wissensmanagement darf sich nicht in der Implementierung von Informations- und Kommunikationssystemen erschöpfen. Die Bereitschaft zur Anwendung des angebotenen Wissens muß durch einen laufenden Kulturveränderungsprozess ergänzt werden. In der obigen Tabelle werden für die einzelnen Teilschritte die jeweiligen methodische Unterstützung aufgezeigt.

Eine große Anzahl von Dokumenten ist im Projekt- oder Produktordner abgelegt, wobei deren Inhalt mittels geeigneter ETL-Mechanismen zusätzlich in das Wissens-Warenhaus überführt werden. Einerseits sind viele der Dokumente EDV-gestützt erstellt worden, andererseits kann es sich dabei um Kundendokumente handeln, die ebenfalls über ETL-Mechanismen dem Wissens-Warenhaus zugeführt werden. Durch die vollständige Aufbereitung sind alle wesentliche Methoden, Dokumentenvorlagen und Präsentationsmittel über personalisierte Wissens-Portale im Informations- und Kommunikationsprozeß des Wissensmanagementsystems abgebildet. Dieses System muß für alle Mitarbeiter verfügbar sein.

8.3 Dienstleistungsentwicklung

Die große Bedeutung von Dienstleistungen für eine prosperierende Entwicklung der gesamten Wirtschaft ist bekannt und nahezu unumstritten. Um die Potentiale des Dienstleistungssektors weiter zu erschließen, sind deshalb in der jüngeren Vergangenheit erste Ansätze zur gezielten Planung und Entwicklung von Dienstleistungen diskutiert worden. Ein planvolles Vorgehen ist hierbei Voraussetzung, um die Chancen für den wirtschaftlichen Erfolg der Organisation grundsätzlich zu erhöhen. Allerdings stehen hier bislang zwei isolierte Sichtweisen im Vordergrund: Dies ist zum einen die "strategische Sicht" und zum anderen die „Entwicklungssicht". Bei der strategischen Sicht handelt es sich um Grundsatzbetrachtungen bezüglich des Zusammenspiels der angebotenen Leistungen. Es lassen sich beispielsweise zwei Grundsatzstrategien unterscheiden. Am Anfang eines jeden Engagements als Dienstleister steht ein "selektives Leistungsmanagement", durch das einzelne, marktfähige Leistungen isoliert den Kunden angeboten werden. Ergänzen sich mehrere Dienstleistungen derart, daß ein Kunde zur Abdeckung seiner Bedürfnisse nicht auf Leistungen anderer Anbieter angewiesen ist, so spricht man von einem "integrierten Leistungsmanagement". Die strategische Positionierung eines Anbieters erfolgt demnach auf dem Kontinuum zwischen den beiden Extrempositionen, nämlich dem selektiven und dem integrierten Leistungsmanagement. Ziel eines Anbieters muß es sein, sein selektives Dienstleistungsangebot kontinuierlich zu einem integrierten Leistungsangebot zu verbessern, beziehungsweise auszubauen, da sich in diesem Fall synergetische Effekte innerhalb des Leistungsprogramms realisieren lassen. Ein integriertes Leistungsangebot muß aber nicht zwingend von einer einzelnen Organisation angeboten werden, es kann sich auch um Kooperationen oder Netzwerke von Anbietern handeln. Im Unterschied zur strategischen Perspektive sind bei der Entwicklungssicht die Teilschritte des Entwicklungsprozesses von Dienstleistungen die Gegenstände der Betrachtungen. Bei den bislang vorgeschlagenen Entwicklungskonzepten für Dienstleistungen handelt es sich häufig um Analogieschlüsse aus der Sachgüterentwicklung. Hierbei werden meist die Schritte Ideenfindung und -bewertung, Ermittlung der Anforderungen, Design, Implementierung, Dienstleistungserbringung und Ablösung unterschieden. Diese Entwicklungskonzepte vernachlässigen jedoch in weiten Bereichen die Tatsache, daß die angestrebte, zu entwickelnde Dienstleistung immer auch im Kontext eines bestehenden (Dienst-) Leistungsportfolios gesehen werden muß.

Wissensmanagement versucht deshalb, die Betrachtungs- und Konzeptionslücke zwischen der rein strategischen Sicht und der Entwicklungssicht zu schließen. Es soll Antwort geben auf die Frage: Wie gelangt eine Organisation, die sich Bereiche des Dienstleistungssektors erschließen will, von einzelnen Dienstleistungen über ein selektives Leistungsmanagement zu einem integrierten Leistungsmanagement? Bei der Beantwortung dieser Frage müssen Aspekte der eigenen Kompetenzen und Potentiale sowie die Kundenbedürfnisse unter Beachtung wirtschaftlicher Randbedingungen Berücksichtigung finden. Vor diesem Hintergrund wird ein methodisches Werkzeug vorgestellt, was die Organisation bei der Bearbeitung der folgenden Fragestellungen unterstützt:

- Welche Leistungen sind aus Sicht des Kunden erforderlich?
- Welche Leistungen kann die Organisation erbringen?
- Paßt eine solche Dienstleistung in das bestehende Leistungsportfolio?
- Welche Potentiale und Kompetenzen müssen auf- bzw. ausgebaut werden?
- Welche Leistungen sollen allein, welche in Netzwerken erbracht werden?
- Wie soll sich das Leistungs- bzw. Kompetenzspektrum in Abhängigkeit von der Zeit entwickeln?

Der Kunde ist also an einer integrierten Problemlösung interessiert und eher selten bereit, sich die Lösung seiner Probleme anhand von selektiven Dienstleistungsangeboten unterschiedlicher Anbieter selbst zusammenzustellen. Organisationen, die nicht in der Lage sind, solche komplexen Dienstleistungen alleine zu bewältigen, müssen im Interesse ihrer Kunden und damit ihres eigenen wirtschaftlichen Erfolges prüfen, ob sie nicht durch Vernetzung mit anderen Organisationen ein integriertes Dienstleistungsangebot entwickeln und anbieten können.

8.3.1 Dienstleistungs- und Produktgeschäft

Dienstleistungen zu erbringen bedeutet, den Kunden bei der Bewältigung von produktbezogener Komplexität zu unterstützen. Die hierdurch bedingte enge Verbindung von sachgut- und dienstleistungsbasierten Leistungskomponenten legt dabei die Vermutung nahe, daß allgemeingültige Konzepte, die im Sachgütergeschäft erfolgreich angewendet werden, ggf. in leicht modifizierter Form auch auf Dienstleistungen übertragen werden können. Es ist vielmehr unerlässlich, die Gemeinsamkeiten und Unterschiede zwischen Dienstleistungs- und Produktgeschäft zu untersuchen, um dabei aus den Methoden für die Sachgüterentwicklung lernen zu können. Die wesentlichen Merkmale, in denen sich Dienstleistungen von Sachgütern unterscheiden sind:

- **Die Immaterialität**: Dienstleistungen sind weder lagerbar noch übertragbar.
- **Das uno actu-Prinzip**: Produktion und Absatz von Dienstleistungen erfolgen simultan.
- **Die Integration des externen Faktors**: Der Kunde ist immer in den Leistungserbringungsprozeß eingebunden.

Aus diesen Kernmerkmalen lassen sich weitere Unterschiede zwischen Dienstleistungen und Sachgütern ableiten, wie beispielsweise die hohe Individualität und Komplexität der Dienstleistungserbringung. Wichtig sind hier die Konsequenzen, die sich aus diesen Eigenschaften für die Dienstleistungsentwicklung ergeben.

- Da Dienstleistungen nicht langfristig disponiert werden können, müssen die für die Leistungserbringung notwendigen Ressourcen ständig vorgehalten werden. Benötigt ein angebotenes Dienstleistungsspektrum sehr unterschiedliche und inhomogene Ressourcenkomponenten, dann bewirkt dieser Effekt eine erhebliche Kapitalbindung. Bei der Dienstleistungsentwicklung ist es deshalb besonders wichtig, die einzelnen Leistungen bereits im Hinblick auf ihren zukünftigen Ressourcenbedarf zu entwickeln, um diesen Effekt zu vermeiden.
- Das uno actu - Prinzip erfordert qualitativ stabile Dienstleistungen. Nachträgliche Korrekturen fallen dem Kunden stärker auf, als dies bei Sachgütern der Fall ist, und resultieren deshalb in einem besonders prägenden negativen Eindruck.
- Da der Kunde in den Leistungserbringungsprozeß eingebunden ist, ist die Berücksichtigung seiner individuellen Erwartungen von großer Bedeutung. Auch standardisierte Leistungskomponenten müssen deshalb in vielen Fällen spätestens an der Schnittstelle zum Kunden angepaßt bzw. individualisiert werden.
- Ebenfalls aus der Integration des externen Faktors ergibt sich die Forderung nach globaler Präsenz des Anbieters, um nah und damit schnell beim Kunden zu sein. Hierzu ist die Bildung von Netzwerken mit Hilfe von Kooperationspartnern erforderlich.

Neben den oben beschriebenen Unterschieden gibt es aber auch Parallelen zwischen Dienstleistungen und Sachgütern. Die folgenden Aspekte des Sachgütergeschäftes lassen sich daher auch auf die Dienstleistungsentwicklung und -vermarktung übertragen:

- Wie für die Sachgüterentwicklung nachgewiesen wurde, besteht bei der Verfolgung einer großen Zahl vielversprechender, aber unkorrelierter Entwicklungsideen die Gefahr, sich zu verlieren und trotz großer Investitionen am Ende ohne marktfähiges Produkt dazustehen. Die Entwicklung einzelner Dienstleistungen ist demnach mit der Entwicklung anderer Dienstleistungen abzustimmen.
- Ebenso gilt die große Bedeutung der Wiederverwendung von Ressourcen und Erfahrungen für eine profitable Produktentwicklung nicht nur für Sachgüter. Auch bei Dienstleistungen ist die Wiederverwendung von Ressourcen wirtschaftlicher als beispielsweise der unkoordinierte Neuaufbau von verwandten Kompetenzen, da in letzterem Fall nur bedingt auf Erfahrungen mit bewährten Leistungskompetenzen zurückgegriffen werden kann.
- Sowohl im Sachgütergeschäft als auch im Dienstleistungsgeschäft ist die Weiterentwicklung im Sinne einer stetigen Migration des Angebots einer vollständigen Neuentwicklung vorzuziehen, da neue Produkte in der Anfangsphase häufig mit Restmängeln zu kämpfen haben. Für die Dienstleistungsentwicklung ist dieser Aspekt allerdings wegen der individuellen Kundenanforderungen und der bedeutenden Erfahrungskomponente noch relevanter als für die Sachgüterentwicklung.

Die vergleichende Betrachtung von Dienstleistungen und Sachgütern bringt sowohl Gemeinsamkeiten als Unterschiede zu Tage, deren Berücksichtigung bei der Entwicklung von Konzepten und Methoden für die strategische Dienstleistungsgestaltung durchaus hilfreich sind. Primäres Ziel ist sicherlich, Störungen oder sogar Unterbrechungen des Produktionsprozesses auf ein absolutes Minimum zu beschränken. Um derartige Störungen zu vermeiden, führen die Kunden von Investitionsgüterherstellern zum Teil eigenständig Instandhaltungsmaßnahmen durch und fragen im Regelfall zusätzlich Serviceleistungen nach. Serviceleistungen werden insbesondere dann nachgefragt, wenn unerwartete und komplexe Problemsituationen im Verlauf des Produktionsprozesses auftreten, und deshalb schnelle und kompetente Hilfe am ehesten vom Hersteller der Anlagen erwartet werden kann. Wegen der Vielzahl möglicher Problemsituationen ist die Serviceleistung häufig eine sehr individuelle und somit auch sehr kostenintensive Dienstleistung. Trotzdem müssen die Anbieter aufgrund der ausgeprägten Konkurrenzsituation versuchen, ihre Leistungen so preiswert wie möglich anzubieten. In Analogie zum Sachgütergeschäft können Kostensenkungseffekte durch die Standardisierung von Serviceleistungen realisiert werden. Allerdings wird dies durch die Vielfalt der Produkte, für die Service angeboten wird, erschwert. Deshalb haben Standardisierungsmaßnahmen nur vor dem Hintergrund einer strukturierten und transparenten Leistungsgestaltung eine Aussicht auf Erfolg. Diese Transparenz ist in vielen Organisation nicht vorhanden. Dabei darf das Serviceangebot auch nicht als statisches Leistungsangebot verstanden werden. Vielmehr müssen heute für eine wachsende Zahl von Produkten, die kurzzyklisch weiterentwickelt werden, jeweils produktspezifische Serviceleistungen angeboten werden. Dementsprechend ist auch eine schnelle und effiziente Entwicklung der Serviceleistungen unerläßlich. Da sowohl Management- als auch Entwicklungsmethoden fehlen, mit denen Leistungen schrittweise von Teillösungen hin zu anforderungsgerechten und damit marktfähigen Komplettlösungen erweitert werden können, erfolgt diese Entwicklung bislang noch unsystematisch und eher langsam. Erschwerend kommt hinzu, daß es sich oft um internationale und weltweit verteilte Kunden handelt. Diese verlangen in den für sie sehr teuren Störfällen schnell einen kompetenten Ansprechpartner vor Ort. Die Anbieter begegnen dieser Anforderung mit international operierenden Servicemitarbeitern oder mit Niederlassungen. Aus diesen Reaktionen der Anbieter auf die geforderte globale Präsenz ergeben sich zwei Problemfelder. Zum einen eignen sich Servicemitarbeiter bei internationalen Einsätzen Fähigkeiten und Kenntnisse an, die, wenn sie nicht systematisch dokumentiert werden, zu einer starken räumlichen Verteilung personengebundener Kompetenzen führen. Als Folge daraus können kompetente Mitarbeiter, die sich nicht am Ort eines Problemlösungsprozesses befinden, nicht zur Problemlösung beitragen. Zum anderen ist die Möglichkeit, durch Niederlassungen die globale Präsenz zu gewährleisten, aufgrund des hohen Managementaufwands und des begrenzten Kapazitätsbedarfs in den Regionen, oft sehr begrenzt. Die angeführten Probleme machen deutlich, warum in vielen Organisation lange Zeit ein Engagement im Service nur als notwendiges Übel betrachtet wurde. Dem steht allerdings die Einsicht vieler Organisationen entgegen, daß bei flexibel angebotenen, individuellen Leistungen relativ hohe Preise verlangt werden können. Zum anderen kann mit solchen Leistungen ein erheblicher Beitrag zur Erhöhung der Kundenzufriedenheit geleistet werden. Aufgrund dieser Argumente versuchen viele Organisation heute, insbesondere mit den folgenden dargestellten Lösungsansätzen, die Leistungsfähigkeit der Serviceabteilungen zu erhöhen.

Ansatz	Ziel	Mittel	Voraussetzung	Beispiel
Kooperation	Effizienz durch Kernkompetenz	Nehmen, geben und Ergänzen	Kenntnis der Partnerkompetenzen	Internationale Ansprechpartner
Wissensmanagement	Wissen nutzen und bewahren	Datenbanken Groupware	Umfassende und flexible Dokumentation	Expertensysteme
IuK-Technologien	Umfassende Kommunikation	Telefon, Fax, EDV, Internet	Fixierung der Strategien und Ziele	CBT
Knowledge Computing	Erhöhung der Entscheidungsqualität	Expertensysteme Neuronale Netze Agentensysteme	Konzeptionalisierung, Formalisierung Implementierung	Vollautomatische Kreditentscheidung

Abbildung 8-5 : Lösungsansätze

Ein Ansatz zur Verbesserung der Wettbewerbssituation sind Organisationskooperationen in unterschiedlichen Ausprägungen wie beispielsweise virtuelle Organisationen, Joint Ventures oder gemeinsame Handelsvertretungen. Die Ziele sind jedoch vielfach sehr ähnlich: Im Vordergrund stehen die Vermeidung von Überkapazitäten, eine stärkere Nähe zum Kunden oder die Nutzung von Synergieeffekten in mehreren Organisationsbereichen. Verbundvorteile und Skaleneffekte können wiederum zu größeren Produktions- und Exportvolumina führen. Um Organisationskooperationen erfolgreich umsetzen zu können, müssen einige Voraussetzungen erfüllt sein. Hier sind insbesondere ein gemeinsames Geschäftsverständnis, sich ergänzende Kompetenzen und nicht zuletzt ein grundlegendes, gegenseitiges Vertrauen der Kooperationspartner zu nennen. Ein weiterer Ansatz, die Leistungsfähigkeit einer Organisation zu steigern, ist ein konsequentes Wissensmanagement. Ziel des Wissensmanagements ist es, das innerhalb der Organisation verteilte Wissen zu erschließen, zu dokumentieren und so besser nutzbar zu machen. Es gibt auch hier vielfältige methodische und technische Möglichkeiten, dieses Ziel zu erreichen. Voraussetzungen für ein erfolgreiches Wissensmanagement sind neben einem definierten Einsatzgebiet, einer klaren und konsistenten Dokumentation, vor allem auch aufgeschlossene Mitarbeiter, die bereit sind, ihre Erfahrungen und ihr Know-how in ein solches System einzubringen. Um Organisationsprozesse zu beschleunigen und effizienter zu gestalten, ist neben dem Einsatz moderner Informations- und Kommunikationstechnologien auch die Integration intelligenter Technologien aus dem Knowledge Computing notwendig. Mittels Telefon, Fax und Internet kann koordiniert, umfassend und global kommuniziert werden. Der schnelle Austausch von Informationen über digitale Netze kommt dem Streben nach mehr Effizienz und höherer Produktivität entgegen. Unter Voraussetzung einer an die Nutzung dieser neuen Technologien angepaßten Organisation kann beispielsweise durch Internet-basierte Dienste der Datenaustausch zwischen allen Beteiligten verbessert werden. Der Datenaustausch dient dabei nicht nur der Übermittlung von Texten, Sprache und Grafiken im Sinne einer reinen Informationsübertragung, sondern es können unter Voraussetzung einer modernen EDV-Infrastruktur und qualifizierter Mitarbeiter vollständig neue Services und neue Formen der Zusammenarbeit entwickelt werden.

Da die Zufriedenheit des Kunden maßgeblich den Geschäftserfolg einer Organisation bestimmt, wird für die Identifikation der Dienstleistungsdimension die Wahrnehmung der nachgefragten Leistungen durch den Kunden als Ausgangspunkt der Betrachtung gewählt. Vom Kunden angeforderte Leistungen setzen sich aus mehreren Leistungskomponenten zusammen, die zum Teil zeitlich sequentiell und zum Teil parallel bearbeitet werden. Beim Anbieter werden diese Leistungen organisationsintern als Prozesse modelliert. Die Gestaltung dieser Prozesse durch das Zusammenfügen von Teilprozessen, Prozeßschritten und Zuständen hat einen wesentlichen Einfluß auf die Zufriedenheit der Kunden. Auch wenn die Prozeßmodellierung dem Kunden nicht vollständig transparent ist, prägen die Prozesse trotzdem indirekt den Kundeneindruck bezüglich der Effizienz und Qualität der Leistungserbringung. Dieser Eindruck beeinflußt unmittelbar die Kundenzufriedenheit. Dabei darf nicht übersehen werden, das die überwiegende Zahl der Prozeßverläufe aufgrund der komplexen Leistungen nicht vollständig vorhersehbar ist. Im Rahmen der Leistungserbringung begleiten Servicemitarbeiter einen Prozeß demnach nicht ausschließlich entlang vordefinierter Pfade. Sie müssen vielfach kunden- und situationsspezifische Entscheidungen treffen, die je nach Aufgabenstellung unterschiedlich komplex sind. Bei der Lösungssuche greifen die Mitarbeiter dabei nicht nur auf den in der Vergangenheit angesammelten, persönlichen Erfahrungsschatz zu, sondern nutzen im Idealfall das gesamte, in der Organisation verfügbare Wissen. Eine effiziente Nutzung des vorhandenen Wissens kann allerdings nur auf der Basis klarer Strukturen, aufgeschlossener Mitarbeiter und einer konsequenten Nutzung geeigneter Technologien gelingen. Ergänzend kommunizieren Servicemitarbeiter im Rahmen von Entscheidungsprozessen oft mit Kollegen, Kooperationspartnern. Die erforderlichen Mitarbeiterprofile müssen deshalb definiert und immer wieder überprüft werden, da sie direkt die Kundenzufriedenheit beeinflussen. Die interaktiven Bearbeitungsprozesse erfordern zudem angemessene Arbeitsbedingungen wie beispielsweise Teamarbeit oder eine geeignete technologische Unterstützung, beispielsweise auf Basis von Computer Supported Cooperative Work (CSCW)-Systemen. Betrachtet man den gesamten Leistungserbringungsvorgang, so lassen sich also Prozesse, Wissen, Humanressourcen und IuK-Technologien als wesentliche Dienstleistungsdimensionen identifizieren. Die engen Verknüpfungen dieser Ressourcen und Potentiale unterstreichen die Forderung nach einem integrierten Ansatz. Die Organisationsressourcen, -potentiale und -prozesse werden allerdings nicht nur für die Erbringung von Leistungen benötigt, die schon heute zu dem Angebot einer Organisation gehören. Sie werden in einem

hören. Sie werden in einem jeweils festzulegenden Umfang auch für die Entwicklung zukünftiger Dienstleistungen benötigt. Neu in das Leistungsportfolio aufgenommene Leistungen können aber leicht zu Ressourcenengpässen führen. Um dies zu verhindern, sollte die Realisierung von Entwicklungsideen nicht ohne eine Betrachtung der vorhandenen Ressourcen und Potentiale in Angriff genommen werden. Umgekehrt lassen sich aus einer Betrachtung der Dienstleistungsdimensionen auch umsetzbare Ideen und realistische Anregungen generieren. Durch eine entsprechende Analyse können frühzeitig die benötigten Ressourcen, Potentiale und Prozesse für zukünftige Leistungen erkannt und aufgebaut werden. Im Falle der Humanressourcen kann dies beispielsweise durch die Einstellung neuer, oder durch die Weiterbildung vorhandener Mitarbeiter erfolgen. Es ist also sinnvoll, Handlungsbedarf dieser Art zu einem möglichst frühen Zeitpunkt festzuhalten. Demnach bietet es sich an, das Leistungsangebot einer Organisation auf das vorhandene Ressourcen-, Potential und Prozeßspektrum abzubilden. Aus dem Ergebnis lassen sich sowohl Engpässe in den Dienstleistungsdimensionen, als auch Potentiale für neue Leistungen erkennen. Anhand einer solchen Abbildung kann anschließend besser entschieden werden, wie mit Defiziten oder Überschüssen umgegangen werden soll. Die Anpassung der Dienstleistungsdimensionen an die Leistungen, die Anpassung der Leistungen an die Dienstleistungsdimensionen oder die Suche nach komplementären Kooperationspartnern sind beispielsweise mögliche Konsequenzen einer solchen Analyse. Darüber hinaus werden durch eine umfassende und strukturierte Darstellung der Dienstleistungsdimensionen Entscheidungen im Entwicklungsprozeß neuer Leistungen erleichtert und abgesichert, wodurch die Wahrscheinlichkeit für Entwicklungserfolge erhöht wird. Nicht zuletzt können so auch bewußt einzelne Leistungen oder ganze Leistungsbereiche, die nicht mehr in den eigenen Leistungsmix passen, an Kooperationspartner oder sogar Wettbewerber abgetreten werden. Eine Balance zwischen Kundenanforderungen und dem Ressourcen-, Potential- und Prozeßspektrum ist demnach sowohl für die Erbringung aktueller Serviceleistungen, als auch für die zukünftige Entwicklung des Leistungsprogramms von großer Bedeutung. Es ergeben sich durch diese Vorgehensweise Gestaltungsoptionen im Hinblick auf strategisch angelegte Veränderungen des gesamten Leistungsportfolios. So lassen sich drei Arbeitsschritte für eine ressourcen- und potentialorientierte Leistungsgestaltung ableiten, die iterativ durchzuführen sind:

- Abbildung sowohl der bestehenden Leistungen als auch der von den Kunden (zukünftig) geforderten Leistungen auf die Dienstleistungsdimensionen und Identifikation von Defiziten und Überschüssen.
- Berücksichtigung der entstandenen Abbildung bei der Ableitung neuer Leistungen aus dem Ressourcen-, Potential- und Prozeßspektrum.
- Weiterentwicklung der Dienstleistungsdimensionen als Grundlage für eine innovative Leistungsgestaltung (beispielsweise Aufbau neuer Ressourcen und Potentiale oder die Bildung von Kompetenznetzwerken).

Um die zeitliche Entwicklung der Dienstleistungsdimensionen erfassen zu können und als Basis für Entscheidungen transparent zu halten, muß selbstverständlich auch die zeitliche Dimension berücksichtigt werden.

8.3.2 Methode

Damit sich ein neues methodisches Werkzeug in der Praxis durchsetzt und von den Anwendern akzeptiert wird, muß es einigen Anforderungen gerecht werden, d.h., eine integrierte Betrachtung von zentralen Fragestellungen ermöglichen, gleichzeitig überschaubar und einfach zu handhaben sein. Für einen langfristigen wirtschaftlichen Erfolg müssen sich die bereits angebotenen Leistungen, die in der Entwicklung befindlichen Leistungen und die vorhandenen Organisationsressourcen und -kompetenzen mit der Dienstleistungsstrategie im Einklang befinden. Nur wenn dies gegeben ist, kann von strategischer Entwicklung gesprochen werden. Betrachtet man die bislang vorgeschlagenen Modelle, die heute dem Service Engineering zugrunde liegen, so fällt auf, daß strategische Anforderungen in den konkreten Entwicklungsschritten für Dienstleistungen kaum berücksichtigt werden. Es besteht ein Bedarf an neuen Entwicklungsmethoden und -werkzeugen, die den Dienstleistungsentwickler bei zentralen, strategischen Entscheidungen unterstützen. Ansonsten ist das Risiko groß, daß insbesondere wenn die Verwirklichung mehrerer vielversprechender Dienstleistungsideen wenig koordiniert in Angriff genommen wird, die Organisationsressourcen langfristig gesehen hierfür nicht ausreichen. Demnach kann die Frage, ob eine konkrete Dienstleistungsentwicklung zu Ende geführt oder abgebrochen werden soll, nur auf Basis umfassender Informationen erfolgen. Diese Informationen setzen sich sowohl aus Aussagen über die Marktsituation als auch über die eigenen, bereits existierenden Leistungen und Ressourcen, sowie nicht zuletzt aus den langfristigen Zielen der Organisation zusammen. Unter strategischen Gesichtspunkten können zwei verbreitete Schwächen in der heutigen Dienstleistungsentwicklung festgehalten werden:

- Neue technische Möglichkeiten und spezifische Kundenwünsche sind oft die dominierenden Gründe für die Entwicklung neuer Serviceleistungen. Gleichzeitig vernachlässigen bestehende Ansätze zur Entwicklung von Dienstleistungen den Kontext der bestehenden Leistungen. Als Folge verfügen viele Organisationen über isolierte Leistungen, die nur bedingt zu umfassenden Problemlösungen integriert werden können und für deren Erbringung auf sehr unterschiedliche Ressourcen zurückgegriffen werden muß.
- Bislang steht die vollständige Neuentwicklung von Dienstleistungen im Vordergrund. Einsparpotentiale durch Weiterentwicklung, Modifikation und Wiederverwendung bestehender Leistungen werden nicht realisiert. Es bleibt die Möglichkeit ungenutzt, durch eine stetige Migration des Leistungsangebots kostenintensive Anlaufprobleme, die häufig bei der Aufnahme neuer Leistungen ins Leistungsprogramm entstehen, zu vermeiden.

- Die Methode muß es gewährleisten, daß der Pfad, weg von der reinen Güterproduktion, hin zur allumfassenden produktbegleitenden Dienstleistung, beschritten werden kann.

Ein methodisches Werkzeug zur Unterstützung der Dienstleistungsentwicklung und -planung muß demnach zielgerichtete und strategische Entscheidungsprozesse unterstützen, um risikoreiche "ad-hoc-Entwicklungen" zu vermeiden. Mit Hilfe eines solchen Werkzeugs müssen sich dazu konkrete Handlungsempfehlungen für die operative Dienstleistungsentwicklung aus den strategischen Überlegungen ableiten lassen. Nur unter dieser Voraussetzung kann die Konzeptions- und Betrachtungslücke zwischen der strategischen Planung und der konkreten Entwicklung einzelner Leistungen geschlossen werden. Um Dienstleistungen wirtschaftlich entwickeln und anbieten zu können, muß eine methodische Planungshilfe die Identifikation von Komponenten, die sich für Wiederverwendung und Mehrfachnutzung eignen, unterstützen. Ist dies gegeben, so kann außerdem auch durch die überlegte, schrittweise Modifikation leistungsrelevanter Komponenten, eine risikoarme, kontinuierliche Entwicklung des Leistungsportfolios, unter Beachtung strategischer Aspekte, umgesetzt werden. Hierbei müssen wiederum entwicklungsrelevante und zeitliche Abhängigkeiten Berücksichtigung finden, um beispielsweise in der Zukunft benötigte Komponenten wie Ressourcen und Potentiale zum richtigen Zeitpunkt aufbauen oder modifizieren zu können.

Unter Berücksichtigung dieser Anforderungen wurde eine Methodik entwickelt, die als Orientierungs-, Planungs- und Steuerungsinstrument an der Schnittstelle zwischen strategischer Planung und operativer Produkt- und Dienstleistungsentwicklung ansetzen soll. Die Methodik bildet dabei Ressourcen, -potentiale, -prozesse und Dienstleistungen so ab, wie sie sich aus den Dimensionen der Dienstleistung ableiten lassen. Gemäß der Forderung nach einer ganzheitlichen Begleitung, die von der Produktidee bis hin zum Recycling reichen soll, wird eine weitere Dimension eingeführt, indem der Lebenszyklus eine durchgängige, innovationsorientierte Betrachtung des Produktes beziehungsweise der Dienstleistung möglich macht. Im Hinblick auf den sinnvollen und effizienten Einsatz von Ressourcen werden entsprechende Verknüpfungen zwischen Organisationspotentialen und Dienstleistungen ermittelt. Die Zeitachse spiegelt dabei den Planungszeitraum wieder, in dem beispielsweise eine ganz bestimmte Dienstleistung am Markt plaziert werden soll. Die Methodik bietet hierbei nicht alleine eine Darstellung der zeitlichen Entwicklung der einzelnen Ressourcen, -potentialen, -prozessen und Serviceleistungen. Vielmehr lassen sich anhand dieser Darstellungsform Ressourcen-, Potential-, Prozesse und Ergebniskomponenten aller potentiellen Objekte der Dienstleistungsentwicklung den einzelnen Kategorien zuordnen und entwicklungsrelevante, zeitliche Interdependenzen analysieren. Eine Verknüpfung der Dienstleistungskomponenten zwischen den einzelnen Dimensionen kann dabei sowohl ausgehend von den Kundenbedürfnissen, als auch ausgehend von den vorhandenen Ressourcen und Potentialen einer Organisation erfolgen. Dies gewährleistet die geforderte Integration zwischen potentialorientierter und marktorientierter Sichtweise bei der Leistungsspektrumsplanung in systematischer Art und Weise. Durch diese Methodik kann zum Beispiel die Transparenz hinsichtlich möglicher Engpässe oder Potentialdefizite erhöht werden. Sie erlaubt damit die systematische Priorisierung von Entwicklungsprojekten unter Berücksichtigung ihrer strategischen Relevanz und der in der Organisation vorhandenen Ressourcen. Gleichzeitig wird die Verknüpfung von strategischer Positionierung und operativer Dienstleistungsentwicklung ganzheitlich unterstützt. Gemäß dem Grundsatz der Wiederverwendung zeigt die Methodik bei einer geplanten Neuentwicklung, auf welche Dienstleistungskomponenten in der Organisation bereits zurückgegriffen werden kann. Der komponentenorientierte Entwicklungsansatz auf Basis von Mehrfachnutzung und Wiederverwendung erstreckt sich in dieser Methodik über alle Dienstleistungsdimensionen. Der modulare Aufbau ermöglicht damit eine organisationsspezifische Entscheidung zwischen dem Neuaufbau und der Wiederverwendung von Dienstleistungskomponenten. Gleichzeitig unterstützt die Methodik die Förderung einer sinnvollen Standardisierung von Leistungskomponenten. Hierdurch wird ein Beitrag zur Steigerung der Robustheit einer Dienstleistung geleistet, da die Erbringung einzelner Leistungsbestandteile besser geplant und reproduziert werden kann. Durch die Reproduzierbarkeit der Leistungen und die Kontinuität des Leistungsangebots können weitere Vorteile erschlossen werden. So sind beispielsweise Reproduzierbarkeit und Kontinuität die Basis für Verläßlichkeit in der Kundenbeziehung, die wiederum positive Auswirkungen auf die Kundenzufriedenheit hat. Zusätzlich zu den potentialorientierten Entwicklung können durch die verbesserte Reproduzierbarkeit der Leistungen Lern- und Erfahrungspotentialen erschlossen werden. Der modulare Strukturierung-sansatz für Dienstleistungskomponenten, der Verwendung findet, fördert schließlich die Kooperationsfähigkeit einer Organisation, da robuste Dienstleistungskomponenten Schnittstellenprobleme im Bereich der Administration, des Qualitätsmanagements und der eigentlichen Dienstleistungserbringung reduzieren.

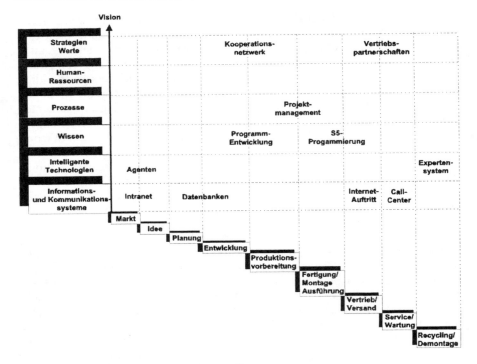

Abbildung 8-6 : Dimensionen der Methodik

Dies ist gerade für kleine und mittlere Organisationen von Bedeutung, da diese im globalen Dienstleistungsgeschäft oft auf Kooperationspartner angewiesen sind. Entsprechendes gilt aber auch für größere Organisationen. Aufgrund der Transparenz leistet die vorgestellte Methodik einen wesentlichen Beitrag zur strategischen Planung im Sinne einer gezielten und kontinuierlichen Weiterentwicklung des Dienstleistungs-angebots sowohl für eine einzelne Organisation als auch für ganze Organisationskooperationen. Als konkrete Nutzenpotentiale dieser wachsenden Transparenz lassen sich anführen:

- höhere Wirtschaftlichkeit durch die Mehrfachnutzung und Wiederverwendung von Kompetenzen und Ressourcen,
- höhere Robustheit und Qualität der angebotenen Leistungen durch deren bessere Reproduzierbarkeit,
- schnellere Reaktion auf Kundenanforderungen durch höhere Flexibilität beziehungsweise reduzierte Komplexität,
- höhere Wirtschaftlichkeit, durch das Erschließen organisationsinterner sowie kooperationsübergreifender Synergie-potentiale,
- die gezielte Identifikation geeigneter Kooperationspartner, durch Transparenz bezüglich der notwendigen bzw. vorhandenen Kompetenz- und Ressourcenausstattung.

Die zentrale Bedeutung der Basisdimensionen der Methodik, Informations- und Kommunikationstechnologie, Humanressourcen und Wissen impliziert jedoch auch die Forderung nach einem integrierten Einsatz moderner Technologien, Kooperationen und des Wissensmanagements. Nur die wirksame Abstimmung und Zusammenarbeit der einzelnen Kooperationspartner in diesen Dienstleistungsdimensionen legt die Basis für ein Kompetenznetzwerk, mit dessen Hilfe sich umfassende, an den Kundenbedürfnissen orientierte Leistungsangebote planen und entwickeln lassen.

Die bisher in der Praxis festzustellenden Hemmnisse sollen nicht verschwiegen werden:

- fehlende Erfahrung im Umgang mit strategischen Planungswerkzeugen, insbesondere in kleinen und mittleren Organisationen,
- fehlende Erfahrungen im Umgang mit dem Produkt "Dienstleistung" und "Service",
- fehlende Anreizmechanismen zur Datenpflege und konsistenten Dokumentation,
- Widerstand gegen ein kompetenzorientiertes Management, das sich auch auf die Mitarbeiter selbst erstreckt,
- fehlende Kompatibilität und Flexibilität eingeführter EDV-Systeme,
- fehlende Informationen über die Potentiale und Einsatzmöglichkeiten neuer Informations- und Kommunikations-Technologien,
- fehlende Informationen über die Potentiale und Einsatzmöglichkeiten neuer intelligenter Technologien,
- eine mangelnde Kooperationsbereitschaft durch die Gefahr opportunistischer Verhaltensweisen potentieller Partner,
- erforderlicher Initialaufwand, der geleistet werden muß, um die Nutzenpotentiale der Methodik erschließen zu können.

8.4 Sammelsurium

Im folgenden werden Anwendungsszenarien vorgestellt, die eher branchenübergreifend zum Zuge kommen können.

8.4.1 Balanced Scorecard

Klassische Kennzahlensysteme wie beispielsweise das Return on Investment (ROI-Kennzahlensystem) weisen in der Praxis einige Unzulänglichkeiten auf:

- Sie sind ausschließlich operativ und damit vergangenheitsorientiert ausgerichtet.
- Die Verbindung zur Organisationsstrategie fehlt.
- Im Mittelpunkt stehen nur Zahlen der Bilanz und der Gewinn- und Verlustrechnung, nichtmonetäre Leistungsgrößen werden nicht einbezogen.
- Sie ermöglichen keine Steuerung der Organisation, weil sie an Symptomen und nicht an Ursachen anknüpfen.
- Fragen der Erarbeitung, Verfolgung und Rückkopplung der Kennzahlen werden nicht problematisiert, d.h. ihre Einbindung ins Managementsystem bleibt ungeklärt.

Aus allen diesen Unzulänglichkeiten wird deutlich, daß in der derzeitigen Wettbewerbssituation diese klassischen Kennzahlensysteme das Management nicht ausreichend unterstützen können. Der Balanced-Scorecard-Ansatz stellt ein Managementsystem dar, der diese Unzulänglichkeiten berücksichtigt und eine umfassende, an der Organisationsstrategie ausgerichtete Steuerung ermöglicht. Die basale Idee ist dabei, die finanziellen Zielsetzungen mit den Leistungsperspektiven hinsichtlich Kunden, interner Prozesse sowie des Lernens strategie- und visionsfokussiert zu verbinden. Die Leistungen einer Organisation werden als Gleichgewicht "Balance" aus den folgenden vier Perspektiven gesehen.

- **Finanzielle Perspektive**: identifiziert die aus dem Controlling bekannten Finanz-Kennzahlen.
- **Kundenbezogene Perspektive**: identifiziert Kunden- und Marktsegmente, in denen die Organisation erfolgreich sein muß, sowie die Leistungen der Organisation in diesen Segmenten.
- **Prozeßperspektive**: identifiziert die interne Wertschöpfungskette, d.h. die erfolgskritischen Prozesse der Organisation.
- **Lern- und Entwicklungsperspektive**: identifiziert die Infrastruktur, die eine Organisation haben muß, um langfristig erfolgreich zu sein.

Die finanzielle Perspektive berücksichtigt die Anteilseigner, d.h., die Visionen und Strategien werden in die Sprache der Anteilseigner übersetzt. Die Finanzdaten halten allerdings immer nur den in der Vergangenheit erzielten Erfolg oder Mißerfolg fest. Die Kundenperspektive der Balanced Scorecard enthält folgende Elemente:

- **Marktanteil**: mißt über Kunden- oder Verkaufszahlen den Umfang eines Geschäftes in einem bestimmten Markt.
- **Kundenakquisition**: mißt, wie beispielsweise eine Abteilung innerhalb der Organisation potenzielle Kunden anzieht beziehungsweise neue Kunden gewinnt.
- **Kundentreue**: mißt, ob eine Abteilung dauerhafte Beziehungen zu ihren Kunden unterhält beziehungsweise aufbaut.
- **Kundenrentabilität**: mißt den Nettogewinn eines Kunden oder einer Kundengruppe.
- **Kundenzufriedenheit**: wird oft über Indikatoren, wie Ausfall-, Fehler- und Rückweiserate, Anzahl der eingegangenen Dankesschreiben oder Berichte in den Medien gemessen.

Weitere Kennzahlen innerhalb der Kundenperspektive sind die so genannten Leistungstreiber der Kundenergebnisse in den vier Bereichen :

- Produkt- und Serviceeigenschaften (Qualität, Preis, Liefertreue, Pünktlichkeit),
- Kundenbeziehungen,
- Persönliche Beziehungen,
- Image und Reputation.

Zwischen der Kunden- und der Prozessperspektive besteht ein enger Zusammenhang, denn die Prozeßperspektive muß letztlich die Vorgaben und Ziele der Kundenperspektive verwirklichen. Nach einer Zielformulierung für die Kundenperspektive wird die Prozeßperspektive erarbeitet. Für diese Perspektive sind die kritischen Prozesse in der internen Wertschöpfungskette einer Organisation besonders wichtig:

- **Innovationsprozeß**: Es werden die Wünsche der Kunden eruiert, um möglichst früh geeignete wettbewerbsfähige Produkte und Dienstleistungen zu entwickeln. Mögliche Kennzahlen dafür sind die Ideenverwertungsrate und die Zeitspanne von der Idee bis zur Marktreife.
- **Produktionsprozeß**: Hier werden die aktuellen Produkte und Dienstleistungen erstellt und ausgeliefert. Mögliche Kennzahlen dafür sind das Verhältnis zwischen Bearbeitungs- und Durchlaufzeiten und die Erfolgsrate im ersten Durchlauf.
- **Kundendienstprozeß**: Darunter fallen die Dienstleistungs- und Garantieleistungen für die Kunden nach dem Kauf des Produktes beziehungsweise der Dienstleistung. Mögliche Kennzahlen dafür sind die Reaktionszeiten bei Anfragen und Reklamationen und der Anteil nachbetreuter Kunden.

Außerdem spielt in der Prozeßperspektive die Organisationskommunikation eine wichtige Rolle. Durch die interne Kommunikation sollen alle Mitarbeiter über die Visionen beziehungsweise Strategien ihrer Organisation informiert werden. Das Informationsniveau hängt dabei sehr stark von der Organisationskultur und dem Betriebsklima ab. Mitarbeiter, die mit der internen Organisationskultur unzufrieden sind, sind auch unzufrieden mit ihrem Arbeitsplatz beziehungsweise ihrem Arbeitgeber. Gut oder sehr gut informierte Mitarbeiter beurteilen das Betriebsklima hingegen auch als gut oder sehr gut, Mögliche Kennzahlen sind die interne Verbreitung der Firmenzeitschrift und die Anzahl der Hierarchieebenen je 100 Mitarbeiter. Die externe Kommunikation dient der Darstellung der Organisation und ihrer Leistungen nach außen. Produkte und Dienstleistungen werden in ihrem Inhalt und in ihrem Preis immer ähnlicher. Nur über unterschiedliche Kommunikationsstrategien lassen sie sich noch unterscheiden: Dadurch löst der Kommunikationswettbewerb immer mehr den Produktwettbewerb ab. Mögliche Kennzahlen sind die externe Verbreitung der Firmenzeitschrift und die Anzahl der Erwähnungen der Organisation in den Medien. Diese Perspektive wird auch oft als Innovations- und Wissensperspektive bezeichnet, denn mit ihr werden die Ziele und Kennzahlen auf dem Wege zu einer lernenden Organisation bewertet. Diese Organisationen verstehen sich als lebendige Organismen, die aus motivierten und lernfähigen Mitarbeitern bestehen, die gemeinsam an Zielen und Prozessen arbeiten. Die Lern- und Entwicklungsperspektive schafft die Grundlagen für Erfolge in den anderen Perspektiven. Für die Lern- und Entwicklungsperspektive sind folgende Bereiche wichtig:

- **Mitarbeiterpotentiale**: Mitarbeiterzufriedenheit (Kennzahlen dafür sind beispielsweise der durchschnittliche Krankenstand oder die Anzahl der Bewerbungen aus dem Bekanntenkreis der Mitarbeiter), Mitarbeitertreue (Kennzahlen dafür sind beispielsweise die durchschnittliche Firmenzugehörigkeit in Jahren oder die Kündigungsquote bei

Neueinstellungen), Mitarbeiterproduktivität (Kennzahlen dafür sind beispielsweise mitarbeiterbezogene Deckungsbeiträge oder Rückgang der Reklamationen), Schulung und Weiterbildung (Kennzahlen dafür sind beispielsweise die Schulungstage pro Mitarbeiter und pro Jahr oder die Schulungsausgaben im Verhältnis zum Umsatz).
- **Informationssysteme:** (Kennzahlen dafür sind beispielsweise eine ABC-Analyse der benutzten Software und die Anzahl der EDV-Nutzungsstunden durch das Management).
- **Motivation**: Sie zielt auf den Aufbau einer Vertrauenskultur, die letztlich dazu führt, daß die Mitarbeiter gern in der Organisation arbeiten. Kennzahlen dafür sind beispielsweise die Anzahl der Verbesserungsvorschläge und der Anteil der Mitarbeiter, die sich in sozialen, sportlichen oder kulturellen Einrichtungen der Organisation engagieren.
- **Zielausrichtung der Führungsebenen**: Eine wichtige Aufgabe des Managements besteht darin, die Visionen und Strategien der Geschäftsleitung umzusetzen. Eine Kennzahl dafür ist beispielsweise die Anzahl der Manager die mit der Balance Scorecard arbeiten.
- **Teamfähigkeit**: Hier geht es um teamorientierte Leistungskennzahlen. Mögliche Kennzahlen sind beispielsweise die Anzahl der Projekte, an denen mehr als eine Abteilung beteiligt war, und Mitarbeiterumfragen über den Grad der Unterstützung zwischen den Abteilungen.

Die Umsetzung von strategischen Entscheidungen erweist sich oft als problematisch, denn die Führungskräfte kennen beispielsweise weder die Visionen noch die Strategien der Geschäftsleitung. Oder aber die Visionen und Strategien sind nicht umsetzbar, weil sie keine handlungsanleitenden Aussagen enthalten. Die Kennzahlen werden selten für den gesamten Zeitraum von Strategien (5 bis 10 Jahre) eingesetzt. Es bestehen keine Verbindungen zwischen den organisationsweiten Strategien und den Zielvorgaben auf Abteilungsebene. Die für die Umsetzung von Strategien notwendigen Ressourcen werden diesen nicht zugeordnet. Als Werkzeug zur Strategieentwicklung beziehungsweise zur Umsetzung und Überwachung von strategischen Entscheidungen unterstützt die Balanced Scorecard die Beseitigung der genannten Probleme. Während der Überwachung spielt dabei die Rückkopplung zur Strategieentwicklung eine wesentliche Rolle. Alle Kennzahlen aus der Balanced Scorecard lassen sich verknüpfen. Auf diese Weise werden Probleme früh erkannt. Insofern handelt es sich bei der Balanced Scorecard um mehr als nur ein neues Kennzahlensystem. Sie ist vielmehr ein strategisches Managementsystem, die vor allem die vier kritische Managementprozesse zu einem harmonischen Ganzen verknüpft:

- Klärung und Übersetzung von Visionen und Strategien in konkrete Aktionen.
- Kommunikation und Verbinden strategischer Ziele mit konkreten Maßnahmen.
- Aufstellen von Plänen, Formulieren von Vorgaben und Abstimmen der einzelnen Initiativen.

- Verbesserung des Feedbacks und des Lernens.

Viele Software-Lösungen unterstützen inzwischen diesen integrativen Blick. Die Balanced Score Card ist weniger ein starres und vorgefertigtes System als ein Formulierungs- und Kommunikationssystem für Strategien:

- Durch die Ausformulierung der Strategien, Maßnahmen und Erfolgskriterien haben die strategischen Entscheidungen eine höhere Verbindlichkeit.
- Die strategischen Entscheidungen werden transparent, weil die Balanced Score Card jede Information erfaßt, die für die strategische Entwicklung der Organisation wichtig ist.
- Die weichen Erfolgsfaktoren (beispielsweise Kundenzufriedenheit) werden nicht nur berücksichtigt, sie können auch besser operationalisiert werden.
- Die Balanced Score Card stellt die Geschäftsprozesse in den Mittelpunkt.
- Durch die Gewichtung der einzelnen Perspektiven wird die organisationsspezifische Bedeutung der jeweiligen Perspektive besonders deutlich.
- Die Balanced Score Card kann sowohl auf die gesamte Organisation als auch Teilbereiche angewendet werden.
- Die Balanced Score Card unterstützt das Management bei der Erfolgsmessung. Die Balanced Score Card betont die Zukunftsorientierung.

Die Nachteile sind:

- Umfassende Marktkenntnisse sind erforderlich.
- Umfangreiche Überzeugungsarbeit ist im Vorfeld notwendig.
- Hochmotivierte, zukunftsorientierte Mitarbeiter und Mitarbeiterinnen sind eine Voraussetzung.
- Das mittlere Management muß hoch qualifiziert sein, denn es hat eine wichtige Aufgabe im Rahmen der Balanced Score Card: die Vermittlung der Visionen und Strategien an die Mitarbeiter.
- Der qualitative Aspekt ist nicht angemessen berücksichtigt.

Die Balanced Scorecard ist daher weniger ein fertiges System, sondern vielmehr ein Kommunikationsprozeß zur Strategieformulierung und zur Übersetzung von Strategien in konkrete Aktivitäten. Mit ihr sollen vier Haupthindernisse bei der Strategieumsetzung beseitigt werden:

- Vision und Strategie sind nicht operational.
- keine Verknüpfung der Strategie mit den Abteilungs-, Team- und Mitarbeiterzielen.
- keine Verbindung der Strategie zur Ressourcenallokation, lediglich operative und keine strategischen Kontrollen.

Die Balanced Scorecard realisiert demnach Wissensmanagement, indem dem operativen und dem strategischen Lernen ein klar definierter Managementrahmen gegeben wird:

- Es existiert ein gemeinsamer Rahmen, der die Strategie vermittelt und jedem Mitarbeiter ermöglicht zu erkennen, wie seine Handlungen zur Erreichung der Gesamtstrategie beitragen.
- Es ist ein Feedbackprozeß da, der die Informationen über die Zielerreichung der Strategie sammelt und die Überprüfung der Hypothesen über die Wirksamkeit der Aktivitäten zur strategischen Zielerreichung ermöglicht.
- Ein teamorientierter Problemlösungsansatz wird praktiziert, der aus der Analyse der Leistungsinformationen gegebenenfalls die Adaption der Strategie an sich geänderte Bedingungen in die Wege leitet.

8.4.2 Wissenskarten

Die Wissensbasis Wissensbasierter Systeme ändert sich im Laufe der Zeit relativ rasch. Die Gegenstände des Wissens sind Objekte und ihre Beziehungen. Objekte können Sachen, Personen oder Begriffe sein. Relationsbezogene Darstellungsmethoden rücken Beziehungen in den Vordergrund. Bei objektbezogenen Methoden stehen hingegen komplexe Objekte im Mittelpunkt. Wissensbasierte Systeme enthalten meist zwei Arten von Wissen. Objektwissen ist Wissen über die eigentlichen Objekte der Wissensbasis, über das Wissen und die Erfahrung menschlicher Experten. Metawissen enthält Informationen über die Art der Darstellung und Herleitung von Objektwissen. Wissenskarten dienen hier zur grafischen Darstellung von Wissen. Wissenskarten dienen zur Visualisierung von Wissensträgern, Wissensbeständen und Wissensstrukturen. Die Funktionen solcher Karten lassen sich wie folgt zusammenfassen:

- Erhöhung der Transparenz von Wissensbasen,
- Effizientes Auffinden von Wissensträgern und Wissensquellen,
- Konsistentes Klassifizieren von neuem Wissen,
- Integration von neuem Wissen in bestehende Wissensbasen,
- Verbindung von Anfragen, Aufgaben mit Wissensbasen und Wissensträgern,
- Historisierung der Wissensentwicklung.

Man unterscheidet dabei gewöhnlich in zwei Arten von Wissenskarten:

- Individuelle Wissenskarten: Assoziations-, Taxonomie-, Kausal-, Argumentations- und Schemakarten
- Kollektive Wissenskarten: Wissensträgerkarten, Wissensbestandskarten, Wissensflußkarten, Wissensstrukturkarten, Wissenshistorisierung

Der Umfang reicht dabei vom einzelnen Expertenwissen über das Teamwissen, bis hin zum globalen Organisationswissen. Im einfachsten Fall werden einzelne Prozeßketten und Abläufe abgebildet. Wesentlich komplizierter erscheint auch heute noch die Darstellung von Theorien und Argumentationsketten. Die Erstellung einer Wissenskarte erfolgt in einzelnen Phasen:

1. Erfassung der wissensrelevanten Prozesse.
2. Ableitung relevanter Wissensbestandteile.

3. Ableitung relevanter Wissensträger.
4. Kodifikation der Bestände und der Träger.
5. Integration der kodifizierten Bestände in ein Navigationssystem, das die Prozesse verknüpft.
6. Anstoßen von Aktualisierungsmechanismen.

Als Nachteile lassen sich aufführen:
- Festlegung auf ein statisches Ordnungsschema.
- Schwere Abbildung dynamischer Zusammenhänge.
- Relativ hoher Produktions- und Integrationsaufwand.
- Reduktion von Zusammenhängen und Verbalisierungen auf grafische Symbole.
- Erfordert eine recht hohe Disziplin seitens der Wissensträger.
- Können Wissen gesammelt abwandern lassen.
- Wirken sich bei unzulänglicher Organisationskultur eher demotivierend für die Experten aus.
- Latente Akzeptanzprobleme.
- Zu Beginn hohe Kosten der Erfassung und Kodifikation.
- Erhöhter Aktualisierungsaufwand.

8.4.3 Yellow Pages

Yellow Pages sind spezielle Wissenslandkarten, die den Mitarbeitern als Wegweiser zu den für ihre Arbeit relevanten Wissensträgern dienen. Bei informellem Wissen ist es effizienter, Zugang zu den Mitarbeitern zu ermöglichen, die über die jeweilige Erfahrung verfügen, als den Versuch zu unternehmen, dieses Wissen zu kodifizieren. Große Organisationen führen und pflegen derartige Verzeichnisse üblicherweise in ihrem Intranet. Aber auch Verzeichnisse in Papierform erfüllen ihre Aufgabe für das Wissensmanagement, vorausgesetzt, sie enthalten alle relevanten Informationen und werden fortlaufend aktualisiert. Mit diesen "gelben Seiten" läßt sich folgendes erreichen:
- Erleichterung des Zugangs zu wichtigen Wissensträgern.
- Schnelleres Finden geeigneter Ansprechpartner für spezifische Fragestellungen.
- Erleichterung der Zusammenstellung qualifizierter Teams.

Die gelben Seiten geben über folgende Dinge Auskunft:
- Name,
- Bereich, Abteilung, Gruppe,
- Telefonnummer,
- e-mail-Adresse,
- Homepage im Intranet,
- Qualifikation,
- berufliche Erfahrungen,
- Projekterfahrungen,
- Spezialgebiete,
- Weiterbildungsaktivitäten,

- besonderes Know-how, besondere Fähigkeiten (auch außerhalb des eigentlichen beruflichen Einsatzbereiches),
- Hobbys,
- aktuelles Arbeitsgebiet.

Entscheidend für die Brauchbarkeit von Yellow Pages ist die laufende Aktualisierung des Verzeichnisses einschließlich der Entfernung veralteter Angaben. Dies sollte in regelmäßigen Abständen geschehen. Jeder Mitarbeiter ist selbst dafür verantwortlich, daß sein Eintrag in den gelben Seiten stets aktuell ist. Es ist jedoch empfehlenswert, dies zumindest so lange zu überprüfen, bis die Pflege des eigenen Profils im Branchenbuch für alle zum selbstverständlichen Bestandteil der Organisationskultur geworden ist.

8.4.4 Dokumentenlandkarten

Ein spezielle Form der Wissenskarte stellen sogenannte Dokumentenkarten dar. Diese sind dafür gedacht, dokumentiertes Wissen zu organisieren und zu strukturieren. Als Bestandteil eines Wissensmanagementsystems liegt der Entwicklung und Gestaltung solcher Karten folgende Fragestellungen zugrunde:

- Wo sind Dokumente gelagert?
- Wo liegen die inhaltlichen Zusammenhänge zwischen den einzelnen Dokumenten?
- Wo lassen sich wichtige Informationen verdichten?
- Welches Wissen liegt in dokumentierter Form vor?
- Welche Informationsquellen lassen sich isolieren?
- Welche Bereiche werden abgedeckt?

Dokumentenlandkarten tragen auch der Tatsache Rechnung, daß organisationales Wissen nicht nur in den Köpfen der Mitarbeiter verborgen ist, sondern auch in den mitunter überwältigenden, umfangreichen Bibliotheken von Notizen, technischen Unterlagen, Produktbeschreibungen, Leitlinien, Patenten, Markt- oder Kundeninformationen. Die bisherigen Dokumentenmanagementsysteme unterstützen in der Regel zwar die strukturierte Verwaltung von Dokumenten, jedoch nicht den oft komplexen Analyseprozeß, der notwendig ist, um die inhaltlichen Beziehungen der einzelnen Dokumente untereinander aufzuzeigen. Insofern stellen Dokumentlandkarten eine visuelle Möglichkeit dar, die inhaltlichen Beziehungen zwischen unstrukturierten Dokumenten und Dokumentengruppen intuitiv zu veranschaulichen. Gerade wenn ein Suchziel unklar oder kaum exakt formulierbar ist, kann die Zuhilfenahme solcher Dokumentenlandkarten hilfreich sein. Ziel hierbei ist es zu entdecken, was an Informationen wo, wie und in welchem Kontext vorhanden ist. Hierzu ist zunächst ein explorativer Zugang zur Dokumentenbibliothek notwendig, der es ermöglicht, die inhaltliche Struktur eines Dokumentenbestandes mit Hilfe vergebener Schlagwörter und Suchpfade zu erkennen und auf diese Weise jedes Dokument in seinen Kontext zu stellen. Exploration wiederum setzt einen semantischen Zugriffspfad voraus, d.h., inhaltliche Wege durch die breite Informationslandschaft. Die Abstände einzelner Punkte und die Dichte der Punkte auf der Karte vermitteln optisch einen Eindruck von der Ähnlichkeit der einzelnen Dokumenteninhalte. So behandeln benachbarte Dokumente, dargestellt durch grafische Symbole, eher verwandte Texte. Je stärker sich die Inhalte thematisch unterscheiden, desto weiter liegen sie auch auf der Karte entfernt. Diesen optischen Eindruck kann man dahingehend verstärken, indem durch eine Farbverteilung, ähnlich der Höhenkarten, Gruppen verwandter Inhalte aufgezeigt werden können. So liegen Gruppen verwandter Inhalte in gemeinsamen, hellen Tälern und werden durch dunkle, unterschiedlich hohe Berge getrennt. Je dunkler die Hintergrundfarbe, desto stärker liegen die Gruppen inhaltlich auseinander. Diese eher passive visuelle Darstellung läßt sich durch interaktive Komponenten ergänzen:

- **Abrufen von Detailinformationen**: Durch Auswahl der entsprechenden Dokumentensymbole lassen sich die Textkörper einsehen.
- **Ermittlung von Schlagwörtern**: Um den Inhalt einer bestimmten Dokumentengruppe zu charakterisieren, kann die Verteilung der hierfür relevanten Schlagwörter berechnet und angezeigt werden.
- **Fokussieren**: Interessante Teilbereiche lassen sich einblenden oder ausblenden. Eng benachbarte Punkte rücken dabei auseinander und ermöglichen so, die lokalen Strukturen feiner zu untersuchen.
- **Komplettieren von Informationen**: Zu jedem Dokument lassen sich Kommentare hinterlegen oder interessante Gebiete durch entsprechende Symbole markieren.
- **Gezieltes Suchen von Informationen**: Neben einer Volltextsuche können Suchterme aus automatisch generierten Indexsystemen verwendet werden. Als Ergebnis erhält man dabei nicht nur eine Liste der gefundenen Texte, sondern es werden auch die entsprechenden Punkte auf der Karte hervorgehoben. Letzteres ermöglicht es, daß die Ergebnisse sich im Kontext begreifen lassen. Außerdem lassen sich dadurch inhaltlich verwandte Dokumente auf einen Blick ausmachen.
- **Hinzufügen von Dokumenten**: Es lassen sich neue Dokumente hinzufügen.

Mit diesen Zusatzfunktionen ausgestattet, kann ein solches System die inhaltlichen Zusammenhänge in komplexen Dokumentenbibliotheken visualisieren. In Kombination mit komfortablen Such- und Recherchemechanismen stellen Dokumentenlandkarten ein interessantes und wichtiges Werkzeug für effektives Management von dokumentierten Wissens dar.

8.4.5 Wissenslandkarten

Wissenslandkarten dienen zur Katalogisierung und der systematischen Darstellung des Wissens der Organisation und ihrer Mitarbeiter. Diese Funktion läßt sich durch die systematische Erfassung, eine daran anschließende Kategorisierung, einer adäquaten Dokumentation und grafischen Darstellung von Trägern, Beständen, Strukturen, Anwendungen und Entwicklungsstufen des Wissens in der Organisation erreichen. Im einzelnen sind damit die folgenden Ziele verbunden:

- Erfassung der Wissensbestände der Organisation: Rekonstruktion der Wissensbasis und Identifikation der relevanten Wissensquellen,
- Erleichterung des Zugangs zu Wissensträgern und –quellen,
- Formalisieren und Strukturierung von Wissen beziehungsweise von Wissensquellen nach spezifischen Schlüsselbegriffen,
- Identifikation der Wege des Wissensflusses,
- Dokumentation des Wissensflusses,
- Transparenzschaffung des Wissensflusses,
- Lokalisation der Wissenslücken,
- Analyse der Wissensbedarfe,
- Systematisieren der Einordnung neuen Wissens in vorhandene Wissensbestände,
- Erleichterung durch klare Struktur und eindeutige Kategorien,
- Findung von Ansatzpunkte für die effektivere Nutzung von Wissen.

Um diese Ziele zu erreichen, müssen einzelne Arbeitspakete abgearbeitet werden:

- erfolgsrelevante Wissensbestände und deren Träger identifizieren.
- Wissensstandorte ausfindig machen.
- Wissensbestände dokumentieren, kodifizieren und strukturieren.
- Kategorien und Strukturen erarbeiten, um die Wissensbestände und Wissensträger in ein System einzuordnen, das den Zugriff auf das Wissen erleichtert.
- die einzelnen Wissenselemente der Organisation in die gewählte Struktur integrieren.
- geeignete Suchpfade beziehungsweise Navigationssysteme ausarbeiten.
- Aufstellung und/oder Grafik erstellen, die den Mitarbeitern als Wegweiser zu den Wissensstandorten dient.
- Verantwortlichkeiten, Termine und Mechanismen für die regelmäßige Aktualisierung der Wissenskarte festlegen.
- Wissenskarten im Intranet bereitstellen.
- die Entfernung weißer Flecken auf Wissensbestandskarten durch Schulungs- und Weiterbildungsmaßnahmen gezielt anstreben.

Wichtig bei all dem ist, daß die einzelnen Strukturen sorgfältig ausgearbeitet werden, um das Auffinden zu erleichtern. Nur laufend aktualisierte Wissenskarten werden von den Mitarbeitern als nützlich akzeptiert, von ihnen gepflegt und damit aktuell gehalten.

8.4.6 Wissensmarktplatz

Ein solcher Marktplatz ist ein zentral gelegener Treffpunkt zum Informations- und Wissensaustausch. Dabei geht man davon aus, daß der viel zitierte "Tratsch" nicht einfach als üble Nebenerscheinung oder vertane Zeit betrachtet werden muß, sondern vielmehr als praktizierter Prozeß des Wissenstransfers. Er hat folgende Funktionen:

- Wissenstransfer zwischen Mitarbeitern aller Abteilungen und Hierarchieebenen. Es werden Erfahrungen und Informationen über das derzeitige Arbeitsgebiet von Mitarbeitern, Kundenerfahrungen, Fundsachen aus Internet und Intranet etc. ausgetauscht.
- Präsentation eigener Arbeitsergebnisse, Dokumentation wichtiger Erfahrungen etc.
- Weitergabe von Informationen.
- Informelle Kommunikation, beispielsweise auch über Mitteilungen der Geschäftsleitung, die optisch präsent sind und durch Diskussion vertieft werden können.

Die Ausgestaltung dieses Marktplatzes kann je nach räumlichen Randbedingungen unterschiedlich erfolgen. Wichtig ist jedoch eine Einrichtung an zentraler Stelle (u.U. angegliedert an Kantine, Teeküche, Kaffeeautomat oder andere zentrale Punkte der Begegnung von Mitarbeitern). Folgende Gestaltungselemente haben sich in der Praxis bewährt:

- einladende Gestaltung,
- bequeme Sitzgelegenheiten,
- Ausstattung mit allen Medien für Präsentation, Visualisierung und Kommunikation: Schwarze Bretter (gegliedert nach Themenbereichen wie Neues aus den Abteilungen, Ideenmarkt, Information der Geschäftsleitung), Flipcharts mit Zubehör, Zugang zu Inter- und Intranet, Pinwand, Ideenmarkt etc.,
- virtuelle Teeküchen oder Wissens Cafes: im Intranet installierte Räume, um Mitarbeitern den zwanglosen Austausch von Wissen, Informationen und Einfällen zu ermöglichen.

8.4.7 Wissensnetzwerke

Unter einem Wissensnetzwerk versteht man die gezielte Zusammenarbeit mit anderen Organisationen (auch Wettbewerbern), die Vernetzung mit externen Experten, Bildungsträgern, Verbänden, Kammern, etc. zur gemeinsamen Nutzung von Wissens und zur Verbreiterung der eigenen Wissensbasis. Ein solches Wissensnetzwerk soll folgende Zwecke erfüllen:

- voneinander lernen,
- Erfahrungsaustausch und Bündelung von Know how,
- Erweiterung der eigenen Perspektive,
- gemeinsame Erarbeitung neuen Wissens durch Kooperation in Forschung und Entwicklung,
- gemeinsame Kundenakquise und bessere Nutzung des Wissens der Partner über Märkte, Kunden, deren Präferenzen etc.,
- gemeinsame Beschaffung, Nutzung von Anlagen, Maschinen, Informationstechnologie und Erfahrungsaustausch,
- Unterstützung des Wissenstransfers zwischen kooperierenden Organisationen durch Personalausleihe.

Der Aufbau eines solchen Netzwerkes erfolgt in den folgenden Schritten:

- Entscheidung zur Kooperation treffen.

- Ziele der Zusammenarbeit abstecken.
- Felder der Kooperation festlegen.
- Die eigenen Erwartungen an den Partner klären.
- Überlegen, was die eigene Organisation in die Kooperation einbringen kann, will und welches Wissen aus Wettbewerbsgründen nicht geteilt werden soll.
- Sorgfältige Suche nach geeigneten Partnern.
- Ermitteln, welche Stärken potentielle Partner auf Feldern aufweisen, in denen die eigene Organisation Schwächen hat und umgekehrt (Von welchen eigenen Stärken könnte ein Partner profitieren?).
- Gründung der Kooperation.
- Definition von Zielsetzung und Gebieten der Zusammenarbeit, Inhalte, Umfang, Rechte und Pflichten, gegebenenfalls auch Sanktionsmaßnahmen.
- Festlegung der Verantwortlichkeit für die Kooperation, Koordination und Kontrolle in der Organisation.
- Schaffung geeigneter Kanäle zur Verbreitung des gewonnenen Know how in der Organisation.
- Kontinuierliche Überprüfung der Zusammenarbeit (Hat sich die Wissensbasis der Organisation vergrößert? Auf welchen Gebieten ist die Zusammenarbeit besonders gewinnbringend? Wo könnte sie ausgebaut werden? Welche Aktivitäten sind weniger vorteilhaft?).

Wichtig dabei ist, daß beide Seiten von der Zusammenarbeit profitieren müssen. Nur ein gesundes und gelebtes Vertrauen schafft ein gutes und verlässliches Kooperationsklima. Kein Partner darf sich übervorteilt oder benutzt vorkommen.

8.4.8 Wissensbilanz

Eine Wissensbilanz stellt eine Bestandsaufnahme des Organisationswissens dar. Bei der Erstellung von Wissens- und Kompetenzprofilen werden sich die Mitarbeiter ihres eigenen Wissens bewußt und lernen den Wert ihrer Fähigkeiten und Erfahrungen für die Organisation kennen: Sie erfahren sich als Wissensträger. Eine Wissensbilanz betrachtet dabei verschiedene Ebenen der Organisation:

- die Ebene des Wissens und der Erfahrung der Mitarbeiter,
- die Ebene der in der Organisation vorhandenen internen Potentiale des Wissensmanagements,
- die Ebene der von der Organisation nutzbaren Außenkontakte.

Eine Wissensbilanz hat folgende Funktionen zu erfüllen:

- Wissenspotenziale bilanzieren, um sie effektiver nutzen zu können.
- Wissenslücken identifizieren.
- Wissensbedarf aufdecken.
- Grundlage für Weiterbildungs- und andere Maßnahmepläne zu sein.

Die Erstellung einer Wissensbilanz muß als umfassendes Projekt aufgezogen werden und durchläuft folgende Phasen:

- Analyse des Ist-Bestandes der organisationalen Wissensbasis:
  - der einzelnen Mitarbeiter (Ausbildungsniveau, Spezialkenntnisse, Expertentum, Produkt- und Prozeßkompetenz, Informations- und Kommunikationsfähigkeit, Eigenverantwortlichkeit und Überblickswissen).
  - der innerbetrieblichen Strukturen (Technologien, Prozesse, Vorhandene Informations- und Kommunikationstechnologie, Grad der Vernetzung und Ausmaß der Nutzung der vorhandenen Kommunikationswege, Organisationskultur).
  - der Außenbeziehungen der Organisation (Kunden- und Lieferantenbeziehungen, Beziehungen zu externen Wissensträgern).
- Vergleich mit dem Soll des künftig notwendigen Wissens.
- Planung geeigneter Maßnahmen, um die Lücken zwischen Soll und Ist zu schließen.

Die Erstellung einer Wissensbilanz ist an gewisse Voraussetzung geknüpft, die unbedingt erfüllt werden müssen, soll das Projekt gelingen. Unerlässliche Voraussetzung bei der Erstellung individueller Wissensbilanzen ist eine organisationale Vertrauenskultur, die den Mitarbeitern die Sicherheit gibt, daß ihre Kompetenzprofile nicht ihrer Ein- oder gar Abstufung, sondern lediglich zu Zwecken des Wissensmanagements dienen.

8.4.9 Benchmarking

Unter Benchmarking versteht man den strukturierten Vergleich von Organisationsprozessen und Produkten mit den jeweils Besten. Man unterscheidet zwischen internem und externem Benchmarking. Internes Benchmarking bedeutet, daß die zu untersuchende Abteilung/Gruppe mit der erfolgreichsten Abteilung/Gruppe in der Organisation auf dem Gebiet, auf dem man sich verbessern und die jeweilige Best Practice nutzen will, vergleicht. Das externe Benchmarking vergleicht die Organisation in der eigenen und in anderen Branchen. Ein solcher Vergleich dient gleich mehreren Zwecken:

- Kluge Lösungen für eigene Probleme bei anderen suchen.
- Identifikation und Analyse der eigenen Stärken und Schwächen (Sehen, was bei anderen möglich ist und wo man steht).
- Wissensziele setzen.
- Wissensdefizite identifizieren.
- Wissensbedarfe erkennen.
- Sensibilisierung für Notwendigkeit und Möglichkeiten eines Wissensmanagements.
- Schaffung von Veränderungsdruck durch Vergleich der eigenen Praxis mit den Wissensführern und von Bewusstsein für Veränderungsmöglichkeiten bestimmter Bereiche, Prozesse und Produkte.

Die Realisierung erfolgt in Schritten:

- Erfolgskritischen Bereich auswählen.
- Ziel und Umfang möglichst exakt definieren.

- Vergleichskriterien festlegen.
- Kennzahlen sorgfältig auswählen.
- Frage- und Beobachtungskatalog erstellen.
- Interne oder externe Benchmarking-Partner suchen und auswählen.
- Partner nach den gewählten Vergleichskriterien analysieren.
- Vergleichsresultate auswerten und im Organisation kommunizieren.
- Ergebnisse in konkrete Maßnahmen vor Ort übersetzen und umsetzen.

8.4.10 Job Rotation

Unter Job Rotation versteht man den planmäßigen Wechsel des Arbeitsplatzes und der Arbeitsaufgabe. Dieser planmäßige Wechsel von Arbeitsplatz und der Arbeitsaufgabe dient der Qualifizierung von Mitarbeitern durch Lernen am Arbeitsplatz. Der Wechsel kann innerhalb einer Abteilung oder Gruppe, aber auch zwischen Gruppen, Abteilungen und Hierarchieebenen stattfinden. Auch ein externer Tausch von Mitarbeitern kooperierender Organisationen erweitert das Wissen der Mitarbeiter und der Organisation. Job Rotation ist aus Sicht des Wissensmanagements geeignet:

- zur gezielten Steuerung des betrieblichen Wissenstransfers und zum Aufbau von Wissensnetzwerken in der Organisation.
- zur Verknüpfung von Aufgaben des Wissensmanagements mit der betrieblichen Praxis gemäß eines Wissenstransfer "on the job".
- zum Erwerb fachlichen Wissens, der Expertise erfahrener Mitarbeiter.
- zur Weitergabe eigenen Wissens bzw. Erfahrung.
- zur Loslösung wichtiger Wissensbestände der Organisation vom Spezialistentum Einzelner.
- zur Förderung des Denkens in größeren betrieblichen Zusammenhängen.
- zur Steigerung der Fähigkeit, den betrieblichen Ablauf von verschiedenen Gesichtspunkten aus betrachten zu können.
- zur Förderung von Kommunikationsprozessen über Gruppen-, Abteilungs- und auch Betriebsgrenzen hinweg.
- zur Überwindung des Gruppen- und Abteilungsdenkens.
- das Teilen von Wissen als Selbstverständlichkeit zu begreifen und die Vorteile für alle Beteiligten zu erfahren.

Bei der Realisierung dieses Ansatzes ist folgendes zu beachten:

- Geeignete Arbeitsplätze auswählen (Welche Wissensbestände sollen in erster Linie weiterverbreitet werden? Welches Wissen ist besonders geeignet, durch job rotation vermittelt zu werden?).
- Die betrieblichen Zusammenhänge berücksichtigen.
- Alle Betroffenen rechtzeitig informieren und gegebenenfalls Absprachen treffen, um den reibungsfreien Arbeitsablauf in allen betroffenen Abteilungen und Gruppen sicherzustellen.
- zeitliche Puffer einplanen, da am neuen Arbeitsplatz unerfahrene Gruppenmitglieder mehr Zeit benötigen als die erfahrenen Mitarbeiter.

- Ausreichend Zeit zu Wissenserwerb und Wissensweitergabe einplanen, damit die Mitarbeiter den Wissenstransfer nicht als zusätzliche Belastung empfinden und blockieren.

8.4.11 Lernen am Projekt

Das Lernen am Projekt besteht aus einer befristeten Zusammenarbeit von abteilungs-, funktions- und hierarchieübergreifenden Gruppen, die gemeinsam an einem bestimmten Problembereich arbeiten. Unter Umständen werden auch Externe (Kunden, Lieferanten, Berater, Wissenschaftler etc.) einbezogen, deren Wissen relevant für die Problemlösung ist. Dadurch lassen sich folgende Ziele erreichen:

- Wissen bündeln, als Team gemeinsam zu besseren Lösungen gelangen,
- gemeinsam neues Wissen erarbeiten,
- aus Erfahrungen anderer lernen,
- gemachte Erfahrungen mit anderen kommunizieren,
- aus dem Feedback anderer lernen,
- reale organisationale Situationen gemeinsam gezielt auswerten und zur Erarbeitung neuen Wissens nutzen,
- neue Wissensfelder erschließen,
- eigene Wissensbasis durch Konfrontation mit anderen Perspektiven und Erfahrungen erweitern,
- kritische Distanz zu eingefahrenen Denkweisen fördern.

Das Lernen am Projekt kann durch die Bildung einer Projektlerngruppe gefördert werden, die aus 4-5 Personen aus verschiedenen Organisationsbereichen besteht und den Auftrag hat, ein konkretes Praxisproblem zu bearbeiten. Dabei sind folgende Schritte zu durchlaufen:

- Präzisierung der Problemstellung durch die Gruppe.
- Aufschlüsselung des Problems in Teilaspekte, die je eigenverantwortlich von einem Mitglied der Projektgruppe bearbeitet werden.
- Jeder Verantwortliche hat einen Mentor, einen Paten, der ihn unterstützt.
- Regelmäßige Treffen der Gruppe mit präzisen Vorgaben für jedes Gruppenmitglied.
- Berichte und gegenseitiges Feedback.
- Kontinuierliche gegenseitige Rückmeldung innerhalb der Gruppe.

Dabei ist zu beachten, daß möglichst heterogene Projektlerngruppen gebildet werden, denn es gilt, je ungewohnter und aufschlussreicher aus der Sicht der Teilnehmer die Vorschläge und Vorgehensweisen der anderen sind, desto intensiver ist das Lernen.

8.4.12 Lessons learned

Darunter versteht man die Dokumentation von Erfahrungen, die bei der Bearbeitung eines Projekts, einer Arbeitsaufgabe gemacht wurden. Dieser Ansatz soll folgendes bezwecken:

- Lernen aus den Erfahrungen anderer, d.h. gute Beispiele übernehmen, aus Fehlern lernen.
- Selbstreflexion der Teammitglieder über ihre Arbeit: Sich Fehler und Lehren bewußt machen, eigene Erfahrungen zum Ausdruck bringen und so festhalten, daß sie anderen übermittelt werden können.
- Die gemeinsame Reflexion der Arbeit expliziert das Know how der Gruppe, faßt es zusammen und macht es anderen Mitarbeitern zugänglich.

Die folgenden Leitfragen werden nach Abschluß der Projektarbeit oder einzelner Arbeitschritte beantwortet:

- Wie wurde vorgegangen?
- Welche Schwierigkeiten tauchten an welchem Punkt auf? Technisch, organisatorisch, im Team, mit Dritten?
- Wie wurden die Probleme behoben?
- Waren die gefundenen Lösungswege zufriedenstellend?
- Was ließe sich verbessern?
- Welche Fehler wurden gemacht?
- Was waren die Ursachen?
- Was kann man daraus lernen?
- Wie ließe sich der Fehler vermeiden?
- Worauf sollten andere (Teams) bei ähnlichen Problemstellungen achten?
- Wer kann von unseren Erfahrungen profitieren?
- Wie sind sie am besten zusammenzufassen und zu strukturieren?
- An wen sollen sie weitergeleitet werden?

8.4.13 Anreizsysteme

Für die Implementierung und für die spätere Aufrechterhaltung eines effektiven und ganzheitlichen Wissensmanagements ist die aktive Beteiligung der einzelnen Mitarbeiter sicherlich einer der wichtigsten Erfolgsfaktoren. Um diese Mitarbeiter nun bezüglich dem Thema Wissensmanagement zu sensibilisieren und zur aktiven Mitarbeit zu motivieren, lassen sich spezielle Anreizsysteme einsetzen. So müssen beispielsweise für den Wissensaustausch Anreize gegeben werden, die auf Offenheit und Fairness beruhen, und damit dem Mitarbeiter so das notwendige Vertrauen geben, sein Wissen zu teilen. Gerade das Teilen vorhandenen Wissens spielt in wissensorientierten Organisationen eine herausragende Rolle, die über den Erfolg oder Mißerfolg entscheiden. Unter dem Begriff Anreiz wird dabei eine Handlungsweise verstanden, die einen Mitarbeiter aufgrund seines individuellen Bedürfnisstruktur zu einem bestimmten Verhalten veranlaßt. Nach der Art des Anreizobjekte unterscheidet man zwischen materiellen und immaterieller Anreiz.

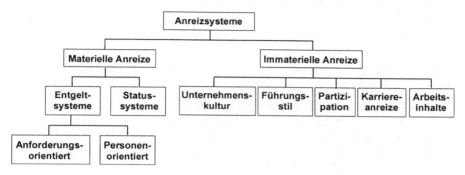

Abbildung 8-7 : Anreizsysteme

Als materieller Anreiz gilt vor allem das monetäre Entgelt, das eine Form der Belohnung für das gewünschte Leistungsverhalten darstellt. So trägt indirekt die Höhe der Belohnung zur Befriedigung von Status-, Macht- und Wertschätzungsbedürfnissen bei und bestimmt die Stellung des Mitarbeiters innerhalb der Organisation. Immaterielle Reize drücken sich hingegen in den Bedingungen der Leistungserbringung aus und haben dadurch keine unmittelbare monetären Auswirkungen. Da diese Anreize in der Regel durch das Gehaltsniveau und ähnliche Einschränkungen begrenzt sind, nehmen immaterielle Reize einen immer höheren Stellenwert in der Belohnung des Leistungsverhalten ein. Durch einen kombinierten Einsatz mehrerer dieser Arten können die entsprechenden Wissensmanagement-Komponenten so erweitert werden, daß sie zu einer Verhaltensänderung führen können. Die Mitarbeiter werden durch gezielte Anreize motiviert, erfolgreich an der Wissensteilung zu partizipieren und ihr implizites Wissen freiwillig zur Verfügung zu stellen Um herauszufinden, welche Anreize die Mitarbeiter individuell motivieren, muß durch gezielte Gespräche die persönliche Motivationsstruktur des Einzelnen ermittelt werden. Als Anforderungen an Entlohnungssysteme und Statussymbole gelten:

- Orientierung der Entlohnung nicht nur an den Persönlichkeitsmerkmalen der Mitarbeiter, sondern an ihrer Beteiligung am Wissensmanagement,
- Ausrichtung der Entlohnungsanreize am Ausmaß des Wissensaustausches,
- Aufnahme der Wissensmanagement-orientierten Verhaltenskomponenten in die Mitarbeiterbeurteilung.

An die Anreizsysteme bezüglich der persönlichen Karriere sind folgende Anforderung zu stellen:

- Visualisierung der Experten,
- exponierte Stellung der Experten,
- Anerkennung durch Teilnahme auf anspruchsvolle Projekte,
- direkte Dialogmöglichkeit mit anderen Personen,
- Aufbau von Wissensnetzwerken,

- attraktive Aus- und Weiterbildungsmöglichkeiten, die die Qualifikation erhöhen und die Wissensmanagement-Aktivitäten kompensieren,
- Ausdruck der Wertschätzung und Anerkennung des Mitarbeiters,
- Einführung von Karrieremöglichkeiten: für Spezialisten, die eine höhere Hierarchieebene anstreben, jedoch die Übernahme von Führungstätigkeiten als negativen Anreiz empfinden.

Will man Anreize bezüglich des persönlichen Arbeitsinhaltes geben, so sind folgende Anforderungen zu beachten:

- Einbindung der Wissensmanagement-Aufgaben in die tägliche Arbeit und den persönlichen Verantwortungsbereich der Mitarbeiter, so daß sie keinen zusätzlichen Arbeitsaufwand darstellen.
- Ausgewiesene Wissensmanagement-Experten werden begehrte Mitglieder in den Projektteams.
- Die Anforderungen an den Arbeitsinhalt erhöhen sich aufgrund der Teilnahme an unterschiedlichen Projekten (job enlargement/ enrichment).

Die Anforderung an die Partizipation lassen sich wie folgt zusammenfassen:

- transparente Zielgestaltung, die den Beitragsnutzen des Einzelnen verdeutlicht,
- Einbeziehung der Mitarbeiter in den Prozeß der Aufdeckung von Wissensinseln.

Die wesentlichen Anforderungen an den Führungsstil sind:

- Aufgabe der Führungskräfte ist die Kommunikation des Nutzens und der Bereitschaft zur Wissensweitergabe.
- wissensorientierte Verhaltensausprägung der Führungskräfte gegenüber den Mitarbeitern: Die Wissensteilung muß bidirektional verlaufen.
- kooperativer Führungsstil: Auch der Vorgesetzte gibt Wissen an seine Mitarbeiter weiter.
- gegenseitiges Feedback: Auch die Führungskraft sollte beurteil- und kritisierbar sein.

Als Anforderungen an die Organisationskultur wurden in der Praxis ausgemacht:

- **Vertrauenskultur**: Der Mitarbeiter muß sein Wissen vertrauensvoll weitergeben können; es dürfen für ihn keine finanziellen oder sozialen Nachteile entstehen.
- **Informationstechnik/Organisation**: Die technischen und organisatorischen Strukturen sollten so angelegt sein, daß jeder Mitarbeiter Zugriff auf relevantes Wissen hat und für das Sammeln und Weiterleiten der Informationen belohnt wird.
- **Kommunikationskultur**: Fördert ebenfalls den Wissensaustausch, starre Linienorganisationen und Dienstwege hemmen den kreativen und direkten Wissensfluß.

- **Gruppenorientierte Führung**: Die Organisationskultur sollte zur Ziellenkung beitragen.
- **Vision**: Als Ausgangspunkt ist die Vision der wissensbasierten Organisation vom Management klar zu kommunizieren. Das gleiche gilt für die daraus abgeleitete Wissensstrategie.
- **Wissen**: Nicht nur die ökonomischen, sondern verstärkt die wissensrelevanten Werte (Teilen, Lessons Learned etc) hervorheben.
- Die **Kriterien für Führungskräfte** weniger auf Finanzdaten oder gar Bestand ausrichten, sondern durch messbare Indikatoren für Innovation, Produktivität, Mitarbeiterqualifikation etc., ersetzen.
- **Entscheidungsfindung** und **Performance** ständig mit Wissen in Verbindung bringen
- **Subkulturen** und ihre Prioritäten bezüglich Wissen akzeptieren und ein gegenseitiges Verständnis der unterschiedlichen Wertschätzungen fördern.
- Die **Träger** von relevantem Wissen transparent machen und Ansprechpartner schaffen.
- **Vertrauen** geben und verstärken (beispielsweise durch Anonymität, rasche Reaktionen, ernst nehmen).
- Auch **sensible Themen** offen und dennoch mit hohem Vertrauensschutz diskutieren.
- Das Top-Management für **informelle Anfragen** öffnen.
- **Wissensaustausch** durch informelle Treffen, Knowledge Fairs etc. fördern und aktiv managen (Häufigkeit, Teilnehmer).
- Einrichtungen und Prozesse etablieren, die das **Zusammenarbeiten** ermöglichen, dieses fördern und beobachten (Zeit, Raum, Infrastruktur Meßgrößen).
- Deutlich und wiederholt kommunizieren (und danach handeln), daß nicht das Horten, sondern das **Teilen von Wissen** geschätzt und belohnt wird (z. B. bislang gehortetes Wissen zum Transfer freigeben).
- Nach den **Ergebnissen** von Teamleistungen, Wissensteilung etc, statt nach individueller Leistung fragen und beurteilen, (Erfolgsprämien für Teams, Produktlinien, Prozeßketten etc. (alle Beteiligten!) schaffen statt für Individuen oder Kostenstellen.
- Die am höchsten geschätzten Experten und Spezialisten **sichtbar machen** und mit Aufmerksamkeit belohnen.
- Erfahrene Manager auffordern, **Trainings** und Seminare zur Wissensweitergabe über das Geschäft durchführen zu lassen.
- Das **Einbeziehen von externem Wissen** in alle relevanten Geschäftsprozesse fördern.
- Die **Aufnahme, Verwendung und Verbesserung** von extern erworbenem Wissen fördern und belohnen.
- Annahmen und **Vorurteile** ständig hinterfragen und auch rigoros zur Diskussion stellen.
- **Kundenkontakte** (und ihren Output) auf allen Ebenen fördern und hoch bewerten.

9 Einführungsstrategie

Entscheidendes Element im Rahmen der Einführung des Wissensmanagements ist eine den spezifischen Anforderungen der Organisation gerecht werdende Vorgehensweise.

9.1 Allgemein

Eine präzise Definition der Projektzielsetzung, abgeleitet aus den spezifischen Problemstellungen der Organisation und ein klares Aufzeigen der Nutzenpotentiale für die Beteiligten sind relevante Erfolgsdeterminanten bei der Einführung. Die Zielsetzung ist dabei auf das schnelle Erreichen erkennbarer Erfolge auszurichten, um langfristig die Unterstützung aller Beteiligten zu erreichen beziehungsweise zu sichern. Aus der Erfahrung zeigt sich, daß Wissensmanagementprojekte, die nicht durch alle Beteiligten getragen werden, oftmals zum Scheitern verurteilt sind. Abhilfe schafft also eine frühe Einbindung aller Beteiligten und ein ausführliches Informieren über die Chancen, aber auch über die Risiken. Darüber hinaus ist für entsprechende Projekte, die tiefgreifende Veränderungen mit sich bringen, das Vorhandensein eines Promotors in der Geschäftsleitung wichtig. Das Interesse und die kontinuierliche und aktive Begleitung des gesamten Projektverlaufs durch einen Promotor beschleunigt nicht nur die Entscheidungsprozesse, sondern dient durch die ausgeführte Vorbildfunktion als entscheidender Motivator. Bereits bei der Einführung ist zu berücksichtigen, daß ein zuverlässiges Instrument zur Standortbestimmung und zur langfristigen Organisationsentwicklung für das langfristige Etablieren von Wissensmanagement unerläßlich ist. Daher wird in den folgenden Abschnitten eine Strategie vorgeschlagen, die neben einer phasenorientierten Vorgehensweise, auch durch eine differenzierte Betrachtung der Gesamtkomplexität in handhabbare Ebenen, die Einführung zielorientierter gestalten soll.

9.2 Phasenmodell

Die Einführung von Wissensmanagement ist viele andere Entwicklungsprozesse auch an einen phasenorientierten, prozeßhaften und damit geordneten Ablauf gebunden, bei der Personen oder Personengruppen zu unterschiedlichen Zeitpunkten an der Bearbeitung bestimmter Aufgabenpakete gemeinsam mitwirken. Neben den technischen Werkzeugen, die zu den unterschiedlichen Phasen eingesetzt werden, übt die Organisation des Projektes und die Qualifikation und Motivation der Beteiligten einen bedeutenden Einfluß auf die Kosten und die Qualität des späteren Wissensmanagements aus. Wissensmanagement kann als Ergebnis seiner Entwicklungs- und Implementierungsgeschichte, insbesondere als die Geschichte der während der Entwicklung unterlaufenen Fehler, aufgefaßt werden. Um diese Fehler zu minimieren, werden zu jeder Phase Leitfragen formuliert, geeignete Instrumente aufgezeigt, sowie Checklisten zur Hand gereicht.

9.2.1 Anforderung an das Phasenmodell

In vielen Organisationen sind bereits Aktivitäten mehr oder weniger koordiniert unternommen worden, die nicht selten unter der Überschrift "Wissensmanagement" laufen. Häufig lag jedoch die Motivation in diesem Aktionismus vor allem darin, überhaupt irgendwas in Bezug auf das vieldiskutierte Thema getan zu haben. Will man jedoch ein Wissensmanagement gewinnbringend innerhalb einer Organisation einführen und langfristig implementieren, so muß die Angemessenheit der gestarteten Aktivitäten kritisch überprüft werden und ggf. korrigiert oder gar eingestellt werden. Um Wissensmanagement effektiv, effizient und allgemein akzeptiert entwickeln zu können, muß es vom Charakter einer Alibi-Veranstaltung befreit und als ein ganzheitliches, die gesamte Organisation umfassendes Projekt betrachtet werden. Dazu ist es notwendig, ein Modell zu entwickeln

- das eine ganzheitliche Bewertung der Wissensmanagement-Aktivitäten ermöglicht,
- die alle relevanten Gestaltungsfelder erfasst,
- die aus der Bewertung adäquate Entwicklungsmaßnahmen ableitet,
- die der permanenten Entwicklung der technischen Möglichkeiten Rechnung trägt,
- somit eine kontinuierliche Weiterentwicklung des Wissensmanagements ermöglicht,
- und damit dem dynamischen Charakter eines Wissensmanagementprojektes gerecht wird.

Das Phasenmodell basiert auf einem, speziell für das Wissensmanagement entwickelten Organisationsmodell. Beides zusammen wird das Rüstzeug sein, was zur Bewältigung des Projektweges benötigt wird. Die Anforderungen an die Methodik sind:

- Sie soll auf die ganze Organisation angewendet werden können.
- Sie soll durch eine systematische und strukturierte Vorgehensweise Transparenz und Bewertungsmöglichkeiten liefern und eine gewisse Handlungssicherheit geben zu können.
- Sie soll für jeden am Projekt Beteiligten verständlich sein,
- und recht schnelle und frühe Ergebnisse zusichern können.

Die Phasen lauten:

- Sensibilisierung,
- Definition von Wissenszielen,
- Schwachstellenanalyse,
- Definition von Potentialen,

- Projektierung,
- Entwicklung und Implementierung,
- Kontrolle und Weiterentwicklung.

Um die Entwicklungsstadien einer Organisation abbilden zu können, wurden fünf unterschiedliche Stadien definiert, die als relativ robuste Zustandsbeschreibungen die Aktivitäten und Prozesse der Organisation widerspiegeln. Vor diesem Hintergrund wird deutlich, daß eine Organisation nicht von heute auf morgen die Entwicklungsstadien wechseln oder gar überspringen kann. Die Entwicklungsstadien sind:

- Unbewußtes Wissensmanagement,
- Pilotiertes Wissensmanagement,
- Partiell-stabiles Wissensmanagement,
- Organisationsumfassendes Wissensmanagement,
- Intelligentes Wissensmanagement.

9.2.2 Sensibilisierung

Der Nutzen des Wissensmanagements hängt entscheidend von der Akzeptanz und der Einsicht der Mitarbeiter und Führungskräfte ab. Nur wenn Führungskräfte auf allen Ebenen ebenso wie die Mitarbeiter von der Notwendigkeit des Wissensmanagements und von den Vorteilen für ihre eigene Arbeit und für die Organisation überzeugt sind, werden sie Instrumente des Wissensmanagements anwenden und ihr Wissen mit anderen teilen. Am Beginn jedes Wissensmanagement-Projekts sollten daher Veranstaltungen stehen, auf denen sich Mitarbeiter ein gemeinsames Bewußtsein über Vorteile und Ziele des Wissensmanagement erarbeiten und der Organisation, der eigenen Arbeit und betrieblichen Abläufen gegenüber die Wissensperspektive einnehmen. Organisationsverantwortliche und ihre Mitarbeiter

- machen sich bewußt, daß die Organisation ihr Wissen besser managen muß, um ihre Wettbewerbsposition erhalten zu können beziehungsweise auszubauen und ständig zu verbessern.
- erkennen die Wissenspotentiale, die in der Organisation und außerhalb vorhanden sind, aber nicht oder unzureichend verwertet werden.
- betrachten Abläufe in der Organisation unter der Wissensperspektive (neu).
- und analysieren Prozesse der Wissensentstehung, der Wissens-dokumentation und –weitergabe.
- identifizieren Wissensbarrieren in der Organisation.
- suchen nach Ansatzpunkten und Verbesserungsmöglichkeiten.
- begreifen die Notwendigkeit einer wissensfreundlichen Organisationskultur.

Leitfragen:

- Wie viel vom derzeitigen Wissen, vom derzeitigen Qualifikationsstand der Mitarbeiter wird in 3 (5, 10) Jahren noch aktuell sein?
- Welches Wissen wird die Organisation in Zukunft benötigen, um im verschärften globalen Wettbewerb zu bestehen?

- Hat in der Organisation jeder Mitarbeiter Zugriff auf das Wissen und die Erfahrung anderer, die er zur optimalen Erledigung seiner Aufgaben jeweils benötigt?
- In welcher Form wird Wissens dokumentiert?
- Wie wird Wissen in der Organisation weitergeleitet?
- Können andere (Abteilungen, Teams) mit dem dokumentierten Wissen etwas anfangen, steht es in einer für alle verständlichen und nachvollziehbaren Form zur Verfügung?
- Wie viel von der Arbeitszeit verbringen die Mitarbeiter mit der Suche nach Wissen und kompetenten Ansprechpartnern?
- Wer in der Organisation hat den Überblick über alle wichtigen Projekte, die gegenwärtig verfolgt werden? Ist dabei der aktuelle Status transparent?
- Wenn in einem Bereich der Organisation, in einem Projekt oder einer Abteilung wichtige Erfahrungen oder auch Fehler gemacht werden: Wer erfährt davon?
- Wie wird mit Fehlern umgegangen? Werden diese eher verheimlicht, anonymisiert, um persönliche Nachteile zu vermeiden? Oder werden sie genutzt, um daraus zu lernen?
- Wer sind die besonders wichtigen Wissensträger? (In welcher Form) steht ihr Wissen anderen zur Verfügung?
- Welche Wege für die Weitergabe von Wissen - innerhalb der Gruppe, der Abteilung, des Bereichs, im Betrieb - existieren - und vom wem werden sie genutzt?
- Wie werden diese genutzt?
- Wie intensiv werden sie genutzt?
- Welche externen Wissensquellen werden genutzt?
- Wie konsequent werden externe Wissensquellen genutzt? Von wem?
- Wem wird das externe Wissen zur Verfügung gestellt? Wie?
- Wie werden Infos über Kundenkontakte, Beschwerden, Neuentwicklungen in der Organisation zugänglich gemacht?
- Wem werden Infos über Kundenkontakte, Beschwerden, Neuentwicklungen in der Organisation zugänglich gemacht?
- Was ließe sich verbessern? Wie?
- Welche Barrieren und Hindernisse, welche potentiellen Blockierer für ein verbessertes Management des Wissens lassen sich in der Organisation ausmachen?
- Wie offen und flexibel ist die Organisationskultur?
- Wo lassen sich Ansatzpunkte für ein Wissensmanagement in der Organisation ausmachen?
- In welchen Bereichen könnten bzw. müssten die Schwerpunkte liegen?

Instrumente:

- Kick-off-Workshop,
- Wissensbilanzen,
- Checklisten zu internen und externen Wissensquellen,
- Benchmarking.

9.2.3 Definition von Wissenszielen

Organisationen, die ihr Wissensmanagement verbessern wollen, können nicht auf fertige Konzepte und Maßnahmenkataloge zurückgreifen. Vielmehr muß jede Organisation zunächst selbst bestimmen, welche Ziele mit Maßnahmen des Wissensmanagements verfolgt werden sollen. Zukunftsstrategien und die künftige Wissensperspektive der Organisation gehören jedoch häufig selbst zum inhärenten Wissensbestand von Organisationen. Grundlegend für ein effizientes Wissensmanagement ist daher, daß eine Organisation sich die eigenen Strategien, Zukunftsoptionen und Kernkompetenzen bewußt macht, um im Hinblick darauf konkrete organisationsspezifische Wissensziele formulieren zu können.

Eine präzise, für alle nachvollziehbare und von allen getragene Zielformulierung und die Definition von Kriterien vor Beginn des Veränderungsprozesses sind entscheidend für die Konzeption eines auf die spezifischen Voraussetzungen und Bedarfe der Organisation abgestimmten Wissensmanagements.

- Organisationsspezifische Wissensziele im Hinblick auf die Zukunftsstrategien festlegen.
- Organisationsziele identifizieren und ihre Wissensrelevanz prüfen.
- die Bedeutung von Wissensbeständen des Entwicklung der Kernkompetenzen ermitteln.
- Zukunftsbedarf der Wissensentwicklung in der Organisation im Hinblick auf die Organisationsziele und strategische Schwerpunkte feststellen.
- Schwerpunkte des Wissensmanagements bestimmen.
- 5-Jahresplan der Wissensentwicklung in der Organisation entwerfen.
- Grundlage schaffen für die Planung konkreter Maßnahmen des Wissensmanagements.
- mit den Wissenszielen zugleich die Festlegung von Kriterien für die Bewertung und Kontrolle von Maßnahmen des Wissensmanagement vorbereiten.
- Welches sind die Kernkompetenzen der Organisation? Auf welchen Gebieten verfügt die Organisation über einen Wissensvorsprung gegenüber der Konkurrenz?
- Auf welchen Gebieten liegen die Schwächen? Wo manifestiert sich ein Aufholbedarf, der für die Zukunft entscheidend sein könnte?
- In welchen Geschäftsbereichen liegen die Zukunftschancen der Organisation?
- Auf welche Märkte sollte sich die Organisation in Zukunft konzentrieren?
- Welche Bereiche sollten forciert werden?
- Welche Bereiche und Entwicklungen der Technologie sind besonders relevant für die zentralen Geschäftsfelder?
- Welchen Einfluß hat Wissen auf die wesentlichen Prozesse und Produkte der Organisation?
- Welche Abläufe, Abteilungen sind besonders wissensabhängig?

- Welches Wissen in der Organisation sollte vorrangig und vermehrt genutzt bzw. entwickelt werden, um die Wettbewerbsfähigkeit zu steigern?
- In welchen Bereichen sollten Maßnahmen des Wissensmanagements zuerst realisiert werden?
- Was müssen die Mitarbeiter in den nächsten Jahren wissen, welche Kompetenzen werden am dringendsten gebraucht?
- Wer sind die wichtigsten Wissensträger?
- Auf welche Wissensträger sollen sich die Maßnahmen des zukünftigen Wissensmanagements konzentrieren?
- Auf welche Ziele sollen die Weiterbildungsaktivitäten konzentriert werden?
- Welche Bestandteile des Wissens der Organisation und welche Kompetenzen und Erfahrungen der Mitarbeiter sollen speziell gefördert und in der Organisation verbreitet werden?
- Wo liegen im Hinblick auf die Produkte und Kernkompetenzen die Schwerpunkte der technologischen Entwicklung in der Wissenschaft, bei Wettbewerbern, innerhalb der eigenen Organisation?
- Welche Außenkontakte - zu wichtigen Kunden, zur Fachwelt, zu Wettbewerbern - stellen für die Organisation eine besonders wertvolle Quellen von Wissen und Information dar?
- Welche dieser Wissensquellen sollen konsequenter genutzt werden? Wie kann das benötigte Wissen aus diesen Bereichen beschafft werden?
- An welchen Indikatoren kann gemessen werden, ob die definierten Wissensziele erreicht werden?

Instrumente:
- Wissensbilanz,
- Kundenwissen nutzen,
- Benchmarking,
- Brainstorming bezüglich der Organisationsziele,
- Szenarien bezüglich der Organisationszukunft.

9.2.4 Schwachstellenanalyse

In vielen Organisationen fehlt das Bewußtsein darüber, welches intern und extern vorhandene Wissen sie brachliegen lassen: Sie haben keinen Überblick, welche Wissensquellen von ihnen nicht oder nur unzureichend genutzt werden. Eine unvoreingenommene Bestandsaufnahme und Selbsteinschätzung bildet die Grundlage zur Planung von Maßnahmen des Wissensmanagements. Der bewußte kritische Nachvollzug der Wissensabläufe der Organisation, Entstehung, Dokumentation, Weitergabe, Nutzung, Aktualisierung, Weiterentwicklung und Erwerb von Wissen, deckt Lücken auf und präzisiert so den Anforderungskatalog an das Wissensmanagement. Der selbstkritische Vergleich mit anderen, führenden Organisationen trägt zu einer objektiven Einschätzung der eigenen Schwächen bei. Als großes Hindernis bei der kritischen Bilanzierung der Defizite erweist sich immer wieder die mangelnde Bereitschaft der in der Organisation Beteiligten, Versäumnisse einzugestehen. Derartige Widerstände unterstreichen die Notwendigkeit, eine wissensfreundliche Unternehmenskultur zu gestalten. Die Zielsetzungen lauten:

- Erkennen, was die Organisation nicht weiß, aber im Hinblick auf ihre Wissensziele wissen sollte.
- Schwachstellen im "Wissenshaushalt" aufdecken.
- Gründe für das Brachliegen von Wissensressourcen identifizieren.
- nach Möglichkeiten suchen, die Schwachpunkte zu beheben.
- Hindernisse und Blockaden aufspüren.
- die eigene Organisation auf dem Gebiet ihrer wichtigsten Wissenszielen mit anderen Organisationen vergleichen.
- eruieren, über welches Wissen andere Organisationen verfügen, das der eigenen Organisation nur in geringerem Maße zur Verfügung stehen.
- nach den Ursachen und Gründen des Wissensvorsprungs der anderen Organisationen forschen.

Leitfragen:

- An welchen Stellen in den organisatorischen Abläufen fehlt es an Wissen?
- In welcher Form wird das Wissen gespeichert
- Wie werden die gemachten Erfahrungen dokumentiert?
- Welche Wissensbestände werden festgehalten und welche werden wieder "vergessen"?
- Wurden adäquate Vorkehrungen dafür getroffen, daß ausscheidende Mitarbeiter ihr Wissen und ihre wertvollen Erfahrungen an die Nachfolger weitergeben beziehungsweise ihr Know-how in allgemein verständlicher Weise dokumentieren?
- Wie werden Kontakte der Mitarbeiter zu Kunden und Lieferanten dokumentiert, ausgewertet und nach welchen Gesichtspunkten?
- Wie systematisch werden die Resultate anderen in der Organisation zur Verfügung gestellt und von diesen genutzt?
- Verfügt die Organisation über eine durchgehende Struktur und einheitliche Kategorien für die Dokumentation?
- Werden Informationen so kategorisiert und gekennzeichnet, daß potentielle Nutzer nützliches Wissen einfach identifizieren und leicht darauf zugreifen können?
- Sind systematische Verteiler für die Weitergabe des dokumentierten Wissens implementiert? Wie zuverlässig sind sie, mit welchem Erfolg werden sie genutzt?
- Sind Netzwerke des regelmäßigen Austausches von Wissen und Informationen vorhanden? In welcher Form stehen die einzelnen Bereiche, Abteilungen, Gruppen und Hierarchieebenen miteinander in Verbindung?
- Auf welche Blockaden und Widerstände stößt man, wenn Neuerungen umgesetzt und Abläufe geändert werden sollen?

- Gibt es "gute Gründe" für Mitarbeiter, ihr Wissen zurückzuhalten statt es mit anderen zu teilen?
- Haben die Mitarbeiter den Anlaß, um ihren Status oder gar ihren Arbeitsplatz zu fürchten, wenn sie ihr Wissen "bunkern"? Warum?
- Verfügt die Organisation über ein betriebliches Anreizsystem, das die Weitergabe von eigenem und die Nachfrage nach an anderer Stelle vorhandenem Wissen honoriert?
- Mit welchen externen Wissensträgern werden konsequente Kontakte zum Wissenstausch gepflegt?
- In welche externen Netzwerke und Kooperationen ist die Organisation integriert? Wie werden diese genutzt?
- Wie wird das eigene Organisationswissen nach außen dargestellt, um sich als Wissensquelle und Partner für den Wissenstausch mit anderen Organisationen attraktiv zu machen?
- Ist die in der Organisation vorhandene Informations- und Kommunikationstechnologie zur Erreichung der Wissensziele geeignet und ausreichend?
- Wie effektiv werden die Möglichkeiten der in der Organisation vorhandenen Informations- und Kommunikationstechnologie genutzt?
- Woran liegt es, wenn die Potentiale der Informations- und Kommunikationstechnologie nicht voll ausgeschöpft werden?
- Sind die Mitarbeiter für die effektive Nutzung der Informations- und Kommunikationstechnologie ausreichend qualifiziert?
- Verfügt die Organisation über eine zukunftsorientierte und auf die Entwicklung der zentralen Wissensbestände ausgerichtete Weiterbildungsplanung?

Instrumente:
- Kick-off Workshop,
- Checkliste: interne Wissensquellen,
- Checkliste: externe Wissensquellen,
- Checkliste: Informations- und Kommunikationstechnologie,
- Benchmarking,
- Checkliste: Qualifikationsbedarf,
- Wissensbilanz,
- Wissenslandkarten,
- Kundenwissen nutzen.

9.2.5 Definition von Potentialen

Organisationen kennen zwar ihre Kapital-Bilanz, jedoch nur selten den Umfang des Wissensvermögens, über das sie verfügen. Nach Möglichkeiten verbesserter Nutzung des Wissens, das in den Köpfen der Mitarbeiter, den betrieblichen Verfahren und Vorgehensweisen, den Außenkontakten der Organisation verborgen ist, muß daher systematisch gesucht werden. Eine umfassende Wissensinventur identifiziert Elemente und Träger des betrieblichen Wissenskapitals und zeigt Ansatzpunkte zu dessen verbesserter Nutzung auf. Die Zielsetzungen lauten:

- Systematische Identifizierung von Möglichkeiten, die in der Organisation und außerhalb zum Wissenserwerb zu Verfügung stehen.
- In Abläufen und Einrichtungen der Organisation vorhandene Wissensbestände und -quellen aufspüren, verborgenes Wissen erkennen und (besser) erfassen.
- Möglichkeiten zur besseren Nutzung aufspüren.
- Fähigkeiten der Mitarbeiter besser kennen lernen.
- Wissensquellen außerhalb der Organisation identifizieren.
- Ansatzpunkte für die verbesserte Nutzung von Qualifikation, Erfahrung und Wissen der Mitarbeiter finden.
- Effektivere Nutzungsmöglichkeiten für die vorhandene informationstechnologischen Voraussetzungen und Möglichkeiten der Organisation entdecken.
- Möglichkeiten der verbesserten Nutzung von Arbeitsprozessen und betrieblichen Abläufen für Prozesse des Wissensmanagement ausfindig machen.
- Auslösung von Lernprozessen.

Leitfragen:

- Wer in der Organisation kann von dem Wissen von Mitarbeitern profitieren, die über Expertenwissen auf den für die Organisationsziele besonders wichtigen Wissensgebieten verfügen?
- Verfügen diese Wissensträger über die Fähigkeit, ihr Wissen an andere weiterzugeben?
- Welche zusätzliche Qualifizierung wäre nötig, damit sie als Wissens-Multiplikatoren arbeiten können?
- Welches Wissenspotential steckt in den Qualifikationen, den beruflichen Vorerfahrungen, der außerberuflichen Kompetenz etc. der Mitarbeiter? Wie sind diese besser nutzbar zu machen?
- Zwischen welchen Experten in der Organisation, zwischen welchen Abteilungen sind Kontakte besonders wichtig für die Entstehung neuen Wissens?
- Welche Experten, Abteilungen, Teams sollten enger miteinander verzahnt werden?
- An welchen Arbeitsplätzen, in welchen Projekten entsteht Wissen, von dem auch andere in der Organisation profitieren können?
- Welche Arbeitsplätze eignen sich besonders zur Weitergabe von Wissen "on the job", z.B. durch Job Rotation?
- Welche Form der Dokumentation von Wissen, über die die Organisation bereits verfügt (Ablage, Formulare, Protokolle etc.), ist besonders geeignet für die Bedürfnisse des Wissensmanagements?
- Hat eine Abteilung, ein Bereich oder eine Gruppe geeignete Methoden zur Aufbereitung, Dokumentation und Weitergabe von Wissen entwickelt, die sich auf andere Bereiche übertragen lassen?
- Ist die Methode für die gesamte Organisation geeignet, um Wissensbestände in einheitlicher Form zu dokumentieren und allen zugänglich zu machen?

- Welche Wege der formellen und informellen Kommunikation existieren in der Organisation bereits?
- Welche dieser Wege sind besonders geeignet als "Wissenskanäle"?
- Wie lassen sich diese Kommunikationswege und ihre Nutzung quantitativ und qualitativ verbessern?
- Welche Bestandteile der Organisationskultur sind besonders geeignet für die Schaffung eines günstigen "Wissensklimas", welche sollten gezielt ausgebaut werden?
- Über welche Mittel (Beurteilungswesen, Vorschlagswesen, Mitarbeiterzeitung ...) verfügt die Organisation bereits, die geeignet sind, um die Mitarbeiter zur Teilnahme am Wissensmanagement zu bewegen?
- Welches Wissen können in Kontakten zu Verbänden, Kammern, Wettbewerbern gewonnen werden?
- Wie läßt sich der Aufbau und Austausch von Wissen in diesen Verbindungen verbessern und systematisieren?
- Welche Kontakte zu den Kunden und Lieferanten sind für die Organisation besonders aufschlußreich?
- Was weiß die Organisation über die Kunden ihrer Kunden? Welche Möglichkeiten gibt es, auch dieses wichtige Wissen für die Organisation zugänglich und nutzbar zu machen?
- Welche Möglichkeiten der in der Organisation bereits vorhandenen Informations- und Kommunikationstechnologie wären für Zwecke des Wissensmanagements besser zu nutzen?
- Welche der Mitarbeiter verfügen über besondere Kenntnisse und Erfahrungen mit der Informations- und Kommunikationstechnologie, die sie an andere weitergeben könnten? Wie?

Instrumente:
- Kick-Off – Workshop,
- Checkliste: interne Wissensquellen,
- Checkliste: externe Wissensquellen,
- Checkliste: Informations- und Kommunikationstechnologie,
- Wissensbilanz,
- Wissenslandkarten,
- Kundenwissen nutzen.

9.2.6 Projektierung

Die bisher festgelegten Wissensziele der Organisation müssen in die Planung konkreter und im Organisationsalltag realisierbare Maßnahmen überführt werden. Bei der Planung sind die spezifischen finanziellen, personellen, zeitlichen, technischen Ressourcen der Organisation ebenso zu berücksichtigen wie die besonderen Anforderungen, die die Organisation an ihr Wissensmanagement stellt. Eine zentrale Aufgabe besteht in der gezielten Auswahl von Maßnahmen für einzelne Bereiche, Abteilungen, Mitarbeiter.
Neben den konkreten betrieblichen Rahmenbedingungen sind vor allem die Auswirkungen zu berücksichtigen, die Maßnahmen des Wissensmanagements auf interne Abläufe, auf andere Bereiche der Organisation und auch auf Kun-

den-, Lieferanten- und andere Außenbeziehungen haben. Weitere erfolgskritische Faktoren sind eine realistische und realisierbare Zeitplanung, die Benennung eindeutiger Verantwortlichkeiten, die möglichst frühzeitige Information und Einbindung möglichst zahlreicher tangierter Mitarbeiter sowie die Definition geeigneter Kenngrößen, um eine Erfolgskontrolle von Maßnahmen zum Wissensmanagement zu ermöglichen. Die Zielsetzungen lauten:

- finanziellen und organisatorischen Rahmen abstecken.
- notwendigen Kapazitäten und bestimmen.
- einzelne Instrumente des Wissensmanagements auf ihre Umsetzbarkeit überprüfen.
- Wissensziele auf Mitarbeiter-, Team-, Abteilungs- und Organisationsebene formulieren.
- entscheiden, in welchen Bereichen, Abteilungen mit der Implementierung von Maßnahmen des Wissensmanagement begonnen werden soll.
- erforderliche Umorganisationen von Abläufen etc. planen, um geeignete Voraussetzungen und Rahmenbedingungen zu schaffen.
- konkrete Planung geeigneter Maßnahmen, Maßnahmenpläne erarbeiten.
- quantifizierbare Ziele definieren und vereinbaren Zeitziele festlegen.
- Verantwortlichkeiten und Zuständigkeitsbereiche definieren.
- Auswirkungen geplanter Maßnahmen auf andere (Arbeitsplätze, Teams, Abteilungen, Bereiche etc.) bei der Planung berücksichtigen.

Leitfragen:

- In welchem Kostenrahmen können sich die Maßnahmen des Wissensmanagements bewegen?
- Welches Zeitbudget für Maßnahmen des Wissensmanagements steht zur Verfügung bzw. welche zeitlichen Kapazitäten lassen sich freischaufeln?
- Welche personellen Ressourcen stehen für das Wissensmanagement zur Verfügung?
- Wer wäre für Aufgaben des Wissensmanagement freizustellen? In welchem Umfang?
- Wie sind die räumlichen Gegebenheiten, Anordnung von Arbeitsplätzen, Treffpunkte zum informellen Informationstausch- besser für den Wissenstausch nutzbar zu machen?
- Welche Abläufe in der Organisation müssen eventuell umgestaltet werden, um geeignetere Voraussetzungen und Rahmenbedingungen für ein Wissensmanagement zu schaffen?
- Über welches Know-how für Planung und von Maßnahmen des Wissensmanagement verfügt die Organisation? Wie läßt sich dieses Wissen bündeln und vergrößern?
- Reicht das intern vorhandene Know-how zum Wissensmanagement aus? Oder ist es ratsam und wirtschaftlich vertretbar, externe Experten zur Unterstützung hinzuzuziehen?

- Sollen die Maßnahmen des Wissensmanagements gleich in der gesamten Organisation eingeführt werden?
- Welcher Bereich, welche Abteilung ist besonders geeignet, als Pilotbereich mit der Einführung von Maßnahmen des Wissensmanagements zu beginnen?
- Welche anderen Bereiche sind durch die geplanten Maßnahmen mit betroffen?
- Welche Änderungen sind notwendig, um reibungslose Abläufe zu gewährleisten?
- Wer soll in die Planung von vornherein mit einbezogen werden?
- Von welcher Seite sind Widerstände zu erwarten?
- Wer muß wie ins Boot geholt werden?
- Welche konkreten Maßnahmen zur Verbesserung der Vertrauenskultur sollen ergriffen werden?
- Wie kann sichergestellt werden, daß wir bei der Fassung und verstärkten Nutzung des Wissens der Mitarbeiter nicht auf Mißtrauen und Widerstände stoßen und nicht mit dem Betriebsrat oder Datenschutzbestimmungen in Konflikt geraten?
- Welche Anreizsysteme zur Weitergabe eignen sich?
- Welches fremde Wissens soll aufgebaut bzw. neu gestaltet werden?
- Welche Medien sollen besser genutzt bzw. neu geschaffen werden, um den Überblick über das Verfügung stehende Wissen zu verbessern und schnellere und effizientere Zugriffsmöglichkeiten zu schaffen?
- Welche Informationen (Fachinhalte, Anfragen, Berichte etc.) sollen jeweils weitergegeben werden? In welcher Form? An wen? Zu welchem Zeitpunkt und in welchen Zeitabständen?
- Welche Mechanismen sollen sicherstellen, daß die Informationsweitergabe im geplanten Umfang, bedarfs- und termingerecht stattfindet?
- Wer ist verantwortlich?
- Wie ist der Wissensfluß?
- Welche Organisationsteile sollen stärker miteinander vernetzt werden?
- Welche Formen der Beschaffung und Nutzung externen Wissens sollen etabliert werden?
- Welche Lerngelegenheiten - arbeitsplatznah, rechnerbasiert - sollen geschaffen werden? Wo, für wen und wie?
- In welcher Form können Prozesse des Wissensmanagements mit Arbeitsabläufen verbunden werden?
- Wo können wissensfreundliche und kooperative Arbeitsformen (Gruppenarbeit, Arbeit in Projektteams) verstärkt eingesetzt werden?
- Welche Informations- und Kommunikations-Komponenten sollen installiert werden?
- Weiß die Organisation genug, um diese Entscheidung sachgerecht treffen zu können? Wer in der Organisation verfügt eventuell bereits über Erfahrungen, die hierfür nützlich sein könnten? Welche externen Experten sollen wir hinzuziehen?

- Wie ist die Einrichtung eines Intranet in der Organisation realisierbar? Für welche Funktionen könnten die Mitarbeiter es beim derzeitigen Ausbildungsstand sinnvoll nutzen?
- Wie ließe sich die Nutzung von Internet, E-mail etc. unterstützen und forcieren?
- Mit welchen Qualifizierungs- bzw. Weiterbildungsmaßnahmen sollen die Voraussetzungen für die befriedigende Nutzung der geplanten Informations-. und Kommunikationstechnologien geschaffen werden?
- Welche Weiterbildungsaktivitäten sollen im Hinblick auf das Wissensmanagement durchgeführt werden? In welchem Umfang und Zeitraum? Wer soll daran teilnehmen?

Instrumente:

- Projektmanagementsystem,
- Visualisierungswerkzeuge.

9.2.7 Entwicklung und Implementierung

Typische Barrieren machen sich im Zuge der Durchführung von Maßnahmen des Wissensmanagements immer wieder bemerkbar.

- Probleme der Vereinbarkeit von Wissensmanagement mit der täglichen Arbeit: Aufgaben des Wissensmanagements werden von Mitarbeitern als Mehrarbeit und Belastung empfunden.
- Experten, Spezialisten, Führungskräfte blocken.
- Wissensfeindlicher Führungsstil: Wissen und Informationen werden als Vorsprungswissen zurückgehalten und nicht an die Mitarbeiter weitergegeben.
- Instrumente des Wissensmanagements werden nicht oder nur unzureichend genutzt.
- Geschönte Dokumentationen erschweren das Lernen aus Fehlern.

Das möglichst rechtzeitige Erkennen derartiger Blockaden und ihre Überwindung durch geeignete Gegenmaßnahmen zählen zu den zentralen Aufgaben jedes Wissensmanagements. Daher lauten hier die Zielsetzungen:

- prozeßbegleitende kontinuierliche Beobachtung der Umsetzung der geplanten Maßnahmen zum Wissensmanagement.
- Entwicklung von Frühwarnsystemen zum rechtzeitigen Erkennen von Barrieren, die der Weitergabe von Wissen, der Schaffung neuen Wissens und der Nutzung von Wissensangeboten entgegenstehen.
- Rückmeldung von Mitarbeitern zu Verbesserungen.
- Identifikation von Nachbesserungsbedarfen im Hinblick auf die Ziele des Wissensmanagements.
- Auswahl geeigneter Maßnahmen zur Überwindung von Hindernissen des Wissensmanagements.
- Stärkere Verbindung des Wissensmanagements mit dem betrieblichen Alltag.

- Erhöhung der Akzeptanz von Medien und Methoden des Wissensmanagements durch kontinuierliche Verbesserung der Benutzerfreundlichkeit.

Leitfragen:
- Woran können Mängel im Wissensmanagement möglichst frühzeitig erkannt werden?
- Welche Wege stehen den Mitarbeitern zur Verfügung, um Erfolge und Schwierigkeiten von Maßnahmen des Wissensmanagements rückzumelden und in der Organisation zu kommunizieren?
- Wie ist dafür gesorgt, daß in der Organisation strukturierte Verlaufsprotokolle über Maßnahmen des Wissensmanagements geführt, diese kontinuierlich ausgewertet und zur Planung von Verbesserungsmöglichkeiten genutzt werden?
- Wer ist wo verantwortlich?
- Wurden Vorkehrungen dafür getroffen, daß Mitarbeiter auch dann bei der Stange bleiben, wenn erste Erfolge einige Zeit auf sich warten lassen?
- Gibt es Klagen über Schwierigkeiten bei der Beschaffung und Nutzung bezüglich des benötigten Wissens (Zeitaufwand, mangelnde Übersichtlichkeit, fehlende Dokumentation, mangelnde Aktualität)?
- An welchen Stellen stellen sich betriebliche Abläufe eher als hinderlich für den Wissensfluß heraus?
- Wie lassen sich diese Hindernisse überwinden?
- Welche Maßnahmen des Wissensmanagements verursachen in der Organisation Verzögerungen und Friktionen in den betrieblichen Abläufen?
- An welchen Stellen in der Organisation tauchen diese Verzögerungen und Friktionen in den betrieblichen Abläufen auf?
- Wie läßt sich die Verbindung von Maßnahmen des Wissensmanagements mit Arbeitsabläufen und anderen Aktivitäten herstellen?

Instrumente:
- Schaffung einer wissensfreundlichen Unternehmenskultur,
- Motivation der Mitarbeiter,
- Wissensbilanz,
- Wissenslandkarten,
- Informations- und Kommunikationstechnologie,
- Knowledge Computing,
- Checkliste: Qualifikationsbedarf.

9.2.8 Kontrolle und Weiterentwicklung

Eine prozeßbegleitende Evaluation der Abläufe des Wissensmanagements ist unerläßlich, um sicherzustellen, daß Maßnahmen des Wissensmanagements keine Selbstläufer werden, beispielsweise in Form immer weiter ausufernder Datensammlungen, die statt Mehrwert höchstens Mehrarbeit schaffen. Der Beitrag von Maßnahmen des Wissensmanagements zum Organisationserfolg ist allerdings in der Regel nur indirekt messbar, er läßt sich nicht unmittelbar und nicht hinreichend aussagekräftig an finanziellen Kennziffern ablesen. Das Controlling von Maßnahmen des Wissensmanagements muß daher anhand von Indikatoren erfolgen, die neben finanziellen Faktoren auch solche der Wissensentwicklung und -nutzung einbeziehen. Die Entwicklung von auf die spezifische Situation der Organisation zugeschnittenen Indikatoren, die klare Rückschlüsse auf die Qualität des Wissensmanagements erlauben und die Verwertung des Wissenskapitals anhand messbarer Kenngrößen überprüfbar machen, gehört zu den anspruchsvollsten Aufgaben im Rahmen des Wissensmanagements. Die kontinuierliche Dokumentation von Prozessen des Wissensmanagement auf Grundlage des organisationsspezifischen Sets von Indikatoren ist die Grundlage der Erfolgskontrolle. Sie muß zur Bringschuld aller Beteiligten gemacht und konsequent eingefordert werden.

- Effizienz von Maßnahmen anhand geeigneter Indikatoren beurteilen.
- Störungen und Blockaden frühzeitig identifizieren.
- Korrekturen rechtzeitig einleiten.
- weitere Entwicklungsmöglichkeiten erkennen.
- Koordination und Steuerung laufend weiterentwickeln.
- Entscheidungsgrundlage optimieren.
- Verbesserungen auf der Grundlage systematischer Vergleiche mit anderen Organisationen und extern entwickelter „best practice".

Leitfragen:

- Welche Indikatoren für die Erfolgskontrolle der Bestandteile des Wissensmanagements wurden mit der Festlegung der Wissensziele und bei der Planung der konkreten Schritte des Wissensmanagements vordefiniert?
- Sind die gewählten Indikatoren für den Erfolg des Wissensmanagements passend, ausreichend, aussagekräftig?
- Welche Sollwerte, Zielgrößen, Zielerreichungsgrade sollen für die einzelnen Kenngrößen festgelegt werden?
- Welche Indikatoren in welchen Bereichen sollen in welchen Zeitabständen überprüft und ausgewertet werden?
- Wie sollen die verschiedenen Kennziffern integriert und zu aussagekräftigen Aussagen über den Gesamtbeitrag von Maßnahmen des Wissensmanagements zum Organisationserfolg aufbereitet werden?
- Wie sollen die erhobenen Ergebnisse über die Entwicklung des Wissensmanagements in die Gesamtbewertung der Aktivitäten und des Organisationserfolgs eingehen?
- Wie läßt sich die Erfolgskontrolle in den einzelnen Bereichen so organisieren, daß die Bereitstellung aussagekräftiger Daten integrierter Bestandteil der betrieblichen Abläufe wird?
- Wie können die Mitarbeiter motiviert werden, aussagekräftiges Material und nicht geschönte Dokumentationen und Daten bereitzustellen?
- Wie können die Mitarbeiter überzeugt werden, daß nicht sie kontrolliert, sondern die Wissensmanagementprozesse verbessert werden sollen?

- Welche Außenkontakte lassen sich für die Evaluation von Prozessen des Wissensmanagements nutzen? Wie?
- In welchen Bereichen außerhalb der Organisation sind unmittelbare Erfolge des Wissensmanagements spürbar?
- Wie kann sichergestellt werden, daß man auch dann, wenn sich keine der internen Wissenskennzahlen negativ verändert, über Verbesserungsmöglichkeiten nachdenkt?
- Wie ist der aktuelle Stand des Wissensmanagements in anderen Organisationen, insbesondere bei der Konkurrenz?
- Welche Instrumente des Wissensmanagements setzen andere Organisationen ein? Wie gehen sie dabei vor und mit welchem Erfolg?
- Welche Verfahren des Wissensmanagements werden von anderen Organisationen oder von der Wissenschaft neu entwickelt? Mit welchem Erfolg werden sie angewendet?
- Was davon läßt sich in die Organisation umsetzen? Wie?
- Welche Schwachstellen in der Weiterbildung lassen sich der Erfolgskontrolle des Wissensmanagements entnehmen?
- Welche Weiterbildungsbedarfe in der Weiterbildung lassen sich der Erfolgskontrolle des Wissensmanagements entnehmen?

Instrumente:
- Indikatoren,
- Benchmarking,
- Checkliste: Einsatz von Informations- und Kommunikationstechnologie.

9.3 Organisationsmodell

9.3.1 Zelluläre Organisation

Es gibt sicherlich viele Betrachtungsweisen und Perspektiven, wie man eine Organisation betrachten kann. Allzu viele sind akademisch oder theoretisch, was deren praktische Verwendung und direkte Umsetzung oftmals in Frage stellt. In diesem Modell geht man von der Frage aus, was "Leben" ist. Die entsprechende Antwort fällt sicher nicht leicht, was sich aber feststellen läßt, sind bestimmte Kennzeichen, die eine lebendige von einer toten Organisation unterscheiden. Solche Merkmale des Lebens sollen nun an der Grundeinheit „Organisation" betrachtet werden.
Unter den Kennzeichen des Lebendigen lassen sich solche finden, die der Selbsterhaltung des Individuums beziehungsweise der Organisation dienen (Stoffwechsel und Wachstum), solche, die zur Kommunikation mit der Umwelt da sind (Reizbarkeit und Leitfähigkeit), solche, die der Reaktionsfähigkeit dienen (Beweglichkeit und Anpassungsfähigkeit) und solche, die zur Erhaltung da sind (Neubildung und Fortpflanzung). Unter Stoffwechsel versteht man, daß bestimmte Stoffe, die aus der Umgebung aufgenommen werden, von der Organisation in (einfachere) Bestandteile zerlegt werden (Katabolismus),

um dann wieder zu komplizierteren Strukturen zusammengesetzt werden, damit sie als Baustoffe für die Organisation dienen können (Anabolismus).

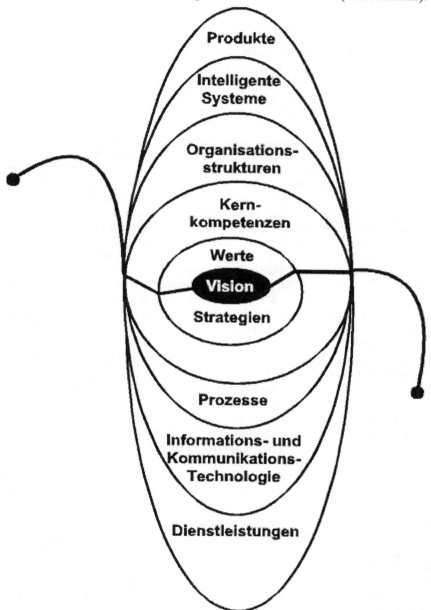

Abbildung 9-1 : Zelluläre Organisation

Diese Baustoffe erfüllen nun ihre Aufgabe für das Wachstum und interne Neubildungen der Organisation. Unter der Reizbarkeit (Erregbarkeit, Empfindlichkeit) versteht man, daß eine Organisation aus der Umwelt Eindrücke aufnehmen kann und in der Lage ist, darauf zu reagieren. Es ist ein Kennzeichen des Lebens, daß nicht nur auf eine den Ort des Reizes begrenzte Reiz-Reaktion-Antwort erfolgt, sondern daß der Reiz weitergeleitet werden kann. Eine Organisation mit all ihren zusammengesetzten Teilen reagiert als ein sinnvolles Ganzes. Sie besteht nicht nur aus einzelnen Teilen, die unverbunden nebeneinander bestehen. Eine lebende Organisation hat unmittelbar etwas mit Bewegung zu tun. Dabei kann Bewegung einmal als äußere Bewegung stattfinden, d.h., daß sich die Organisation als Ganzes bewegt. Aber es ist auch eine Fließbewegung innerhalb der Organisation möglich. Organisationen sind in der Lage, sich in gewissen Grenzen ihrer Umwelt anzupassen. Beispielsweise können sich Organisationen, den Bakterien gleich, bei für sie ungünstigen Lebensbedingungen einkapseln, um so, wie im Winterschlaf, auf "bessere Zeiten" zu warten. Neubildung und Fortpflanzung wird auf organisatorischer Ebene durch Strukturteilung erreicht. Bei dieser Teilung wird aus internen Einheiten neue Einheiten entstehen lassen. Die kleinste Einheit, die diese Kennzeichen den Lebens zeigt, ist die Zelle. Diese steht als lebendiges Vorbild und als praktische Metapher für die lebende Organisation. Gleich dieser Zelle lebt aber die einzelne Organisation im Normalfall nicht isoliert, sondern sie fügt sich sinnvoll in eine übergeordnete Struktur ein (Gesellschaft), mit der sie dann eine Einheit bildet. Dieser Zelle gleich, besteht die Organisation aus elementaren Bestandteilen, aus der sie umgebenden Membran, einem Körper und einem Kern. Mittels der Membran grenzt sich eine Organisation gegenüber ihrer Nachbarschaft und der Umwelt ab. Trotzdem muß diese Membran für viele Stoffe durchlässig sein, denn einerseits benötigt sie bestimmte Stoffe von außen für ihre Arbeit. Aber die Membran läßt nicht nur Stoffe in die Organisation eintreten, sondern sie gibt auch Fertigprodukte wie Produkte, Dienstleistungen nach außen ab. Das Grundgerüst dieser Membran bilden daher die Produkte beziehungsweise Dienstleistungen, die eine Organisation produziert oder zum Verkauf anbietet. Hierzu zählen allerdings auch die Kommunikations- und Informationstechnologien (Internet, Internet, Extranet, etc.) mit deren Hilfe die Organisation in direkte Kommunikation mit der Umwelt treten und gewisse Austauschfunktionen erfüllen kann.

Im Organisationskörper werden alle lebenswichtigen Stoffe auf und abgebaut. Es handelt sich hierbei um das eigentliche Arbeits- und Speichergebiet. Wie es sich bei der Zelle hierbei nicht um eine homogene Flüssigkeit handelt, sondern man vielmehr verschiedene Zellorganellen unterscheiden muß (Mitochondrien, endoplasmatisches Retikulum, Ribosomen, Lysosomen, Golgi-Apparat, Zentriol, Mikrotubuli), lassen sich auch bei der Organisation unterschiedliche Einheiten ausmachen, die ihre spezifische Aufgabe zu erfüllen haben. Der Kern der Organisation ist von großer Wichtigkeit, da in ihm die gesamte Information zur Handlungssteuerung gespeichert ist. Dieser Kern ist die Kommandozentrale, die die wesentlichen und relevanten Informationen an den Organisationskörper gibt.

9.3.2 Zellulär Schichten der Organisation

Um Wissensmanagement in der Organisation einzuführen und zu etablieren, muß das gesamte Wissen der Organisation berücksichtigt werden. Daher wurde in diesem Modell die Organisation in zelluläre Schichten unterteilt. Es umfaßt das Wissen der Vision, der Werte und Strategien, der Prozesse und der Kernkompetenzen, der Kommunikations- und Informationstechnologien, der intelligenten Technologien und nicht zuletzt über die Produkte und Dienstleistungen.

Visionen sind ein wichtiges Instrument der Wertschöpfung, ein wesentlicher Bestandteil des organisationalen Wissens. Eine Vision muß dabei folgende Kriterien gerecht werden. Sie muß

- motivieren,
- die Richtung und Orientierung angeben,
- Entscheidungen leichter machen,
- alle Beteiligten integrieren.

Nur diejenige Organisation, die bereits heute über eine Vision verfügt, wird morgen noch eine Zukunft haben.

- Wie lautet die derzeitige Vision der Organisation?
- Welche Form, Farbe und Gestalt hat diese Vision?
- Wie hört sich die Vision an?
- Ist diese Vision allgemein bekannt?
- Wird diese Vision von allen Beteiligten mitgetragen?
- Wird die Vision gelebt?
- Welche Herausforderungen muß die Organisation in den nächsten zehn Jahren bewältigen?
- Was von dem, was die Vision heute erfordert, kann nicht vollständig durch die bestehende Informations- und Kommunikationstechnologie realisiert werden?

Nachdem die Vision definiert ist, muß man sich darüber Gedanken machen, wie, beziehungsweise mit welchen Mitteln diese Vision anzustreben ist. Das gesamte strukturelle Wissen muß für diese Zielfixierung erarbeitet werden. Dabei gilt es zu beachten, daß pauschale Strategien im Wissenszeitalter mehr als bedenklich einzustufen sind. Die Leitfragen sind:

- Warum entscheiden sich die Kunden für die Organisation?
- Welche Werte sind den Mitarbeitern persönlich besonders wichtig?
- Welche Werte bewegen den Kunden?
- Welche Werte sind umunstößlich, weil kulturell bedingt?
- Werden diese Werte konsequent gelebt?
- Woran erkennen die Kunden diese Werte?
- Wieviel Umsatz sollen in den nächsten zehn Jahren gemacht werden?
- Wieviel Gewinn wird dabei zu erzielen sein?
- Welche Produkte und Dienstleistungen bedingen diese Umsatz- und Gewinnziele?
- Welche Kompetenzen werden dafür benötigt?
- Wann und wo werden diese Kompetenzen benötigt?

Nur das handlungsgebundene Wissen, daß übrigens sehr eng mit den Werten und Strategien gekoppelt ist, bietet in der Zukunft Schutz vor Imitierung und sichert so den erarbeiteten Wettbewerbsvorteil. Die Leitfragen lauten:

- Welchen Sinn macht es, Zeit und Geld und Ressourcen in welche Wissensfelder zu investieren, die als Kernkompetenzen gelten?
- Welche Mitarbeiter sind potentielle Kernkompetenzträger?
- Was genau bestimmt den Kernbereich der Organisation?
- Wie oft wird das Tun der Organisation als solches hinterfragt?
- Wieviel Zeit verbringt die Organisation mit der Hinterfragung von bestehenden Kernkompetenzen?

Besonders in größeren Organisationen verschafft eine formal dokumentierte Aufbauorganisation Überblick und Orientierung und sorgt damit für ein gewisses Maß an Effizienz. Letzteres wird allerdings nur dann erreicht, wenn die zwei wichtigen Voraussetzungen erfüllt sind:

- eine eindeutige und transparente Zuordnung von Entscheidungsverantwortung und Zugehörigkeit ist erfolgt,
- eine effiziente Bündelung des notwendigen Wissens ermöglicht ausreichende Synergieeffekte.

Dabei gilt es zu beachten, daß eine gute wissensbassierte Aufbauorganisation einer Wissenslandkarte entspricht.

9.3.3 Zelluläre Wissensquellen

In den einzelnen zellulären Schichten sind viele Wissensquellen bereits vorhanden, die mehr oder weniger bewußt wahrgenommen werden. Um auch hier Ordnung in die Sache zu bringen, lassen sich die einzelnen Wissensquellen der zellulären Schichten zuordnen.

Schicht	Wissensquellen
Vision	Geschäftsideen
Werte und Strategien	Bewertete Kundendaten Marketing-Konzepte Geschäftspläne Marken
Produkte/Dienstleistungen	Lizenzen Patente Funktionsbeschreibungen Produkthandbücher Entwicklungshandbücher Plattformen Rezepturen
Kernkompetenzen	Planungswerkzeuge Trainingsmodule Technologie
Prozesse	Prozeßhandbücher Teams- und Gruppenstrukturen

	Methoden
	Verfahren
Strukturen	Organigramme
	Organisationskonzepte
Intelligente Technologien	Expertensysteme
	Neuronale Netze
	Generische Algorithmen
	Genetische Algorithmen
IuK-Technologien	Intranets
	Extranets
	Datenbanken
	Workflow-Systeme
	Archivierungssysteme

Abbildung 9-2 : Wissensquellen

9.4 Aller Anfang ist nicht schwer...

Als zentraler Punkt folgt die Erarbeitung einer Wissenslandkarte für die Organisation, in der alle relevanten Wissensquellen und -senken verzeichnet sind. Hierfür ist festzustellen, wo in der Organisation erfolgskritisches Wissen vorliegt und wer die jeweiligen Experten sind. Desweiteren sind die Wissenssenken - wie beispielsweise Experten bzw. Mitarbeiter, die spezifisches Wissen oder Informationen benötigen - zu identifizieren. Die Erarbeitung der Wissenslandkarte ermöglicht somit sowohl die Identifikation von Kernkompetenzen als auch von Kompetenzlücken. An dieser Stelle ist zu betonen, daß die Strukturierung von Expertenwissen durch die Experten selbst vorzunehmen ist. Für den Fall, daß diese Aufgabe durch Dritte abgewickelt wird, ist ein kontinuierlicher Austausch mit den letztendlichen Nutzern der Wissenslandkarte erforderlich. Darüber hinaus gibt sie Ansatzpunkte für die Transformation von vorhandenem (scheinbar neuem), aber nicht effizient genutztem Wissen in neue Dienstleistungen und Produkte. Insbesondere aus der Sicht wachstumsorientierter Organisationen bietet diese Identifikation und Entwicklung neuer industrieller Dienstleistungen ungeahnte Möglichkeiten. Parallel zu den dargelegten Aufgaben, sind die Barrieren, die das effiziente Management von Wissen behindern, aufzuzeigen. Hier sind vor allem die Elemente Wissensverteilung und -nutzung genau zu analysieren. Erst die Erkenntnis darüber, warum gewisse Handlungsschemata greifen, garantieren einen erfolgreichen Verlauf der darauf aufbauenden Veränderungsprozesse (=Verbesserungsprozesse). Im Anschluß an die Identifikation der Wissensquellen und -senken ist das Wissen mit Methoden, wie beispielsweise der Makromodelltechnik, zu strukturieren. Ist die Wissenslandkarte erstellt und von den späteren Nutzern validiert, sind darauf die Methoden zur Multiplikation und Nutzung des Wissens zu projizieren. Ziel ist es, entsprechend den unterschiedlichen Wissensarten geeignete Methoden zum Erwerb und zur Verteilung zu identifizieren. Als erfolgreiche Projektionsmethode hat sich die Szenariotechnik erwiesen. Damit können unterschiedliche Alternativen aufgezeigt und miteinander verglichen werden, um so auch die jeweiligen Kosten-Nutzen-Effekte transparent zu machen. Einen quantifizierbaren Vergleich liefert eine Nutzwertanalyse. Hier belegt der Anwender die jeweiligen Parameter des Szenarios mit Organisations- und situationsspezifischen Nutzenwerten. Anhand der zu Projektbeginn definierten Zielgrößen kann so die Ableitung und Priorisierung von Handlungsfeldern erfolgen. Die anschließende Vorbereitung von Umsetzungsmaßnahmen und deren Durchführung erfolgt nach in der Praxis bewährten und gängigen Mustern. Bei der Einführung von EDV-Lösungen, wie beispielsweise Intranetzen, ist wichtig, daß für ein erstes Pilotprojekt auch die Lösung ausreicht. Entscheidend für den Projekterfolg ist die schnelle Bereitstellung von sichtbaren Ergebnissen. Nach der ersten Einführungsphase ist das aktuell Erreichte zu validieren. Dieses Audit liefert den maßgeblichen Input für den kontinuierlichen und zielführenden Roll-Out entsprechend den Zielsetzungen des Projekts. Allen Beteiligten sind neben den Chancen einer möglichen Einführung von Wissensmanagement auch die Risiken und die Anforderungen aufzuzeigen. So muß beispielsweise der Umgang mit offen verfügbarem Wissen gelernt werden. Hier bieten sich interne Seminare oder Informationsbroschüren für das organisationsweite Verteilen an. Gleichzeitig muß die Organisationsleitung durch geeignete Maßnahmen der latent aufkommenden Unsicherheit entgegenwirken, die durch die hohe Transparenz der Strukturen entsteht. Finden derartige Lösungen nicht statt, so ist die Bereitschaft, auch schlechte Erfahrungen oder Wissen über weniger erfolgreiche Projekte mit Kollegen zu teilen, eher gering. Der Umgang mit Wissen muß durch die Geschäftsleitung vorgelebt werden. Es ist ferner dafür zu sorgen, daß sich das gesammelte und gespeicherte Wissen nicht zum sperrigen Informationsschrott entwickelt, welcher ohne erkennbaren Nutzen für den Anwender ist. Gleichzeitig muß die Identität von Teams oder Organisationseinheiten gewahrt bleiben. Sie stellt einen integralen Bestandteil motivierten Arbeitens in Gruppen dar. Erst das Vorhandensein einer gewissen Identität schafft Vertrauen und bietet somit langfristig die Basis für ein enges, informelles Netzwerk.

Mit der Einführung von Wissensmanagement sind Chancen, Risiken und auch Anforderungen verbunden. Die Chancen liegen:

- in einer Steigerung der Produktivität,
- in der Optimierung des Ressourceneinsatzes,
- in einem schnellen und bedarfsgerechten Finden von Lösungen,
- in der Nutzung vorhandener Potentiale,
- in einer zielgerichteten Kommunikation.

Um die Risiken

- Sperriger Informationsschrott,
- Ineffizienz,
- Überladung von Informationen,
- Verlust der Identität,
- Umgang mit offenem Wissen muß gelernt sein,

in den Griff zu bekommen, sollten folgende Anforderungen an die Organisation erfüllt sein:

- Aktivierung des verteilten und spezialisierten Wissens,
- Ausbalancierung von Perspektiven,
- Integration differenzierten Wissens,
- Lösung strukturimmanenter Widersprüche,
- Erfahrungssicherung,
- Vorleben,
- Sicherheit bieten und aufzeigen.

9.5 Tugenden

Ein Rezept für eine erfolgreiche Entwicklung und Implementierung von Wissensmanagement in Organisationen gibt es nicht! Vielmehr muß die individualisierte Organisation ihr eigenes Rezept entwickeln. Wenn auch kein allgemein gültiges Rezept geliefert werden kann, so soll dieses Buch jedoch zumindest die Tugenden nennen, die sich bei der Durchführung solcher Projekte als essentiell heraus kristallisiert haben:

- Wissen um Innovation, d.h. alles ist möglich und nichts unmöglich.
- Neues ist ohne Risiko- und Verantwortungsbewußtsein nicht zu machen.
- Konsequenz und Beharrlichkeit kitten so manche Fehlentscheidung und gewährleisten ein Lernen aus Fehlern.
- Selbstdisziplin ist die halbe Miete.
- Geistige Flexibilität ist das Schmiermittel.
- Toleranz und Respekt sind die Hüter des Wissensmanagements.
- hoher Anspruch von Professionalität an sich und andere ist der Motor der Qualität des Wissensmanagements.

10 Objektorientierte Ontologie

Die konkrete Wirklichkeit ist oft so kompliziert (nicht nur komplex), daß man sie ohne Vereinfachung nicht in den Griff bekommen kann. Also bastelt man sich ein Modell von ihr. Im Grunde genommen ist das Verhältnis zwischen Wirklichkeit und einem Bild oder Modell immer das Gleiche : Letzteres ist nur ein Abbild einiger Eigenschaften wirklicher (oder gedachter) Objekte. Alles, was nicht relevant ist, bleibt dabei unberücksichtigt. Dieses kann sich mehr und mehr von der Wirklichkeit entfernen, den Bezug zu ihr sogar ganz verlieren. Dem Autor schwebt an dieser Stelle vor, daß sich die Menschen irgendwann über Objekte und Fragen der Wirklichkeit unterhalten können, wie über Politik und soziale Themen, ganz ohne Formeln, nur durch den verbalen Austausch von Abstraktionen sowie der Kraft ihrer Argumente.

10.1 Ontologischer Ausgangspunkt

Die Bezeichnung "Ontologien" (ontologia) wurde im 17 Jahrhundert für die erstmals von Aristoteles definierte Wissenschaft vom Seienden als Seiendem eingeführt. Diese soll nach Aristoteles im Gegensatz zu den Einzelwissenschaften umfassend sein und grundlegend, weshalb er sie auch „Erste Wissenschaft" nennt. In diesem Buch wird nun eine Ontologie entwickelt und skizziert, die die ganze Welt umfaßt, die das Psychische ebenso umfaßt wie das Physische. Durch eine solche Ontologie wird zunächst alles, was in der Welt vorhanden ist, in wenige Arten unterschieden, klassifiziert und damit in verschiedenen Kategorien eingeteilt. Das, was in der Welt vorhanden ist, gibt sich als Objekte zu erkennen. Objekte verschiedener Kategorien unterscheiden sich maximal. Ihnen ist nicht mehr gemeinsam, als daß sie Objekte sein können, d.h., daß sie existieren können. Insofern ist die Existenz selbst nichts Existierendes, ist kein Objekt. Wenn man später dann einmal davon spricht, daß ein Objekt existiert, so kann sich das nur auf dieses Objekt selber stützen. Existiert ein solches Objekt dann spricht man von einer Instanz. Ist ein Objekt, dann wird dieses Objekt instanziiert. Die Kategorien dieser Ontologie sind: Objekte, Beziehungsmuster und Formen. Alles in der Welt ist als entweder ein potentielles Objekt, potentielles Beziehungsmuster oder eine potentielle Form. In diesem Stadium schlummern diese drei Kategorien in der virtuellen Welt des Möglichen. Existiert ein potentielles Objekt konkret, dann wird es zur Instanz. Wegen der wichtigen Rolle, die die Objekte in dieser Ontologie spielen, hat man sie **O**bjekt**o**rientierte **O**ntologie (abgekürzt: OoO) genannt.

10.2 Kategorien

Die Kategorien der objektorientierten Ontologie sind

- Objekte,
- Beziehungsmuster,
- Formen.

Alles in der Welt ist entweder ein Objekt als Abbildung einer Sache, eines Sachverhaltes oder eine Form. Durch eine solche Ontologie wird alles, was in der Welt vorhanden ist, in wenige Arten eingeteilt, in verschiedene Kategorien. Entitäten verschiedener Kategorie unterscheiden sich maximal. Ihnen ist nicht mehr gemeinsam, als daß sie Entitäten sind, d.h., daß sie existieren. Das ist aber keine reale Gemeinsamkeit, d.h. sie beruht nicht auf einer Entität. Die Existenz selbst ist nichts Existierendes, ist keine Entität. Wenn man von einer Entität sagt, daß sie existiert, so kann sich das nur auf diese Entität selbst stützen. Nun gibt es offenbar Verbindungen zwischen den Entitäten der Welt. Das ist ein phänomenologischer Tatbestand, den jede Ontologie erklären oder fundieren muß. Nach der ooO beruhen diese Verbindungen hauptsächlich auf den Beziehungsmustern. Alle Verbindungen zwischen Objekten können durch Beziehungsmuster fundiert werden. Denn Beziehungsmuster bestehen aus Objekten, sind Komplexe aus Objekten und verbinden ihre Bestandteile. Allerdings bestehen nicht alle Beziehungsmuster aus Objekten. Es gibt auch Beziehungsmuster, die wiederum aus Beziehungsmustern bestehen und üblicherweise molekulare Beziehungsmuster genannt werden. Auf den molekularen Beziehungsmustern beruhen die Verbindungen, in denen Beziehungsmuster untereinander stehen. Die Beziehungsmuster, aus denen sich molekulare Beziehungsmuster zusammensetzen, haben Beziehungsmuster oder Objekte als Bestandteile. Beziehungsmuster, die nur aus Objekten bestehen, nennt man atomare Beziehungsmuster. Die Verbindungen, in denen Formen zu anderen Entitäten stehen, gründen sich nicht auf Beziehungsmuster. Diese Verbindungen sind enger als die durch Beziehungsmuster hergestellten. Sowohl Objekte als auch Beziehungsmuster haben Formen. Und diese Formen sind noch abhängiger von den Sachen oder Beziehungsmustern als die Aristotelischen Akzidenzen von den Substanzen. Die Formen sind vom Geformten unabtrennbar. Sie ähneln zweifellos den Aristotelischen substanziellen Formen (eidos). Aber was bei Aristoteles als Form kategorisiert wird, wie beispielsweise das Menschsein, ist in der ooO keine Form. Unter die Kategorie der Objekte fallen Dinge, Eigenschaften und Beziehungen. Beziehungsmuster, jedenfalls die atomaren, bestehen also aus Dingen, Eigenschaften und Beziehungen. Daß dieses Blatt Papier weiß ist, ist beispielsweise ein Beziehungsmuster, der aus einem Ding, dem Blatt Papier, und einer Eigenschaft, der weißen Farbe, besteht. Auch, daß das Blatt auf diesem Schreibtisch liegt, ist ein Beziehungsmuster. Er besteht aus zwei Dingen, dem Blatt Papier und dem Schreibtisch, und einer Beziehung, der des Aufliegens. Das erste Beziehungsmuster besteht mithin aus zwei Objekten, das zweite aus drei. Beide Beziehungsmuster bestehen nur aus Objekten. Sie sind also atomar. Der Unterschied zwischen Dingen auf der einen Seite und Eigenschaften und Beziehungen scheint fundamental, so daß dafür die Kategorie der Objekte in die Subkategorie der Instanzen und die der Universalien untergliedert wird. Objekte sind durch Einfachheit charakterisiert. Diese Einfachheit ist jedoch keine Universalie oder irgendeine andere Entität, sondern sie besteht nur darin, daß Objekte keine Bestandteile haben, in dem Sinne, in dem die Beziehungsmuster solche haben. Von den Formen, die auch in dem angegebenen Sinne einfach sind, unterscheiden sich die Objekte durch ihre weniger enge Bindung an andere Objekte, was sich darin zeigt, daß diese Bindung auf einer zusätzlichen Entität, einem Beziehungsmuster, beruht. Auch dieses Merkmal beinhaltet keine Entität, keine Universalie, keine Form, die allen Objekten zukäme. Man kann also sagen, daß den Objekten als solchen keine bestimmte Entität gemeinsam ist, und daher Individuen und Universalien als Kategorien gelten können. Instanzen sind räumlich und zeitlich lokalisiert. Universalien, also sowohl Eigenschaften wie auch Beziehungen, nicht. Zwischen Universalien gibt es Ähnlichkeit und Unähnlichkeit, zwischen Instanzen (Dingen) nur aufgrund der mit ihnen verbundenen Universalien (den Eigenschaften, die die Dinge haben). Eine noch wichtigere Stütze der Unterteilung in Individuen und Universalien sind Gesetzmäßigkeiten der Verbindung von Objekten in Beziehungsmustern. Nicht jede Sache kann mit jeder anderen in einem Beziehungsmuster verbunden sein. Die Gesetzmäßigkeiten, die die Verbindung einschränken, sind aber nicht leicht zu bestimmen. Häufig beruft man sich darauf, daß Dinge Eigenschaften besitzen, Eigenschaften aber nicht Dinge, und stellt sich den Eigenschaftsbesitz als eine asymmetrische Beziehung vor. Nun ist eine asymmetrische Beziehung dadurch ausgezeichnet, daß sie zwischen zwei Entitäten nie in beiden Richtungen besteht. Man kann aber nicht sagen, daß die Beziehung des Eigenschaftsbesitzes in der Richtung von einer Eigenschaft zu einem Ding nicht besteht, weil man gar nicht weiß, was das heißen soll.

> Wenn ein Ding a in der asymmetrischen Beziehung R zum Ding b steht (aRb), so besteht das umgekehrte Beziehungsmuster bRa zwar nicht, aber er könnte bestehen. Mit der Feststellung, daß Eigenschaften nicht Dinge besitzen, meint man aber gerade, daß ein Beziehungsmuster wie beispielsweise, daß die Farbe Nußbraun diesen Tisch besitzt, nicht möglich ist, beziehungsweise daß der Satz, "die Farbe Nußbraun besitzt diesen Tisch", nicht für ein Beziehungsmuster steht.

Man kann also nicht sagen, daß der Eigenschaftsbesitz eine asymmetrische Beziehung ist. Man könnte höchstens konstatieren, daß es immer nur ein Beziehungsmuster gibt, das ein bestimmtes Ding mit einer bestimmten Eigenschaft verbindet. Diese Gesetzmäßigkeit ist aber kein Grund, Instanzen von Universalien kategorial zu trennen. Jedoch gibt es eine andere Gesetzmäßigkeit, die sich dazu eignet: Alle Beziehungsmuster enthalten mindestens eine Universalie, aber nicht alle enthalten eine Instanz (das Beziehungsmuster, daß Karminrot eine Farbe ist, beispielsweise besteht nur aus Universalien). Kein Beziehungsmuster besteht nur aus Instanzen. Weitere Gesetzmäßigkeiten dieser Art legen es nahe, auch die Universalien noch zu unterteilen. Es fällt nämlich auf, daß ein Teil der Eigenschaften ausschließlich mit Dingen verbunden ist, ein anderer Teil ausschließlich mit Eigenschaften dieses ersteren Teils. Die Eigenschaften von Dingen stehen gewissermaßen zwischen den Dingen und den Eigenschaften von Eigenschaften. Im Hinblick darauf bedient man sich einer räumlichen Metapher und bezeichnet die Eigenschaften von Eigenschaften als Eigenschaften zweiter Stufe, die Eigenschaften von Dingen als Eigenschaften erster Stufe, wobei man sich die Dinge als Basis denkt. Entsprechend unterscheidet man auch Beziehungen erster Stufe, die zwischen Dingen bestehen, von Beziehungen zweiter Stufe, die zwischen Eigenschaften oder Beziehungen bestehen. Die Unterteilung der Universalien, die nahegelegt wird, ist also eine in Universalien erster und Universalien zweiter Stufe. Eine zweite Unterteilung, die sich mit der ersten kreuzt, muß hinzukommen. Man unterscheidet zwischen Eigenschaften, die einstellig sind, und Beziehungen, die mehrstellig sind, und weiterhin zwischen den Beziehungen nach der Anzahl ihrer Stellen. Dabei denkt man an die Symbole, die in logischen Formeln für Eigenschaften und Beziehungen stehen und die Anzahl der Stellen neben ihnen, die von anderen Symbolen eingenommen werden müssen, damit ein Satz entsteht. Der Gedanke läßt sich auf die Universalien der OoO übertragen. In jedem atomaren Beziehungsmuster gibt es genau eine Universalie (Beziehung oder Eigenschaft), von der es abhängt, wieviele Objekte außerdem noch im Beziehungsmuster enthalten sind und auf welcher Stufe sie stehen. Diese Universalie soll die determinierende Sache des Beziehungsmusters genannt werden.

> In dem Beziehungsmuster, daß dieses Blatt weiß ist, der aus einem Individuum und einer Universalie erster Stufe besteht, ist letztere die determinierende Sache. In dem Beziehungsmuster, daß Weiß heller als Königsblau ist, der aus zwei Universalien erster Stufe und einem zweiter Stufe (der Beziehung "heller") besteht, ist es die Universalie zweiter Stufe.

Ganz allgemein gilt, daß die determinierende Sache eines Beziehungsmusters eine Stufe höher steht als die übrigen, die man die determinierten Objekte des Beziehungsmusters nennen könnte. Mit Bezug auf die Rolle der determinierenden Sache kann nun die Stelligkeit einer Universalie folgendermaßen definiert werden.

> Eine Universalie ist n-stellig genau dann, wenn die Beziehungsmuster, in denen sie determinierende Sache ist, n + 1 Bestandteile haben.

Jede n-stellige Universalie sorgt also gewissermaßen dafür, daß in einem Beziehungsmuster, in dem sie determinierende Sache ist, n Stellen für andere Objekte vorhanden sind. Durch die Klassifikation der Universalien nach den beiden Gesichtspunkten, der Stelligkeit und der Stufe, gelangt man zu einstelligen Universalien erster Stufe, einstelligen Universalien zweiter Stufe, usw., zu zweitstelligen Universalien erster Stufe, zweistelligen Universalien zweiter Stufe, usw. zu dreistelligen Universalien erster Stufe, usw. Man erkennt unschwer Russells Typenhierarchie.

Die Zugehörigkeit einer Universalie zu einer solchen Klasse beruht auf ihrer Form. Jede Sache hat eine Form. Man gibt die Form einer Sache an, wenn man sagt, daß sie eine zweistellige Universalie erster Stufe ist, aber auch, wenn man von einer Sache sagt, daß sie eine Instanz ist. Bei der Aufzählung der Universalienklassen wird jeweils ein Fortgang zu höheren Stufen und größerer Stellenzahl angezeigt, aber es wird von keinem unbegrenzten Fortgang ausgegangen. Die Sachformen, auf denen die Klassen beruhen, existieren nicht isoliert von den Objekten. Wenn es keine Universalie eines bestimmten Typs gibt, dann auch nicht die betreffende Form. Und was es für Universalien in der Welt gibt, ist eine empirische Frage. Wenn man diejenigen Eigenschaften und Beziehungen beiseite läßt, die auf andere zurückgeführt werden können, wird man zu dem Ergebnis kommen, daß die Universalien nicht über die zweite Stufe und nicht über eine Stellenzahl von vier hinausgehen. Der Begriff der Universalie beinhaltet, anders als der der Instanz, keine bestimmte Form, sondern er faßt bloß eine Reihe verschiedener Formen zusammen. Die Universalien haben demnach als solche keine Form gemeinsam. Deshalb können sie als Kategorien, als Subkategorien der Kategorie der Universalien in die OoO eingeführt werden. In dieser Ontologie wird es für eine empirische Frage erklärt, was für Universalien in der Welt vorkommen. Daraus folgt, daß die Formen der Universalien und damit die betreffenden Kategorien für wahrnehmbar gehalten werden, aber auch die Universalien selbst. Die Auffassung, daß die Kategorien uns in der inneren und äußeren Wahrnehmung gegeben sind, hat eine lange Tradition. Hingegen ist dies für die Universalien selten vertreten worden. Wenn man überhaupt Universalien zuließ, die den Dingen selbst zukommen, so nahm man an, daß zu ihrer Erfassung eine andere Fähigkeit als die der Wahrnehmung nötig sei. Was sich in der Wahrnehmung als Formen der Sachen präsentiert, sind selbstverständlich nicht irgendwelche Stufen und leeren Stellen, sondern gewisse Beschaffenheiten, die durchaus unräumlich sind (mit "Form" ist auch im Falle von körperlichen Individuen natürlich nicht ihre äußere Gestalt gemeint). Die räumliche Metaphorik der Stufen und Stellen ist auch nicht eigentlich durch jene Beschaffenheiten selbst veranlaßt, sondern durch eine gewisse Gesetzmäßigkeit, die für sie, beziehungsweise die Sachen, gilt. Die Gesetzmäßigkeit lautet: jedes atomare Beziehungsmuster besteht aus einer n-stelligen Universalie k-ter Stufe und n Objekten der k-ten Stufe. Das bedeutet, nur Objekte benachbarter Stufen können in einer bestimmten Anzahl, die von der Form der jeweils determinierenden Objekte abhängt, zusammen ein Beziehungsmuster bilden.

Ein Beziehungsmuster hat nicht nur Bestandteile, sondern auch eine Form, die man auch als Weise des Zusammenseins seiner Bestandteile bezeichnen könnte. Alle atomaren Beziehungsmuster haben dieselbe Form, die mit einem Terminus Bergmanns "Exemplifikation" bezeichnet werden. Der übliche Ausdruck "Prädikation" wird vermieden, weil er suggeriert, es handle sich um Sprachliches, nicht um Sachliches. Exemplifikation ist Eigenschaftsbesitz oder Bestehen von Beziehungen.

An den molekularen Beziehungsmustern, den Beziehungsmustern also, die andere Beziehungsmuster als Bestandteile haben, kommen sechs verschiedene, aus der formalen Logik bekannte Formen vor:

- Konjunktion (sprachlich: "und"),
- Disjunktion (sprachlich: "oder"),
- Subjunktion (sprachlich: "wenn...dann"),

- Negation (sprachlich: "nicht"),
- Einsquantifikation (meist irreführend Existenzquantifikation genannt, sprachlich: "mindestens ein"),
- Allquantifikation (sprachlich: "alle").

Die Beziehungsmuster mit den drei letztgenannten Formen sind dadurch ausgezeichnet, daß sie jeweils nur ein Beziehungsmuster zum Bestandteil haben.

Dies bedarf bei den Eins- und Allquantifikationen der Erläuterung. Welches ist zum Beispiel der Bestandteil des Beziehungsmusters, daß alle Raben schwarz sind? Eine Subjunktion aus zwei atomaren Beziehungsmustern, dem Beziehungsmuster, daß eine gewisse Instanz a ein Rabe ist und dem Beziehungsmuster, daß dieses a schwarz ist. Da ein Beziehungsmuster im Gegensatz zu einer logischen Formel keine Variable, keine leere Stelle also, enthalten kann, muß irgendeines der Objekte, über denen quantifiziert wird, wie man in der Logik sagt, in diesem Fall irgendeine Instanz die drohende Lücke füllen. Gibt man dieser Überlegung nach, so folgt allerdings, daß ein Satz wie "Alle Raben sind schwarz" für viele verschiedene Beziehungsmuster steht. Und das Gleiche würde für einen Satz wie "Mindestens ein Rabe ist schwarz" gelten.

Die verschiedenen Beziehungsmuster würden sich aber nur in den in ihnen vorhandenen Objekten der jeweils untersten Stufe unterscheiden und sie wären äquivalent, d.h. sie würden entweder alle bestehen oder alle nicht bestehen. Die Quantifikation eines Beziehungsmusters kann man mithin so verstehen: etwas an irgendeinem Beispiel Vorgefundenes wird auf einen ganzen Bereich oder auf einen Teil davon ausgedehnt.

Wenn zwei Menschen den Gedanken haben, den man durch den Satz "Alle Raben sind schwarz" ausdrückt, denken sie an einen bestimmten Raben, möglicherweise nicht an denselben. Im letzteren Fall haben sie zwar nicht genau denselben Gedanken und meinen nicht genau dasselbe Beziehungsmuster, aber doch äquivalente Beziehungsmuster.

Man kann sie als analytisch äquivalent ansehen. Jedenfalls sind die betreffenden logischen Formeln substituierbar. Es ist ein zwar selbstverständlich erscheinendes Prinzip, daß zwei Beziehungsmuster genau dann verschieden sind, wenn sie sich in Form oder Bestandteilen unterscheiden. Dies hat jedoch weitreichende Konsequenzen. Es ist eine Spezifikation des Grundprinzips der Ontologie, daß zwei Entitäten genau dann verschieden sind, wenn ihre ontologische Analyse verschiedene Entitäten ergibt. Naturgesetze sind molekulare Beziehungsmuster mit der Form einer Allquantifikation. Dies trifft nicht für die erwähnte Gesetzmäßigkeit der Bildung von atomaren Beziehungsmustern und für das Grundprinzip der Ontologie zu. Der Verschiedenheit zweier Entitäten, genauer, ihrer numerischen Verschiedenheit, liegt nichts weiter zugrunde als diese beiden Entitäten selbst. Diese Verschiedenheit beruht darauf, daß es zwei Entitäten sind und nicht eine, sie beruht nicht auf einer mehrstelligen Universalie, keinem Objekt. Deshalb kann das Grundprinzip keine Beziehungsmuster beinhalten. Die Gesetzmäßigkeit der Bildung atomarer Beziehungsmuster kann kein Beziehungsmuster sein, weil es in ihr um Sachformen und um die Beziehung zwischen Beziehungsmustern und ihren Bestandteilen geht. Die Sachformen sind zwar Entitäten, aber sie kommen den Objekten nicht aufgrund von Beziehungsmustern zu. Und die Bestandteil-Beziehung ist gar keine Entität, insbesondere keine mehrstellige Universalie, keine Relation also, vielmehr wird sie in der OoO nur durch die betreffenden Beziehungsmuster fundiert. Die Beziehung zwischen einem Beziehungsmuster und einem seiner Bestandteile gründet darauf, daß das Beziehungsmuster ein Komplex aus diesen betreffenden Objekten beziehungsweise diesen Beziehungsmustern darstellt. Im übrigen leuchtet es ein, daß eine Gesetzmäßigkeit, die regelt, welche Objekte zusammen ein Beziehungsmuster bilden, nicht selbst ein Beziehungsmuster sein kann. Sowohl das ontologische Grundprinzip als auch die der Typenregel entsprechende Gesetzmäßigkeit sind selbst keine Beziehungsmuster, aber sie zeigen sich an den Beziehungsmustern, sie sind selbst keine Entitäten, aber sie werden an den Entitäten deutlich. Es stellt sich wieder die Frage, ob die Unterteilung der Beziehungsmuster nach den verschiedenen Formen kategorial ist. Die Antwort hängt davon ab, ob die Oberkategorien Beziehungsmuster und molekulare Beziehungsmuster durch Entitäten definiert sind, die allen Beziehungsmustern beziehungsweise molekularen Beziehungsmustern gemeinsam sind.

Ein Beziehungsmuster sein heißt, komplex zu sein, Bestandteile zu haben. Es heißt nicht, eine bestimmte Entität aufzuweisen, eine bestimmte Form zu haben. Das letztere gilt auch für das molekulare Beziehungsmuster, das dadurch charakterisiert ist, daß es Beziehungsmuster als Bestandteile hat. Die Kategorie des atomaren Beziehungsmusters muß für die Antwort nicht untersucht werden, weil sie keine Unterteilung erfährt. Allerdings darf man annehmen, daß auch sie nicht durch eine bestimmte Beziehungsmusterform definiert ist. Dem Wortsinne nach sind atomare Beziehungsmuster solche, die keine anderen Beziehungsmuster als Bestandteile haben und ihr Merkmal ist nicht die Exemplifikationsform. Die negativen und die quantifizierten Beziehungsmuster haben nur jeweils einen Bestandteil. Der Hinweis muß aber auch die grundsätzlichere Frage hervorrufen, ob ein einziger Bestandteil überhaupt ein Bestandteil ist, ob man etwas, das nur einen Bestandteil hat, als Komplex gelten lassen kann. Nun gehört zu den fraglichen Beziehungsmustern immer auch eine Form. Es sind also jeweils zwei Entitäten vorhanden. Und eine von ihnen, der Bestandteil, könnte als selbständiges Beziehungsmuster, ohne die andere Entität, ohne die zusätzliche Form existieren. Das ist anders als bei den Objekten. Diese können nicht ohne ihre Form existieren, weil sie keine zweite Form darunter haben. Deshalb gilt im Gegensatz zu Beziehungsmustern, daß Objekte keine Bestandteile haben. Allerdings lassen sich die Formen der hier in Rede stehenden Beziehungsmuster nicht als Weisen des Zusammenseins der Bestandteile charakterisieren, sondern eher als Arten des Außenverhältnisses. Die Negation und die beiden Arten der Quantifikation legen sich gewissermaßen als zweite Form um ein schon geformtes Ganzes, während die übrigen Sachformen ein nur in Teilen Geformtes umgeben und die Sachformen gänzlich Formloses. Im Zusammenhang der Analyse relationaler Beziehungsmuster kann man am besten verstehen, was die Ordinationen, jene Formen für Entitäten sind, und warum es sie geben muß. In der OoO haben die

Dinge (Individuen) keine überragende Stellung. Die Dinge sind nicht unabhängiger und selbständiger als die Eigenschaften und Beziehungen, als die Universalien. Individuen und Universalien treten nur im Zusammenhang von Beziehungsmustern auf. Alle Objekte sind also jeweils mit anderen Objekten verbunden und insofern sind alle Objekten gleichermaßen von anderen Objekten abhängig. Wirklich unabhängig sind die Beziehungsmuster. Sie haben die stärkste Stellung von allen Entitäten der OoO. Sie können für sich existieren, ohne mit anderen Beziehungsmustern verbunden zu sein. Und sie sind es, die die Verbindungen in die Welt bringen, nicht wie bei Aristoteles die Dinge, dadurch, daß sie Eigenschaften enthalten oder tragen.

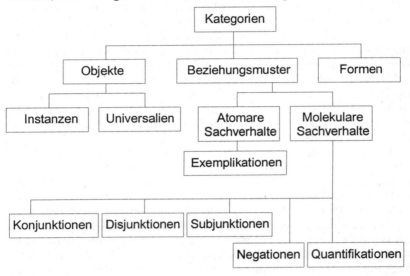

Abbildung 10-1 : Kategorien der objektorientierten Ontologie

10.3 Implikationen

Die Dinge der Welt erkennt man auch anhand ihrer Zugehörigkeit zu Gruppen, die man durch Klassifizierung erhält. Alle Objekte sind Spezialisierungen allgemeiner Kategorien oder Klassen.

> Eine Katze ist Mitglied der Klasse der Säugetiere, diese sind Mitglieder der Klasse Tiere, diese der Klasse Lebewesen usw.

Die Klassifizierung erfolgt über gemeinsame Merkmale, wobei die spezielleren Klassen die Eigenschaften der allgemeineren übernehmen. Ähnliche Eigenschaften von Objekten werden so zu Objektklassen zusammengefaßt und damit verfügen alle Objekte einer Klasse über dieselben Kennzeichen (Attribute), die jedoch verschiedene Ausprägungen haben können.

Implikationen

> Das Fell jeder Katze hat Farbe und Musterung, doch der Farbton und das Muster einer bestimmten Katze unterscheiden sich von denen einer anderen.

Auch in der objektorientierten Ontologie gibt es den Begriff "Vererbung". Das bedeutet, daß ein Objekt in einer Objektklasse alle Eigenschaften und Beziehungsmuster der in der Hierarchie übergeordneten Objekte übernimmt. Die Klassen haben die Aufgabe, als Bauplan für die Objekte zu dienen. Die Objekte sind dann die konkrete Ausprägung der Klassen in Form von Instanzen. Klassisch aufgefaßt und eher allgemein gesprochen ist ein Objekt der Gegenstand des Wahrnehmens, Erkennens und Denkens. Das Wort kommt aus dem lateinischen objectum und bedeutet "das Entgegengeworfene". Für den Umgang mit Wissen besteht die Welt aus Objekten, die Eigenschaften und Funktionalitäten und gewisse Beziehungsmuster aufzuweisen haben. Man versucht zu verstehen, wie diese Objekte beschaffen sind und welches ihre Funktion ist. Da man nicht immer alle Eigenschaften kennt (oder benötigt), enthält die Beschreibung eines Objektes zumeist nur diejenigen Attribute, die bekannt oder nötig sind, um mit ihm sinnvoll umzugehen. Diesen Vorgang der Vereinfachung, bei dem von bestimmten Merkmalen abgesehen und etwas nur unter einem bestimmten Blickwinkel gesehen wird, nennt man auch abstrahieren. Objekte können nicht nur materiell sein, also reale Gegenstände wie Kunden oder Flugzeuge usw.. Imaginäre (oder immaterielle) Objekte dienen zur Darstellung von begrifflichen Dingen, wie zum Beispiel einem Girokonto, einem Kreis oder auch einer ganzen Zahl. Wenn nun genügend Wissen über die Objekte, ihre Attribute, ihr Verhalten, ihre Zustände, ihre Beziehung untereinander (Beziehungsmuster) gesammelt ist, so wird eine ontologische Entsprechung dazu gesucht: das sind die Wissensobjekte aus der Sicht des Entwicklers, wobei die Daten den Attributen entsprechen und sich die Beziehungsmuster durch das Verhalten wiederfinden. Diese Umsetzung ist eine Aufgabe des Wissensingenieurs. Als Abbild (oder als Abstraktion) eines Teiles der Welt, besteht ein Objekt nicht nur aus seinen Kennzeichen:

> Beim Girokonto: aus der Nummer, dem Kontostand, dem Namen des Besitzers

sondern auch aus seinem Leistungsangebot:

> Beim Girokonto: Geld einzahlen, Kontostand anzeigen, Verbindung mit Sparbuch des Besitzers herstellen

Die Attribute sind das Gedächtnis des Objektes, die seinen inneren Zustand zu jeder Zeit beschreiben. Das Leistungsangebot gibt an, was das Objekt tut. Die Attribute können bei jeder Ausprägung eines Objektes unterschiedlich sein.

> Jedes Girokonto hat wahrscheinlich andere Werte für Inhalt und Adresse. Das Methodenangebot ist aber bei allen Konto-Objekten gleich: es gibt eine Funktion „Geld einzahlen".

Die Beziehungsmuster der Objekte einer Klasse können unterschiedlich ausgeprägt sein.

Der Umgang mit geistigen Leistungen des Menschen im Globalen und mit Wissen als Form der sprachlichen Kommunikation im Besonderen, basiert auf einer angenommenen, kognitiven Systemarchitektur. Menschliches Wissen basiert auf einer wie auch immer gearteten Sprache, und daher stellt sich zunächst die Frage, was es denn für sprachliche Konstruktionen mit Wissen gibt. Es sind, sprachlich gesehen die Gegenstände des Wissens, die zur Unterscheidung der folgenden Arten von sprachlichen Konstruktionen führen:

- X weiß, wo Y arbeitet (Fall a).
- X weiß, wie man den Finanzbeamten am einfachsten betrügt (Fall b).
- X weiß, wo man in der Gegend am besten essen kann (Fall c).
- X weiß, wen A betrogen hat (Fall d).
- X weiß, wie man Auto fährt (Fall e).
- X weiß, was in der Bibel steht (Fall f).
- X weiß den Weg (Fall g).
- X weiß, daß es schneit (Fall h).
- X weiß, daß er Schmerzen hat (Fall i).
- Xweiß, ob Peter der gesuchte Mörder ist (Fall j).

Auf "wissen" kann ein Interrogativpronomen und ein Verb im Indikativ folgen wie im Beispiel (a). Es kann auch ein Interrogativpronomen und ein Verb in Verbindung mit "man" wie im Fall (b) oder zusätzlich in Kombination mit einem Modalverb, etwa "können", wie im Fall (c) folgen. Eine Sonderstellung bei den Konstruktionen bildet das Interrogativpronomen "wie" in Verbindung mit einem Tätigkeitsverb wie im Fall (b). Mehrdeutigkeiten können sich ergeben, wenn auf "wissen" ein "was" folgt, wie im Fall (f). Dieses "was" kann sowohl als Relativpronomen auch als Interrogativpronomen benutzt werden. Schließlich kann auf "wissen" einfach ein Substantiv folgen wie im Fall (g), ein Daß-Satz wie in (h) oder ein "ob" wie im Fall (j). Alle diese Konstruktionen - außer (g) - lassen sich in *Wissen, daß*-Konstruktionen überführen. So wird beispielsweise aus X weiß, wo Y arbeitet zu (a') Es gibt einen Ort, von dem X weiß, daß es der Ort ist, an dem Y arbeitet. Es wird demnach im folgenden nur um solche Fälle gehen, die eindeutig dem Typ *wissen, daß* zuzuordnen sind. Das, was gewußt wird, was immer es auch sein mag, hat etwas mit der Wirklichkeit zu tun. Letzteres kommt in der Auffassung zum Ausdruck, daß man nur wissen kann, was wahr ist. Zweifelt man nämlich bei einer Wissensbehauptung an deren Begründung, so zweifelt man an ihrer Wahrheit. In diesem Sinne unterscheidet sich Wissen vom Glauben. Das, was geglaubt wird, ist subjektiv, was gewußt wird, ist objektiv. Das unmittelbare Objekt des Glaubens ist eine Art Bild der Wirklichkeit, das unmittelbare Objekt des Wissens ist die Wirklichkeit selbst. Wissen greift auf das zurück, was gegeben ist. Wissen ist demzufolge nicht abstufbar, ist digitaler Natur in Form einer Ganz-oder-gar-nicht-Angelegenheit. Das, was geglaubt wird, kann wahr oder falsch sein, das was gewußt wird, hingegen nicht. Im Fall (g) bedeutet dies, daß X den Weg wissen kann, aber X kann den Weg nicht glauben.

Theorien zur kognitiven Architektur des Menschen können nun daran gemessen werden, wieweit sie theoretische Erklärungsansätze für praktische Befunde experimenteller Untersuchungen zum Verstehen und Lernen bieten und dabei den Struktur- und Funktionseigenschaften des begrifflichen Wissens

Rechnung tragen. Eine erste theoretische Annahme ergibt sich aus entwicklungsgeschichtlicher Perspektive, da sich die Struktur und Funktionsweise des kognitiven Systems im Prozeß der menschlichen Phylogenese evolutionär herausgebildet hat. Im Verlauf dieser Entwicklung hat es sich gezeigt, daß sich jeweils solche Mechanismen durchsetzen konnten, durch die die aktuell relevanten kognitiven Prozesse am leichtesten und sichersten vollzogen, beziehungsweise die betreffenden Ziele der kognitiven Verarbeitung mit einem Minimum an Aufwand erreicht werden konnten. Letzteres bezeichnet man als Prinzip der kognitiven Ökonomie und ist an vielen Stellen der menschlichen Phylogenese verankert. An dieser Stelle wird zum einen von einem einheitlichen, integrierten, kognitiven System ausgegangen, was zugleich der Erkenntnis entspricht, daß sich die verschiedenen kognitiven Funktionen aus ein und demselben Initialsystem entwickeln. Statt also für jede kognitive Leistung ein existentes und nach jeweiligen Prinzipien funktionierendes Teilsystem zu unterstellen, kann man von einer im menschlichen Gehirn verankerten, allgemeinen Fähigkeit ausgehen, in Abhängigkeit der gemachten Lernerfahrungen beziehungsweise den bewältigten Anforderungen spezifische Hirnfunktionen aufzubauen. Dieser Sichtweise zufolge bilden sich zwar im Laufe der menschlichen Phylogenese und Ontogenese unterschiedliche kognitive Teilsysteme für unterschiedliche kognitive Funktionen heraus, die sich sogar einigermaßen genau lokalisieren lassen. Diese Teilsysteme sind jedoch jeweils Derivate ein und desselben kognitiven Initialsystems. Alle diese Derivate sind daher nach dem gleichen Grundprinzipien gebildet und funktionieren daher auch nach den gleichen Grundprinzipien. Insofern sind auch diese Teilsysteme nach ihrer Ausprägung universell, was die Erfahrung auch zeigt, indem bei Ausfall eines bestimmten Teilsystems deren Aufgabe auch von anderen, noch funktionierenden Teilsystemen übernommen werden können.

Die Wissensgesellschaft stellt neue Herausforderungen an den Einzelnen. Die Qualität von Entwicklungs- und Lernprozessen hängt heute mehr denn je davon ab, inwieweit es gelingt, komplexe Wissensbestände zu strukturieren, zu erwerben, zu kommunizieren und anzuwenden. Mehr denn je ist der Einzelne gefordert, den eigenen Umgang mit Wissen aktiv und selbstgesteuert zu gestalten. Dafür werden Lernstrategien für den individuellen Umgang mit Wissen ebenso benötigt, wie effektive Unterstützungsformen für Kooperations- und Diskussionsprozesse in Lern- und Arbeitsgruppen. Dabei werden die einzelnen Mitglieder solcher Gruppen zunehmend in der Rolle des Beratenden gesehen. Solche Beratenden benötigen effektive Werkzeuge zur Unterstützung der Wissenskommunikation ebenso, wie Werkzeuge zur differenzierten Beurteilung und Diagnose von Wissensveränderungen.

Ein Schlüssel zu erfolgreichem Wissensmanagement wird daher in der Visualisierung gesehen. Dabei kann eine solche Visualiserung durch die Umsetzung der entwickelten Ontologie erfolgen. Das Grundprinzip der Visualisierungs-Technik ist denkbar einfach: Begriffe werden als Knoten in einem Netz aufgefaßt, die Relationen zwischen diesen Begriffen als Kanten oder Verbindungen zwischen diesen Knoten (Beziehungsmuster). Dabei werden die Verbindungslinien mit der Art des zwischen den Begriffen bestehenden Zusammenhangs benannt. Diese Visualisierungstechnik basiert auf den Mapping- oder Begriffsnetz-Techniken, die in den letzten Jahren in ihrer erstaunlichen Variantenvielfalt entwickelt und empirisch erprobt wurden. Aber wie die Historie zeigt, fehlt es auch an dieser Stelle an einer integrierten Umsetzung. Drei wesentliche Inspirationsqiuellen für Mapping-Techniken, Begriffsnetze und Wissensstrukturdarstellungen können unterschieden werden:

- Psychometrisch-strukturelle Perspektive,
- Kognitive Perspektive,
- Pädagogisch-psychologische Perspektive.

Hier steht die formale Analyse graphischer Strukturen im Vordergrund. So wurde mit verschiedenen Formen der Ähnlichkeitsskalierung und ihrer graphischen Darstellung (beispielsweise multidimensionale Skalierung, Clusteranalysen) der Versuch unternommen, psychische Phänomene und deren Veränderung mathematisch zu quantifizieren. Eine vielbeachtete Strömung orientierte sich an der mathematischen Graphentheorie (z.B. Bonato, 1990) und untersuchte, inwieweit Dichte, Durchmesser, Umfang und andere netzwerkbezogene Strukturparameter bestimmt und als Indikatoren für intellektuelle Leistungen herangezogen werden können. Seit den 80er Jahren ermöglichten technologische Entwicklungen auch die computerbasierte Modellierung sowie den computerunterstützten Strukturvergleich verschiedener Begriffsnetze vor dem Hintergrund dieser psychometrisch-strukturellen Modelle.

Die kognitive Perspektive übte nachhaltigen Einfluß auf Forschung und Entwicklung im Zusammenhang mit Mapping-Techniken aus. Vor allem die in den 70er und 80er Jahren entwickelten Ansätze zur Wissensrepräsentation können als wichtige Inspirationsquellen betrachtet werden. Insbesondere müssen hier die sogenannten Netzwerkansätze genannt werden, die deklaratives Wissen als propositionales Netz - als kognitives Begriffsnetz - repräsentiert sehen (Collins & Loftus, 1975). Dabei wird angenommen, daß das Wissen um Sachverhalte und Zusammenhänge kognitiv in der Form vernetzter Begriffe kodiert ist. Was liegt näher als anzunehmen, daß graphische Verfahren, die denselben Prinzipien folgen, in der Lage sind, Struktur und Inhalte solcher kognitiver Repräsentationen abzubilden bzw. deren Entstehen zu fördern? Vor allem im deutschsprachigen Raum ist aus kognitiver Perspektive eine weitere Gruppe von Ansätzen besonders einflußreich gewesen: Die Ansätze zur Erhebung von subjektiven Theorien, die mit Hilfe der Struktur-Lege-Techniken subjektive Annahmen und Hypothesen zu einem bestimmten Gegenstandsbereich rekonstruieren (Scheele & Groeben, 1984).

Aus pädagogisch-psychologischer Perspektive nahm von Anfang an die Unterstützung von Verstehensprozessen beim Lesen eine besondere Rolle ein: Mit dem sogenannten Spidermapping wurde die Basis für weitere Entwicklungen gelegt, insbesondere auch für das dem Spidermapping am nächsten verwandte Mind Mapping (z.B. Buzan & Buzan, 1996), Mit dem selben Ziel - der Verbesserung des Textverstehens - entwickelte die Arbeitsgruppe um Dansereau das sogenannte "Networking"(z.B. Dansereau & Holley, 1982). Hierbei handelt es sich um ein Notationssystem zur differenzierten graphisch-textuellen Abbildung von Begriffsstrukturen beim Umgang mit wissenschaftlichen Texten. Ein dem Networking ähnliches Verfahren wurde auch im deutschen Sprachraum erarbeitet und eingesetzt (Friedrich, P. Fischer, Mandl & Weis, 1987). Ebenfalls bereits in den 70er Jahren entwickelte Novak das sogenannte "Concept Mapping", das inzwischen fast als Synonym für die lange Reihe graphischer Techniken zur Darstellung von Wissensstrukturen gilt. Das Notationssystem der Wissenschaftssprache wie auch der Alltagssprache erweist sich im Lichte der Befunde aus der Problemlöseforschung als wenig differenziert und wenig geeignet für die Abbildung von komplexen Zusammenhängen. Das formal-logische Notationssystem der Mathematik bildet für Lernende immer wieder eine Zugangsbarriere und stößt bei der Abbildung von multiplen, nichtlinearen Zusammenhängen an Grenzen. Das gilt auch für den Zugang zu komplexen Sachverhalten über höhere Programmiersprachen. In graphisch orientierten Modellbildungs- und Simulationssystemen können komplexe Wirklichkeitsbereiche in symbolischer Form mit analogem Charakter abgebildet werden. Dieses Notationssystem hat den Nachteil, eine Eingrenzung, Festlegung gegenüber der Variabilität von Sprache vorzunehmen, jedoch den Vorteil, funktional zu sein. Man spricht deshalb von Funktionalität, da über die systemdynamisch begründete Abbildung nicht nur Begriffssysteme aktiviert und elaboriert werden, sondern solche Beziehungen zwischen den Begriffen hergestellt werden, auf deren Grundlage das systemische Verhalten des Modells in der Simulation visualisiert werden kann. Über die symbolische Abbildung mit analogem Charakter wird eine vergleichsweise intuitive Zugangsmöglichkeit für Lernende vermutet und damit eine niedrigere Zugangsbarriere als über formal-logische Notationssysteme.

Visuelle Sprachen definieren eine Menge von Relationen und Karten, aus denen dann kooperativ Kartennetze gebildet werden. Die Relationen und Karten können flexibel konfiguriert werden. Durch Verwendung von Symbolen, Texten oder dynamischen Komponenten als Kartenobjekte lassen sich unterschiedliche Strukturen darstellen, wie z.B. Petri-Netze zur Modellierung dynamischer Abläufe. Bei Repräsentationen, die auf explizite Relationen im Sinne von Kartenverbindungen verzichten, können auch implizite Relationen wie die räumliche Nähe ausgenutzt werden. Begriffsnetze sind mit den Mitteln der visuellen Sprachen gleichfalls darstellbar. Sie sind ein Spezialfall bei der Arbeit mit visuellen Sprachen, in dem die Karten Begriffe enthalten und die Relationen die Beziehung zwischen den Karten beschreiben.

Die Auseinandersetzung mit dem Phänomen Komplexität, als einem bedeutsamen Merkmal der Lebenswelt, gewinnt an Bedeutung. Aus der wirtschaftspädagogischen Perspektive sind Ansätze bekannt, die es ermöglichen, die wachsende Komplexität in ökonomischen Handlungszusammenhängen zu bewältigen und so ein adäquates ökonomisches Handeln zu befördern. Dazu muß die innere Logik von Systemen an die Oberfläche gebracht und damit sichtbar gemacht werden, da die Kenntnis der Regeln beziehungsweise der Ordnungsmuster von Systemen Voraussetzung für ein zielgerichtetes Handeln in vielen ökonomischen Handlungssituationen ist. Die systemdynamische Modellbildung stellt ein mögliches Instrumentarium für den Zugang zu komplexen Wirklichkeitsbereichen dar. Diese Technik ermöglicht es heute, komplexe Problembereiche über ein quasi graphisch-analoges Notationssystem auf die wesentlichen Elemente und deren systemische Beziehungen zu reduzieren, und dabei deren Verhalten über Zeit, ihre Dynamik, in der Simulation nachvollziehen zu können. Diese Dynamik stellt neben der Kompliziertheit (Vielfalt) die zweite, häufig vernachlässigte Dimension von Komplexität dar. Sie

resultiert vor allem aus Rückkopplungsbeziehungen und aus Zeitverzögerungen bei Informations- und Materialflüssen, die über andere Ansätze nur schwer oder wenig transparent abgebildet werden können.
Zunächst verfolgt man mit der Abbildung von Wissensstrukturen die Zielvorstellung, Wissen sichtbar und damit mitteilbar oder auch prüfbar zu machen. Sie interagieren miteinander, nachdem Prozesse des Messens immer auch Veränderungen der angesprochenen Strukturen mit sich ziehen. Einen Zugang stellen in diesem Zusammenhang Methoden der graphischen Darstellung von Wissensstrukturen dar, die als Pfad- oder Netzdarstellungen von zumeist assoziativen Wissensverbindungen angesprochen werden. Wenn man die Entwicklung von Wissensstrukturen über die Zeit abbildet, wird es möglich, Aussagen über Lernfortschritte zu treffen. Es können u.a. Angaben zum Grad der Reichhaltigkeit und der Vernetztheit von Strukturen und deren Veränderung gemacht werden. Aus einer solchen diagnostischen Perspektive können von Lernenden erstellte Landkarten auch mit der Zielstrukturierung von Lehrenden (Experten) verglichen werden. Wenn bereits die statische graphische Darstellung von Wissensstrukturen durch Pfad- oder Netzdarstellungen dem Lernprozeß förderlich ist, dann kann dies analog auch für die systemdynamische Darstellung von mentalen Modellen vermutet werden. Die zentrale Annahme dieses Ansatzes besteht darin, daß die systemdynamische Modellbildung ein Werkzeug zur Repräsentation, zur Elaboration und zur Validierung von Wissensstrukturen sein kann. Das Konstrukt „Mentale Modelle" bietet kein einheitliches Bild. Ein Diskussionsfaden zielt auf die Repräsentationsformate. Hierzu kommen u.a. propositionale, regelbasierte oder analoge Repräsentationen in den Blick. Ein anderer Ansatz fragt nach der Funktion von Mentalen Modellen. Hierbei geht es um das "Ablaufenlassen" von Vorgängen "vor dem geistigen Auge", dem sogenannten Probehandeln. In diesem Zusammenhang stellt sich die Frage nach einer handlungsleitenden Funktion von Mentalen Modellen. Mentale Modelle sind funktional, indem sie das Verständnis von Sachverhalten anleiten und den Umgang mit ihnen bestimmen. Mentale Modelle haben demnach handlungsleitende Funktion. Sie dienen dem Verstehen eines Bezugssystems oder eines realen Phänomens. Mentale Modelle erlauben die Erklärung des Zustandekommens von Systemzuständen, und sie ermöglichen es, Systemtendenzen und die Auswirkungen von Systemeingriffen zu antizipieren. Weitere, eher defizitäre Kennzeichen Mentaler Modelle sind:

- sie sind unvollständig: nicht alle wesentlichen Elemente eines Gegenstandsbereichs werden berücksichtigt.
- sie sind stabil: Trotz besseren Wissens besteht eine Tendenz, fehlerhafte oder unvollständige Mentale Modelle beizubehalten.
- sie sind sparsam: Der mentale planende Umgang mit Komplexität wird häufig durch physische Operationen ersetzt.
- sie sind unwissenschaftlich: Personen erhalten Verhaltens- und Erklärungsmuster aufrecht, auch nachdem bekannt wird, daß diese fachlich nicht angemessen sind.

Trotz solcher Defizite sind Individuen in der Lage, komplexe technische Systeme über den Zugriff auf ihre Mentalen Modelle zu steuern. Zusammenfassend kann der Wissenserwerb zu komplexen Systemen als Aufbau und Verfeinerung Mentaler Modelle verstanden werden. Ausdifferenzierungen und Änderungen können auf die Manipulation der gedanklich konstruierten Modellwelt zurückgeführt werden. Diese muß nicht formal-logischen Regeln folgen. Mentale Modelle entstehen durch die Integration von spezifischen Informationen aus der Umwelt und Vorwissenskomponenten des Menschen. Daraus resultiert eine (im Idealfall) kohärente, ganzheitliche Wissenskonfiguration, die Inferenzen, Verstehensprozesse, Entscheidungsfindung, die mentale Simulation von Ereignissen, Handlungsvollzüge und Systemveränderungen einschließt. Mentale Modelle bilden demnach eine Grundlage der Informations-verarbeitung in Problemlöse- und Entscheidungsprozessen. Es gibt Positionen, die das Konzept der Mentalen Modelle ablehnen und die damit verbundenen Annahmen als zu weitreichend ansehen. Solch ein minimalistischer Ansatz unterstellt, daß Informationseinheiten durch einfache Auswahl und Regeln miteinander verknüpft werden. Weiterführende Untersuchungen führen jedoch zu der Schlußfolgerung, daß Mentale Modelle nachträglich geändert und darüber auch scheinbar vergessene Informationen aktiviert werden können. Dies ist mit einem minimalistischen Ansatz nicht zu erklären. Forschungsergebnisse belegen, daß menschliche Informationsverarbeitung nicht in einem bloßen Aneinanderreihen abgrenzbarer Informationseinheiten besteht, sondern daß sich menschliches Denken und Schlußfolgern oftmals in ganzheitlichen Modellen vollzieht, deren Struktur den Gegebenheiten der externen Welt ähnelt.

Ein kognitives Werkzeug ist ein Werkzeug, das den Lernenden herausfordert, sich stärker mit einem Lerngegenstand auseinanderzusetzen und dadurch Gedanken oder Denkweisen hervorzurufen, die ohne dieses Werkzeug nur schwer erreichbar wären. Kognitive Werkzeuge können, wenn sie richtig eingesetzt und angewendet werden, kognitive und metakognitive Prozesse fördern. Sie sollen den Prozeß der Konstruktion von Wissen durch Lernende unterstützen, beziehungsweise ermöglichen. Sie werden von den Lernenden gesteuert und nicht vom Lehrer oder der benutzten Technologie. Insbesondere können darüber die Gleichzeitigkeit von Ereignissen, sowie die Wirkungen von multiplen Entscheidungen, simultan betrachtet und in ihrer Entwicklung über die Zeit abgebildet werden. Die dynamischen Charakteristika von Mentalen Modellen, der Wechsel zwischen unterschiedlichen Zuständen und ihre Auswirkungen, können durch Präsentationsweisen unterstützt werden, die Dynamik vorführen, oder die sich durch die Lernenden auf Wunsch dynamisieren lassen. Die Bezeichnung Kognitive Werkzeuge bezieht sich hierbei auch auf

- semantische Netze,
- Hypermediasysteme,
- Expertensysteme,
- Mikrowelten und
- dynamische Modellierungswerkzeuge.

Eine Förderung des Wissenserwerbs durch die Visualisierung und Elaboration von Mentalen Modellen wird vermutet. Die Möglichkeit, Lernprozesse zu unterstützen oder zu initiieren, wird über den Ansatz der Werkzeuge begründet. Im Sinne dieser Argumentation stützt sich der Ansatz auf Mikrowelten und dynamische Modellierungswerkzeuge. Hierbei ist sowohl der Zugang über die Exploration von Mikrowelten als auch über das expressive (eigenständige) Erstellen von Modellen durch dynamische Modellierungswerkzeuge möglich. Aus funktionaler Sicht stellt eine Mikrowelt eine "Arena" für Entdeckungen, für das Testen von Hypothesen und für das Lernen dar. Diese Arena ist ein simulierter Weltausschnitt. Mikrowelten müssen nicht notwendigerweise computergestützt sein, aber die Unterstützung per Rechner eröffnet u.a. die Qualität der unmittelbarer Rückkopplung (feedback). Ohne solche Rückmeldungen könnten Lernende eine fehlerhafte oder falsche Mikrowelt erfinden, ohne daß Fehlermeldungen oder unrealistische Ergebnisse aus einer Simulation die Lernenden zu einer Überarbeitung auffordern. Lernende in einer Mikrowelt sind in der Lage, ihre eigenen Annahmen über die Mikrowelt und ihre Gesetze zu erfinden und sie auch wahr werden zu lassen. Sie können die Wirklichkeit formen, modifizieren und Alternativen schaffen.

Beim Arbeiten mit Modellbildungssystemen als kognitive Werkzeuge geht man davon aus, daß ein Lernender zunächst ein gedankliches Modell - ein Mentales Modell - für den darzustellenden Sachverhalt entwickelt. Dazu kann ein verbales Modell erstellt und im Prozeß der aktiven Konstruktion auf dem Bildschirm abgebildet werden. Die subjektiv bedeutsamen Größen eines Bereichs und ihre wechselseitigen Beziehungen werden vom Lernenden in einem dialogischen Prozeß konstruiert und evaluiert. Als Ergebnis wird die Struktur, das Ordnungsmuster des Beziehungsmusters (Sachverhaltes) transparent. Nach einer syntaktisch vollständigen Abbildung des Gegenstandsbereiches in einem Modell kann über die Simulation das Verhalten diesen Modells dargestellt werden. Über die Wahrnehmung des Modellverhaltens kann der Lernende Erkenntnisse zur Dynamik des abgebildeten Gegenstandsbereich erlangen. Die aktive Lenkung des Modells läßt es für Lernende möglich werden, Erfahrungen zur Beeinflußbarkeit der Dynamik zu sammeln. Das eröffnet die Möglichkeit, dem "internen Probehandeln" einen "Spiegel" zu bieten. Insbesondere kann ein Lernender sein Mentales Modell evaluieren, neu konstruieren oder modifizieren. Diese Vorgehensweise wird auch als Modellierungsprozeß oder aus Sicht eines Lernenden, als ein Entwicklungs- und Elaborationsprozeß bezeichnet, welcher die Validierung eines systemdynamischen Modells über das Mentale Modell einschließen, und damit der Entwicklung von Wissensmanagementsystem basal zugrunde gelegt werden kann. Dabei kann man sicher keine einfache Entsprechung zwischen Mentalem Modell und seiner systemischen Repräsentation unterstellen. Das mentale Modell kann im Prozeß der Modellbildung und der Simulation jedoch als Referenzsystem dienen und darüber fortgeschrieben werden.

Das Modell als wissensbasiertes System hat dabei den Charakter eines systemdynamischen Modells. Systemdynamische Modelle stellen immer nur eine mögliche Abbildung eines Gegenstandsbereiches dar. Deshalb muß beachtet werden, daß die systemische Struktur eines Bereichs nur begrenzt wiedergegeben werden kann. Das exakte, richtige Modell zu einem ökonomischen Erklärungsmuster existiert nicht. Die systemdynamische Modellbildung erhebt keinen Anspruch auf Vollständigkeit. Daraus folgt jedoch nicht, daß ein Modell von vornherein als ungültig und damit auch als unbrauchbar angesehen wird, nur weil es nicht vollständig sein kann. Vielmehr sollen durch die Formalisierung, mit Hilfe der Modellbildungssoftware, Aspekte eines Sachverhaltes transparent und verständlich gemacht werden. Das schließt die Modellierung von idealtypischen ökonomischen Erklärungsmustern ein. Die Annahmen über einen Gegenstandsbereich können dargestellt werden. Das ermöglicht Lernenden, die Angemessenheit und Funktionalität ihrer persönlichen Erklärungsmuster zu untersuchen. Vorstellungen zur Modifikation, zur Ausweitung oder zur prinzipiellen Änderung von Modellen lassen sich in der Interaktion unmittelbar umsetzen. Dieser Prozeß erfordert die Präzisierung der eigenen Vorstellungen und spiegelt deren Angemessenheit in den Modellzuständen, die aus den Vorgaben entstehen. Lehrenden oder Diagnostikern erlaubt es, die verfügbaren Wissensbestände zu erkunden und zu bewerten. Die Validierung eines systemdynamischen Modells über das Mentale Modell ist integraler Bestandteil des Modellierungsprozesses, d.h. in den verschiedenen Schritten der Modellbildung kann auch immer eine Gültigkeitsprüfung stattfinden. Dabei werden im wesentlichen drei Aspekte der Gültigkeit unterschieden:

- Strukturgültigkeit,
- Parametergültigkeit,
- Verhaltensgültigkeit.

Die Prüfung der Strukturgültigkeit zielt auf die Feststellung, ob wesentliche Elemente des behandelten Gegenstandsbereichs einbezogen worden sind. Diese Elemente sollten auch in der Welt identifiziert werden können und nicht nur fiktive Größen darstellen. Diesem Aspekt der Validierung kommt bei der qualitativen Analyse eines Gegenstandsbereiches besondere Bedeutung zu. In dieser Hinsicht wird auch die Nähe, beziehungsweise die Distanz zu den Erklärungsmustern greifbar, die aus der didaktischen Perspektive wünschenswert oder üblich erscheinen. Die Parametergültigkeit wird bei der Quantifizierung des Modells bedeutsam. Die abgebildeten Größen sollten Werte zugewiesen bekommen, die dem betrachteten Gegenstandsbereich entsprechen. Über die Simulation des konstruierten Modells wird eine Validierung des Modellverhaltens möglich. Das Modell soll sich unter den gegebenen Rahmenbedingungen analog zum Gegenstandsbereich in der Realität verhalten, d.h. die gleichen Verhaltensmuster aufweisen. Den einzelnen Werteausprägungen kommt dabei eine untergeordnete Rolle zu. Mentale Modelle liegen dem Handeln in Entscheidungs- und Problemlöseprozessen zugrunde. Sie sind jedoch häufig nicht vollständig beziehungsweise stringent in ihren Erklärungsmustern. Zentrale Annahme ist, daß wichtige Facetten von Mentalen Modellen mit Hilfe von Modellbildungswerkzeugen visualisiert, verifiziert und elaboriert werden können. Das gilt insbesondere für Gegenstände in komplexen Zusammenhängen.

Der Umgang mit einem kognitiven Werkzeug erfordert einen spezifischen Prozeß der gemeinsamen Wissenskonstruktion. Dabei werden folgende Prozesse gefördert:

- Prozesse der Externalisierung aufgabenbezogenen Wissens,
- Eliziation aufgabenbezogener Wissens,
- konfliktorientierte und integrationsorientierte Konsensualisierung.

Insgesamt kann also vom Einsatz dieser Techniken eine Förderung wesentlicher Prozesse der gemeinsamen Wissenskonstruktion erwartet werden. Das Verfahren lehnt sich an den Strukturlegetechniken an. Diese Verfahren erfordern eine Rekonstruktion von begrifflichem Zusammenhangswissen in Form von graphischen Begriffsnetzwerken. Aus diesen Netzwerken werden Hinweise auf strukturelle Merkmale und inhaltliche Korrektheit der individuellen Wissensrepräsentation sowie deren Veränderung durch Lernprozesse abgeleitet. Gegenwärtig sind die meisten Verfahren, Schreibgeräte-basierende Verfahren, deren geringe Durchführungs- und Auswertungsökonomie sowie die wenig ausgebauten Quantifizierungs-möglichkeiten einem breiteren wissensdiagnostischen Einsatz bislang im Wege stehen. Darüber hinaus ist die Befundlage zur Testgüte dieser Verfahren noch sehr dürftig. Daher wird in diesem Buch ein rechnerbasiertes Verfahren als Weiterentwicklung der wissensdiagnostischen Strukturlegeverfahren vorgeschlagen.

Nach einer in der aktuellen wissenspsychologischen Forschung verbreiteten Modellannahme. ist begriffliches Wissen netzwerkartig im Gedächtnis repräsentiert. Stellt man sich die Begriffe als Knoten und deren wechselseitigen Beziehungen als "Fasern" oder "Kanten" des Netzwerks vor, so läßt sich die Bedeutung eines jeweiligen Begriffes durch die semantischen Beziehungen zu anderen Begriffen erschließen. Beim Lernen werden neue Informationen in diese Netzwerke als Knoten und Kanten integriert. Hierbei werden Gedächtnisspuren angelegt, die auf die gespeicherten Informationen verweisen und deren Auffindung bei Erinnerungsprozessen dienen. In der individuellen Erfahrung häufig im Zusammenhang auftretende Begriffskonstellationen bilden eigene Teilstrukturen, die als Schemata bezeichnet werden. Von diesen wird angenommen, daß sie hierarchisch organisiert sind, d.h. es gibt Schemata für relativ detaillierte Erfahrungsgegenstände (beispielsweise ein Schema "Funktionsweise eines Vergasers"), die in übergeordnete Schemata integriert sind (beispielsweise ein Schema "Funktionsweise eines Ottomotors"). Vernetztes Wissen läßt sich im Rahmen dieser Modellvorstellung somit über den Grad an zwischenbegrifflichen Verknüpfungen innerhalb und zwischen Schemata definieren. Wird Wissen eingesetzt, um eine aktuelle Wahrnehmungskonstellation zu interpretieren oder ein Problem zu lösen, so werden aufgrund der wahrgenommenen Informationen Gedächtnisspuren angesprochen, die eine bestimmte Schemakonstellation im Gedächtnis aktivieren. Auf deren Grundlage werden

- Wiedererkennensprozesse,
- Interpretationsprozesse,
- Schlußfolgerungsprozesse

zur Lösung der jeweiligen Anforderungssituation eingesetzt. Dieser allgemeine Mechanismus ist auch in einer speziellen wissensdiagnostischen Anforderungssituation anzustoßen. Die Beschäftigung mit dem Testmaterial muß zu einer Aktivierung genau der Schemakonstellationen führen, deren Wiedergabe für die diagnostische Zielsetzung zentral ist. Mit Blick auf die konkrete Gestaltung eines Werkzeuges wurde dieser Gedanke über das Prinzip der "Prozeßüberlappung" präzisiert. Danach kann der Abruf eines bestimmten Wissenstypus aus dem Gedächtnis dann am ehesten gelingen, wenn durch die Bearbeitung des Testmaterials solche kognitiven Prozesse stimuliert werden, die den Prozessen bei der Aufnahme der interessierenden Informationen in das Gedächtnis ähnlich sind. Wendet ein Lernender bei der Aufnahme von Informationen in das Gedächtnis Strategien an, die kontrolliert - d.h. aufmerksamkeitsintensiv - auf die Herstellung von Begriffszusammenhängen ausgerichtet sind, so schlägt sich dies entsprechend in spezifischen Gedächtnisspuren nieder, die auf die in Schemata gespeicherten Informationen verweisen. Um diese Gedächtnisspuren in einer diagnostischen Situation adäquat anzusprechen, sollte nach dem Prinzip der Prozeßüberlappung das Testmaterial solche kognitiven Abrufprozesse anregen, die ebenfalls auf die kontrollierte Herstellung von begrifflichen Zusammenhängen ausgerichtet sind. Je ähnlicher also die kognitive Aktivität beim Abruf von Informationen aus dem Gedächtnis der ist, die bei der Aufnahme in das Gedächtnis abgelaufen war, desto eher werden Gedächtnisspuren präzise angesprochen und desto eher werden sich Charakteristika der mentalen Wissensrepräsentation im Testergebnis niederschlagen.

11 Programmiersprachen

Nicht jede Programmiersprache bietet eine ausreichende Funktionalität, um die Aspekte und Spezifikation bezüglich Wissensmanagement auf effiziente Art und Weise implementieren zu können. Auch die einer Sprache zugrundeliegenden Konzepte machen sie mehr oder weniger geeignet für die Entwicklung von Anwendungen. Generell gilt jedoch der Zusammenhang, daß primär nicht die Wahl einer Programmiersprache das Gelingen eines Projektes in diesem Bereich alleine entscheidet, sondern vielmehr sind die Lösungsansätze dafür verantwortlich, ob Prozesse des Lebens realitätsgetreu simuliert werden können. Letztere sind unabhängig von einer Entwicklungssprache zu entwickeln.

11.1 Verarbeitungsmodelle

Ein Programmierstil basiert auf einer Vorstellung der Welt und auf einem Verarbeitungsmodell eines Rechnersystems.

- Das konventionelle Verarbeitungsmodell orientiert sich an einem endlichen deterministischen Automaten und verarbeitet sequentiell Folgen von rechnerinternen Anweisungen. Durch diese Anweisungen werden Aktionen ausgelöst, die den Rechner von einem Zustand t in den Zustand t+1 überführt. Eine Von-Neumann Maschine verfügt hierzu über einen Datenspeicher, auf den diese Aktionen einwirken und wodurch die dort gespeicherten Daten manipuliert werden.
- Eng verwandt mit der funktionalen Sichtweise ist das relationale Verarbeitungsmodell. Letzteres basiert auf dem mathematischen Relationenbegriff. Dem Rechner werden der Name einer Relation und die entsprechenden Argumente zur Aktivierung präsentiert. Je nachdem, ob alle Argumente oder nur ein Teil davon präsentiert werden, liefert der Rechner entweder den spezifizierten Tupel oder aber alle, der Spezifikation entsprechenden Tupel zurück.
- Im Datenflußmodell wird der Ablauf eines Algorithmus nicht explizit durch Kontrollinstruktionen gesteuert, sondern implizit aus dem Fluß der Daten zwischen den einzelnen Berechnungsfolgen.
- Das allgemeine Problemlösermodell verarbeitet Probleme, die aus Angaben einer Anfangssituation, einer Zielsituation und einer Menge von Operatoren bestehen. Der Rechner versucht, ausgehend von dieser Anfangssituation, durch Zuständsänderungen die Zielsituation zu erreichen.

Aus dieser Entwicklung von Verarbeitungsmodellen sind im Rahmen der Forschung zahlreiche Programmiersprachen entstanden, die dem Entwickler einen (oder mehrere) Programmierstil(e) in einer (mehr oder weniger gelungenen) Entwicklungsumgebung zur Verfügung stellt. Man kann dabei generell zwischen zwei großen Gruppen von Programmiersprachen unterscheiden:

- Imperative Programmiersprachen stellen Mittel bereit, um Rechenabläufe zu beschreiben. Diese Sprachen stellen somit Methoden zur Verfügung, wie etwas zu berechnen ist. Die Algorithmen werden mit Hilfe von Anweisungen oder Prozeduren formuliert. Für Programme, die in solch einer Programmiersprache geschrieben sind, ist typisch, daß sie nach einem Compilierungsvorgang ablauffähig sind, d.h., daß sie ohne besonderes, zusätzlich erforderliches Laufzeitsystem vom Rechnersystem abgearbeitet werden können.
- (Selbst-)Reflexive Programmiersprachen werden dadurch charakterisiert, daß sie selbstbezügliche Elemente enthalten, mit denen innerhalb eines Programms über dieses Programm Aussagen getroffen werden können. Dadurch kann sich das Programm während seiner Arbeit von selbst modifizieren bzw. Einfluß auf seine Umgebung nehmen.
- Bei den Deklarativen Programmiersprachen wird charakterisiert, was zu berechnen ist. Die meisten Programme, die in einer deklarativen Programmiersprache geschrieben sind, verlangen einen zusätzlichen Interpreter, der den Ablauf der Verarbeitung steuert und kontrolliert.

Bei den Deklarativen Programmiersprachen wird oftmals zwischen logikorientierten Programmiersprachen, Produktionsregelsprachen und objektorientierten Programmiersprachen unterschieden.

- Bei der regel-orientierten Programmierung arbeitet man mit regelhaften Ausdrücken, wobei diese Regeln die Gestalt Bedingung $\Rightarrow$ Aktion haben, d.h., auf der rechten Seite stehen oftmals imperative Handlungsanweisungen. Typische Vertreter hierfür sind die Sprachen Meteor und OPS 5.
- Die objekt-orientierte Programmierung basiert auf Informationseinheiten, die Datenkapselung, Datenabstraktion, dynamische Typbindung sowie Vererbungsmechanismen erlauben. Es werden Objekte bzw. Klassen von Objekten und deren hierarchische Beziehung untereinander beschrieben. Diese Objekte werden dadurch aktiviert, daß sie mittels objekt-inhärenter Methoden Nachrichten austauschen. Typische Vertreter der objektorientierten Programmiersprachen sind Smalltalk, Lavors, C++ und Java.
- Die logik-orientierte Programmierung basiert auf dem Programmieren mit logischen Kalkülen. Hauptausdrucksmittel ist die logische Implikation in der Überführung von Aussagen. PROLOG ist eine solche logik-basierte Programmiersprache.

Ein vergleichender Überblick wie in der folgenden Abbildung kann nur eine Orientierung bieten, da zum einen viele der Programmiersprachen unerwähnt bleiben, und zum anderen die Reihe der hybriden Programmiersprachen nicht voll zum Ausdruck kommt.

11.2 Überblick

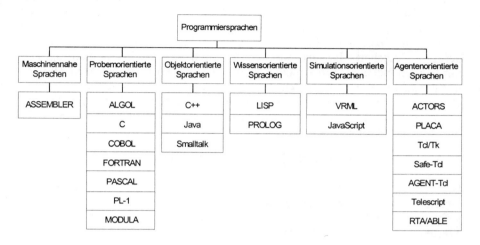

Abbildung 11-1 : Programmiersprachen im Überblick

11.2.1 Maschinennahe Sprachen

Bereits auf den ersten elektronischen Computern konnten verschiedene Programme laufen. Steuerbefehle wurden dabei über ein Programmierbrett eingegeben, auf dem je nach Aufgabe verschiedene Drähte in vorhandene Steckbuchsen gesteckt werden mußten. Jedes Programm bestand somit aus einer Kombination von Hunderten von Drähten, was eine hohe Fehleranfälligkeit implizierte und bei Verlust der handschriftlichen Unterlagen nur schwer reproduzierbar war. In einem weiteren Entwicklungsschritt wurden diese Steckverbindungen auf Lochkarten nachgebildet. Das Terminal war nun eine spezielle Schreibmaschine, die, anstelle von Buchstaben, entsprechende Löcher stanzen konnte. Als die Tasten mit speziellen Symbolen versehen wurden, war dann eine Art sprachliche Repräsentation möglich. Allerdings besteht die Maschinensprache eines Computers nur aus Folgen von Bits, die für den Anwender völlig unübersichtlich sind. Daher wurden mehrere Bits zu Gruppen zusammengefasst und mit Buchstaben und Ziffern bezeichnet. Diese Symbole sollten leicht verständlich entsprechende Befehle und Daten im Binärcode repräsentieren. Sie werden deshalb auch mnemonische Symbole genannt. Das war der Beginn maschinenorientierter Assemblersprachen. Beispiele sind die Bezeichnungen

```
add  ' Addition
sub  ' Subtraktion.
```

Befehle in Assemblersprache bestehen aus Bezeichnungen für die durchzuführenden Operationen, die zu bearbeitenden Daten (Operanden) und aus Marken für Adressen. Assemblersprachen sind demnach auf den Befehlsvorrat einer ganz konkreten Maschine zugeschnitten. Ein Assemblerprogramm ist auf einem Computer nur dann ausführbar, wenn es in den Binärcode einer Maschinensprache übersetzt wird. Das Entwickeln von Anwendungen in solch einer Sprache setzt daher die genaue Kenntnis der Hardware des Zielrechners voraus. Der Vorteil solcher Assemblerprogramme besteht eindeutig in dem geringen Speicherbedarf und die damit verbundene schnelle Ausführung. Damit werden Nachteile einer recht hohen Abhängigkeit von konkreten Maschinen oftmals in Kauf genommen. Heute werden Assemblerprogramme für solche Anwendungen verwendet, die unbedingt einen unmittelbaren und schnellen Zugriff auf die Hardware erfordern, wie es beispielsweise bei der Entwicklung von Betriebssystemen der Fall ist.

11.2.2 Problemorientierte Programmiersprachen

Bei schwierigen Aufgaben, beispielsweise in der Mathematik, in den Wirtschaftswissenschaften oder im Falle der Simulation von Prozessen wird sich ein Anwender kaum noch zusätzlich um die direkte Zuordnung von Werten und Speicherstellen kümmern können und wollen. Vielmehr ist dieser Anwender an der Lösung an sich interessiert und weniger an der Programmiersprache. Dieser Interessenwandel führte zu den problemorientierten Programmiersprachen. So wurde zur Bearbeitung mathematischer Aufgaben von IBM seit Mitte der 50er Jahre die Programmiersprache FORTRAN (engl. Formular Translator) entwickelt. Bei dieser Sprache besteht ein Programm aus einzelnen Anweisungen und Befehlen mit mathematischen Formeln und Ausdrücken, die dann Schritt für Schritt, d.h. sequentiell nacheinander ausgeführt werden. FORTRAN ist somit ein Beispiel für eine imperative (algorithmische bzw. operative) Programmiersprache. Für geschäftliche und wirtschaftswissenschaftliche Probleme wurde seit Ende der 50er Jahre die Programmiersprache COBOL (engl. Common Business Oriented Language) entwickelt. Auch diese Sprache ist ein Beispiel für eine problemorientierte imperative Programmiersprache. Man bezeichnet solche problemorientierten Sprachen im Fachjargon auch gerne als höhere Programmiersprachen, da sie nicht maschinenorientiert sind und sie daher nicht extra in eine Maschinensprache übersetzt werden müssen. Für diese Übersetzungsarbeiten von Quellcode einer höheren Programmiersprache in den Maschinencode existieren sogenannte Compiler oder Interpreter. Ein Compiler übersetzt ein Programm vor der Programmausführung und speichert den Maschinencode ab. Zur Laufzeit wird das Programm nur noch ausgeführt, so daß die Übersetzungszeit entfällt. Demgegenüber übersetzt ein Interpreter den Quellcode ohne Abspeicherung Befehl für Befehl, so daß Änderungen an diesem Befehlsvorrat schnell durchführbar sind, dadurch aber eine längere Übersetzungszeit erforderlich ist. Mit einem Compiler übersetzte Programme können ohne erneute Übersetzung beliebig oft ablaufen, während der Quellcode beim Interpreter jedesmal übersetzt werden muß. Solche problemorientierten Programme waren ursprünglich zeilenorientiert aufgebaut, wobei die einzelnen Programmzeilen mit einer laufenden Nummer

Nummer versehen wurden, die in der Regel sequentiell und nacheinander abgearbeitet wurden. Der Programmablauf konnte durch Kontrollstrukturen und einige wenige Sprungbefehle (beispielsweise goto zum Anspringen von Programmzeilen) beeinflußt werden. Bei komplizierten und langen Programmen führte aber die häufige und unkontrollierte Verwendung des Sprungbefehls zu wachsender Unübersichtlichkeit und Fehleranfälligkeit. So entstand die Forderung nach strukturierten Programmstrukturen, die nunmehr nicht an Zeilen, sondern an streng voneinander separierten Programmblöcken orientiert sind. In den 6Oer Jahren wurde daher ALGOL (engl. Algorithmic Language) als ein erstes Beispiel einer solchen Programmiersprache entwickelt, die Teilaufgaben durch Unterprogramme (Prozeduren) verwirklichte und Kontrollstrukturen für die Reihenfolge ihrer Bearbeitung einsetzte.

Den Durchbruch strukturierten Programmierens erreichte man allerdings Anfang der 70er Jahre durch die Programmiersprache PASCAL, eine von Niklaus Wirth zunächst nur für Lehrzwecke konzipierte Sprache. Ein solches PASCAL-Programm ist klar in einen Vereinbarungs- und einen Anweisungsteil getrennt. Im Vereinbarungsteil werden der Name des Programms und die Namen der Variablen mit ihrem Datentyp angegeben. Zwischen den Schlüsselwörtern begin und end werden die Anweisungen formuliert, die vom Rechner entsprechend auszuführen sind. Entsprechend aufgebaute Teilprogramme lassen sich dann als Module zu komplexen Prozeduren zusammensetzen, deren Ablauf über spezielle Kontrollstrukturen bestimmt wird. Der modulare Aufbau ermöglicht die arbeitsteilige Bewältigung einer komplexen Aufgabe in klar getrennten Teilaufgaben. Mit der technischen Entwicklung neuer und leistungsfähigerer Computertypen wurden auch neue Betriebssysteme notwendig, um die technischen Abläufe der Maschine zu steuern und zu überwachen. Eine höhere Programmiersprache wie PASCAL erwies sich dafür allerdings eher als ungeeignet. In den 80er Jahren waren bereits unterschiedliche Betriebs- und Arbeitssituationen mit Computern zu bewältigen. Die einfachste Betriebssystemart ist das Einzelplatzsystem (engl. SingleUser), z.B. eines PCs oder Laptops, der den Betrieb nur eines Programms (engl. SingleTasking) zuläßt. Häufig muß der Nutzer eines Einzelplatzsystems jedoch mehrere Aufgaben gleichzeitig bewältigen (z.B. Informationsabfragen, Rechnen, Schreiben). Diese quasi-parallel Bearbeiten mehrerer Aufgaben in Form des Multitaskings wird durch ein Betriebssystem für einen Einprozessor-Computer dadurch bewältigt, daß einzelnen Programmen für wenige Millisekunden Rechenzeiten zugesprochen werden. Bei einem Großrechner wollen mehrere Benutzer (engl. Multiuser) mit denselben Dateien zur gleichen Zeit und mit gleichen oder unterschiedlichen Programmen arbeiten. Auch in diesem Fall regelt ein Betriebssystem die Rechnerzuteilung an den einzelnen Arbeitsplätzen.

Die Programmiersprache, mit der solche modernen Betriebssysteme entwickelt werden konnten, war C. 1973 wurde beispielsweise das Betriebssystem UNIX in dieser Sprache formuliert, um es besser auf neue Computer übertragen zu können. Die gute Übertragbarkeit (Portierbarkeit) rührt daher, daß C zwar wie eine Assemblersprache maschinennahes Programmieren erlaubt und damit Schnelligkeit ermöglicht, aber gleichzeitig über alle Strukturen einer höheren Programmiersprache verfügt. In den frühen 80er Jahren entwickelte das American National Standards Institute (ANSI) sogar einen Standard für diese Programmiersprache, dem alle neueren Compiler folgten. Aber auch komplexe Standardanwendungen, wie beispielsweise Textverarbeitungen oder Tabellenkalkulationsprogramme oder Datenbanksysteme wurden in C geschrieben. Das Kürzel C kommt daher, daß ein Vorgängertyp dieser Sprache Anfang der 70er Jahre B hieß. Ein C-Programm besteht nur aus Funktionen. Eine Funktion ist eine abgeschlossene Programmeinheit, die unter einem bestimmten Namen aufgerufen wird, Anweisungen an festgelegten Argumenten oder Parametern ausführt und genau einen oder keinen Wert als Ergebnis zurückliefert. Formal besteht eine Funktion daher aus einem Rückgabetyp wie z.B. int als Repräsentant für ganze Zahlen (engl. integer), dem Funktionsnamen, einer Parameterliste in runden Klammern und dem eigentlichen Anweisungsblock in geschweiften Klammern.

```
// ermittelt den größten Wert zweier Ganzzahlen
int max (int a, int b)
{
   if (a > b)
   {
      return a;
   }
   else
   {
      return b;
   }
}
```

Diese Funktion max benötigt zwei Parameter a und b vom Typ int und liefert als Ergebnis ebenfalls einen Wert vom Typ int zurück. Die Anweisung return verläßt die Funktion an der Stelle, an der sie zur Abarbeitung gelangt ist. Sie gibt dabei a zurück, falls a größer als b ist, andernfalls verläßt sie die Funktion an der nachfolgenden Stelle, um b zurückzugeben. Jede Anweisung wird mit einem Semikolon (;) abgeschlossen. Die geschweiften Klammern schließen den gesamten Anwendungsblock ab. Diese Funktionen sind in sich abgeschlossene Einheiten, in denen keine weiteren Funktionen eingeschachtelt werden dürfen. Das hat den Vorteil, daß alle Funktionen gleichberechtigt in einem Programm sind. Der Geltungsbereich der Variablen wird durch die geschweiften Klammern des Anweisungsblocks beschränkt, und somit besteht auch keine Verwechslungsgefahr bezüglich namensgleicher Variablen in verschiedenen Funktionen. In jedem C-Programm muß die Hauptfunktion main genau einmal vorkommen. Sie ist sozusagen der Startpunkt eines jeden C-Programms, an dem der Compiler ansetzt, den Maschinencode erstellt und das Programm zur Ausführung bringt. Der Sprachumfang von C ist so klein gehalten, daß sie sehr effizient in eine Maschinensprache übersetzt werden kann. Nahezu alle benötigten Funktionen stehen in diversen Bibliotheken zur Verfügung und können bei Bedarf in ein C-Programm inkludiert werden. Insofern liegen die meisten Funktionen als fertige Module bereit, können gemäß dem Baukastenprinzip problemorientiert zusammengebaut werden und erlauben daher eine große Portabilität der C-Programme. Die C-Bibliotheken umfassen sowohl typische Funktionen für betriebssystem-spezifische Aufgaben (beispielsweise Speicherverwaltung, Prozeß- und Umgebungssteuerung) als auch Funktionen höherer Programmiersprachen (z.B. mathematische Funktionen). Das Format von C-Programmen kann dabei festgelegt werden, wodurch man beispielsweise auf eine Zeilennummerierung verzichten kann. Dadurch lassen sich Programme flexibel gestalten, was allerdings nicht a priori zu übersichtlichen Programmen führen muß.

Die bisher besprochenen Programmiersprachen werden als prozedurale Sprachen zusammengefaßt. Bei diesen Sprachen ist die Modellierung der Informationen von der Modellierung der Verarbeitung klar getrennt. Informationen werden dabei im wesentlichen durch Daten (ganze Zahlen, boolesche Werte, Zeichen etc.) modelliert, um sie später in Variablen zu speichern. Das Verarbeitungsmodell der prozeduralen Sprachen besteht zum einen in einer Modellierung der Informationen durch Zustände über Variablen und deren Daten und einer Modellierung der Verarbeitung in Form einer schrittweisen Änderung des Zustands. Zustandsänderungen werden durch Anweisungen herbeigeführt, wobei sich mehrfach verwendete Anweisungsfolgen zu Prozeduren zusammenfassen lassen. Insofern bilden die Prozeduren das zentrale Strukturierungsmittel prozeduraler Programme. Historisch und systematisch sind die prozeduralen Programmiersprachen durch eine zunehmende Abstraktion von der Hardware bestimmt. Daher spricht man auch oftmals von der

- 1. Generation der Maschinensprachen,
- 2. Generation der Assemblersprachen,
- 3. Generation der höheren prozeduralen Sprachen.

Die erwähnten Beispiele von FORTRAN und COBOL über PASCAL bis C sind imperativisch bzw. algorithmisch orientiert. Dabei wird zwischen Daten und Algorithmen streng unterschieden. Der Entwickler muß daher genau darauf achten, daß immer nur die passenden Algorithmen auf die entsprechenden Daten angesetzt werden. Passen sie nämlich nicht zueinander, kann es zu verheerenden Programmstörungen kommen. Bei der Darstellung eines komplexen Problems ergeben sich daher gegebenenfalls komplexe Zusammenhänge zwischen Daten und passenden Algorithmen, die immer vor, während und nach der Entwicklung durchschaut werden müssen.

11.2.3 Objektorientierte Programmiersprachen

Der Grundgedanke der objektorientierten Programmierung besteht darin, die Daten mit passenden Funktionen als Objekte zusammenzufassen. Eine Programmausführung gestaltet sich demnach als ein System miteinander kooperierender Objekte. Diese Objekte haben einen eigenen Zustand, besitzen eine gewisse Lebensdauer und empfangen beziehungsweise bearbeiten Nachrichten. Bei der Verarbeitung dieser Nachrichten kann das Objekt seinen Zustand ändern, Nachrichten an andere Objekte verschicken, neue Objekte erzeugen oder aber existierende Objekte löschen. Objekte sind also autonome Ausführungseinheiten, die unabhängig voneinander und parallel arbeiten können. Eines der basalen Ziele der objektorientieren Programmierung besteht darin, eine möglichst gute softwaretechnische Modellierung der realen Welt zu unterstützen und somit eine gute Integration von realer und softwaretechnicher Welt zu ermöglichen. So verhalten sich Objekte wie Gegenstände der materiellen Welt. Insbesondere haben die Objekte eine Identität, indem ein solches nicht gleichzeitig an zwei Orten sein kann. Ein Objekt kann sich zwar ändern, bleibt dabei aber dasselbe Objekt.

Den Schritt zur objektorientierten Programmierung tat in den achtziger Jahren 1983 Bjarne Stroustrup mit der Sprache C++. Dabei leitet sich der Name C+-+ von der eher nebensächlichen Eigenschaft ab, daß der Operator ++ in der Verbindung x++ die Zählervariable x nach dem Schema x+1 hochzählt. Historische Vorläufer waren die Programmiersprachen SIMULA und SMALLTALK. Den Durchbruch schaffte erst C++ wegen ihrer großen Standardisierung und weiten Verbreitung. Zwar gab es auch in der Programmiersprache C bereits den Begriff der Struktur, in der verschiedene Daten in verschiedenen Variablen abgelegt werden können. In objektorientierten Sprachen wie C++ wird dieser Strukturbegriff allerdings zum Klassenbegriff erweitert. Eine Klasse ist nach dieser Auffassung eine Struktur, in der nicht nur Daten abgelegt werden, sondern auch die Funktionen, die diese Daten modifizieren können.

Eine Klasse wird in C++ durch das Schlüsselwort `class` realisiert. Es leitet den Beginn einer Klassendeklaration ein. Der prinzipielle Aufbau einer Klasse sieht wie folgt aus:

```
class konto       // Vereinbarung einer Klasse namens
Konto
{
   public:        // Deklarationen der öffentlichen
                  // Variablen und Funktionen der Klasse
   private       // Deklarationen der privaten
                  // Variablen und Funktionen der Klasse
   protected:    // Deklarationen der abgeleiteten
                  // Variablen und Funktionen der Klasse
};
```

Die Schlüsselworte `public`, `private` und `protected` klassifizieren die Informationen innerhalb der Klasse:

- öffentlicher Bereich (`public`): ist allen zugänglich,
- privater Bereich (private): darauf dürfen nur Funktionen innerhalb der Klasse zugreifen,
- geschützter Bereich (protected): dieser Bereich verhält sich für abgeleitete Klassen wie `public`, für alle anderen jedoch wie `private`.

Eine Klasse ist also nur eine Art Definitionsschema für die Erzeugung von Instanzen, oder anschaulich gesprochen, eine Art Bauplan für konkrete Objekte. In der objektorientierten Programmierung werden Funktionen auch als Methoden bezeichnet. In einem Objekt sind also Datenfelder und die dazu passenden Methoden zu einer Einheit zusammengefaßt. Man spricht in diesem Zusammenhang von der Kapselung der Datenfelder und der passenden Methoden in Objekten. Datenfelder sind dadurch nach außen hin abgeschirmt und können nur durch erlaubte Zugriffsmethoden erreicht werden. Damit ist der

Überblick

Programmfluß der verwendeten Variablen eindeutig geregelt. Die Implementierung der Methoden einer Klasse befindet sich zumeist außerhalb der Klassenvereinbarung.

```
float konto::einzahlen(float betrag)
{
    // hier folgt die konkrete Implementierung
    // einer Funktion einzahlen als Memberfunktion
    // der Klasse konto
}
```

Die Zugehörigkeit zu einer Klasse wird dem Compiler syntaktisch durch den Klassennamen und zwei folgenden Doppelpunkten :: angegeben. Um mit diesen Objekten in einem C++ Programm arbeiten zu können, muß wie in einem C-Programm die Hauptfunktion main genau einmal vorkommen. Sie löst wie in einem C-Programm die Bearbeitung durch den Computer aus. Analog zu C-Bibliotheken mit ihren C-Funktionen lassen sich in einer C++-Bibliothek Klassen zusammenstellen, um standardisierte Schnittstellen für bestimmte Objekte bereitzustellen. Insofern stehen damit fertige Module für die standardisierte Montage eines Programms zur Verfügung, hier aber nicht nur für Methoden, sondern gerade für Datenfelder und ihre Methoden in gekapselten Objekten.

Datenfelder speichern das Wissen, respektive Eigenschaften, eines Objekts, Methoden dessen Verhalten. Die Philosophie der Kapselung besagt also, daß objektorientiertes Programmieren nicht nur Wissen oder Methoden getrennt anbietet, sondern Wissen zusammen mit dem nötigen Know-how. Viele Objekte weisen große Gemeinsamkeiten auf. Häufig verfügen sie über die Datenfelder und Methoden anderer Objekte, die nur erweitert wurden. Speziell hierzu können aus einer Klasse neue Klassen abgeleitet werden, die automatisch alle Daten und Methoden des Grundtyps haben, ohne daß sie nochmals extra definiert werden müßten. Anschaulich gesprochen werden Daten und Methoden einer Oberklasse (Elternklasse, engl base class) an ihre Unterklassen (Kindklassen, engl. child class) vererbt. Neben der Kapselung ist die Vererbung damit ein weiteres und vor allem zentrales Rationalisierungsprinzip objektorientierter Programmierung. Der einmal entwickelte Programmcode der Oberklassen ist nämlich wiederverwendbar. Nur noch Ausnahmen und Erweiterungen müssen neu programmiert werden. Das erspart Zeit, reduziert Fehler und kommt der Pflege und Wartung von Programmen entgegen.

Java ist zunächst eine streng objektorientierte Programmiersprache, die sich gegenüber C++ durch weitere Rationalisierungen, Standardisierungen und Sicherungsmechanismen auszeichnet. Java ist aber vor allem eine Trias, bestehend aus

- Sprache,
- Plattform,
- Programmierschnittstelle (Application Interface, API),

die ursprünglich für vernetzte Geräte der Unterhaltungselektronik entwickelt wurde. Die Programmiersprache Java basiert vollständig auf objektorientierten Konzepten, was den Einsatz von modernen Modellierungsmethoden gestattet, sowie die Wiederverwendung von Software-Komponenten ermöglicht. Bezüglich der Syntax ähnelt Java den Sprachen C respektive C++. Allerdings gibt es auch eine Vielzahl von Unterschieden, insbesondere durch fehlende, kompliziert erscheinende Konstrukte, die häufig zu Fehlern und deren zeitraubenden Suche verantwortlich waren. Zu diesen Konstrukten gehören in erster Linie die Zeiger (engl. Pointer). Auf diese kann in Java verzichtet werden, da sie durch eine konsequente Verwendung von Objekten nicht mehr benötigt werden. So wird in diesem Zusammenhang die Speicherverwaltung gänzlich dem Java-System überlassen, das mit Hilfe des Garbage Collection diese Aufgabe selbständig übernimmt. Dies bringt den Vorteil mit sich, daß Objekte nicht unbenutzt im Speicher ihr Dasein fristen und diesen für andere Objekte blockieren. Ein weiterer Grund, warum man auf Zeiger verzichtet hat, liegt darin begründet, daß Java über ein ausgeklügeltes Sicherheitskonzept und eine integrierte Netzwerk-Unterstützung verfügt.

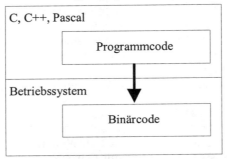

Abbildung 11-2 : Klassische Programmiersprachen

Die Programmiersprache Java basiert dabei auf zwei Konzepten, die sie für die Entwicklung von Anwendungen des künstlichen Lebens in besonderem Maße geeignet erscheinen läßt: einem netzwerk-zentrierten Ansatz und einer plattformunabhängigen Entwicklungsprache. Insofern ist Java eine einfache und effiziente Programmiersprache, die sich unter anderem hervorragend für den sicheren, plattformunabhängigen Einsatz in Netzwerken eignet. Die Plattformunabhängigkeit von Java erfordert eine andere Architektur für die Ausführung von Programmen, als man dies bei den klassischen Programmiersprachen bisher gewohnt war: Java-Quellcode wird nicht direkt von einem Compiler in betriebssytemabhängigen Binärcode umgewandelt. Vielmehr erzeugt ein Java-Compiler einen sogenannten Bytecode, der auf einer Virtuellen Maschine ausgeführt werden kann.

Die Virtuelle Maschine (VM) von Java stellt eine Abstraktionsschicht zwischen physischen Maschinen, auf denen die Java-Umgebung ausgeführt wird, und dem Java-Interpreter zur Verfügung. Für jede Plattform wird eine separate VM erzeugt (beispielsweise Unix, Windows 95, Windows NT), die speziell auf die Eigenheiten dieser physischen Maschinen abgestimmt ist. Unabhängig von der eigentlichen Systemplattform findet damit ein lauffähiges Java-Programm mit der VM grundsätzlich eine einheitliche Laufzeitumgebung vor. Insofern ist die Virtual Machine auf das eigentliche Betriebssystem des Ziel-

Überblick

rechners aufgesetzt und stellt eine simulierte, einheitliche Laufzeitumgebung zur Verfügung.

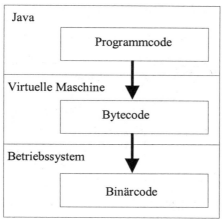

Abbildung 11-3 : Java

Während die VM der physischen Maschine ein ihr zugeschnittenes „Gesicht" zeigt, stellt sie dem Interpreter immer dieselbe Abstraktion bereit, so daß die von Java kompilierten Bytecodes auf allen beliebigen Instanzen der Java-VM ausgeführt werden können. Auf der Plattform, auf der ein Java-Programm als Bytecode ausgeführt werden soll, muß der Bytecode selbstverständlich in entsprechenden Binärcode umgewandelt werden. Allerdings merkt der Anwendungsentwickler, als auch der spätere Anwender, hiervon nichts. Der Byte-Code kann sowohl lokal ausgeführt werden, hier spricht man von einer Java-Anwendung, er kann aber auch als sogenanntes Java Applet über das Netzwerk übertragen und dann auf einem entfernten Rechner ausgeführt werden. Im WWW wird das Java Applet in eine HTML-Seite eingebettet, zusammen mit der HTML-Seite übertragen, und auf dem Zielrechner innerhalb eines Browsers ausgeführt. In diesem Fall ist es die Aufgabe des Browsers, die notwendige Java-Laufzeitumgebung, das heißt eine Java Virtual- Machine, und einen hierzu passenden Java-Interpreter zur Verfügung zu stellen. Unter Programmierschnittstellen (Application Programming Interface, API) versteht man eine Sammlung von Klassen, die in Paketen zusammengefaßt worden sind und die die Grundfunktionalität von Java definieren und darüber hinaus erweitern. Es gibt Standard-APIs, die in jeder virtuellen Maschine unbedingt integriert sein müssen. Darüber hinaus gibt es Erweiterungs-APIs, die nur bei Bedarf installiert werden. Eigene Klassen und Pakete können zusätzlich als Erweiterungs-APIs eingebunden werden. Alle APIs müssen in einem Programm explizit importiert werden, damit sie im Zugriff stehen und damit verwendet werden können.

Das neue Architekturmodell sieht eine Aufteilung Javas in drei verschiedene Plattformen vor. An die Stelle der Java 2 Plattform und ihrem mehr oder weniger unübersichtlichen Anhang aus Erweiterungen und APIs treten nunmehr drei Basis-Versionen:

- Java 2 Micro-Edition (J2ME),
- Java 2 Standard-Edition (J2SE),
- Java 2 Enterprise-Edition (J2EE).

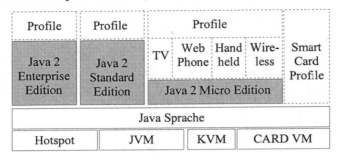

Abbildung 11-4 : Java-2-Plattform

In der untersten Schicht befinden sich die Java Virtual Machines (JVMs). Neben den eher klassischen Varianten JVM und der CARD VM gibt es nun eine weitere Variante, die KVM, die sehr kleine Geräte unterstützt. Als nächste Schicht folgt dann die Programmiersprache Java an sich. Diese wird sich bezüglich Semantik und Syntax auf der ganzen Breite gleich gestalten.

Neu hinzugekommen sind die sogenannten Profile, die besonders wichtig im Bezug zur Java 2 Micro Edition stehen. Unter einem Profil kann man sich eine Spezifikation vorstellen, die eine minimale Menge von APIs definiert, die für einen speziellen Consumer-Device gebraucht werden. In der Micro Edition (J2ME) sind neben den Kernfunktionalitäten Javas alle Erweiterungen zusammengefaßt, die für die Entwicklung Chip-basierter oder eingebetteter Systeme notwendig sind. Insofern werden alle die Systeme angesprochen, die unterhalb des Desktops und oberhalb der SmartCard sind (Embedded Systems). Die Java 2 Micro Edition umfaßt dabei die bekannten Java Versionen Personal Java und Embedded Java, als auch die neue KJava Version. Diese Version wurde von Sun zusammen mit Motorola unter Beteiligung von Firmen wie Panasonic, Mitsubishi, NEC, NTT, DoCoMo und Siemens entwickelt. Das Präfix "K" steht dabei für Kilobyte, beziehungsweise den Codenamen Kauai, und soll zum Ausdruck bringen, daß KJava für Umgebungen mit 64 KB bis 512 KB konzipiert ist. Damit unterscheidet sich die Java 2 Micro Edition in zwei Grundversionen, die sich durch die Virtuelle Maschine differenzieren:

- Java VM von Embedded Java und Personal Java: unterstützt nur 32-Bit-Prozessoren und benötigt mindestens 512 KB, beziehungsweise 2 MB Speicher, zur Ausführung.
- KVM von Kjava: basiert auf 8-, 16- oder 32-Bit-Prozessoren und benötigen mindestens 64 KB Speicher zur Ausführung.

Dabei befindet sich der Kern von KJava in Form einer minimalen Ansammlung von Java-Klassen innerhalb einer neu implementierten, portablen und modularen Virtuellen Machine (KVM). Dies sind eine Untermenge von Klassen aus den Packages java.lang und java.util.

Die Standard Edition (J2SE) ist vom Umfang her in etwa mit dem JDK 1.2 identisch. Mit der Enterprise Edition (J2EE) wird die Standard Edition um Container wie Enterprise Java Beans (EJBs), Java Server Pages (JSPs) und Servlets erweitert. Hinzu kommen Erweiterungen wie Java Transaction Services (JTS), Java Messaging Services (JMS) und JavaMail. Bei all dem handelt es sich nicht um eine neue Technologie, sondern vielmehr um eine neue und zukunftsträchtigere formale Ausrichtung Javas. Ausdruck hierfür ist, daß alle drei Versionen mit einer Virtual Machine (Java Runtime) und der eigentlichen Programmiersprache mitsamt den Packages ausgeliefert werden. In einem recht frühen Dokument über die Sprache Java hat Sun diese wie folgt beschrieben: *„Java ist eine einfache, portable, interpretierte, objektorientierte, verteilte, robuste, sichere, hochleistungsfähige, Multithread-fähige und dynamische Sprache mit der Applets und Applikationen entwickelt werden können".*

Java ist eine einfache Sprache, da sie über einen relativ kleinen Sprachumfang verfügt, der außerdem noch leicht zu erlernen ist. Die wohl wichtigste Vereinfachung besteht sicherlich darin, daß Java keine Zeiger verwendet. Vielmehr übernimmt die Referenzierung und Dereferenzierung von Zeigern automatisch Java. Ebenso führt Java automatisch Garbage Collection durch, wodurch der Entwickler von fast allen Aspekten der Speicherverwaltung befreit wird.

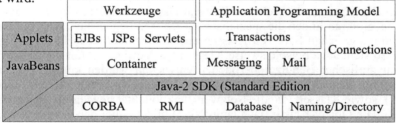

Abbildung 11-5 : J2EE-Architektur

Um die Portabilität von Java-Anwendungen gewährleisten zu können, definierte man eine virtuelle Maschine, für die auf den heutigen üblichen Hardware-Plattformen effiziente Interpretierer-Implementierungen zur Verfügung stehen. Diese Tatsache macht einen großen Teil der Portabilität aus. Jedoch geht Java noch einen Schritt weiter, indem es sicherstellt, daß keine implementierungsabhängigen Aspekte der Sprachspezifikation existieren. So wird beispielsweise bei Java explizit die Größe jedes primitiven Datentyps festgelegt, ebenso wie dessen arithmetisches Verhalten. Das 100% Pure-Java-Programm von Sun hilft dabei sicherzustellen, daß Code portabel ist gemäß dem Motto: *Write once, Run Anywhere (Einmal schreiben und überall ausführen).*

Java ist eine interpretierte Sprache. Dabei werden Java-Programme mit einem Compiler in den sogenannten Byte-Code für die virtuelle Maschine (JVM) übersetzt. Diese Maschine verfügt über eine recht kleine Menge von Instruktionen. Der Bytecode wird von einem Interpretierer ausgeführt und kann damit auf jeder Plattform verwendet werden. Zur Steigerung der Ablaufgeschwindigkeit verfügen einige Interpretierer über sogenannte Just-in-Time-Compiler, die den Java-Byte-Code zur Laufzeit in nativen Maschinencode übersetzen. Java ist eine streng objektorientierte Programmiersprache. In einem objektorientierten System besteht eine Klasse aus einer definierten Ansammlung von Daten, sowie aus Methoden, die mit diesem Daten zusammenarbeiten. Daten und Methoden beschreiben den Zustand und das Verhalten eines Objekts. Klassen werden in einer Hierarchie angeordnet, so daß Unterklassen das Verhalten von übergeordneten Klassen (Superklassen) erben können. Eine solche Klassenhierarchie besitzt stets eine Stammklasse (Wurzel). Diese Klasse verfügt über das allgemeine Verhalten des Systems. Die Grundelemente einer objektorientierten Sprache sind

- Kapselung,
- Vererbung,
- Polymorphismus.

Kapselung bedeutet, daß die Daten eines Objektes nur über definierte Methoden zugänglich sind. Das heißt, daß die Daten, und somit die internen Strukturen, in den Objekten gekapselt sind. In diesem Zusammenhang spricht man auch von data hiding. Vererbung bedeutet, daß Objekte Eigenschaften und Methoden von anderen Objekten erben und damit übernehmen können. Klassen sind dabei über eine „ist-eine"-Verküpfung miteinander verbunden und bilden die oben angesprochene Klassenhierarchie, an deren Wurzel die einfachste, an ihren Enden die spezialisierten Klassen liegen. Java wird mit einem sehr umfangreichen Satz von Klassen ausgeliefert und ist in Paketen organisiert. So stellt Java beispielsweise Klassen zur Verfügung, mit denen Komponenten grafischer Benutzeroberflächen entwickelt werden können (java.awt-Paket), mit denen die Ein- und Ausgaben behandelt werden können (java-io-Paket), sowie Klassen, die die Netzwerkfunktionalität gewährleisten (java.net-Paket). Die Object-Klasse (java.lang-Paket) bildet dabei den Stamm der java-Klassenhierarchie.
Java ist eine dynamische Sprache. Jede Klasse kann zu jeder Zeit in einen laufenden Java-Interpretierer geladen werden. Diese dynamisch geladenen Klassen können dann dynamisch instantiiert werden. Maschinenspezifische (native) Bibliotheken können ebenfalls dynamisch geladen werden. Java ist auch eine verteilte Sprache. Das bedeutet, daß sie Netzwerke auf einer sehr hohen Ebene unterstützt. Beispielsweise ermöglicht die URL-Klasse, sowie die verwandten Klassen im java-net-Paket, das Lesen entfernter Dateien oder Ressourcen. In ähnlicher Art und Weise erlaubt es das RMI-API (Remote Method Invocation), daß ein Programm Methoden entfernter Objekte aufruft, so, als wären es lokale Objekte: Ein Client ruft eine Methode auf, der Server führt sie aus und liefert „lediglich" das Ergebnis zurück. Java wurde für die Entwicklung sehr zuverlässiger oder robuster Software entworfen. Der Verzicht auf Zeiger, die automatische Speicherverwaltung, die strenge Objektorientierung mit gleichzeitiger strenger Typprüfung, der Verzicht auf Operator, Overloading und multipler Vererbung, sowie die Einschränkung der automatischen Typumwandlung, eliminiert „von Hause aus" ganz bestimmte Arten von Programmierfehlern, was der Entwicklung zuverlässiger Software zu Gute kommt. Java ist eine sichere Sprache. Auf der untersten Ebene können bei-

spielsweise Java-Programme keine Zeiger auf den Arbeitsspeicher erzeugen, Arrays überfluten oder gar Speicher außerhalb von deren Grenzen lesen. Indem ein direkter Zugriff auf den Speicher unterbunden wird, wird eine große und sehr unangenehme Klasse von Sicherheitsattacken ausgeschlossen. Weiterhin überprüft der Java-Interpretierer jeden ihm unbekannten Code. Die Verifikationsschritte stellen dabei sicher, daß der Code richtig geformt ist, d.h., daß er keinen Über- oder Unterlauf des Stacks verursacht, oder illegale Byte-Codes enthält. Eine weitere Sicherheits-Ebene stellt das sogenannte Sandkasten-Modell dar. Unbekannter Code wird dabei in einem „Sandkasten" plaziert, in dem er sicher „spielen" kann, ohne der realen Welt Schaden zufügen zu können. Wird ein Applet oder ein anderer Code in diesem Sandkasten ausgeführt, gelten eine Reihe von Einschränkungen. Eine dieser Einschränkungen besteht beispielsweise darin, daß der Code keinerlei Zugriff auf das lokale Dateisystem hat. Zusätzlich enthält der Interpretierer einen sogenannten Bytecode-Verifier, der das Programm vor dem Ablauf nach einigen Regeln hin überprüft. Um Applets ein größeres Maß an Funktionalität und Flexibilität zukommen zu lassen, werden bereits in der Version 1.1. die signierten Applets eingeführt. Solche Applets sind mit einer digitalen Signatur versehen und können dieselben Zugriffsrechte wie lokale Applets zugeteilt bekommen. Java ist eine interpretierte Sprache. Dennoch ist die Geschwindigkeit für die Ausführung interaktiver oder netzwerkbasierter Anwendungen mehr als ausreichend. Zur weiteren Leistungssteigerung beinhalten viele Java-Interpretierer die „Just-in-Time"-Compiler, die Java-byte-Codes zur Laufzeit in den Maschinencode einer bestimmten CPU übersetzen. Sun behauptet zu Recht, daß die Leistung von in Maschinencode übersetztem Bytecode fast so gut ist wie echter C- oder C++-Code. Gerade für Anwendungen, die als Applets in einem Web-Browser ablaufen, ist es sinnvoll, daß ein Applet in mehrere einzelne Prozesse bzw. Threads unterteilt werden kann, die dann unabhängig voneinander ablaufen. Java ist eine Multithread-fähige Sprache, die deren Verwendung recht einfach gestaltet. Damit kann sich beispielsweise ein Thread um die Aktualisierung der Bildsachirmausgaben kümmern, während ein anderer Prozeß über einen TCP/IP-Socket mit einem Server kommuniziert. Neben den in Web-Seiten eingebundenen Applets können in Java aber auch völlig eigenständige Programme geschrieben werden, die unabhängig von einem Web-Browser ablaufen können. Letztere bezeichnet man als Applikationen. Um Applikationen laufen zu lassen, benötigt man entweder einen Byte-Code-Interpretierer wie java, der Bestandteil des Java Development Kit (JDK) ist, oder aber einen Compiler, der aus dem Byte-Code ein echtes Binärprogramm für eine bestimmte Plattform generiert. Solche Compiler werden teilweise mit den verfügbaren integrierten Entwicklungsumgebungen ausgeliefert. Das folgende Beispiel zeigt das klassische Java-Programm „Hello World".

```
public class HelloWorld{
  public static void main(String[] args) {
    System.out.println("Hello World!");
  }
}
```

Dieses Programm besteht wie jedes Java-Programm aus einer Klassendefinition vom Typ `public`. Die Klasse enthält eine Methode namens `main()`, die den Einstiegspunkt für alle Java-Anwendungen darstellt, d.h. an diesem Punkt beginnt der Java-Interpretierer mit der Ausführung des Programms. `main()` selbst besteht nur aus einer Zeile, die die Nachricht "Hello World!" ausgibt. Dieses Programm muß in einer Datei gesichert werden, die den gleichen Namen besitzt wie die public-Klasse, wobei an den Namen noch die Erweiterung `.java` angehängt werden muß. Um das Programm zu kompilieren, kann `javac` verwendet werden:

```
javac HelloWorld.java
```

Dieser Befehl erzeugt die Datei `HelloWorld.class` im aktuellen Verzeichnis. Um das Programm auszuführen, wird der Java-Interpreter `java` benutzt:

```
java HelloWorld
```

11.2.4 Simulationsorientierte Programmiersprachen

Die Simulation von Realität erfordert oftmals eine Programmiersprache, um dreidimensionale Umgebungen abbilden zu können. Sie soll zudem als Programmcode im World Wide Web einsetzbar sein. HTML-Formate reichen dabei nicht aus, da sie ausschließlich auf textliche Darstellung ausgerichtet sind. Verteilte virtuelle Umgebungen erwarten außerdem höhere Anforderungen an das Netzmanagement. Im Jahre 1994 entwickelten die Begründer des WWW eine erste Version des sogenannten VRML (Virtual Reality Markup Language)-Konzepts, nach dem dreidimensionale Informationen als Inline-Datei in ein HTML-Dokument eingebunden werden konnten. VRML ist dabei ein Werkzeug zur Beschreibung geometrischer Körper und Flächen, ihrer Lagen im Raum, der Strukturen ihrer Oberflächen und der herrschenden Lichtverhältnisse. Bereits im Jahre 1995 lag mit VRML 1.0 eine gebrauchsfähige Version vor, die unabhängig vom HTML-Format war. Aus der VR Markup Language wurde eine VR Modelling Language, mit der beliebig komplexe dreidimensionale Szenen beschrieben werden konnten. Allerdings waren es statische virtuelle Welten ohne Interaktion mit dem Benutzer. Den Schritt zu bewegten und interaktiven virtuellen Welten leistete VRML 2.0 von 1996. Damit ist VRML zwar komplexer als HTML, aber weniger komplex als Programmiersprachen wie C++ oder Java. Allerdings hat VRML ein objektorientiertes Datenformat, das eine dreidimensionale Szene in elementare Bausteine auflöst. Der Zustand eines Objekts, wie beispielsweise eines Würfels, wird durch die Werte bestimmter Eigenschaften, wie Größe, Farbe oder Bewegungszustände, bestimmt. So soll es beispielsweise in einer interaktiven virtuellen Szene möglich sein, daß ein Benutzer durch Mausklick den Farbzustand des Objekts verändern kann. Ebenfalls sollen kausale Beziehungen zwischen den Objekten einer Szene bestehen. Wenn bei zwei ineinandergeschachtelten Würfeln der äußere verschoben wird (d.h. die Werte der Eigenschaft "Translation" verändert werden), dann soll sich auch der innere Würfel entsprechend verschieben. Die Veränderung einer Eigenschaft ist ein Ereignis (engl. event), das andere Ereignisse an anderen Objekten der Szene (ursächlich kausal) auslöst. In VRML spricht man dabei von einer Route von Ereignisketten zwischen den entsprechenden Objekten. Im objektorientierten Datenformat von VRML werden die Beziehungen zwischen den Objekten einer virtuellen Szene in einem Szenengraphen abgebildet. Dabei werden die Objekte grafisch durch Knoten (engl. nodes) dargestellt. Knoten können für geometrische Basiskörper (z.B. Würfel, Kugeln) stehen, aber auch für ihre Gestalt und Erscheinung, für Licht, Sound, Bewegungen und andere Faktoren, die eine dreidimensionale Szene bestimmen. Formal ist ein Knoten durch einen Namen des Objekts und Felder (fields) für seine Eigenschaften eindeutig bestimmt, die, wie in objektorientierten Sprachen üblich, in geschweiften Klammern zusammengefaßt werden. Die Namen von Knoten werden groß, die Namen von Feldern klein geschrieben.

```
Shape
{
    appearance Appearance
    {
        material Material { Color 010}
    }
    geometry Box
    {
        size 123
    }
}
```

In einer komplexen Szene ist es oftmals sinnvoll, eine große Anzahl von Knoten in sogenannten Gruppenknoten zusammenzufassen. Veränderungen an einem Gruppenknoten lassen sich damit einfach auf die gesamte Szene übertragen. So kann in VRML die Vererbungseigenschaft objektorientierten Programmierens ebenfalls angewendet werden. Formal besitzt ein Gruppenknoten ein Kind (engl. children)-Feld, in das die jeweiligen Knoten in eckigen Klammern eingefügt werden. Mittlerweile steht eine VRML-Bibliothek mit vorgefertigten Knotentypen zur Verfügung, mit denen auch komplexe multimediale Szenen konzipiert und entwickelt werden können. VRML 2.0 eröffnet aber auch die Möglichkeit, neue Prototypen zu konstruieren. Ein Prototyp ist ein Schema für Knoten und besteht aus einem Namen und einer Liste von Feldern. Durch Einsetzung von Daten (oder Knoten mit Daten) in den Feldern entsteht ein ganz konkreter Knoten. Vordefinierte Knotentypen und neue Prototypen entsprechen daher den Klassen in Java oder C++, aus denen durch Einsetzung spezieller Daten konkrete Objekte entstehen. Eine der bemerkenswertesten Eigenschaften von VRML 2.0 ist ihre Modellierung dynamischer Szenen und die Interaktion mit dem Anwender. Ein Ereignis wird als Datenveränderung in den Feldern eines Knotens interpretiert. Über eine Route kann dieses Ereignis an einen anderen Knoten übertragen werden, um in entsprechenden Feldern eine Datenveränderung, also ein weiteres Ereignis auszulösen. So ändert beispielsweise das Ereignis set.position das Feld position eines Kno-

tens, während das Ereignis positon.changed die Veränderung des Feldes mitteilt. Bei der Definition von Knotentypen und Prototypen werden daher Ereignisse unterschieden, die Felder ändern (eventIn) oder die Veränderung von Feldern der Umgebung mitteilen (eventOut). Eine Route beginnt mit dem Ereignis eventOut im Feld eines Knotens und mündet in einem Ereignis eventIn im Feld eines anderen Knotens.
VRML umfasst Schlüsselwörter zur Bezeichnung von Elementen der zu beschreibenden Welten, wie Körper und Flächen, die mit Parametern über die Lage und Form versehen werden. Darüber hinaus gibt es Strukturelemente wie Klammern und Schlüsselwörter zur Bezeichnung zusammengefaßter Gruppen. Die ganze Beschreibung einer VRML-Szene wird als normaler ASCII-Text abgespeichert.
JavaScript wurde von Netscape als Script-Sprache für den Browser NetScape Navigator entwickelt. Der Name wurde in Anlehnung an die gleichzeitig erschienende Programmiersprache Java (Sun) gewählt. JavaScript ist dabei eine beschränkt objektorientierte Sprache, die zur Formulierung einfacher Skripte entwickelt wurde. Im Sinn der Kapselung enthalten ihre Objekte neben Datenfeldern auch die dazugehörigen Methoden. So gehören z.B. zum Objekt Kreis neben Daten wie der Konstanten pi auch mathematische Funktionen als Methoden. JavaScript wird in HTML-Dokumente eingebettet und kann diese mit prozeduralen Elementen versehen. Man kann mit JavaScript Java-Applets in einem HTML-Dokument steuern bzw. auf Funktionalität aus den Packages zugreifen. Gleichzeitig ist es - wenn auch nur in eingeschränktem Umfang - möglich, von Java-Applets aus JavaScript-Funktionalität zu nutzen. JavaScript liegt im Quellcode innerhalb eines HTML-Dokuments vor. Die Script-Anweisungen werden dabei vollständig interpretiert, wobei eine teilweise Vorübersetzung bereits beim Laden des Dokumentes stattfindet. Einschränkend gilt, daß für die Ausführung von JavaScript immer ein Browser vorausgesetzt wird. Eigenständige Anwendungen können daher nicht geschrieben werden. Außerdem kann praktisch nicht auf das Dateisystem des lokalen Rechners zugegriffen werden. Weiterhin gilt es zu beachten, daß gerade ältere Browser Probleme mit der Ausführung von JavaScript haben können. Neben arithmetischen und logischen Operationen sind in JavaScript Anweisungen beispielsweise für bedingte Fallunterscheidungen oder Wiederholung von Schleifen vorgesehen. Die Sprache JavaScript reicht jedoch nicht immer aus, um komplexe Daten zwischen verschiedenen Rechnern im World Wide Web auszutauschen. Die Simulation virtueller Realitäten im Netz wird erst durch eine zusätzliche Verwendung einer höheren Programmiersprache wie Java möglich. Java-Programme müssen vor der Anwendung in Script-Knoten übersetzt werden. Aus dem Quellprogramm entsteht dann der Java-Bytecode mit dem Dateiformat .class. Der Bytecode wird als externe Datei auf einem WWW-Server im Netz bereitgestellt. Ein Java-Programm besteht aus Objekten, die Datenfelder und Methoden enthalten. Objekte werden nach dem Schema von Klassen erzeugt. Knoten und Knotentypen bzw. Prototypen in VRML 2.0 entsprechen daher den Objekten und Klassen in Java.

11.2.5 Wissensverarbeitende Programmiersprachen

Die Simulation künstlichen Lebens setzt oftmals nicht nur das Verarbeiten von Daten oder Informationen, sondern auch von Wissen voraus. Umgangssprachlich unterscheidet man gewöhnlich zunächst eine Information von der Nachricht. So kann beispielsweise die Information, daß in Stockholm der Nobelpreis vergeben wurde, in verschiedenen Nachrichten und dort in verschiedenen Sprachen übermittelt werden. Die Information bleibt also dieselbe, obwohl sich die Nachricht unterschiedlich gestaltet, beziehungsweise in unterschiedlicher Ausprägung übermittelt wird. Technisch-physikalisch können Nachrichten durch verschiedene Signale vom Morsen, Rundfunk, Fernsehen bis hin zur E-Mail übertragen werden. Insofern handelt es sich bei einer Nachricht um eine endliche Zeichenfolge, die eine Information übermittelt. Eine Nachricht wird dabei von einer Nachrichtenquelle codiert, über einen Kanal zu einem Empfänger geschickt und dort decodiert. Information bezieht sich auf die Bedeutung der Nachricht für den Empfänger. Wissen hingegen besteht aber nicht nur in der Anhäufung von Informationen. Wissen bezieht sich vielmehr auf die Fähigkeit, Informationen zu so verwerten daß damit gegebenenfalls Probleme gelöst werden können. Wissen ist nach dieser Auffassung Information plus Know-how. In den bisher besprochenen prozeduralen oder algorithmischen Programmiersprachen wurde dem Computer für eine Problemlösung mehr oder weniger genau mitgeteilt, welche Anweisungen, Funktionen oder Methoden auszuführen sind. Bei der computergestützen Wissensverarbeitung wird in einem Programm nur das Wissen über ein bestimmtes Problem deklariert. Der Rechner soll dann anhand dieses Programms selbständig mit Hilfe dieses Wissens eine Lösung des Problems finden. Ein erstes Beispiel solcher nicht-prozeduralen Sprachen waren die strukturierten Abfragesprachen komplexer Datenbanksysteme, mit denen der Anwender das Arbeitsergebnis (beispielsweise eine Datenrecherche) beschreibt, um es dann vom Rechner in die notwendigen Anweisungen zur maschineninternen Ausführung übersetzen zu lassen. Im Anschluß an die 3. Generation der höheren prozeduralen Sprachen wird von den 4-GL-Sprachen (engl. 4th Generation Language) der 4. Generation gesprochen wie beispielsweise SQL (engl. Structural Query Language). In der 5 Generation geht es um die Programmiersprachen der Wissensverarbeitung in der Künstlichen Intelligenz (engl. Artificial Intelligence), wobei in diesem Buch die zwei wichtigsten Vertreter kurz vorgestellt werden: Prolog und Lisp.

Die ersten Grundgedanken, die später als Basis für die Entwicklung von PROLOG herangezogen wurden, reichen bis in das Jahr 1879. In diesem Jahr verfaßte der deutsche Mathematiker und Philosoph Gottlob Frege seine Begriffsschrift, die inzwischen als ein Entwurf einer formalen Einheitswissenschaft angesehen ist. In ihr wurde versucht, die formale abstrakte Beschreibung von Gedanken in mathematische Notation zu bringen. *"Die logischen Verhältnisse kehren überall wieder, und die Zeichen für die besonderen Inhalte können so gewählt werden, daß sie sich in den Rahmen einer Begriffschrift einfügen"*[7]. Diese Notation wurde in den Nachfolgejahren - teils unter

---

[7] Begriffschrift und andere Aufsätze, hrsg. Von I. Angelelli, 2. Aufl. Darmstadt 1964

dem Deckmantel der Kritik - systematisch von Whitehead und Russel um wesentliche Basiselemente wie Funktion, Endlichkeit, Beweisbarkeit erweitert. In diesem Jahrhundert wandten sich die Mathematiker Jacques Herbrand, Thoralf Skolem und Kurt Gödel dieser formalen Weltsicht zu und entwickelten Verfahren, die die Beweisbarkeit beliebiger Sätze ermöglichen sollten. Es wurden die mathematischen Grundlagen gelegt, auf die die heutigen Theorembeweisverfahren im Prädikatenkalkül aufbauen. In den fünfziger Jahren wurden mit dem Auftauchen der ersten Rechner diese Beweisverfahren rechnergestützt durchgeführt. Alle früheren Versuche scheiterten an dem Umstand der "kombinatorischen Explosion" und der algorithmischen Komplexität, da die einzelnen Varianten meistens nur durch systematisches Durchprobieren aller Varianten gefunden werden konnten. Erst um das Jahr 1965 machte J.A. Robinson mit seinem Resolventenprinzip einen großen Schritt nach vorne, indem er mit seiner Entwicklung die Komplexität derartiger Algorithmen wesentlich einschränken konnte.

Parallel zu diesem eher mechanischen Beweisverfahren beschäftigte sich in Aberdeen eine Forschungsgruppe mit der Entwicklung eines intelligenten Antwort-Frage-Systems (ABET). Ein herausragendes Merkmal dieses Systems war dessen Eigenschaft, während seiner Arbeit - sozusagen interaktiv - sich neue Regeln hinzuzufügen. Dieser dynamische Regelzuwachs konnte dann die weiteren Konsultationen und damit die Lösungsfindung wesentlich beeinflussen. Im Jahre 1971 entwickelte Colmerauer und sein Forscherteam das Basissystem eines anderen Frage-Antwort-Systems; SYSTEM-Q. Dieses System baute auf Hornklauseln auf, nutzte das Resolventenprinzip und die Unifikation. Auch hier konnte das System interaktiv neue Regeln hinzufügen. Dieses Basissystem wurde anschließend zu einem Interpreter für eine eigenständige Programmiersprache entwickelt. Man gab diesem System den Namen PROLOG. In den Nachfolgejahren beschäftigte man sich an unterschiedlichen Orten mit dem Phänomen der logischen Programmierung. Kowalksi führte die Gleichung

$$\text{Algorithm} = \text{Logic} + \text{control}$$

ein, in dem Sinne, daß Algorithmen immer zwei Komponenten implizit enthalten müssen: eine Logik-Komponente, die das Wissen über das zu lösende Problem spezifiziert, und eine Steuerungs- bzw. Kontrollkomponente, die die Lösungsstrategie für das Problem darstellt. Während bei konventionellen Programmiersprachen diese beiden Komponenten stark vermischt und kaum zu trennen sind, sollen Logik-Programme nur eine Logikkomponente darstellen, während die Steuer- und Kontrollkomponenten dem System überlassen bleiben. Oder etwas praktischer formuliert: Alle problemspezifischen Informationen werden in einer Wissensbasis in Form von Horn-Klauseln gespeichert, die dann durch eine problemunabhängige Inferenzmaschine ausgewertet werden. In PROLOG (engl. Programming in Logic) wird das Wissen über ein Problem in einem System von wahren Aussagen (Fakten) und Regeln zusammengestellt. Ein Problem wird im Sinne der Logik als eine Behauptung verstanden, für die das PROLOG-System selbständig eine Problemlösung in Form eines Beweisschlusses sucht. Logisch besteht eine wahre Aussage aus einem oder mehreren Objekten, auf die eine Eigenschaft (Prädikat) oder Beziehung (Rela-

Überblick

tion) zutrifft. Hat man auf diese Weise die Verhältnisse beschrieben, können Anfragen gestellt werden, auf die man dann Antworten, respektive Lösungen, erhält.

```
mensch(sokrates).              /* Faktum* /
sterblich(X):- mensch(X).      /* Regel */
? sterblich(sokrates).         /* Anfrage */
Yes.                           /* Antwort */
```

PROLOG ist eine prädikative Programmiersprache. Die Namen von Variablen, an deren Stelle Namen von Objekten eingesetzt werden können, sollen groß geschrieben werden. In PROLOG wird der Schlußsatz vor die Voraussetzungen gesetzt und durch das Schlußsymbol :- abgetrennt. Mehrere Voraussetzungen werden mit Kommata aneinandergereiht. Durch geschicktes Einsetzen von Namen von Objekten für Variablen und Anwendung von logischen Regeln sucht das System einen Beweis, nach dem diese Behauptung aus der Wissensbasis ableitbar ist. Die Lösung einer Aufgabe findet das PROLOG-System durch eine kombinatorische Zurückführung (engl. Backtracking) auf die Wissensbasis: Es werden dabei alle Möglichkeiten solange ausprobiert, bis eine adäquate Lösung gefunden wird. Dabei wird versucht, Aussagen durch Variablenersetzungen an vorausgesetzte Fakten anzugleichen (unifizieren). In PROLOG kommt es darauf an, effiziente Algorithmen für diese Unifizierungen zu finden. Wissensverarbeitung bedeutet also primär Backtracking von Problemen auf eine Wissensbasis.

Während prädikative Programmiersprachen der 5. Generation an der Logik orientiert sind, verwenden funktionale Programmiersprachen wie in der Mathematik Funktionen, die Abhängigkeiten von Symbolfolgen darstellen. Als Datenstrukturen zur funktionalen Darstellung von Algorithmen werden in der Programmiersprache LISP (engl. List Processing Language) Listen von definierten Symbolen verwendet. Die kleinsten (unteilbaren) Bausteine von LISP heißen Atome. Diese können Zahlen, Zahlenfolgen oder Namen sein. Aus den Atomen werden schrittweise neue symbolische Ausdrücke, sogenannte s-Ausdrücke, zusammengesetzt. Wenn x und y s-Ausdrücke sind, dann soll auch (x . y) ein S-Ausdruck sein. Aus dem Symbol Nil aus der Nachrichtentechnik für eine leere Symbolfolge und s-Ausdrücken werden dann verkettete Listen erzeugt. Wenn x ein s-Ausdruck und y eine Liste ist, dann soll auch (x . y) eine Liste sein. Zur algorithmischen Verarbeitung von Datenlisten werden einfache Grundfunktionen eingeführt. So liefert die Funktion car den linken Teil eines s-Ausdrucks, d.h. (car (x . y)) = x, während die Funktion cdr den rechten Teil ergibt, d.h. (cdr (x . y)) = y. Die Funktion cons vereinigt zwei S-Ausdrücke zu einem s-Ausdruck (cons xy) = (x.y). Auf Listen angewendet liefert car das erste Element und cdr die restliche Liste ohne das erste Element. Anschaulich können Listen und s-Ausdrücke mit diesen Grundfunktionen auch als binär geordnete Bäume dargestellt werden. Funktionskompositionen wie beispielsweise (car . (cdr . x)) drücken die Hintereinanderausführung zweier Funktionsanwendungen aus, wobei die innere Funktion zuerst ausgewertet wird. Bei mehrstelligen Funktionen werden alle Argumente zuerst ausgewertet und dann die

Funktion angewendet. Listen werden in der Regel als Anwendung einer Funktion aufgefaßt. Dann bedeutet (ABCDEF), daß die Funktion A auf B, C, D, E und F anzuwenden ist. Oft ist es aber auch nützlich, Listen als geordnete Mengen von Symbolen aufzufassen. So macht es wenig Sinn (123451) als Anwendung der Funktion 1 auf die Argumente 2, 3, 4, 5 zu lesen, wenn es um eine Sortierungsaufgabe der Zahlen geht. In LISP wird daher das Symbol quote eingeführt, wonach die folgende Liste nicht als Funktionsanweisung, sondern als Aufzählung von Symbolen zu verstehen ist: quote 1123451 oder kurz = (123451). Dann ist laut Definition beispielsweise car' 11231 = 1, cdr' 31 =, (23) und cons 1' (23) = '(123).

Die Form einer Funktionsdefinition lautet: (De Name (p1 p2...pn)s-Ausdruck). Dabei ruft die Abkürzung De eine Definition auf. Name ist die Bezeichnung der Funktion, wobei p1, p2,..., pn ihre formalen Parameter sind. Der s-Ausdruck heißt Rumpf der Funktion und beschreibt die Funktionsanwendung mit den formalen Parametern. Wenn in einem Programm die Funktion Name in der Form (Name a1 a2 . . . an) auftritt, dann sind im Rumpf der Funktion die formalen Parameter pi (= Variable) durch die entsprechenden aktuellen Parameter ai (=Konstante) zu ersetzen und der so veränderte Rumpf der Funktion auszuwerten. Als Beispiel wird die Funktion Drei definiert, die das dritte Element einer Liste berechnet: (De Drei(liste) (car(cdr(cdr liste)))). Die Funktionsanordnung Drei' (415) ersetzt dabei im Rumpf der Funktion Drei die formalen Parameter durch (car (cdr (cdr' 1 415)))). Die Auswertung liefert dann den Wert 5 als drittes Element der vorgelegten Liste. Um Bedingungen formulieren zu können, werden neue Atome wie beispielsweise T für "wahr" (engl. true) und NIL für "falsch" und neue Grundfunktionen wie beispielsweise equal zum Vergleich zweier Objekte eingeführt: (equal 12) = NIL. Bedingungen und Voraussetzungen werden durch con (engl. condition) angezeigt.

Ein LISP-Programm ist allgemein eine Liste von Funktionsdefinitionen und ein s-Ausdruck, der mit diesen Funktionen ausgewertet wird. Auf der Maschinenebene werden LISP-Programme überwiegend durch Interpreter zur Ausführung gebracht. Mittlerweile existieren auch LISP-Maschinen, die Rechenzeit ersparen.

12 Resümee und Ausblick

Die durch Ressourcen und Kompetenzen geregelte Organisation ist die Basis moderner Organisationsführungskonzepte. Die Vorstellung einer ausschließlich marktorientierten Organisation wird zunehmend verdrängt durch ressourcendominierte Managementkonzepte. Dabei tritt Wissen immer deutlicher in das Blickfeld von Wissenschaft und Praxis. Die wirtschaftliche Abhängigkeit der Organisation von verfügbarem Wissen, die rasche Zunahme von Wissen allgemein, die schnelle Alterung von Wissen im Besonderen und vor allem der jederzeit mögliche schlagartige Verlust von Wissen, stellt für die Organisiation ernsthafte Kosten- beziehungsweise Überlebensprobleme und für deren Mitarbeiter Motivationsprobleme dar. Organisationen, denen es nicht gelingt, das Management von Wissen sowohl effektiv als auch effizient zu gestalten, laufen Gefahr, ihre Wettbewerbsfähigkeit einzubüßen.

12.1 Resümee

Das Ziel dieses Buches bestand darin, die Organisation als *lernende Organisation* aufzufassen, sie als *wissensbasiertes Modellsystem* zu konzeptionalisieren und dieses System durch *intelligente*, rechnerbasierte *Technologien* so in funktionaler Hinsicht auszugestalten, daß sich ein hoher systemischer Intelligenzquotienten (sIQ) erreichen lässt. Dieses Ziel wurde durch die folgende Vorgehensweise angestrebt:

- Erarbeitung der Grundlagen einer organisationalen Intelligenz sowie der Lerntheorie von Individuen und Gruppen mit dem Ziel, aktuelle Erkenntnisse dieser Disziplinen zu einem späteren Zeitpunkt in die Konzeption der lernenden Organisation als wissensbasiertes System einfließen zu lassen.
- Vorstellung der aus betriebswirtschaftlicher Sicht neuen Theorie des Wissens mit dem Ziel, eine Modellvorstellung wissensbasierter Systeme anhand der bisherigen Ergebnisse in den Forschungsbereichen Künstliche Intelligenz, Neurobiologie und Managementlehre unter dem verbindenden Dach der Systemtheorie zu entwickeln.
- Aufzeigen von Hinweise zur funktionalen Ausgestaltung des wissensbasierten Modellsystems durch eine Symbiose von neuen rechnerischen Methoden und Technologien der Künstlichen Intelligenz und des Künstlichen Lebens.

Organisationale Intelligenz ist ein Zusammenhang aus den neun Elementen: Wahrnehmung, Verstehen, Lernen, Problemlösung, Denken, Kommunikation,

Werte, Verhalten und Wissen. Dieser Zusammenhang hat drei Ebenen. Die erste Ebene ist der sich selbstorganisierende Zusammenhang unter den neuen Elementen, die alle miteinander vernetzt sind und innerhalb einer Organisation immer wirksam sind. Die zweite Ebene beschreibt die vier Zyklen Kognition, Adaption, Innovation und Realisation. Diese vier Zyklen stehen für die vier grundlegenden Fähigkeiten, die eine Organisation unbedingt beherrschen muß. Die dritte Ebene führt die vier Zyklen zusammen. Sie setzt Selbstreferentialität voraus und macht organisationale Intelligenz zu einem Zusammenhang, der das Verhaltensrepertoire einer Organisation erweitert, optimiert und die bestehende Dynamik aufrecht erhalten kann. Damit der Zusammenhang organisationaler Intelligenz auf der zweiten und vor allem auf der dritten Ebene wirken kann, bedarf es bestimmten Grundlagen. Dazu gehören die Prinzipien nachhaltiger Evolution, die Verankerung organisationaler Intelligenz in der Organisation, wirkungsvolle Managementsysteme, das Verständnis für selbstorganisierende Verhaltenskonstellationen und das Verständnis für den Bezug zum Lebenszyklus einer Organisation. Das Konzept organisationaler Intelligenz zeigt aber auch, daß nicht die Fähigkeit der Informationsverarbeitung oder die Lernfähigkeit oder das Wissensmanagement oder die Fähigkeit zur Umsetzung der nachhaltigste Erfolgsfaktor ist. Es sind dies vielmehr die vier Fähigkeiten Kognition, Adaption, Innovation und Realisation, sowie die übergeordnete Fähigkeit, diese in einem sich selbstorganisierenden und selbstreferentiellen Zusammenhang innerhalb der Organisation wirken zu lassen. Die vier wichtigsten Fähigkeiten einer Organisation stehen dabei in einer gegenseitigen Abhängigkeit, die die Eigendynamik einer Organisation durch die Nachfrage (Adaption und Realisation) und durch das Angebot (Kognition und Innovation) von Wissen stimuliert. Aus dem Zusammenhang organisationaler Intelligenz, der Abhängigkeit der vier Fähigkeiten, gehen dann die Kernkompetenzen einer Organisation hervor. Verantwortlich für die Ausrichtung und Orientierung des Zusammenhangs organisationaler Intelligenz ist die Kernideologie der Organisation. Damit ein Problembewußtsein entstehen kann, bedarf es einer Bereitschaft der Organisation, sich mit ihren Beziehungsstrukturen und mit den beteiligten Menschen auseinanderzusetzen, um die Kernprobleme organisationaler Intelligenz kennenzulernen. Die entwickelte Diagnose dient dabei als Instrument, das die Frage beantwortet, von welchem bestehenden Niveau organisationaler Intelligenz die Organisation ausgehen muß. Dazu bedarf es einer tiefgehenden Analyse jedes Zyklus in Relation zu den Zieltypen. Der Transformationsprozeß geht von verschiedenen Notwendigkeiten aus. Die Kernideologie sorgt für die Orientierung am normativen Zweck. Rekursive Strukturen stellen sicher, daß die entsprechenden Interpretationen vom relevanten Kontext ausgehen kann. Die Dynamik im Transformationsprozeß kann durch eine Mischung aus Redundanz, Fluktuation und daraus folgenden kreativen Chaos gesteigert werden. Redundanz schafft Gestaltungs- und Entfaltungsspielraum. Fluktuation schafft Handlungsbedarf und führt zu kreativem Chaos. Entscheidend für eine Steigerung organisationaler Intelligenz ist, daß es der Organisation gelingt, sich die erforderlichen Fähigkeiten anzueignen. Damit diese Fähigkeiten auch angewendet werden, sind die Verhaltenskonstellationen zu optimieren. Dies setzt voraus, daß konkrete Vorstellungen über die intendierten Verhaltensmuster bestehen. Die Prioritäten im Transformationsprozess sind aus der Situation und an der Diagnose der Organisation abzuleiten. Dabei kann von den grundlegenden Ursachen mangelnder Intelligenz ausgegangen werden. Entweder fehlt eine klare Kernideologie oder es fehlen rekursive Strukturen, die den Zusammenhang organisationaler Intelligenz verankern, respektive in den relevanten Kontext einbetten. Oft ist es ein falsches Verständnis bezüglich dem Umgang mit den Ressourcen der Organisation, das verhindert, daß das Primat des Wissens und eine intensive Kognition verfolgt werden können.

Ein Zusammenhang, der dominiert wird durch eine kontrollierende Kognition, eine retroaktive Adaption, eine punktuelle Innovation und durch eine zurückhaltende und passive Realisation, übt gleichsam Gravitationskräfte des Beharrens der bestehenden Situation aus. Wenn die grundlegenden Ursachen nicht beseitigt sind, gelingt keine Transformation. Aufgrund der anthropologischen Konstanten ist es dem Zusammenhang organisationaler Intelligenz inhärent, daß er ohne Impulse dazu tendiert, solchen Gravitationskräften nachzugeben. Deshalb ist der Transformationsprozess als Zyklus zu verstehen, der kein Ende kennt. Wenn zum Beispiel bestimmte Verhaltenskonstellationen als optimal empfunden werden und nicht mehr entsprechend der Kernideologie Verbesserungsversuchen ausgesetzt werden, beginnt bereits die Degeneration der organisationaler Intelligenz.

Die Grundlagen des Managements betonen die Wichtigkeit einer Lenkung, die autonome Einheiten als sich selbstorganisierende Einheiten betrachtet und die Koordination unter diesen autonomen Einheiten optimiert. Die Inhalte der Lenkung müssen sich auf alle drei logischen Ebenen der Organisationsführung beziehen: auf die normative, strategische und auf die operative Ebene. Das Organisationskonzept muß so gestaltet sein, daß es die Möglichkeiten heterarchischer Netzwerke nutzt, die von einer optimalen Koordination innerhalb und außerhalb der Rekursionsebenen, aber innerhalb und außerhalb der Organisation ausgehen.

Vom Management organisationaler Intelligenz müssen die Impulse ausgehen, welche die Eigendynamik einer Organisation aufrechterhalten. Die Ansatzpunkte dazu sind vielfältig. Die wichtigsten sind Führung, Kontinuität der Managementqualität sowie das Verständnis für die Zusammenhänge des Wissensmanagements, für die Auflösung von Dichotomien der Lenkungsmodi innerhalb organisationaler Intelligenz und für eine zweckmäßige Zuteilung von Kapazitäten. Alle Anstrengungen sollten im Bilden einer intelligenten Organisationskultur münden, die kultähnlich und adaptiv ist. Dabei sind die komplexen Zusammenhänge der verschiedenen Ebenen und des Lehrprozesses der Kulturbildung zu berücksichtigen.

Der eigentliche Schlüssel dazu, daß es einer Organisation gelingen kann, ihr Niveau organisationaler Intelligenz nicht nur zu erhalten, sondern auch auszudehnen, liegt in dem Vertrauen in die eigenen Fähigkeiten. Ohne dieses Vertrauen können die Grundlagen des Managements nicht gewährleistet werden, Wissensarbeiter nicht zweckmäßig geführt, der besondere Lenkungscharakter von Kognition und Innovation nicht berücksichtigt werden, die Zuteilung von Kapazität fällt zu knapp aus und eine kultähnliche adaptive Organisationskultur wird nicht entstehen.

Die Gliederung des Gesamtkomplexes des Wissensmanagements in einzelne Bausteine strukturiert gleichzeitig den Prozeß in logische Phasen. Der Baustein Wissensziele zeigt, in welche Richtung Aktivitäten des Wissensmanagements gehen. Unterschieden werden dabei normative, strategische und operative Wissensziele. Der Baustein der Wissensidentifikation bezieht sich auf die Analyse und Darstellung des in einer Organisation vorhandenen Wissens. Im Mittelpunkt des Bausteins Wissenserwerb steht die Beschaffung von neuem Wissen. Dies kann extern beispielsweise durch Rekrutierung neuer Mitarbeiter oder Akquisition von innovativen Organisation erfolgen, oder aber intern durch Anwendung von intelligenten IuK-Technologien auf Daten-, Informations- und Wissensbestände. In flankierenden Kontext hierzu steht der Baustein Wissensentwicklung, der sich ebenfalls auf interner Ebene mit der Entwicklung neuer Ideen und Fähigkeiten sowie innovativer Produkte und Prozesse beschäftigt. Der Baustein Wissensverteilung zeigt auf, wie Informationen oder Erfahrungen auf die gesamte Organisation so verteilt werden kann, daß Wissen zum richtigen Zeitpunkt, in der richtigen Form und am richten Ort zur Verfügung gestellt werden kann. Der Baustein Wissensnutzung zeigt auf, wie Wissen für die gesamte Organisation nutzbar gemacht werden kann. Damit das erworbene Wissen auch in der Zukunft der Organisation zur Verfügung steht und dabei vor dem Zugriff von Unberechtigten geschützt ist, müssen die Bausteine Wissensbewahrung und Wissensschutz geeignete Prozesse zur Verfügung stellen. Der Baustein der Wissensbewertung schließlich befaßt sich mit der Messung der normativen, strategischen und operativen Wissensziele, um die Qualität sowie den Erfolg eines Wissensmanagements bewerten zu können.

Die o.a. komplexe Problemstellung erfordert den Einsatz von „intelligenten" Rechnersystemen. Die steigende Rechnerleistung und die gleichzeitig damit einhergehenden sinkenden Preise für Hard- und Software verstärken diese Forderung nach solch einer maschinellen Intelligenz. Hinsichtlich der Strukturiertheit und Modellierbarkeit lassen sich drei Problembereiche unterscheiden:

- strukturierter Problembereich,
- komplexer Problembereich,
- chaotischer Problembereich.

Der strukturierte Problembereich beinhaltet gut strukturierte, d.h., vollständig operationalisierbare Problemstellungen. Hier greifen formale Entscheidungsmodelle („Number-Cruncher") mit Hilfe von mathematischen Lösungsverfahren. Der komplexe Problembereich beinhaltet hingegen schlecht strukturierte Problemstellungen, die sich einer formalen Lösung entziehen. Hier können heuristische Modelle aufgestellt werden und mit Hilfe wissensbasierter Systeme respektive Expertensysteme Lösungen erarbeitet werden. Der chaotische Bereich ist durch unbekannte Ursachen-Wirkungs-Zusammenhänge gekennzeichnet. Eine Modellierung dieser Art von Problemstellung mit bekannten Verfahren ist nicht möglich. Hier lassen sich bedingt neuronale Systeme einsetzen, die durch ihre Lernfähigkeit bzw. ihre Selbstorganisationsfähigkeit in der Lage sind, diese inhärenten Zusammenhänge dieser Problembereiche zu erfassen. Aber erst die sinnvollen und harmonischen Kombinationen von Erkenntnissen und Technologien der Künstlichen Intelligenz und des Künstlichen Lebens ermöglichen die Entwicklung von lernfähigen und damit intelligenten Systemen. Dieser kombinatorische Zusammenschluß von intelligenten Paradigmen wie beispielsweise Fuzzy-Logik, Neuronale Netzwerke, wahrscheinlichkeits-bedingte Schlußfolgerungen, Chaostheorie, genetische und generische Algorithmen, Wissensbasierte Systeme, Agentensysteme und der Lerntheorie, die mit den überall vorherrschenden Unbestimmtheiten und den Undefiniertheiten der realen Welt arbeiten, und mit denen sich Wissen aus Daten und Informationen generieren läßt, wurde in diesem Buch als Knowledge-Computing bezeichnet und eingeführt.

12.2 Ausblick

Für die Arbeitswelt zeichnet sich derzeit ein Umbruch ab, der in seiner Tragweite mit der Durchsetzung der industriellen Massenproduktion verglichen werden kann. Globalisierung, Internationalisierung und Liberalisierung des Welthandels resultieren nicht nur in einer steigenden, globalen Wirtschaftsleistung, sondern sind auch durch die Intensivierung des Wettbewerbs, das Erstarken neuer Wettbewerber, die Beschleunigung des technologischen Wandels und der Produktinnovationen geprägt. Dies alles stellt die Organisationen vor immer größere und komplexere Herausforderungen. Nur die Organisationen, die in den Bereichen Zeit, Kosten, Qualität und Innovation Spitzenleistungen erbringen, werden mittel- bis langfristig im globalen Wettbewerb ihre Daseinsberechtigung erhalten und bestehen bleiben. Gleichzeitig zeichnet sich ab, daß sich die Welt der Agrargesellschaft über die Industriegesellschaft zunehmend aus der ehemals Informations- nunmehr in Richtung einer Wissens-Gesellschaft entwickelt, die vor allem durch eine verstärkte Wissensorientierung geprägt ist. Es findet ein Wandel zur wissensintensiven Wertschöpfung statt. Wissen gilt in diesem Kontext als der Produktionsfaktor der Zukunft, der die bisherigen Energie und Rohstoffe, aber in zunehmendem Maße auch Arbeit und Kapital ersetzt. Gleichzeitig ist Wissen der einzige Rohstoff der durch Gebrauch wertvoller wird. Entwicklung, Akquisition und Nutzung des für eine Organisation relevanten Wissens werden zukünftig zu entscheidenden Wettbewerbsfaktoren. In vielen Organisationen setzt sich daher die Erkenntnis bereits durch, daß das Management des organisationalen Wissens einen nachhaltigen Wettbewerbsvorteil darstellt. Wissen ist der strategische Wettbewerbsfaktor der Gegenwart.

Zur Sicherung und zum Ausbau von Wettbewerbsfähigkeit, nachhaltigem Wachstum und -profitabilität wird es zunehmend wichtig, Information und Wissen als strategische Ressourcen im Prozeß, im Produkt und als Produkt zu nutzen. Wissen avanciert zum Motor und zur alles entscheidenden Größe im Wertschöpfungsprozeß. Im Kontext einer solchen wissensintensiven Wertschöpfung sehen sich die Organisationen zum einen einer zunehmenden Bedeutung des Wertschöpfungsfaktors Wissen als einzigem nachhaltigen Erfolgsfaktor zur Realisierung von Wettbewerbsvorteilen gegenüber. Zum anderen unterliegt gerade diese entscheidende Größe einer immer kürzeren Gültigkeitsdauer und muß ständig weiterentwickelt werden. Zudem nimmt der für die Wertschöpfung notwendige Wissensumfang aufgrund zunehmender Komplexität der Produkte und Dienstleistungen und globaler Märkte immer stärker zu (Wissens-Overload, Information mess). Insofern stellt sich unabdingbar die Frage, welches Wissen ist relevant, beziehungsweise wissenswert. Es bedarf also intelligenter Verfahren und Technologien, um dieses relevante Wissens zu identifizieren, aufzubreiten und weiter zu verarbeiten.

Die Wissensbasierung und Vernetzung schreitet in Phasen und Schüben voran, bedächtig, manchmal widersprüchlich, konfliktreich und in vielen Formen und Ausprägungen. Wissensarbeit ist noch längst nicht die Normalform der Arbeit, gelingendes Wissensmanagement ist immer noch die seltene Ausnahme. Die Übergänge zur organisierten Wissensarbeit und die Transformationen zu global vernetzten Kontexten vollziehen sich. Das bedeutet, daß mehr Zeit für Reflexion, Begleitung, Erprobung und Revisionen zur Verfügung gestellt werden muß. Es bedeutet aber auch, daß eine Reihe zusätzlicher Faktoren und Bewegungen auf der Bühne des organisationalen Geschehens auftauchen können, die sich heute höchstens erahnen lassen.

13 Literatur

Adam, D. (Hrsg.) (1998): Komplexitätsmanagement, Schriften zur Unternehmensführung, Bd. 61, Wiesbaden

Adler, P. S./ Cole, R. E. (1993): Designed for Learning: A Tale of two Auto plants, in: Sloan Management Review, vol. 34, no. 3, S. 85 - 94

Aebli, H. (1981): Denken: Das Ordnen des Tuns, Stuttgart

Argote, L./ Beckmann, S./ Epple, D. (1990): The persistance and transfer of learning in industrial settings, in: Management Science, vol. 36, no. 2, S. 140 - 154

Argyris, C. (1999): On Organizational Learning, 2nd Edition Malden, Massachusetts

Argyris, C. (1990): Overcoming organizational defenses, Boston

Argyris, C./ Schön, D. (1996):Organizational Learning li. Theory, Method, and Practice, Reading, Mass

Argyris, C./Schön, D. (1978): Organisational Learning: A theory of Action Perspective, Reading

Arnold, J./Cooper, C. L./Robertson, I. (1995): Work psychology. Understanding human behaviour at the workplace, London

Arthur, B. W. (1989): Competing Technologies, Increasing Returns, and Lock-In by Historical Events, in: The Economic Journal, vol. 99, S. 116 - 131

Bacon, F. (1995): Neu-Atlantis, Stuttgart

Baecker, D. (1991): Womit handeln Banken? Eine Untersuchung zur Risikoverarbeitung in der Wirtschaft, Frankfurt/M.

Baecker, D. (1997): Einfache Komplexität, in: Ahlemeyer, H. W./Königswieser, R. (Hrsg.): Komplexität managen. Strategien, Konzepte und Fallbeispiele, Wiesbaden, S. 21 - 50

Barnes, B./Edge D. (eds.) (1982): Science in Context, Milton Keynes

Bateson, G. (1972): Steps to an Ecology of Mind, New York

Becker, A. (1999): Accounting: Diskurs oder soziale Praxis? Kritik der postmodernen Accountingforschung, in: Schreyögg, D. (Hrsg.): Organisation und Postmoderne. Grundfragen - Analysen - Perspektiven, Wiesbaden, S. 237 - 264

Benjamin, L. T. (1988): A history of teaching machines, in: American Psychologist, no. 43, S. 703 – 712

Berkel, K./Herzog, R. (1997): Unternehmenskultur und Ethik, Heidelberg

Bernath, U./Rubin, E. (1998): A virtual seminar for international professional development in distance education, in: Informatik Forum, vol. 12, no. 1, S. 18 - 23

Beyer, B. (1999): Die Zukunftsmacher. Denker, Planer, Manager des 21. Jahrhunderts, Frankfurt/M., New York

Blickle, G. (2000): Mentor-Protégé-Beziehungen in Organisationen, in: Zeitschrift für Arbeits- und Organisationspsychologie, vol. 44, no. 4, S. 168 - 178

Boling, N. C./Robinson, D. H. (1999): Individual study, interactice multimedia, or cooperative learning: Which activity best supplements lecture-based education?, in: Journal of Education Psychology, vol. 91, no. 1, S. 169 - 174

Brooking, A. (1999): Corporate Memory-Strategies für Knowledge Management, London

Bruderer, E./Singh, J. V. (1996): Organizational evolution, learning, an selection: a genetic-algorithm-based model, in: Academy of management Journal, vol. 39 (5), S. 1322 - 1349

Bubik, R./Quenter, D./Ruppelt, T. (2000): Informationstechnik - selten geschäftsbezogen geführt, in: Harvard Business Manager, vol. 22 (2), S. 102 - 111

Bullinger, H.-J./Wörner, K./Prieto, J. (1998): Wissensmanagement. Modelle und Strategien für die Praxis, in: Bürgel, H. D. (Hrsg.): Wissensmanagement. Schritte zum intelligenten Unternehmen, Berlin,S. 21 - 39

Bullinger, H.-J./Wörner, K./Prieto, J. (1997): Wissensmanagement heute. Daten, Fakten, Trends, Fraunhofer Institut für Arbeitswirtschaft und Organisation, Stuttgart

Busby, J. S. (1999): The effectiveness of collective retrospection as a mechanism of organizational learning, in: The Journal of Applied Behavioral Science, vol. 35, no. 1, S. 109 - 129

Callon, M. (1987): Society in the Making: The Study of Technology as a Tool for Sociological Analysis, in: Bijker, W.E./Hughes, T.H./Pinch, T. (eds.): The Social Construction of Technological Systems, Cambridge, S. 83 - 105

Carey, A./ Turnbull, N. (2000): The Boardroom Imperative on Internal Control, in: Financial Times, Special Issue: Mastering Risk 1, 25. April, S. 6 - 7

Carley, K. (1992): Organizational Learning und Personnel Turnover, in: Organization Science, vol. 3, no. 1, S. 20 - 45

Carmona, S./Grönlund, A. (1998): Learning from forgetting: An experiential study of two european car manufacturers, in: Management Learning, vol. 29, no. 1, S. 21 - 38

Cavaleri, S./ Sterman, J. D. (1997): Towards evaluation of systems thinking interventions: A case study, in: System Dynamics Review, vol. 13, no. 2, S. 171 - 186

Ciompi, L. (1999): Die emotionalen Grundlagen des Denkens, Entwurf einer fraktalen Affektlogik, Göttingen

Clark, R. E./Craig, T. G. (1992): Research and theory on multi-media learning effects, in: Giardina, M. (Ed.): Interactice Multi-Media learning environments. Human factors and technical considerations on design issues, Heidelberg, S. 19 - 30

Coopey, J. (1995): The Learning Organization: power, politics and ideology, in: Management Learning, vol. 26, no. 2, S. 193 - 214

Crabbe, L./Argilagos, J. (1994): Anatomy of Structured Note Market, in: Journal of Applied Corporate Finance, 7. Jg., Heft 3, S. 85 - 98

Crowder, N. A. (1959): Automating tutoring by means of intrinsic programming, in: Galanter, E. (Ed.): Automatic teaching: The state of art, New York, S. 109 - 116

Cummings, T. G. (1995): From programmed change to self-design: Learning how to change organizations, in: Organization Development Journal, vol. 13, no. 4, S. 20 - 32

Davenport, Th. H./Prusak, L. (1998): Wenn Ihr Unternehmen wüsste, was es alles weiß. Das Praxishandbuch zum Wissensmanagement, Landsberg am Lech

David, P. A. (1987): Some new standards for the economics of standardization in the information age, Cambridge, S. 206 - 239

David, P. A. Greenstein, S. (1990): The Economics of Compatibility Standards: An Introduction to Recent Research, in: Economics of Innovation and New Technologies, Vol. 1, S. 3 -41

Deutschmann, C. (1988): Was erklärt die Transaktionskostenanalyse? Einige soziologische Bemerkungen zur Unterscheidung von "Institution" und "Organisation", WZB, discussion papers, Berlin

Dombret, A./Ehrhardt, M. (2000): Das Internet - Bedrohung oder Chance für Banken?, in: Frankfurter Allgemeine Zeitung, Nr. 129, 5. Juni, S. 33

Dörner, D. (1993): Die Logik des Misslingens, Strategisches Denken in komplexen Situationen, Reinbeck

Dosi, G. et. Al (1988): Technical Change and Economic Theory, Londen/New York

Dosi, G. (1982): Technological Paradigms and technological Trajectories, in: Research Policy, Heft 11

Drucker, P. F. (1999): Management im 21. Jahrhundert, München

Dt. Bank AG/Fraunhofer Institut IAO Infratest Burke (1999): Wettbewerbsfaktor Wissen. Leitfaden zum Wissensmanagement in mittelständischen Unternehmen, Frankfurt/M.

Dt. Institut für Wirtschaftsforschung (1997): Wissensintensivierung der Wirtschaft: Wie gut ist Deutschland darauf vorbereitet?, Wochenbericht 22/97 (29. Mai), S. 387

Elsner, W. (1989): Adam Smith's model of the origins and emergence of institutions: The modern findings of the classical approach, in: Journal of economic issues, Vol. 23, No. 1

Epple, D./Argote, L./Devadas, R. (1991): oganizational Learning curves: A method of investigating intra-plant transfer of knowledge acquired through learning by doing, in: Organization Science, vol. 2, no. 1, S. 58 - 70

Flammer, A. (1995): Development analysis of control beliefs, in: Bandura, A. (Ed.):

Self-efficacy in Changing societies, New York, S. 69 - 113

Freemann, C. (1990): Technical innovation in the world chemical industry and changes of techno-economic paradigm, in: Freemann, C./Soete, L. (eds.): New Explorations in the Economics of Technical Change, London/New York

Freisberg, A. (2000): Die E-Versicherung, in: Econy, Heft 5, S. 50 - 54

Friedmann, B./Hatch, J. A./Walker, D. M. (1999): Mehr-Wert durch Mitarbeiter. Wie sich Human Capital gewinnen, steigern und halten lässt, Neuwied, Kriftel, Berlin

Gemünden, H./Bobin, T.(1999): Projektmanagement in der Softwareentwicklung. Ergebnisbericht, Universität Karlsruhe, Karlsruhe

Gentsch, P. (1999): Wissen managen mit innovativer Informationstechnologie, Wiesbaden

Gibbons, M. et al. (1994): New Production of Knowledge, Thousand Oaks

Grant (1996): Toward a Knowledge-Based Theory of the Firm, in: Strategic Management Journal, Heft 17, Winter Special Issue, S. 109 - 122

Groß, H./Knippschild, M. (1996): Instrumente und Organisation der Risikosteuerung von Handelsaktivitäten, in: Krumnow, J. (Hrsg.): Risikosteuerung von Derivaten, Wiesbaden, S. 87 - 112

Group of Thirty (1997): Global Institutions, National Supervision and Systemic Risk, A. Study Group Report, Washington D.C.

Group of Thirty (1993): Derivatives: Practices and principles, Washington D.C.

Hack, L. (1998): Technologietransfer und Wissenstransormation - Zur Globalisierung der Forschungsorganisation von Siemens, Münster

Hack, L. et al. (1991): Technologieentwicklung als Institutionalisierungsprozeß: Stand der Forschung, Lage der Dinge, gemeinsame Überlegungen, in: Fleischmann, G. (Hrsg.): Interdisziplinäre Technologieforschung, Diskussionsbeiträge, Arbeitspapier 1/1991, Frankfurt/M.

Hagedorn, J./Bissantz, N./Mertens, P. (1997): Data Mining (Datenmustererkennung). Stand der Forschung und Entwicklung, in: Wirtschaftsinformatik, Heft 6, S. 601 - 612

Hansen, M. T./Nohria, N./Tierney, T. (1999): Wie managen Sie das Wissen in Ihrem Unternehmen, in: Harvard Business Manager, Heft 5, 1999, S. 85 - 96

Heimer, T. (1993): Zur Ökonomik der Entstehung von Technologien, Marburg

Herp, T. 1998): Wissenswettbewerb. Mehr als Knowledge Management, in: The Boston Consulting Group: Internal Innovation Series, München

Hilb, M. (1997): Integrierte Erfolgsbewertung von Unternehmen. Zufriedenheit und Loyalität von Eigentümern, Kunden, Mitarbeitern, Öffentlichkeit, Neuwied, Kriftel, Berlin

Hippel, E. von (1978): A customer-active paradigm for industrial product idea generation, in: Research Policy, Nr. 7, 1978, Amsterdam

Howell, J. M./Hall-Meranda, K. E. (1999): The ties that bind: The impact of Leader-Member Exchange, transformational and transactional leadership, and distance on predicted follower performance, in: Journal of Applied Psychology, vol. 84, no. 5, S. 680 - 694

Huber, G. P. (1991): Organizational learning: The contributing processes and the literatures, in: Organization Science, no. 2, S. 88 - 115

Huz, S./Andersen, D. F./Richardson, G. P./Bootthroyd, R. (1997): A framework for evaluating system thinking interventions: an experimental approach to mental health system change, in: System Dinamics Review, Vol. 13, no. 2, S. 149 - 169

Isaacs, W. N. (1993): Taking flight: dialogue, collective thinking and organizational learning, in: Organizational Dynamics, vol. 22, no. 2, S. 24 - 39

Jameson, R. (1998): Getting the measure of the beast, in: Risk, November, S. 38 - 41

Japp, K. P. (1996): Soziologische Risikotheorie. Funktionale Differenzierung, Politisierung und Reflexion, Weinheim

Johnson-Laird, P. N. (1993): Mental models, Cambridge (UK)

Johnston, R. D. (1972): The internal structure of technology, in: Halmos, P. (ed.): The Sociology of Science. The Sociological Review Monograph, No. 8, S. 117 - 130

Kaminske, G. F. (2000): Der Weg zur Spitze. Business Excellence durch Total Quality Management. Der Leitfaden, München, Wien

Kanter, R. M. (1989): The new managerial work, in: Harvard Business Review, Nov. - Dec., S. 85 - 92

Kaplan R./Norton. D. (1996): The Balance Scorecard, Boston, Mass.

Karl, R. (1997): Workflow Management - Einordnung und Marktsicherung, in: IS-Report, Heft 12, S. 6 - 9

Kaufmann, F.-X. (1973): Sicherheit als soziologisches und sozialpolitisches Problem. Untersuchung zu einer Wertidee hochdifferenzierter Gesellschaften, 2. Aufl., Stuttgart

Kim, D. H. (1993): Creating Learning Organizations: Understanding the link between individual and organizational learning, MIT Sloan School of Management, S. 1 - 33

Klimecki, R./Lassleben, H. (1998): Modes of Organizational Learning, Indications from an empirical study, in: Management Learning, Vol. 29, no. 4, S. 405 - 430

Kluge, A. (1999a): Erfahrungsmanagement in lebenden Organisationen, Göttingen

Kluge, A. (1999b): Lernen und Wachsen an den eigenen Projekten: Problembasiertes, selbstorganisiertes Lernen im Team, in: Goorhius, H./ Hanse, H./ Landholt, H./ Sigrist, B. (Hrsg.): Bildung und Arbeit - das Ende einer Differenz?, Aarau, S. 245 - 257

Kluge, A./Schilling, J. (2000): Organisationes Lernen und Lernende Organisation - ein Überblick zum Stand von Theorie und Empirie. Zeitschrift für Arbeits- und Organisationspsychologie, 44. Jg., Heft 4, S. 179 - 191

Kluge, A./Schilling, J. (2000): Organisationales Lernen und Lernende Organisation - ein Überblick zum Stand von Theorie und Empirie, in: Zeitschrift für Arbeits- und Organisationspsychologie, 44. Jg., Heft 4, S. 179 - 191

Knorr-Cetina, K. (1984): Die Fabrikation von Erkenntnis, Frankfurt/M.

Konrad, W./Schumm, W. (Hrsg.) (1999): Wissen und Arbeit. Neue Konturen der Wissensarbeit, Münster

Kopp, O. (1999): Wissensmanagement in Banken. Eine Bestandsaufnahme und Konzeption eines Wissensmanagementmodells am Beispiel des Firmenkundengeschäfts, Diplomarbeit an der Hochschule für Bankwirtschaft, Frankfurt/M.

KPMG, (1998) Knowledge Management Research Report , http://www.kpmg.co.uk/kpmg/uk/services/manage/research/knowmgmt/index.html

Kühl, S. (2000): Das Regenmacher-Phänomen. Widersprüche und Aberglaube im Konzept der lernenden Organisation, Frankfurt/M., New York

Kühn, O./Abecker, A. (1997): Corporate Memories for Knowledge Management in Industrial Practice: Prospects and Challenges, in: Journal of Universal Computer Sciences, vol. 3, no. 8, S. 929 - 954

Kuhn, T. S. (1976): Die Struktur wissenschaftlicher Revolutionen, Frankfurt/M.

Kulik, C.-L./Kulik, J. A. (1991): Effectiveness of computer-based instruction: An updated analysis, in: Computers in Human Behavior, no. 7, S. 75 - 94

Kulik, C.-L./Kulik, J. A./Cohen, P. (1980): Effectiveness of computer-based college teaching: A meta-analysis of findings, in: Review of Educational Research, no. 50, S. 252 - 544

Lakatos, I. (1975): Kritischer Rationalismus und die Methodologie wissenschaftlicher Forschungsprogramme, in: Weingart, P. (Hrsg): Wissenschaftsforschung, Campus Paperbacks: Kritische Sozialwissenschaft, Frankfurt/M., S. 91 - 132

Landy, F. J. (1985): Psychology of work behavior, Homewood

Lant, T. K./Mezias, S. J. (1992): An organizational learning model of convergence of reorientation, in: Organization Science, Vol. 3, no. 1, S. 47 - 71

Latour, B. (1987): Science in Action: How to follow scientists and engineers through society, Open University Press

Lave, J./Wenger, E. (1991): Situated Learning: Legitimate Peripheral Participation, Cambridge

Löchel, H. (2000): Die ökonimischen Dimensionen der New Economy. Arbeitsberichte der Hochschule für Bankwirtschaft, Heft 25, Frankfurt/M.

Luhmann, Niklas (1991): Verständigung über Gefahren und Risiken, in: Die politische Meinung, Bd. 36, S. 86 - 95

Luhmann, Niklas (1991a): Soziologie des Risikos, Berlin

Luhmann, Niklas (1991b): Reflexive Mechanismen, in: Soziologische Aufklärung, Bd. 1, Aufsätze zur Theorie sozialer Systeme, 6. Aufl., Opladen, S. 92 - 112

Luhmann, Niklas (1994): Die Wissenschaft der Gesellschaft, 2. Aufl., Frankfurt/M.

Luhmann, Niklas (2000): Organisation und Entscheidung, Opladen

Manville, B./Foote, N. (1996): Harvest Your Workers' Knowledge, http://www.datamation.com/papers/1996/july/07know1.html

March, J.G. (1991): Exploration and exploitation in organizational learning, in: Organization Science, vol. 2, no. 1, S. 71 - 87

Marschall, C./Prusak, L./Spilberg, D. (1996): Financial risk and the need for superior knowledge management, in: California Management Review, Vol. 38, No. 3, S. 77 - 101

Merrill Lynch (1999): The Book of Knowledge

Moormann, J. (1999): Umbruch in der Bankinformation - Status Quo und Perspektiven für eine Neugestaltung, in: Moormann, J./ Fischer, T. (Hrsg.): Handbuch Informationstechnologie in Banken, Wiesbaden, S. 3 - 20

Muksch, H./Holthuis, J./Reiser, M. (1996): Das Data Warehouse-Konzept - ein Überblick, in: Wirtschaftsinformatik, Heft 4, S. 421 - 433

Nix, D. (1990): Should computers know what you can do with them?, in: Nix, D./ Spiro, R. J. (Eds.), Cognition, education, an multimedia. Exploring ideas in high technology Hillsdale, S. 143 - 162

Nonaka, I. (1994): A dynamic theory of organizational knowledge creation, in: Organization Science, vol. 5, no. 1, S. 14 - 37

Nonaka, I. /Takeuchi, H. (1995): The Knowledge Creating Company, Oxford

Nonaka, I./Takeuchi, H. (1995): The Knowledge-Creating Company. How Japanese Companies Create the Dynamics of Innovation, New York

Nonaka, I./Takeuchi, H. (1997): Die Organisation des Wissens. Wie japanische Unternehmen eine brachliegende Ressource nutzbar machen, Frankfurt/M.

North, K. (1998): Wissensorientierte Unternehmensführung. Wertschöpfung durch Wissen, Wiesbaden

North, K. /Probst, G. /Romhardt, K. (1998): Wissen messen - Ansätze, Erfahrungen und kritische Fragen, in: Zeitschrift Führung und Organisation, 67. Jg., Heft 3, S. 158 - 166

North, K. (1999): Wissensorientierte Unternehmensführung, 2. Auflage, Wiesbaden

North, K./ Papp, A. (1999): Erfahrungen bei der Einführung von Wissensmanagement, in: IO-management, Heft 4, S. 18 - 22

Ogata, H./Yano, Y. (1998): Supporting awareness for augmenting participation in collaborative learning, Proceedings of the WebNet98, Charlottesville, S. 1040 - 1045

Orr, J. (1987): Narratives at Work, Story telling as corporate diagnostic activity, in: Field Science Manager, June, S. 47 - 60

Orr, J. (1990): Sharing knowledge, celebrating identity: War stories and community memory in a service culture, in: Middelton, D. S./ Edwards, D. (Eds.): Collective remembering, Memory in Society, Beverly Hills

Palass, B. (1997): Der Schatz in den Köpfen, in: Managermagazin, Januar, S. 112 - 121

Papmehl, A./Siewers, R. (1999): Wissen im Wandel. Die lernende Organisation im 21. Jahrhundert, Wien

Parke, A. (1991): Interfirm diversity, organizational learning und longevity in global strategic alliances, in: Journal of International Business Studies, vol. 22, no. 4, S. 579 - 601

Pawlowsky, P. (1998): Wissensmanagement. Erfahrungen und Perspektiven, Wiesbaden

Peiró, J. M./Prieto, F. (1994): Telematics and organizational structure an processes: An overview, in: Andriessen J. H. E./ Roe, R. A. (Eds.): Telematics and work, Hove/Hillsdale, S. 175 - 209

Peters, T. (1988): Der Innovationskreis, Düsseldorf

Petkoff, B. (1998): Wissensmanagement. Konstruktive kritische Diskussion der bestehenden Ansätze, Bonn

Polanyi, M. (1966): The tacit dimension, Frankfurt/M.

Polanyi, M. (1958): Personal Knowledge, Chicago

Powell, W. W./Kopur, K. W./Schmith-Doerr, L. (1996): Interorganizational collaborations and the locus of innovation: Networks of learning in biotechnology, in: Administrative Science Quarterly, vol. 41, no. 1, S. 116 - 145

Probst, G./Raub, S./Romhardt, K. (1998): Wissen managen. Wie Unternehmen ihre wertvollste Ressource optimal nutzen, 2. Auflage, Wiesbaden

Quinn, J. (1992): Intelligent Enterprise. A Knowledge and Service Based Paradigm for Industry, New York

Quinn, J. (1992): Intelligent Enterprise, New York

Reich, R. (1991): The Work of Nations. Preparing Ourselves for 21st Century Capitalism, New York

Reinhardt, R. (1998): Das Management von Wissenskapital, in: Pawlowsky, P. (Hrsg.): Wissensmanagement. Erfahrungen und Perspektiven, Wiesbaden, S. 145 - 176

Reinhardt, R./Pawlowsky, P. (1997): Wissensmanagement: Ein integrativer Ansatz zur Gestaltung organisationaler Lernprozesse, in: Wieselhuber/Partner (Hrsg.): Handbuch Lernende Organisation, Wiesbaden, S. 145 - 156

Romhardt, K. (1997): Process of knowledge preservation: Away from a technology dominated approach, in: Journal of Universal Computer Sciences, vol. 3, no. 8, S. 955 - 968

Salomon, G. (1972): Heuristic models for the generation of aptitude-treatment interaction hypothesis, in: Review of Educational Research, no. 42, S. 237 - 343

Salomon, G. (1974): What is learned and how it is taught. The interaction between media, message, task, and learner, in: Olson, D. (Ed.): Media and symbols, the forms of expression, communication und education, Chicago

Salomon, G. (1979): Interaction of media, cognition, an learning, San Francisco

Sattelberger, Th. (1996): Die lernende Organisation. Konzepte für eine neue Qualität der Unternehmensentwicklung, 3. Auflage, Wiesbaden

Scardamalia, M./Bereiter, C. (1992): An Architecture for Collaborative Knowledge Building, in: De Corte, E. (Ed.): Computer-based Learning environments and Problemsolving, New. York, S. 41 - 66

Schein, E. H. (1993): Informationstechnologie und management - passen sie zusammen?, in: Fatzer, G. (Hrsg.), Organisationsentwicklung für die Zukunft: Ein Handbuch, Köln, S. 41 - 59

Schein, E. H. (1988): Organizational psychology, Englewood

Schmitz, Ch./Zucker, B. (1996): Wissen gewinnt. Knowledge Flow Management, Düsseldorf, München

Schulz von Thun, F. (1998): Miteinander reden 1, Reinbeck

Schwaninger, M. (1994): Managementsysteme, Frankfurt/M., New York

Schwanitz, D. (1999): Alles was man wissen muss, Frankfurt/M.

Senge, P. M. (1998): Die fünfte Disziplin. Kunst und Praxis der lernenden Organisation, 6. Auflage, Stuttgart

Senge, P. M. (1990): The Fifth Discipline, New York

Sennett, R. (1999): Der flexible Mensch. Die Kultur des neuen Kapitalismus, Frankfurt/M., Wien

Shibata, G./Tse, D./Vertinsky, I./Wehrung, D. (1991): Do norms of dicision making styles, organizational design and management affect performance of japanese firms? An exploratory study on medium and large firms, in: Managerial and Dicision Economics, vol. 12, no. 2, S. 135 - 146

Sinkula, J. M./Baker, W.E./Noordewier, T. (1997): A Framework for Market-based organizational learning: Linking values, knowledge and behavior, in: Journal of the Academy of Market Science, vol. 25, no. 4, S. 305 - 318

Skandia (1996/1997): Intellectual capital supplement to interim and annual reports, Stockholm

Skinner, B. F. (1965): Reflections on a decade of teaching machines, in: Glaser, R. (Ed.): Teaching machines and programmed learning, Washington, S. 5 - 20

Snow, R. E. (1977): Research on aptitudes: A process report, in: Shulman, L. S. (Ed.): Review of research in education, Itasca, S. 50 - 105

Software Publishers Association (1995): Report on the effectiveness of technology in schools, 1990 - 1994, Washington

Sonntag, K. (1996): Lernen im Unternehmen: Effiziente Organisation durch Lernkultur, München

Sonntag, K./Stegmaier, R./Jungmann, A. (1998): Implementation arbeitsbezogener Lernumgebungen - Konzepte und Umsetzungserfahrungen, in: Unterrichtswissenschaft, Heft, 27, S. 327 - 347

Spender (1996): Making Knowledge the Basis of a Dynamic Theory of the Firm, in:

Strategic Management Journal, Heft 17, Winter Special Issue, S. 45 - 62

Sproull, L./Kiesler, S. (1991): Connections: New age of working in the networked organization, Cambridge

Staehle, W. H. (1999): Management. Eine verhaltenswissenschaftliche Analyse, 8. Auflage, München

Steward, T. (1997): Intellectual Capital. The New Wealth of Organizations, New York

Stewart, T. A. (1997): Intellectual Capital, London

Stewart, T. A. (1998): Der vierte Produktionsfaktor. Wachstum und Wettbewerbsvorteile durch Wissensmanagement, München

Störing, H. J. (1992): Kleine Weltgeschichte der Philosophie, Frankfurt

Sullivan, J. J./Nonaka, I. (1986): The application of organizational learning theory to Japanese and American management, in: Journal of International Business Studies, vol. 17, no. 3, S. 127 - 147

Sveiby, K. E. (1997): The New Organizational Wealth, San Francisco

Sveiby, K. E. (1997): Wissenskapital - das unentdeckte Vermögen. Immaterielle Unternehmenswerte aufspüren, messen, steigern, Landsberg am Lech

Tesluk, P. E./Mathieu, J. E. ""(1999): Overcoming roadblocks to effectiveness: Incorporating management of performance barriers into models of workgroup effectiveness, in: Journal of Applied Psychology, vol. 84, no. 200 - 217

Teubner, G./Willke, H. (1984): Kontext und Autonomie: Gesellschaftliche Selbststeuerung durch reflexives Recht, in: Zeitschrift für Rechtssoziologie, Heft 6, S. 4 - 35

The Conference Board (1995): New Corporate Performance Measures, New York

Thiesse, F./Bach, V. (1999): Tools und Architekturen für Business Knowledge Management, in: Bach, V./Vogler, P./Österle, H. (Hrsg.): Business Knowledge Management, Berlin/Heidelberg/New York, S. 85 - 115

Tsang, E. W. K. Organizational Learning and the Learning Organization: A dichotomy between descriptive and prescriptive research, in: Human Relations, vol. 50, no. 1, S. 73 - 89

v. Krogh / Venzin (1995): Anhaltende Wettbewerbsvorteile durch Wissensmanagement, in: Die Unternehmung, Heft 6, S. 417 - 436

Van de Ven, A.H / Polley, D. (1992): Learning while innovating, in: Organization Science, vol. 3, no. 1, S. 92 - 116

Vopel, O. (1999): Wissensmanagement im Investment Banking, Wiesbaden

Vopel, O. (1999): Wissensmanagement im Investment Banking. Organisierte Wissensarbeit bei komplexen Finanzdienstleistungen, Wiesbaden

Weggemann, M. (1999): Wissensmanagement: Der richtige Umgang mit der wichtigsten Ressource des Unternehmens, Bonn

Wehner, T. (1998): State of the Art Wissen- und Know-How-Management: Einführung in ein transdisziplinäres Thema und Darstellung der arbeits- und sozialwissenschaftlichen Perspektive, Institut für Arbeitspsychologie der ETH-Zürich, Zürich

Weick, K. (1985): Der Prozess des Organisierens, Frankfurt/M.

Weick, K. /Roberts, K. (1993): Collective Mind in Organizations: Heedful Interrelating on Flight Decks, in: Administrative Quarterly, Heft 38, S. 357 - 381

Weick, K. E. (1985): Der Prozess des Organisierens, Frankfurt/M.

Weick, K. E./Westley, F. (1996): Organizational Learning: Affirming an oximoron, in: Clegg, S. R./ Hardy, C./ Nord, W. R. (eds.): Handbook of Organization studies, London, S. 440 - 458

Weisband, S./Atwater, L. (1999): Evaluating self and others in electronic and face-to-face groups, in: Journal of Applied Psychology, vol. 84, no. 4, S. 632 - 639

Willke, H. (1997): Stichwort "Institution", in Görlitz, A. R. P. (Hrsg.): Handbuch Politikwissenschaft, S. 162 - 166

Willke, H. (1998): Systemisches Wissensmanagement, Stuttgart

Willke, H. (1989): Systemtheorie entwickelter Gesellschaften. Dynamik und Riskanz moderner gesellschaftlicher Selbstorganisation, Weinheim

Willke, H. (2001): Dystopia, Frankfurt/M.

Wilson, E. O. (2000): Die Einheit des Wissens, München

Wolf, T./Decker, S./Abecker, A. (1999): Unterstützung des Wissensmanagements durch Informations- und Kommunikationstechnologie, in: Scheer, A.-W./Nüttgens, M. (Hrsg.): Electronic Business Engineering, Heidelberg, S. 745 - 765

Wunderer, R./Gerig, V./Hauser, R. (1997): Qaulitätsorientiertes Personalmanagement. Das Europäische Qualitätsmodell als unternehmerische Herausforderung, München, Wien

Yelle, L. (1979): The learning curve: Historical review and comprehensive survey, in: Decision Science, no. 10, S. 302 - 378

Zander, U./Kogut, B. (1995): Knowledge and the speed of the transfer and imitation of organizational capabilities: an empirical test, in: Organization Science, vol. 6, no. 1, S. 76 - 92

Zink, K. J. (1995): TQM als integratives Managementkonzept. Das Europäische Qualitätsmodell und seine Umsetzung, München, Wien

14 Register

4-GL-Sprachen 381
5-Jahresplan 325
Abarbeitungsstrategien 262, 263
abduktive Schließen 77, 78
Abfragesprachen 381
Ablauforganisation 8, 97
Abnahme 272, 280
Absatzmärkte 113
Absatzpolitik 38
abstrakte Einheiten 51
Abstraktionsebenen 80
Abstraktionsgrad 286
Abstraktionsschicht 372
Abwicklungsfähigkeiten 40
Adaption 68, 88
Adaptionsbarrieren 136
Adaptionsprozesse 131
Adaptionszyklus 124, 125
Adaptive Resonance Theory 236
Adaptive Systeme 27, 175
Agenten 250, 251
Agentensysteme 295, 389
Agententechnologie 251
Agrargesellschaft 9, 389
Akademie-Streitigkeiten 70
Akkomodation 80, 85
Akquisitionsdatenbank 271
Aktionäre 131, 159
Aktionsbereiche 158
Aktionsfeld 38, 115
Aktionsforschung 170
Aktivieren 81, 231
Aktivierung 232, 233
Aktivierungsfunktion 235, 236
Aktivierungswelle 230
Aktivierungszustand 235
Aktivität 14, 25
Aktivitätsgrade 230, 232
Akzeptanz 282, 284

Akzeptanzgrade 256, 258
Akzidenzen 345
alethische Modalitäten 75
ALGOL 365
Algorithmus 64, 72
Alibi-Veranstaltung 322
Allgemeingut 274
Allgemeinwissen 75, 76
Allianzen 19
Allquantifikation 349
Alltagshandlungen 37
Alltagswelt 22
Alterungsprozeß 168
Altkunden 278, 279
Ambiguität 15'29, 161
Ambivalenz 158, 288
Anabolismus 337
Analogdenken 66
Analogie 79, 81
Analogiebeziehung 81
Analogien 44, 79
Anbieteragent 250
Anfangszustand 64, 263
Anforderungsprofil 146, 152
Angebotserstellung 271, 279
Angebotslegung 281
Anlagekapital 135
Anlaufprobleme 298
Annahmen 2, 35
Anpassung 42, 48
Anpassungsvermögen 223
Anreiz 282, 288
Anreizobjekte 317
Anreizsystem 318
Anspruchsgruppen 119, 159
Anthropologie 40, 112
Antizipation 87, 135
Anwendungsdomäne 50, 51
Anwendungsgebiet 72, 77

Anwendungsintensität 214
Anwendungssoftware 268
Anwendungsszenario 272
APIs 373
Applets 375, 377
Approximierer 224
Arbeit 246, 250
Arbeitsablaufbeschreibungen 121
Arbeitsanweisungen 167
Arbeitsertrag 50
Arbeitsinhalt 147
Arbeitsinstrumente 119
Arbeitsmaschinen 6
Arbeitsmonotonie 216
Arbeitsplätze 315, 329
Arbeitsplatzeinschulung 215
Arbeitsplatzwechsel 216
Arbeitsproduktivität 50, 172
Arbeitsprozeßmanagements 20
Arbeitssitzung 256
Arbeitsteilung 21, 159
Arbeitsunterweisungen 215
Arbeitszeit 270, 324
Arbeitszeitflexibilisierung 268
Archetypen 44, 173
Architektur 236, 237
Aristoteles 344, 351
Arroganz 60
ART1/ART2- Netz 235
Artefakte 37, 153
Artikel 252, 283
Ashby-Gesetz 28
Aspirationsniveau 144, 145
Assemblersprachen 365, 366
Assimilation 80
assoziative Schließen 79
ästhetisch-expressives Wissen 183
Asymmetrien 59, 60
Atome 383
attractors 249
Audit 342
Aufgabe 22, 30
Aufgabenklassen 249
Auflösung 21, 387
Aufmerksamkeit 55, 99
Auftragsabwicklung 271
Auftragsgenerierung 271
Auftragsinnovation 137

Augennetzhaut 229
Ausbildungsangebote 147
Ausführungsbedingungen 87, 88
Auskunftswissen 184
Auslandsaufenthalte 217
Austauschbarkeit 255
Austauschbeziehungen 27, 57
Auswertungsökonomie 361
Authentizität 118, 126
Autismus 130
autoepistemischem Schließen 77
Autoepistemisches Schließen 76
autokatalytisches Netzwerk 15
Automaten 7, 241
Automation 216
Automatisierte Handlungen 88
Automatisierung 7
Autonome Einheiten 46
Autonomie 46, 48
Autopoiese 31, 34
Axiomwissen 216
Axon 226, 228

Back-Propagation-Lerngesetz 235
Backtracking 265, 383
Balance 141, 288
Balanced Scorecard 302, 305
Balkenkörper 227
Barrieren 324, 333
Basal-Ganglien 227
Basis 234, 243
Basisbausteine 268
Basisbereich 81, 94
Basisinnovation 57
Basisinnovationen 177, 186
Basiskörper 379
Basissprache 23
Basistypus 134, 135
Baukastenprinzip 368
Bäume 229, 383
Baum-Suchtechniken 262
Bauplanung 269
Bausteine 378, 383
Bauteile 129
Bayessche Inferenz- und
    Entscheidungsmethoden 78
Beans 375
Bedienungshilfen 375

Begabung 63, 146
Begriffsextensionen 92
Begriffshierarchie 100
Begriffslernen 194
Begriffsschrift 381
Begriffswelt 251
Beharrungsvermögen 109
Behaviorismus 55
Bekräftigungsmechanismus 154
Benchmarking 204, 313
Beobachtung 14, 333
Beobachtungsinstrumente 17
Beobachtungskatalog 314
Beobachtungsregeln 17
Berater 165, 171
Beraterhandbuch 282, 283
Beratung 287, 288
Beratungsverhältnis 287
Beschaffungsmärkte 113
Beschaffungsstrategien 107
Beschlußfassung 224
Best Practice 313
Bestätigung 135, 145
Bestrafung 55, 242
Beteiligungssysteme 147
Betriebsblindheit 174, 205
Betriebsklima 171, 303
Betriebspsychologie 268
Betriebsrat 332
Betriebssystemart 367
Betriebswirtschaftlehre 268
Betriebswirtschaftslehre 29, 35
Beurteilungsvermögen 19
Beweisbarkeit 382
Beweisverfahren 68, 382
Bewertungen 114, 134
Beziehung 19, 23
Beziehungsgestaltung 117
Beziehungsmuster 345, 346
Beziehungsstruktur 386
Beziehungsübergewicht 24
Bezugsrahmen 195
Bibliothekar 250
Bilanz 302, 312
Bilder 85, 90
Bildschirm 255, 359
Bildungsphase 214
Bildungswissen 183

Billiglohnländer 6
Binärcode 365, 366
Biologie 2, 30
biologisches System 184
Biotechnologien 14
Black Box 54
Blackboards 259
Black-Box-Natur 225
Boden 20, 228
Bomben 3, 268
Brainstorming 326
Branche 6, 40
Branchenblindheit 205
Branchenbuch 308
Bräuche 154, 167
Breitensuche 263, 264
Browser 373, 377
Bühne 390
Bündelung 59, 312
Business Reengineering 8, 268
Bytecode 372, 377

C++ 377, 378
Chaos 8, 386
Chaostheorie 30, 224
Chaotische Systeme 249
chaotischer attractor 250
Charakter 256, 267
Charakterzüge 173, 273
Checklisten 289, 322
Chunk 65
Cluster 173, 212
Coaching 216, 274
COBOL 365, 366
Code 366, 368
Cognition 56
Cognitive Science 67, 68
Common-Sense-Wissen 252
Competitive Learning 242
Compiler 366, 368
Compilierungsvorgang 364
Computer 365, 366
Computerwissenschaften 96
Consulting 267, 269
Container 121, 375
Controllingzyklen 131
Countercultures 209
CWA-Logiken 77

Dämpfung 45, 46
Darstellungsmethoden 256, 306
Darstellungsmodi 89
Daten, Information und Wissen 177, 277
Datenabstraktion 364
Datenanalyse 20
Datenautobahnen 186
Datenbankprogramm 80
Datenfilterung 260
Datenhighways 177
Datenkapselung 264
Datennetze 10, 20
Datenorganisation 268
Datenschutzbestimmungen 332
Datenstrukturen 53, 383
Datenverarbeitung 97, 102
Deduktion 76, 77
Deduktionssysteme 68
deduktives Schließen 95
Defuzzyfikator 245
Defuzzyfizierungsfunktion 245
deklarative Wissen 256, 355
deklarative Wissensbestände 53
Deklaratives Wissen 90
Demotivation 200
Dendritenbaum 228, 229
Denkansatz 153
Denken 220, 314
Denkinhalte 81, 82
Denkprozesse 93, 116
Denkschemata 43
Denkshemata 121
Depolarisationen 233
Derivate 254
Desinteresse 200
Determinierte Systeme 26
Determinierung 202, 203
Diagnose 211, 254
Diagnoseinstrument 48
Diagnostik 78, 134
Dialog 143, 166
Dialogkomponente 211, 255
Dialogwissen 257, 261
Dichotomie 45, 387
Dienstleistungsangebot 291, 292
Dienstleistungsdimension 296
Dienstleistungsgesellschaft 111

Differentialgleichungen 249
Differenzen 33, 247
Differenzierung 274, 358
Diffusität 61
Diffusität der Mitgliederbeziehungen 61
Dilemmata 38
Dimensionen 37, 98
disembodied knowledge 102
Disjunktion 348
Diskontinuität 111
Diskussion 150, 216
Diskussionsplattformen 276
Dissens 21
Distanz 235, 242
Diversifikation 218
Diversität 145, 148
Dogmatismus 145
Dogmen 120
Dokumentenkarten 308
Dokumentenmanagementsysteme 308
Domäne 50
Dominanz 130, 132
Double-Loop-Lernen 115, 124
Downsizing 116
Dreispeichermodell 57
Driften 58
Durchlässigkeit 181
Dynamik 181, 191

Editoren 261
Effektivität 37, 275
Effizienz 38, 103
Effizienzkriterien 275
Ehrlichkeit 118
Eigenaktivität 234
Eigendynamik 128, 386
Eigeninitiative 202
Eigenschaften 143, 174
Eigenvektoren 249
Eigenwerte 249
Einheiten 21, 41
Einschränkungen 52, 74
Einsicht 82, 86
Einsquantifikation 349
Einstellungen 114, 117
Einzelkämpfer 13, 218
Einzelkomponenten 254
Einzelplatzsystem 367

Einzelwissenschaften 23, 70
Elaboration 357, 358
elektrische Neuronen 229
Elementarprozesse 43, 44
Elementen 57, 85
Elfenbeintürme 209
Eliten 209
Eliziation 360
E-Mails 250
Embedded Systems 374
Emergenz 62
emotionale Signale 117
Emotionen 117, 122
Empfängersystem 110
Empfängerzelle 233
Empfänglichkeit 131
Endknoten 232
Endlichkeit 382
Endzustand 64, 94
Energie 236, 389
Engagement 159, 291
Entbürokratisierung 217
Enterprise Edition 374
Enthusiasmus 145
Entität 345, 346
Entitäten 346, 349
Entlohnungsanreize 318
Entmaterialisierung 9
Entscheidungen 15, 32
Entscheidungsalgorithmen 83
Entscheidungsfindung 83, 152
Entscheidungsfindungssystemen 223
Entscheidungsmodelle 388
Entscheidungsprozesse 8, 103
Entscheidungsträger 169
Entwicklung 202, 223
Entwicklungsgrundsätze 277
Entwicklungskonzepte 291
Entwicklungsmaßnahmen 322
Entwicklungsmodelle 168
Entwicklungssicht 291
Entwicklungssprache 363
Entwicklungsstadien 323
Entwicklungsteam 59
Entwicklungsumgebungen 377
episodische Erinnerung 82
Ereignisfolgen 94
Ereignisse 105, 112

Erfahrung 120, 124
Erfahrungskomponente 293
Erfahrungskontext 17, 18
Erfahrungswissen 43, 100
Erfolg 5, 9
Erfolgsdeterminanten 321
Erfolgsrezepte 150
Erinnern 79
Erkenntnisphilosophie 85
Erkenntnisprozeß 66
Erkenntnissequenzen 283
Erklärungsinhalte 260
Erklärungskomponente 260, 261
Erklärungsmodelle 96, 168
Erlösungswissen 183
Erosion 49, 130
Error-Back-Propagation-Algorithmus
  226, 227
Erstarrung 175, 207
Ertragskraft 275
Erwartungen 293, 312
Erziehung 207
Eskalation 278
Essenz 126, 154
ETL-Mechanismen 288, 289
euklidische Distanz 235
EVA-Prinzip 229
Evidenz 86
Evolution 164, 247
Evolutionsalgorithmen 224
Evolutionsstrategien 247
Evolutionsvorgang 249
Exekutors 258
Exemplifikation 348
Existenz 27, 102
Experimentierfelder 148
Experten 15, 21
Expertenkulturen 209
Expertenniveaus 252
Expertensystem 252, 253
Expertenwissen 17, 255
Expertise 80, 314
Explosion 382
Externalisierung 44, 45
Extrempositionen 291

Face to face-Kontakte 61
Fachgebiet 68, 70

Fachintelligenz 72
Fachjargon 257, 366
Fachliteratur 15, 183
Fachmann 251
Fachpromotoren 41
Fachwissen 72, 76
Fähigkeiten 101, 106
Fähigkeitslücken 136
Fakten 209, 216
Faktenlernen 194
Faktenwissen 208, 215
Faktor 9, 12
Faktoranalyse 63
faktoranalytische Ansatz 63
Falsifikation 105
Familie 118, 159
Fatalismus 159
feed forward neural networks 244
Feedback 305, 315
Feed-Back-Netze 238
Feed-Forward-Netze 238
Fehler 242, 254
Fehlerquelle 254
Fehlertoleranz 21
Fehlleistungen 82
Festpunkt-attractor 249
Feuerungsraten 236
Filter 106, 141
Filterung 259
Finanzielle Perspektive 302
Finanzierbarkeit 141
Finanztransaktion 20
Finanzwirtschaft 267
Firmen 17, 374
Firmenzeitschrift 303
Fixum 201
Flaschenhals 261
Fließgleichgewicht 31
Flugsimulatoren 204
Fluktuation 270, 285
Flüssigkeitsbewegungen 249
Fokussierung 274, 277
Förderung 300, 314
Foren 118, 282
Formalisierung 2, 295
Formalwissenschaft 23, 25
formelle Gruppen 208
Formen 209, 216

Forscherteam 382
Forschungsbemühungen 73, 97
Forschungsbereich 2, 23
Forschungsgebiete V
Fortpflanzung 336
FORTRAN 365, 366
Fortschritt 41, 118
Fortschrittsmeldungen 282, 284
Frame-Repräsentation 256
Frames 256
Freiheitsgrade 26
Freiraum 46, 117
Fremdbestimmung 131
Fremdlenkung 131
Freundschaft 118
Friktionen 334
Frühwarnindikatoren 144, 289
Frustration 144, 189
Fühlen 98, 104
Führer 127, 143
Führung 143, 144
Führungsfunktion 32
Führungskräfte 120, 157
Führungsphilosophie 267
Führungsphilosophien 267
Führungswissen 275
Funktion 32, 34
funktionale Perspektive 29
Funktionsgrenzen 217
Funktionskompositionen 383
Fuzzifizierung 243
Fuzzy-Definition 243
Fuzzyfizierung 244, 245
Fuzzy-Regeln 245, 226
Fuzzy-Wissensbasen 226

Gatekeeper 208
Gaussche Verteilungsfunktion 236
Gedächtnis 352, 361
Gedächtnisbildung 180, 184
Gedächtnisforschung 73
Gedächtnishypothese 82
Gedächtnisinhalte 84, 94
Gedächtnismaterial 79, 81
Gedächtnisorganisation 95
Gedächtnisschemata 79, 80
Gedächtnisspuren 361, 362
Gefahrenquellen 15

Gefühlszustände 117
Gehaltsmodell 282
Gehirn 27, 54
Gehirnaktivität 184
Gehirnareale 229
Gehirnstruktur 28
Geist 64, 69
Geld 147, 155
Generalisierung 168, 217
Generatoren 120
Genetik 225
genetische Algorithmen 227, 246
Geschäftseinheiten 21, 38
Geschäftserfahrung 268
Geschäftsergebnis 134
Geschäftsprozesse 267, 278
Geschichte 15, 322
geschlossene Systeme 25, 57
Geschlossenheit 57, 181
Geschwindigkeit 9, 377
Gesellschaft 9, 20
gesellschaftliche Systeme 109
Gesellschaftsform 9, 20
Gesetzmäßigkeiten 78, 100
Gesprächsnotizen 279
Gestaltung 2, 8
Gestaltungsaufgaben 266
Gestaltungselement 105, 199
Gestaltungsfreiraum 44, 46
Gestaltungsinstrumente 268
Gestaltungsmaßnahmen 268
Gestaltungsobjekte 145
Gestaltungsoptionen 297
Gewichte 226, 227
Gewichtskoeffizienten 236, 239
Gewinnmaximierung 30, 35
Glasfaserkabel 10, 19
Glaube 43
Glaubenssätzen 33, 213
Gleichgewicht 31, 302
Gleichgewichtsdenken 172
Gleichgewichtszustand 27, 172
Gleichungssysteme 253
Gliederungsaspekte 278
Globalisierung 6, 389
Gradientenabstieg 249
Gradientenlernmethoden 244
Graphen 262

Graphentheorie 236, 355
Großhirn-Hemisphären 227
Großhirnrinde 167, 228
Großrechner 367
Groupware 20, 109
Grundidee 199
Grundprämissen 157, 161
Grundsatzlernen 194
Grundsatzwissen 195, 209
Gruppe 209, 210
Gruppenarbeit 217, 332
Gruppendynamik 170
Gruppenhandeln 58
Gruppenkohäsion 203
Gruppentherapie 170
Gruppenziele 58

Haltezeit 57
Handeln 73, 87
Handelsvertretungen 295
Handlungen 15, 306
Handlungsalternativen 100
Handlungsausführung 87
Handlungsfeldern 342
Handlungsgenerierung 179
Handlungsketten 22
Handlungskontexte 20
Handlungskontrolle 87
Handlungslernen 194
Handlungsplanung 87
Handlungsregulation 95
Handlungsregulationstheorie 88
Handlungsroutinen 103
Handlungsstrukturen 109
handlungstheoretische Ansätze 56
Handlungstheorie 98, 104
Handlungsvermögen 100, 120
Handlungsvokabular 8
Handlungswissen 40, 184
Handlungsziele 87, 267
Hardware 96, 268
Harmonisierung 32, 33
Harmonisierungsaufgabe 32, 33
Hauptattribute 223
Hauptgeschäftsprozess 272
Hebb-Lernalgorithmus 240
Hemmen 287
hemmende Verbindungen 239

Hemmung 239, 242
Herausforderungs-Sog 213
Herausstellungsmerkmal 274
hermeneutischen Zirkel 122
Heterarchie 140
Heterarchien 21
Heterogenität 21, 48
Heuristik 64, 83
Hierarchie 140, 259
Hierarchiegrenzen 280
Hierarchien 21, 45
Hierarchieprinzipien 103
Hillclimbing 249
Hinrichtungsprozeß 17
Hirnrinde 227
Historisierung 306
holographische Systeme 167
homo oeconomicus 30, 32
Hopfield-Netz 235
Hörschnecke 229
Horten 319
HTML-Format 378
Humanisierung 171
Humanressourcen 296, 297
Humor 144
Humorerosion 152
Hüterfunktion 14
Hyperpolarisation 233
Hypothese 79, 263
Hypothesen

Idealvorstellungen 118
Ideen 125, 127
Ideenfindung 291
Identifikation 296, 297
Identität 342, 370
Identitätsverlust 213
Ideologisierung 171
Ikon 65
Image 275, 281
Imageerosion 152
Imitierung 340
Immaterialität 292
Implementierung 295, 316
Implementierungsbarrieren 268
Implementierungsgeschichte 322
Implikationen 351, 353
Implizites Wissen 44, 101

Impulsfrequenz 230, 232
Index-Einträgen 285
Indikatoren 303, 319
Individualismus 159
Individualität 292
individuelle Wissensbestände 72, 212
Individuelles Lernen 53, 54
Individuen 56, 62
Individuum 89, 98
Induktion 66
Industrialisierung 8
Ineffizienzen 106
Inferenzausführung 252
Inferenzkomponente 254, 255
Inferenzmechanismen 76
Inferenzmechanismus 263
Inferenzphase 66
Inferenzprotokolle 260
Inferenzprozesse 252, 256
Inferenzverfahren 262, 265
Informatik 67, 70
Information 85, 88
Informationsausgabe 229
Informationsaustausch 14, 58
Informations-Chunks 66
Informationserweiterung 251
Informationsflut 250
Informationsgehalt 80
Informationslandschaft 309
Informationslücken 142
Informationsmanagement 272, 286
Informationsniveau 303
Informationspathologien 164
Informationsrecherchen 250
Informationsrekodierung 88
Informationsschrott 342
Informationssicherung 251
Informationssysteme 113, 304
Informationstechnologie 312, 338
Informationsüberfluß 111
Informationsübermittler 186
Informationsverarbeitung 206, 217
Informationsverarbeitungsfähigkeit 55
Informationsverarbeitungsprozesse 57, 89
Informationsverarbeitungssystem 63
Informationsweitergabe 229, 332
Informationszeitalters V

informatorischer Ansatz 70
Infrastruktur 120, 121
Infrastrukturplanung 269
Infrastruktursysteme 20, 22
Inhalte 81, 82
Initiierung 171, 173
Inkonsistenz 142
Innenarchitektur 119, 155
Innenorientierung 270
Innovation 275, 287
Innovationseffektivität 137, 148
Innovationsfluß 130, 132
Innovationsklima 137
Innovationskompetenz 19
Innovationskraft 48, 117
Innovationsprozeß 303
Innovationsquellen 137
Innovationstempo 8
Innovationsworkshops 148
Innovationszyklen 8
Input/Otput-Verhältnis 151
Inputaxone 232
Inspirationsquellen 355
Instabilität 31, 207
Instantiierung 80, 93
Instanz 196, 344
Instanzenweg 215
Institutionalisierung 191, 221
Institutionelle Perspektive 29
Instruktionen 142
Instrumentarium 147, 148
Integration 153, 154
Integrationskraft 118, 156
Integrationsleistung 108
Integrationswissen 266, 268
intelligente Systeme 179, 197
Intelligente Technologien 2, 341
Intelligenz 381, 386
Intelligenzaggregat 134, 138
Intelligenzbegriff 67
Intelligenzniveau 134
Intelligenztest 62, 71
Intelligenztypen 72
Intension 135, 136
Intention 44, 48
Interaktion 56, 60
Interaktionsbereich 62
Interaktionsflüsse 24

Interaktionsmechanismen 121
Interaktionsprozess 157
Interaktionsprozeß 25
Interaktionsregeln 157
Interaktionsverhältnis 209
Interessen 58, 114
Interessensgebiete 258
intermediäre Neuronen 229, 230
Internalisation 44, 45
Internationalisierung 6, 389
Internet 10, 20
Interpretation 99, 117
Interpretationsprozesse 98, 361
Interrogativpronomen 353
Intervallarithmetik 227
Intervention 273
Interventionsfelder 105
Interventionstechniken 274
Interviews 134, 146
Intranet 148, 307
Intransparenz 106
intrinsische Repräsentationen 92
Intuition 116, 117
Invarianten 47
Inventar 10
Investitionen 10, 11
Investitionschancen 141
Investitionsentscheidungen 218
Investitionsrechnung 38
IuK-Technologien 295, 296

Java 364, 371
JavaScript 365
Job Enlargement 217
Job Enrichment 217
Job Rotation 217, 314
Journalisten-Stammtisch 282, 283

Kaffeeautomat 311
Kanban 8
Kantine 311
Kapazität 331, 387
Kapazitäts-Engpässe 269
Kapital 272, 389
Kapselung 370, 371
Karrierebild 270
Katabolismus 336
Kategorien 345, 348
Kausalmodell 84

Keimzellen 135
Kellerspeicher 259
Kenngrößen 331, 335
Kennzahlen 151, 302
Kernaufgabe 32, 108
Kernbereiche 14, 284
Kernfähigkeiten 39, 195
Kernideologie 386, 387
Kernkompetenz 39, 135
Kernmerkmalen 292
Klassen 348, 351
Klassenbesten 205
Klassendeklaration 370
Klassenhierarchie 376
Klassifikation 242, 347
Klassifikationsprobleme 236
Klassifizierungsmethoden 242
klassischen Konditionierung 54, 55
Kleinhirn 185, 227
Klima 125, 150
Knappheit 146
Knotenpunkt 237, 240
Knotenpunktzahl 240
Know-how 269, 295
Know-how-Erosion 49
Knowledge Computing 223, 224
Know-that 100
Know-why 100
Kodierungen 247
Kodifikation 307
Kodifizierungen 307
Kognition 386, 387
Kognitionsforschung 95
Kognitionspsychologie 79, 95
Kognitionszyklus 122, 123
kognitive Karte 55
Kognitive Leistungen 84
kognitive Lernpsychologie 40
kognitive Operationen 91
kognitive Programme 57
kognitive Wissen 101
kognitiven Modellierung 2
Kohäsion 34, 161
Kollateralien 229
kollektive Wissen 49, 180
Kollektiver Lernprozeß 191
kollektives Verhalten 118
Kombination 126, 128

Kommunikation 128, 132
Kommunikationsanstrengungen 157
Kommunikationsbarrieren 202, 204
Kommunikationsfähigkeiten 118
Kommunikationsform 60, 166
Kommunikationsformen 119, 148
Kommunikationskompetenz 196
Kommunikationsmedium 185
Kommunikationsräume 148
Kommunikationsströme 10
Kommunikationswissen 275
Kompatibilität 141, 301
Kompensation 31
Kompetenz 251, 295
Kompetenzfeld 108
Kompetenznetzwerk 297, 301
Kompetenzzentren 108
Komplettlösungen 294
Komplexität 301, 356
Komplexitätskosten 172
Komplexitätsmanagement 45, 46
Komplexitätsreduktion 34
Konditionierung 54, 55
Konflikt 125, 166
Konfliktbewältigung 268
Konfliktlösung 259
Konfliktmanagement 275
Konfliktpotential 209
Konformismus 120, 159
Kongresse 282
Kongruenz 85, 86
Konjunktion 348
Konklusion 76, 78
Konkurrenten 123, 126
Konkurrenz 205, 220
Konkurrenzdruck 270
Konnektionismus 179, 180
Konnektionisten 27, 57
konnektionistische Systeme 236
Konnektivität 34
Konnektivitätsmuster 179
Konsens 70, 132
Konsensfindung 132, 139
konsensuelle Bereich 218
Konsequenz 16, 343
Konsistenz 41, 42
Konsistenzprüfung 85
Konsistenzüberprüfer 258

Konsortien 20
Konstanten 89, 158
Konstruktionen 50, 353
Konstruktivismus 23
konstruktivistische Lerntheorie 40
Konsultation 253, 254
Kontakt 327, 328
Kontaktkoordination 276
Kontext 115, 285
Kontextsteuerung 108
Kontextwissen 94, 267
Kontinuität 124, 143
Kontrolle 267, 306
Kontrollinstruktionen 363
Kontrollmechanismen 14
Kontrollwissen 53, 256
Konvergenz 114, 227
Konvergenzproblem 225
Konzentration 30, 31
Konzeptanalyse 65
Konzepte 66, 78
Konzeptionalisierung 2, 295
Konzeptionelles Lernen 40
Konzeptionelles Wissen 119
Konzeptualisierung 51, 52
Kooperation 59, 108
Kooperationspartner 282, 295
Koordinatenmethode 249
Koordination 284, 312
Koppelungsvorgänge 216
Körperschaften 21
Korrekturhast 213
Korrelationstheorie 180, 182
Kostenvorteilen 6
Kreation 108, 129
Kreativität 133, 148
Kreativitätstechniken 215
Kreativitätsverlust 152
Kreislauf 168, 194
Kristallisation 44
Kultur 118, 153
Kulturbarrieren 205
Kulturelemente 173
kulturelle Merkmale 121
Kulturen 153, 158
Kulturentwicklung 170, 171
Kulturkreise 59, 157
Kulturpflege 154

Kulturveränderung 171, 288
Kulturveränderungsprozess 290
kumuliertes Wissen 15
Kunde 16, 39
Kundenakquisition 302
Kundenbeziehungen 40, 303
Kundenbezogene Perspektive 302
Kundendatenbank 279
Kundendienstprozeß 303
Kundenorientierung 8
Kundenrentabilität 303
Kundentreue 302
Kundenzufriedenheit 303, 305
Künstliche Intelligenz 2, 62
Künstliches Leben 2, 223
Kurzzeitgedächtnis 57, 259
Kurzzeitspeicher 57
Kybernetik 68, 132
Kybernetische Methodik 41, 125
kybernetisches Selbstverständnis 38

Langzeitgedächtnis 57, 83
Latenz 61
Laufbahn 146
Laufbahnen 210
Lavors 364
Lawineneffekt 213
Lean Production 268
Learning on the job 59
Leben 78, 143
Lebensfähigkeit 143, 250
Lebensposition 216
Lebenszyklus 299, 386
Leerstellen 79, 80
Legenden 155, 213
Legitimität 131, 132
Lehrzeit 59
Leistungsbeurteilungssysteme 147
Leistungserbringung 275, 292
Leistungsperspektiven 302
Leistungsportfolios 291, 297
Leistungsspektrumsplanung 299
Leistungswissen 183
Leitbild 195
Leitfähigkeit 336
Leitlinien 19, 121
Leitungsfunktionen 270
Lenken 34

Lenkung 34, 37
Lenkungsaufgabe 34
Lenkungsmodell 49, 140
Lenkungsmodi 143, 151
Lenkungsmodus 151, 152
Lenkungsobjekt 34
Lenkungssystem 47
Lern- und Entwicklungsperspektive 302, 304
Lernarenen 108
Lernbarrieren 41, 210
Lernbereitschaft 196, 197
Lernblockaden 175, 201
Lernebenen 103
Lernen 103, 104
lernenden Organisation 105, 163
Lernerfahrungen 154, 202
lernfähige Systeme 27, 28
Lernfähigkeit 40, 41
Lernformen 103, 104
Lerngesetz 235
Lerninvestitionen 150
Lernkontexte 62
Lernkreis 282
Lernlaboratorium 202
Lernmenge 242
Lernmodelle 168, 169
Lernproblematik 59
Lernprojekte 202
Lernprozesse 204, 205
Lernsettings 282
Lerntheorie 385, 389
Lerntyp 28
Lernwerkstatt 202, 203
Lernwerkstatt-Konzept 203
Lernzirkel 193
Lernzyklus 41
Linguistik 67, 85
Linienorganisationen 319
Lisp 265
Listenstrukturen 259
Literaturhinweise 283
Lizenzen 121, 340
Lobbyismus 133
Lochkarten 365
Logik 382, 383
Logiksysteme 78
logischen Grundoperationen 230

Logistikplanung 269
Lokalisationstheorie 179, 182
Lokomotion 34
Lokomotionsfunktion 34
Lösungspfade 264
Loyalität 118
Lücken 313, 326

Machbarkeitsglaube 159
Machiavelli 5
Macht 21, 22
Machtaspekte 268
Machtfrage 142
Mailboxen 186
Makromodelltechnik 341
Management 341, 387
Managementberatung 270
Managemententwicklung 146
Managementgenerationen 146, 147
Managementkapazitäten 114
Managementkultur 167
Managementkybernetik 2, 35
Managementlehre 38, 40
Managementmodell 195, 197
Managementnachwuchs 127, 147
Managementpraxis 273
Managementqualität 122, 387
Managementsystem 132, 154
Manager 170, 258
Mangelerscheinung 287
Manko 48, 49
Manufakturen 9, 99
Mapping 66, 200
Marktanalysen 279
Marktanteil 302
Marktbeeinflussung 8
Marktdruck 275
Märkte 288, 312
Marktplatz 311
Marktposition 274
Maschine 366, 372
Maschinencode 376, 377
Massenfertigung 7
Massenproduktion 13, 389
Maßnahmenpakete 106
Mathematik 356, 383
Maximalwert 234, 244
MbO 142

Register

Mechanisierungswelle 7
Medien 120, 187
Medium 158, 237
Medizin 228
Mediziner 261
Meinungen 60, 114
Membran 229, 233
Menschen 240, 349
Menschenführung 30
Menschenkenntnis 183
Mentale Modelle 357, 358
Mentale Sachverhalte 89
Mentor 216, 316
Mentoring 216
Merkmalsdetektoren 65
Meßdimension 110
Meßverfahren 110
Metaebene 34
Metamorphose 111
Metapher 131, 163
Metaphern 44, 101
Metaphorik 348
Metaregeln 259
Metawissen 265, 306
Meta-Wissen 221
Meteor 364
Methoden 264, 370
Methodenwissen 276
Methodik 284, 299
Methodologien 148
Mikrochips 9
Mikrosystemtechnologien 14
Milieu 37, 119
MIN 244
Mißtrauen 59, 332
Mißtrauenskultur 201
Mitarbeiter 202, 208
Mitarbeitergeneration 213
Mitarbeiterpotentiale 304
Mitarbeiterprofile 296
Mitochondrien 338
Mitteilung 91, 92
Mittelhirn 227
Mobbing 144
Modalaspekte 76
Modell 82, 83
Modelle 84, 85
Modellierungsprozesses 89, 360

Modellierungswerkzeuge 358
Modellwelt 358
Moderatoren 203
Modus Ponens 76
Monochrom 158
Monotonie 76
Moralisch-praktisches Wissen 183
Morphogenese 14
Motivation 34, 120
Motivationsinstrumente 266
Motivationsprobleme 385
Motivationsstruktur 251, 317
Motivator 321
Multitasking 147
Muster 152, 153
Mustererkennung 63, 263
Mythen 155, 167

Nachfolgeplanung 146, 147
Nachwuchssicherung 215
Nährboden 111
Nahtstelle 199
Natural Language Processing 68
Natürlichsprachliche Systeme 68
Nebeneffekt 114
Negation 349, 350
Neo-Cognitron 236
Nervensystem 57, 58
Nervenzellen 228
Netzausgangsvektor 239
Netzwerke 187, 242
Netzwerkfunktionalität 376
Netzwerkstruktur 122, 128
Neuheitsgrad 256, 258
Neurobiologe 28
neurobiologische Erkenntnisse 62
Neuroinformatik 251
Neuronen 179, 226
Neuronenmembran 230
Nichtbewußtsein 157
nichtlineare Systeme 249
Nichtlinearität 249, 226
Nicht-Wissen 272
Niveau 386, 387
Nobelpreis 381
Non-Profit-Organisationen 29
Normalarbeitszeit 270
Normalität 172

Normative Wissensziele 106
Normen 118, 167
Normenkonflikte 118
Novizen 121
Novizenphase 59
Null-Fehler-Prinzipien 8
Nutzen 11, 15

Oberflächen- und Tiefenstruktur 18
Oberflächenrepräsentation 90
Oberflächenstrukturen 18
Objekte 37, 51
Objekterkennung 236
Objektklassen 351
objektorientierte Ontologie 352
OE-Forschung 171
Offenheit 181, 317
Öffentlichkeit 117, 165
oIQ VI, 134
Ökonomie 22, 354
ökonomische Prinzip 36, 38
Omnipotenz 22
Ontogenese 354
Ontologien 344
Operationen 22, 50
Operationsweise 15, 270
operative Geschlossenheit 15
operativem Lernen 40
Operatives Lernen 40
Operatives Wissen 120
Operator 370, 376
Opportunistische Werte 118
OPS 5 364
Ordnung 22, 26
Ordnungsmuster 356, 359
Ordnungszahl 244
Organisationale Routinen 212
Organisationales Lernen 40, 42
organisational-inhärente Intelligenz 12
Organisationsabteilung 266
Organisationsalltag 109, 330
Organisationsarbeit 266, 268
Organisationsbegriffe 266
Organisationsberatung 270
Organisationsbereich 134
Organisationseinheiten 134, 342
Organisationsentwicklung 127, 130
Organisationsformen 13, 169

Organisationsführung 30, 32
Organisationsführungslehre 29
Organisationsgestaltung 38, 127
Organisationsgründer 154, 213
Organisationskooperationen 295, 301
Organisationskultur 303, 307
Organisationskulturansätze 164
Organisationsphilosophie 274
Organisationsplanung 269, 277
Organisationspolitik 32, 141
Organisationspraxis 17
Organisationspsychologie 268
Organisationsressourcen 296, 298
Organisationssagen 167
organisationsspezifische Intelligenz 221
Organisationssprache 213
Organisationsstruktur 34, 267
Organisationstheorie 267
Organisationstransformation 172, 173
Organisationsübergang 170
Organisationsumfeld 170, 172
Organisationsveränderung 170, 172
Organisationsveränderungsmodell 171
Organisationsverständnis 29, 50
Organisationsverwandlung 170
Organisationswerte 213
Organismus 24, 228
Original 90, 93
Output 65, 320
Outsourcing 131
Overconfidence-Effekt 83
Overloading 376

Pädagogik 67
Paradigmen 175, 224
Paradigmenwechsel 5
Parallelen 6, 95
Parallelismus 225
Parallelitätsprinzip 241
Parameter 241, 242
Parametergültigkeit 360
Partizipation 59, 318
partizipatives Lernen 59
PASCAL 365, 367
Paten 316
Patente 121, 340
Patentleichen 205
Perceptron 235

Personal 267, 374
Personal Computer 8, 11
Personalauswahlverfahren 268
Personalberatung 270
Personalbereitstellung 267
Personalentwicklung 274
Personalfluktuation 149, 206
Personalplanung 269, 274
Personalproduktivität 275
Personalwesen 97
Personalwirtschaft 267
Personenwissen 98
Persönlichkeitseigenschaften 146
Persönlichkeitsentwicklung 216
Perspektiven 302, 304
Perspektivenvielfalt 130, 144
Perturbationen 31
Perzeptionsmodelle 84
Phasen 44, 106
Philosophen 70
Philosophie 155, 179
Phylogenese 354
Physiologie 67
Pilotbereich 332
Pioniergeist 149
Pionierphase 139
Planbarkeit 30, 32
Pläne 87, 143
Planung 152, 171
Planungsmethoden 268
Plastizität 26, 58
Polarität 134
Pole 138
Politik 140, 141
Polychron 158
Polymorphismus 376
Population 169, 247
Populationsdynamiken 249
Portfolio 39
Portierbarkeit 367
Positionierungssysteme 10
postsynaptische Potentiale 229
Prädikatenkalkül 89, 382
Prädikatenlogik 76
Präferenzen 251, 312
Praktikabilität 201
Prämierungssystem 201
Prämisse 63, 257

Prämissensystem 157
Präsentationsmittel 290
Präsentationsweisen 358
Praxiserprobung 197
Präzision 7, 95
Predikat-Circumscription 77
Pressemitteilungen 280
Primäraktivitäten 142, 152
Primäreinheiten 142
Primat 145, 387
Prioritäten 153, 258
Probehandeln 357, 359
Problembereich 70, 388
Problemdefinition 139
Probleme 143, 170
Problemklasse 254, 256
Problemkontext 116
Problemlösen 166, 251
Problemlöser 269
Problemlösermodell 363
Problemlöseverhalten 67
Problemlösung 71, 112
Problemlösungsabläufe 259
Problemlösungsalgorithmen 262
Problemlösungsfähigkeit 41, 108
Problemlösungskompetenz 275
Problemlösungslernen 104
Problemlösungsprozeß 202, 263
Problemlösungsraum 258, 264
Problemlösungsstrategien 52, 67
Problemperspektiven 139
Problemraum 64, 252
Problemreduktionsverfahren 262
Problemsituation 82, 116
Problemzusammenhang 100, 124
Produkte 93, 108
Produktentwicklung 108, 111
Produktentwicklungsfähigkeiten 40
Produktion 45, 47
Produktionsfaktor 50, 389
Produktionsfaktorenkombination 9
Produktionsform 22
Produktionsprozeß 303
Produktionsregeln 257, 264
Produktionsregelsprachen 364
Produktionsregelsysteme 64
Produktionssysteme 91
Produktivkraft 13

Produktkliniken 108
Produktlinien 319
Produktwissen 121
Professionalisierungsgrad 20
Professionalität 269, 343
Programmierschnittstelle 371
Programmiersprache 371, 372
Programmverifikation 68
Projektantrag 284, 288
Projektart 277
Projektauftrag 284, 289
Projekterfahrung 276, 280
Projektgruppe 283, 315
Projektideen 278, 279
Projektierung 323, 330
Projektinitialisierungsphasen 276
Projektmanagement 202
Projektreviews 282
Projektscoring 284, 289
Projektunterlagen 278
Projektverlauf 16, 282
Projektwissen 98, 121
PROLOG 364, 365
Promotor 321
Proposition 89
propositionale Repräsentation 89, 92
Propositionale Repräsentationen 92
Propositionen 90, 92
Prototypisches Schließen 76
Prototypisches Wissen 75
prozedurale Wissensbestände 53
prozedurales Wissen 64, 90
Prozeduren 242, 364
Prozeßdynamik 62
Prozeßintelligenz 72
Prozesskette 7
Prozeß-Kreislauf 106
Prozeßmanagement 8
Prozeßmodellierung 296
Prozeßperspektive 302, 303
Prozeßstruktur 37
Prozeßüberlappung 361
Prozeßunterstützung 288
Prozeßwissen 10, 72
Prüfoperationen 273
Prüfung 111, 360
Psychologie 112, 251
psychometrische Ansatz 62, 71

Puffer 315
Pyramidenbau 210

Qualifikationsstand 323
Qualifizierung 267, 329
Qualifizierungsprozesse 99
Qualität 100, 116
Qualitätszirkel 210, 215
Quantifikation 349, 350

Rahmen 361, 364
Rahmenbedingungen 41, 71
Randbemerkung 135
Rationalisierungsprinzip 371
Rationalismus 2
Rationalität 43, 267
Raum 274, 319
Rauschen 249
Reaktion 54, 301
Reaktionsfähigkeit 336
Realisationsfähigkeit 156
Realisationszyklus 126, 127
Realisierung 137, 138
Realismus 70
Realität 73, 98
Realitätsausschnitt 84
Realitätsbezug 86
Real-World-Probleme 224
Rechenanlagen 8
Rechenkraft 236
Rechenmaschine 182, 231
Rechenoperationen 234, 241
Rechentechnik 245
Rechenzeiten 263, 367
Rechtfertigung 118
Rechtsgeschäft 205
Reduktionismus 139
Redundanz 139, 143
Referenzierung 375
Referenzklasse 83, 84
Reflektieren 220
Reflexion 220, 252
Reflexivität 219, 220
Refraktion 260
Regel 260, 262
Regel- und Steuerungssysteme 15, 16
Regelfilterung 260
Regelinterpreter 72, 180
Regelkreis 193, 196

Regelkreise 120
Regelsysteme 121, 184
Regelverstöße 21
Regelzuwachs 382
Region 277
Regulatoren 22
Regulierungs- und Steuerungssysteme 14
Reichweite 10, 20
Reifungsmodelle 168
Reizbarkeit 336
Reizfolgen 178
Reizinformation 57
Reizkraft 230
Rekodierung 66
Rekonstruktion 79, 81
Rekursionsebene 142
Rekursionsebenen 152, 387
Rekursivität 47, 48
Relationen 51, 79
Relationenbegriff 363
Relationsmatrix 226
Relative Dauerhaftigkeit 61
Relevanz 78, 126
Relevanzkriterien 17
Reorganisation 5, 168
Repräsentationsformen 89, 91
Repräsentationssystem 91
Reproduktion 22, 219
Reputation 272, 303
Reservoir 39, 119
Resolventenprinzip 382
Response 54
Ressource 102, 121
Ressourcenallokation 306
Restricted Coulomb Energy - Modell 236
Restricted Coulumb Energy-Modellen 235
Restriktionen 15
Restrukturierungen 106
Restvarietät 46, 140
Revision 115, 123
Revolution 5, 177
Rezept 210, 211
Rezepte 121, 152
Rezeptlernen 194
Rezeptor 65

rezeptorische Neuronen 229
Rezeptwissen 184, 188
Ribosomen 338
Richtlinien 41, 64
Rigidität 122, 145
Risiko 249, 298
Risikoaversion 41
Risikoermittlung 284, 289
Risikofaktoren 12, 284
Rituale 37, 153
Robotertechnik 224
Robotertechnologie 68
Robotik 67
ROI-Kennzahlensystem 302
Rollen 22, 29
Route 379, 380
Routineberichte 113
Routinen 115, 116
Rückenmark 227
Rückkoppelung 57, 305
Rückkopplungsbeziehungen 357
Rückkopplungsmechanismus 61
Rückmeldung 316, 333
Rückwärtsverkettung 257, 258

Sachgüterentwicklung 291, 292
Sachprämien 201
Sachverhalt 254, 263
Säkularisierung 5
Sammlung 73, 211
Sandkasten 377
Sanktionsmaßnahmen 312
Satellitentechnik 177
Sättigungseffekt 152
Satzaussagen 90
Schablonenvergleich 65
Schale 256
Schemata 361, 362
Schichten 228, 237
Schlagwörter 309
Schlüsselmethode 224
Schlüsselpersonen 208
Schlußfolgerungsmechanismen 262
Schlußfolgerungsprozesse 84, 361
Schlußfolgerungsregeln 94, 258
Schlußweisen 76, 258
Schmetterlingseffekt 213
Schneeballeffekt 193

Schnittstelle 196, 251
Schule 195, 196
Schulungsprojekte 269
Schwachstellenanalyse 280, 322
Schwellenwerte 226, 242
Script-Anweisungen 380
Segment 274
Seienden 344
Selbständigkeit 19
Selbstbeobachtung 62
Selbstbewertung 205
Selbstbewußtsein 62, 119
Selbstbezug 15
Selbstdisziplin 343
Selbsterneuerung 173, 196
Selbsthinrichtung 15, 16
Selbstlenkung 131
Selbstmanagement 147, 275
Selbstorganisation 23, 27
Selbstreferentialität 219, 386
Selbstreferenz 15, 219
Selbstvernichtung 16
Selbstverständnis 38, 114
Selbstverstärkung 33, 34
Selbstvertrauen 143
Selektion 146, 147
Selektionsinstrumente 146
Selektionsmodelle 168
Self Organizing Feature Map 235
semantische Beziehungen 73
semantisches Netz 90
Seminarprodukte 283
Semiotik 85
Sensibilisierung 314, 322
Sensibilität 134, 144
sensorisches Register 57
Serviceleistung 293
Shunting-Grossberg-Modell 235
Sicherheit 256, 313
Sicherheitsagenten 250
Sicherheitsattacken 377
Sicherheitskonzept 372
Sicherheitsmechanismus 109
Sieger 60, 242
Signalübertragung 238
Signalumformung 244
Signalverarbeitung 240
SIMULA 370

Simulation 378, 380
Simulationsmodelle 2
Single-Loop-Lernen 115, 124
Single-Spike-Modellen 236
Sinneinheit 85
Sinnesmodalitäten 90, 94
Sinnhaftigkeit 118
Sinnmodell 164
sIQ 223, 385
Skalarprodukt 232, 233
Skaleneffekte 295
Skleroseeffekt 152
Smalltalk 364
Software 376, 388
Softwaresystem 72
Softwarewesen 250
Soma 229, 232
S-O-R-Paradigma 55
Sozialdimension 273
soziale Systeme 3, 58
Sozialisation 121, 207
Sozialisationsprozesse 217
Sozialisierung 44, 45
sozial-kognitive Lerntheorie 40
sozialpsychologische Faktoren 109
Sozialsysteme 15, 220
Soziokulturelle Prozesse 149
Soziologie 15, 183
Spannungsfeld 40, 138
Speicherkapazität 120, 245
Speichermedium 206, 209
Speicherverwaltung 369, 372
Spezialabteilungen 113
Spezialfall 218, 219
Spezialisierung 21, 67
Spezialisten 68, 203
Spezialistentum 314
Spezialkenntnisse 252, 313
Spezifität 81, 92
Sphären 37
Spidermapping 355
Spielregeln 27, 174
Spieltheorie 249
spike 229
Spirale 45, 273
Spitzenpunkt 247
Sprachbarrieren 186, 204
Sprache 207, 211

Spracherkennung 68, 225
Sprachraum 223, 355
Sprachsynthese 225
Sprachverstehen 50, 89
Sprechen 168, 220
SQL 381
SR-Lerntheorie 164
Stabilität 172, 182
Stakeholder 131
Stakeholderwissen 108
Standard Edition 375
Standardisierung 47, 207
Standardisierungskeule 286
Standardmethoden 274, 281
Standardverfahren 121
Standorte 276
Stärken-Schwächen-Analyse 139
Starrheit 1, 72
Statik 182
Statussymbole 317
Stellenbeschreibungen 149
Steuerbefehle 365
Steuerstrukturen 259
Steuerungsinstanz 26
Steuerungssysteme 14, 15
Steuerungswissen 98
Stimulus 54, 55
Stoffwechsel 336
Störbedingungen 87
Störeinflüsse 58
Strategie 65, 136
strategische Architektur 39
Streßsituationen 165
Struktur 172, 174
Strukturdeterminiertheit 175, 201
Strukturelemente 380
strukturelle Koppelung 31, 58
strukturelle Perspektive 29, 355
strukturelle Plastizität 33, 71
strukturelle Zwänge 59
Strukturen 63, 79
Strukturgültigkeit 360
Strukturkapital 135
Strukturkomponenten 47
Struktur-Lege-Techniken 355
Strukturlegeverfahren 361
strukturorientierte Analyse 81
Strukturparameter 355

Strukturveränderungsprozesse 277
Strukturwissen 98
Subjunktion 348
Subkategorie 346
Subkulturen 37, 153
Suchmethoden 247
Suchterme 309
Suchverfahren 64
Summation 229
Superklassen 376
Supersystem 24, 25
Supervision 274
Supervisor 242, 259
Supervisor-Algorithmen 241
Supervisor-Lernalgorithmen 242
Suprastrukturen 19, 21
Symbole 90, 167
Symbolisierung 22
Symbolkraft 158
Symbolmaschine 185
Symbolstrukturen 50
Symbolsystem 89
Symposien 282
Symptome 132, 133
Synapsen 229, 230
Synapsentyp 229
Synergieeffekte 340
Synergien 142
Synthese 49, 148
System-Archetypen 212
Systematik 151, 253
Systematisierungen 273
Systemberatung 165
Systembetrieb 277
Systemdenken 42
Systemeigenschaften 174, 183
Systemeingänge 243
Systementwicklung 33, 268
Systementwicklungsprozeß 34
Systemgrenze 174, 181
systemischer Intelligenz-Quotient 222
Systemkategorien 24
Systemspezies 64
Systemsteuerung 21, 171
Systemtendenzen 357
Systemtheorie 2, 23
Systemumfeld 25, 31
Szenengraphen 379

Tagesgeschäft 115, 286
Talent 147
Tätigkeitsspektrum 268
TCP/IP-Socket 377
Team 13, 108
Teamfähigkeit 304
Technologie 10, 38
Teeküche 311
Teilwahrheiten 224
Testgüte 361
Textkörper 3, 309
Thalamus 227
Themata 190
Themenprojekt 282
Theorembeweisverfahren 382
Theoreme 76
Theorie 76, 82
Theorie der Organisation 102, 195
Therapievorschläge 254
think tanks 108, 148
Tiefenrepräsentation 90
Tiefenstrukturen 17, 18
Tiefensuche 264
Tod 31, 74
Total Quality Management 8
Traditionen 37, 121
Träger 121, 149
Trägheit 143, 158
Trainer 242
Trajektorie 250
Transaktion 13
Transaktionskosten 102
transdisziplinärer Technologieansatz 223
Transfer 269, 270
Transferierbarkeit 102, 120
Transformation 8, 139
Transformationsannahme 88
Transformationsmaßnahmen 87
Transformationsprozeß 98, 139
Transformationsprozesse 134, 139
transiente Lösung 249
Transmitter 233
Transmitterdepot 233
Transmittersubstanzen 232
Transparenz 294, 299
Treffpunkte 331
Trennung 72, 177

Trugschluß 196, 213
Tugenden 343
Tupel 363
Turbulenz 111, 138
Typbindung 364
Typenregel 350

Übergangsphase 172
Überindividuelle Gebilde 89
Überleben 153, 165
Überlebensfähigkeit 170, 172
Überlebensprobleme 385
Überwachung 47, 140
Überzeugungen 153, 154
Überzeugungsarbeit 285, 305
Ultrakurzzeitgedächtnis 57
Umfeldadaption 175
Umfeldreize 55
Umfeldveränderungen 164, 209
Umorganisationen 331
Umschlagplatz 14
Umsetzung 37, 38
Umsetzungseffektivität 38
Umwelt 38, 42
Umweltdynamik 138
Umweltfilter 141
Umweltkomplexität 46, 48
Umweltzuständen 93
Unbestimmtheiten 223, 224
Undefiniertheiten 224, 389
undeterminierte Systeme 174
Undeterminiertheit 26
Ungenauigkeiten 223
Ungleichgewicht 31, 166
Ungleichgewichtszustand 31
Universalalgorithmus 265
Universalelemente 230, 236
Universalie 346, 347
Universität 196, 210
uno actu-Prinzip 292
Unordnung 249
Untergang 169
Unvollständigkeit 75
Unwägbarkeiten 224
Unwissen 13, 76
Unzufriedenheit 139, 172
Urmuster 173, 212
Ursache-Wirkungs-Spirale 10

Register

427

Urteile 82, 83
Urteilsbildung 114
Urteilsverzerrungen 83

Validität 82, 84
Variation 182, 231
Variationsmöglichkeiten 163
Varietät 27, 28
Vektoren 231, 232
Vektormultiplikation 231, 233
Verallgemeinerung 67, 241
Veränderungsdynamik 22, 219
Verankerungsmechanismus 154
Verarbeitungseigenschaften 232
Verarbeitungsmodell 363, 364
Verarbeitungswissen 64
Verbalisierung 90
Verbesserungsprozesse 341
Verbindungsgewicht 236
Verbindungsstruktur 235
Verbundvorteile 295
Vereinigungsoperation 244
Vererbung 352, 371
Vererbungsmechanismen 364
Verfahren 382, 388
Vergangenheit 9, 54
Verhalten 54, 55
Verhaltensänderung 56, 165
Verhaltensausprägung 318
Verhaltensgültigkeit 360
Verhaltenskonsequenzen 54, 56
Verhaltenskonstellationen 119, 127
Verhaltensmuster 127, 129
Verhaltensnormen 153, 155
Verhaltensphänomene 51
Verhaltensregeln 117, 118
Verhaltensrepertoire 124, 126
Verhaltenssteuerung 268
Verhaltensweise 242
Verhaltensweisen 62, 129
Verifikation 105
Verlierer 60, 242
Verlustgefahr 193
Verlustrisiko 207, 208
Vermeidungslernen 166
Vermögenswerte 11
Versorgungspflicht 20
Verstärkungsfaktor 233, 234

Verstehen 353, 357
Versuchsfelder 204
Vertragsformen 205
Vertrauen 286, 295
Vertrauenskultur 304, 313
Virtual Machine 372, 373
Vision 19, 121
Visualisierung 306, 311
Visualisierungstechnik 354
Volltextsuche 309
Voraussicht 131
Vorbild 221, 338
Vorbildfunktion 154, 321
Vorgabenorm 104
Vorgänge 115, 118
Vorschlagswesen 200, 201
Vorstellung 363, 385
Vorstellungsbilder 87, 92
Vorurteilen 41
Vorwärtsverkettung 257, 263
Vorwissen 93, 275
VRML 365, 378

Wachstum 38, 389
Wachstumsgrenzen 169, 213
Wachstumsorganisation 139
Wächter 110
Wahrheit 157, 158
Wahrnehmen 68, 172
Wahrnehmung 80, 84
Wahrnehmungsbarrieren 189
Wahrnehmungsfähigkeit 28, 189
Wahrnehmungskapazität 112
Wahrnehmungskonstellation 361
Wahrnehmungsobjekt 87
Wahrnehmungsstrukturen 113
Wahrscheinlichkeitsrechnung 78
Wahrscheinlichkeitsstrukturen 83
Wahrscheinlichkeitswerte 256
Wandel 6, 389
Wandler 244
Wandlungsmuster 173
Warteschlangen 259
Wechselwirkung 98, 104
Weginformationen 265
Weiterbildung 287, 297
Weiterbildungsaktivitäten 308, 326
Weiterbildungsplan 274

Welt 344, 345
Weltanschauungen 114, 195
Weltbilder 180, 190
Weltsicht 382
Werkzeugwissen 276
Werte 319, 339
Wertesystem 54, 120
Wertmanagementsysteme 156
Wertschöpfung 339, 389
Wertschöpfungskette 97, 302
Wertschöpfungsprinzipien 6
Wertvorstellungen 118, 121
Wettbewerb 122, 242
Wettbewerbsdruck 49
Wettbewerbsfähigkeit 121, 131
Wettbewerbsposition 134, 323
Wettbewerbssituation 275, 281
Wettbewerbsstrategien 6
Wettbewerbsvorteil 12, 126
Widerstand 202, 301
Wiedererkennensprozesse 361
Wiedergeben 79
Wille 113, 120
Willensbarrieren 208
winner takes all 242
Wirklichkeit 344, 359
Wirksysteme 277
Wirtschaftlichkeit 7, 301
Wißbegierde 114
Wissen 114, 115
Wissensakquisition 67, 261
Wissensakquisitionskomponente 255, 261
Wissensanteil 13
Wissensanwendung 105, 189
Wissensarbeit 287, 390
Wissensarbeiter 13, 147
Wissensart 109, 183
Wissensaufnahme 181
Wissensaustausch 185, 186
Wissensbasen 226, 266
wissensbasierte Systeme 306, 389
wissensbasierten Organisation 8, 19
wissensbasiertes Modellsystem 178, 180
wissensbasiertes System 181, 183
Wissensbasierung 273, 286
Wissensbasis 306, 310

Wissensbasisentwicklung 164
Wissensbedarf 107, 313
Wissensbehauptung 353
Wissensbewertung 105, 388
Wissensbilanz 312, 313
Wissenschaftler 17, 315
Wissenschaftsbereiche 67
wissenschaftstheoretische Ansatz 2
Wissenschaftstheorie 163
Wissensdefizite 314
Wissensdiagnostik 135
Wissensdokumente 110
Wissensdomäne 80
Wissensentwicklung 105, 306
Wissenserwerb 105, 261
Wissenserwerbskomponente 211, 261
Wissenserzeugung 102, 283
Wissensexplosion 107
Wissens-Flugblatt 282, 283
Wissensfragmentierung 107
Wissensführern 314
Wissensgemeinschaften 207, 209
Wissensgenerierung 215, 220
Wissensgesellschaft 6, 354
Wissensidentifikation 102, 105
Wissensingenieur 208
Wissensinventur 328
Wissenskarten 306, 307
Wissensklassen 121
Wissensklimas 330
Wissenskultur 145, 150
Wissenslabors 134, 146
Wissenslandkarte 200, 340
Wissenslandkarten 106, 201
Wissenslücken 281, 288
Wissensmanagement 288, 291
Wissensmanagementsystem 105, 359
Wissensmanager 110
Wissensmarktplatz 202, 311
Wissensnetzwerk 311
Wissensnutzung 102, 388
Wissensobjekte 178, 352
Wissensorientierung 97, 389
Wissensperspektive 304, 323
Wissenspotential 15, 329
Wissenspotentiale 201, 204
Wissensproduktivität 50, 180
Wissensproduzenten 10

Wissensprozesse 135, 147
Wissensquellen 149, 252
Wissensraum 277, 288
Wissensregal 282
Wissensrepräsentation 355, 361
Wissensressourcen 103, 327
Wissensschöpfungsprozess 125
Wissensschutz 105, 388
Wissensspeicherung 105, 190
Wissensstandorten 310
Wissensstrukturen 356, 357
Wissensstrukturkarten 307
Wissenssystem 2, 96
Wissenstechnik 97
Wissensteile 60
Wissensträger 102, 109
Wissensträgerkarten 307
Wissensträgerschaft 204
Wissenstransfer 214, 215
Wissenstransferleistungen 149
Wissenstranslation 102, 197
Wissenstransparenz 105, 106
Wissensumsatz 200
Wissensvakuum 277
Wissensverarbeitung 381, 383
Wissensverbreitung 102
Wissensverteilung 109, 341
Wissensverwertung 218
Wissensverwertungsstrategie 218
Wissensvorrat 153, 193
Wissensvorsprung 273, 325
Wissensweitergabe 200, 315
Wissensweitergabefähigkeit 181
Wissenszeitalter 189, 339
Wissensziele 105, 388
Wohlstandsoptimierung 35
World Wide Web 250, 378

XOR-Problemstellungen 236

Yellow Pages 307, 308

Zeichen 73, 369
Zeit 75, 79
Zeitachse 299
Zeitalter 19, 196
Zeitlogik 288
Zeitorientierung 22
Zeitpunkt 42, 64
Zeitrahmen 158
Zeitstrahl 158
Zellfortsätze 229
Zellkörper 228, 229
Zementierung 173
Zentralisierung 6, 8
Zentralnervensystem 184
Zentriol 338
Zielbereich 81, 85
Zielfixierung 339
Zielgestaltung 318
Zieltypus 134, 135
Zielvariable 83, 84
Zielzustand 64, 263
Zugehörigkeitsfunktionen 225, 226
Zukunftsinvestition 19
Zukunftsorientierung 39, 48
Zukunftsstrategien 325
Zukunftsvorstellung 143
Zulässigkeitsschwellenwert 260
Zusammenhänge 276, 307
Zustand 352, 363
Zustandsänderungen 363
Zweck 35, 386
Zwischenergebnisse 265
Zwischenlösungen 259
Zyklus 386, 387
Zykluspaare 151
Zynismus 144
Zytoplasma 229

Kundenbindung
in der digitalen Welt?

A. Berres, H.-J. Bullinger (Hrsg.)
E-Business - Handbuch für Entscheider
Praxiserfahrungen, Strategien, Handlungsempfehlungen

Wer es versteht, die Möglichkeiten des E-Business effizient zu nutzen und in die Unternehmensstrategie zu integrieren, wird auch auf umkämpften Märkten erfolgreich sein.

2., vollst. neu bearb. Aufl. 2002. VIII, 860 S. 176 Abb., 29 Tab. Geb. € **99,95**; sFr 155,- ISBN 3-540-43263-9

A. Förster, P. Kreuz
Offensives Marketing im E-Business
Loyale Kunden gewinnen - CRM-Potenziale nutzen

Die vier Schlüsselprinzipien zum dauerhaften Markterfolg:
▶ Attract
▶ Convert
▶ Serve
▶ Retain

2002. XI, 276 S. 97 Abb. Geb. € **44,95**; sFr 69,50 ISBN 3-540-43164-0

J. Link (Hrsg.)
Customer Relationship Management
Erfolgreiche Kundenbeziehungen durch integrierte Informationssysteme

Um dem Kunden zahlreiche Kommunikationskanäle und hohe Reaktionsgeschwindigkeit bieten zu können, muß ein hoher Integrationsgrad innerhalb und zwischen Front-Office-Bereich und Back-Office-Bereich realisiert werden.

2001. VIII, 325 S. 84 Abb., 9 Tab. Geb. € **44,95**; sFr 69,50 ISBN 3-540-42444-X

P. Vervest, A. Dunn
Erfolgreich beim Kunden in der digitalen Welt

Das vorliegende Buch bietet eine Anleitung für eine erfolgreiche Nutzung der Chancen der neuen digitalen Technologien.

2002. XX, 222 S. 36 Abb. Geb. € **34,95**; sFr 54,50 ISBN 3-540-42073-8

www.springer.de/management-de

Springer · Kundenservice
Haberstr. 7 · 69126 Heidelberg
Tel.: (0 62 21) 345 - 217/-218
Fax: (0 62 21) 345 - 229
e-mail: orders@springer.de

Die €-Preise für Bücher sind gültig in Deutschland und enthalten 7% MwSt.
Preisänderungen und Irrtümer vorbehalten. d&p · BA 42902

International erfolgreich agieren!

K. Lucks, R. Meckl

Internationale Mergers & Acquisitions

Der prozessorientierte Ansatz

Das Buch beschäftigt sich mit grenzüberschreitenden Fusionen und Akquisitionen. Durch die Darstellung des M&A-Projekts als Prozess erhält der Leser die Möglichkeit, alle erfolgsrelevanten Faktoren und Inhalte des M&A in einer logisch geordneten Form zu erkennen. Durch Umsetzung der entwickelten Konzeption kann die Erfolgsquote von M&A-Projekten deutlich erhöht werden. Dazu geben die Autoren konkrete Empfehlungen, die auf langjährigen praktischen Erfahrungen aufbauen.

2002. X, 327 S. 76 Abb. Geb. **€ 49,95**; sFr 77,50 ISBN 3-540-42810-0

U. Krystek, E. Zur (Hrsg.)

Handbuch Internationalisierung

Globalisierung - eine Herausforderung für die Unternehmensführung

„Die Beiträge liefern der Theorie und Praxis wertvolle Anhaltspunkte. Durch die Vielfalt des Erfahrungshintergrundes der sechsundvierzig mitwirkenden Autoren aus der Wissenschaft, der Unternehmens- und Beratungspraxis sowie anderen Bereichen ist eine breite Perspektive gewährleistet, die dazu beiträgt, daß die Lektüre des Buches als ein Gewinn empfunden wird - ein Gewinn für den Leser aus der Unternehmenspraxis ... und als Gewinn für den mehr an theoretischen Erkenntnissen interessierten Leser, weil aufbauend auf der bereits vorliegenden Literatur neue Entwicklungslinien und künftige Themenschwerpunkte erkennbar werden."

FAZ

2., völlig neu bearb. u. erw. Aufl. 2002. XIV, 907 S. 196 Abb. 7 Tab. Geb. **€ 149,-**; sFr 230,50 ISBN 3-540-67287-7

C. Zeller

Globalisierungsstrategien - Der Weg von Novartis

„Going Global" ist zu einem Modebegriff geworden. Doch was heißt Globalisierung konkret? Am Beispiel der Firma Novartis und deren Vorgänger Ciba-Geigy und Sandoz geht der Autor dieser Frage nach. Das Buch identifiziert die Faktoren, die in eine ökonomische und räumliche Neuorganisation der Konzerntätigkeiten münden. Das Buch weist ein ausführliches Register mit Stichworten, Personen- und Produktnamen auf.
Der Weg von Novartis ist ein eindrucksvolles Beispiel einer Globalisierungsstrategie.

2001. XVII, 702 S. 73 Abb., 61 Tab. Geb. **€ 64,95**; sFr 100,50 ISBN 3-540-41629-3

Springer · Kundenservice
Haberstr. 7 · 69126 Heidelberg
Tel.: (0 62 21) 345 - 217/-218
Fax: (0 62 21) 345 - 229
e-mail: orders@springer.de

Die €-Preise für Bücher sind gültig in Deutschland und enthalten 7% MwSt.
Preisänderungen und Irrtümer vorbehalten.
d&p · 008286_sf1x_1c

Druck: Strauss Offsetdruck, Mörlenbach
Verarbeitung: Schäffer, Grünstadt